J. von Staudingers
Kommentar zum Bürgerlichen Gesetzbuch
mit Einführungsgesetz und Nebengesetzen
Buch 2 · Recht der Schuldverhältnisse
§§ 840–853

J. von Staudingers
Kommentar zum Bürgerlichen Gesetzbuch
mit Einführungsgesetz und Nebengesetzen

Buch 2
Recht der Schuldverhältnisse
§§ 840–853

Dreizehnte
Bearbeitung 2002
von
Anne Röthel
Klaus Vieweg

Redaktor
Norbert Horn

Sellier – de Gruyter · Berlin

Die Kommentatorinnen und Kommentatoren

Dreizehnte Bearbeitung 2002
§§ 840–843; 848–853: KLAUS VIEWEG
§§ 844–846: ANNE RÖTHEL

Zur Beachtung: Durch das „Gesetz zur Modernisierung des Schuldrechts" vom 26. November 2001 (BGBl I 3138) wurde gemäß Art 1 Abs 2 dem BGB eine Inhaltsübersicht vorangestellt, die sowohl dessen Untergliederung modifiziert als auch Überschriften für dessen einzelne Vorschriften eingeführt hat. Darüber hinaus wurde – in neuer Rechtschreibung – der vollständige Wortlaut des BGB in der seit 1.1.2002 geltenden Fassung am 2.1.2002 (BGBl I 42) bekannt gemacht. Dies wurde in diesem Band mit der Erläuterung der §§ 840–853 berücksichtigt. Die Entscheidung, ob innerhalb der Erläuterungen alte oder neue Rechtschreibung verwendet wird, bleibt bis auf weiteres den Kommentatorinnen und Kommentatoren überlassen. Wird in den Erläuterungen auf durch das SchRModG geänderte oder neu eingeführte Bestimmungen verwiesen, so erhalten diese erforderlichenfalls den Zusatz „nF", die überholten den Zusatz „aF". Die Erläuterungen selbst entsprechen dem Stand vom August 2002. Im übrigen siehe die Broschüre „Das Schuldrechtsmodernisierungsgesetz – Seine Auswirkungen auf J. von Staudingers Kommentar zum BGB. Benutzeranleitung 2002" (Beilage zum Band Art 27–37 EGBGB [13. Bearbeitung 2002] und kostenlos zu erhalten beim Verlag oder unter www.sellier.de).

12. Auflage
§ 840–853: Senatspräsident i. R. Dr. KARL SCHÄFER (1986)

10./11. Auflage
§ 840–853: Senatspräsident i. R. Dr. KARL SCHÄFER (1969)

Sachregister

Rechtsanwalt Dr. Dr. VOLKER KLUGE, Berlin

Zitierweise

STAUDINGER/VIEWEG (2002) § 840 Rn 1

Zitiert wird nach Paragraph bzw Artikel und Randnummer.

Hinweise

Das Vorläufige Abkürzungsverzeichnis 1993 für das „Gesamtwerk STAUDINGER" befindet sich in einer Broschüre, die den Abonnenten zusammen mit dem Band §§ 985–1011 (1993) bzw seit 2000 gesondert mitgeliefert wird. Eine aktualisierte Neubearbeitung befindet sich in Vorbereitung und wird den Abonnenten wiederum kostenlos geliefert werden.

Der Stand der Bearbeitung ist jeweils mit Monat und Jahr auf den linken Seiten unten angegeben.

Am Ende des Bandes befindet sich eine Übersicht über den aktuellen Stand des „Gesamtwerk STAUDINGER".

Die Deutsche Bibliothek verzeichnet diese Publikation in der Deutschen Nationalbibliografie; detaillierte bibliografische Daten sind im Internet über http://dnb.ddb.de abrufbar.

ISBN 3-8059-0924-1

© Copyright 2002 by Dr. Arthur L. Sellier & Co. – Walter de Gruyter GmbH & Co. KG, Berlin. – Printed in Germany.

Satz: jürgen ullrich typosatz, Nördlingen.

Druck: H. Heenemann GmbH & Co., Berlin.

Bindearbeiten: Lüderitz und Bauer, Buchgewerbe GmbH, Berlin.

Umschlaggestaltung: Bib Wies, München.

⊗ Gedruckt auf säurefreiem Papier, das die DIN ISO 9706 über Haltbarkeit erfüllt.

Inhaltsübersicht

Seite[*]

Vorwort _____ IX

Buch 2 · Recht der Schuldverhältnisse

Abschnitt 8 · Einzelne Schuldverhältnisse
Titel 27 · Unerlaubte Handlungen
§§ 840–853 _____ 1

Sachregister _____ 355

[*] Zitiert wird nicht nach Seiten, sondern nach
Paragraph bzw Artikel und Randnummer; siehe
dazu auch S VI.

Vorwort

Die Rechtsentwicklung in den 16 Jahren nach der von KARL SCHÄFER 1986 bearbeiteten 12. Auflage hat eine völlige Neubearbeitung und eine Erweiterung erforderlich gemacht. Der ursprüngliche Zeitplan ließ sich aufgrund der Aktivitäten des Gesetzgebers, insbesondere der Unsicherheiten, die das Gesetzgebungsverfahren zum Zweiten Gesetz zur Änderung schadensersatzrechtlicher Vorschriften und zum Schuldrechtsmodernisierungsgesetz mit sich brachten, nicht einhalten. Kommentatoren, Bandredaktor und Verlag haben vereinbart, daß der am 31. 7. 2002 außer Kraft gesetzte § 847 BGB nicht mehr in diesem Band kommentiert wird. Die Kommentierung des neugefaßten § 253 Abs 2 BGB wird durch GOTTFRIED SCHIEMANN erfolgen. Eine vergleichbare Regelung ist hinsichtlich derjenigen Teile des § 852 BGB aF getroffen worden, die durch das Schuldrechtsmodernisierungsgesetz zum 1. 1. 2002 in §§ 195, 199 und 203 BGB integriert worden sind. FRANK PETERS wird die entsprechenden Erläuterungen vornehmen. Die Kommentierung ist auf dem Stand von August 2002. Berücksichtigt werden konnte dank der freundlichen Unterstützung der Autoren bereits das im Druck befindliche Werk von LANGE/SCHIEMANN (Schadensersatz, 3. Aufl 2003).

Die von den Kommentatoren dieses Bandes vorgenommene Aufteilung der Bearbeitung hat sich wegen des institutsinternen Informationsaustauschs als ausgesprochen vorteilhaft erwiesen. ANNE RÖTHEL hat ihre Kommentierung völlig selbständig erarbeitet. KLAUS VIEWEG stand im Institut für Recht und Technik das „STAUDINGER-Team" zur Seite, ohne dessen Einsatzbereitschaft die Kommentierung nicht im geplanten Zeitrahmen hätte gemeistert werden können. Insofern ist zu danken STEFAN ARNOLD, FLORIAN DIETZ, MARCO HERRMANN, FABIAN HESS, FRANZISKA JUNG, CONSTANZE KÜBEL, MARK LEPPICH, SIGRID LORZ, ANNE MÜLLER, ANDREA NEUMANN, ALEXANDER RANG, THOMAS REGENFUS, CHRISTOPH SCHRENK und RALF TSCHAUNER.

Erlangen, im Oktober 2002   KLAUS VIEWEG

§ 840
Haftung mehrerer

(1) Sind für den aus einer unerlaubten Handlung entstehenden Schaden mehrere nebeneinander verantwortlich, so haften sie als Gesamtschuldner.

(2) Ist neben demjenigen, welcher nach den §§ 831, 832 zum Ersatz des von einem anderen verursachten Schadens verpflichtet ist, auch der andere für den Schaden verantwortlich, so ist in ihrem Verhältnis zueinander der andere allein, im Falle des § 829 der Aufsichtspflichtige allein verpflichtet.

(3) Ist neben demjenigen, welcher nach den §§ 833–838 zum Ersatz des Schadens verpflichtet ist, ein Dritter für den Schaden verantwortlich, so ist in ihrem Verhältnis zueinander der Dritte allein verpflichtet.

Materialien: E I §§ 713, 714 731, 733; II § 764; III § 825; Mot II 737 f; Prot II 605 f; 646, 651 f; 657, 663, 806 ff; 833 ff, 835 ff.

Schrifttum

BAUER, Die Problematik gesamtschuldnerischer Haftung trotz ungeklärter Verursachung, JZ 1971, 4

BÖHMER, Haftungsverzicht zum Nachteil Dritter?, MDR 1968, 13

BRAMBRING, Mittäter, Nebentäter und Beteiligte und die Verteilung des Schadens bei Mitverschulden des Geschädigten (1973)

BRANDENBURG, Die Haftung des Gesellschafters im Luftverkehr – BGH LM § 708 BGB Nr 1 a, JuS 1974, 16

BURKERT/KIRCHDÖRFER, Der doppelt gestörte Gesamtschuldnerausgleich – BGH NJW 1987, 2669, JuS 1988, 341

vCAEMMERER, Ausgleichsprobleme im Haftpflichtrecht in rechtsvergleichender Sicht, ZfRV 1968, 81

CHRISTENSEN, Gestörter Gesamtschuldnerausgleich bei familienrechtlichen Haftungsbeschränkungen, MDR 1989, 948

DENCK, Enthaftung zu Lasten des Arbeitnehmers bei gestörtem Gesamtschuldnerausgleich, NZA 1988, 265

DEUTSCH, Unerlaubte Handlungen, Schadensersatz und Schmerzensgeld (3. Aufl 1995); zitiert: DEUTSCH[3]

ders, Das Verhältnis von Mittäterschaft und Alternativtäterschaft im Zivilrecht, JZ 1972, 105

ders, Abschied von der culpa in concreto? – BGH VersR 1960, 802 und BGHZ 43, 313, JuS 1967, 496

ders/AHRENS, Deliktsrecht (4. Aufl 2002); zitiert: DEUTSCH/AHRENS[4]

DIETZ, Technische Risiken, Gefährdungshaftung und Haftungsbegrenzung, in: VIEWEG (Hrsg), Spektrum des Technikrechts (2002) 41

DUNZ, Der Sinn der Haftungseinheiten in der Schadensaufteilung, NJW 1968, 679

ders, Abwägungskriterien bei der Schadensausgleichung, NJW 1964, 2133

ders, Zum Mitverschuldensausgleich gegenüber mehreren, JZ 1959, 592

ders, Berücksichtigung eigenen Mitverschuldens gegenüber mehreren Haftpflichtigen, JZ 1955, 727

EHMANN, Die Gesamtschuld (1972)

EHRICKE, Zur Teilnehmerhaftung von Gesellschaftern bei Verletzungen von Organpflichten mit Außenwirkung durch den Geschäftsführer einer GmbH, ZGR 2000, 351

EIBNER, Die deliktische Haftung von Nebentätern bei Mitverschulden des Geschädigten, JZ 1978, 50

Klaus Vieweg

ENGELHARDT/DUNZ, Nochmals: Berücksichtigung eigenen Mitverschuldens gegenüber mehreren Haftpflichtigen, JZ 1957, 369

FIKENTSCHER, Schuldrecht (9. Aufl 1997); zitiert: FIKENTSCHER, Schuldrecht[9]

FROTZ, Zur Ausgleichspflicht zwischen Architekt und Bauunternehmer, Bemerkungen zum Beschluß des Großen Zivilsenates vom 1. 2. 1965, NJW 1965, 1257

GEIGEL, Der Haftpflichtprozeß (23. Aufl 2001); zitiert: GEIGEL/BEARBEITER[23]

GERNHUBER/COESTER-WALTJEN, Lehrbuch des Familienrechts (4. Aufl 1994); zitiert: GERNHUBER/COESTER-WALTJEN[4]

GREGER, Haftungsrecht des Straßenverkehrs (3. Aufl 1997); zitiert: GREGER[3]

J HAGER, Kindersport und Elternverantwortung, in: WALKER (Hrsg), Kinder- und Jugendschutz im Sport (2001) 27 ff

ders, Das neue Umwelthaftungsgesetz, NJW 1991, 134

ders, Das Mitverschulden von Hilfspersonen und gesetzlichen Vertretern des Geschädigten, NJW 1989, 1640

HANAU, Hinkende Gesamtschulden, VersR 1967, 516

HARTUNG, Anmerkungen zur „Gesamtabwägung aus der Gesamtschau", VersR 1980, 797

ders, Haftungseinheit und Verantwortungsabwägung, VersR 1979, 97

HENTSCHEL, Straßenverkehrsrecht (36. Aufl 2001); ziziert: HENTSCHEL[36]

HOFMANN, Das Mitverschulden des Gläubigers bei der Gesamtschuld (zu BGHZ 90, 86 ff = MDR 1984, 733 = NJW 1984, 2087), MDR 1986, 981

IMBUSCH, Das Haftungsprivileg des § 106 Abs 3 Alt 3 SGB VII und seine Auswirkungen auf die Haftung des Unternehmers, VersR 2001, 1485

KEUK, Die Solidarhaftung der Nebentäter, AcP 168 (1968) 175

G KIRCHHOFF, Der Verkehrsunfall im Zivilprozeß, Haftungseinheit und Gesamtschau, MDR 1998, 377

ders, Haftungsfragen bei Beteiligung Dritter am Verkehrsunfall, NZV 2001, 361

KOCH, Problem der Schadensabwägung zwischen Nebentätern und Gehilfen im Zivilrecht (1985)

ders, Probleme der Schadensabwägung zwischen Nebentätern und einem mitschuldigen Verletzten, NJW 1967, 181

LANGE/SCHIEMANN, Schadensersatz (3. Aufl 2003); zitiert: LANGE/SCHIEMANN[3]

LARENZ, Schuldrecht Band I, Allgemeiner Teil (14. Aufl 1987); zitiert: LARENZ I[14]

LARENZ/CANARIS, Lehrbuch des Schuldrechts. Band II Halbband 2, Besonderer Teil (13. Aufl 1994); zitiert: LARENZ/CANARIS II/2[13]

LEMHÖFER, Viel Licht, mancher Schatten. Zum Referentenentwurf eines Gesetzes zur Änderung und Ergänzung schadensersatzrechtlicher Vorschriften, VersR 1967, 1126

LEPPICH, Rechtliche Aspekte des Unfalldatenschreibers de lege lata und de lege ferenda (in Vorbereitung für 2003)

LINK, Gesetzliche Regreßansprüche bei Produzentenhaftung gegenüber dem Zulieferer. Inanspruchnahme des Herstellers aus unerlaubter Handlung oder in Höhe der Kosten eines Rückrufs, BB 1985, 1424

LOOSCHELDERS, Die Mitverantwortlichkeit des Geschädigten im Privatrecht (1999)

E LORENZ, Die Lehre von den Haftungs- und Zurechnungseinheiten und die Stellung des Geschädigten in Nebentäterfällen (1979)

MEDICUS, Bürgerliches Recht (19. Aufl 2002); zitiert: MEDICUS, Bürgerliches Recht[19]

ders, Haftungsbefreiung und Gesamtschuldnerausgleich, JZ 1967, 398

MERTENS, Der Referentenentwurf zur Änderung des Schadensersatzrechts, FamRZ 1968, 130

MESSER, Haftungseinheit und Mitverschulden, JZ 1979, 385

MÜLLER/DÖRRE, Regressansprüche des Endherstellers gegen den Zulieferer wegen Rückrufkosten, VersR 1999, 1333

MUSCHELER, Die Störung der Gesamtschuld: Lösung zu Lasten des Zweitschädigers?, JR 1994, 441

OTZEN, Die aktuelle höchstrichterliche Rechtsprechung zur Mitverschuldensabwägung gegenüber mehreren Haftpflichtigen – ein Irrweg?, VersR 1997, 808

PRÖLSS, Haftungsausschluß und Schadensausgleich – BGHZ 35, 317, JuS 1966, 400

REINELT, Gesamtschau und Einzelabwägung –

Haftung mehrerer gegenüber einem mitschuldigen Verletzten, JR 1971, 177

REINICKE/TIEDTKE, Gesamtschuld und Schuld-
sicherung durch Bürgschaft, Hypothek, Grund-
schuld, Pfandrecht an beweglichen Sachen und
Rechten (2. Aufl 1988); zitiert: REINICKE/
TIEDTKE[2]

RENCK, Der Umfang der gesamtschuldnerischen
Haftung nach § 22 Abs 1 S 2 Wasserhaushaltsgesetz, NJW 1964, 808

RIES, Zur Haftung der Nebentäter nach § 830
und § 840 BGB, AcP 177 (1977) 543

H ROTH, Haftungseinheiten bei § 254 BGB (1982)

SCHAUB, Arbeitsrechts-Handbuch (10. Aufl
2002); zitiert: SCHAUB[10]

A O SCHMIDT, Nebentäterhaftung und § 254
BGB. Eine nach Fallgruppen geordnete Darstellung der Schadensverteilung in Nebentäterfällen bei Mitverschulden des Geschädigten
(Diss Münster 1992)

K SCHMIDT, Gesellschaftsrecht (3. Aufl 1997);
zitiert: K SCHMIDT, Gesellschaftsrecht[3]

SCHOPP, Haftung mehrerer Schädiger, wenn die
von ihnen zu ersetzenden Schäden nur durch
eine Reparatur behoben werden können, die alle
Schäden umfaßt und beseitigt, VersR 1990, 835

SELB, Die mehrfach hinkende Gesamtschuld, in:
FS W Lorenz (1991) 245; zitiert: SELB, Die
mehrfach hinkende Gesamtschuld

ders, Schadensausgleich mit und unter Nebentätern, JZ 1975, 193

STEFFEN, Die Verteilung des Schadens bei Beteiligung mehrerer Schädiger am Verkehrsunfall, DAR 1990, 41

SUNDERMANN, Schadensausgleich bei Mitschä-
digung Minderjähriger durch Vernachlässigung
der Aufsichtspflicht und elterliches Haftungsprivileg (§ 1664 Abs 1 BGB), JZ 1989, 927

THIELE, Gesamtschuld und Gesamtschuldnerausgleich, JuS 1968, 149

WACKE, Der Erlaß oder Vergleich mit einem
Gesamtschuldner – Zur Befreiung Mithaftender
beim Regreßverlust durch Gläubigerhandeln –,
AcP 170 (1970) 42

WAGENFELD, Ausgleichsansprüche unter solida-
risch haftenden Deliktsschuldern im englischen
und deutschen Recht (1972)

WECKERLE, Die deliktische Verantwortlichkeit
mehrerer (1974)

WEITNAUER, Zum Innenausgleich unter Scha-
densgesamtschuldnern, in: FS Klingmüller
(1974)

WERNICKE, Gefährdungshaftung nach § 22 des
Wasserhaushaltsgesetzes, NJW 1958, 772

WOCHNER, Einheitliche Schadensteilungsnorm
im Haftpflichtrecht (1972)

WURM, Das gestörte Gesamtschuldverhältnis,
JA 1986, 177.

Systematische Übersicht

I.   Normzweck, systematische Stellung,
     Entstehungsgeschichte, Reformvor-
     haben
1.   Normzweck _____ 1
2.   Systematische Stellung _____ 5
3.   Entstehungsgeschichte und Reform-
     vorhaben _____ 6

II. Voraussetzungen und Anwendungs-
     bereich
1.   Unerlaubte Handlung _____ 7
2.   Zusammentreffen mehrerer Haf-
     tungsgründe _____ 15
3.   Kausalität für die Schadens-
     entstehung _____ 16
4.   Verantwortlichkeit mehrerer neben-
     einander _____ 17

a)   Beteiligungsformen _____ 18
aa) Mittäter und Teilnehmer _____ 18
bb) Nebentäter _____ 19
b)   Verantwortlichkeit _____ 20
c)   Umfang der Verantwortlichkeit ____ 21
d)   Keine Haftungsprivilegierungen ___ 22
e)   Einzelfälle gesamtschuldnerischer
     Haftung _____ 23
5.   Verhältnis zu anderen Vorschriften _ 24

III. Haftung im Außenverhältnis
1.   Grundsatz der gesamtschuldneri-
     schen Haftung _____ 25
2.   Unterschiedliche Haftungshöhe bei
     einzelnen Schädigern _____ 26
a)   Haftungshöchstbeträge _____ 27
b)   Schmerzensgeld _____ 28

c) Billigkeitshaftung gem § 829 _____ 29

d) Mitverschulden des Geschädigten _ 30

3. Problematik des Mitverschuldens des Geschädigten im einzelnen _____ 31

a) Grundsatz: Berücksichtigung des Mitverschuldens zu Gunsten aller Mitschädiger _____ 31

b) Anwendung des Grundsatzes auf die Fälle des § 830 _____ 32

c) Besonderheiten bei Nebentäterschaft _____ 33

aa) Problematik _____ 33

bb) Lösungsansätze _____ 34

cc) Entwicklung der Rechtsprechung _ 35

dd) Verteilung des Insolvenzrisikos nach dem Kombinationsmodell _____ 36

ee) Ausgestaltung der für die Verteilung des Insolvenzrisikos maßgeblichen Gesamtschuld _____ 37

ff) Ausnahmen vom Kombinationsmodell _____ 38

gg) Prozessuales _____ 42

hh) Stellungnahmen in der Literatur _ 43

ii) Stellungnahme _____ 44

IV. Ausgleich im Innenverhältnis

1. Allgemeines _____ 48

a) Systematik des § 840 _____ 48

b) Anwendung des § 426 Abs 1 und 2 _ 49

c) Verhältnis zu den §§ 812 ff _____ 50

d) Keine Anwendung von § 823 Abs 2 neben § 426 _____ 51

2. Regreßbehinderung aufgrund Haftungsprivilegierung _____ 52

a) Allgemeines _____ 52

b) Lösungsmöglichkeiten _____ 53

aa) Lösung zu Lasten des Erstschädigers 53

bb) Lösung zu Lasten des Zweitschädigers _____ 56

cc) Lösung zu Lasten des Geschädigten 57

dd) Differenzierende Lösung _____ 59

ee) Stellungnahme _____ 60

c) Einzelfälle gesetzlicher Haftungsprivilegierungen _____ 61

aa) Arbeitsunfälle _____ 62

bb) Dienstunfälle bei Beamten (§ 46 BeamtVG) und Soldaten (§ 91a SoldVersG) sowie Schulunfälle (§ 106 SGB VII) _____ 63

cc) Innerbetrieblicher Schadensausgleich _____ 64

dd) Angehörigenprivileg nach § 67 Abs 2 VVG sowie § 116 Abs 6 SGB X _____ 65

ee) Notleidendes Versicherungsverhältnis _____ 66

ff) Gesetzliche Haftungsbeschränkungen aufgrund allgemeiner zivilrechtlicher Vorschriften _____ 67

d) Einzelfälle vertraglicher Haftungsprivilegierungen _____ 71

e) Absprachen zwischen den Schädigern _____ 72

f) Sonderfall: Straßenverkehr _____ 77

3. Subsidiäre Haftung (§ 839 Abs 1 S 2) 78

4. Modifikation der Ausgleichspflicht durch § 840 Abs 2 und 3 _____ 79

a) Allgemeines und Bedeutung _____ 79

b) § 840 Abs 2 _____ 81

c) § 840 Abs 3 _____ 82

5. Verjährung des Ausgleichsanspruchs 86

a) Allgemeines _____ 86

b) Rückgriff aufgrund einer Legalzession _____ 87

V. Sonderbestimmungen zu § 840

1. Überblick _____ 88

2. Die Spezialregelungen über den Schadensausgleich im Innenverhältnis _____ 89

3. Die Ausgleichsvorschrift des § 17 StVG im besonderen _____ 90

a) Anwendbarkeit _____ 90

b) Struktur _____ 91

c) § 17 Abs 1 S 1 StVG _____ 92

d) § 17 Abs 1 S 2 StVG _____ 93

e) § 17 Abs 2 StVG _____ 94

Alphabetische Übersicht

Anstifter _____ 18

Anwendungsbereich

– Aufopferungsansprüche _____ 11 f

– Ausnahmen vom Kombinationsmodell 38 ff

– Billigkeitshaftung ——————— 8
– Ersatzanspruch nach § 904 S 2 ———— 13
– Gefährdungshaftung ——————— 8
– Haftung aus vermutetem Verschulden — 8
– Haftung aus wirklichem Verschulden — 8
– Haftung gem § 231 ——————— 10
– Haftungstatbestände außerhalb des BGB 14
– öffentlich-rechtliche Körperschaften — 9
– Schadensersatzpflicht nach § 228 S 2 — 10
– Spezialgesetze ———————— 8
– UmweltHG ————————— 8
Außenwirkung
– absolute ——————————— 52, 57
– relative ——————————— 52 f, 59

Beteiligte iSd § 830 Abs 1 S 2 ———— 18
Billigkeitshaftung ———————— 29

Doppelt gestörte Gesamtschuld ———— 72 ff

Einzelabwägung ————————— 34 ff
Einzelhaftung —————————— 21
Entsprechende Anwendung des § 840
    Abs 3 ——————————— 84

Gefährdungshaftung ——————— 8, 82
Gehilfe ———————————— 18
Gesamtabwägung ———————— 34 ff, 47
Gesamtschaden ————————— 16
Gesetzliche Haftungsprivilegierungen ———
    ——————————— 53, 56, 59, 61 ff
Gestörtes Gesamtschuldverhältnis ——— 52 ff

Haftungsbeschränkung, gesetzliche —— 67 ff
Haftungseinheit ————————— 35, 39 ff
Haftungshöchstbeträge ——————— 27
Haftungsprivilegierung
– § 1359 ——————————— 69
– § 1664 Abs 1 —————————— 68
– § 67 Abs 2 VVG ————————— 65
– § 708 ——————————— 70
– Angehörigenprivileg ——————— 65
– Arbeitsunfall —————————— 62
– Dienstunfall —————————— 63
– innerbetrieblicher Schadensausgleich — 64
– notleidendes Versicherungsverhältnis — 66
– Schulunfall —————————— 63
– Straßenverkehr ————————— 77
– Subsidiaritätsklausel § 839 Abs 1 S 2 — 78

– vertragliche ————————— 71

Innenausgleich
– Anwendung von § 254 —————— 49
– Aufsichtspflichtiger und Deliktstäter — 49
– bereicherungsrechtliche Ansprüche —— 50
– Entstehung des Anspruchs ————— 48
– Geschäftsherr und Erfüllungs-/
    Verrichtungsgehilfe ——————— 49
– Haftung von Kfz-Halter und -Fahrer — 49

Kombinationsmodell ——————— 34 ff
– Ausnahmen —————————— 38 ff

Legalzession —————————— 87
– § 67 Abs 2 VVG ————————— 65

Mittäter ———————————— 18
Mitverschulden des Geschädigten ——— 30 ff
– Ausgestaltung der Gesamtschuld —— 37
– Einzelabwägung ———————— 34
– gegenüber allen Mitschädigern ——— 31
– Gesamtabwägung ———————— 34
– Gesamtabwägung (Fälle des § 830) —— 32
– Insolvenzrisiko ————————— 36
– Kombination von Einzel- und Gesamt-
    abwägung —————————— 34
– Nebentäterschaft ———————— 33 ff, 44
– Quotenhaftung ————————— 34
Modifikation der Ausgleichspflicht durch
    § 840 Abs 2 und 3 ———————— 79 ff

Nebentäter —————————— 19
Normzweck —————————— 1 ff
– Anordnung der gesamtschuldnerischen
    Haftung —————————— 2
– Ausgleich im Innenverhältnis ——— 4, 79 ff
– Ergänzungs- und Klarstellungsfunktion _ 3
– Nebentäterschaft ———————— 3
– Privilegierung des mittelbaren
    Schädigers —————————— 4
– Verhältnismäßigkeitsprinzip ———— 2

Regreßbehinderung ———————— 52 ff
Regreßzirkel —————————— 53

Schmerzensgeld —————— 21, 28, 35, 38
Schuldform —————————— 20
Solidar- und Separatquote —————— 37

Klaus Vieweg

Sonderbestimmungen zu § 840	88 ff	Unterschiedliche Haftungshöhe	26
– § 17 StVG	90 ff		
		Verjährung	86
Tatbeitragseinheit	40	Verursachungseinheit	41
Teilschäden, abgrenzbare	16		
		Zurechnungseinheit	40
Umfang der Verantwortlichkeit	21		

I. Normzweck, systematische Stellung, Entstehungsgeschichte, Reformvorhaben

1. Normzweck

1 § 840 hat **keinen einheitlichen Normzweck**. Vielmehr ist zwischen den einzelnen Absätzen der Regelung zu differenzieren. Abs 1 bestimmt die gesamtschuldnerische Haftung im Außenverhältnis; Abs 2 und 3 enthalten von § 426 Abs 1 S 1 abweichende Bestimmungen über den Ausgleich im Innenverhältnis. § 840 ist keine eigene Haftungsgrundlage, sondern setzt die Haftung mehrerer Schädiger nebeneinander voraus (ebenso BGB-RGRK/Nüssgens[12] Rn 4; MünchKomm/Stein[3] Rn 4; Soergel/Zeuner[12] Rn 2; Erman/Schiemann[10] Rn 1). Streitig ist dies allerdings für sog Nebentäter (unten Rn 3).

2 Mit der Anordnung der gesamtschuldnerischen Haftung in **Abs 1** wird die Anwendbarkeit der Vermutungsregel in § 420 (Teilschuldnerschaft) ausgeschlossen. Dieser käme ansonsten deshalb erhebliche praktische Bedeutung zu, weil die Ansprüche wegen einer unerlaubten Handlung trotz des Vorrangs der Naturalrestitution nach § 249 S 1 in der Praxis zumeist auf Geld gerichtet sind (Erman/Schiemann[10] Rn 1; **aA** vCaemmerer ZfRV 1968, 81, 85 f, demzufolge die solidarische Haftung bereits die natürliche Konsequenz des Prinzips sei, daß jeder, der verantwortlich eine Mitursache für den Schaden gesetzt habe, für den ganzen Schaden hafte; dagegen Ehmann, Die Gesamtschuld 215 Fn 4). Einer von mehreren Schädigern soll zu seiner Entlastung also nicht auf einen Mitschädiger verweisen dürfen, wie dies bei Vorliegen von Teilschuldnern (§ 420) ggf möglich wäre (BGB-RGRK/Nüssgens[12] Rn 3; MünchKomm/Stein[3] Rn 3). Der Geschädigte soll nicht mit Risiken (Insolvenz- und Prozeßrisiko) belastet werden, denen er bei nur anteilsmäßiger Haftung mehrerer Schadensverursacher ausgesetzt wäre (BGHZ 85, 375, 387 = NJW 1983, 872, 875 = VersR 1983, 336, 339). Die Überwälzung des Insolvenzrisikos vom Geschädigten auf die Mitschädiger ist im Deliktsrecht angemessen, da sich der Geschädigte – anders als im vertraglichen Bereich – seine Schuldner nicht auswählen kann (BGB-RGRK/Nüssgens[12] Rn 3; MünchKomm/Stein[3] Rn 2). Daher werden dem Geschädigten mit der gesamtschuldnerischen Haftung das aus der Schuldnermehrheit entstehende Prozeßrisiko sowie etwaige Beweisrisiken hinsichtlich der einzelnen Mitverantwortungsbeiträge genommen (BGB-RGRK/Nüssgens[12] Rn 3; MünchKomm/Stein[3] Rn 2; Erman/Schiemann[10] Rn 1) und auf die Mitschädiger verlagert. Diese Risikoverlagerungen entsprechen der gesetzgeberischen **Zielsetzung, den deliktisch Handelnden nicht zu privilegieren**, ihn vielmehr zu motivieren, deliktisches Handeln zu unterlassen. Sie können als Ausprägung des verfassungsrechtlichen Verhältnismäßigkeitsprinzips gesehen werden.

Teilweise wird der Normzweck dahin verstanden, den **Geschädigten nicht schlechter zu stellen, als er bei einem Alleinschädiger stünde** (BGHZ 72, 289, 297 f; BGB-RGRK/

NÜSSGENS[12] Rn 3). Dies ist dann richtig, wenn die Teilschuldnerschaft ein vergleichbar größeres Risiko mit sich bringt. Häufig wird mit der Anordnung der gesamtschuldnerischen Haftung im Außenverhältnis allerdings eine Verbesserung der Position des Verletzten erreicht. Auch steigt die Bonität seines Anspruchs (DEUTSCH[3] Rn 158). DEUTSCH (JZ 1972, 105, 106 u Allgemeines Haftungsrecht[2] Rn 535) weist zu Recht aber auch darauf hin, daß mit der Anordnung der Gesamtschuld in den Fällen der Nebentäterschaft (unten Rn 3) eine Bereicherung des Geschädigten verhindert wird. § 840 Abs 1 liegt insofern im Interesse der Schädiger.

Im Hinblick auf die sog **Nebentäterschaft**, die dadurch gekennzeichnet ist, daß meh- **3** rere deliktisch Handelnde durch selbständige unerlaubte Handlungen ohne bewußtes Zusammenwirken einen Schaden verursacht haben (vgl ie Rn 33), ist die Funktion des § 840 nicht zuletzt deshalb streitig, weil eine eigenständige Regelung, wie sie § 830 Abs 1 S 1 für Mittäter trifft, fehlt.

Zu Recht wird überwiegend (BGB-RGRK/NÜSSGENS[12] Rn 5; ERMAN/SCHIEMANN[10] Rn 1 und § 830 Rn 5; MünchKomm/STEIN[3] Rn 4; SOERGEL/ZEUNER[12] Rn 2; LARENZ/CANARIS II/2[13] § 82 III 1) § 840 Abs 1 nicht als eigene Haftungsgrundlage gesehen. Die Vorschrift hat vielmehr nur **Ergänzungs- und Klarstellungsfunktion**. Die Verantwortlichkeit jedes Nebentäters besteht für den gesamten Schaden bereits aufgrund der von ihm verwirklichten Haftungstatbestände. Jeder Nebentäter hat eine zurechenbare Bedingung für den Gesamtschaden gesetzt („Gesamtkausalität" oder „kumulative Kausalität") und muß sich deshalb das Verhalten der anderen Nebentäter ebenso zurechnen lassen wie jeden sonstigen Kausalfaktor (LARENZ/CANARIS II/2[13] § 82 III 1). Damit scheidet die Anwendung des § 840 Abs 1 aus, wenn jeder deliktisch Handelnde einen abgrenzbaren Verletzungserfolg verursacht hat (BGH NJW 1985, 1617, 1619; MünchKomm/STEIN[3] Rn 4).

Nach aA (KEUK AcP 168 [1968] 175, 187; EHMANN 215 Fn 4; WECKERLE 101; undeutlich RGZ 96, 224, 225) bildet § 840 Abs 1 für Nebentäter eine **eigenständige Haftungsgrundlage** zum Ersatz des vollen vom Nebentäter mitverursachten Schadens. Entgegen der natürlichen Verteilung des Schadens entsprechend den einzelnen Verantwortungsbeiträgen begründe deren vorübergehende Verklammerung die Haftung des einzelnen Schädigers auf das Ganze. Im Interesse des Geschädigten werde die Bestimmung der einzelnen Verantwortungsbeiträge auf das Verhältnis der Schädiger untereinander verlagert (KEUK AcP 168 [1968] 175, 187).

Der Normzweck der auf den **Ausgleich im Innenverhältnis** zielenden Regelungen in **4** **§ 840 Abs 2 und 3** wird nicht einheitlich gesehen. Im Hinblick auf den systematischen Zusammenhang mit § 426 Abs 1 S 1, dessen Grundverteilungsregel – Verteilung nach Köpfen – § 840 Abs 2 und 3 modifiziert, kommt es auf die Anwendbarkeit des § 254 im Rahmen des § 426 an (str, hierzu unten Rn 79 f). Dem Wortlaut sind folgende **Privilegierungen** zu entnehmen: die des aus vermutetem Verschulden haftenden Gesamtschuldners gegenüber dem aus wirklichem Verschulden Haftenden; die des aus einem Gefährdungstatbestand haftenden Gesamtschuldners gegenüber demjenigen, der aufgrund wirklichen oder vermuteten Verschuldens haftet. Nach der Wertung des Gesetzgebers soll demgemäß derjenige haften, der mit seinem Beitrag „näher dran" ist. In diesem Sinne ist auch die zum Teil angenommene Privilegierung des mittelbaren Schädigers im Verhältnis zum unmittelbaren Schädiger zu sehen (MünchKomm/STEIN[3] Rn 25; hierzu auch unten Rn 79 ff).

2. Systematische Stellung

5 § 840 gehört zu Titel 27 (Unerlaubte Handlungen) des Abschnitts 8 (Einzelne Schuldverhältnisse), steht allerdings zugleich im systematischen Zusammenhang mit spezialgesetzlich geregelten Haftungstatbeständen, insbes den Gefährdungshaftungstatbeständen. Dies hat Bedeutung für den Anwendungsbereich der Vorschrift (vgl ie Rn 8). Mit der Anordnung der gesamtschuldnerischen Haftung in Abs 1 wird der systematische Bezug zu den §§ 421–426 hergestellt. Die dort angelegte Differenzierung zwischen dem Außen- und dem Innenverhältnis wird ihrerseits in § 840 aufgegriffen. Für das Innenverhältnis erfolgt in Abs 2 und 3 eine Modifizierung der Regelung des § 426 Abs 1 S 1 (unten Rn 79). Zudem ergibt sich ein weiterer systematischer Zusammenhang aus den Verweisungen in §§ 682, 992, 2025 sowie in § 117 Abs 1 BBergG auf die Vorschriften über den Schadensersatz wegen unerlaubter Handlungen und damit auch auf § 840.

3. Entstehungsgeschichte und Reformvorhaben

6 E I enthielt dem § 840 entsprechende Vorschriften nur für die Fälle der heutigen §§ 830–832 und für den Fall der Haftung nach § 839 für den jetzigen § 841. Die II. Komm beschloß für die §§ 833–839 Einzelvorschriften, die dann von der Redaktionskomm in § 764 in veränderter Form zusammengefaßt und in die Bundesratsvorlage (§ 825) sowie in das Gesetz übernommen wurden (RGZ 53, 114, 119 f; PLANCK/GREIFF, Kommentar zum BGB⁴ vor Anm 1). Dabei stellte die II. Komm (Prot II S 606) klar, daß die Vorschrift auch in den Fällen der alternativen Kausalität Anwendung finden soll (BAUER JZ 1971, 4, 8).

§ 840 Abs 1 enthielt ursprünglich einen Vorbehalt zugunsten von § 835 Abs 3 (Haftung mehrerer Grundstückseigentümer eines Bezirks, die sich zu einem nicht als solchem haftenden Verband zur gemeinschaftlichen Ausübung des Jagdrechts zusammengeschlossen haben, nach dem Verhältnis der Größe der Grundstücke). § 835 Abs 3 wurde durch das RJagdG v 3. 7. 1934 aufgehoben, trat aber nach dem Zweiten Weltkrieg aufgrund Aufhebung dieses Gesetzes wieder in Kraft. Durch das BJagdG v 29. 11. 1952 wurde die Regelung endgültig gestrichen.

Der nicht weiterverfolgte **RefEntw** (Referentenentwurf eines Gesetzes zur Änderung schadensersatzrechtlicher Vorschriften, Karlsruhe 1967) sah folgenden Wortlaut des § 840 vor:

(1) Sind für einen Schaden auf Grund gesetzlicher Schadensersatzpflicht mehrere nebeneinander verantwortlich, so haften sie als Gesamtschuldner.

(2) Wer neben einem anderen auf Grund gesetzlicher Schadensersatzpflicht zum Ersatz eines Schadens verpflichtet wäre, von dieser Ersatzpflicht aber durch Vertrag befreit ist, ist dem anderen zum Ausgleich in dem gleichen Umfang verpflichtet, in dem er ihm bei Bestehen eines Gesamtschuldverhältnisses zum Ausgleich verpflichtet wäre. Entsprechendes gilt, wenn die Befreiung von der Ersatzpflicht auf einer besonderen gesetzlichen Vorschrift beruht, soweit nicht etwas anderes bestimmt ist.

In der Sache ging es um eine Legalisierung der extensiven Auslegung des Begriffs der unerlaubten Handlung in Abs 1, die Neuformulierung des Abs 2 (Festschreibung der früheren hM zur gestörten Gesamtschuld: fiktives Gesamtschuldverhältnis) sowie die Streichung des Abs 3, an dessen Stelle für den Schadensausgleich im Innenverhältnis allein auf die §§ 254 und 426 abgestellt werden sollte (vgl ie Begr Bd II 21, 137 ff, 142 f; vgl zur damaligen Kritik – vor allem am vorgesehenen Abs 2 – HANAU VersR 1967, 516, 518 ff; LEM-HÖFER VersR 1967, 1126, 1131 f; MEDICUS JZ 1967, 398; MERTENS FamRZ 1968, 130, 134).

Das 2. SchadÄndG v 19. 7. 2002 sieht keine Änderung des § 840 vor. Für die Anwendung des § 840 sind allerdings die Anhebung der Haftungshöchstbeträge und die Einführung eines allgemeinen Schmerzensgeldanspruchs bei Gefährdungshaftung von Bedeutung (unten Rn 28).

II. Voraussetzungen und Anwendungsbereich

1. Unerlaubte Handlung

Der Anwendungsbereich des § 840 Abs 1 bestimmt sich ganz wesentlich danach, wie **7** der Begriff der unerlaubten Handlung zu verstehen ist. Der Normzweck – Vermeidung der mit einer Teilschuldnerschaft für den Geschädigten verbundenen Probleme (oben Rn 2) – spricht dafür, den Begriff der unerlaubten Handlung **im weitesten Sinne** zu verstehen (so auch MünchKomm/STEIN[3] Rn 5; ERMAN/SCHIEMANN[10] Rn 2; BGB-RGRK/NÜSSGENS[12] Rn 6; SOERGEL/ZEUNER[12] Rn 6; vgl schon RGZ 53, 114, 120 f; BGHZ 85, 375, 386 f = NJW 1981, 872, 875 = VersR 1983, 336, 339 stellt klar, daß der Begriff der unerlaubten Handlung im Interesse des Geschädigten in einer über die Tatbestände der §§ 823 ff hinausreichenden Bedeutung zu verstehen ist.). Die systematische Stellung steht dem nicht entgegen. Ein engeres Verständnis würde den Gesetzgeber zB bei spezialgesetzlichen Haftungstatbeständen zwingen, gesondert eine gesamtschuldnerische Haftung anzuordnen, um der Praxis ansonsten unvermeidbare Differenzierungsprobleme zu ersparen. Klarstellend wollte deshalb der RefEntw 1967 den Begriff der unerlaubten Handlung durch den der gesetzlichen Schadensersatzpflicht ersetzen (oben Rn 6).

Mit der weiten Auslegung des Begriffs der unerlaubten Handlung werden zunächst **8** alle innerhalb des **BGB** geregelten unerlaubten Handlungen erfaßt, unabhängig davon, ob sich diese als Haftung aus wirklichem (§§ 823 ff) oder vermutetem Verschulden (§§ 831, 832, 833 S 2, 834, 836–838), als Haftung aufgrund vermuteter Kausalität einer rechtswidrig und schuldhaft gesetzten möglichen Schadensursache (§ 830 Abs 1 S 2), als Billigkeitshaftung (§ 829) oder als Gefährdungshaftung (§ 833 S 1) darstellen. § 840 greift auch dann ein, wenn mehrere Personen nebeneinander nach § 829 verantwortlich sind oder wenn eine von mehreren ersatzpflichtigen Personen nach § 829 haftet (BGB-RGRK/NÜSSGENS[12] Rn 7).

Daneben fallen – unabhängig von ihrer Bezeichnung als „unerlaubte Handlung" – in den Anwendungsbereich auch die **spezialgesetzlichen Haftungstatbestände** (zB §§ 84 ff AMG, §§ 25 ff AtomG, §§ 114 ff BBergG, § 7 BDSG, §§ 32 ff GenTG, § 1 ff HpflG, §§ 33 ff u 44 ff LuftVG, § 1 ProdHaftG, §§ 7 ff StVG, §§ 1 f UmweltHG, § 22 WHG; vgl auch die Aufzählung der Gefährdungshaftungstatbestände bei STAUDINGER/J HAGER [1999] Vorbem 28 zu §§ 823 ff; MünchKomm/MERTENS Vor § 823 Rn 19; BGB-RGRK/STEFFEN Vor § 823 Rn 16). Für das RHpflG hat die Rechtsprechung dies bereits frühzeitig anerkannt (RGZ 58, 335, 336 f; 61, 56, 58 u 63). Der BGH bejaht die Anwendung des § 840 auf die Fälle der

Gefährdungshaftung nach dem StVG (BGH LM § 840 BGB Nr 5) sowie generell auf die Gefährdungshaftung (BGHZ 85, 375, 386 f = NJW 1983, 872, 875 = VersR 1983, 336, 339). Sonderregelungen bestehen zur Gesamtschuld mehrerer aufgrund desselben Gefährdungshaftungstatbestands in § 93 S 1 AMG, § 33 Abs 1 AtomG, § 115 Abs 2 S 1 BBergG, § 7 Abs 5 BDSG (bis zum 22. 5. 2001 geltende Fassung), § 32 Abs 2 S 1 GenTG, § 5 S 1 ProdHaftG, § 22 Abs 1 S 2 WHG. § 119 BBergG enthält eine Spezialregelung für das Zusammentreffen einer Ersatzpflicht aufgrund Gefährdungshaftung mit einer Ersatzpflicht aufgrund sonstiger Bestimmungen.

Mangels ausdrücklicher gesetzlicher Regelung ist problematisch, ob die Beteiligten im Falle einer **Haftung nach dem UmweltHG** gesamtschuldnerisch oder anteilig haften. Dies hängt von der Art und Weise ihres Zusammenwirkens ab. In den Fällen der kumulativen Kausalität ergibt sich die gesamtschuldnerische Haftung bereits aus der Anwendung der conditio sine qua non-Formel. In den eher seltenen Fällen der alternativen Kausalität folgt die gesamtschuldnerische Haftung aus § 830 Abs 1 S 2 (J Hager NJW 1991, 134, 139). Auch der in der Praxis häufigste Fall, daß eine einzelne Anlage mit ihren Emissionen an den schädlichen Immissionen lediglich beteiligt ist und damit das Schadensgeschehen in additiver oder potenzierender oder auch nur in zeitlicher Hinsicht beeinflußt hat, führt unter Berücksichtigung des Normzwecks des § 840 Abs 1 idR zur gesamtschuldnerischen Haftung (differenzierend J Hager NJW 1991, 134, 139 f; vgl zum ganzen Staudinger/Kohler [2002] Einl 167 ff u 178 ff zum UmweltHR; vgl auch Salje, Kommentar zum Umwelthaftungsgesetz [1993] §§ 1, 3 UmweltHG Rn 126, der hierbei gerade nicht zwischen bestimmungsgemäßem und nicht bestimmungsgemäßem Gebrauch differenziert, weil die Gefährdungshaftung auch nicht zwischen rechtmäßigem und rechtswidrigem Verhalten unterscheide, die Haftung vielmehr Gegenstück zur Zulassung einer gefahrbringenden Betätigung sei, die an sich verboten werden müßte; aA hingegen Schmidt-Salzer, Kommentar zum Umwelthaftungsrecht [1992] § 1 Rn 218 ff, 250 ff)

9 § 840 findet auch Anwendung, wenn zwei öffentlich-rechtliche Körperschaften nach **Art 34 GG iVm § 839** für einen Schaden ersatzpflichtig sind. Voraussetzungen und Umfang der Haftung des Staates entsprechen denen des Beamten selbst (BGHZ 9, 65, 66 f = NJW 1953, 785, 786 = LM GVG § 13 Nr 17 m Anm Pagendarm). Die deliktsrechtliche Gesamtschuldnerschaft nach § 840 Abs 1 rechtfertigt sich daraus, daß die Gewichtung der beiderseitigen Verantwortungs- und Verursachungsbeiträge im Außenverhältnis nicht auf dem Rücken des geschädigten Bürgers ausgetragen werden soll (BGHZ 118, 263, 267 = NJW 1992, 2691, 2692 – deliktsrechtliche Gesamtschuldnerschaft von Gemeinde und Bauaufsichtsbehörde, wenn die rechtswidrige Ablehnung einer Bauvoranfrage sowohl auf eigene Erwägungen der Bauaufsichtsbehörde als auch darauf gestützt wird, daß die Gemeinde das erforderliche Einvernehmen versagt hat. Vgl auch BGH NJW 1993, 3065).

10 Hinsichtlich der Schadensersatzpflicht nach **§ 228 S 2** (verschuldete, zum Notstand führende Gefahr) wird die Anwendbarkeit des § 840 von Nüssgens (BGB-RGRK/ Nüssgens Rn 8) bezweifelt. Zwar handelt es sich wegen der Rechtmäßigkeit der Handlung (vgl Staudinger/Werner [2001] § 228 Rn 26 f) nicht um eine unerlaubte Handlung. Die Berücksichtigung des Normzwecks (oben Rn 2) legt jedoch die Anwendbarkeit des § 840 nahe, zumal die Gefahr schuldhaft vom Schädiger hervorgerufen sein muß. Dasselbe gilt für die Haftung gem **§ 231** (Schadensersatz bei irrtümlicher Selbsthilfe).

11 Nach ständiger Rechtsprechung (RGZ 67, 273, 274 f; RG DRW 1943, 707, 708; SeuffA 93

Nr 92; RGZ 167, 14, 38 f; BGHZ 72, 289, 297 ff = NJW 1979, 164, 165; BGHZ 85, 375, 387 = NJW 1983, 872, 875 = VersR 1983, 336, 339) und einhelliger Meinung (ERMAN/SCHIEMANN[10] Rn 2; MünchKomm/STEIN[3] Rn 5; BGB-RGRK/NÜSSGENS[12] Rn 10; SOERGEL/ZEUNER[12] Rn 6) ist § 840 Abs 1 auf **Aufopferungsansprüche** – insbes auf den nachbarrechtlichen Ausgleichsanspruch nach § 906 Abs 2 S 2, aber auch auf § 904, § 14 BImSchG, § 26 BJagdG – grundsätzlich nicht anwendbar (vgl zu den Ausnahmen Rn 12 sowie SOERGEL/ZEUNER[12] Rn 6). Vielmehr haftet jeder nur für das Maß der von ihm ausgehenden Einwirkung. Tragender Gesichtspunkt solcher Regelungen ist, daß der Aufopferungsanspruch an die Stelle des Abwehranspruchs tritt. Dieser ist aus Gemeinwohlgründen ausgeschlossen, weil ein höherwertiges Rechtsgut mit einem niedrigerwertigen kollidiert (DEUTSCH/AHRENS[4] Rn 410; HUBMANN JZ 1958, 490, 491; MEDICUS, Schuldrecht BT[10] Rn 897 ff). Da die Aufopferung nur so weit wie der Unterlassungsanspruch reicht, wäre es unbillig, den Verpflichteten auf das Ganze haften zu lassen, wenn seine schädliche Einwirkung nur wenig zu einem großen Schaden beigetragen hat (RGZ 167, 14, 38 f). Demgemäß ist die generelle gesamtschuldnerische Haftung für unzumutbare Beeinträchtigungen im Gesetzgebungsverfahren zum Gesetz zur Änderung der Gewerbeordnung und Ergänzung des Bürgerlichen Gesetzbuchs v 22. 12. 1959 abgelehnt worden (BGHZ 66, 70, 76 = NJW 1976, 797). Daß dem Geschädigten aus der bloß teilschuldnerischen Haftung der Schädiger Schwierigkeiten erwachsen können, muß in Kauf genommen werden (RGZ 167, 14, 39). Dem Interesse der Schädiger an einer nur anteiligen Haftung gebührt insofern auch unter Berücksichtigung des Normzwecks des § 840 Abs 1 der Vorrang.

Ist bei Aufopferungsansprüchen jedoch ein bestimmter Teil des Schadens nur durch **12** das Zusammenwirken zweier Ursachen herbeigeführt worden, so ist es nach Auffassung des BGH (BGHZ 66, 70, 74 ff = NJW 1976, 797 mwNw) gerechtfertigt, für diesen Teil beide Störer gesamtschuldnerisch in Anspruch zu nehmen, weil insoweit keine der beiden Ursachenreihen hinweggedacht werden könne, ohne daß dieser Teil des Schadens entfiele. Dasselbe gilt nach Auffassung des BGH (BGHZ 72, 289, 297 f = NJW 1979, 164, 165 f; BGHZ 85, 375, 387 = NJW 1983, 872, 875) für den Fall, daß mehrere Beteiligte für dieselbe Einwirkung verantwortlich sind. Eine solidarische Haftung sei insofern zumindest in entsprechender Anwendung des § 840 Abs 1 auch für nachbarrechtliche Ausgleichsansprüche gerechtfertigt. Dasselbe gelte, wenn der eine Beteiligte aus nachbarrechtlicher Ausgleichspflicht und der andere aus unerlaubter Handlung hafte. Auch hier greife der für die Gesamtschuldregelung des § 840 Abs 1 maßgebliche Gesichtspunkt, den Geschädigten nicht mit dem Risiko zu belasten, dem er bei nur anteilmäßiger Haftung mehrerer Schadensverursacher ausgesetzt wäre.

Da der Ersatzanspruch nach **§ 904 S 2** (Angriffs- oder Aggressivnotstand) eine Kon- **13** kretisierung des allgemeinen Aufopferungsgedankens ist (STAUDINGER/SEILER [1995] § 904 Rn 3), kommt eine gesamtschuldnerische Haftung in den in Rn 12 dargestellten Fallgestaltungen in Betracht (aA BGB-RGRK/NÜSSGENS[12] Rn 8, der § 840 für „wohl nicht" anwendbar hält).

In der **ZPO** findet § 840 Abs 1 auf folgende Haftungstatbestände Anwendung: § 302 **14** Abs 4 ZPO (Vorbehaltsurteil), § 600 Abs 2 ZPO (Nachverfahren), § 641g ZPO (einstweilige Anordnung bezüglich Feststellung des Bestehens der Vaterschaft), § 717 Abs 2 ZPO (Außerkrafttreten der vorläufigen Vollstreckbarkeit), § 945 ZPO

(Anordnung eines Arrestes oder einer einstweiligen Verfügung) (RGZ 149, 321, 324; BGHZ 78, 127, 129 = NJW 1981, 349, 350). Zudem findet § 840 Abs 1 Anwendung auf **Wettbewerbsverstöße** (vgl BGHZ 35, 329, 333; BGHZ 40, 391, 394), **Verstöße gegen kartellrechtliche Bestimmungen** (vgl BGH NJW 1966, 975 = GRUR 1966, 344, 345 zu § 852; BGH NJW 1980, 1224, 1225) sowie auf Haftungstatbestände aus dem Bereich des **Urheber- und Immaterialgüterrechts** (BGB-RGRK/Nüssgens[12] Rn 8) wie §§ 97 Abs 1 und 2, 100 UrhG, § 15 Abs 5 MarkenG, § 139 PatG. Schließlich geht die Rechtsprechung von einer gesamtschuldnerischen Haftung auch bei **enteignungsrechtlicher Entschädigungspflicht** (Ansprüchen aus Enteignung sowie enteignungsgleichem Eingriff) mehrerer aus, soweit nicht eine trennbare Sonderbegünstigung einzelner Beteiligter vorliegt (BGHZ 13, 81, 86; BGHZ 72, 289, 297 = NJW 1979, 164, 165).

2. Zusammentreffen mehrerer Haftungsgründe

15 Der Wortlaut des § 840 Abs 1 läßt nicht erkennen, ob die unerlaubte Handlung alleiniger Haftungsgrund sein muß, maW, ob das Vorliegen eines weiteren Haftungsgrunds die Anwendbarkeit der Vorschrift ausschließt. Ebenso bleibt offen, ob alle mitverantwortlichen Schädiger aus einer unerlaubten Handlung iS des Abs 1 haften müssen oder ob es ausreicht, daß dieser Haftungsgrund in der Person eines Schädigers vorliegt.

Unbestritten greift § 840 Abs 1 ein, wenn alle Schädiger aus unerlaubter Handlung und einer oder mehrere **zugleich aus Vertrag** haften (so bereits RGZ 61, 56, 58 ff; vgl auch BGHZ 43, 227, 234 = NJW 1965, 1175, 1177; hierzu Frotz NJW 1965, 1257, 1260; MünchKomm/ Stein[3] Rn 12; BGB-RGRK/Nüssgens[12] Rn 11; Soergel/Zeuner[12] Rn 7). Dies gebietet der Normzweck. Weitergehend wollen Schiemann (Erman/Schiemann[10] Rn 3) und Bydlinski (MünchKomm/Bydlinski[4] § 421 Rn 49 u 53 im Anschluß an die Vorauflage von Selb), die von der nichtunterscheidbaren Verantwortlichkeit mehrerer für denselben Schaden ausgehen, § 840 Abs 1 auch dann anwenden, wenn die Haftung nicht aus unerlaubter Handlung konstruiert werden kann (zB bei der Haftung mehrerer Schuldner aus cic). Diese Auffassung überspannt – mit Blick auf den Anwendungsbereich des § 426 (vgl Staudinger/Noack [1999] § 421 Rn 26 ff) unnötig – den Wortlaut.

Streitig ist die Anwendbarkeit des § 840 Abs 1, wenn der eine Schuldner aus unerlaubter Handlung, der andere **nur aus Vertrag** haftet. Praktische Bedeutung hat dies insofern, als davon abhängt, ob die von Rechtsprechung und Schrifttum geforderten gesonderten Voraussetzungen der gesamtschuldnerischen Haftung nach §§ 421 ff – insbes die Gleichstufigkeit (sie Staudinger/Noack [1999] § 421 Rn 18 ff) – zusätzlich zu prüfen sind. Das RG (RGZ 77, 317, 323; 82, 436, 439; 84, 415, 430; 92, 401, 408) und die frühe Rechtsprechung des BGH (BGHZ 6, 3, 18 f u 35 = NJW 1952, 1087, 1089; VersR 1956, 160 f = LM § 426 Nr 9) sowie ein Teil des Schrifttums (Palandt/Thomas[61] Rn 3; Planck/Greiff, Kommentar zum BGB[4] Anm 1; BGB-RGRK/Nüssgens[12] Rn 11) verneinen die Anwendbarkeit des § 840 Abs 1, halten jedoch ein Gesamtschuldverhältnis nach allgemeinen Regeln für möglich. Ein anderer Teil der Literatur bejaht zutreffend die entsprechende Anwendbarkeit (Erman/Schiemann[10] Rn 3; MünchKomm/Stein[3] Rn 12 m Hinweis auf BGH VersR 1969, 737, 738 u NJW 1990, 2882, 2883). Damit wird dem Normzweck (oben Rn 2) angemessen Rechnung getragen.

3. Kausalität für die Schadensentstehung

Das Kausalitätserfordernis ergibt sich aus dem Wortlaut der Bestimmung („für den **16** aus einer unerlaubten Handlung entstehenden Schaden"). Es ist im Zusammenhang zu sehen mit dem weiten Verständnis des Begriffs der unerlaubten Handlung (oben Rn 2) und der Voraussetzung „mehrere nebeneinander verantwortlich" (hierzu ie Rn 17 ff). Daraus folgt, daß – im Fall der Nebentäterschaft – der Schaden auch aus mehreren unerlaubten Handlungen entstanden sein kann, sofern diese den Gesamtschaden („den ... Schaden") und nicht lediglich abgrenzbare Teilschäden zur Folge haben (oben Rn 3; unten Rn 19). Es gelten die allgemeinen Kausalitätsanforderungen der Äquivalenz und Adäquanz (STAUDINGER/SCHIEMANN [1998] § 249 Rn 8 ff, 12 ff). Aus der conditio sine qua non-Formel folgt, daß eine kumulative Kausalität genügt. In Fällen der alternativen Kausalität greift § 830 Abs 1 S 2 ein. Auch zeitlich getrennte Einzelhandlungen, die zur Entstehung des ganzen Schadens adäquat kausal beigetragen haben, können dem Kausalitätserfordernis genügen (BGH MDR 1964, 135 = LM § 840 Nr 7 a; MünchKomm/STEIN[3] Rn 6 mNw in Fn 13; DEUTSCH/AHRENS[4] Rn 60 ff; LARENZ/CANARIS II/2[13] § 82 II 1 a, III 1; zu den speziellen Kausalitätsproblemen bei Umweltschäden vgl J HAGER NJW 1991, 134, 139 f; SCHMIDT-SALZER, Kommentar zum Umwelthaftungsrecht [1992] § 1 Rn 107 ff; SALJE, Kommentar zum Umwelthaftungsgesetz [1993] §§ 1, 3 Rn 127 ff).

4. Verantwortlichkeit mehrerer nebeneinander

Die gesamtschuldnerische Haftung setzt die „Verantwortlichkeit mehrerer neben- **17** einander" voraus. Hieraus sind abzuleiten die Beteiligungsformen (Rn 18 f), der Umfang der Verantwortlichkeit (Rn 21) sowie die Bedeutung etwaiger Haftungsprivilegierungen einzelner (Rn 22).

a) Beteiligungsformen
aa) Mittäter und Teilnehmer
Nebeneinander verantwortlich sind Mittäter iSd § 830 Abs 1 S 1 (BAG NJW 1964, 883, **18** 886; BGH NJW 1984, 1226, 1230 = LM § 830 Nr 24 [insoweit in BGHZ 89, 383 nicht abgedruckt]; OLG Stuttgart NJW-RR 1994, 876, 877; LG Gießen NJW-RR 1996, 796, 797), Anstifter und Gehilfen iSd § 830 Abs 2 (BGHZ 90, 86, 90 = NJW 1984, 2087; BGHZ 70, 277, 283 f; OLG Celle NJW-RR 1999, 102 [psychische Beihilfe]; OLG Hamm NJW 2002, 1054, 1055), ebenso Beteiligte iSd § 830 Abs 1 S 2, bei denen nicht mehr feststellbar ist, wer von den rechtswidrig und schuldhaft handelnden Personen den Schaden letztlich verursacht hat (RGZ 69, 422, 426; 121, 400, 403; andeutungsweise auch BGHZ 25, 271, 273 = NJW 1957, 1834, 1835; BGHZ 55, 96, 100 = NJW 1971, 509, 510; RIES AcP 177 [1977] 543, 545).

bb) Nebentäter
Nebentäter, dh deliktisch Handelnde, die den Schaden ohne bewußtes Zusammen- **19** wirken schuldhaft durch selbständige unerlaubte Handlungen vollbracht haben, sind nebeneinander verantwortlich, wenn sie nicht nur einen abgrenzbaren Teilschaden verursacht, sondern eine zurechenbare Bedingung für den Gesamtschaden gesetzt haben (RGZ 96, 224, 225; BGHZ 17, 214, 221; BGHZ 30, 203, 208 = NJW 1959, 1772, 1774; BGHZ 59, 97, 101 = NJW 1972, 1802; BGHZ 61, 351, 354 = NJW 1974, 360; BGH NJW 1962, 484, 485; BGH MDR 1964, 135 = LM § 840 Nr 7 a; BGB-RGRK/NÜSSGENS[12] Rn 12 u 22; MünchKomm/STEIN[3] Rn 6 u § 830 Rn 6; SOERGEL/ZEUNER[12] Rn 9; ERMAN/SCHIEMANN[10] § 830 Rn 5). Dies ergibt sich aus dem Wortlaut („den ... Schaden"), der einen einheitlichen Schaden voraussetzt (BGH

NJW 1985, 1617, 1619; LG Köln NJW-RR 1999, 463), sowie dem Normzweck (oben Rn 2). Dabei kann der Gesamtschaden auch durch unabhängig voneinander in größerem zeitlichen Abstand handelnde Einzelschädiger entstanden sein (BGH MDR 1964, 135 = LM § 840 Nr 7 a – Verletzung einer durch einen früheren Schädiger bereits vorgeschädigten Person, dazu auch DEUTSCH/AHRENS[4] Rn 146). Die Entscheidung, ob bei Nebentäterschaft abgrenzbare Teilschäden und damit die gesamtschuldnerische Haftung ausschließende Teilschulden vorliegen, läßt sich nur im Einzelfall treffen (vgl zur Abgrenzung RIES AcP 177 [1977] 543, 550 sowie zu den Fällen sog Teilschadensverursachung BAUER JZ 1971, 4, 8; ERMAN/ SCHIEMANN aaO; KEUK AcP 168 [1968] 175, 186 m Fn 45; OLG Bamberg NJW 1949, 225, 226 m krit Anm KUTH). Im Arbeitsrecht wird die Verantwortlichkeit des einzelnen Arbeitnehmers, der sich an einem rechtswidrigen Streik beteiligt, überwiegend bejaht (aA RICHARDI RdA 1971, 334, 342 f, da es sich um einen Kollektivakt handele); allerdings dürfte meist das Verschulden fehlen, wenn einem gewerkschaftlichen Streikaufruf gefolgt wird (dazu LIEB, Arbeitsrecht[7] Rn 619; ZÖLLNER/LORITZ § 40 IV 3; SCHAUB[10] § 193 Rn 61 ff).

b) Verantwortlichkeit

20 Die Schuldform spielt für das Vorliegen oder Nichtvorliegen einer gesamtschuldnerischen Haftung keine Rolle. Eine Verantwortlichkeit mehrerer iS des § 840 liegt auch dann vor, wenn der eine Schädiger vorsätzlich, der andere fahrlässig gehandelt hat bzw wenn beide Schädiger fahrlässig gehandelt haben, wenn Verschuldens- und Gefährdungshaftung zusammentreffen (RGZ 61, 56, 63; RG HRR 1930 Nr 1406; BGHZ 35, 317, 325 = NJW 1961, 1966) oder die Schädiger aus jeweils unterschiedlichen Gefährdungshaftungstatbeständen haften (MünchKomm/STEIN[3] Rn 6). Dies folgt aus dem weiten Verständnis des Begriffs der unerlaubten Handlung (oben Rn 7 ff).

c) Umfang der Verantwortlichkeit

21 Bei gleichem Umfang der Verantwortlichkeit ist die gesamtschuldnerische Haftung unproblematisch. Sie besteht für jeden Schuldner in gleicher Höhe. Sind die Beteiligten für einen Schaden in unterschiedlichem Umfang nebeneinander verantwortlich, so ist nur in Höhe der sich deckenden Ersatzpflichten eine gesamtschuldnerische Haftung gegeben. Wegen des überschießenden Betrages besteht lediglich Einzelhaftung desjenigen, der eine höhere Entschädigung zu zahlen hat (RG JW 1913, 31 f; RGZ 82, 436, 439; BGHZ 12, 213, 220 = NJW 1954, 875 = VersR 1954, 189, 191; BGHZ 18, 149, 164; BGH VersR 1957, 167, 168 = LM § 840 Nr 5; BGHZ 30, 203, 207 = NJW 1959, 1772, 1773; BGHZ 85, 375, 387 = NJW 1983, 872, 875 = VersR 1983, 336, 339). Bedeutung hatte dies insbes in Fällen des Zusammentreffens einer – sachlich und der Höhe nach unbegrenzten – Haftung nach BGB-Vorschriften mit einer Gefährdungshaftung, welche kein Schmerzensgeld vorsah und der Höhe nach begrenzt war (vgl § 88 AMG, § 33 GenTG, §§ 9 f HpflG, § 33 LuftVG, § 10 ProdHaftG, § 12 StVG, § 15 UmweltHG jeweils in der bis zum 31. 7. 2002 geltenden Fassung; § 117 Abs 1 BBergG, § 8 Abs 3 BDSG). Demgegenüber sind mit der Neufassung folgender Vorschriften Schmerzensgeldansprüche möglich: § 87 AMG, § 32 Abs 5 GenTG, § 6 HpflG, § 36 LuftVG, § 8 ProdHaftG, § 11 StVG, § 13 UmweltHG.

Zu differenzieren ist ferner, wenn bei der Bemessung des Schmerzensgeldes nach § 253 Abs 2 und der Entschädigung nach Billigkeit gem § 829 (vgl zur Subsidiarität im Innenverhältnis nach § 840 Abs 2 ie Rn 79) die wirtschaftlichen Verhältnisse des einzelnen Ersatzpflichtigen eine Rolle spielen und zu einer unterschiedlichen Haftungshöhe führen (vgl zur Frage der Auswirkungen des mitwirkenden Verschuldens des Verletzten unten Rn 30 ff).

d)   Keine Haftungsprivilegierungen

Eine Verantwortlichkeit mehrerer nebeneinander besteht nicht, wenn einer der Ver- **22** antwortlichen im Außenverhältnis zum Geschädigten nicht oder nur subsidiär haftet. Der Haftungsausschluß kann auf vertraglicher Vereinbarung oder gesetzlicher Bestimmung (zB §§ 1359, 1664, 708) beruhen. Dabei wird die Rechtsstellung der anderen Verantwortlichen regelmäßig nicht berührt, wenn der Geschädigte **nach dem Schadensfall** mit einem der Ersatzpflichtigen eine Haftungsprivilegierung vereinbart (BGHZ 11, 170, 174; BGHZ 47, 376, 379; BGHZ 58, 216, 218 f = NJW 1972, 942 f; differenzierend WACKE AcP 170 [1970] 42, 74). Bei Arbeitsunfällen schließen §§ 104 ff SGB VII Ansprüche des Verletzten gegen den fahrlässig handelnden Unternehmer, gegen Betriebsangehörige sowie gegen Kommilitonen und Mitschüler aus. In den Fällen der Haftungssubsidiarität kann einer der Schädiger nur bei Fehlen oder Ausfall eines Mitschädigers in Anspruch genommen werden. Beispiel: Bei einer fahrlässigen Amtspflichtverletzung kann dem Beamten bzw seinem Dienstherrn das Haftungsprivileg des § 839 Abs 1 S 2 zugute kommen (vgl zur Problematik des „gestörten Gesamtschuldverhältnisses" u dessen Auswirkungen im Außenverhältnis unten Rn 52 ff).

e)   Einzelfälle gesamtschuldnerischer Haftung

In Rechtsprechung und Literatur werden insbes folgende Einzelfälle gesamtschuld- **23** nerischer Haftung genannt:

– Mehrere nach § 830 Abs 1 S 2 Beteiligte (RGZ 69, 422, 426);

– mehrere Familienmitglieder, die durch „Schiebungen" zu einem nach § 826 ersatzpflichtigen Schaden einheitlich zusammenwirken (OLG München Recht 1916 Nr 2097);

– Eigentumsverletzung mehrerer Demonstranten durch Versperrung des Zugangs eines Hauses mit Müll (AG Hamburg NJW 1981, 1454, 1455);

– Mitglieder einer Wohnungseigentümergemeinschaft, die den Streudienst nicht ordnungsgemäß organisiert haben (OLG Hamm NJW 1988, 496, 497);

– fehlerhaft behandelnder neben dem hinzugezogenen, seine Informationspflicht verletzenden Arzt (BGH NJW 1994, 797, 798);

– schuldhaftes Abbrennen von Feuerwerkskörpern durch den damit Werkenden und schuldhafte Vertauschung von Zubehör auf dem Weg vom Hersteller zum Einzelhändler (BGH VersR 1966, 524, 525);

– Eisenbahn und Futterfabrikant beim Transport von Viehfutter in einem Bleireste enthaltenden Güterwaggon, wodurch eine Viehvergiftung hervorgerufen wird (BGHZ 17, 214, 221);

– Veranstalter, Rennleiter, Streckenabnahmekommissare und Oberste Nationale Sportkommission bei Verletzung eines Zuschauers durch einen aus der Bahn brechenden Rennwagen (BGH NJW 1975, 533);

– nach §§ 823 ff verantwortlicher Verrichtungsgehilfe und nach § 831 haftender Geschäftsherr, selbst dann, wenn der Verrichtungsgehilfe im Innenverhältnis vom Geschäftsherrn Haftungsfreistellung unter dem Gesichtspunkt des innerbetrieblichen Schadensausgleichs verlangen kann (BGH NJW 1988, 2298, 2299; OLG Celle NJW 1979, 1251, 1252; OLG Düsseldorf VersR 1988, 968; OLG Hamm NJW-RR 1990, 794; OLG Köln VersR 1992, 115, 117; OLG München VersR 1989, 198);

– aufsichtspflichtige Eltern und haftpflichtiger Drittschädiger eines Kindes (RG JW 1912, 190; aA OLG Karlsruhe Recht 1907 Nr 457; BGHZ 73, 190, 193 f = NJW 1979, 973; OLG Saarbrücken VersR 1991, 707);

– Haftung des schuldhaft schädigenden Aufsichtsbedürftigen und des nach § 832 verantwortlichen Aufsichtspflichtigen (RGZ 97, 229; OLG Köln NJW-RR 1993, 1498, 1499);

– verantwortlicher Tierhalter (§ 833) neben dem nicht entlasteten Tierhüter iSv § 834; Verantwortlichkeit mehrerer Tierhalter (RGZ 60, 313, 315; OLG Düsseldorf VersR 1993, 1496; OLG Hamm NJW-RR 1995, 599; OLG Saarbrücken VersR 1988, 1080; LG Lüneburg VersR 1991, 356; BGH VersR 1993, 1540, 1541);

– Eigentümer und Pächter bei Verletzung der allgemeinen Verkehrssicherungspflicht (RG HRR 1929 Nr 298);

– Ehegatten (ein Ehegatte Eigentümer, der andere Mitbesitzer) als Verkehrssicherungspflichtige (OLG Köln VersR 1994, 1082);

– Grundstückseigentümer und Architekt, die für dieselbe Schadensursache einzustehen haben, selbst wenn den Eigentümer eine nachbarrechtliche Ausgleichspflicht und nur den Architekten eine Haftung aus unerlaubter Handlung trifft (BGHZ 85, 375 = NJW 1983, 872);

– Pächter, der bestimmungswidrig ein gefährliches Bauwerk errichtete, und dessen das Bauwerk weiter benutzender Nachfolger (BGH VersR 1966, 295, 297);

– die nach §§ 836, 837 Verantwortlichen neben dem Unterhaltspflichtigen nach § 838 (MünchKomm/Stein³ § 840 Rn 7);

– Gebäudebesitzer oder Gebäudeunterhaltspflichtiger (§§ 836–838) neben früherem Besitzer oder neben dem, der bei Errichtung bzw Ausbesserung des Gebäudes fahrlässig gehandelt hat (zB Bauunternehmer) (BGB-RGRK/Nüssgens¹² § 840 Rn 12);

– nach ProdHaftG verantwortlicher Hersteller und deliktisch haftender Drittschädiger (MünchKomm/Stein³ § 840 Rn 7);

– Hersteller und Zulieferer bei Rückrufaktionen (entsprechende Anwendung der §§ 840, 426) (Link BB 1985, 1424, 1427 f);

– mehrere Kfz-Halter (RG SeuffA 74 Nr 68; RG JW 1919, 104);

– Fahrer, Halter und Versicherer eines Kraftfahrzeugs; Versicherer haftet aber nicht für die Prozeßkosten, die dem Geschädigten in dem von ihm zunächst gegen den Schädiger selbst angestrengten Rechtsstreit entstanden sind (OLG Köln VersR 1989, 206; VersR 1989, 755, 756; BGHZ 69, 153 = NJW 1977, 960);

– nach § 7 StVG haftender Kfz-Halter und schuldhaft handelnder Fahrer des Kfz, selbst wenn dem Fahrer Vorsatz zur Last fällt; hier: bewußtes Überfahren eines kontrollierenden Polizeibeamten (BGHZ 37, 311 = NJW 1962, 1676);

– Haftung des Kfz-Halters und des Fahrers, der sich eigenmächtig in den Besitz des Kfz gebracht hatte (KG OLGZ 1979, 77, 79);

– Kfz-Halter und Tierhalter (BGH VersR 1957, 167, 168 = LM § 840 Nr 5);

– gesamtschuldnerische Haftung mehrerer nach § 1 HpflG haftbarer Eisenbahnunternehmer (RGZ 61, 56, 58; RGZ 93, 96, 97);

– aus Gefährdung haftender Eisenbahnunternehmer neben dem, der den Unfall schuldhaft herbeigeführt hat (BGB-RGRK/NÜSSGENS[12] § 840 Rn 12);

– Eisenbahn und Kfz-Halter (BGHZ 11, 170 = VersR 1954, 60);

– Eisenbahn und Tierhalter (RGZ 53, 114, 121 f; RGZ 58, 335, 337);

– mehrere durch Verletzung ihrer Amtspflicht an der Entstehung oder Nichtabwendung eines Schadens beteiligte Beamte (RGZ 51, 258, 262; RGZ 141, 283, 286; BGH WM 1960, 982, 986);

– mehrere nach Art 34 GG haftende Körperschaften (BGHZ 9, 65, 67 = NJW 1953, 785, 786; BGHZ 118, 263, 267 = NJW 1992, 2691, 2692; BGH NJW 1993, 3065);

– Haftung aus Art 34 GG neben § 823 (BGHZ 85, 122 = NJW 1983, 1798);

– Stadtgemeinde, die nachts nicht entsprechend gekennzeichnete Straßenlaterne abschaltet, neben dem seinen LKW unbeleuchtet parkenden LKW-Fahrer (BGH NJW 1962, 484, 485);

– Nichtbeseitigung einer Straßenbeschädigung durch den Schädiger (Besatzungsstreitkräfte) und weitere Verkehrssicherungspflichtige (Gemeinde) (BVerwG NJW 1962, 1977, 1978).

5. Verhältnis zu anderen Vorschriften

§ 736 Abs 1 HGB sieht die **Quotenhaftung** mehrerer verantwortlicher Reeder vor. **24** Der aufgrund des Verschuldens der Besatzungen bei einem Schiffszusammenstoß entstandene Schaden am Transportgut und an den Schiffen richtet sich anteilig nach der Schwere des auf jeder Seite bestehenden Verschuldens und schließt die Anwendung der §§ 426, 840 aus (RG DJZ 1905, 1122). Die Quotenhaftung gem § 736 Abs 1 HGB stellt eine Ausnahmeregelung für das Seerecht dar, die sich weder auf das allgemeine Haftpflichtrecht noch auf andere Spezialmaterien wie das Recht des Kraftfahrzeugverkehrs übertragen läßt (BGHZ 30, 203, 209 = NJW 1959, 1772, 1774). Dasselbe gilt hinsichtlich der dem § 736 Abs 1 HGB entsprechenden Regelung für die Binnenschiffahrt, die in § 92c BInSchPRG eine Quotenhaftung mehrerer verantwortlicher Schiffseigner vorsieht.

Streitig ist, ob § 22 Abs 1 S 2 WHG (gesamtschuldnerische Haftung derjenigen, die für ein Gewässer nachteilige „Einwirkungen vorgenommen" haben) die Regelung des § 840 verdrängt. Dies wird zum Teil mit Hinweis auf den Wortlaut und den Charakter als Sondervorschrift bejaht (Wernicke NJW 1958, 772, 775; vgl auch Palandt/Thomas[61] Einf v § 823 Rn 3). Mit Recht wird § 22 Abs 1 S 2 WHG überwiegend als Bestimmung ohne besonderen Regelungsgehalt gesehen, da es sich bei dem Ausdruck „Einwirkungen" um einen Oberbegriff für alle in § 22 Abs 1 S 1 WHG genannten Schädigungsformen handelt (Renck NJW 1964, 808, 809 f; BGHZ 57, 257, 263 = NJW 1972, 205; Czychowski, Wasserhaushaltsgesetz, Kommentar[7] § 22 WHG Rn 39 mwNw). Ebenso schließt die gesamtschuldnerische Haftung der Anlageninhaber gem § 22 Abs 2 WHG die Regelung des § 840 nicht aus. Eine gesamtschuldnerische Haftung derjenigen, die teils nach Abs 1 und teils nach Abs 2 für denselben Schaden aufzukommen haben, ist nicht ausgeschlossen (BGHZ 62, 351, 360 f = NJW 1976, 804; aA Wernicke NJW 1978, 772, 775).

III. Haftung im Außenverhältnis

1. Grundsatz der gesamtschuldnerischen Haftung

25 § 840 Abs 1 bestimmt, daß die für den Schaden nebeneinander Verantwortlichen dem Verletzten als Gesamtschuldner nach §§ 421–425 haften. Damit kann sich der Verletzte im Außenverhältnis nach seiner Wahl an einen der verantwortlichen Schädiger halten. Auf die Beteiligung der anderen Mitverantwortlichen braucht er grundsätzlich nicht einzugehen und auch nicht im einzelnen darzutun, wie sie zum Schaden beigetragen haben (BGH VersR 1956, 127, 128). Zu Begriff und Kennzeichen der Gesamtschuld vgl ie Noack (Staudinger/Noack [1999] Vorbem zu §§ 420 ff Rn 18, § 421 Rn 4 f u 47).

2. Unterschiedliche Haftungshöhe bei einzelnen Schädigern

26 Abweichend von diesem Grundsatz gibt es **vier Konstellationen**, in denen die Schädiger bereits im Außenverhältnis dem Geschädigten gegenüber in verschiedener Höhe haften können: bei gesetzlicher Festlegung von Haftungshöchstbeträgen (dazu Rn 27), der Haftung auf Schmerzensgeld (dazu Rn 28), der Billigkeitshaftung iSv § 829 (dazu Rn 29) sowie dem Mitverschulden des Geschädigten (dazu Rn 30 ff). Die unterschiedliche Haftungshöhe bei einzelnen Schädigern führt – dem Grundsatz entsprechend – zu einem Gesamtschuldverhältnis zwischen den Schädigern in Höhe der sich deckenden Ersatzpflichten. Für den darüber hinausgehenden Betrag haften sie nur einzeln (oben Rn 21). Diese Rechtsfolge ist nicht mehr unbestritten für den Fall, daß die unterschiedliche Höhe der jeweiligen Haftung der Schädiger durch ein Mitverschulden des Geschädigten bedingt ist. Während die frühere Rechtsprechung (BGHZ 12, 213, 220 = NJW 1954, 875 = VersR 1954, 189, 190; VersR 1957, 167, 168) ein Gesamtschuldverhältnis auch nur in Höhe der sich deckenden Ersatzpflichten annahm, differenzieren die jüngere Rechtsprechung (OLG Celle VersR 1991, 235, 246; OLG Düsseldorf NJW-RR 1995, 28) sowie Teile des Schrifttums (Übersicht bei LANGE/SCHIEMANN[3] § 10 XIII 3 b; DUNZ NJW 1966, 1810 ff; STEFFEN DAR 1990, 41 ff; vgl ie unten Rn 37).

a) Haftungshöchstbeträge

Insbes für die **Gefährdungshaftung** sieht das Gesetz aus Gründen der Versicherbar- **27** keit des Risikos Haftungshöchstbeträge (DIETZ, in: VIEWEG [Hrsg], Spektrum des Technikrechts 41, 47 ff) vor: § 88 AMG (Tötung oder Verletzung eines Menschen: 600 000 € oder Rentenbetrag von 36 000 €/Jahr; Tötung oder Verletzung mehrerer Menschen: 120 Mio € oder Rentenbetrag von 7,2 Mio €/Jahr), § 117 Abs 1 BBergG (Tötung oder Verletzung eines Menschen: 600 000 € oder Rentenbetrag 36 000 €/Jahr), § 8 Abs 3 BDSG (130 000 €), § 33 GenTG (85 Mio €), §§ 9 f HpflG (600 000 € oder Rentenbetrag pro Person 36 000 €; Schäden durch Energieanlagen 300 000 €), § 33 iVm § 46 LuftVG (Tötung oder Verletzung einer Person: 600 000 € oder Rentenbetrag von 36 000 €/Jahr), § 10 ProdHaftG (85 Mio €), § 12 StVG (Tötung oder Verletzung eines Menschen: 600 000 € oder Rentenbetrag von 36 000 €/Jahr; Tötung oder Verletzung mehrerer Menschen durch dasselbe Ereignis: 3 Mio € oder Rentenbetrag von 180 000 €/Jahr; Sachbeschädigung: 300 000 €; § 12a Abs 1 StVG – Beförderung gefährlicher Güter: jeweils die doppelten Beträge); § 15 UmweltHG (85 Mio €). Die noch nicht in Kraft getretene Montrealer Konvention v 28. 5. 1999 sieht für Personenschäden einen Haftungshöchstbetrag von 100 000 Sonderziehungsrechten (entspricht 129 100 €) vor und ersetzt damit Art 22 des Warschauer Abkommens von 1929 idF d Haager Protokolls von 1955 (53 500 DM). Der zuvor in § 25 AtomG vorgesehene Haftungshöchstbetrag (1 Mrd DM) ist durch Gesetz v 22. 5. 1985 aufgehoben worden. Haftungshöchstgrenzen bestehen nach § 31 Abs 2 AtomG nur noch für Schäden, die in einem anderen Staat auftreten. Auch im Rahmen der **Verschuldenshaftung** sind teilweise Haftungshöchstbeträge vorgesehen (vgl zB §§ 18 Abs 1 StVG; §§ 44 ff LuftVG [für beförderte Personen und Güter]).

b) Schmerzensgeld

Das 2. SchadÄndG v 19. 7. 2002 hat Schmerzensgeldansprüche bei der Gefährdungs- **28** haftung nach dem AMG, BBergG, GenTG, HpflG, ProdHaftG, StVG und UmweltHG eingeführt, wie sie zuvor lediglich in § 833 S 1 iVm § 847 und § 8 Abs 2 BDSG enthalten waren. Damit sollte der jahrelangen Diskussion um die als ungerechtfertigt empfundene Ungleichbehandlung von außervertraglicher Verschuldenshaftung einerseits sowie Gefährdungs- und Vertragshaftung andererseits entsprochen und eine stärkere Anpassung an die europäischen Nachbarländer erreicht werden (vgl hierzu BT-Drucks 14/7752, 15; BOLLWEG ZfS Sonderheft 2002 1, 2; eher krit HUBER DAR 2000 20, 29). Die Gefährdungshaftung nach dem AtomG (iVm dem Pariser Abkommen) sieht Schmerzensgeld weiterhin nicht vor. Dasselbe gilt – außer bei vorsätzlicher Herbeiführung des Versicherungsfalles – gem §§ 104 ff SGB VII für Ansprüche des Verletzten gegen den Unternehmer sowie seine Betriebskollegen, Kommilitonen und Mitschüler. Hieraus können bei einer Mehrheit von Schädigern unterschiedliche Haftungshöhen resultieren. Ein divergierender Haftungsumfang kann sich selbst dann, wenn alle Schädiger auf Schmerzensgeld haften, aus der Doppelfunktion des Schmerzensgeldanspruchs ergeben. Da das Schmerzensgeld neben der Ausgleichsauch eine Genugtuungsfunktion erfüllt, kann es kein „an sich angemessenes" Schmerzensgeld geben. Die Höhe des Schmerzensgeldes ist vielmehr anhand individueller Faktoren zu ermitteln (BGHZ 18, 149, 164; BGHZ 54, 283, 287 = NJW 1971, 33, 35; BGHZ 61, 101, 110 = NJW 1973, 1654, 1656; ähnlich auch ERMAN/SCHIEMANN[10] § 847 Rn 14, § 840

Rn 6; BGB-RGRK/Kreft § 847 Rn 68; anders OLG Karlsruhe Justiz 1999, 445: grundsätzlich Haftung in voller Höhe der Gehilfen und Mittäter auch auf Schmerzensgeld, anders nur, wenn sich die wirtschaftlichen Verhältnisse wesentlich unterscheiden oder die Tatbeiträge unter Berücksichtigung der Genugtuungsfunktion etwas anderes nahe legen; ohne diese Einschränkung OLG Schleswig VersR 1977, 183; vgl zur Mitverschuldensproblematik unten Rn 30 ff u 38).

c) Billigkeitshaftung gem § 829

29 Die als Ausnahme von der Haftungsfreistellung nach §§ 827 und 828 idF des 2. SchadÄndG (nunmehr für Kinder von 7 bis 10 Jahren keine Verantwortung für fahrlässig verursachte Schäden aus Unfällen mit Kfz, Schienen- oder Schwebebahnen) in § 829 vorgesehene Billigkeitshaftung kann von vornherein auf einen niedrigeren Betrag begrenzt sein. Dies ergibt sich daraus, daß die Frage, ob der Schaden überhaupt und ggf in welchem Umfang („insoweit") zu ersetzen ist, nach Abwägung aller Umstände des Einzelfalles zu beantworten ist (Soergel/Zeuner[12] § 829 Rn 5; Erman/Schiemann[10] § 829 Rn 3). Demgemäß kann der zu leistende Betrag aus Billigkeitsgründen unter dem nach §§ 249 ff zu leistenden Schadensersatz bleiben (Jauernig/Teichmann[9] § 829 Rn 6). Ebenso ist im Einzelfall festzustellen, ob auch die Zuerkennung von Schmerzensgeld aus Billigkeitsgründen geboten ist. Falls zB bereits eine volle materielle Entschädigung aufgrund Gefährdungshaftung erfolgt, kommt ein Schmerzensgeld nach § 829 nur dann in Betracht, wenn die Billigkeit es erfordert, dem Geschädigten über den materiellen Schadensausgleich hinaus auch noch ein Schmerzensgeld zukommen zu lassen (BGHZ 127, 186, 187, 193 = NJW 1995, 452, 454; krit hierzu Erman/Schiemann[10] § 829 Rn 3).

d) Mitverschulden des Geschädigten

30 Der Fall, daß dem Geschädigten bei einer Mehrheit von Schädigern Mitverschulden iSv § 254 zur Last fällt, ist **im Gesetz nur unzureichend geregelt** (Roth 135). Hieraus resultieren erhebliche Probleme. Fraglich sind insbes die Höhe der Mitverschuldensquote des Geschädigten im Verhältnis zu den Schädigern, die Auswirkungen des Mitverschuldens auf die Ansprüche gegen die einzelnen Mitschädiger und die Bemessung des Anteils der Ersatzpflichtigen im Innenverhältnis (Lange/Schiemann[3] § 10 XIII 1; s ie unten Rn 31 ff).

3. Problematik des Mitverschuldens des Geschädigten im einzelnen

a) Grundsatz: Berücksichtigung des Mitverschuldens zu Gunsten aller Mitschädiger

31 § 254 ist anwendbar, wenn den Geschädigten bei einer Mehrheit von Schädigern ein Mitverschulden trifft. Zwar geht das gesetzliche Regelungsmodell von einer Zweierbeziehung Schädiger – Geschädigter aus, wie insbes § 254 Abs 1 aE deutlich macht („von dem einen oder dem anderen Teil") (Roth 135). Dies verhindert aber nicht die direkte Anwendung (für eine entsprechende Anwendung Brambring 174 unter Hinweis auf den Grundsatz von Treu und Glauben) auf eine Mehrheit von Schädigern. Wie sich § 254 auf das Außenverhältnis des Geschädigten zu den gesamtschuldnerisch haftenden Mitschädigern auswirkt, ist unzureichend geregelt. Zu berücksichtigen ist insofern, daß die Verklammerung mehrerer Ansprüche zu einer Gesamtschuld auch entscheidend die Beziehung des Geschädigten zu jedem einzelnen Gesamtschuldner prägt (BGHZ 61, 213, 217 = NJW 1973, 2022; BGH NJW 1982, 2307; BGHZ 90, 86, 91 = NJW 1984, 2087 mit zust Anm Hofmann MDR 1986, 981, MünchKomm/Stein[3] Rn 15). Im Grundsatz gilt, daß ein

Mitverschulden des Geschädigten gegenüber allen gesamtschuldnerisch haftenden Mitschädigern zu berücksichtigen ist, und zwar schon dann, wenn § 254 gegenüber wenigstens einem Gesamtschuldner eingreifen würde (BGHZ 90, 86, 91 = NJW 1984, 2087; ERMAN/SCHIEMAN[10] Rn 5).

b) Anwendung des Grundsatzes auf die Fälle des § 830

§ 830 behandelt Mittäter (Abs 1 S 1), Beteiligte (Abs 1 S 2) sowie Anstifter und **32** Gehilfen (Abs 2) gleich und faßt sie als Einheit gegenüber dem Geschädigten zusammen. Konsequent findet bei Mitverschulden des Geschädigten nur eine Gesamtabwägung zwischen den Verantwortungsbeiträgen des Verletzten einerseits und der Gesamtheit der Mitschädiger andererseits statt. Da jeder Mitschädiger voll für das Verhalten der anderen einzustehen hat, die Tatbeiträge also gegenseitig zugerechnet werden, wäre eine unterschiedliche Bewertung des Mitverschuldens im Verhältnis zu den einzelnen Mitschädigern ungerechtfertigt (oben Rn 31). Aus der Gegenüberstellung der kumulierten Verantwortungssphären der Mitschädiger mit der Verantwortungssphäre des Geschädigten ergibt sich eine einheitliche (Gesamt-)Haftungsquote (statt vieler BGHZ 30, 203, 206 = NJW 1972, 1772, 1774; BGH LM § 840 Nr 7 a aE; OLG Saarbrücken OLGZ 1970, 9, 10 f; BGB-RGRK/NÜSSGENS[12] Rn 18 m Hinw auf abweichende Meinung von RIES AcP 177 [1977] 543, 545), die sich aus der Addition der Einzelbeiträge zusammensetzt.

Beispiel: Ist der (Mit-)Verantwortungsbeitrag der drei Schädiger und des Geschädigten gleich groß, also jeweils ein Viertel, so beträgt die einheitliche Gesamthaftungsquote für die drei Schädiger drei Viertel.

c) Besonderheiten bei Nebentäterschaft
aa) Problematik

Jeder Nebentäter (z Begriff oben Rn 3) ist bereits aufgrund der von ihm verwirklichten **33** Haftungstatbestände für den gesamten Schaden verantwortlich. Er hat eine zurechenbare Bedingung für den Gesamtschaden gesetzt (oben Rn 3). Die Anwendung des Grundsatzes, daß ein **Mitverschulden des Geschädigten** gleichermaßen gegenüber allen Mitschädigern zu berücksichtigen ist (oben Rn 32), ist für die Nebentäterschaft nicht immer interessengerecht. Obwohl die praktische Relevanz der **Nebentäter-Mitverschuldens-Problematik** insbes in der Straßenverkehrsunfallhaftung nach wie vor sehr groß ist (vgl auch LANGE/SCHIEMANN[3] § 10 XIII 3; ROTH 135; krit zur herrschenden Praxis, die BGH-Rspr nicht zu berücksichtigen, OTZEN VersR 1997, 808), hat sich der Gesetzgeber bislang nicht zu einer ausdrücklichen Regelung der Berechnung der Haftungsquote gegenüber dem Geschädigten entschließen können. Es fehlt eine dem § 830 Abs 1 S 1 entsprechende Vorschrift, die die einzelnen Verursachungsbeiträge den Beteiligten gegenseitig zurechnet (BGHZ 30, 203, 207 = NJW 1959, 1772, 1774). Eine analoge Anwendung scheitert am fehlenden inneren Grund, da der Nebentäter den Tatbeitrag des oder der anderen Nebentäter nicht gewollt hat (LANGE/SCHIEMANN[3] § 10 XIII 3 a). Da die Nebentäter somit nicht als Einheit auftreten, können ihre einzelnen Haftungsquoten nicht unbesehen addiert werden. Problematisch ist die angemessene Berücksichtigung des im Verhältnis des Geschädigten zu den einzelnen Nebentätern möglicherweise unterschiedlichen Grades des Mitverschuldens (s schon oben Rn 31). Es gilt, einen Kompromiß zwischen dem Streben nach umfassender Einzelfallgerechtigkeit und den Erfordernissen einer gleichmäßigen Rechtsanwendung (vgl ROTH aaO) zu finden.

bb) Lösungsansätze

34 Zur Lösung der Problematik werden **vier Ansätze** diskutiert: eine Einzelabwägung, eine Gesamtabwägung, eine Kombination aus Einzel- und Gesamtabwägung sowie eine Quotenhaftung (vgl zur Diskussion ie Rn 35 ff). Die Unterschiede lassen sich am besten durch Beispiele deutlich machen. Ausgehend von einem BGH-Urteil (BGHZ 30, 203, 211 f = NJW 1959, 1772, 1774) wird den Beispielen jeweils der Fall zugrunde gelegt, daß der durch den Gläubiger G sowie die Schädiger S 1 und S 2 verursachte Schaden sich auf 3 000 € beläuft (vgl zu weiteren Beispielen BGH NJW 1964, 2011; MünchKomm/GRUNSKY[3] § 254 Rn 70 f; MünchKomm/STEIN[3] Rn 16; BGB-RGRK/NÜSSGENS[12] Rn 25; SOERGEL/MERTENS[12] § 254 Rn 124).

(1) Nach der **Einzelabwägung** ist für jeden Anspruch des Geschädigten gegen einen der Schädiger das Mitverschulden des Geschädigten nur im Verhältnis zu diesem einen Schädiger zu berücksichtigen. Gesamtschuld besteht nur soweit, wie die Schädiger in gleicher Höhe haften (vgl Rn 26).

Beispiel 1: Den Geschädigten G und die beiden Schädiger S 1 und S 2 trifft ein gleicher Verschuldensbeitrag (Quoten 1:1:1).

Da im Verhältnis G – S 1 die Verschuldensbeiträge gleich hoch sind, besteht der Anspruch des G gegen S 1 in Höhe von 1 500 €. Dasselbe gilt für das Verhältnis G – S 2. Bei Gesamtschuld erhält G von S 1 und S 2 insgesamt nur 1 500 €. G muß also die Hälfte seines Schadens selbst tragen.

Beispiel 2: Der Verschuldensbeitrag des S 2 ist doppelt so hoch wie der von G und S 1 (Quoten 1:1:2).

Im Verhältnis G – S 1 sind die Verschuldensbeiträge gleich hoch. Der Anspruch des G gegen S 1 geht auf Ersatz des halben Schadens (1 500 €). Da im Verhältnis G – S 2 den S 2 ein doppelt so hoher Verschuldensbeitrag trifft, haftet er dem G in Höhe von zwei Dritteln (2 000 €). In Höhe des halben Schadens (1 500 €) sind S 1 und S 2 Gesamtschuldner.

(2) Nach der **Gesamtabwägung** werden die Schädiger als Einheit betrachtet. Der Mitverschuldensanteil des Geschädigten wird gegenüber dieser Einheit ermittelt. Der Geschädigte hat gegen alle Schädiger einen Anspruch in gleicher Höhe. Diese haften ihm als Gesamtschuldner.

Beispiel 1 (Quoten 1:1:1): G hat einen Anspruch in Höhe von 2 000 €, da er selbst den Schaden nur zu einem Drittel zu verantworten hat. Wenn S 1 und S 2 zudem als Gesamtschuldner angesehen werden, kann G auch bei Insolvenz eines Schädigers von dem anderen Ersatz in Höhe von zwei Dritteln verlangen.

Beispiel 2 (Quoten 1:1:2): G trägt ein Viertel seines Schadens, dh 750 €, selbst. Er könnte von S 1 drei Viertel des Schadens (2 250 €) ersetzt verlangen, obwohl S 1 eine niedrigere Haftungsquote (ein Viertel, dh 750 €) trifft. Entsprechendes gilt für das Verhältnis G – S 2, auf den eine Haftungsquote von ein Halb (1 500 €) entfällt. Auch hier würde iE eine Zurechnung der Tatbeiträge ohne gesetzliche Grundlage erfolgen.

Die Beispiele zeigen, daß der Geschädigte bei der Einzelabwägung weniger erhält als seiner Haftungsquote bei einer Gesamtbetrachtung entspräche. Noch deutlicher wird das Mißverhältnis in dem von Dunz (JZ 1955, 727 ff) konstruierten „Schreckbeispiel" mit zehn Schädigern. Demgegenüber kann es bei der Gesamtabwägung zu einer überproportionalen Belastung einzelner Schädiger kommen. Die Nebentäter werden hier iE wie Mittäter behandelt, obwohl das Gesetz keine gegenseitige Zurechnung der Tatbeiträge vorsieht.

(3) Nach der **Kombination von Einzel- und Gesamtabwägung** wird das Ergebnis der zunächst vorgenommenen Einzelabwägung durch eine Gesamtabwägung korrigiert, um das Prinzip der Gesamtschuld mit dem Abwägungsprinzip des § 254 in Einklang zu bringen.

Beispiel 1 (Quoten 1:1:1): G hat nach der **Einzelabwägung** gegen S 1 und S 2 jeweils einen Anspruch in Höhe von ein Halb (1 500 €). Die **Gesamtabwägung** ergibt, daß jeder ein Drittel (1 000 €) zu tragen hat. Die **Kombination** führt zu folgendem Ergebnis: Wendet sich G gleichzeitig an S 1 und S 2, so kann er insgesamt 2 000 € verlangen. Wendet G sich zunächst an S 1, so kann er von diesem nur die auf S 1 entfallende Einzelquote (1 500 €) fordern. Von S 2 kann G später nur die Differenz zu dem Betrag, der ihm insgesamt zusteht (2 000 €), dh 500 €, fordern. Der Ausgleich zwischen S 1 und S 2 erfolgt im Innenverhältnis.

Beispiel 2 (Quoten 1:1:2): G hat nach der **Einzelabwägung** gegen S 1 einen Anspruch auf Ersatz des halben Schadens (1 500 €). Sein Anspruch gegen S 2 beläuft sich auf zwei Drittel (2 000 €). In Höhe von ein Halb (1 500 €) sind S 1 und S 2 Gesamtschuldner. Die **Gesamtabwägung** ergibt, daß G ein Viertel seines Schadens (750 €) selbst tragen muß und S 1 und S 2 ihm gesamtschuldnerisch in Höhe von drei Vierteln (2 250 €) haften. Die **Kombination** führt zu folgendem Ergebnis: Wendet sich G gleichzeitig an S 1 und S 2, so kann er insgesamt 2 250 € verlangen. Wendet G sich zunächst an S 1, so kann er von diesem nur die auf S 1 entfallende Einzelquote (1 500 €) fordern. Von S 2 kann er später 750 € verlangen. Wendet G sich zunächst an S 2, so kann er von diesem die entsprechende Einzelquote (2 000 €) und von S 1 später 250 € fordern. Der Ausgleich zwischen S 1 und S 2 erfolgt jeweils im Innenverhältnis.

(4) Nach der **Quotenhaftung** (gesetzlich vorgesehen in § 736 HGB [oben Rn 24]) wird der Schaden im Verhältnis der Beiträge der an der Schadensentstehung beteiligten Personen aufgeteilt und jede nur mit der sie treffenden Schadensquote belastet.

Beispiel 1 (Quoten 1:1:1): G hat gegen S 1 und gegen S 2 jeweils einen Anspruch in Höhe von 1 000 €. S 1 und S 2 haften nicht als Gesamtschuldner. Ein Innenausgleich findet nicht statt.

Beispiel 2 (Quoten 1:1:2): G hat gegen S 1 einen Anspruch in Höhe von ein Viertel (750 €) und gegen S 2 einen Anspruch in Höhe von ein Halb (1 500 €). Er selbst trägt seinen Schaden in Höhe von ein Viertel (750 €).

cc) Entwicklung der Rechtsprechung

35 Das RG (RG Gruchot 54, 414, 416; DR 1940, 453) und in frühen Entscheidungen auch der BGH (BGHZ 12, 213, 220 = NJW 1954, 875 = VersR 1954, 189, 190) begnügten sich mit der **Einzelabwägung**. Damit war die Mitverschuldensquote des Geschädigten unabhängig von den Tatbeiträgen der anderen Nebentäter im Verhältnis zu jedem Schädiger gesondert festzustellen. Sie konnte aufgrund unterschiedlicher Konstellationen völlig verschieden ausfallen.

Aufgrund der massiven Kritik des Schrifttums, vor allem von DUNZ (JZ 1955, 727 u 1957, 371) hat der BGH 1959 die bisherige Rechtsprechung zu Gunsten des **Kombinationsmodells** aufgegeben. Die Einzelabwägung gewähre dem Geschädigten weniger als ihm bei einer Gesamtschau des Geschehens zukommen müßte (BGHZ 30, 203, 207 f = NJW 1959, 1772, 1774). In diesem Urteil hat der BGH zugleich die Quotenhaftung verworfen, da – anders als bei § 736 HGB – eine gesetzliche Grundlage dafür fehle, von der Trennung von Innen- und Außenverhältnis abzurücken und die Innen- und Außenhaftung in einem einzigen Schritt zu behandeln (BGHZ 30, 203, 209 = NJW 1959, 1772, 1774). Mit der Entscheidung für die Kombination von Einzel- und Gesamtabwägung beabsichtigt der BGH vielmehr, „das Prinzip der Gesamtschuld mit dem Abwägungsprinzip des § 254 BGB (§ 17 StVG) in Einklang" zu bringen (BGHZ 30, 203, 211 = NJW 1959, 1772, 1774 = LM § 840 BGB Nr 6 m Anm HAUSS). Die Entscheidung des VI. ZS ist in der Folgezeit von ihm selbst, aber auch von anderen BGH-Senaten bestätigt worden (II. ZS: LM RheinschiffahrtspolizeiVO v 24. 12. 1954 Nr 3 = VersR 1959, 608; LM RheinschiffahrtspolizeiVO v 24. 12. 1954 Nr 69 = VersR 1975, 255; III. ZS: BGHZ 61, 351 = NJW 1974, 360; VI. ZS: BGHZ 54, 283, 285 = NJW 1971, 33, 34 = LM [12] § 840 [Anm NÜSSGENS] u BGHZ 61, 213, 217 f = NJW 1973, 2022; VI. ZS: NJW 1991, 418, 419). Dabei haben sich allerdings **Differenzierungen** ergeben beim Anspruch auf Schmerzensgeld (dazu Rn 38) und beim Vorliegen einer sog Haftungseinheit (dazu Rn 39 ff). Unabhängig von diesen Differenzierungen stellen sich bei der Kombinationslösung des BGH zwei **Fragen**, die eng miteinander verknüpft sind: Inwieweit ist der Geschädigte wegen seines Mitverschuldens am Insolvenzrisiko zu beteiligen? Inwieweit haften die Schädiger als Gesamtschuldner?

dd) Verteilung des Insolvenzrisikos nach dem Kombinationsmodell

36 Bei Anwendung des Kombinationsmodells stellt sich vordringlich die Frage, wie das **Risiko der Insolvenz eines Nebentäters** angemessen auf die Beteiligten zu verteilen ist. In der Literatur wird dies geradezu als „Lackmus-Test" für die Beurteilung des Kombinationsmodells herangezogen. Da die Berechnungen aber nicht immer hinreichend transparent sind, soll im folgenden zunächst anhand mehrerer Beispiele berechnet werden, wie sich das Insolvenzrisiko verteilt. Dabei legen alle Beispiele einen Gesamtschaden von 3 000 € zugrunde, variieren aber in der Anzahl der Nebentäter und in den Mitverschuldensquoten.

(1) Bei nur **zwei Ersatzpflichtigen** stellt die Anwendung des Kombinationsmodells im Hinblick auf das Insolvenzrisiko kein Problem dar. Vom solventen Schädiger kann nur die Einzelquote, nicht aber die Gesamtquote verlangt werden. Die Verteilung des Insolvenzrisikos entspricht hier den sich aus der Einzelabwägung ergebenden Quoten:

Beispiel 1 (Quoten 1:1:1): G hat gegen S 1 und S 2 jeweils einen Anspruch in Höhe

von 1 500 €. Insgesamt kann er 2 000 € verlangen. Im Innenverhältnis hätten S 1 und
S 2 jeweils 1 000 € zu tragen. Nimmt G S 1 in Höhe von 1 500 € in Anspruch, so
kommt es zu einer hälftigen Verteilung des Insolvenzrisikos. G kann vom insolventen
S 2 nicht die restlichen 500 € erhalten. S 1 fällt mit seiner Ausgleichsforderung gegen
S 2 in Höhe von 500 € aus.

Beispiel 2 (Quoten 1:1:2): G kann von S 1 1 500 € und von S 2 2 000 €, insgesamt
2 250 € verlangen. Verlangt er von S 1 1 500 €, so tragen G und S 1 je zur Hälfte das
Insolvenzrisiko, da G mit seiner Restforderung in Höhe von 750 € gegenüber S 2
ausfällt und S 1 von S 2 nicht den Ausgleich in Höhe von 750 € erhält. Erhält G von
S 2 2 000 € und ist S 1 insolvent, so verteilt sich das Insolvenzrisiko im Verhältnis 1:2 –
G hat einen Ausfall von 250 €, S 2 kann seine Ausgleichsforderung in Höhe von 500 €
nicht durchsetzen.

Beispiel 3 (Quoten 2:1:1): G hat nach der Einzelabwägung gegen S 1 und S 2 Ansprüche in Höhe von einem Drittel (1 000 €). Die Gesamtabwägung ergibt, daß G die
Hälfte seines Schadens (1 500 €) selbst tragen muß und S 1 und S 2 gesamtschuldnerisch auf die Hälfte (1 500 €) haften. Nach dem Kombinationsmodell kann G bei
Insolvenz des S 1 von S 2 1 000 € verlangen. Er trägt damit in Höhe von 500 € ein
Insolvenzrisiko. Das Insolvenzrisiko des S 2 ergibt sich daraus, daß er seinen Ausgleichsanspruch in Höhe von 250 € nicht gegenüber S 1 realisieren kann. Die Verteilung des Insolvenzrisikos (2:1) entspricht den Mitverschuldensquoten von G und
S 2.

Beispiel 4 (Quoten 3:1:1): G hat nach der Einzelabwägung gegen S 1 und S 2 Ansprüche in Höhe von jeweils einem Viertel (750 €). Die Gesamtabwägung ergibt, daß
G drei Fünftel seines Schadens (1 800 €) selbst tragen muß und S 1 und S 2 ihm
insgesamt in Höhe von zwei Fünfteln (1 200 €) haften. Nach dem Kombinationsmodell kann G von S 2 750 € verlangen. S 2 trägt bei Insolvenz des S 1 ein Insolvenzrisiko in Höhe des nicht realisierbaren Ausgleichsanspruchs (150 €). Auf G entfällt ein Insolvenzrisiko in Höhe von 450 €. Auch hier entspricht die Verteilung des
Insolvenzrisikos der Mitverantwortlichkeit.

(2) Komplikationen können jedoch auftreten, sobald **mehr als zwei Nebentäter**
beteiligt sind. Eine den Einzelquoten entsprechende Risikoverteilung wird dann
nicht mehr erreicht (zutreffend KEUK AcP 168 [1968] 178, 201 f):

Beispiel 5 (Quoten 1:1:1:1): Wendet sich G zugleich an S 1, S 2 und S 3, so kann er
insgesamt 2 250 € verlangen. Die Einzelquoten betragen für alle 1 500 €. Die Insolvenz zB des S 3 hindert G nicht, von S 1 und S 2 1 500 € und 750 € zu verlangen. Das
Insolvenzrisiko liegt in diesem Fall bei S 1, der die ihm als Ausgleich zustehenden
750 € nicht von S 3 erhalten kann.

Beispiel 6 (Quoten 1:1:1:2): Die Einzelquoten für S 1 und S 2 betragen je 1 500 €, die
von S 3 beträgt 2 000 €. Insgesamt kann G von den drei Schädigern 2 400 € verlangen.
Erhält G von S 1 1 500 € und von S 2 900 €, so betragen die Ausgleichsansprüche des
S 1 gegen S 3 900 € und des S 2 gegen S 3 300 €. In dieser Höhe tragen S 1 und S 2 das
Insolvenzrisiko. Für G besteht kein Insolvenzrisiko.

Beispiel 7 (Quoten 2:1:1:1): G hat nach der Einzelabwägung gegen S 1, S 2 und S 3 jeweils einen Anspruch in Höhe von 1 000 €. Die Gesamtabwägung ergibt, daß er zwei Fünftel seines Schadens (1 200 €) selbst tragen muß und von den drei Schuldnern insgesamt 1 800 € verlangen kann. Bei Insolvenz zB von S 3 kann er von S 1 1 000 € und von S 2 800 € verlangen. In diesem Fall hat S 1 gegen S 3 einen Ausgleichsanspruch in Höhe von 400 €, S 2 hat einen solchen gegen S 3 in Höhe von 200 €. In dieser Höhe tragen S 1 und S 2 das Risiko der Insolvenz des S 3. G trägt kein Insolvenzrisiko.

Beispiel 8 (Quoten 6:1:1:1:1): G hat nach der Einzelabwägung gegen S 1, S 2, S 3 und S 4 jeweils einen Anspruch in Höhe von einem Siebtel (428,57 €). Die Gesamtabwägung ergibt, daß G sechs Zehntel = drei Fünftel seines Schadens (1800 €) selbst tragen muß und S 1–S 4 ihm in Höhe von zwei Fünfteln (1 200 €) haften. Bei Insolvenz des S 4 kann G sich durch Inanspruchnahme von S 1–S 3 schadlos halten. S 1–S 3 tragen – je nach Inanspruchnahme durch G – in unterschiedlichem Umfang das Insolvenzrisiko, während auf G kein Insolvenzrisiko entfällt.

Beispiel 9 (Quoten 1:1:1:1:6): G hat nach der Einzelabwägung gegen S 1–S 3 jeweils Ansprüche in Höhe von ein Halb (1 500 €), sein Anspruch gegen S 4 beläuft sich auf sechs Siebtel (2 571,43 €). Die Gesamtabwägung ergibt, daß G ein Zehntel seines Schadens (300 €) selbst tragen muß und S 1–S 4 ihm insgesamt in Höhe von neun Zehnteln (2 700 €) haften. Auch in diesem Fall ist bei Insolvenz nur eines Schuldners sichergestellt, daß G die auf S 1 – S 4 entfallenden 2 700 € erhält. Das Insolvenzrisiko tragen wiederum allein die solventen Schuldner.

Mithin ist festzuhalten, daß bei strikter Anwendung des Kombinationsmodells der mitverantwortliche Geschädigte, soweit er sich bereits durch Inanspruchnahme mindestens zweier solventer Nebentäter in der Höhe der ihm zustehenden Gesamtquote schadlos halten kann, kein Insolvenzrisiko trägt. Dies ist in der Regel dann der Fall, wenn Ansprüche gegen mehr als zwei Nebentäter realisierbar sind.

ee) Ausgestaltung der für die Verteilung des Insolvenzrisikos maßgeblichen Gesamtschuld

37 Die Verteilung des Insolvenzrisikos auf Nebentäter und Geschädigten wird maßgeblich durch die konkrete **Ausgestaltung der Gesamtschuld** – insbes der Höhe von Solidar- und Separatquoten – beeinflußt (so auch BGH NJW 1991, 418, 420). Die Solidarquote, in deren Höhe Gesamtschuld besteht, bürdet das Insolvenzrisiko eines Schädigers den anderen Nebentätern auf, während die „überschießende" Separatquote dem Geschädigten das Insolvenzrisiko zuweist (STEFFEN DAR 1990, 43, 45 m Definitionen der Begriffe). In neueren Urteilen hat der **BGH** die genaue Berechnung der Solidar- und Separatquoten ausdrücklich offengelassen (BGH NJW 1991, 418, 419 f m Verweis auf das Berechnungsmodell v STEFFEN DAR 1990, 41, 43; vgl ie unten Rn 47). Zuvor begnügte er sich mit der Feststellung, dem Geschädigten kämen die Vorteile der Gesamtschuld zugute, „soweit sich die Schuldbeiträge decken" (BGHZ 30, 203, 212 = NJW 1959, 1772, 1774; BGHZ 61, 351, 354 = NJW 1974, 360). Insgesamt ist die Haltung des BGH zur Gesamtschuld unklar (z unterschiedlichen Verständnis der Äußerung des BGH LANGE/SCHIEMANN[3] § 10 XIII 3 b). Nimmt man tatsächlich Gesamtschuld in Höhe des niedrigsten von den Mitschädigern geschuldeten Betrages an, kommt der Geschädigte nicht auf die ihm zustehende Gesamtquote (dieses Verständnis daher abl HARTUNG VersR 1980, 797, 801).

Hätte in Beispiel 2 Rn 36 (Quoten 1:1:2, Schaden 3 000 €) S 1 an G bereits 1 500 € gezahlt, so wäre bei einer Gesamtschuld in Höhe von 1 500 € S 2 in dieser Höhe befreit und würde dem G von den ursprünglichen 2 000 € nur noch 500 € schulden. G bekäme so insgesamt nur 2 000 € anstelle der ihm nach dem Kombinationsmodell zustehenden 2 250 €. Der Geschädigte könnte daher nur dann auf den ihm zustehenden Betrag kommen, wenn zwar Gesamtschuld in Höhe der sich deckenden Schuldbeiträge vorliegt, aber die Erfüllungswirkung der Leistung eines Gesamtschuldners zugunsten der anderen Gesamtschuldner solange verneint wird, wie der dem Geschädigten zustehende Gesamtbetrag noch nicht getilgt ist (dies läßt sich über eine teleologische Reduktion des § 422 BGB begründen; vgl Larenz/Canaris II/2[13] § 82 III 3a).

Die Rechtsprechung der **Oberlandesgerichte** hat im wesentlichen zwei **Berechnungsvorschläge** der Literatur aufgegriffen. Nach OLG Celle (VersR 1991, 234, 235; OLGZ 1974, 203, 206 f) im Anschluß an Hartung (VersR 1974, 106 ff u 1980, 797, 801) besteht bei zwei Schädigern Gesamtschuld in Höhe der Differenz zwischen der Summe der Einzelschulden der Mitschädiger und ihrer Gesamtverantwortlichkeit, da diese Differenz auf eine doppelte Berücksichtigung des gesamtschuldnerisch geschuldeten Betrages zurückzuführen ist. Dementsprechend wird bei drei Schädigern die Gesamtschuld bei einer Aufsummierung der Einzelschulden dreifach berücksichtigt, die Gesamtschuld beläuft sich daher auf die halbe Differenz zwischen der Summe der Einzelschulden und der Gesamtquote (Hartung VersR 1980, 797, 801 f).

Im **Beispiel 2 Rn 36**: (Quoten 1:1:2, Schaden 3 000 €) ergäbe sich nach OLG Celle (aaO) folgendes: Die Summe der Einzelforderungen (1 500 € und 2 000 €) beläuft sich auf 3 500 €, während G insgesamt nur 2 250 € zustehen. Gesamtschuld bestünde daher in Höhe des Differenzbetrages von 1 250 €.

Im **Beispiel 6 Rn 36**: (Quoten 1:1:1:2, Schaden 3 000 €) ergäbe sich folgende Berechnung: Die Summe der Einzelforderungen (1 500 €, 1 500 € und 2 000 €) beträgt 5 000 €, G soll insgesamt nur 2 400 € bekommen. Es wäre dann von einer Gesamtschuld in Höhe der halben Differenz, also 1 300 €, auszugehen.

Demgegenüber greift OLG Düsseldorf (NJW-RR 1995, 281, 282) das von Steffen (DAR 1990, 41 ff, vgl auch Geigel/Rixecker[23] Kap 3 Rn 65 f) entwickelte Modell auf. Danach entspricht die Separatquote dem Betrag, den der Geschädigte zusätzlich übernehmen müßte, wenn der entsprechende Schädiger bei der Gesamtschau nicht vorhanden wäre. Die Gesamtschuld soll sich dabei aus der Differenz zwischen dem von allen Schädigern zu bezahlenden Betrag und der Summe dieser Separatquoten bestimmen (dazu ie Steffen DAR 1990, 41, 45 m Rechenbeispielen).

Im **Beispiel 2 Rn 36**: (Quoten 1:1:2, Schaden 3 000 €) ergäbe sich folgendes: G hat an sich insgesamt 750 € zu tragen. Wäre S 1 nicht vorhanden, bekäme G 1 000 € nicht ersetzt. Die Separatquote von S 1 beliefe sich daher auf die Differenz in Höhe von 250 €. Bei Ausfall von S 2 müßte G 1 500 € statt der eigentlichen 750 € tragen, die Separatquote von S 2 betrüge demnach 750 €. Gesamtschuld mit Folge des § 422 bestünde daher in Höhe von 1 250 €.

Im **Beispiel 5 Rn 36**: (Quoten 1:1:1:1, Schaden 3 000 €) ergäbe sich folgende Berechnung: G trägt grundsätzlich 750 € selbst. Dieser Eigenanteil erhöhte sich bei Wegfall eines der Schädiger auf 1 000 €, so daß sich die Separatquoten jeweils auf 250 € beliefen. Gesamtschuld bestünde in Höhe von 1 500 €. Der Tenor müßte demnach lauten: „S 1, S 2 und S 3 haben zusammen 2 250 € zu tragen; jeder hat von ihnen jedoch als Gesamtschuldner nicht mehr als 1 250 € auf die in Höhe von 1 500 € bestehende Gesamtschuld und als Einzelschuldner weitere 250 € zu zahlen."

IE führen die Berechnungsvorschläge zwar zu einer angemessenen Verteilung des Insolvenzrisikos (vgl die verschiedenen Rechenbeispiele v STEFFEN DAR 1990, 41, 45 f). Allerdings geht die Kompliziertheit der Berechnungen eindeutig auf Kosten der Praktikabilität der Lösungen.

ff) Ausnahmen vom Kombinationsmodell

38 Eine erste Ausnahme vom Kombinationsmodell macht die Rechtsprechung bei **Schmerzensgeldansprüchen** des mitschuldigen Geschädigten gegenüber mehreren Schädigern. Grund für diese Ausnahme ist zum einen die Doppelfunktion des Schmerzensgeldanspruchs, nicht nur Ausgleich, sondern auch Genugtuung zu gewähren. Dies hat zur Konsequenz, daß der Schmerzensgeldanspruch gegenüber den einzelnen Nebentätern unterschiedlich bemessen sein kann (BGHZ 54, 283, 287 = NJW 1971, 33, 35 = LM BGB § 840 Nr 13 m Anm NÜSSGENS). Zum andern gibt es kein „an sich angemessenes" Schmerzensgeld (BGH aaO). Die Angemessenheit bestimmt sich vielmehr anhand individueller Faktoren, zu denen auch die persönlichen Verhältnisse von Schädiger und Geschädigtem gehören (vgl ie ERMAN/SCHIEMANN[10] § 847 Rn 6; PALANDT/THOMAS[61] § 847 Rn 11). Für die „Gesamtschau" fehlt es damit an einem allen Schädigern gegenüber einheitlichen ersatzpflichtigen Schadensumfang, der die notwendige Grundlage der Berechnung bilden könnte (BGHZ 54, 283, 287 = NJW 1971, 33, 35; BGH NJW 1971, 33, 35; OLG Düsseldorf NJW-RR 1995, 281, 282). Konsequenterweise kommt die Rechtsprechung bei Schmerzensgeldansprüchen zur Einzelabwägung (oben Rn 28).

39 Eine zweite Ausnahme vom Kombinationsmodell macht die Rechtsprechung in Fällen der sog **Haftungs-, Zurechnungs- oder Tatbeitragseinheit**. Die Terminologie ist uneinheitlich (BGB-RGRK/NÜSSGENS[12] Rn 35 mwNw). Übereinstimmend liegt der „Verklammerung" mehrerer Personen zu einer Einheit folgende Überlegung zugrunde: Die Kombination von Einzel- und Gesamtabwägung bezweckt, die Lage des Geschädigten insofern zu verbessern, als er über die Höchstquote hinauskommen soll, die sich bei einer Einzelabwägung im Verhältnis zu dem am stärksten beteiligten Schädiger ergibt. Er soll sich lediglich den Teil des Schadens entgegenhalten lassen müssen, der seinem Verursachungsbeitrag entspricht (oben Rn 33 f; BGB-RGRK/NÜSSGENS[12] Rn 43). Die Konsequenz, daß mit der Zahl der Nebentäter der Eigenanteil des Geschädigten sinkt, kann sich dann als unangemessen erweisen, wenn sich die Ursachenbeiträge der einzelnen Nebentäter nur in **einem Ursachenbeitrag** auswirken, der ebensogut von einem einzelnen Schädiger hätte erbracht werden können (LANGE/SCHIEMANN[3] § 10 XIII 4 a; ähnlich KIRCHHOFF NZV 2001, 361: Haftung eines Teils besteht nur wegen rechtlicher Zurechnung des Verhaltens des anderen Teils). Durch das Abstellen auf die Verursachungsbeiträge wird die Bedeutung der Schuld zurückgedrängt. Dies entspricht Wortlaut und Sinn des § 254 BGB (BGB-RGRK/NÜSSGENS[12] Rn 44).

40 Den Begriff der **Haftungseinheit** hat der BGH zunächst im Rahmen des internen

Gesamtschuldnerausgleichs verwendet (vgl BGHZ 6, 3, 27 = NJW 1952, 1087, 1089 sowie
unten Rn 49), dann aber auch im Außenverhältnis auf die Fälle übertragen, in denen
die Verantwortlichkeit des einen Schädigers auf einer rechtlich angeordneten Zurechnung des Tatbeitrags des anderen Schädigers zu seinen Lasten beruht. Betroffen
sind also Fälle, in denen der eine für das Verhalten des anderen einzustehen hat
(BGB-RGRK/NÜSSGENS[12] Rn 36). Weiter fehle es an der Grundlage der Gesamtschau,
wenn sich unabhängige Verhaltensweisen mehrerer Schädiger in demselben unfallbedingten Ursachenbeitrag auswirken, bevor ein zum Schadenseintritt führender
Kausalverlauf hinzutritt, der dem Geschädigten (BGHZ 54, 283 = NJW 1971, 33 = LM
BGB § 840 Nr 12 m Anm NÜSSGENS; vgl auch BGH NJW 1980, 2348 = VersR 1980, 770) oder
einem anderen Schädiger (BGHZ 61, 213 = NJW 1973, 2022 – Ausgleich unter Nebentätern;
NJW 1978, 2392 = BGH JZ 1978, 522) zuzurechnen ist. Die **Beteiligten mit im wesentlichen
deckungsgleichen Verursachungsbeiträgen** sollen daher zu einer Einheit zusammengefaßt werden. Als **Zurechnungseinheit** oder **Tatbeitragseinheit** (BGHZ 61, 213, 218 =
NJW 1973, 2022 m Hinw auf FIKENTSCHER, Schuldrecht[9] § 108 Rn 1318) bezeichnet der BGH
die Haftungseinheit dann, wenn der Geschädigte selbst zu einer solchen Einheit
gehört. Dahinter steht die Überlegung, daß der Geschädigte selbst nicht haftet,
die mit ihm gebildete Einheit deshalb nicht als Haftungseinheit angesehen werden
kann (BGH NJW 1978, 2392 = JZ 1978, 522; hierzu HARTUNG VersR 1979, 97; MESSER JZ 1978,
385).

Im Hinblick auf die uneinheitliche Terminologie wird hier der Oberbegriff **Verur-** **41**
sachungseinheit für die Fälle vorgeschlagen, in denen im Rahmen der Abwägung
mehrere Personen zu einer Einheit zusammengefaßt werden. Die nachfolgenden
Beispiele aus der Rechtsprechung sind danach systematisiert, ob eine Verursachungseinheit auf Schädiger- oder Geschädigtenseite besteht und eine tatsächliche oder
gesetzliche Verklammerung vorliegt.

Beispiele aus der Rechtsprechung:

(1)   Verursachungseinheit auf Schädigerseite aufgrund tatsächlicher Verklammerung
– Auffahren des geschädigten Kfz-Fahrers mit überhöhter Geschwindigkeit auf ei-
  nen von den vier Schädigern unbeleuchtet auf der Bundesstraße abgestellten Lkw-
  Anhänger. Die Verhaltensweisen sämtlicher vier Schädiger hatten zu dem identi-
  schen unfallursächlichen Umstand – dem unbeleuchteten Abstellen – geführt
  (BGHZ 54, 283 = NJW 1971, 33);

– Verhältnis von Eigentümer, Verwalter und Nutzer einer für feuergefährliche Arbeiten ungeeigneten Halle gegenüber einem unachtsamen Feuerwehrangehörigen
  (BGH NJW 1996, 2646 mwN).

(2)   Verursachungseinheit auf Schädigerseite aufgrund gesetzlicher Verklammerung
– Erfüllungsgehilfe/Verrichtungsgehilfe und Schuldner/Geschäftsherr (BGHZ 6, 3, 27
  = NJW 1952, 1087, 1089; vgl auch BGH VersR 1979, 1107);

– Pferdehalter und Reiter (OLG Schleswig SchlHA 1997, 158).

(3)   Verursachungseinheit auf Geschädigtenseite aufgrund tatsächlicher Verklammerung

– Auffahren des geschädigten Kfz-Fahrers mit überhöhter Geschwindigkeit auf ein verkehrswidrig haltendes Polizeifahrzeug und Tötung bzw Verletzung von fünf Personen (ein betrunkener Kraftfahrer und vier Polizisten), die im Polizeifahrzeug saßen bzw an ihm lehnten und eine „Haftungseinheit" bilden (BGHZ 61, 213 = NJW 1973, 2022);

– Geschädigter, der bei Dunkelheit auf der Fahrbahn einer Verkehrsstraße ein unbeleuchtetes Kfz von hinten anschob, und der für das Kfz Verantwortliche, der das Schieben mitveranlaßt hat; dadurch Schaffung einer nicht trennbaren Gefahrenlage, die sich schließlich durch Auffahren eines anderen Kfz-Fahrers auch aufgrund dessen verkehrswidrigen Verhaltens realisiert hat (BGH NJW 1996, 2023).

(4)   Verursachungseinheit auf Geschädigtenseite aufgrund gesetzlicher Verklammerung

– Kfz-Halter und Kfz-Fahrer (BGH NJW 1966, 1262 u 1810 f m Anm DUNZ – Halter geschädigt);

– beim Überqueren einer Straße blieb die obhutspflichtige Großmutter wegen eines herannahenden Pkw auf der Straßenmitte stehen, während ihre Enkeltochter weiterlief und vom Pkw verletzt wurde. Im Ausgleichsverfahren forderte der Haftpflichtversicherer von der Großmutter die Hälfte der dem Kind ersetzten 80% des Schadens. Der BGH bejahte eine „Zurechnungseinheit" zwischen der Großmutter und ihrer Enkeltochter (BGH NJW 1978, 3392 = JZ 1978, 522).

gg)   Prozessuales

42 In prozessualer Hinsicht geht das Kombinationsmodell davon aus, daß der mitschuldige Geschädigte gleichzeitig, dh in einem Prozeß, gegen alle Schädiger vorgeht. Geht der Geschädigte jedoch zunächst nur gegen einen Schädiger vor, ist für das Verhältnis zwischen dem Geschädigten und diesem einen Schädiger eine Einzelbetrachtung vorzunehmen (BGHZ 30, 203, 212 = NJW 1959, 1772, 1774). Eine Gesamtbetrachtung wäre verfehlt, da sie gegenüber den anderen Schädigern keine Rechtskraftwirkung entfalten könnte. Es muß zudem im Belieben des Geschädigten stehen, ob er alle Schädiger in Anspruch nehmen will. Die Frage der Gesamtabwägung stellt sich damit erst in etwaigen Folgeprozessen. Nach der Rechtsprechung des BGH (BGH NJW 1964, 2011 = MDR 1964, 1000) sind die aufgrund der Einzelabwägung gewonnenen Quoten, über die bereits rechtskräftig entschieden ist, unverändert in die Gesamtabwägung einzusetzen (anders OLG Köln NJW 1966, 887; vgl zur Fassung der Klageanträge und des Urteilsausspruchs im einzelnen HARTUNG VersR 1980, 797, 804 f).

hh)   Stellungnahmen in der Literatur

43 Die Leitentscheidung des BGH (BGHZ 30, 203 ff = NJW 1959, 1772 ff) hatte zunächst im Schrifttum weitgehend Zustimmung erfahren (BRAMBRING 148 stellte 1973 fest: „Die Lehrbuch- und Kommentarliteratur ist dem BGH geschlossen gefolgt."). Mittlerweile haben die krit Stimmen im kaum mehr überschaubaren Schrifttum zugenommen (vgl den Überblick über die zust und abl Stimmen in der Lit bei STAUDINGER/SCHIEMANN [1998] § 254 Rn 144). Die im Schrifttum geäußerte Kritik läßt sich im wesentlichen in sechs Punkten zusammenfassen (ähnlich, wenn auch mit anderer Gewichtung STAUDINGER/SCHIEMANN [1998] § 254 Rn 144):

(1) Die Berechnungen seien zu komplex und lebensfremd (ROTH 30; SELB JZ 1975, 193: „neuer Denksport"; ERMAN/SCHIEMANN[10] Rn 6), wodurch gerade dem Geschädigten die Bezifferung seines Klageantrages erschwert werde (LANGE/SCHIEMANN[3] § 10 XIII 3 c; LOOSCHELDERS 633). So erklärt sich auch der Vorwurf, die Rechtsprechung würde die Grundsätze des BGH nicht auf die gerade bei Verkehrsunfällen alltägliche Problematik anwenden (vgl STEFFEN DAR 1990, 41; OTZEN VersR 1997, 808, 812).

(2) Das Kombinationsmodell, dessen Ergebnisse durch die Annahme von Haftungseinheiten wieder korrigiert werden, sei nicht dogmatisch-methodisch einwandfrei (KOCH NJW 1967, 181; OTZEN VersR 1997, 808, 809; BRAMBRING 170. Zweifelnd zur Verallgemeinerungsfähigkeit von BGHZ 30, 203 SELB JZ 1975, 193, 194; EIBNER JZ 1978, 50. Vgl zum Versuch einer dogmatischen Einordnung LARENZ/CANARIS II/2[13] § 82 III 3a).

(3) Dem BGH gelinge bei mehr als zwei Schädigern keine angemessene Verteilung des Insolvenzrisikos (KEUK, AcP 168 [1968] 178, 201 f; E LORENZ 33 f; LANGE/SCHIEMANN[3] § 10 XIII 3 c). Hierbei sind sowohl das gewünschte Ergebnis einer angemessenen Verteilung des Insolvenzrisikos als auch der Weg dorthin strittig (vgl die Modelle v HARTUNG VersR 1980, 797 u STEFFEN DAR 1990, 41; auch STAUDINGER/SCHIEMANN [1998] § 254 Rn 146; LARENZ/CANARIS II/2[13] § 82 III 3b Fn 62).

(4) Unklar sei die genaue Ausgestaltung der Gesamtschuld als dogmatische Umsetzung der Problematik des Insolvenzrisikos (zu den verschiedenen Interpretationsansätzen der Äußerungen des BGH LANGE/SCHIEMANN[3] § 10 XIII 3 b). Das Kombinationsmodell entziehe dem Geschädigten teilweise die Vorteile der Gesamtschuld bereits bei relativ unbedeutender Eigenquote in unverhältnismäßig hohem Maße (LANGE/SCHIEMANN[3] § 10 XIII 3 c; LOOSCHELDERS 632).

(5) Gegen die Haftungseinheiten spreche neben terminologischen und wertungsmäßigen Unklarheiten (BGB-RGRK/NÜSSGENS[12] § 840 Rn 36, 43; JAUERNIG/TEICHMANN[9] § 840 Rn 6), daß sie ohne gesetzliche Grundlage eine Zurechnung fremden Verschuldens bewirken könnten und im Widerspruch zu §§ 254 Abs 2 S 2, 278 stünden (va HARTUNG, VersR 1979, 97; LANGE/SCHIEMANN[3] § 10 XIII 4 c). Es leuchte nicht ein, daß dem Geschädigten aufgrund einer besonders engen Verbindung der Schädiger untereinander eine geringere Haftungsquote zustehen solle, obwohl bei der allerengsten Verbindung zwischen ihnen – der Mittäterschaft – eine gesamtschuldnerische Haftung aller vorgesehen sei (SOERGEL/MERTENS[12] § 254 Rn 129). Überdies würde das ohnehin komplizierte Kombinationsmodell dadurch noch unübersichtlicher (ERMAN/SCHIEMANN[10] § 840 Rn 6; SOERGEL/ZEUNER[12] § 840 Rn 16).

(6) Schließlich wird vereinzelt das Kombinationsmodell sogar völlig abgelehnt (z Streitstand STAUDINGER/SCHIEMANN [1998] § 254 Rn 144). Die von der Mitwirkung weiterer Täter absehende Einzelbetrachtung des Schadensereignisses sei künstlich, weshalb man es bei einer Gesamtschau belassen (STAUDINGER/SCHIEMANN [1998] § 254 Rn 145 mwNw; SOERGEL/ZEUNER[12] § 840 Rn 17; KOCH NJW 1967, 181, 182; KEUK AcP 168 [1968] 175, 206; E LORENZ 33; auch LANGE/SCHIEMANN[3] § 10 XIII 3 c: aus Gründen der Einfachheit und mangels besserer Alternativen) oder andere Modelle anwenden solle (für eine Rückkehr zur Rspr des RG OTZEN VersR 1997, 808, 812; für eine gesamtschuldnerische Haftung in Höhe des höchsten Verschuldensbeitrags nach Einzelabwägung RIES AcP 177 [1977] 543, 558; für eine Betrachtung des Anspruchs des Geschädigten als Ausgleichsanspruch iSv § 426 ENGELHARDT NJW 1959, 2059; vgl auch REINELT JR 1971, 177, 179).

Trotz der Kritik hält jedoch die wohl nach wie vor herrschende Meinung im Schrifttum am Kombinationsmodell in unterschiedlichen Ausprägungen fest (STAUDINGER/ NOACK [1999] § 426 Rn 102, 104 f; SOERGEL/MERTENS[12] § 254 Rn 126; MünchKomm/GRUNSKY[3] § 245 Rn 70 m Abweichungen für den Insolvenzfall; MünchKomm/STEIN[3] § 840 Rn 17 bei gleichzeitigem Vorgehen gegen alle Schädiger; PALANDT/HEINRICHS[61] § 254 Rn 57; GEIGEL/RIXECKER[23] Kap 3 Rn 63; DUNZ JZ 1955, 727; ders JZ 1959, 592; ders NJW 1964, 2133; ders NJW 1968, 679; EIBNER JZ 1978, 50; HARTUNG VersR 1980, 797; STEFFEN DAR 1990, 41).

ii) Stellungnahme

44 Im Ausgangspunkt hat eine Stellungnahme zur Problematik des Mitverschuldens – besser: der Mitverantwortlichkeit – des Geschädigten in Fällen der Nebentäterschaft zunächst zu berücksichtigen, daß die gesetzliche Regelung unvollständig ist und die Problematik mit den gesetzlich in § 840 geregelten Fällen der Mittäterschaft nur bedingt verglichen werden kann. Bei den Nebentätern handelt es sich eher um eine Art Zufallsgemeinschaft, die ohne bewußtes Zusammenwirken durch selbständige deliktische Handlungen einen Schaden (mit)verursacht hat. Weiterhin ist davon auszugehen, daß in den praktisch bedeutsamen Fällen – denen mit Kraftfahrzeugbeteiligung – die exakte Tatsachenermittlung – insbes die Feststellung der Verantwortungsanteile – auf Schwierigkeiten stößt. Schließlich sind eine Reihe von Wertungen in die Überlegung einzubeziehen, die ihre gemeinsame Grundlage im **Verhältnismäßigkeitsprinzip** haben. Auf dem Verhältnismäßigkeitsprinzip beruhen der allgemeine Grundsatz des Haftpflichtrechts, demzufolge der Schaden proportional auf alle Verantwortlichen zu verteilen ist (DUNZ JZ 1955, 727), sowie das Abwägungsprinzip des § 254. Zu den **maßgeblichen Wertungen** gehören sowohl das dem Geschädigten zugute kommende Gesamtschuldprivileg, dessen Verlust sich als inadäquate Strafe erweisen kann (STAUDINGER/SCHIEMANN [1998] § 254 Rn 145), als auch die angemessene – dem Verantwortungsbeitrag entsprechende – Verteilung des Schadens und des Insolvenzrisikos. Hieraus folgt zB, daß der Mitschädiger nicht schlechter stehen darf, als er als Alleinschädiger stünde, und daß der mitverantwortliche Geschädigte nicht mehr Ersatz erhalten darf als bei Erbringung der Tatbeiträge der Nebentäter durch eine Person. Der Zufall der Nebentäterschaft soll dem Geschädigten nicht zugute kommen.

45 Dem von der Rechtsprechung entwickelten **Kombinationsmodell** ist – mit der nötigen Präzisierung hinsichtlich der Gesamtschuld und einer Modifizierung bezüglich der Verteilung des Insolvenzrisikos – im wesentlichen zuzustimmen.

Mit der **Einzelbetrachtung** wird an die Grundkonstellation im Haftungsrecht – Zweierbeziehung – angeknüpft und dem Umstand Rechnung getragen, daß die einzelnen Verantwortungsbeiträge sehr verschieden sein können. Eine wechselseitige, vollständige Zurechnung der Beiträge der Nebentäter wäre wegen der Mitverantwortung des Geschädigten nicht angemessen. Hierin unterscheidet sich die Nebentäter-Mitverschuldens-Problematik von der nach Kausalitätsgrundsätzen zu behandelnden reinen Nebentäter-Problematik, bei der die wechselseitige Zurechnung und gesamtschuldnerische Haftung adäquat sind (vgl SELB JZ 1975, 193, 194 in Anschluß an BGHZ 30, 203, 206 = NJW 1959, 1772, 1774). Die unterschiedliche Höhe angemessenen

Schmerzensgeldes sowie die Ausgleichsfunktion des Schmerzensgeldanspruchs erfordern eine Einzelbetrachtung. Mit der ergänzenden **Gesamtabwägung** werden sowohl der Eigenverantwortungsbeitrag des Geschädigten als auch die Summe der Verantwortungsbeiträge der Mitschädiger angemessen berücksichtigt.

Angesichts der uneinheitlichen Verwendung der Begriffe Haftungs-, Tatbeitrags- und **46** Zurechnungseinheit erscheint die Einführung des neutralen Begriffes der **Verursachungseinheit** (oben Rn 41) einer klareren Diskussion dienlich. In systematischer Hinsicht ist festzuhalten, daß es sich hierbei nicht um eine Ausnahme (BGHZ 54, 283 = NJW 1971, 33; BGHZ 61, 213 = NJW 1973, 2022) von der Gesamtschau handelt. Vielmehr geht es darum, bereits vor der Abwägung festzustellen, ob eine Zusammenfassung bestimmter Tatbeiträge zu einer Einheit zur Vermeidung unbilliger Doppelberücksichtigungen sachgerecht ist. Die Gesamtschau scheidet insofern nicht aus; sie wird nur richtig verstanden (MünchKomm/SELB[3] § 426 Rn 14, siehe auch ders JZ 1975, 193, 195).

Zunächst ist festzuhalten, daß es für die Entscheidung über die Annahme einer Verursachungseinheit keinen Unterschied machen kann, ob diese zwischen mehreren Schädigern oder zwischen Schädiger(n) und Geschädigtem gebildet werden soll. Gerade bei Verkehrsunfällen – der typischen Konstellation von Mitverschulden des Geschädigten bei einer Mehrzahl von Schädigern – ist im Regelfall jeder zugleich Schädiger und Geschädigter (dies zeigte sich deutlich auch in BGHZ 61, 213 = NJW 1973, 2022). Bei der Ermittlung der Mitverschuldens-Quoten nach Gesamtbetrachtung ist jeweils auf die Perspektive dessen abzustellen, der seinen Schaden geltend macht und somit als Geschädigter anzusehen ist. Soll durch die Annahme von Verursachungseinheiten generell eine unbillige Doppelberücksichtigung eines einheitlichen Tatbeitrags vermieden werden, darf es für die Zusammenfassung zu einer Einheit keinen Unterschied machen, auf wessen Sichtweise gerade abzustellen ist.

Bei **gesetzlicher Verklammerung** ist eine Verursachungseinheit auf jeden Fall dann zu bilden, wenn eine gesetzliche Vorschrift fremdes Verschulden zurechnet und dafür eine Haftung anordnet. Problematisch gestalten sich jedoch die Fälle gesetzlicher Verklammerung (wie §§ 831, 832, 833 BGB, § 7 StVG), in denen sich die Haftung des „Hintermannes" auf dessen eigenen Tatbeitrag gründet. Auch die Gefährdungshaftung knüpft strenggenommen an einen eigenen Tatbeitrag – Schaffen oder Unterhalten der Gefahrenquelle – an. Allerdings läßt sich ein gewisses Näheverhältnis zwischen den gesetzlich „Verklammerten" nicht leugnen. Letztendlich ist es eine Wertungsfrage, ob dem Tatbeitrag des „Hintermannes" selbständige Bedeutung zukommen soll oder ob die gesetzliche Verklammerung für die Annahme einer Verursachungseinheit als ausreichend anzusehen ist. Die Zusammenfassung zu einer Einheit erscheint dann sachgerecht, wenn sich der eigentliche Vorwurf auf den Tatbeitrag des „Vordermannes" bezieht; es wäre unbillig, dem Geschädigten eine zusätzliche Reduzierung des selbst zu tragenden Anteils zuzugestehen, nur weil der Fahrer nicht gleichzeitig Halter oder der Schädiger zugleich auch Gehilfe ist.

Bei einer nur **tatsächlichen Verklammerung** ist die Bildung von Verursachungseinheiten nicht erforderlich. Wer durch eigenen Tatbeitrag zur Schadensverursachung beigetragen hat, ist in dem Umfang verantwortlich, der seinem Tatbeitrag entspricht. Daran ist festzuhalten, auch wenn sich mehrere Tatbeiträge in einem Ursachenbeitrag vereint haben, bevor ein weiterer schadensursächlicher Beitrag hinzugetreten

Klaus Vieweg

ist. Bei der Festlegung der Haftungsquoten ist ausreichend Raum für eine angemessene Berücksichtigung des Gewichts des jeweiligen Tatbeitrags; dabei kann eine tatsächliche Verklammerung eine Orientierung sein; die Bildung von Verursachungseinheiten zur Vermeidung von Doppelberücksichtigungen ist aber nicht erforderlich. Dies würde vielmehr einer gegenseitigen Zurechnung der Tatbeiträge ohne gesetzliche Grundlage nahekommen.

47 Im Hinblick auf das **Insolvenzrisiko** eines Nebentäters wurde aufgezeigt, daß dieses Risiko sich bei mehr als zwei Nebentätern in der Regel auf die solventen Nebentäter verschiebt (oben Rn 36). Die überwiegende Meinung greift hier korrigierend über die Formulierung einer Separat- und Solidarquote ein (oben Rn 37; Berechnungsbeispiele bei STEFFEN/HAGENLOCH DAR 1990, 45 f; diesem Modell folgend OLG Düsseldorf NJW-RR 1995, 281, 282; GEIGEL/RIXECKER[23] Kap 3 Rn 65 f; PALANDT/HEINRICHS[61] § 254 Rn 57). Zuvor ist jedoch zu klären, ob der Geschädigte in diesen Fällen tatsächlich am Insolvenzrisiko zu beteiligen oder ob er vielmehr generell zu privilegieren ist (so etwa STAUDINGER/MEDICUS[12] § 254 Rn 128). Hierfür spräche zunächst, daß nach hM bei Nebentäterschaft grundsätzlich von einer gesamtschuldnerischen Haftung auszugehen ist (oben Rn 3). Denn die Statuierung einer Gesamtschuld bewirkt im Vergleich zur bloßen Teilschuld nach § 420 BGB eine Umverteilung des Insolvenzrisikos zu Lasten der Schädiger (vgl auch ROTH 33 f).

Allerdings darf im Rahmen der Verteilung des Insolvenzrisikos nicht unberücksichtigt bleiben, daß der **Geschädigte wegen seiner Mitverantwortlichkeit eine Doppelstellung** hat. Aufgrund dieser Doppelstellung wird das zwischen den Nebentätern und dem Geschädigten bestehende **Außenverhältnis dem Innenverhältnis zwischen den Schädigern strukturähnlich**. Der Geschädigte darf als sein eigener „Schädiger" nicht besser – jedoch auch nicht schlechter – stehen als die Nebentäter, für die das Gesetz iü gerade im Gegensatz zur Mittäterschaft keine gegenseitige Zurechnung von Tatbeiträgen vorsieht. Wie auch von LOOSCHELDERS (625 sowie 141 ff) überzeugend nachgewiesen, besteht damit zwischen Mitverantwortlichkeit und Innenausgleich gem § 426 eine **wertungsmäßige Kongruenz**. Damit ist der Geschädigte konsequenterweise nicht zu privilegieren, sondern wie ein Gesamtschuldner entsprechend § 426 Abs 1 S 2 am Ausfallrisiko zu beteiligen (so im Ansatz auch STEFFEN DAR 1990, 41, 42 f u LOOSCHELDERS 626). Diese Vorschrift beantwortet damit zugleich die Frage, wie das Insolvenzrisiko letztendlich auf die Beteiligten zu verteilen ist.

Auf diesen Gedanken stützt sich auch STEFFEN (DAR 1990, 41, 43), der allerdings mittels Unterscheidung zwischen Separat- und Solidarquote die Verteilung des Insolvenzrisikos entsprechend § 426 Abs 1 S 2 in unverhältnismäßig komplizierter Weise vornimmt. Das Insolvenzrisiko ist in Anlehnung an § 426 Abs 1 S 2 einfacher dadurch zu verteilen, daß der ausgefallene Nebentäter bei der Gesamtabwägung von Anfang an nicht berücksichtigt wird und sich damit der Gesamtanspruch des Geschädigten entsprechend mindert (so auch AK-BGB/RÜSSMANN § 254 Rn 20; LARENZ/CANARIS II/2[13] § 82 III 3b; ähnlich MünchKomm/GRUNSKY[3] § 254 Rn 71; iE ebenso auf dem Boden der Gesamtabwägung KEUK AcP 168 [1968] 175, 203 f; E LORENZ 41 ff; LOOSCHELDERS 626 ff; STAUDINGER/SCHIEMANN [1998] § 254 Rn 146).

Im Beispiel 5 (Quoten 1:1:1:1 [oben Rn 36]) erhielte G bei Insolvenz des S 3 von S 1 und S 2 insgesamt 2 000 €, eben genauso viel wie in Beispiel 1. Er verlöre damit ebenso wie S 1 und S 2 aufgrund des Ausfalls von S 3 iE 250 €. Soweit ein Schädiger ausfällt, nachdem der Geschädigte von den übrigen Schädigern befriedigt worden ist, findet in entsprechender Weise ein Innenausgleich statt. Für die hier vertretene Lösung sprechen die Argumente größerer Praktikabilität und Prozeßökonomie. Es besteht keine Notwendigkeit, bereits im Prozeß des Geschädigten gegen die Nebentäter zwischen Separat- und Solidarquote zu unterscheiden, solange noch kein Schädiger ausgefallen ist. Darüber hinaus hat diese Lösung den Vorteil, daß die – hier nachweislich auch im Außenverhältnis passenden – Wertungen des § 426 Abs 1 S 2 offen herangezogen werden. Auch alle anderen Lösungsansätze, die dem Geschädigten in den Konstellationen mit mehr als zwei Nebentätern ein Insolvenzrisiko aufbürden, führen zwar zu einer Aufhebung der Trennung von Außen- und Innenverhältnis, legen dabei allerdings die maßgeblichen gesetzlichen Wertungen nicht offen.

Die **Höhe der gesamtschuldnerischen Haftung** ist nach diesem Lösungsmodell relativ unproblematisch, da das Insolvenzrisiko bereits auf anderem Wege verteilt wird (oben Rn 37). Im Hinblick auf das Verhältnismäßigkeitsprinzip darf kein Nebentäter über den aufgrund der Einzelbetrachtung ermittelten Haftungshöchstbetrag hinaus haften. Insbes in den Fällen, in denen ein Nebentäter bei geringem eigenen Verantwortungsbeitrag aufgrund der Einzelbetrachtung nur in sehr geringem Umfang haften würde, wäre es im Vergleich zum Geschädigten unangemessen, ihn mit einer hohen Haftung und dem Aufwand, sich im Wege des Innenausgleichs schadlos zu halten, zu belasten. Die Gesamtschuld ist daher **nur in Höhe der sich deckenden Haftungsbeiträge** begründet. Soweit und solange der ihm nach der Gesamtbetrachtung zustehende Gesamtbetrag noch nicht getilgt ist, kann der Geschädigte von den Gesamtschuldnern Erfüllung verlangen (dogmatisch stellt sich dies als teleologische Reduktion von § 422 BGB dar; so auch Larenz/Canaris II/2[13] § 82 III 3b).

IV. Ausgleich im Innenverhältnis

1. Allgemeines

a) Systematik des § 840
Die von § 840 Abs 1 angeordnete gesamtschuldnerische Haftung bedeutet für das **48** Innenverhältnis der Schädiger vor allem eine Ausgleichspflicht untereinander (§ 426). Soweit nicht ein anderes bestimmt ist, sind die Schädiger demnach im Innenverhältnis zu gleichen Teilen verpflichtet. Demgegenüber handelt es sich bei den Abs 2 und 3 um anderweitige Bestimmungen iS des § 426 (vgl unten Rn 49).

Der Ausgleichsanspruch im Innenverhältnis steht – als gesonderter Anspruch – **selbständig neben dem Ersatzanspruch im Außenverhältnis** und entsteht bereits zum Zeitpunkt des Schadensereignisses. Dies kann sich insbes auf Verjährung und Rechtskraft auswirken. Soweit den Geschädigten eine Mitverantwortlichkeit trifft, wirkt sich die Problematik der genauen Ausgestaltung der Gesamtschuld auch auf das Innenverhältnis aus.

b) Anwendung des § 426 Abs 1 und 2
§ 426 Abs 1 statuiert den Grundsatz der Ausgleichspflicht nach Köpfen. Allerdings **49** sind die §§ 254, 840 Abs 2 und 3, 841 sowie vertragliche Abreden als anderweitige Bestimmungen iSv § 426 Abs 1 zu beachten. Praktisch ist eine **anderweitige Auftei-**

lung wegen des Rechtsgedankens des § 254 sogar die **Regel**, da sich schon danach der Regreß grundsätzlich nach den einzelnen Verantwortungsbeiträgen der Schädiger richtet (st Rspr seit RGZ 75, 251, 256; BGHZ 12, 213 = NJW 1954, 875; BGHZ 17, 214, 221 f; BGHZ 43, 178, 187 = NJW 1965, 1177, 1179; BGHZ 43, 227, 231 = NJW 1965, 1175, 1176; BGHZ 140, 241, 245; KG OLGZ 1979, 77, 79). Die entsprechende Heranziehung des § 254 kann iE auch dazu führen, daß einer der Ersatzpflichtigen im Innenverhältnis freigestellt wird (RGZ 87, 64, 67; BGHZ 43, 227, 231 = NJW 1965, 1175, 1176; BGHZ 51, 275, 279 = NJW 1969, 653, 654; BGHZ 59, 97, 103 = NJW 1972, 1802; BGH NJW 1971, 752, 753; OLG Nürnberg VersR 1961, 982; KG VersR 1973, 1049).

Insbes bei der Haftung von Kfz-Halter und -Fahrer kann es zu einer vollständigen Freistellung kommen. Sind Halter und Fahrer im Außenverhältnis als Gesamtschuldner verpflichtet, so ist im Innenverhältnis der Halter von der Haftung freizustellen. Darüber herrscht iE Einigkeit; in der Begründung ist mit der hM auf das Institut der Haftungseinheit (hier als Verursachungseinheit bezeichnet; oben Rn 39 ff) zurückzugreifen (BGH LM § 426 Nr 25 a = NJW 1966, 1262; KG OLGZ 1979, 77, 79). Gleiches gilt etwa für Geschäftsherr und Erfüllungs-/Verrichtungsgehilfen (BGHZ 6, 3, 4 = NJW 1952, 1087) sowie für Aufsichtspflichtigen und Deliktstäter.

c) Verhältnis zu den §§ 812 ff

50 Die Regelungen über den Innenausgleich schließen bereicherungsrechtliche Ansprüche nicht aus. Diese kommen insbes dann in Betracht, wenn einer der Schädiger zuviel Schadensersatz geleistet hat (BGH NJW 1964, 1898, 1899 = LM StVG § 17 Nr 18; BGH NJW 1978, 2392 f).

d) Keine Anwendung von § 823 Abs 2 neben § 426

51 Einem Mitschädiger steht neben dem Ausgleichsanspruch nicht auch noch ein inhaltsgleicher Anspruch nach § 823 Abs 2 zu. Dies ergibt sich schon daraus, daß insofern die Regelungen über den Ausgleich in § 426 und in den Sondervorschriften abschließend sind (BGHZ 12, 213, 217 = NJW 1954, 875; BGHZ 20, 371, 378 f).

2. Regreßbehinderung aufgrund Haftungsprivilegierung

a) Allgemeines

52 Das üblicherweise unter dem Stichwort **„Gestörtes Gesamtschuldverhältnis"** diskutierte **Problem der Regreßbehinderung aufgrund der Haftungsprivilegierung eines Schädigers bei einer Schädigermehrheit** tritt auf, wenn die Haftung eines der Schädiger (Erstschädiger) gegenüber dem Geschädigten – gleich ob aufgrund einer vertraglichen oder gesetzlichen Haftungsprivilegierung – vor Begründung der Verantwortlichkeit ausgeschlossen war und ein weiterer Schädiger (Zweitschädiger) dem Geschädigten verantwortlich ist. In diesen Fällen, die von denen der nachträglichen vertraglichen Einwirkung auf ein Gesamtschuldverhältnis abzugrenzen sind, fehlt es an der Verantwortlichkeit von Erst- und Zweitschädiger nebeneinander, so daß § 840 Abs 1 seinem Wortlaut nach nicht eingreift.

Wegen des anfänglichen Fehlens einer Gesamtschuld ist die Begriffsbildung – gestörte Gesamtschuld – wenig geglückt. Ein Rückgriffsanspruch nach § 426 steht dem haftenden Zweitschädiger nach dem Wortlaut des Gesetzes zunächst gerade nicht zu. Diese generelle Verneinung eines Regresses, verbunden mit der Schlechterstellung des Zweitschädigers, kann aus Wertungsgesichtspunkten jedoch nicht durchweg hingenommen werden. Hier stellt sich die **Frage, wer in diesem Personendreieck endgültig zu privilegieren oder zu belasten ist.** Da nach allgM die Wirkung der Haftungsprivilegierung im Außenverhältnis nicht angetastet werden soll, sind folgende **Lösungswege** denkbar: Entweder muß sich der Geschädigte eine Kürzung seines Anspruchs in der Höhe gefallen lassen, in der der Zweitschädiger ohne Haftungsprivilegierung beim Erstschädiger hätte Regreß nehmen können (unten Rn 57, 61 – sog absolute Außenwirkung). Soll hingegen der Zweitschädiger dem Geschädigten in vollem Umfang haften, so ist weiter danach zu differenzieren, ob dem Zweitschädiger ein Regreßanspruch gegen den Erstschädiger analog § 426 zugestanden wird (unten Rn 53 – sog relative Außenwirkung) oder nicht.

b) Lösungsmöglichkeiten
aa) Lösung zu Lasten des Erstschädigers

Der BGH differenzierte zunächst nicht zwischen gesetzlicher und vertraglicher Haf- 53 tungsprivilegierung. Vielmehr löste er das Problem generell zu Lasten des Erstschädigers, der die Vorteile aus seiner Haftungsprivilegierung durch die Ermöglichung eines Innenregresses entsprechend § 426 verlieren sollte (vgl BGHZ 12, 213 = NJW 1954, 875 für eine vertragliche Haftungsprivilegierung; BGHZ 35, 317 = NJW 1961, 1966 für eine gesetzliche Haftungsbeschränkung aus § 1359). IE wurde damit im Innenverhältnis eine Gesamtschuld fingiert und der Zweitschädiger insofern so gestellt, als ob die Haftungsprivilegierung nicht bestanden hätte (sog **relative Außenwirkung**). Begründet wurde dies vor allem damit, daß eine Haftungsprivilegierung nur im Verhältnis der von ihr Betroffenen Geltung beanspruchen könne, nicht aber den Ausgleichsanspruch des Zweitschädigers, wie er sich aus § 426 etwa iVm § 254 ergebe, berühren könne (BGHZ 35, 317, 323 = NJW 1961, 1966). Dies führe zwar dazu, daß demjenigen, dem die Haftungsprivilegierung zugestanden worden sei, diese teilweise wieder entzogen werde. Doch seien alternative Lösungen noch unbefriedigender (BGHZ 58, 216, 219 = NJW 1972, 942, 943). Zu Recht weist MUSCHELER (JR 1994, 441) darauf hin, daß das Haftungsprivileg dem Erstschädiger insofern noch nütze, als es ihn vor der Inanspruchnahme durch den Geschädigten schütze und er damit das Insolvenzrisiko des Zweitschädigers für dessen Innenanteil nicht zu tragen habe.

Bei dieser Lösungsalternative stellt sich allerdings die Frage, ob es zu einem **Regreßzirkel** kommt, weil der Erstschädiger seinerseits Rückgriff bei dem Geschädigten nehmen kann. Insofern kommt es darauf an, ob ein Rückgriff generell ausgeschlossen ist (unten Rn 55) und ob der Haftungsprivilegierung zu entnehmen ist, daß der Geschädigte den privilegierten Erstschädiger auch von etwaigen Ansprüchen Dritter freihalten muß. Im Falle **vertraglicher Haftungsprivilegierungen** wird dies nach dem Zweck der Abrede häufig zu bejahen sein (J HAGER NJW 1989, 1640, 1643; MUSCHELER JR 1994, 441; vCAEMMERER, Gesammelte Schriften III [1983] 414; BURKERT/KIRCHDÖRFER JuS 1988, 341, 342 Fn 4; anders der vom OLG Hamburg [NJW-RR 1987, 915] entschiedene Fall, in dem das Privileg nur auf eine Stundung hinauslief). Bei **gesetzlicher Haftungsprivilegierung** ergibt sich hingegen in der Regel ein Rückgriffsanspruch aus den allgemeinen Regeln, zumindest jedoch aus § 812 Abs 1 S 1 1. Alt (J HAGER NJW 1989, 1640, 1643 f; insbes Fn 30; **aA** CHRISTENSEN MDR 1989, 948 für familienrechtliche Haftungsbeschränkungen; MUSCHELER JR 1994, 441, 442 lehnt bei gesetzlichen Privilegierungen einen Anspruch des Erstschädigers gegen den Geschädigten aus § 812 Abs 1 S 1 1. Alt ab, da der Zweitschädiger nur seine eigene Schuld tilge; in diesen Fällen wäre tatsächlich der Erstschädiger belastet; dem ist jedoch mit J HAGER aaO nicht zuzustimmen, da der bei Zulassung eines Innenregresses analog § 426 konsequenterweise anzuwendende § 422 Abs 1 S 1 gerade die Erfüllungswirkung auch für den Erstschädiger anordnet). Ein Rückgriffsanspruch des Erstschädigers setzt allerdings voraus, daß das gesetzliche Haftungsprivileg nach dessen Sinn und Zweck nicht ausnahmsweise entgegensteht.

54 Sofern im Einzelfall eine Rückgriffsmöglichkeit des Erstschädigers beim Geschädigten besteht, kann allerdings bereits in dem **unbeschränkten Vorgehen** des Geschädigten gegen den Zweitschädiger mangels schutzwürdigen Eigeninteresses eine **unzulässige Rechtsausübung** gesehen werden. In diesem Fall wäre der Anspruch des Geschädigten von vorneherein zu kürzen. Verlangt der Geschädigte mehr als ihm zusteht, so kann dies nur bezwecken, dem Zweitschädiger das Risiko der Insolvenz des Erstschädigers aufzubürden; zudem ist er zur alsbaldigen Rückgewähr gegenüber dem Erstschädiger verpflichtet (vgl hierzu STAUDINGER/NOACK [1999] § 426 Rn 162; CHRISTENSEN MDR 1989, 948, 949; J HAGER NJW 1989, 1640, 1645). Damit reduzieren sich die praktischen Unterschiede zwischen der absoluten und der relativen Außenwirkung bei bestehender Rückgriffsmöglichkeit des Erstschädigers auf die Verteilung des Insolvenzrisikos sowie auf die Fälle, in denen der Zweitschädiger keine Kenntnis von dem Erstschädiger und dessen Privilegierung hat.

55 Bleibt bei dieser Lösung der Erstschädiger endgültig belastet, weil man den Regreßzirkel im Einzelfall oder – entgegen der hier vertretenen Auffassung – bei gesetzlichen Privilegierungen generell ablehnt (MUSCHELER JR 1994, 441, 442), so entsteht ein nicht hinnehmbarer Wertungswiderspruch: Der privilegierte Erstschädiger stünde bei alleiniger Verantwortlichkeit besser, als wenn neben ihm noch ein anderer ohne Privilegierung verantwortlich wäre (LARENZ I[14] § 37 III; MEDICUS JZ 1967, 398, 400). Im Regreßprozeß des Zweitschädigers müßte sich der Erstschädiger paradoxerweise gegen die Inanspruchnahme mit dem Vortrag wehren, er sei allein für den Schaden verantwortlich (CHRISTENSEN MDR 1989, 948, 949).

bb) Lösung zu Lasten des Zweitschädigers

56 Eine Lösung zu Lasten des Zweitschädigers kommt **allenfalls bei gesetzlichen Haftungsprivilegierungen** in Betracht (vgl für § 839 Abs 1 S 2 unten Rn 78). Bei vertraglichen Privilegierungen verbietet sich hingegen die Schlechterstellung des außenstehenden Zweitschädigers bereits deswegen, weil dies neben der Manipulationsgefahr auf einen unzulässigen Vertrag zu Lasten Dritter hinausliefe (vgl nur BGHZ 12, 213, 218 f = NJW 1954, 875; LARENZ I[14] § 37 III; J HAGER NJW 1989, 1640, 1643; STAUDINGER/NOACK [1999] § 426 Rn 159; s auch vCAEMMERER, Gesammelte Schriften III [1983] 414). Auch für gesetzliche Privilegierungen ist diese Lösung grundsätzlich abzulehnen (J HAGER NJW 1989, 1640, 1643). Zwar ließe sich für eine generelle Belastung des Zweitschädigers anführen, daß dieser den Schaden auch dann zu tragen hätte, wenn er durch einen Deliktsunfähigen oder ein Naturereignis mitverursacht worden wäre (MEDICUS, Bürgerliches Recht[19] Rn 932). Demgegenüber weist jedoch das Gesetz bei Privilegierung des Erstschädigers regelmäßig dem Geschädigten das Risiko zu, einen von jenem verursachten Schaden selbst tragen zu müssen. Eine Belastung des Zweitschädigers ist damit nur dort denkbar und ggf auch geboten, wo das Gesetz selbst den Erstschädiger und gleichzeitig den Geschädigten auch vor Regreßansprüchen des Zweitschädigers schützen will. In diesen Fällen gebietet das gesetzliche Haftungsprivileg, den Geschädigten

und den Erstschädiger zu Lasten des Zweitschädigers zu privilegieren (so etwa für
§§ 1359, 1664; unten Rn 68 f).

cc) Lösung zu Lasten des Geschädigten

Die wohl noch vorherrschende Meinung im Schrifttum differenziert nicht zwischen **57**
gesetzlicher und vertraglicher Haftungsprivilegierung. Vielmehr soll der Konflikt
generell durch die **Kürzung des Außenanspruchs des Geschädigten** (sog **absolute Außenwirkung**) und damit zu dessen Lasten zu lösen sein (LARENZ I[14] § 37 III; MEDICUS JZ
1967, 398, 401; ders, Bürgerliches Recht[19] Rn 933; PRÖLSS JuS 1966, 400, 402; REINICKE/TIEDTKE[2]
77 ff; THIELE JuS 1968, 149, 157; WURM JA 1986, 177, 182). Hierfür spricht immerhin, daß die
Interessen des Geschädigten im Regelfall durch die Haftungsprivilegierung abge-
wertet sein dürften (hierzu etwa MEDICUS JZ 1967, 398, 401; PRÖLSS JuS 1966, 400, 402; THIELE
JuS 1968, 149, 157). Der BGH hat sich dieser Lösung bislang nur bei den Haftungsausschlüssen im Arbeits- und im Dienstunfallrecht angeschlossen (unten Rn 62 f).

Die zur Begründung dieser Lösung angeführte Überlegung, der Geschädigte könne
bei Alleinverursachung durch den privilegierten Erstschädiger ohnehin keinen Ersatz verlangen, und es sei daher unbillig, wenn er nur wegen des „zufälligen" Hin-
zutretens des Zweitschädigers Schadensersatz in voller Höhe erhielte, zwingt indes
nicht zur Kürzung des Anspruchs (so jedoch BGHZ 51, 37, 39 = NJW 1975, 236; BÖHMER MDR
1968, 13; auch CHRISTENSEN MDR 1989, 948, 951). Umgekehrt spricht nämlich auch nichts
dafür, dem Geschädigten bei Hinzutreten des privilegierten Erstschädigers den vollen Schadensersatz, der ihm bei alleiniger Verantwortlichkeit des Zweitschädigers
zustehen würde, zu versagen.

Die gegen diese Lösung vorgebrachten verfahrensrechtlichen Bedenken (vgl hierzu **58**
umfassend MUSCHELER JR 1994, 441, 443 f sowie LARENZ I[14] § 37 III; STAUDINGER/NOACK [1999]
§ 426 Rn 164; REINICKE/TIEDTKE[2] 78) greifen indes nicht durch. Dem Zweitschädiger wird
zwar häufig in Unkenntnis der Existenz des Erstschädigers oder dessen Privilegierung aus tatsächlichen Gründen drohen, rechtskräftig zur Zahlung in voller Höhe
verurteilt zu werden. Wegen der Rechtskraft des Urteils wäre ein Bereicherungsanspruch gegen den Geschädigten ausgeschlossen. Legte man der Kürzung des Anspruchs des Geschädigten keine analoge Anwendung der Gesamtschuldregeln zugrunde, so müßte auch ein Vorgehen des Zweit- gegen den Erstschädiger erfolglos
bleiben, da letzterer sich auf das Haftungsprivileg berufen könnte (diese Konsequenz
zieht MUSCHELER JR 1994, 441, 443 in seiner Kritik an der hL). Allerdings ist in diesen Fällen
dem Erstschädiger zumindest dort billigerweise die Berufung auf den Haftungsausschluß zu versagen (so LARENZ I[14] § 37 III ohne weitere Differenzierung), wo es das Haftungsprivileg nicht erfordert, ihm unter allen Umständen – insbes mit Blick auf die
Verteilung des Insolvenzrisikos – die Vorteile zu belassen (so etwa für die Fälle der
§§ 104 ff SGB VII; in diesen Fällen müßte dem Zweitschädiger wenigstens ein Anspruch auf Abtretung des Freistellungsanspruchs gegen den Geschädigten zustehen).

Die praktischen Unterschiede zur Lösung zu Lasten des Erstschädigers sind gering.
Hinter der Kürzung des Außenanspruchs des Geschädigten steht letztlich richtigerweise nur eine analoge Anwendung des § 426. Der Innenregreß wird dabei wegen der
oben (Rn 53) dargelegten Gründe oder weil dies das Haftungsprivileg des Erstschädigers erfordert in der typischen Dreieckskonstellation nach außen gewendet, so daß iE
praktisch eine Teilschuld entsteht. Die Zulassung des Innenregresses zugunsten des

zu vollem Ersatz verurteilten Zweitschädigers ist daher entgegen Muscheler (JR 1994, 441, 443) nur konsequent.

dd) Differenzierende Lösung

59 Die neuere Rechtsprechung knüpft zutreffend an die **Unterscheidung zwischen vertraglichen und gesetzlichen Haftungsprivilegierungen** an. Bei vertraglichen Haftungsprivilegierungen sei der Lösungsweg bereits durch das Verbot des Vertrages zu Lasten Dritter vorgegeben, so daß sich jede Lösung zu Lasten des an der Abrede unbeteiligten Zweitschädigers verbiete (BGHZ 12, 213 = NJW 1954, 875; BGHZ 35, 317 = NJW 1961, 1966; BGHZ 51, 37 = NJW 1975, 236; BGHZ 58, 216, 220 = NJW 1972, 942, 943; BGH NJW 1989, 2386, 2387). Die Rechtsprechung gelangt hier durch Auslegung der Vereinbarung **regelmäßig** zu einer **relativen Außenwirkung der Privilegierung**, dh zu einem Innenausgleich zu Lasten des privilegierten Erstschädigers (vgl oben Rn 53). Auch bei gesetzlichen Haftungsprivilegierungen entscheidet der BGH je nach Regelungszweck. Dabei ist jedoch seit 1989 für aus dem allgemeinem Zivilrecht folgende Haftungsbeschränkungen eine grundsätzliche Tendenz der Rechtsprechung zu einer Lösung zu Lasten des Zweitschädigers zu erkennen (BGHZ 103, 338, 346 = NJW 1988, 2667, 2668 f; OLG Düsseldorf NJW-RR 1999, 1042, 1043).

ee) Stellungnahme

60 Dieser **Differenzierung** ist im Ansatz zu folgen und zwar schon angesichts der Vielgestaltigkeit der Haftungsprivilegierungen (so auch iE Staudinger/Noack [1999] § 426 Rn 144, 165). Die Frage, wer in dem Dreiecksverhältnis von Geschädigtem, Erst- und Zweitschädiger endgültig zu privilegieren ist, ist unter Berücksichtigung von Sinn und Zweck der privilegierenden Norm sowie von Art und Umfang der Haftungsprivilegierung (Haftungsbeschränkung oder -freistellung) im **Einzelfall** zu beantworten.

Ausgangspunkt für eine **Korrektur des vorgefundenen gesetzlichen Ergebnisses**, daß der privilegierte – ohne dieses Privileg jedoch voll verantwortliche – Schädiger neben dem haftenden Zweitschädiger mangels Regelung gerade nicht in die Gesamtschuldnerschaft hineinwächst, ist stets eine **Analogie zu § 426**. Die Regelungslücke erfordert dann eine Ausfüllung, wenn nicht gerade ein gesetzliches Haftungsprivileg die Privilegierung von Erstschädiger und Geschädigtem auch zu Lasten des Zweitschädigers bezweckt. In derartigen Fällen, wie etwa bei §§ 1359 und 1664, bleibt es bei der vorgefundenen gesetzlichen Lösung der Alleinhaftung des Zweitschädigers.

Eine Gleichbehandlung mit den unmittelbar §§ 426, 840 unterfallenden Fällen ist zwingend geboten, nicht zuletzt wegen des Verbots von Verträgen zu Lasten Dritter. Daraus folgt, daß ein Innenregreß zwischen Zweit- und Erstschädiger analog § 426 zuzulassen ist. Etwas anderes gilt nur, wenn gerade das Privileg selbst, wie im Arbeits- und Dienstunfallrecht, dem Erstschädiger die Vorteile in jedem Falle belassen will. Soweit sich ein Innenregreß verbietet, bleibt nur die Möglichkeit, auf eine Außenkürzung zu Lasten des Geschädigten auszuweichen, also letztendlich eine Teilschuld zu begründen (nach Selb, Die mehrfach hinkende Gesamtschuld 248 ist das gefundene Ergebnis der Teilschuld für § 104 SGB VII deshalb nicht zu beanstanden, weil § 636 RVO Tätermehrheiten nicht erfaßte und daher die Gesamtschuld bei Harmonisierung von RVO/SGB VII und BGB partiell weichen mußte). Doch auch iü wird regelmäßig diesem – mit dem Schlagwort der absoluten Außenwirkung versehenen – Weg der Vorzug zu geben sein, wie die Ausführungen zu dem Lösungsmodell zu Lasten des Erstschädigers (oben Rn 53 ff) gezeigt haben.

Auf den ersten Blick mag diese Lösung konstruiert wirken. Sie hat gleichwohl den Vorteil, daß der jeweilige **Entscheidungsprozeß, welches Lösungsmodell im Einzelfall anzuwenden ist, klar strukturiert** ist. Das Ergebnis hängt allein von einer genauen Auslegung der Haftungsprivilegierung ab. Dabei vermag sie etwaige verfahrensrechtliche Schwächen der schlichten Außenkürzung des Anspruchs des Geschädigten zu lösen, indem sie gerade den Blick auf die zugrundeliegende Konstruktion, die Analogie zu § 426, lenkt und dadurch systemgerechte Lösungswege eröffnet (oben Rn 58).

c) Einzelfälle gesetzlicher Haftungsprivilegierungen

Bei gesetzlichen Haftungsprivilegierungen und der Problematik der Regreßbehin- **61** derung ist der **Regelungszweck der privilegierenden Norm** entscheidend (vgl schon BGHZ 35, 317, 324 f = NJW 1961, 1966). Ihm ist zum einen zu entnehmen, ob die Haftungsprivilegierung iE zu Lasten des Geschädigten oder des Zweitschädigers gereichen soll – dies betrifft die generelle Anwendbarkeit des § 426. Zum anderen gibt der Normzweck Aufschluß darüber, ob der Erstschädiger gerade auch gegenüber dem Zweitschädiger privilegiert werden soll – hier geht es bereits um die Untersagung des Innenregresses, mithin um die Kürzung des Außenanspruchs gegen den Zweitschädiger (sog absolute Außenwirkung).

aa) Arbeitsunfälle

Wenn an einem Arbeitsunfall (§ 8 Abs 1 SGB VII) eine nach den §§ 104 ff SGB VII **62** freigestellte Person (Arbeitgeber, Arbeitskollege) sowie ein Dritter beteiligt sind und nach allgemeinen zivilrechtlichen Grundsätzen sowohl der Arbeitgeber als auch der Dritte dem Verletzten schadensersatzpflichtig wären, tritt unter den Voraussetzungen der §§ 104, 105, 106 SGB VII eine Haftungsfreistellung gegenüber dem verletzten Arbeitnehmer ein (Beispiel: der Arbeitnehmer wird als Insasse eines vom Arbeitgeber gefahrenen Kfz beim Zusammenstoß mit einem anderen Kfz verletzt). Dies hat auch zur Folge, daß dem Dritten als Zweitschädiger kein Ausgleichsanspruch gegen den privilegierten Erstschädiger zusteht (st Rspr seit RGZ 153, 38; BGHZ 19, 114, 120 ff = NJW 1956, 217; BGHZ 24, 247, 248 = NJW 1957, 1319; BGHZ 51, 37 = NJW 1975, 236; BGHZ 55, 11 = NJW 1971, 194; BGHZ 58, 355 = NJW 1972, 1577; BGHZ 61, 51 = NJW 1973, 1648). Allerdings hat der Zweitschädiger dem Geschädigten nur in Höhe der analog § 254 zu bestimmenden Quote Ersatz zu leisten, die er im Innenverhältnis ohne Bestehen einer Haftungsprivilegierung tragen müßte. Somit wird iE der Geschädigte belastet, der Erstschädiger (Arbeitgeber, Arbeitskollege) hingegen endgültig privilegiert. Bei ganz überwiegendem Verschulden des privilegierten Arbeitgebers ist ferner auch ein vollständiges Entfallen des Anspruchs des Geschädigten möglich (BGHZ 51, 37, 41 = NJW 1975, 236). Dies ergibt sich aus dem Sinn und Zweck der Norm, die in erster Linie der Erhaltung des Betriebsfriedens dienen soll. Der Normzweck würde verfehlt werden, wenn man im Innenverhältnis der Schädiger einen Ausgleich zuließe. Zudem rechtfertigt sich die Haftungsfreistellung durch Zahlung der Sozialversicherungsbeiträge. Sie gelten die Ersatzansprüche im voraus ab und kommen dem Geschädigten in Form der Sicherung durch die Sozialversicherung zugute.

Dieses auch im Schrifttum angenommene Ergebnis (vgl nur MünchKomm/Stein[3] Rn 9; Soergel/Zeuner[12] Rn 19; Staudinger/Noack [1999] § 426 Rn 148; Medicus, Bürgerliches Recht[19] Rn 933; J Hager NJW 1989, 1640, 1644; Selb, Die mehrfach hinkende Gesamtschuld 248) stellt den **Endpunkt einer langjährigen Entwicklung der Rechtsprechung** dar. Der BGH stellte zunächst klar, daß dem Mitschädiger ein Ausgleichsanspruch gegen den freigestellten Arbeitgeber versagt sei (BGHZ 19, 114 = NJW 1956, 217). Dies bestätigte er später, ließ jedoch offen, ob der Ersatzanspruch des Geschädigten gegen den Mitschädiger von vornherein um den Verantwortungsanteil des haftungsprivilegierten Unternehmers zu kürzen sei (BGHZ 51, 37, 40 = NJW 1969, 236 f = JZ 1969, 262 mAnm Sieg = LM RVO § 1542 Nr 63 mAnm Weber = VersR 1969, 34). Dabei verneinte der BGH hier schon das Bestehen eines ungekürzten Anspruchs des Sozialversicherungsträgers (vgl zu den Einzelheiten Staudinger/Schäfer[12] Rn 53). Dieser Grundsatz wurde in der Folgezeit erweitert. So muß der für einen Arbeitsunfall mitverantwortliche Unternehmer, der seinem geschädigten Arbeitnehmer aufgrund Tarifvertrages Krankenbezüge gezahlt hat und die ihm abgetretenen Schadensersatzansprüche des Arbeitnehmers gegen einen außerhalb des Sozialversicherungsverhältnisses stehenden Zweitschädiger geltend macht, sich eigenes Mitverschulden entgegenhalten lassen (BGHZ 54, 177, 180 f = NJW 1970, 1546, 1548). Genauso konnte die Berufsgenossenschaft als Legalzessionar des geschädigten Arbeitnehmers im Falle der Verletzung durch einen nach § 637 RVO (jetzt § 105 SGB VII) privilegierten Arbeitskollegen bei dem außerhalb des Sozialversicherungsverhältnisses stehenden Zweitschädiger insoweit keinen Rückgriff nehmen, als der für den Unfall mitverantwortliche Arbeitskollege (Erstschädiger) ohne seine Haftungsfreistellung im Verhältnis zu dem Zweitschädiger aufkommen müßte (BGHZ 55, 11, 13 ff = NJW 1971, 194). Sodann stellte der BGH (BGHZ 58, 355, 359 f = NJW 1972, 1577) klar, daß es für die Anwendung dieser Grundsätze nicht darauf ankomme, ob eine Berufsgenossenschaft, eine Allgemeine Ortskrankenkasse oder die Landesversicherungsanstalt als Träger der gesetzlichen Rentenversicherung handle; entscheidend sei vielmehr, daß das versicherungsrechtliche Haftungsprivileg gem §§ 636 f RVO (jetzt §§ 104 f SGB VII) nicht über den Kreis der an dem Versicherungsverhältnis Beteiligten hinaus wirken solle, mithin nicht die Rechte eines Zweitschädigers, der außerhalb des Versicherungsverhältnisses steht, beeinträchtigen solle (BGHZ 58, 355, 359 f = NJW 1972, 1577).

Von zentraler Bedeutung ist schließlich BGHZ 61, 51 (= NJW 1973, 1648): Hier mußte der BGH über die dem Geschädigten verbliebenen Ansprüche gegen den außerhalb des Versicherungsverhältnisses stehenden Zweitschädiger entscheiden. Im Hinblick auf den Regelungszweck der haftungsprivilegierenden Norm (oben Rn 61) gehe die Haftungsfreistellung zu Lasten des Geschädigten. Dementsprechend sei dieser Anspruch insoweit zu kürzen, als der für den Unfall mitverantwortliche, privilegierte Arbeitgeber ohne seine Haftungsfreistellung im Verhältnis zum Zweitschädiger (§§ 426, 254) für den Schaden aufkommen müßte. Die Kürzung der verbliebenen Ansprüche des Geschädigten rechtfertige sich überdies damit, daß dieser in den vollen Genuß der Versicherungsleistung unabhängig davon komme, ob ihm ein Schädiger in vollem Umfange auch bei eigenem Verschulden hafte. Die Versicherungsleistung sei zudem wirtschaftlich sicher und stehe ihm bald zur Verfügung (BGHZ 61, 51, 53 ff = NJW 1973, 1648; bestätigt von BGHZ 94, 173, 176 = NJW 1985, 2261 f; OLG Hamm VersR 1998, 328, 329; OLG Jena VersR 1998, 990, 993). Dies gelte insbes auch für den von den Versicherungsleistungen nicht gedeckten Schmerzensgeldanspruch, der bei Alleinverantwortlichkeit des Unternehmers oder Arbeitskollegen entfiele

(BGHZ 61, 51, 55 f = NJW 1973, 1648; so bereits MEDICUS JZ 1967, 398, 402). Die Anspruchskürzung gelte auch für vertragliche Ersatzansprüche (BGH NJW 1987, 2669, 2670 für Ansprüche des Arbeitnehmers aus einem drittschützenden Vertrag zwischen Erst- und Zweitschädiger unter Berufung auf den Schutzzweck des § 636 RVO/§ 104 SGB VII).

bb) Dienstunfälle bei Beamten (§ 46 BeamtVG) und Soldaten (§ 91a SoldVersG) sowie Schulunfälle (§ 106 SGB VII)

In Fortführung zu BGHZ 61, 51 behandelt die Rechtsprechung **Dienstunfälle** bei 63 Beamten analog den Arbeitsunfällen (BGHZ 94, 173, 176 = BGH NJW 1985, 2261, 2262 f). § 46 BeamtVG statuiert einen weitgehenden Ausschluß der Ansprüche des Beamten gegen seinen öffentlich-rechtlichen Dienstherrn oder gegen die in dessen Dienst stehenden Personen. Im Gegenzug erhält der verletzte Beamte Unfallfürsorge nach den §§ 30–46a BeamtVG. Demnach ist auch in diesen Fällen der Anspruch des Geschädigten gegen einen nicht privilegierten Zweitschädiger um den Verantwortungsanteil des privilegierten Dienstherrn analog § 254 zu kürzen. Gleiches muß auch für die ähnliche Situation nach § 91a SoldVersG sowie für **Schulunfälle** gelten, wenn die Haftung eines Mitschädigers nach § 106 SGB VII ausgeschlossen ist (BGH VRS 73, 18, 20 f).

cc) Innerbetrieblicher Schadensausgleich

Soweit der Arbeitnehmer bei betrieblich veranlaßter Tätigkeit nach den Grundsät 64 zen des innerbetrieblichen Schadensausgleichs von Schadensersatzansprüchen des Arbeitgebers freizustellen ist (vgl hierzu ausführlich STAUDINGER/RICHARDI [1999] § 611 Rn 493 ff), kommt dies einer gesetzlichen Haftungsfreistellung gleich. Daher stellt sich wiederum das Problem der Regreßbehinderung, wenn der geschädigte Arbeitgeber gegen einen haftenden Dritten vorgeht. Bislang ist hierzu höchstrichterliche Rechtsprechung nicht ergangen (vgl Nachw bei BGHZ 108, 305, 311 = NJW 1989, 3273, 3275). Infolge der Aufgabe des Kriteriums der „Gefahrgeneigtheit" zur Begründung des innerbetrieblichen Schadensausgleichs (BAG NJW 1995, 210, 211 f; BAG NZA 1998, 140 f) kann eine Kürzung des Anspruchs des geschädigten Arbeitgebers um den Verantwortungsanteil des freigestellten Arbeitnehmers nicht mehr damit begründet werden, der Arbeitgeber biete für die gefahrgeneigte Tätigkeit keinen entsprechenden Lohn (so noch MünchKomm/SELB[3] § 426 Rn 25; jetzt auf das Mißverhältnis von Lohn und Schädigungsrisiko abstellend MünchKomm/BYDLINSKI[4] § 426 Rn 64). Vielmehr liegt der Grund der Privilegierung darin, daß der Arbeitnehmer in fremdem Interesse, dem des Arbeitgebers, tätig wird. Damit ist das Risiko der Schädigung durch eine betrieblich veranlaßte Tätigkeit jedoch gerade auch im Außenverhältnis zum Zweitschädiger dem Arbeitgeber zugewiesen. Gleichzeitig muß dem wirtschaftlich schwächeren Arbeitnehmer das Privileg erhalten bleiben. Damit ist die **Kürzung des Schadensersatzanspruchs des Arbeitgebers gegen den Zweitschädiger** sachgerecht (iE ebenso STAUDINGER/ NOACK [1999] § 426 Rn 153; SCHAUB[10] § 52 Rn 81).

Davon zu unterscheiden ist der Fall, daß der nach den Grundsätzen des innerbetrieblichen Schadensausgleichs freizustellende Arbeitnehmer neben dem Arbeitgeber **gegenüber einem Dritten** haftet. Hier kommt es gerade nicht zu der problematischen Konstellation der Regreßbehinderung. Beide – Arbeitnehmer und Arbeitgeber – haften dem Dritten voll. Insbes ist dem Arbeitnehmerprivileg insofern keine Außenwirkung zuzuerkennen, auch nicht im Fall der Vermögenslosigkeit des Arbeitgebers (BGHZ 108, 305, 311 = NJW 1989, 3273, 3275; BGH NJW 1994, 852 ff; MünchKomm/

Bʏᴅʟɪɴsᴋɪ[4] § 426 Rn 65). Das Arbeitnehmerprivileg findet vielmehr nach den allgemeinen Regeln erst im Innenregreß der beiden Schädiger gem §§ 840 Abs 1, 426 Abs 1 S 1, 254 Berücksichtigung (vgl Rn 49 mwNw; zur Problematik auch Iᴍʙᴜsᴄʜ VersR 2001, 1485, 1488 ff mwNw).

dd) Angehörigenprivileg nach § 67 Abs 2 VVG sowie § 116 Abs 6 SGB X

65   § 67 Abs 2 VVG verhindert die Legalzession des § 67 Abs 1 VVG insoweit, als sich der Schadensersatzanspruch des Versicherungsnehmers gegen einen mit ihm in häuslicher Gemeinschaft lebenden Familienangehörigen richtet. Gleiches gilt für das Sozialversicherungsrecht gem § 116 Abs 6 SGB X. In dessen Bereich wurde vor Einführung der Norm § 67 Abs 2 VVG analog angewendet (MünchKomm/Bʏᴅʟɪɴsᴋɪ[4] § 426 Rn 68). Sinn und Zweck der Regelungen ist, den Versicherungsnehmer, der mit dem Angehörigen eine wirtschaftliche Einheit bildet, nicht durch den Rückgriff auf diesen iE doch wieder mittelbar zu belasten (OLG Hamburg NJW-RR 1993, 40 f; allg § 843 Rn 65). Daraus soll jedoch keine Benachteiligung des außenstehenden Schädigers resultieren. Demnach ist der Anspruch des Versicherungsträgers zu kürzen bzw ein Forderungsübergang bei Mitverantwortlichkeit eines freigestellten Angehörigen nur in Höhe des Verantwortungsanteils des außenstehenden Zweitschädigers analog §§ 426 Abs 1 S 1, 254 zu bejahen (BGHZ 54, 256, 258 ff; BGHZ 73, 190, 195).

ee) Notleidendes Versicherungsverhältnis

66   Eine der „gestörten Gesamtschuld" ähnliche Konstellation entsteht, wenn ein Haftpflichtversicherer für mehrere Versicherungsnehmer einzustehen hat und gegenüber mindestens einem dieser Gesamtschuldner – etwa wegen Prämienverzuges (§ 38 Abs 2 VVG) oder Vorsatzes (§ 61 VVG) – leistungsfrei ist. In diesem Fall erwirbt der Versicherer die Forderung gegenüber diesem Gesamtschuldner nach §§ 158c, 158f VVG nur in Höhe dessen Verantwortungsanteils. Anderenfalls wäre der Versicherte, der Anspruch auf Deckung hat, im Innenregreß dem anderen Versicherten, der keinen Anspruch auf Deckung hat, verpflichtet (BGH NJW 1963, 487, 489). IE geht es um die Vorwegnahme eines Regreßzirkels zu Lasten des Versicherers, dem die Feststellung der Innenquote des in Anspruch zu nehmenden Versicherungsnehmers möglich und zumutbar ist (Sᴏᴇʀɢᴇʟ/Wᴏʟꜰ[12] § 426 Rn 47).

Bei verschiedenen Haftpflichtversicherern entsteht dieses Problem schon wegen der nach § 158c Abs 4 VVG angeordneten Subsidiarität der Haftung des Versicherers aus dem notleidenden Versicherungsverhältnis nicht (zum notleidenden Versicherungsverhältnis Sᴛᴀᴜᴅɪɴɢᴇʀ/Nᴏᴀᴄᴋ [1999] § 426 Rn 150 ff mwNw).

ff) Gesetzliche Haftungsbeschränkungen aufgrund allgemeiner zivilrechtlicher Vorschriften

67   Das allgemeine Zivilrecht kennt eine Fülle von Normen, die eine Haftungsbeschränkung anordnen und so zu problematischen Regreßbehinderungen führen können (vgl etwa §§ 521, 599, 690, 708, 968, 1359, 1664, 2131). Praktisch relevant ist die Haftungsbeschränkung auf die **eigenübliche Sorgfalt** in §§ 708, 1359, 1664. Hier stellt sich das Problem, wer bei Hinzutreten eines voll haftenden Zweitschädigers endgültig mit dem Verantwortungsanteil des Erstschädigers zu belasten ist, wenn dieser die eigenübliche Sorgfalt beachtet hat.

68   Die hL löst diese Fälle ähnlich denen der Haftungsfreistellung gem §§ 104 ff SGB VII

(MünchKomm/Stein[3] Rn 9). Der BGH läßt demgegenüber in einem zu **§ 1664 Abs 1**
ergangenen Urteil unter ausdrücklicher Aufgabe seiner früheren Rechtsprechung
zu § 1359 (BGHZ 35, 317 = NJW 1961, 1966 zu § 1359: Innenregreß des Zweitschädigers über
Fiktion einer Gesamtschuld) das Haftungsprivileg zu Lasten des Zweitschädigers wirken,
dem ein Innenausgleich versagt wird („Spielplatzfall" – BGHZ 103, 338 = NJW 1988, 2667;
siehe auch OLG Hamm NJW 1993, 542, 543; OLG Hamm NJW-RR 1994, 415; OLG Düsseldorf NW-
RR 1999, 1042, 1043; OLG Nürnberg NJW-RR 2001, 1106, 1108 = SpuRt 2001, 109, 112).

Der BGH stellt in diesem Urteil zunächst entscheidende Unterschiede zu § 636 RVO
(jetzt § 104 SGB VII) fest, die ein Abweichen von seiner Rechtsprechung hierzu –
Kürzung des Außenanspruchs (oben Rn 62) – rechtfertigen (BGHZ 103, 338, 347 f). So
wachse der nach § 1664 Abs 1 privilegierte Täter erst gar nicht in die Regelung des
§ 840 hinein (gegen diese Unterscheidung Christensen MDR 1989, 948, 952; Lange JZ 1989, 48,
49); aus diesem Grund liege schon kein Gesamtschuldverhältnis vor. Dies sei eine
Folgerung aus dem System des Deliktsrechts, das eine Beteiligung eines Mitverur-
sachers an der Haftung nur vorsehe, wenn dieser den Schaden zurechenbar mitbe-
wirkt habe. Hieran fehle es bei einer Haftungsfreistellung nach § 1664 Abs 1 jedoch
ebenso wie bei mangelnder Deliktsfähigkeit. Zudem seien geeignete Kriterien für
eine Bewertung des Beitrages des Elternteils, dessen Zurechenbarkeit gerade wegen
§ 1664 Abs 1 versagt sei, nur schwer zu finden. Das Maß der von der Literatur
generell favorisierten Kürzung des Geschädigtenanspruchs könne demgemäß
kaum bestimmt werden. Insbes würde eine Lösung zu Lasten des Kindes dazu führen,
daß dieses bei einer Fahrlässigkeit der Eltern, welche die Schwelle des § 277 noch
nicht überschritten haben, eine Anspruchskürzung hinzunehmen hätte, während dies
bei grobem Verschulden der Eltern nicht der Fall sei. Die dadurch bewirkte Abweichung von der Rechtsprechung zu vertraglichen Haftungsprivilegierungen sei gerechtfertigt, da den Parteien im Rahmen der Vertragsfreiheit die individuelle Gewichtung und Gestaltung ihrer eigenen Interessen überlassen und die Entwicklung
entsprechender „Auffanglösungen" möglich seien. Demgegenüber beruhe die Haf-
tungsmilderung des § 1664 Abs 1 gerade auf der gesetzgeberischen Würdigung und
Bewertung der Familiengemeinschaft, die auch das „außenstehende" Rechtsverhältnis als solches berühre.

Diesem Wandel wurde im Schrifttum überwiegend Kritik entgegengebracht (Sundermann JZ 1989, 927, 932 f; Lange JZ 1989, 48, 49; Muscheler JR 1994, 441, 443 ff). Ihm ist jedoch
für § 1664 Abs 1 iE zuzustimmen (so auch Christensen MDR 1989, 948, 951; Medicus,
Bürgerliches Recht[19] Rn 931; J Hager NJW 1989, 1640, 1646; ders Kindersport und Elternverantwortung 42; Gernhuber/Coester-Waltjen[4] § 57 IV 6). Zwar überzeugt die Argumentation
des BGH nicht vollständig; insbes besteht auch in den anderen Fällen der „gestörten
Gesamtschuld" keine Gesamtschuld. Die Frage ist vielmehr, ob bei § 1664 Abs 1 ein
Analogieschluß zu § 426 zu ziehen ist. Allerdings läßt sich weder aus dem Wortlaut
der Norm noch aus deren Entstehungsgeschichte entnehmen, daß § 1664 Abs 1 gerade auch zu Lasten des Zweitschädigers wirken soll. Dafür spricht, daß die deliktsrechtliche Haftung häufig mit einer zumindest leicht fahrlässigen Aufsichtspflichtverletzung einhergeht. Das Kind wäre damit regelmäßig mit dem Risiko eines
teilweise nicht realisierbaren Anspruchs belastet (so zutreffend J Hager NJW 1989,
1640, 1646 f). Ließe man einen Regreß gegen die Eltern zu, würde wieder eine Belastung der Familie, mithin oft mittelbar des Kindes, drohen. Mit dem Ziel der Haftungsbeschränkung, die Befreiung von dem „Damoklesschwert" der elterlichen Haf-

tung für jede Fahrlässigkeit (Gernhuber/Coester-Waltjen[4] § 57 IV 6), wäre dies nicht zu vereinbaren. So muß § 1664 Abs 1 gerade auch den **Schutz der Familie im Außenverhältnis** bezwecken. Daraus folgt iE die **Unzulässigkeit des Analogieschlusses zu § 426**. Der Zweitschädiger haftet damit wie ein Alleinschädiger, wenn sich die Handlung des mitverursachenden Elternteils im Rahmen der eigenüblichen Sorgfalt hält. § 1664 Abs 1 wird auf diese Weise nicht durch eine zunehmend restriktivere Auslegung der Boden entzogen (vgl MünchKomm/Huber[4] § 1664 Rn 6 ff, der für eine Anwendung des § 1664 auf Deliktsansprüche eintritt, wenn – wie meistens – ein innerer Zusammenhang des deliktischen Verhaltens mit der elterlichen Sorge gegeben ist, aaO Rn 9; zur Anwendbarkeit im Straßenverkehr Rn 77).

69 Für die Haftungsbeschränkung des § 1359 muß außerhalb der Teilnahme am Straßenverkehr ähnliches gelten (KG MDR 2002, 35 f; neuere höchstrichterliche Rspr zu § 1359 liegt noch nicht vor; hinsichtlich der ausdrücklich mit BGHZ 103, 338 = NJW 1988, 2667 aufgegebenen Rspr zu § 1359, insbes BGHZ 35, 317 = NJW 1961, 1966, sowie des Schrifttums hierzu, vgl Staudinger/Schäfer[12] Rn 64). Auch hier ist auf den Normzweck abzustellen, der darin besteht, eine Haftung der Ehegatten für jede Fahrlässigkeit zu vermeiden. Eine solche würde innerhalb der engen personenrechtlichen Beziehung den Rechtsfrieden mit Rücksicht auf deren Intensität und Dauer unerträglich belasten (z Normzweck MünchKomm/Wacke[3] § 1359 Rn 2). Daher muß der außenstehende **Zweitschädiger das Haftungsprivileg gegen sich gelten lassen** (für diesen Fall ebenso Christensen MDR 1989, 948, 949).

70 Zu § 708 ist außerhalb der Teilnahme am Straßenverkehr bislang keine höchstrichterliche Rechtsprechung zum Problem der „gestörten Gesamtschuld" ergangen. Fraglich ist, ob die neuere Judikatur zu § 1664 Abs 1 auf § 708 übertragen werden kann (dafür Staudinger/Noack [1999] § 426 Rn 156). Dagegen spricht, daß § 708 in der Praxis restriktiv gehandhabt wird und lediglich eine Auslegungsregel darstellt (K Schmidt, Gesellschaftsrecht[3] § 59 III 2c). Damit spiegelt die Vorschrift nur den vom BGB-Gesetzgeber als Regelfall erachteten Willen der Gesellschafter zur gegenseitigen Haftungsbeschränkung wider. Dies stutzt die Bedeutung der Bestimmung für das Verhältnis zu einem außenstehenden, voll haftenden Dritten auf das rechte Maß zurück: Sie wäre als Vertrag zu Lasten Dritter einzuordnen, so daß eine Benachteiligung des Zweitschädigers ausscheidet. Daher ist die Judikatur zu § 1664 Abs 1 nicht übertragbar; vielmehr ist der **Schadensersatzanspruch** eines geschädigten GbR-Gesellschafters gegen den Dritten **um den Verantwortungsanteil des privilegierten, mitverantwortlichen Gesellschafters** von vornherein **zu kürzen** (iE ebenso Erman/Schiemann[10] § 840 Rn 8).

d) **Einzelfälle vertraglicher Haftungsprivilegierungen**

71 Bei **vor Entstehung** der Gesamtschuld vereinbarten Haftungsprivilegierungen zwischen dem Geschädigten und dem Erstschädiger (zu Haftungsvereinbarungen allg Staudinger/Löwisch [2001] § 276 Rn 104 ff; zur Problematik der Teilungsabkommen Staudinger/Noack [1999] § 426 Rn 170 ff) kommt es in erster Linie auf die zwischen den Parteien getroffene Vereinbarung an. Der BGH gelangt hier im Regelfall zu einer Fiktion der Gesamtschuld, da eine Vereinbarung zwischen Geschädigtem und Erstschädiger nicht im Verhältnis zum außenstehenden Zweitschädiger wirke (BGHZ 58, 216, 219 = NJW 1972, 942, 943; BGH NJW 1989, 2386, 2387). Tatsächlich ist wegen des Verbots eines Vertrages zu Lasten Dritter regelmäßig aus der Freistellung des Erstschädigers die

analoge Anwendbarkeit von § 426 zu folgern. Sie führt wegen des Regreßzirkels, wenn nicht ausnahmsweise die Vereinbarung dem Rückgriffsanspruch des Erstschädigers in concreto entgegensteht, zu einer direkten Kürzung des Anspruchs des Geschädigten um den Verantwortungsanteil des Erstschädigers analog § 254 (oben Rn 57; dies entspricht iE der hL; vgl nur Larenz I¹⁴ § 37 III; J Hager NJW 1989, 1640, 1642; Reinicke/Tiedtke² 77). Diese Kürzung des Geschädigtenanspruchs kann sich iü dann unmittelbar aus der Haftungsvereinbarung mit dem Erstschädiger ergeben, wenn diese sich für den Zweitschädiger als pactum de non petendo darstellende Abrede im Einzelfall ein echter Vertrag zugunsten Dritter iSd § 328 sein soll (Staudinger/Noack [1999] § 426 Rn 165). **Nachträgliche Vereinbarungen** über die Haftung berühren einen Ausgleichsanspruch aus § 426 grundsätzlich nicht (BGHZ 11, 170, 174; BGH NJW 1992, 2286, 2287). Anderes gilt, wenn ein vereinbarter Erlaß ausnahmsweise Gesamtwirkung hat (hierzu Staudinger/Noack [1999] § 423 Rn 23).

e)   Absprachen zwischen den Schädigern

Absprachen zwischen den Schädigern führen vor allem bei **Arbeitsunfällen** zu dem **72** Sonderproblem, ob eine sich aus den jeweiligen Umständen ergebende andere Gewichtung der Schadensverantwortlichkeiten entsprechend §§ 426 Abs 1 S 1, 254 auch im Rahmen der „gestörten Gesamtschuld" zu Lasten des Geschädigten zu berücksichtigen ist. Diese Frage stellt sich zB, wenn der privilegierte Unternehmer in einem Vertrag mit einem Dritten eine besondere Haftungsvereinbarung getroffen hat und der Arbeitnehmer durch schuldhaftes Verhalten sowohl des Unternehmers als auch des Dritten zu Schaden kommt.

Zumeist wird die Frage, wie sich eine Absprache zwischen den Schädigern auf den Anspruch des Geschädigten auswirken kann, unter dem Stichwort der **„doppelt gestörten Gesamtschuld"** (Staudinger/Noack [1999] § 426 Rn 176; Burkert/Kirchdörfer JuS 1988, 341, 344) diskutiert. Hierbei ist zwischen den Geschädigten begünstigenden und benachteiligenden Absprachen der Schädiger zu differenzieren:

Eine den Geschädigten **begünstigende Absprache** ist unbedenklich. Eine Begünsti- **73** gung liegt dann vor, wenn der Erstschädiger, der dem Geschädigten aufgrund der Privilegierung ohnehin nicht haftet, die ihn eigentlich treffende Haftung auf den Zweitschädiger abwälzen kann. Der Zweitschädiger kann sodann unabhängig von einer Haftungsfreistellung des Erstschädigers keinen Ausgleich verlangen. Daher ist kein Grund ersichtlich, den Schadensersatzanspruch des Geschädigten gegen den Zweitschädiger um einen fiktiven Regreßanteil, der auf den Erstschädiger ohne Haftungsfreistellung entfiele, zu kürzen. Die Alleinhaftung trifft den Zweitschädiger nunmehr aufgrund der Absprache mit dem Erstschädiger und wird ihm nicht durch dessen Haftungsprivilegierung aufgezwungen (BGHZ 110, 114, 117 = NJW 1990, 1361, 1362; BGH NJW 1976, 1975, 1976; VersR 1974, 888, 889 f; Staudinger/Noack [1999] § 426 Rn 177). Damit entfällt schon der Anlaß für eine Kürzung (Burkert/Kirchdörfer JuS 1988, 341, 343).

Problematisch ist hingegen der umgekehrte Fall einer den Geschädigten **benachtei-** **74** **ligenden Absprache.** Hierzu gehört nicht der Fall der schlichten vertraglichen Überwälzung der Haftung von dem Zweitschädiger auf den Erstschädiger, da eine solche Vereinbarung im Verhältnis zum Geschädigten einem unzulässigen Vertrag zu Lasten Dritter nahe käme (BGHZ 110, 114, 119 = NJW 1990, 1361, 1362; Burkert/Kirchdörfer JuS

1988, 341, 344; DENCK NZA 1988, 265, 267) und daher nur im Innenverhältnis zwischen den Schädigern Wirkung entfalten kann. Auch soll eine Haftungsprivilegierung nach §§ 104 ff SGB VII den Unternehmer gerade nicht vor solchen Regreßansprüchen des Zweitschädigers schützen, die diesem allein aufgrund einer Absprache zustehen (BURKERT/KIRCHDÖRFER JuS 1988, 341, 344 f).

75 Allerdings soll nach wohl hM eine **vertragliche Regelung der Verantwortlichkeit für die Schadensverhütung** zwischen Erst- und Zweitschädiger analog § 254 zu berücksichtigen sein (vgl BGHZ 110, 114, 119 = NJW 1990, 1361, 1362 = JZ 1990, 384 mit Anm v SELB; vgl hierzu ausführlich STAUDINGER/NOACK [1999] § 426 Rn 178 ff). Diese Differenzierung zwischen einer für den Geschädigten unbeachtlichen Übernahme der Haftungsfolgen und einer demgegenüber beachtlichen Übertragung von Verkehrspflichten auf den Erstschädiger ist abzulehnen (ebenso JAUERNIG/STÜRNER § 426 Rn 24: „sehr zweifelhaft und komplizierend!"; vgl auch SELB, Die mehrfach hinkende Gesamtschuld 245 ff). So hinge es – unabhängig von der im Einzelfall schwierigen Einordnung – praktisch häufig allein von einer geschickten Formulierung des Vertrages ab, ob der Zweitschädiger iE seine Haftung zu Lasten des Geschädigten auf den Erstschädiger überwälzen kann. Fraglich bliebe zudem, welche anderen Ausgleichserwägungen aus §§ 426 Abs 1 S 1, 254 zur Anspruchskürzung im Außenverhältnis herangezogen werden könnten. In dem Fall etwa, in dem der nach § 104 SGB VII privilegierte Arbeitgeber (Erstschädiger) den nicht nach § 105 SGB VII privilegierten Zweitschädiger nach den Grundsätzen des innerbetrieblichen Schadensausgleichs freizustellen hat, wäre eine Anspruchskürzung nicht mit dem Hinweis auf einen Vertrag zu Lasten Dritter oder auf eine mögliche Manipulation zu Lasten des Geschädigten abzulehnen (vgl hierzu auch SELB aaO 249 f). Es erscheint daher in diesem Fall möglich, das analog § 254 zu bestimmende Innenverhältnis nach außen zu wenden und den Anspruch des Geschädigten von vorneherein entsprechend zu kürzen. Dabei würde allerdings der Ausgangspunkt – Ausgleich einer fingierten Gesamtschuld über eine Anspruchskürzung nach außen – verlassen werden. Das Haftungsprivileg der §§ 104 ff SGB VII und die damit nach dem BGB einhergehende Schlechterstellung des Zweitschädigers erfordern nämlich keine Wirkungen der Absprache, die über das Innenverhältnis zwischen den Schädigern hinausgehen.

76 BURKERT/KIRCHDÖRFER (JuS 1988, 341, 344) ziehen eine **„doppelte" Analogie zu §§ 426, 254.** Sie stützen sich vor allem darauf, daß eine Delegation von Verkehrspflichten bei Beachtung der verbleibenden Kontroll- und Überwachungspflicht zu einer Haftungsbefreiung führt. Demzufolge stelle es eine wertungskonforme Konsequenz dar, wenn auch bei Verletzung der Kontroll- und Überwachungspflicht das Innenverhältnis der Schädiger – in diesem Verhältnis wäre der Erstschädiger bei Übernahme der verletzten Verkehrspflicht in der Regel alleinverantwortlich – die Kürzung des Anspruchs bestimme. Dem ist jedoch nicht zu folgen, da der Zweitschädiger im Außenverhältnis deliktisch aufgrund der Verletzung der Kontroll- und Überwachungspflicht haftet. Die Schlußfolgerung, daß auch in diesem Falle das Innenverhältnis die Kürzung des Anspruchs bestimme, erscheint daher nicht – insbes nicht unter Wertungsgesichtspunkten – zwingend. Dem Innenregreß gegen den Erstschädiger steht etwa bei Arbeitsunfällen die ratio der §§ 104 ff SGB VII aufgrund der vertraglichen Übernahme der Verkehrspflicht nicht entgegen. Hier nimmt der Erstschädiger vielmehr freiwillig eine Haftung oder Verantwortlichkeit auf sich. Der Innenregreß des Zweitschädigers gegen den Erstschädiger ist dabei nicht einer fingierten Gesamtschuld,

sondern der Haftungsvereinbarung selbst – notfalls im Wege der ergänzenden Vertragsauslegung – zu entnehmen. Der Anspruch des Geschädigten gegen den Zweitschädiger ist daher um den Verantwortungsanteil des Erstschädigers zu kürzen, wobei die Quote analog § 254 gegenüber dem Geschädigten so zu bestimmen ist, als wäre die Verkehrspflicht nicht übertragen worden. Denn die analoge Anwendung von § 426, auch soweit das Innenverhältnis nach außen gewendet wird, ist nur dann erforderlich, wenn der Zweitschädiger durch die Privilegierung des Erstschädigers tatsächlich einen Nachteil erfährt.

IE darf der Geschädigte im Rahmen der „gestörten Gesamtschuld" durch das Innenverhältnis der Schädiger nicht nachteilig berührt werden, wenn nicht gerade die Privilegierung des Erstschädigers eine Berücksichtigung des Innenverhältnisses – vor allem eines anderen Ausgleichsmaßstabs – wegen der dadurch entstehenden Benachteiligung des Zweitschädigers zwingend erfordert. Hier kommt es auf den Einzelfall an. Praktisch bedeutsam kann dies vorrangig bei einer vertraglichen Haftungsprivilegierung des Erstschädigers werden.

f) Sonderfall: Straßenverkehr

Eine praktisch bedeutsame Einschränkung erfahren Haftungsbeschränkungen auf **77** die eigenübliche Sorgfalt bei der Teilnahme am Straßenverkehr. Deshalb führen die dort häufig anzutreffenden Konstellationen von mehreren Nebentätern selten zu einer problematischen Regreßbehinderung. So finden insbes die Haftungsbeschränkungen der §§ 708, 1359, 1664 nach ständiger Rechtsprechung und hM dort keine Anwendung (vgl etwa BGHZ 46, 313, 317 = NJW 1967, 558 zu § 708; BGHZ 53, 352, 355 f; BGHZ 61, 101, 105 = NJW 1973, 1654; BGHZ 63, 51, 57 ff = NJW 1974, 2124, 2126; BGH NJW 1992, 1227, 1228 zu § 1359; OLG Hamm NJW 1993, 542, 543 für § 1664; anders wohl noch BGH LM § 708 Nr 1 a für den Luftverkehr, dazu BRANDENBURG JuS 1974, 16 ff; vgl etwa DEUTSCH JuS 1967, 496 ff; BÖHMER NJW 1969, 595 f; DÖPP JR 1969, 14; ders NJW 1969, 1472; GEIGEL/RIXECKER[23] Kap 2 Rn 43; GEIGEL/HÜBINGER[23] Kap 12 Rn 35; MEDICUS, Bürgerliches Recht[19] Rn 930). Der BGH lehnt die Anwendung mit dem Argument ab, der Straßenverkehr gebe keinen Raum für individuelle Sorglosigkeit. Überdies würde die Heranziehung eines geminderten Sorgfaltsmaßstabes das legislatorische Bestreben, den erheblichen Gefahren des Straßenverkehrs durch strenge Haftungsregeln zu entgegnen, konterkarieren. Die Anerkennung gesetzlicher Haftungsprivilegien widerspreche zugleich einem tragenden haftungsrechtlichen Grundsatz des Straßenverkehrsrechts (BGHZ 68, 217, 220 = NJW 1977, 1238). MEDICUS ist allerdings zuzugeben, daß konsequenterweise auch eine vereinbarte Haftungsbeschränkung im Straßenverkehr für unwirksam gehalten werden müßte (MEDICUS aaO Rn 930). Zutreffend weist der BGH (BGHZ 63, 51, 59 = NJW 1974, 2124, 2126) darauf hin, daß im Falle einer Haftpflichtversicherung gar keine Notwendigkeit für eine Haftungsbeschränkung bestehe. Insbes für § 1359 ist damit kein Grund ersichtlich, weshalb von dem Ehegatten ein wirtschaftliches Opfer, das letztendlich gemeinsam getragen werden müßte, verlangt werden sollte, zumal der in Anspruch zu nehmende Ehegatte den Deckungsanspruch vorsorglich erworben hat. Schließlich spricht für die Sonderbehandlung der Teilnahme am Straßenverkehr, daß andernfalls der Ehegatte als Insasse schlechter stünde als ein Dritter.

3. Subsidiäre Haftung (§ 839 Abs 1 S 2)

Gem § 839 Abs 1 S 2 haften der nur fahrlässig eine Amtspflicht verletzende Beamte **78** und die nach Art 34 GG für ihn eintretende Körperschaft subsidiär. Soweit eine

Berufung auf die Subsidiaritätsklausel möglich ist, besteht weder eine Haftung im Außenverhältnis, noch entsteht mangels Gesamtschuldverhältnisses nach §§ 840 Abs 1, 426 ein Ausgleichsanspruch im Innenverhältnis (BGHZ 37, 375, 380 = NJW 1962, 1862, 1863; BGH NJW 1965, 200, 201 = VersR 1965, 64, 65; BGHZ 61, 351, 356 f = NJW 1974, 360; aA: WALDEYER NJW 1972, 1249, 1252 f; HANAU VersR 1967, 516, 521 f; HOHENESTER NJW 1962, 1140, 1142; RULAND VSSR 1975, 92, 105 ff; für den Fall der gesamtschuldnerischen Haftung zweier Behörden aus Amtspflichtverletzung BGHZ 118, 263 = NJW 1992, 2961). Aus diesem Grund entfällt das Verweisungsprivileg auch nicht in Fällen, in denen im Innenverhältnis eine Haftungsfreistellung angeordnet wird, etwa durch § 840 Abs 3 (BGH NJW 1986, 2883, 2884).

Die alleinige Haftung des Zweitschädigers scheint nicht in das oben (Rn 60 f) entwikkelte Lösungsmodell der Haftungsprivilegierung zu passen. So führt hier das Verweisungsprivileg dazu, daß die Haftungsquote der Schädiger neben dem subsidiär Haftenden erhöht wird (BGHZ 61, 351, 356 f = NJW 1974, 360). Der Grund soll darin liegen, daß die Haftungsprivilegierung gerade auf keiner besonderen Beziehung zum Geschädigten beruhe (ERMAN/SCHIEMANN[10] § 840 Rn 9). Das Staatshaftungsgesetz v 26. 6. 1981 (BGBl I 553, für verfassungswidrig erklärt von BVerfGE 61, 149) sah demgegenüber in § 1 Abs 1 eine unmittelbare Staatsunrechtshaftung (vgl SCHÄFER/BONK, Staatshaftungsgesetz [1982] Einl zu §§ 1–13 Rn 2) unter gleichzeitigem Verzicht auf ein Verweisungsprivileg vor.

Dieses Ergebnis relativiert sich jedoch, wenn man sich den **praktischen Anwendungsbereich der Subsidiaritätsklausel** vor Augen führt. So hält der BGH das Verweisungsprivileg zwar nicht von vornherein für unbillig (BGH NJW 1986, 2883). Doch soll dieses Privileg vor allem nicht im Straßenverkehr gelten, da es ebenso wie andere gesetzliche Haftungsprivilegien einem tragenden haftungsrechtlichen Grundsatz des Straßenverkehrsrechts – dem der Gleichbehandlung aller Verkehrsteilnehmer – widerspreche (BGHZ 68, 217, 220 = NJW 1977, 1238 = LM § 839 [E] Nr 30; BGHZ 75, 134 f = VersR 1979, 1009; BGH VersR 1980, 282 f; anders noch die frühere Rspr, BGHZ 42, 176, 181 = NJW 1964, 1895, 1896 f; BGHZ 61, 101 = NJW 1973, 1654). Darüber hinaus werden Leistungen der gesetzlichen Sozialversicherung von der Rechtsprechung nicht mehr als anderweitige Ersatzmöglichkeit iSd § 839 Abs 1 S 2 angesehen, jedenfalls soweit die Haftung des Staates (Art 34 GG) in Frage steht (private Krankenversicherung: BGHZ 79, 26 = NJW 1981, 623; französische gesetzliche Unfallversicherung: BGHZ 70, 7 = LM § 839 [E] BGB Nr 38 b mAnm NÜSSGENS = NJW 1978, 495; gesetzliche Unfall- und Rentenversicherung: BGH NJW 1983, 2191 f). Insgesamt erfährt § 839 Abs 1 S 2 im Hinblick auf seine wegen Art 34 GG zweifelhafte Berechtigung zu Recht in der Literatur, aber auch in der Rechtsprechung eine zunehmend restriktive Auslegung (vgl hierzu sowie zum Anwendungsbereich d § 839 Abs 1 S 2 MünchKomm/PAPIER § 839 Rn 296 ff).

4. Modifikation der Ausgleichspflicht durch § 840 Abs 2 und 3

a) Allgemeines und Bedeutung

79 § 840 Abs 2 und 3 regeln eine bedeutsame Ausnahme von der Verteilung nach Köpfen (§ 426 Abs 1 S 1) sowie von der Differenzierung unter entsprechender Heranziehung des § 254. Der **§ 840 Abs 2 und 3 prägende Rechtsgedanke** (zum Normzweck allg oben Rn 4) wird unterschiedlich beurteilt. Tragender Gedanke soll – so das RG (RGZ 71, 7, 8) und ihm folgend die weitere Rechtsprechung (RG JW 1911 Nr 25; BGH VersR 1959,

67, 68; OLG Schleswig NJW-RR 1990, 470) und der überwiegende Teil der Literatur (STAU-
DINGER/SCHÄFER[12] Rn 75; ERMAN/SCHIEMANN[10] Rn 11; zweifelnd MünchKomm/STEIN[3] Rn 25) –
sein, daß wer aus wirklichem Verschulden haftet, von demjenigen keinen Ausgleich
verlangen kann, der aus vermutetem Verschulden haftet, und beide nicht von demjenigen, welchen lediglich eine Gefährdungshaftung trifft. Allerdings wird dieser
Leitgedanke schon durch die Norm selbst nicht umfassend verwirklicht, da gem
§ 840 Abs 3 die Gefährdungshaftung nach § 833 S 1 und die Haftung aus vermutetem
Verschulden gem §§ 833 S 2, 834–838 gleichbehandelt werden (BGB-RGRK/NÜSS-
GENS[12] Rn 49; ERMAN/SCHIEMANN[10] Rn 11; WOCHNER 148). Der Gegenansicht zufolge liegt
der Grundgedanke darin, daß der unmittelbare Schädiger den Schaden im Verhältnis
zu demjenigen, der ihn nur mittelbar durch eine Verletzung seiner Pflicht zu sorgfäl-
tiger Auswahl, Bestellung, Beaufsichtigung oder Überwachung ermöglicht hat, im
Innenverhältnis allein tragen soll. Das Gesetz messe dem Verschulden des unmittelbaren Schadensverursachers regelmäßig eine größere Bedeutung zu (LARENZ/CANARIS
II/2[13] § 82 IV 2 b; WOCHNER 149 f). Dem kann nicht entgegengehalten werden, daß diese
Sicht – wie die durch § 840 Abs 2 normierte Ausnahme für § 829 zeigt – von der Norm
selbst nicht vollumfänglich getragen werde (vgl aber BGB-RGRK/NÜSSGENS[12] Rn 49).
Vielmehr ist die Ausnahme nach § 840 Abs 2, welche im Innenverhältnis gerade nicht
den unmittelbaren Schädiger, sondern den Aufsichtspflichtigen allein verpflichtet,
wegen der Subsidiarität der Billigkeitshaftung gem § 829 als notwendige Korrektur
zu sehen, die den Grundcharakter von § 840 Abs 2 und 3 nicht berühren kann.

Allerdings ist damit noch nicht zwingend vorgegeben, bei der starren Regelung der **80**
Abs 2 und 3 zu verbleiben. Eine am Wortlaut haftende Deutung der beiden Absätze,
die eine Abwägung entsprechend § 254 schlechthin ausschließt, würde zu Wertungs-
widersprüchen führen (für einen Ausschluß der entsprechenden Heranziehung von § 254 – ab-
gesehen von § 831 im Rahmen des innerbetrieblichen Schadenausgleiches – jedoch RGZ 159, 86, 91;
BGB-RGRK/NÜSSGENS[12] Rn 48; STAUDINGER/SCHÄFER[12] Rn 79). Hier gilt es zunächst zu berücksichtigen, daß an die Stelle der Verteilung nach Köpfen (§ 426 Abs 1 S 1) im
Regelfall eine Abwägung entsprechend § 254 tritt. Zwar wird auch eine analoge
Anwendung des § 254 auf die Fälle von § 840 Abs 2 und 3 zumeist zu keinem anderen
Ergebnis führen, da dem unmittelbaren Schädiger regelmäßig ein deutlich überwie-
gendes Verschulden zur Last gelegt werden kann. Der Wertungswiderspruch tritt
jedoch deutlich in den Fällen zu Tage, in denen bei leichtester Fahrlässigkeit des
unmittelbaren Schädigers der Verursachungsbeitrag, die mitwirkende Betriebsgefahr
oder das Verschulden des Geschäftsherrn, des Aufsichtspflichtigen usw deutlich in
den Vordergrund rückt. Da in diesen Fällen zumeist neben den Ansprüchen aus
§§ 831 ff ein Anspruch des Geschädigten aus Verschuldenshaftung besteht, bedeutet
dies, daß dann § 840 Abs 2 und 3 keine Anwendung mehr finden kann und § 254 über
§§ 840 Abs 1, 426 Abs 1 S 1 entsprechend heranzuziehen ist. Demzufolge wirkt sich
die Problematik nur in wenigen Fällen aus, zB wenn gegenüber einer echten Gefährdungshaftung für Luxustiere nach § 833 S 1 dem Verschulden des unmittelbaren
Schädigers keine Bedeutung mehr zugemessen werden kann (siehe auch unten Rn 82
zu Abs 3). Wenn es somit nur in wenigen Ausnahmefällen auf die Anwendbarkeit des
§ 254 (analog) ankommt und im Regelfall bei einem Überwiegen des Verantwortungsanteils des nach §§ 831 ff verantwortlichen Schädigers eine Abwägung entsprechend § 254 vorzunehmen ist, so wird der Wertungswiderspruch besonders deutlich.
Der **Ausschluß des § 254** ist daher **mit dem richtig verstandenen Normzweck der § 840
Abs 2 und 3 nicht zu vereinbaren**. Mit STEIN (MünchKomm/STEIN[3] Rn 25) sollten die

beiden Absätze daher dahingehend ausgelegt werden, daß sich der unmittelbare Schädiger – anders als der Geschädigte – gegenüber dem nach den §§ 831 ff Verantwortlichen gerade nicht auf die darin enthaltene Verschuldensvermutung und damit die Beweislastumkehr stützen kann. Allerdings steht dem unmittelbaren Schädiger im Regreßprozeß – sowohl als Beklagtem als auch als Kläger, wenn der Geschädigte ausnahmsweise den unmittelbaren Schädiger in Anspruch genommen hat – die Berufung auf § 254 offen.

Auch bei einer anderen, am Wortlaut haftenden Auslegung des § 840 Abs 2 und 3, die § 254 ausschließt (vgl etwa BGB-RGRK/Nüssgens[12] Rn 48; Staudinger/Schäfer[12] Rn 79), sind die beiden Absätze möglichst restriktiv anzuwenden. So ist insbes **keine analoge Anwendung** in Fällen von Haftungsunterschieden im Verhältnis zu anderen Ersatzpflichtigen möglich. Die beiden Absätze enthalten gerade keinen allgemeinen Rechtsgrundsatz (RGZ 58, 335, 337; RG JW 1911 Nr 25; RG Recht 1915 Nr 1499; BGHZ 6, 3, 28 = NJW 1952, 1087, 1089; BGHZ 6, 319, 321 f; BGH VersR 1957, 166; Palandt/Thomas[61] Rn 10; BGB-RGRK/Nüssgens[12] Rn 49; Soergel/Zeuner[12] Rn 27; Erman/Schiemann[10] Rn 11; Münch-Komm/Stein[3] Rn 26). In solchen Fällen ist vielmehr § 254 anzuwenden (hM; ausdrücklich § 5 S 2 ProdHaftG; zur Frage der analogen Anwendung des § 840 Abs 3 in einer Zwei-Personen-Konstellation vgl unten Rn 84).

b) § 840 Abs 2

81 Voraussetzung des § 840 Abs 2 ist eine eigene Haftung des Verrichtungsgehilfen oder des Aufsichtsbedürftigen neben derjenigen des Geschäftsherrn (§ 831) oder des Aufsichtspflichtigen (§ 832). Anderenfalls steht mangels Gesamtschuldverhältnisses weder dem Geschäftsherrn noch dem Aufsichtspflichtigen ein Ausgleichsanspruch zu. Unbeschadet der Haftungsbeschränkung des Arbeitnehmers bei betrieblich veranlaßter Tätigkeit (vgl Staudinger/Richardi [1999] § 611 Rn 493 ff) trifft gem der ersten Alternative der Vorschrift den Verrichtungsgehilfen oder den Aufsichtsbedürftigen die Haftung für den gesamten Schaden, wobei die Berufung auf § 254 möglich bleibt (vgl oben Rn 80; anders noch Staudinger/Schäfer[12] Rn 79). Unter der Voraussetzung, daß ein Aufsichtsbedürftiger ausschließlich nach § 829 haftet, ist gem zweiter Alternative der Aufsichtspflichtige im Innenverhältnis allein verpflichtet. Keine Anwendung findet § 840 Abs 2, wenn der Geschäftsherr oder Aufsichtspflichtige auch aus tatsächlichem Verschulden haftet (so schon RG Recht 1915 Nr 1499).

c) § 840 Abs 3

82 Die Vorschrift privilegiert im Innenverhältnis die nach §§ 833–838 aus Gefährdung oder vermutetem Verschulden Verantwortlichen gegenüber Ersatzpflichtigen aufgrund anderer Vorschriften. Die Norm stellt nach ihrem Wortlaut nur darauf ab, daß der Dritte aus einer unerlaubten Handlung im weitesten Sinne (vgl oben Rn 7 ff) verantwortlich ist, ohne zwischen wirklichem oder nur vermutetem Verschulden oder Gefährdungshaftung zu unterscheiden.

Allerdings ist die Vorschrift **einschränkend auszulegen**. Eine streng am Wortlaut orientierte Auslegung würde zu unbilligen Ergebnissen führen, zB wenn ein Dritter selbst – etwa als Bahnunternehmer gem § 1 Abs 1 HpflG – nur aus reiner Gefährdungshaftung ersatzpflichtig ist. Eine Besserstellung des aus Gefährdungshaftung ersatzpflichtigen Tierhalters oder der aus vermutetem Verschulden nach §§ 833–838 verantwortlichen Personen leuchtet hier nicht ein. Es ginge über den

Normzweck hinaus, den Anwendungsbereich auch auf Dritte zu erstrecken, die weder aus nachgewiesenem noch aus vermutetem Verschulden haften (heute hM; vgl zB Erman/Schiemann[10] Rn 13; MünchKomm/Stein[3] Rn 29; BGB-RGRK/Nüssgens[12] Rn 55; Soergel/Zeuner[12] Rn 31; OLG Hamm NJW 1958, 346 = VersR 1958, 33; OLG Hamm NJW 1982, 1009, 1010; OLG Schleswig NJW-RR 1990, 470; anders noch das RG in RGZ 53, 121; 58, 335, 336 f; 61, 56, 63; RG JW 1911, 220; RG JW 1915, 324, 325). Insofern greift die allgemeine Regelung der §§ 840 Abs 1, 426, 254 ein.

Ferner finden §§ 840 Abs 1, 426, 254 und nicht § 840 Abs 3 Anwendung, wenn der **83** Verantwortliche nicht nur nach §§ 833–838 aus vermutetem, sondern auch nach § 823 aus nachgewiesenem Verschulden haftet (vgl auch oben Rn 79 ff).

§ 840 Abs 3 betrifft eigentlich nur das Innenverhältnis mehrerer nebeneinander für **84** einen aus einer unerlaubten Handlung entstehenden Schaden Verantwortlicher (vgl § 840 Abs 1). Dennoch soll nach überwiegender Auffassung § 840 Abs 3 im Außen-verhältnis entsprechend Anwendung finden, wenn dem Geschädigten selbst die Privilegierung nach § 840 Abs 3 zugute käme. So sei eine Mithaftung des Geschädigten ausgeschlossen, wenn den Schädiger eine Verschuldenshaftung treffe, weil die Vorschrift in diesen Fällen ihrem Sinngehalt nach eingreife (RGZ 71, 7; bestätigt von RG JW 1911, 220; OLG Celle NJW 1964, 1230, 1231; OLG Schleswig NJW-RR 1990, 470 [Reitunfall wegen ausgebrochener Pferde]; OLG Hamm NJW-RR 1990, 794, 795 [Rinder fraßen abgelagerte Buchs-baumzweige]; BGB-RGRK/Nüssgens[12] Rn 57; aA MünchKomm/Stein[3] Rn 26). Dem ist nicht zuzustimmen. Zwar spricht für die Heranziehung des Rechtsgedankens des § 840 Abs 3, daß in der Regel etwa die vom Geschädigten in diesen Fällen zu verantwor-tende Tiergefahr deutlich hinter einem Verschulden des Schädigers zurücktritt. Al-lerdings sind auch Ausnahmen denkbar, so daß iE über § 254 Lösungen gefunden werden können, die dem Einzelfall gerecht werden (vgl hierzu schon oben Rn 80). Ein Rückgriff auf den zu starren und daher äußerst restriktiv heranzuziehenden § 840 Abs 3 erweist sich demgegenüber als nachteilig.

Im Fall der Haftung mehrerer nach §§ 833–838 verantwortlicher Personen neben- **85** einander ist im **Innenverhältnis** der Ausgleich entsprechend §§ 840 Abs 1, 426, 254 vorzunehmen. Theoretisch könnten sich alle Haftenden in diesem Fall jeweils auf ihre Privilegierung berufen, so daß iE wieder die allgemeine Regel Anwendung finden muß (vgl etwa RGZ 58, 335, 337; MünchKomm/Stein[3] Rn 32).

5. Verjährung des Ausgleichsanspruchs

a) Allgemeines
Der Ausgleichsanspruch im Innenverhältnis stellt als **selbständiger Anspruch** keinen **86** Anspruch aus unerlaubter Handlung dar. Er unterliegt daher nicht der Verjährung für Schadensersatzansprüche (§§ 195, 199 bzw § 852 Abs 2 und 3 in der bis 31. 12. 2001 geltenden Fassung). Während gem § 195 aF damit grundsätzlich die regelmäßige Verjährungsfrist von 30 Jahren eingriff (vgl Staudinger/Schäfer[12] Rn 90 mwNw; aA Müller VersR 2001, 429, 431 f, der den Zweck der kurzen Verjährung vereitelt sah), stellt sich nunmehr die Rechtslage als ungleich problematischer dar: Der Ausgleichs-anspruch unterliegt der regelmäßigen Verjährung des § 195 von drei Jahren. Da er bereits mit der Begründung der Gesamtschuld als Befreiungsanspruch und nicht erst mit der Leistung an den Gläubiger entsteht (vgl Staudinger/Noack [1999] § 426 Rn 6 ff),

kommt es gem § 199 Abs 1 Nr 2 für den Verjährungsbeginn entscheidend auf die Kenntnis bzw Unkenntnis infolge grober Fahrlässigkeit der den Anspruch begründenden Umstände und der Person des ausgleichspflichtigen Gesamtschuldners seitens des ausgleichsberechtigten Gesamtschuldners an. Hierbei beträgt die mit der Entstehung des Ausgleichsanspruchs beginnende Höchstfrist gem § 199 Abs 4 zehn Jahre. Demgegenüber belaufen sich die Höchstfristen für deliktische Schadensersatzansprüche je nach verletztem Rechtsgut auf dreißig oder zehn Jahre (§ 199 Abs 2 und 3). Dies bedeutet im Falle des § 199 Abs 2 einen Wertungswiderspruch, der neben andere tritt. So kann etwa ein deliktisch Haftender möglicherweise noch nach knapp dreißig Jahren von dem Geschädigten in Anspruch genommen werden, während sein Ausgleichsanspruch aus §§ 840 Abs 1, 426 wegen § 199 Abs 4 auf jeden Fall nach zehn Jahren verjährt ist. Eine anderweitige interessengerechte Lösung des Problems scheitert am klaren Wortlaut der Neuregelungen. Gesamtschuldnerisch Haftende sind daher nunmehr auf eine Sicherung ihrer Regreßmöglichkeit durch die Geltendmachung des vor Befriedigung des Gläubigers bestehenden Mitwirkungs- und Befreiungsanspruchs zu verweisen.

b) Rückgriff aufgrund einer Legalzession

87 Eine Legalzession, die – wie etwa § 67 VVG – einem Dritten bei Schadloshaltung des Geschädigten den Rückgriff aus dem Schadensersatzanspruch ermöglicht, berührt den rechtlichen Charakter des übergegangenen Schadensersatzanspruches nicht (BGH VersR 1964, 540, 541; WAHLE VersR 1966, 790). Allerdings gilt der Ausgleichsanspruch als „Anspruch auf Ersatz des Schadens gegen einen Dritten" iS des § 67 VVG (RG DRW 1942, 88).

V. Sonderbestimmungen zu § 840

1. Überblick

88 In Sondergesetzen außerhalb des BGB finden sich Bestimmungen, die teils die gesamtschuldnerische Haftung mehrerer Ersatzpflichtiger, teils das Verhältnis mehrerer Ersatzpflichtiger zueinander regeln. Vorschriften, die im erstgenannten Sinn die Haftung mehrerer Ersatzpflichtiger als Gesamtschuldner bestimmen, sind § 22 Abs 1 S 2 WHG, § 119 BBergG, § 33 AtomG, § 93 AMG, § 32 Abs 2 GenTG, § 5 ProdHaftG und § 7 Abs 5 BDSG (in der bis zum 22. 5. 2001 geltenden Fassung). Den Innenausgleich der Gesamtschuldner regeln §§ 17, 18 Abs 3 StVG, § 41 LuftVG, § 13 HpflG und § 6 Abs 2 S 2 ProdHaftG.

2. Die Spezialregelungen über den Schadensausgleich im Innenverhältnis

89 Drei **Fallkonstellationen** können unterschieden werden.

– Mehrere aus dem jeweiligen Sondergesetz Haftende haben einen Schaden eines Dritten verursacht und sind diesem kraft Sondergesetzes zum Schadensersatz verpflichtet. Es kann sich hierbei etwa um die Haftung mehrerer Betreiber von Luftfahrzeugen (§ 41 Abs 1 S 1 LuftVG), Bahnen oder Energieanlagen (§ 13 Abs 1 S 1 HpflG) handeln.

– Mehrere aus dem jeweiligen Sondergesetz Haftende verursachen einen Schaden eines der beteiligten Haftenden. Dieser Fall wird etwa in § 13 Abs 1 S 2 HpflG geregelt.

– Ein aus Sondergesetz Haftender oder mehrere aus Sondergesetz Haftende und ein Dritter, der nicht aus dem Sondergesetz, aber kraft Gesetzes haftet, verursachen einen Schaden. Diesen Fall regelt etwa § 13 Abs 2 HpflG. Dabei kann es sein, daß der Schaden einem Dritten oder einem der haftenden Beteiligten entstanden ist. Die Haftung eines Dritten kraft Gesetzes bedeutet dabei im weitesten Sinne jede nicht nur vertragliche Haftung, die unmittelbar auf einem Gesetz beruht.

Alle drei Fallkonstellationen folgen den gleichen Ausgleichsgrundsätzen. **Maßgeblich** sind die jeweiligen **Verursachungsbeiträge.** So bestimmt etwa § 13 Abs 1 S 1 HpflG, daß „im Verhältnis der Ersatzpflichtigen untereinander Pflicht und Umfang zum Ersatz von den Umständen" abhängt, „insbes davon..., wie weit der Schaden überwiegend von dem einen oder dem anderen verursacht worden ist." Entsprechende Regelungen treffen auch alle anderen Sondervorschriften. Statt „überwiegend" wird dabei teilweise das Wort „vorwiegend" verwendet, ohne daß dies einen sachlichen Unterschied bedeuten würde. IE entsprechen damit die Ausgleichsgrundsätze der Sondergesetze denjenigen des § 254.

3. Die Ausgleichsvorschrift des § 17 StVG im besonderen

Wegen seiner herausragenden praktischen Bedeutung wird stellvertretend die Regelung des § 17 StVG im Detail dargestellt.

a) Anwendbarkeit
§ 17 StVG ist als Sondervorschrift **nicht analogiefähig** (vgl HENTSCHEL[36] § 17 StVG Rn 3; **90** GREGER[3] § 17 Rn 4). Nach der noch in der Vorauflage vertretenen Auffassung (STAUDINGER/SCHÄFER[12] § 840 Rn 94) sollte § 17 StVG dagegen in erweiternder Auslegung in allen Fällen anwendbar sein, in denen ein anderer kraft Gesetzes neben dem Kfz-Halter haftet. Für eine derartige, vom klaren Wortlaut der Vorschrift abweichende Auslegung besteht jedoch kein Bedürfnis. Bereits § 254 ermöglicht für die von § 17 StVG nicht explizit erfaßten Fälle flexible und interessengerechte Lösungen. Bei der Anwendung des § 254 kann die Wertung des § 17 StVG (vor allem die Anrechnung einer mitwirkenden Betriebsgefahr) angemessen berücksichtigt werden (näher dazu, auch zur Entwicklung der Rspr STAUDINGER/SCHIEMANN [1998] § 254 Rn 13; GREGER[3] § 17 Rn 1 u 4).

b) Struktur
Ähnlich dem oben (Rn 88 f) beschriebenen allgemeinen Muster der Sondervorschrif- **91** ten regelt § 17 Abs 1 S 1 StVG den Fall, daß zwei oder mehrere in Betrieb befindliche Kfz ursächlich unfallbeteiligt sind und eine dritte Person ohne Kfz schädigen. § 17 Abs 1 S 2 StVG verweist auf S 1 für den Fall, daß einer von zwei zum Ausgleich verpflichteten Haltern selbst geschädigt ist. § 17 Abs 2 StVG erweitert dann die genannten Fallgruppen für das Aufeinandertreffen von Kfz und Tier bzw Kfz und Eisenbahn.

c) § 17 Abs 1 S 1 StVG
§ 17 Abs 1 S 1 StVG enthält den **Grundgedanken der Ausgleichsvorschrift.** Danach **92**

wird die Ausgleichspflicht der Gesamtschuldner abweichend von §§ 840, 426 im Innenverhältnis **entsprechend dem Maß der Verursachung** des Schadens festgelegt, womit vor allem die schadensursächlichen Betriebsgefahren erfaßt werden sollen (GREGER³ § 17 StVG Rn 1). § 426 Abs 1 S 2 und Abs 2 gelten auch hier. § 17 StVG geht als lex specialis den §§ 9 StVG, 254 vor (BGH NZV 1994, 146).

Voraussetzung ist zunächst, daß wenigstens zwei Kfz unfallbeteiligt sind. Darüber hinaus muß eine dritte Person, also etwa ein Fußgänger, geschädigt worden sein. § 17 Abs 1 S 1 StVG setzt dann einen Ersatzanspruch des Unfallgeschädigten aus Gefährdungs-, Delikts- oder Amtshaftung gegen jeden einzelnen Fahrzeughalter voraus. Vertragliche Ersatzansprüche begründen keine Ersatzpflicht (HENTSCHEL³⁶ § 17 StVG Rn 2 mwNw). Beide Halter müssen als Gesamtschuldner in vollem Umfang haften.

Wenn § 17 StVG anwendbar ist, muß eine Abwägung der von den Beteiligten gesetzten **Verursachungsbeiträge** stattfinden (BGH NZV 1995, 145). Dabei spielt auch das Verschulden der Beteiligten eine Rolle (BGH NZV 1996, 272). Nur unstreitige, zugestandene oder erwiesene Tatsachen können berücksichtigt werden (BGH NZV 1995, 145). Umstände, die nicht für den Schaden ursächlich geworden sind, bleiben außer Ansatz (BGH NJW 1996, 513; BGH MDR 1995, 359; GREGER³ § 17 Rn 30). Verschuldensvermutungen, wie etwa in § 831, sind unanwendbar. Das gilt selbst bei schwersten Verstößen (besonders deutlich in BGH MDR 1995, 359: Volltrunkenheit eines Beteiligten). Unbillige Härten können prozeßrechtlich durch den Beweis des ersten Anscheins ausgeglichen werden (BGH NJW 1996, 513).

Insbes ist stets die Höhe der **Betriebsgefahr** der beteiligten Kfz zu berücksichtigen. Die Betriebsgefahr besteht in der Gesamtheit der Umstände, welche durch die Eigenart als Kfz begründet werden, Gefahr in den Verkehr tragen (BGH DAR 1956, 328). Sie kann je nach Fahrzeugtyp und Verkehrssituation unterschiedlich sein. So weisen etwa Motorräder wegen ihrer Instabilität eine besonders hohe Betriebsgefahr auf (BGH NZV 1994, 273 = EBE/BGH 1994, 163; HENTSCHEL³⁶ § 17 Rn 7). Von erhöhter Betriebsgefahr spricht man beim Hinzutreten besonderer unfallursächlicher Umstände, die die regelmäßig und notwendigerweise mit dem Kfz-Betrieb verbundenen Gefahren vergrößern (BGH NJW 2000, 3069; BGHZ 12, 124, 128; BGH VersR 1956, 732), etwa bei besonderer Gefährlichkeit des Kfz, der Örtlichkeit des Unfalls (unübersichtliche Stellen) oder auch bei Verschulden des Fahrers, soweit ein Zurechnungszusammenhang besteht (BGH NJW 1988, 58; BGH NJW 2000, 3069; HENTSCHEL³⁶ § 17 Rn 11 mit Einzelheiten zur umfangreichen Rspr). Umgekehrt kann eine mitursächliche Betriebsgefahr bei grobem Verschulden des anderen im Einzelfall zurücktreten (BGH NJW 2000, 3069; BGH NZV 1996, 272).

d) § 17 Abs 1 S 2 StVG

93 Während § 17 Abs 1 S 1 StVG einen Ausgleichsanspruch der Gesamtschuldner im Innenverhältnis betrifft, erweitert § 17 Abs 1 S 2 StVG die Ausgleichsgrundsätze in S 1 auf einen **unmittelbaren Haftungsanspruch des geschädigten Halters gegen einen anderen Halter.** Dieser Ersatzanspruch wird durch § 17 Abs 1 S 2 StVG um den eigenen Verschuldensanteil gekürzt. Auch wenn nur die Betriebsgefahr eines Kfz mitgewirkt hat, kommt es zu einer Abwägung iS des § 17 Abs 1 S 1 StVG (BGHZ 6, 319; HENTSCHEL³⁶ § 17 Rn 22). Hat etwa ein Kfz-Führer einen Unfall auf der Autobahn nicht verschuldet, aber die Autobahnrichtgeschwindigkeit von 130 km/h mit einer

Mindestausgangsgeschwindigkeit von 150 km/h deutlich überschritten, ist die Betriebsgefahr seines Kfz bei der Abwägung zu seinen Lasten zu berücksichtigen (nach OLG Hamm NZV 2000, 42 mit 25%). Dies gilt auch bei einem Schmerzensgeldanspruch (BGHZ 20, 259).

Sind beide Kfz-Halter geschädigt, findet **keine Saldierung der beiderseitigen Ansprüche** statt (BGH NJW 1955, 20). Bis zu einer Aufrechnungserklärung stehen sich beide Ansprüche getrennt gegenüber.

Für den **Haftungsausgleich zwischen Kfz-Führer und -Halter** gilt § 17 Abs 1 S 2 StVG nicht. Hier gelten die allgemeinen Vorschriften der §§ 840, 426 unter Berücksichtigung des § 254. Die Haftungsprivilegierungen der §§ 1359, 1664 finden allerdings im Straßenverkehr keine Anwendung, da in diesem Bereich objektive Maßstäbe erforderlich sind (BGHZ 53, 352; ausführlicher oben Rn 77). Ausgleichsansprüche von nicht privilegierten Drittschädigern gegen privilegierte Erstschädiger bleiben daher unberührt (BGHZ 35, 317 = NJW 1961, 1966).

e)   § 17 Abs 2 StVG
§ 17 Abs 1 StVG ist entsprechend anwendbar, wenn ein Schaden durch ein **Kfz und** **94** **ein Tier** verursacht wird. Voraussetzung ist auch hier eine gesetzliche Ersatzpflicht von Kfz- und Tierhalter. § 17 Abs 2 StVG verdrängt als lex specialis das Tierhalterprivileg des § 840 Abs 3 (GREGER[3] § 17 StVG Rn 2).

Bei der Abwägung sind die Betriebsgefahr des Kfz und die natürliche Tiergefahr sowie etwaige Verschuldensanteile zu berücksichtigen (BGH NZV 1990, 305; BGH NJW-RR 1990, 789; zur umfangreichen Rspr im einzelnen siehe GREGER[3] § 17 StVG Rn 142–144; HENTSCHEL[36] § 17 StVG Rn 24–28).

§ 17 Abs 2 StVG erweitert § 17 Abs 1 StVG auch für die Schadensverursachung durch ein **Kfz und eine Eisenbahn.** Auch Klein-, Schmalspur- und Straßenbahnen sind Eisenbahnen iS des § 17 Abs 2 StVG. § 13 HpflG wird von § 17 Abs 2 verdrängt (BGH NZV 1994, 146).

Neben der beiderseitigen Betriebsgefahr muß das Verschulden der Beteiligten, auch der Bediensteten, abgewogen werden (OLG Frankfurt NZV 1988, 295). Entscheidend ist, wie sich die Bahnbetriebsgefahr auswirkt, die grundsätzlich schon ihrer Schienengebundenheit, der größeren Masse und des längeren Bremswegs wegen mit einer höheren Quote zu berücksichtigen ist als die Betriebsgefahr eines Kfz (OLG Hamm MDR 1995, 1012; LG Magdeburg VersR 1995, 1251). Zudem kommt auch hier im Einzelfall eine **erhöhte Bahnbetriebsgefahr** in Betracht, etwa beim Fehlen angemessener Absicherungen eines Bahnübergangs (OLG Oldenburg, NZV 1999, 419; BGH VersR 1966, 291). Andererseits kann die Betriebsgefahr der Bahn bei grober Fahrlässigkeit des Kraftfahrers völlig zurücktreten (OLG Frankfurt VRS 1970, 321; vgl zur Kasuistik ie GREGER[3] § 17 StVG Rn 132–141 u HENTSCHEL[36] § 17 StVG Rn 29–36).

§ 841
Ausgleichung bei Beamtenhaftung

Ist ein Beamter, der vermöge seiner Amtspflicht einen anderen zur Geschäftsführung für einen Dritten zu bestellen oder eine solche Geschäftsführung zu beaufsichtigen oder durch Genehmigung von Rechtsgeschäften bei ihr mitzuwirken hat, wegen Verletzung dieser Pflichten neben dem anderen für den von diesem verursachten Schaden verantwortlich, so ist in ihrem Verhältnis zueinander der andere allein verpflichtet.

Materialien: E I § 736 Abs 2; II § 764 Abs 3;
III § 825 Abs 3; Mot II 825 f; Prot II 663, 842 ff.

Schrifttum

BAUMANN, Gedanken zur Subsidiarität der Amtshaftung, AcP 169 (1969) 317
HOHENESTER, Die Ausgleichshaftung der öffentlichen Hand und des von §§ 898 f RVO erfaßten Personenkreises, NJW 1962, 1140
MÖHRING, Wann liegt trotz des Subsidiaritäts-grundsatzes des § 839 Abs 1 S 1 BGB ein Gesamtschuldverhältnis zwischen Mitschädiger und der aus der Verletzung der Amtspflicht haftenden Körperschaft vor?, VersR 1960, 393
WALDEYER, Die Grenzen der Subsidiaritäts-klausel im Amtshaftungsrecht, NJW 1972, 1249.

Systematische Übersicht

I. **Normzweck, systematische Stellung, Entstehungsgeschichte**
1. Normzweck _____ 1
2. Systematische Stellung _____ 2
3. Entstehungsgeschichte _____ 3

II. **Voraussetzungen und Anwendungs-bereich**
1. Beamter _____ 4

2. Aufgabenbereich des Beamten _____ 5
3. Geschäftsführer _____ 6
4. Gesamtschuldnerische Haftung –
    Einfluß des § 839 Abs 1 S 2 _____ 7
5. Anwendungsfälle _____ 8

III. **Rechtsfolge** _____ 9

Alphabetische Übersicht

Amtshaftung, Subsidiarität _____ 7
Anwendungsfälle _____ 8

Beamter _____ 4, 5
Betreuer _____ 6, 8

Entstehungsgeschichte _____ 3

Familienrichter _____ 8

Gegenvormund _____ 2, 6, 8
Gesamtschuldnerische Haftung _____ 7

Geschäftsführer, Geschäftsführung _____ 5, 6

Innenausgleich _____ 1, 2
Insolvenzrichter, Insolvenzverwalter _____ 8

Jugendamt _____ 6

Konkursrichter, Konkursverwalter _____ 8

Mitvormund _____ 2, 8

Nachlaßpfleger, Nachlaßrichter, Nachlaß-		Testamentsvollstrecker	8
verwalter	8	Verbindlichkeit, Befreiung von	9
Normzweck	1	Verhältnis zu § 254	1
		Verhältnis zu § 426	1, 2
Pfleger	8	Verhältnis zu § 839	2, 4, 7
		Vergleichsverwalter	8
Rechtsfolgen	9	Vollstreckungsrichter	8
Rückgriff	9	Vorläufiger Verwalter	8
		Vormund	2, 6, 8
Schadensverteilung	1	Vormundschaftsrichter	8
Schädigung	1	Vorstandsmitglieder, Notbestellung	8
Sequester	8		
Sorgerechtsinhaber	8	Zwangsverwalter als Aufsichtsperson	6, 8
Staatshaftungsgesetz	1, 3		
Subsidiaritätsklausel	7		
Systematische Stellung	2		

I. Normzweck, systematische Stellung, Entstehungsgeschichte

1. Normzweck

Wie § 840 Abs 2 und 3 (vgl § 840 Rn 4, 79 ff) regelt auch § 841 den **Innenausgleich** 1 mehrerer im Außenverhältnis Ersatzpflichtiger: In dem in § 841 näher umgrenzten Aufgabenbereich haften der nach § 839 ersatzpflichtige Beamte und der Geschäftsführer im Außenverhältnis für denselben Schaden als Gesamtschuldner (§ 840 Abs 1). Gleiches gilt für den nach Art 34 GG eintretenden Staat bzw die eintretende Körperschaft. Im Innenverhältnis verpflichtet § 841 alleine den Geschäftsführer.

Die alleinige Haftung des Geschäftsführers im Innenverhältnis wurde vom historischen Gesetzgeber auf „Gründe der Billigkeit" zurückgeführt (Mot II 825). Präziser läßt sich die Vorschrift mit dem geringeren Verursachungsbeitrag des Beamten erklären. Sein Beitrag besteht in einer nur mittelbaren Schädigung (mangelhafte Beaufsichtigung des Geschäftsführers oder ähnliche entferntere Mitwirkung) im Vergleich zur unmittelbaren Schädigung durch den Geschäftsführer (MünchKomm/Stein[3] Rn 1). § 841 ist aber auch eine Weiterführung des Gedankens aus § 839 Abs 1 S 2. Zwar werden durch § 841 nur bestimmte Beamte (vgl dazu unten Rn 5 f) begünstigt. Dies schließt aber nicht aus, daß gerade die **Privilegierung dieser Beamten** maßgeblicher Zweck der Vorschrift ist. Dafür spricht auch, daß der Gesetzgeber im RefEntw 1967 zwar § 840 Abs 2 und 3 ersatzlos streichen, § 841 dagegen aber in redaktionell geänderter Fassung erhalten wollte (aA MünchKomm/Stein[3] Rn 2; vgl zum Zusammenspiel der beiden Vorschriften ie unten Rn 7).

Umstritten ist, ob die von § 841 vorgenommene Verteilung der Haftung im Innenverhältnis auch heute noch **Geltung** beanspruchen kann. Insofern wird teilweise die **Anwendbarkeit des § 254 im Rahmen des Gesamtschuldnerausgleiches nach § 426** (hierzu Staudinger/Kaduk[12] § 426 Rn 22) als Begründung dafür herangezogen, daß wegen der dadurch eröffneten Möglichkeit einer umfassenden Abwägung der Verursachungs- bzw Verschuldensbeiträge eine Schadensverteilung allein aufgrund der

Nähe zum Schadenseintritt überholt sei (MünchKomm/STEIN[3] Rn 3; MünchKomm/MER-TENS[3] vor § 823 Rn 75). § 841 kann nach dieser Auffassung nur ein Abwägungsmoment im Rahmen des § 254 darstellen. Nach anderer Auffassung geht § 841 – wenn auch nicht als Ausdruck eines verallgemeinerungsfähigen Rechtsgedankens – in seinem Anwendungsbereich (dazu BGB-RGRK/BOUJONG[12] Rn 3) § 254 vor. Anders als bei § 840 Abs 2 und 3 (vgl § 840 Rn 80) ist hier auch unter der Berücksichtigung des Normzwecks – Privilegierung des Beamten – de lege lata der letztgenannten Auffassung und somit einer **strikt wortgetreuen Auslegung** zu folgen. De lege ferenda wäre eine wertungs-orientierte Lösung anzustreben, wie sie das vom BVerfG (BVerfGE 61, 149 ff = NJW 1983, 29 ff) für nichtig erklärte Staatshaftungsgesetz vom 26. 6. 1981 in seinem § 10 Abs 3 bereits vorsah (unten Rn 3) und wie sie auch für § 840 realisiert ist (vgl § 840 Rn 80).

2. Systematische Stellung

2 § 841 steht als Vorschrift über den Gesamtschuldner-Innenausgleich in systemati-schem Zusammenhang mit § 426. Nach vorzugswürdiger Auffassung (oben Rn 1) liegt den beiden Vorschriften ein Regel-Ausnahme-Verhältnis zugrunde. Ein weiterer systematischer Zusammenhang besteht mit der Amtshaftung nach § 839, insbes mit der haftungsbeschränkenden Bestimmung in § 839 Abs 1 S 2, da sich insoweit die Frage nach dem Entstehen eines Gesamtschuldverhältnisses zwischen Beamtem und Geschäftsführer und damit letztlich das Problem der Anwendbarkeit des § 841 stellt (unten Rn 7). Eine dem § 841 entsprechende Sonderregelung ist § 1833 Abs 2 S 2 für das Verhältnis des Vormundes zum Gegenvormund bzw Mitvormund.

3. Entstehungsgeschichte

3 Eine der heutigen Bestimmung entsprechende Vorschrift war in E I § 736 Abs 2 enthalten (Mot II 825). E III § 825 Abs 3 bediente sich hingegen wegen der geplanten Sonderregelung der Amtshaftung im Außenverhältnis in den Fällen des heutigen § 841 (E II § 783, E III § 824) für die Haftung im Innenverhältnis der Verweisungs-technik des heutigen § 840 Abs 3. Mit der Streichung der erwähnten Sonderbestim-mung durch die Reichstagskomm konnte auch die Verweisungstechnik keine An-wendung mehr finden, so daß die Bestimmung des heutigen § 841 im damaligen § 825a wieder verselbständigt wurde (ausführlich STAUDINGER/SCHÄFER[12] Rn 1).

Im RefEntw 1967 wurde die Vorschrift im Gegensatz zu § 840 Abs 2 und 3, deren Streichung empfohlen wurde, nur sprachlich an die geplante Neufassung des § 839 angepaßt (Begr Bd II 147; krit zur vorgesehenen unterschiedlichen Behandlung v § 840 Abs 2 u 3 einerseits u § 841 andererseits MünchKomm/STEIN[3] Rn 2). Gem § 34 Abs 1 Nr 1 des vom BVerfG (BVerfGE 61, 149 ff = NJW 1983, 25 ff) für nichtig erklärten Staatshaftungsge-setzes vom 26. 6. 1981 sollte § 841 zugunsten von § 10 Abs 3 StaatshaftungsG abge-schafft werden, der bei einer Mehrheit von Schädigern für den Innenausgleich die Umstände des Falles, insbes die Schwere des jeweiligen Pflichtverstoßes und das Maß der Mitverursachung des Schadens für maßgeblich erklärte und damit eine wesent-lich flexiblere Lösung vorsah als der letztlich in Kraft gebliebene § 841.

II. Voraussetzungen und Anwendungsbereich

1. Beamter

Beamter iSd § 841 ist der Beamte **im haftungsrechtlichen Sinn** des § 839, nicht im 4
beamtenrechtlichen Sinn (hierzu DETTERBECK/WINDTHORST/SPROLL, Staatshaftungsrecht
[2000] § 9 Rn 3 ff; MünchKomm/PAPIER³ § 839 Rn 127 ff; PALANDT/THOMAS⁶¹ § 39 Rn 27 ff). Dies
ergibt sich aus der systematischen Beziehung des § 841 zu § 839 (vgl BGB-RGRK/
BOUJONG¹² Rn 1).

2. Aufgabenbereich des Beamten

§ 841 erfaßt nicht jegliche Tätigkeit des Beamten. Vielmehr muß der Beamte einen 5
der in der Vorschrift genannten Aufgabenkreise wahrnehmen, also entweder einen
anderen zur Geschäftsführung für einen Dritten bestellen, eine solche Geschäftsführung beaufsichtigen oder durch Genehmigung von Rechtsgeschäften bei einer
solchen Geschäftsführung mitwirken. Soweit der Beamte selbst zu verwalten oder
mitzuverwalten hat (zB durch Abschluß der Rechtsgeschäfte), findet die Vorschrift
keine Anwendung (Mot II 826). Auch dem Normzweck (oben Rn 1) würde eine
Haftungsfreistellung nicht entsprechen, wenn der Beamte mehr als nur vorberei-
tende, ergänzende oder überwachende Tätigkeiten ausführt. Für solche Tätigkeiten
richtet sich der Schadensausgleich mit dem Zweitschädiger nach der allgemeinen
Bestimmung des § 426 (zu einzelnen Anwendungsfällen des § 841 unten Rn 8).

3. Geschäftsführer

Der Begriff der Geschäftsführung iS des § 841 ist weiter als in §§ 662, 677 zu ver- 6
stehen. Er umfaßt jede Tätigkeit im fremden Interesse (vgl STAUDINGER/WITTMANN [1995]
Vorbem zu §§ 662 ff Rn 1, Vorbem zu §§ 677 ff Rn 20). Eine Begrenzung auf Tätigkeiten im
fremden wirtschaftlichen Interesse ähnlich dem Begriff der Geschäftsbesorgung in
§ 675 (vgl STAUDINGER/MARTINEK [1995] § 675 Rn A 29 f) lassen Wortlaut und Zweck nicht
zu. Praktisch relevant wird die hier aufgeworfene Frage vor allem in den Fällen der
§§ 1904, 1906 (unten Rn 8).

Nach BOUJONG (BGB-RGRK/BOUJONG¹² Rn 1) ist es Wesensmerkmal des Geschäftsführers iSd § 841, daß dieser nicht verbeamtet ist. Dagegen spricht, daß Sinn und
Zweck der Vorschrift nicht in der Privilegierung des Beamten liegen. Vielmehr soll
der mittelbare Schädiger im Verhältnis zum unmittelbaren Schädiger wegen der
größeren Nähe des letzteren zum Schaden privilegiert werden (oben Rn 1). Es besteht
kein Grund, das Jugendamt als Vormund (§ 1791b Abs 1 S 1) oder als Gegenvormund (§ 1792 Abs 1 S 2 2. Halbs), eine Behörde als Betreuer (§ 1900 Abs 4) oder eine
Behörde als Aufsichtsperson über den zum Zwangsverwalter bestellten Schuldner
(§ 150c Abs 1 S 2 ZVG) gegenüber den jeweiligen gerichtlichen Genehmigungs- bzw
Aufsichtsorganen vom Gesamtschuldner-Innenausgleich des § 841 zu befreien.

4. Gesamtschuldnerische Haftung – Einfluß des § 839 Abs 1 S 2

§ 841 setzt („neben dem anderen [...] verantwortlich") das Vorliegen einer gesamt- 7
schuldnerischen Haftung von Beamtem und Geschäftsführer für den vom Geschäfts-

führer (mit)verursachten Schaden voraus. Handelt der Beamte lediglich fahrlässig, ist die Subsidiaritätsklausel des § 839 Abs 1 S 2 zu beachten. Der lediglich fahrlässig handelnde Beamte bzw der nach Art 34 GG eintretende Staat oder die eintretende Körperschaft haftet nur dann, wenn der Verletzte nicht auf andere Weise Ersatz zu erlangen vermag. Gerade in den von § 841 erfaßten Fallkonstellationen steht aber der Geschäftsführer als weiterer Ersatzpflichtiger zur Verfügung. Damit entsteht bei erfolgreicher Inanspruchnahme wegen der Subsidiarität der Amtshaftung kein Gesamtschuldverhältnis. Ebenso entfällt die Anwendbarkeit des § 841 (BGB-RGRK/Boujong[12] Rn 2; allgemein auch BGHZ 61, 351, 356 ff = NJW 1974, 360). Die **Verneinung eines Gesamtschuldverhältnisses in den Fällen subsidiärer Staatshaftung** ist in der Literatur allgemein (Hohenester NJW 1962, 1140, 1142; Hanau VersR 1967, 516, 521), aber auch speziell für die Fälle des § 841 kritisiert worden (Waldeyer NJW 1972, 1251). Die Kritik richtet sich insbes auf den dann nur noch bei vorsätzlicher Pflichtverletzung des Beamten gegebenen Anwendungsbereich der Vorschrift und die Fragwürdigkeit der Haftungsprivilegierung gerade in diesen Fällen (Waldeyer NJW 1972, 1251). Dem ist entgegenzuhalten, daß die Anwendung des Subsidiaritätsgrundsatzes eingeschränkt ist und selbst bei vorsätzlichem Beamtenhandeln nur die mittelbare Mitwirkung an der Schadensentstehung erfaßt wird.

Die **Subsidiaritätsklausel des § 839 Abs 1 S 2** ist einschränkend dahin auszulegen, daß Schadensersatz nicht verlangt werden kann, wenn der Zweitschädiger (hier: der Geschäftsführer) zwar ersatzpflichtig, aber zahlungsunfähig ist oder die Realisierung des Ersatzanspruchs aus anderen Gründen praktisch nicht möglich oder dem Geschädigten nicht zuzumuten ist (BGB-RGRK/Boujong[12] Rn 2; allgemein BGB-RGRK/Kreft[12] § 839 Rn 539; Detterbeck/Windtorst/Sproll, Staatshaftungsrecht [2000] § 10 Rn 33; MünchKomm/Papier[3] § 839 Rn 314). Damit stellt die Subsidiarität der Amtshaftung in diesen Fällen keinen Hinderungsgrund für das Entstehen eines Gesamtschuldverhältnisses dar, so daß auch § 841 bei Vorliegen der sonstigen Voraussetzungen Anwendung finden kann (so auch MünchKomm/Stein[3] Rn 1; Waldeyer NJW 1972, 1249, 1251 f; allgemein Möring VersR 1960, 393, 394; Baumann AcP 169 [1969] 317, 322 ff); nach aA sind die Bestimmungen über die Gesamtschuld (und damit auch § 841) hier zwar nicht direkt, aber entsprechend anwendbar (BGB-RGRK/Boujong[12] Rn 2; allgemein BGH NJW 1960, 240 = VersR 1960, 75, 78 f; BGB-RGRK/Kreft[12] § 839 Rn 539). Kann sich der Beamte bzw die haftpflichtige Körperschaft zunächst nicht auf die Subsidiarität der Amtshaftung berufen, bessern sich aber später die wirtschaftlichen Verhältnisse des Zweitschädigers, so daß § 839 Abs 1 S 2 anwendbar wäre, so kann der Beamte bzw die Körperschaft dann vollen Ausgleich verlangen (Staudinger/Schäfer[12] § 840 Rn 20). Dies verlangt der Zweck des § 841.

5. Anwendungsfälle

8 § 841 findet auf folgende Verhältnisse Anwendung:

– Familienrichter (früher: Vormundschaftsrichter) im Verhältnis zum Sorgerechtsinhaber (§ 1628; §§ 1643 ff; § 1666; §§ 1671 f; § 1678 Abs 2; §§ 1680 Abs 2, 3, 1681); gleichgestellt werden können die Fälle der §§ 1687 Abs 2, 1688 Abs 3 S 2, soweit hierin eine Unterlassung der Beaufsichtigung einer laufenden Geschäftsführung liegt;

– Vormundschaftsrichter im Verhältnis zum Vormund (§ 1789; §§ 1821 ff; § 1837),
  zum Gegenvormund (§§ 1792, 1837) (vgl RGZ 80, 252, 255) und zum Pfleger (§ 1915)
  (vgl zu diesen Verhältnissen BGH WarnR 1965, 335, 339; BGB-RGRK/Boujong[12] Rn 3; Münch-
  Komm/Stein[3] Rn 5); zum Verhältnis des Vormunds zum Gegenvormund oder Mitvormund vgl die dem § 841 entsprechende Sonderregelung in § 1833 Abs 2 S 2;

– Vormundschaftsrichter im Verhältnis zum Betreuer (§§ 1896, 1904, 1906 ff, 1908b,
  1908i) (MünchKomm/Stein[3] Rn 5); wegen der sich im Hinblick auf die §§ 1904 (ärztliche Maßnahmen) und 1906 (Unterbringungsmaßnahmen) stellenden Frage nach
  dem Begriff der Geschäftsführung (oben Rn 6);

– Nachlaßrichter gegenüber dem Nachlaßpfleger (§§ 1960 ff) und Nachlaßverwalter
  (§§ 1975, 1915 iVm §§ 1773 ff) (MünchKomm/Stein[3] Rn 5; Soergel/Zeuner[12] Rn 1);

– Insolvenzrichter im Verhältnis zum (vorläufigen) Insolvenzverwalter (§§ 21 Abs 2
  Nr 1, 56, 58 InsO), früher: Konkursrichter im Verhältnis zum Konkursverwalter
  (§§ 78, 83, 110, 129 KO) (BGB-RGRK/Boujong[12] Rn 3; MünchKomm/Stein[3] Rn 5) bzw
  zum vorläufigen Verwalter/Vergleichsverwalter (§§ 11, 41 VerglO) (Planck/Greiff,
  Kommentar zum BGB[4] Anm 2);

– Vollstreckungsrichter im Verhältnis zum Zwangsverwalter bzw zur bestellten Aufsichtsperson (§§ 150, 150c, 153 ZVG) (BGB-RGRK/Boujong[12] Rn 3; MünchKomm/
  Stein[3] Rn 5);

– Ernennung eines Testamentsvollstreckers nach § 2200 (Planck/Greiff, Kommentar
  zum BGB[4] Anm 2);

– Notbestellung von Vorstandsmitgliedern durch das Amtsgericht nach § 29 (Planck/
  Greiff, Kommentar zum BGB[4] Anm 2);

– Vertreterbestellung durch das Amtsgericht bei Kündigung einer Hypothek (§ 1141
  Abs 2) (Planck/Greiff, Kommentar zum BGB[4] Anm 2);

– Bestellung bzw Ernennung eines Sequesters durch das Amtsgericht (§§ 848, 855
  ZPO) (Planck/Greiff, Kommentar zum BGB[4] Anm 2);

– Beamter im Verhältnis zu dem von ihm nach MilRegGes Nr 52 zu bestellenden
  oder zu überwachenden Treuhänder (custodian) (BGB-RGRK/Boujong[12] Rn 3;
  MünchKomm/Stein[3] Rn 5; allgemein BGHZ 15, 142 = NJW 1955, 142; BGHZ 17, 140 = NJW
  1955, 986).

III. Rechtsfolge

Rechtsfolge des § 841 ist die **alleinige Haftung des Geschäftsführers im Innenverhältnis** 9
zum Beamten bzw dessen Dienstherrn. Der Beamte bzw die haftende Körperschaft
kann dabei – soweit er bzw sie bereits Ersatz geleistet hat – nicht nur Rückgriff gegen
den Geschäftsführer nehmen, sondern auch schon vor der Erbringung einer Ersatzleistung an den Geschädigten Befreiung von der Verbindlichkeit zur Leistung des

Schadensersatzes verlangen (allgemein RGZ 79, 288, 290; BGH NJW 1958, 497; NJW 1962, 1678, 1680).

§ 842
Umfang der Ersatzpflicht bei Verletzung einer Person

Die Verpflichtung zum Schadensersatz wegen einer gegen die Person gerichteten unerlaubten Handlung erstreckt sich auf die Nachteile, welche die Handlung für den Erwerb oder das Fortkommen des Verletzten herbeiführt.

Materialien: E II § 765; III § 826; Mot II 751;
Prot II 635 ff.

Schrifttum

BAUER, Zur Schadensregulierung bei Invalidität oder Tod eines Betriebsinhabers infolge Verkehrsunfalles, DAR 1959, 113

BAUMGÄRTEL/LAUMEN, Handbuch der Beweislast im Privatrecht, Band 1 (1981)

C BECKER, Schadensersatz wegen verletzungsbedingter Beeinträchtigung in der Haushaltsführung auch für Unverheiratete, MDR 1977, 705

BENKARD, Patentgesetz, Gebrauchsmustergesetz (9. Aufl 1993); zitiert: BENKARD/BEARBEITER[9]

BIERINGER, Zum Forderungsübergang von Barleistungen nach § 127 AFG und § 1542 RVO, VersR 1983, 516

BOELSEN, Schadensersatzleistungen und Vorteilsausgleich bei Schadensfällen mit einkommensteuerrechtlichem Hintergrund, DB 1988, 2187

BOMHARD, Sind entgangene Aufwandsentschädigungen in Haftpflichtfällen dem Schädiger zu ersetzen?, VersR 1960, 683

BROX/WALKER, Allgemeines Schuldrecht (28. Aufl 2002); zitiert: BROX/WALKER, AllgSchR[28]

F BYDLINSKI, Unerlaubte Vorteile als Schaden, in: FS Deutsch (1999) 63

DENCK, Verlust der Arbeitslosenhilfe – Deliktsschutz und Regreß, NZA 1985, 377

DIETZ, Technische Risiken, Gefährdungshaftung und Haftungsbegrenzung, in: VIEWEG (Hrsg), Spektrum des Technikrechts (2002) 41

DITTMAYER, Das Zusammenspiel von Steuerrecht und Schadensrecht bei der Erwerbsschadensberechnung (1987)

DREES, Zusatzurlaub für Schwerbehinderte und Schadenersatz, VersR 1983, 319

ders, Schadensersatzansprüche nach unfallbedingter Pensionierung, VersR 1987, 739

DUNZ, Schadensersatz für entgangene Sachnutzung, JZ 1984, 1010

ECKELMANN, Die Höhe des Schadensersatzanspruchs bei Verletzung oder Tötung der Ehefrau oder Mutter (3. Aufl 1967); zitiert: ECKELMANN[3]

Erfurter Kommentar zum Arbeitsrecht (2. Aufl 2001); zitiert: ErfK/BEARBEITER[2]

ESSER/SCHMIDT, Schuldrecht, Band I, Allgemeiner Teil, Teilband 2 (8. Aufl 2000); zitiert: ESSER/SCHMIDT[8]

ESSER/WEYERS, Schuldrecht, Band II, Besonderer Teil, Teilband 2 (8. Aufl 2000); zitiert: ESSER/WEYERS[8]

FENN, Die Mitarbeit in den Diensten Familienangehöriger (1970)

GANSSMÜLLER, Anm zu BGH VersR 1964, 1243; VersR 1965, 257

GEIGEL, Der Haftpflichtprozeß (23. Aufl 2001); zitiert: GEIGEL/BEARBEITER[23]

vGERLACH, Die Rechtsprechung des BGH zum Verkehrshaftpflichtrecht, DAR 1992, 201; DAR 1995, 221

GOTTHARD, Schadensersatz bei Ausfall einer Tätigkeit außerhalb des Erwerbslebens – OLG

Celle, NJW 1988, 2618; LG Zweibrücken, NJW 1993, 3207, JuS 1995, 12

GREGER, Haftungsrecht des Straßenverkehrs (3. Aufl 1997); zitiert: GREGER[3]

GRUNSKY, Schadensersatz bei Verletzung eines Gewerbetreibenden oder Freiberuflers, DAR 1988, 400

HAGEN, Die Drittschadensliquidation im Wandel der Rechtsdogmatik: ein Beitrag zur Koordinierung von Rechtsfortbildungen (1971)

ders, Fort- oder Fehlentwicklung des Schadensbegriffs?, JuS 1969, 61

HOFMANN, Der Erwerbsschaden des Gesellschafters einer Personen- oder Kapitalgesellschaft, VersR 1980, 605

ders, Gelungene Synthese oder Scheinlösung?, NZV 1993, 139

KNOBBE-KEUK, Möglichkeiten und Grenzen abstrakter Schadensberechnung, VersR 1976, 401

KROPHOLLER, Die Rechtsnatur der Familienmitarbeit und die Ersatzpflicht bei Verletzung oder Tötung des mitarbeitenden Familienangehörigen, FamRZ 1969, 241

KUCKUK, Die Tantiemen eines GmbH-Geschäftsführers im Schadensersatzrecht, BB 1978, 283

KÜPPERSBUSCH, Ersatzansprüche bei Personenschaden (7. Aufl 2000); zitiert: KÜPPERSBUSCH[7]

LANGE/SCHIEMANN, Handbuch des Schuldrechts, Band 1: Schadensersatz (3. Aufl 2003); zitiert: LANGE/SCHIEMANN[3]

LANGE, Familienrechtsreform und Ersatz für Personenschäden, FamRZ 1983, 1181

LARENZ, Schuldrecht Band I, Allgemeiner Teil (14. Aufl 1987); zitiert: LARENZ I[14]

LARENZ/CANARIS, Lehrbuch des Schuldrechts. Band II Halbband 2, Besonderer Teil (13. Aufl 1994); zitiert: LARENZ/CANARIS II/2[13]

LIEB, „Wegfall der Arbeitskraft" und normativer Schadensbegriff, JZ 1971, 358

MEDICUS, Schadensersatz bei Verletzung vor Eintritt in das Erwerbsleben, DAR 1994, 442

NÖRR, Zum Ersatz des immateriellen Schadens nach geltendem Recht, AcP 158 (1959/60) 1

PARDEY, Der Haushaltsführungsschaden bei Lebensgemeinschaften, DAR 1994, 265

ders, Vereitelte fremdnützige Arbeitsleistung,

individueller Vermögenswert und „sozialer" Vermögensschaden, NJW 1997, 2094

PARDEY/SCHULZ-BORCK, Angemessene Entschädigung für die zeitweise oder dauernde, teilweise oder vollständig vereitelte unentgeltliche Arbeit im Haushalt, DAR 2002, 289

ROSS, Der Erwerbsschaden des Nichtselbständigen, NZV 1999, 276

RÖTHEL, Ehe und Lebensgemeinschaft im Personenschadensrecht, NZV 2001, 329

RUHKOPF/BOOK, Über die Haftpflichtansprüche körperlich verletzter freiberuflich tätiger Personen und Gewerbetreibender wegen Gewinnentgangs, VersR 1970, 690; VersR 1972, 114

SCHEFFEN, Erwerbsausfallschaden bei verletzten und getöteten Personen (§§ 842 bis 844), VersR 1990, 926

SCHULZ-BORCK/HOFMANN, Schadensersatz bei Ausfall von Hausfrauen und Müttern (6. Aufl 2000); zitiert: SCHULZ-BORCK/HOFMANN[6]

STEFFEN, Ersatz von Fortkommensschäden und Erwerbsschäden aus Unfall vor Eintritt in das Erwerbsleben, DAR 1984, 1

ders, Abkehr von der konkreten Berechnung des Personenschadens und kein Ende?, VersR 1985, 605

STEINLE, Schadensersatz und Ertragssteuerrecht (1982)

STOLL, Begriff und Grenzen des Vermögensschadens (1973)

ders, Empfiehlt sich eine Neuregelung der Verpflichtung zum Geldersatz für immateriellen Schaden?, Verhandlungen des 45. Deutschen Juristentages, Bd I, Teil 1, 1 (1964)

STÜRNER, Der Erwerbsschaden und seine Ersatzfähigkeit, JZ 1984, 412; JZ 1984, 461

VOGEL, Die Beurteilung der Behinderung der Hausfrau im Haftpflichtanspruch, VersR 1981, 810

WEBER, Die Rechtsprechung des BGH zum Verkehrshaftpflichtrecht, DAR 1978, 113; DAR 1978, 129; DAR 1980, 129

WEICHLEIN, Die Höhe des Schadensersatzes bei Verletzung oder Tötung einer Hausfrau (1977)

WENDEHORST, Anspruch und Ausgleich – Theorie einer Vorteils- und Nachteilsausgleichung im Schuldrecht (1999)

vWULFFEN, SBG X – Sozialverwaltungsverfahren und Sozialdatenschutz (4. Aufl 2001); zitiert: vWULFFEN/BEARBEITER[4]

WÜRTHWEIN, Beeinträchtigung der Arbeitskraft und Schaden, JZ 2000, 337

WUSSOW (Hrsg), Unfallhaftpflichtrecht (15. Aufl 2002); zitiert: WUSSOW/BEARBEITER[15].

Systematische Übersicht

I. **Entstehungsgeschichte, systematische Stellung, Normzweck, praktische Bedeutung**
1. Entstehungsgeschichte _____ 1
2. Systematische Stellung _____ 2
3. Normzweck _____ 3
4. Praktische Bedeutung _____ 4

II. **Anwendungsbereich**
1. Unmittelbare Anwendung _____ 5
2. Unanwendbarkeit _____ 7
3. Entsprechende Anwendung _____ 8
a) Entsprechende Anwendung kraft gesetzlicher Verweisung _____ 8
b) Entsprechende Anwendung im Rahmen von Vertragsbeziehungen _ 9
4. Keine Anwendung bei Gefährdungshaftung _____ 10
5. Keine Anwendung bei Aufopferungsansprüchen _____ 11

III. **Nachteile für den Erwerb oder das Fortkommen**
1. Begriffe und Abgrenzung _____ 12
2. Ersatzanspruch _____ 13
a) Schadensberechnung _____ 13
aa) Konkrete Schadensberechnung _____ 13
bb) Prognose über die voraussichtliche Entwicklung der Erwerbstätigkeit _ 19
cc) Zeitliche Grenzen des Anspruchs _ 23
b) Anspruchskürzung _____ 24
aa) Vorteilsausgleichung _____ 24
bb) Mitverschulden _____ 26
c) Art der Ersatzleistung _____ 30

IV. **Einzelne Tätigkeitsbereiche**
1. Arbeitnehmer _____ 31
a) Beeinträchtigung der Arbeitskraft _ 31
aa) Allgemeines _____ 31
bb) Umfang der Ersatzpflicht – Einzelfälle _____ 38
b) Verlust von Aufstiegschancen _____ 41

c) Schlechtere Bezahlung der Tätigkeit 42
d) Umschulungskosten _____ 43
aa) Rechtliche Einordnung _____ 43
bb) Voraussetzungen der Ersatzpflicht _ 44
cc) Umschulungsobliegenheit _____ 48
dd) Sonstige berufsfördernde Maßnahmen und Ausbildungskosten _____ 49
e) Steuerliche Auswirkungen und Schadensersatzbemessung _____ 50
aa) Berücksichtigung steuerlicher Nach- und Vorteile bei der Schadensersatzbemessung _____ 50
bb) Ersatzanspruch als zu versteuerndes Einkommen _____ 51
cc) Berücksichtigung unfallbedingter Ersparnisse – Brutto- und Nettolohnmethode _____ 52
dd) Steuerliche Auswirkungen im einzelnen _____ 57
f) Entgeltfortzahlung _____ 59
g) Nachteile in der Sozialversicherung _ 62
aa) Allgemeines _____ 62
bb) Beiträge in die Rentenversicherung _ 63
cc) Beiträge in die zusätzliche Altersversorgung _____ 67
dd) Beiträge in die Krankenversicherung 68
ee) Beiträge in die Arbeitslosenversicherung _____ 69
ff) Beiträge in die Unfallversicherung _ 70
gg) Beiträge in die Pflegeversicherung _ 71
hh) Sonstige Sozialbeiträge _____ 72
h) Sonstige Versicherungsleistungen _ 73
i) Kosten eines Kündigungsschutzprozesses _____ 74
k) Aufwandsentschädigungen _____ 75
2. Gastarbeiter _____ 76
3. Arbeitslose _____ 77
4. Beamte _____ 80
5. Selbständige _____ 84
a) Entgangener Gewinn _____ 84
b) Gesellschafter-Geschäftsführer _____ 92
c) Ersatzarbeitskräfte _____ 93

d) Geschäftsaufgabe, Veräußerung des
    Unternehmens unter Wert _____ 99
e) Nutzlose Aufwendungen _____ 100
f) Weitere Einzelfälle _____ 101
6. Gesellschafter _____ 102
a) Geschädigter Gesellschafter _____ 103
aa) Gesellschafter mit Gewinnbeteili-
    gung _____ 104
bb) Gesellschafter mit Tätigkeits-
    vergütung _____ 108
b) Mitgesellschafter und Gesellschaft
    selbst _____ 113
c) Alleingesellschafter _____ 114
7. Haushaltsführung _____ 118
a) Ehegatten _____ 118
aa) Rechtsentwicklung – Anspruchsbe-
    rechtigter _____ 118
bb) Grundlagen und Voraussetzungen des
    Anspruchs _____ 123
cc) Höhe _____ 124
dd) Einfluß des Güterstandes _____ 129
b) Eingetragene Lebenspartner _____ 130
c) Geschiedene und Getrenntlebende _ 131
d) Nichteheliche Lebensgemeinschaft _ 132

e) Alleinstehende _____ 134
8. Mitarbeit von Familienangehörigen _ 135
a) Mitarbeit aufgrund Gesellschafts-
    oder Arbeitsvertrages _____ 136
b) Unterhaltsmitarbeit _____ 140
9. Kinder, Auszubildende, Studenten,
    unentgeltlich Tätige _____ 144
a) Kinder _____ 144
b) Auszubildende und Studenten _____ 146
c) Unentgeltlich Tätige im sozial-
    karitativen Bereich _____ 148
10. Verbotene oder sittenwidrige Tätig-
    keit _____ 149
11. Einzelprobleme _____ 151
a) Mittelbare Vermögenseinbußen
    infolge des Ausfalls des normalen
    Einkommens _____ 151
b) Beeinträchtigungen der Heiratsaus-
    sichten _____ 153
c) Werkleistungen am eigenen Heim _ 154
d) Neurosen _____ 155

V. Prozessuales _____ 156

Alphabetische Übersicht

Abfindung _____ 25
Alleinstehende _____ 134
Altersversorgung, betriebliche _____ 38, 67
Anrechnung
– anderweitig erzielter Einkünfte _____ 29
– von Steuervorteilen _____ 50, 58
Anwendungsbereich _____ 5 ff
– entsprechend bei Vertragsbeziehungen _ 9
– entsprechend kraft gesetzlicher Verwei-
  sung _____ 8
– unmittelbar _____ 5
Arbeitnehmer _____ 31 ff
– Sonderleistungen _____ 32
– Sozialversicherungsbeiträge _____ 32 f
– Steuern _____ 33, 50 ff
Arbeitsleistung, Verminderung _____ 14 ff
Arbeitslose _____ 14, 77 ff
Arbeitslosenversicherung _____ 69
Arbeitsunwillige _____ 14
Aufopferungsansprüche _____ 11
Aufstiegschancen _____ 41
Aufwandsentschädigungen _____ 75

Aufwendungen
– ersparte _____ 24
– nutzlose _____ 100
– zur Schadensminderung _____ 29
Ausbildungskosten _____ 49
Auszubildende _____ 14, 146 f

Beamte _____ 80 ff
Betriebsaufgabe _____ 28, 99, 151

Cessio legis s Legalzession

Dauer _____ 17, 22, 37

Entgeltfortzahlung _____ 59 ff
Entschädigung für Freiheitsentziehung
(StrEG) _____ 11
Entstehungsgeschichte _____ 1
Entwertungsschäden _____ 152
Erfinderpersönlichkeitsrecht _____ 5
Erwerbsschaden, Abgrenzung zum
Fortkommensschaden _____ 1, 12

Klaus Vieweg

Erwerbstätigkeit, Entwicklung _____ 19 f
Europäische Menschenrechtskonvention
(EMRK) _____ 11

Fahrlässigkeitstaten _____ 6
Familienangehörige, Mitarbeit _____ 135 ff
Feststellungsklage _____ 55, 65, 144, 157
Fortkommensschaden _____ 41

Gastarbeiter _____ 76
Gefährdungshaftung _____ 7, 10
Geschäftsehre _____ 5
Geschiedene _____ 130
Geschlechtsehre _____ 5
Gesellschaft _____ 113
Gesellschafter _____ 92, 102 ff
– Allein _____ 114 ff
– Anrechnung von Vorteilen der Gesell-
schaft _____ 112
– Fortzahlung einer Vergütung _____ 111
– Gesellschafter-Geschäftsführer _____ 92
– Gewinnausschüttung, verdeckte _____ 109
– mit Gewinnbeteiligung_____ 104 ff
– mit Tätigkeitsvergütung _____ 108 ff
– Tantiemen _____ 35, 110
Getrenntlebende _____ 131
Gratifikation _____ 38

Hausfrauen
– Haushaltsführung s dort
– Rentenbeiträge bei Pflegeleistungen ____ 65
Haushaltsführung _____ 119 ff
– Alleinstehende _____ 134
– anspruchsberechtige Person _____ 119 ff
– Anspruchsgrundlage _____ 124
– Doppel- oder Hinzuverdienerehe ____ 123
– Ersatzkraft _____ 126
– Geschiedene _____ 131
– Getrenntlebende _____ 131
– Güterstand _____ 129
– Lebensgemeinschaft, nichteheliche ____ 132 f
– Lebenspartner, eingetragener _____ 130
– Schadenshöhe _____ 125 ff
– Vergütung_____ 127 f
Heimwerker _____ 154
Heiratsaussichten _____ 153

Jugendliche _____ 14

Kinder _____ 14, 143 f
Kindergeld _____ 39
Krankenversicherung _____ 68
Kündigungsschutzprozeß _____ 28, 74

Lebensgemeinschaft, nichteheliche ____ 132 f
Lebenspartner, eingetragener _____ 130
Lebensrisiko, allgemeines _____ 22, 146
Legalzession _____ 59, 62
Leistungen Dritter _____ 24, 36
Lohnfortzahlung s Entgeltfortzahlung

Mitarbeiterrabatt _____ 38

Namensrecht _____ 5
Nebentätigkeit _____ 35, 84
Neurosen _____ 156
Normzweck _____ 2, 3 f

Pensionierung, vorzeitige _____ 82
Persönlichkeitsrecht _____ 5
Pflegeversicherung _____ 71
Prognose _____ 19 ff, 87, 145 f, 158
Prostitution _____ 150
Prozessuales _____ 18, 19 ff, 156 ff

Rentenversicherung _____ 63 ff

Schaden
– Arbeitsleistung als solche _____ 14 ff
– Berechnung, konkrete _____ 13
– Differenzhypothese _____ 13
– Grundsatz _____ 13
– nach Wiederherstellung der Erwerbs-
fähigkeit _____ 17, 22, 37
– Nachteile als Schaden _____ 62 ff
– Schätzung _____ 18
Schadensmanipulationen _____ 22
Schadensminderung _____ 86
Schadensminderungspflicht __ 24, 26 ff, 42, 48
– Arbeitsstelle, andere _____ 28
– Beamte _____ 83
– Selbständige _____ 86
– Umschulung _____ 48
Schwerbehinderte, Sonderurlaub für ____ 7, 39
Selbständige _____ 84 ff
– Ersatzkraft _____ 88, 93 ff
– Gesellschafter-Geschäftsführer _____ 92
– Gewinn, entgangener _____ 85

– Prognose über Gewinnentwicklung _____ 87

Sozialversicherung

– Arbeitslosenversicherung _____ 69

– Beiträge _____ 33 f, 62 ff

– Krankenversicherung _____ 68

– Pflegeversicherung _____ 71

– Rentenversicherung _____ 63 ff

– Unfallversicherung _____ 70

Steuern _____ 50 ff

– Brutto-/Nettolohnmethode _____ 52 ff

– Ersparnisse _____ 90

– Nachteile _____ 57

– Progressionsvorteil bei Mitverschulden _____ 56

– Selbständige _____ 90

– Vorteile _____ 58

Tantieme _____ 35, 110

Tätigkeit

– karitative _____ 14, 148

– sittenwidrige _____ 149

– überobligationsmäßige _____ 24

– unentgeltliche _____ 14, 147

– verbotene _____ 149

Trinkgelder _____ 35

Überstundenvergütung _____ 38

Umschulung _____ 43 ff

– Anspruchsgrundlage _____ 43

– Anspruchsübergang _____ 47

– Beruf, höher qualifizierter _____ 45

– erfolglose _____ 46

– Gleichwertigkeit _____ 45

– Mehrverdienst, Anrechnung von _____ 25

– Obliegenheit zur Durchführung _____ 48

– Vertretbarkeit _____ 44

– Voraussetzungen _____ 44

Unfallversicherung _____ 70

Unterlassungstaten _____ 6

Unternehmer _____ 14

Urheberpersönlichkeitsrecht _____ 5

Urlaubsentgelt/-geld _____ 38

Verhältnis zu § 249 _____ 3, 7

Vermögenseinbußen, mittelbare _____ 151

Vermögensschäden, reine _____ 7

Vermögenswerte, Veräußerung _____ 151

Versicherungsprämien, private _____ 73

Verpflegungskosten _____ 24

Vorruhestand _____ 40

Vorteilsausgleichung _____ 24 f

Werkleistungen am eigenen Heim _____ 154

Wintergeld _____ 39

Zulagen _____ 38

I. Entstehungsgeschichte, systematische Stellung, Normzweck, praktische Bedeutung

1. Entstehungsgeschichte

Die I. Komm sah keinen Anlaß für eine entsprechende Vorschrift: Eingetretene **1** Schäden, die der Verletzte in seinem Erwerb und Fortkommen erleide, gehörten zum ersatzfähigen Vermögensschaden. Der Ersatz lediglich drohender Schäden sei nicht geboten (Mot II 751 = MUGDAN II 419). Erst durch einen Beschluß der II. Komm wurde § 842 eingefügt, um Zweifel zu beseitigen, ob die Nachteile, die eine unerlaubte Handlung gegen die verletzte Person für deren Erwerb oder Fortkommen herbeiführe, als Vermögensschaden iS der §§ 252, 253 anzusehen seien. Die Grenzen zwischen Vermögensschaden und Nichtvermögensschaden seien hier fließend. Im Anschluß an Art 53 Abs 2 des SchwOR sei bei jeder gegen die Person gerichteten Verletzung – nicht nur bei Ehrverletzungen – die Benachteiligung des Verletzten für seinen zukünftigen Erwerb als Vermögensschaden anzusehen (Prot II 636 = MUGDAN II 1116 f).

Die Differenzierung des zu ersetzenden Schadens nach „Erwerb" und „Fortkommen" führt Nörr (AcP 158 [1959/60] 1, 11 f) auf die Rechtsprechung des RG (so noch in RGZ 163, 40, 44 f) und einen Teil der Literatur zu § 188 Abs 1 StGB aF zurück: Nachteile für den Erwerb beträfen nur reine Vermögensschäden, während Nachteile für das Fortkommen auch ideelle Schäden umfassen könnten (vgl Schaefer, in: Strafgesetzbuch, Leipziger Kommentar [8. Aufl 1958] Anm II zu § 188 StGB aF).

Der Wortlaut der Vorschrift ist seit ihrem Inkrafttreten unverändert geblieben.

2. Systematische Stellung

2 Als Vorschrift, die den Umfang der Schadensersatzpflicht bei näher bestimmten unerlaubten Handlungen regelt, steht § 842 im systematischen Zusammenhang mit §§ 249 ff und 823 ff. Insbes ergänzt § 842 die Regelung des § 252 S 2, indem er klarstellt, daß auch der Ausfall von Vorteilen ersatzfähig ist, auf die noch kein gesicherter Anspruch bestand (Larenz/Canaris II/2[13] § 83 I 1 a; Esser/Weyers[8] § 61 I 1). Für die Einfügung der Vorschrift in das Deliktsrecht und nicht in das allgemeine Schadensersatzrecht war die Erwägung entscheidend, daß die für die Schadenshöhe relevanten Umstände bei Eingriffen durch unerlaubte Handlungen nicht denen bei Vertragsverletzungen entsprechen müßten (Prot II 637 = Mugdan II 1117). Eine besonders enge Beziehung besteht zu § 843, der speziell für Körper- und Gesundheitsverletzungen anordnet, daß bei einer Beeinträchtigung des Erwerbs oder einer Vermehrung der Bedürfnisse Schadensersatz in Form einer Geldrente zu zahlen ist. Da sich die Nachteile für das Fortkommen von denen für den Erwerb kaum trennen lassen, erfaßt § 843 auch diese (BGB-RGRK/Boujong[12] Rn 1).

3. Normzweck

3 Allgemein anerkannt ist, daß § 842 den **Ersatzanspruch nicht auf bestimmte Vermögensschäden begrenzt** (RGZ 141, 169, 172; BGHZ 26, 69, 77; BGHZ 27, 137, 142 f = NJW 1958, 1041, 1042 f; BGH LM Nr 10 zu § 842; OLG Karlsruhe VersR 1954, 294, gegen Wussow Unfallhaftpflichtrecht [5. Aufl 1954] 386 ff [aufgegeben bereits in der 6. Aufl 1957 Rn 869 ff]; MünchKomm/Stein[3] Rn 3; Soergel/Zeuner[12] Rn 1; BGB-RGRK/Boujong[12] Rn 1). Die Vorschrift enthält also keine abschließende Regelung, so daß die **§§ 249 ff daneben uneingeschränkt anwendbar** bleiben.

Ganz überwiegend wird zu Recht als Normzweck die **Klarstellung im Verhältnis zu §§ 249 ff**, insbes zu § 252, genannt. Bei unerlaubten Handlungen gegen die Person sollen auch Nachteile für Erwerb oder Fortkommen zu den ersatzfähigen Vermögensschäden zählen können (st Rspr seit RGZ 141, 169, 172; MünchKomm/Stein[3] Rn 1; BGB-RGRK/Boujong[12] Rn 1). Mit Hinweis auf die Entstehungsgeschichte wird darüber hinaus vertreten, § 842 solle im Verhältnis zum Schmerzensgeldanspruch (§ 253 Abs 2; bis 31. 7. 2002: § 847) zudem etwaige Zweifel beseitigen, ob die Ersatzpflicht auch die auf der Grenze zwischen Vermögens- und Nichtvermögensschaden liegenden Nachteile einschließe (Soergel/Zeuner[12] Rn 1). Die damit zusammenhängenden Fragen ließen sich mit Hilfe der § 252 und § 287 ZPO nicht befriedigend lösen (vgl Stoll 20 ff; ders in: Verhandlungen des 45. DJT I 1, 1, 15 f). Dem ist schon aus praktischen Erwägungen – Vereinfachung der Rechtsanwendung – zuzustimmen, soweit die Voraussetzungen des Schmerzensgeldanspruchs vorliegen (iE ebenso MünchKomm/Stein[3]

Rn 2; RGZ 141, 169, 173; BGHZ 27, 137, 142 f = NJW 1958, 1041, 1042 f; BGH LM Nr 98 zu § 287 ZPO).

Ob § 842 auch eine **Erweiterung im Vergleich zu §§ 249 ff** bezweckt, ist hingegen zu bezweifeln. Die vom BGB-Gesetzgeber als Ausgangspunkt berücksichtigte Rechtsprechung erfaßte lediglich bestimmte ideelle Schäden, die geeignet waren, das Fortkommen des Verletzten zu beeinträchtigen (vgl Nörr AcP 158 [1959/60] 1, 11 f). Nach richtigem Verständnis fällt unter § 842 auch der bloße Nutzungswert der Arbeitskraft. Der Vorschrift ist insoweit ein eigener Bedeutungsgehalt ggü § 252 beizumessen (vgl Staudinger/Schiemann [1998] Rn 108 sowie unten Rn 15 f mwNw).

4. Praktische Bedeutung

Die praktische Bedeutung des § 842 muß im Zusammenhang mit seinem Normzweck **4** gesehen werden. Sieht man diesen lediglich in der Klarstellung, so liegt seine praktische Bedeutung hauptsächlich darin, das Gericht anzuweisen, auch einen noch nicht eingetretenen und noch nicht ziffernmäßig nachgewiesenen Schaden zu berücksichtigen, der erfahrungsgemäß in der Zukunft eintreten wird oder eintreten kann (Planck/Greiff, Kommentar zum BGB[4] II 1823). Ähnlich wie §§ 2018 ff führt § 842 zu einer Vereinfachung der Rechtsanwendung. Bei einer vorsichtigen Erweiterung des Normzwecks (oben Rn 3) erlangt die Vorschrift darüber hinaus selbständige Bedeutung (vgl Hagen JuS 1969, 61, 68). Schließlich ergibt sich die praktische Relevanz aus der – zum Teil gesetzlich angeordneten – entsprechenden Anwendung (siehe dazu unten Rn 8 f).

II. Anwendungsbereich

1. Unmittelbare Anwendung

Eine **gegen die Person gerichtete unerlaubte Handlung** ist bei einem rechtswidrig- **5** schuldhaften Eingriff in die körperliche Integrität (Leben, Körper, Gesundheit) oder die Freiheit gegeben (vgl ie Staudinger/J Hager [1999] § 823 Rn B 1–57). Ebenso erfaßt sind Verletzungen der Geschäftsehre iS von § 824, der Geschlechtsehre iS von § 825 (nach RGZ 163, 40, 45 selbst dann, wenn es nicht zu einem Eingriff in die körperliche Integrität gekommen ist; vgl auch OLG Jena OLGRspr 12, 119 f und OLG Karlsruhe OLGRspr 39, 205 f), des Namensrechts (§ 12, § 18 HGB), des Rechts am eigenen Bild (§ 22 KUG), des Urheberpersönlichkeitsrechts (§§ 12–14 UrhG) und des Erfinderpersönlichkeitsrechts (Benkard/Bruchhausen[9] § 6 Rn 16; Benkard/Schäfers[9] § 63 Rn 1 ff) sowie des allgemeinen Persönlichkeitsrechts, das als sonstiges Recht iS von § 823 Abs 1 anerkannt ist (BGHZ 24, 72, 76 ff = NJW 1957, 1146 f; Staudinger/J Hager [1999] § 823 Rn C 1 ff; zur nicht verwirklichten ausdrücklichen Aufnahme des allgemeinen Persönlichkeitsrechts in § 823 Abs 1 durch den RefEntw 1967 Staudinger/Schäfer[12] Rn 8; Staudinger/J Hager [1999] § 823 Rn C 2; vgl auch die Stellungnahme des BR zum Entw eines 2. SchadÄndG [BT-Drucks 14/7752, 49 f] mit dem im Ergebnis nicht umgesetzten Vorschlag, das allgemeine Persönlichkeitsrecht in eine Neufassung des § 847 aufzunehmen). Unmittelbar anwendbar ist § 842 ebenfalls bei Verstößen gegen Schutzgesetze iS von § 823 Abs 2, die den Schutz der Person bezwecken (BGB-RGRK/Boujong[12] Rn 2; vgl zum Schutzgesetzcharakter ie Staudinger/J Hager [1999] § 823 Rn G 41 ff).

6 Entgegen dem insoweit zu engen Wortlaut („gerichtet") genügen auch **Fahrlässigkeitstaten** und **Unterlassungen** (zu diesen ausf STAUDINGER/J HAGER [1999] § 823 Rn E 3 ff; WUSSOW/HEMMERICH-DORNICK[15] Kap 3 Rn 1 ff), die bei Verletzung entsprechender Verkehrspflichten zu einer Schädigung der Person führen (LARENZ/CANARIS II/2[13] § 83 I 1 a). Beispiel: Schock als Folge fahrlässig verursachten Unfalls. Erfaßt sind weiterhin solche unerlaubten Handlungen, die sich zwar nicht unmittelbar gegen die Person richten, aber – wie in §§ 833, 834, 836–838 – mittelbar eine Verletzung persönlicher Rechtsgüter zur Folge haben (MünchKomm/STEIN[3] Rn 4; BGB-RGRK/BOUJONG[12] Rn 2). Dasselbe gilt für Amtspflichtverletzungen iS des § 839 (RGZ 91, 9, 12; 94, 102, 104 f).

2. Unanwendbarkeit

7 Wortlaut und Zweck verbieten die Anwendung auf unerlaubte Handlungen, durch die **ausschließlich in Sachgüter oder das Vermögen des Geschädigten eingegriffen** wird (BGB-RGRK/BOUJONG[12] Rn 2). Auch eine entsprechende Anwendung kommt insofern nicht in Betracht. Insbes ist § 842 unanwendbar, wenn – von den Fällen der §§ 844 und 845 oder einer cessio legis (ie § 843 Rn 48 ff) abgesehen – die körperliche Verletzung einer Person (zB ArbN) sich bei einer anderen Person (zB ArbG) als reine Vermögensbeeinträchtigung auswirkt (STAUDINGER/RÖTHEL § 844 Rn 37). So ist § 842 hinsichtlich der vom ArbG zu tragenden Aufwendungen für Schwerbehinderten-Zusatzurlaub nach § 47 SchwbG (bis 31. 7. 1986 § 44 SchwbG) wegen der sozialstaatlichen Zweckbestimmung dieser Vorschrift nicht anwendbar (BGH NJW 1980, 285 f; **aA** DREES VersR 1983, 319, 320 f unter Hinweis auf den Rechtsgedanken des § 4 LFZG [ab 1. 6. 1994: § 6 EFZG]; krit auch STÜRNER JZ 1984, 461, 462).

Soweit Gefährdungshaftungsvorschriften den Ersatz von Personenschäden abschließend regeln (vgl ie unten Rn 10), ist § 842 daneben unanwendbar.

Die Unanwendbarkeit des § 842 steht der Anwendung der allgemeinen Vorschriften der §§ 249 ff nicht entgegen, soweit es sich um unerlaubte Handlungen handelt, die zwar nicht gegen eine Person gerichtet sind, durch die aber ein Nachteil für Erwerb oder Fortkommen des Geschädigten entsteht. Sinn der Beschränkung des Anwendungsbereichs des § 842 auf unerlaubte Handlungen gegen Personen ist nämlich die Abgrenzung zu den Deliktstatbeständen, die ohnehin dem Vermögensschutz dienen und daher wegen des Prinzips der Totalreparation keiner klarstellenden Bestimmung iS des § 842 bedürfen (MünchKomm/STEIN[3] Rn 4).

3. Entsprechende Anwendung

a) Entsprechende Anwendung kraft gesetzlicher Verweisung
8 § 618 Abs 3 und § 62 Abs 3 HGB sehen für die Fälle der Verletzung vertraglicher – sich auf Leben und Gesundheit des Dienstverpflichteten bzw Handlungsgehilfen beziehender – Fürsorgepflichten des Dienstberechtigten bzw ArbG ausdrücklich die entsprechende Anwendung des § 842 vor.

b) Entsprechende Anwendung im Rahmen von Vertragsbeziehungen
9 Str ist, ob der Grundgedanke des § 842 über die gesetzlichen Fälle hinausgehend entsprechende Anwendung im Rahmen vertraglicher Beziehungen findet. Zunächst hatten Rechtsprechung und Literatur dies mit dem Hinweis auf die Entstehungs-

geschichte (Prot II 637 = MUGDAN II 1117) sowie den singulären Charakter des § 618 Abs 3 und des § 62 Abs 3 HGB verneint (RGZ 77, 408, 410: Dienstvertrag; RGZ 80, 27, 28: Werkvertrag; RG JR 1925 Rspr Nr 247: Auftrag). Später bejahten RG und BGH die entsprechende Anwendung in Fällen, in denen der Werkunternehmer in den Räumen oder mit Vorrichtungen des Bestellers zu arbeiten hatte (RGZ 159, 268, 271 f; BGHZ 5, 62, 65 ff) und – a fortiori – bei einem Auftrag, bei dem der Beauftragte gerade solche Dienste verrichten sollte, die sonst von einem Dienstverpflichteten hätten geleistet werden müssen. Zur Durchführung des Auftrags erforderliche Räume, Vorrichtungen und Gerätschaften müßten so zur Verfügung gestellt werden, daß der Auftragnehmer bei seiner unentgeltlich gewährten Arbeitsleistung nicht Gefahr für Leib und Leben erleide (BGHZ 16, 267, 267 ff).

Mit Hinweis auf die lediglich klarstellende – nicht beschränkende – Funktion des § 842 gegenüber § 249 (oben Rn 3) spricht sich ein Teil der Literatur zutreffend dafür aus, § 842 entsprechend anzuwenden, wenn ein entsprechendes Bedürfnis hervortritt, insbes wenn die Handlung zwar nicht unmittelbar gegen eine Person gerichtet war, deren Erfolg aber auf sie wirkt (BGB-RGRK/BOUJONG[12] Rn 3; LARENZ I[14] § 29 II e; LANGE/SCHIEMANN[3] § 6 IX 1 a; STÜRNER JZ 1984, 412, 414 mwNw; auch bereits die Vorauflage STAUDINGER/SCHÄFER[12] Rn 11). Grundlage dieser Analogie in den Fällen vertraglicher Fürsorgepflicht hinsichtlich Leben und Gesundheit des Vertragspartners sind § 618 Abs 3 und § 62 Abs 3 HGB.

4. Keine Anwendung bei Gefährdungshaftung

Eine Reihe von Vorschriften, die eine Gefährdungshaftung begründen, regeln eigenständig und abschließend den Ersatz von Personenschäden (vgl §§ 5 f HaftpflG, §§ 10 f StVG, §§ 35 f und 47 LuftVG, §§ 28 f AtomG, §§ 86 f ArznmG, § 32 Abs 4 und 5 GenTG, §§ 7 f ProdHaftG, §§ 12 f UmweltHG). Insoweit ist § 842 **grundsätzlich unanwendbar** (so schon RGZ 57, 52, 55 hinsichtlich des RHaftpflG; BGB-RGRK/BOUJONG[12] Rn 4; SOERGEL/ZEUNER[12] Rn 2; MünchKomm/STEIN[3] Rn 5).   **10**

Problematisch und str ist die Unanwendbarkeit des § 842 allerdings hinsichtlich der „Nachteile für das Fortkommen". Die meisten Vorschriften erwähnen sie nicht. Lediglich §§ 35 Abs 1 S 1, 36 und 47 LuftVG sowie §§ 28 Abs 1 S 1 und 29 Abs 1 AtomG erfassen ausdrücklich Vermögensnachteile, die durch die Erschwerung des Fortkommens bedingt sind. Soweit – wie im Regelfall – der **Fortkommensschaden** im Erwerbsschaden aufgeht, kommt es im praktischen Ergebnis nicht darauf an, ob § 842 anwendbar ist oder nicht. Relevant wird die Frage der Unanwendbarkeit des § 842 allerdings beim sog **Konjunkturschaden**, wenn der Verletzte trotz Wiederherstellung seiner Erwerbsfähigkeit wegen der geänderten Arbeitsmarktsituation keine vergleichbare Erwerbsstelle finden kann. Dieser Konjunkturschaden wäre im Anwendungsbereich des § 842 als Nachteil für das Fortkommen separat ausgleichspflichtig. Ähnliches würde für einen Fortkommensschaden aufgrund geänderten Anforderungsprofils gelten (zB PC-Kenntnisse). Der Wortlaut und die dem Normzweck entsprechende Ausgestaltung der Gefährdungshaftungsvorschriften (hierzu ie DIETZ, in: VIEWEG [Hrsg], Spektrum des Technikrechts 41, 42 f und 47 ff) – Haftungsbegrenzung als Ausgleich für den Verzicht auf das Verschuldenserfordernis – mögen zwar dafür sprechen, die Ersatzpflicht für Fortkommensnachteile dann abzulehnen, wenn sie nicht ausdrücklich vom Gesetz vorgesehen ist. Im Hinblick auf den RefEntw 1967

(Referentenentwurf eines Gesetzes zur Änderung und Ergänzung schadensersatz-rechtlicher Vorschriften, Karlsruhe 1967), der im RHaftpflG und im StVG die §§ 842–846 für anwendbar erklären wollte, um die Streitfrage zu beenden und den „sachlich kaum zu rechtfertigenden, überdies kleinlich wirkenden Unterschied" zu beseitigen, sowie aus Gründen der Praktikabilität – Vermeidung von Abgrenzungs-problemen (ie unten Rn 12) – ist diese Differenzierung jedoch abzulehnen und der Fortkommensschaden wortlautunabhängig in den Anspruch einzubeziehen (STAUDIN-GER/SCHÄFER[12] Rn 39; WUSSOW/DRESSLER[15] Kap 31 Rn 1; GREGER[3] § 11 StVG Rn 60; STEFFEN DAR 1984, 2; MEDICUS DAR 1994, 442).

Als Unterfall der öffentlich-rechtlichen Gefährdungshaftung sieht der BGH (BGHZ 45, 58, 67, 71 ff = NJW 1966, 1021, 1023, 1025) den Anspruch aus **Art 5 Abs 5 EMRK** an (vgl zur Rechtsnatur des Anspruchs unten Rn 11).

5. Keine Anwendung bei Aufopferungsansprüchen

11 **Sondergesetzliche Aufopferungsansprüche** wegen Körper- oder Gesundheitsverlet-zungen sehen in der Regel eine „angemessene Entschädigung" oder dergleichen (zB § 28 Abs 1 BLG: „angemessener Ersatz") oder genauer bezeichnete Hilfsmaß-nahmen (bezüglich Impfschäden §§ 56 ff IfSG; bis 31. 12. 2000: §§ 51 ff BSeuchG) vor, ohne daß auf § 842 verwiesen wird. So erklärt § 28 Abs 2 BLG lediglich §§ 843–846 für sinngemäß anwendbar.

Bei der Entschädigung iS von § 7 StrEG wird im Fall der Freiheitsentziehung (als objektiv rechtswidrigem, aber schuldlosem Eingriff) auch der Schaden, der nicht Vermögensschaden ist, erfaßt. Der Vermögensschaden bemißt sich sinngemäß nach §§ 249–252 (BGHZ 65, 170, 173 = NJW 1975, 2341, 2342), umfaßt aber ggf auch Nachteile für Erwerb oder Fortkommen. Relevant ist dies insbes bei Freispruch im Wiederaufnahmeverfahren. Einer Anwendung des § 842 bedarf es deshalb nicht (SCHÄTZLER § 7 StrEG [2. Aufl 1982] Rn 8; vgl schon RGZ 62, 152, 160 m Hinweis auf die Begr zu § 2 Gesetz betreffend die Entschädigung der im Wiederaufnahmeverfahren freigesprochenen Personen vom 20. 5. 1898: „ohne daß es einer Heranziehung der Bestimmung des § 842 bedürfte").

Die Parallelregelung in **Art 5 Abs 5 EMRK** sieht einen Anspruch auf Schadensersatz des rechtswidrig-schuldlos Festgenommenen oder Inhaftierten vor (BGH NJW 1993, 2927, 2930). Die Vorschrift hat nach dem Unionsvertrag idF des Vertrages von Am-sterdam (Art 6 Abs 2 EU) Grundrechtswirkung (BGHZ 45, 46, 49 = NJW 1966, 726, 727 ließ noch ausdrücklich offen, ob der Vorschrift evtl Verfassungsrang zukommt). Noch nicht abschlie-ßend geklärt ist die Rechtsnatur dieses Anspruchs. Der BGH (BGHZ 45, 58, 67, 71 ff = NJW 1966, 1021, 1023, 1025) sieht ihn nach Inhalt und Zweck in der Nähe der Gefähr-dungshaftung sowie eines Deliktsanspruchs. Zum Teil wird er zutreffend als Aufop-ferungsanspruch qualifiziert (ECHTENHÖLTER JZ 1956, 142, 145; BRÜCKLER DRiZ 1965, 253 ff; mit beachtlichen Argumenten auch HERZOG JZ 1966, 657, 660), auf den § 842 nicht anzuwen-den ist.

III. Nachteile für den Erwerb oder das Fortkommen

1. Begriffe und Abgrenzung

Der Ersatzanspruch erfaßt sowohl die Nachteile für den Erwerb als auch für das **12** Fortkommen des Verletzten. **Nachteile für den Erwerb** sind alle wirtschaftlichen Beeinträchtigungen, die der Geschädigte erleidet, weil und soweit er seine Arbeitskraft verletzungsbedingt nicht verwerten kann (BGH NJW 1984, 1811; KÜPPERSBUSCH[7] Rn 27; ähnlich MünchKomm/STEIN[3] Rn 6). Insbes gehören hierzu die Minderung des Arbeitseinkommens, des Gewinns und sonstiger Nebeneinkünfte sowie der Verlust der Erwerbsstellung (ie unten Rn 13 ff). **Nachteile für das Fortkommen** sind solche Vermögensschäden, die aus einer Beeinträchtigung der beruflichen oder gewerblichen Entwicklung des Geschädigten künftig entstehen (BGB-RGRK/BOUJONG[12] Rn 6; Münch-Komm/STEIN[3] Rn 12). Hiermit soll klargestellt werden, daß auch der Ausfall von Vorteilen ersatzfähig ist, auf die noch kein gesicherter Anspruch bestand. Insoweit ergänzt § 842 die Regelung des § 252 S 2 (LARENZ/CANARIS II/2[13] § 83 I 1 a; ESSER/WEYERS[8] § 61 I 1; s oben Rn 2).

Die beiden Alternativen sind nur schwer voneinander abgrenzbar. Ihnen wird deshalb in Literatur und Rechtsprechung zumeist keine eigenständige Bedeutung beigemessen. Eine Unterscheidung sei weder möglich noch nötig (ERMAN/SCHIEMANN[10] Rn 3; MünchKomm/STEIN[3] Rn 11; BGB-RGRK/BOUJONG[12] Rn 6 jeweils mwNw). Auch der Gesetzgeber trennt die Begriffe Erwerb und Fortkommen nicht immer klar voneinander. So wird in der sondergesetzlich geregelten Gefährdungshaftung nur ausnahmsweise zwischen dem Erwerbs- und dem Fortkommensschaden differenziert (oben Rn 10).

2. Ersatzanspruch

a) Schadensberechnung
aa) Konkrete Schadensberechnung
Der Erwerbsschaden erfaßt alle konkreten wirtschaftlichen Beeinträchtigungen, die **13** der Geschädigte erleidet, weil und soweit er infolge seiner Verletzung von seiner Erwerbsfähigkeit keinen oder nur einen eingeschränkten Gebrauch machen kann (vgl BGHZ 90, 334, 337 = NJW 1984, 1811). Der Erwerbsschaden wird im Zivilrecht – anders als im Sozialversicherungsrecht – **nicht abstrakt** nach der prozentualen Minderung der Erwerbsfähigkeit errechnet. Unzulässig wäre es auch, dem Geschädigten pauschal einen abstrakt geschätzten Mindestschaden zuzusprechen (BGH NJW 1995, 1023, 1024). Der Geschädigte muß vielmehr grundsätzlich konkret nachweisen, in welcher Höhe er tatsächlich einen Vermögensnachteil erlitten hat (BGHZ 7, 30, 48 = NJW 1952, 1249, 1250; BGHZ 54, 45, 52 = NJW 1970, 1411, 1412; BGH VersR 1956, 218, 219; MünchKomm/STEIN[3] Rn 6, § 843 Rn 9; SOERGEL/ZEUNER[12] § 843 Rn 4; BGB-RGRK/BOUJONG[12] Rn 7).

Ausgehend von der **Differenzhypothese** sind die wirtschaftlichen Verhältnisse des Geschädigten nach dem Unfall mit denen zu vergleichen, die sich ohne den Unfall voraussichtlich entwickelt hätten (BGH VersR 1982, 166, 167; SOERGEL/ZEUNER[12] § 843 Rn 14; WUSSOW/DRESSLER[15] Kap 32 Rn 12). Maßgebend hierfür ist einerseits, welchen Gebrauch der Geschädigte nach den Verhältnissen, in denen er im Zeitpunkt des

Unfalls gelebt hat, voraussichtlich von seiner Erwerbsfähigkeit gemacht hätte (RG JW 1908, 273; ähnlich MünchKomm/STEIN[3] § 843 Rn 11: bei normalem Verlauf zu erwartende berufliche und finanzielle Entwicklung des Geschädigten); andererseits ist seine Vermögenslage infolge der unfallbedingt eingeschränkten Erwerbsmöglichkeit zu berücksichtigen.

14 Nach wohl noch überwiegender Ansicht (vgl zur Gegenansicht Rn 15) stellt die Minderung der Erwerbsfähigkeit – der **Verlust der Arbeitskraft** – allein keinen Vermögensschaden dar. Vielmehr ist festzustellen, ob hierdurch auch die Arbeitsleistung gemindert worden ist und der Verletzte konkrete wirtschaftliche Einbußen erlitten hat (BGHZ 7, 30, 48 = NJW 1952, 1249, 1250; BGHZ 54, 45 = NJW 1970, 1411; BGHZ 69, 34, 36 = NJW 1977, 1446; BGHZ 90, 334, 336 = NJW 1984, 1811; BGHZ 131, 220, 226 = NJW 1996, 921, 922; BGH VersR 1966, 1158, 1159; BGH VersR 1977, 282; BGH VersR 1992, 973; BGH NJW 1995, 1023, 1024; BGH NJW 2002, 292, 293; BGB-RGRK/BOUJONG[12] Rn 8 und § 843 Rn 59; MünchKomm/OETKER[4] § 249 Rn 80; ERMAN/KUCKUK[10] § 252 Rn 17; SOERGEL/MERTENS[3] Vor § 249 Rn 110; LANGE/SCHIEMANN[3] § 6 XIV 1; WUSSOW/DRESSLER[15] Kap 33 Rn 1 und 4; KÜPPERSBUSCH[7] Rn 88; STEFFEN VersR 1985, 605 ff; einen guten Überblick über den Streitstand bieten BGHZ 54, 45, 48 ff = NJW 1970, 1411 und STAUDINGER/SCHIEMANN [1998] § 252 Rn 105 ff). Aus der Unterscheidung zwischen dem Verlust der Arbeitskraft und der **Minderung der Arbeitsleistung** ergibt sich, daß folgende Personen keinen Ersatzanspruch haben: arbeitsunwillige und arbeitslose Verletzte, die auch ohne die Verletzung keine Arbeit gefunden hätten (vgl zum Arbeitslosen ie unten Rn 77 ff); Kinder und in der Ausbildung stehende Jugendliche ohne eigenes Arbeitseinkommen (vgl ie unten Rn 144 ff); ein Verletzter, der ausschließlich von seinen Kapitaleinkünften lebt und auch in der Zukunft keinem Erwerb nachgehen wird (RG JW 1908, 273); grundsätzlich auch der Unternehmer, dessen Betrieb in seiner verletzungsbedingten Abwesenheit den gleichen Umsatz und Gewinn erwirtschaftet, ohne daß Mehraufwendungen erforderlich waren (Beispiele nach BGHZ 54, 45, 52 = NJW 1970, 1411, 1412; zur Ersatzfähigkeit der Kosten für eine fiktive Ersatzkraft vgl unten Rn 88 und 98); ein Verletzter, der von seinem ArbG in gleicher Stellung ohne Verlust von Aufstiegschancen weiterbeschäftigt wird (RGZ 165, 236, 240; BGH VersR 1967, 1068, 1069; zum Problem der Entgeltfortzahlung ie unten Rn 59 ff); ein unentgeltlich (zB im karitativen Bereich) Tätiger (ie unten Rn 148; GEIGEL/RIXECKER[23] Kap 4 Rn 117).

Der BGH hat in jüngerer Zeit in mehreren Entscheidungen klargestellt, daß der Arbeitsleistung dann ein Vermögenswert beizumessen sei, wenn sich für sie ein Marktwert ermitteln lasse. Ein Verletzter könne in diesem Fall für den bloßen **Ausfall der Arbeitsleistung** Schadensersatz verlangen, auch wenn er darüber hinaus keinen wirtschaftlichen Nachteil erlitten habe (BGHZ 131, 220, 225 = NJW 1996, 921, 922; zust STAUDINGER/SCHIEMANN [1998] § 252 Rn 54; BGH NJW-RR 2001, 887, 888; wohl auch BGH NJW 2002, 292, 293; so schon angedeutet in BGHZ 54, 45, 50 f = NJW 1970, 1411 f). Allerdings hat der BGH ausdrücklich seine Rechtsprechung zur Erstattungsfähigkeit der Kosten für eine fiktive Ersatzkraft bestätigt (BGH NJW-RR 2001, 887, 888). Auch hält er die Prämisse aufrecht, daß allein der Ausfall der Arbeitskraft keine Ersatzpflicht auslöst, wenn der Verletzte anderweitig keine Arbeitsleistung erbracht hätte (BGHZ 131, 220, 225 = NJW 1996, 921, 922; BGH NJW 2002, 292, 293).

15 Nach einer Gegenansicht (MünchKomm/GRUNSKY[3] Vor § 249 Rn 24 ff; ders, Vermögensschaden 73 ff; ders DAR 1988, 400, 403 mwNw; HAGEN, Drittschadensliquidation 193 ff; ders JuS 1969, 61, 67 ff; ESSER/SCHMIDT[8] § 31 II 2 d; BAUER DAR 1959, 113; BECKER MDR 1976, 620, 624; KNOBBE-KEUK VersR 1976, 401, 407 f; WÜRTHWEIN JZ 2000, 337, 342; MünchKomm/STEIN[3] Rn 7; SOERGEL/

ZEUNER[12] Rn 3; vgl auch BAG JZ 1971, 380 – Ersatzanspruch eines Unternehmers für den Ausfall eines ArbN, der durch die Mehrarbeit der übrigen Mitarbeiter voll aufgefangen wurde – mit krit Anm LIEB JZ 1971, 358, 361) ist § 842 nicht auf den Ersatz konkreter Vermögensnachteile beschränkt. Eine Ausweitung wird – mit unterschiedlichen dogmatischen Begründungen – insbes bei der Bewertung des Haushaltsführungsschadens (ie unten Rn 118 ff), der Erstattung der Kosten einer fiktiven Ersatzkraft beim verletzten Selbständigen (ie unten Rn 88 und 98) und der Bewertung karitativer Arbeitsleistungen (ie unten Rn 148) als notwendig erachtet.

GRUNSKY sieht einen **Vermögenswert in der Arbeitskraft als solcher.** Ihre Beeinträchtigung führe unabhängig davon zu einem ersatzfähigen Schaden, ob der Geschädigte seine Arbeitskraft ohne den Unfall tatsächlich eingesetzt hätte oder nicht. Vergleichbar sei dieser Fall mit der Beschädigung einer Sache. Hier sei anerkanntermaßen der objektive Wert der Sache als ersatzfähiger Schaden anzusehen, selbst wenn der Geschädigte die Sache nicht benutzen oder veräußern wolle (MünchKomm/GRUNSKY[3] Vor § 249 Rn 24; ders, Vermögensschaden 78). Ein Ersatzanspruch scheide nur dann aus, wenn der Verletzte keine Möglichkeit zum Gelderwerb gehabt hätte (MünchKomm/ GRUNSKY[3] Vor § 249 Rn 26; ähnlich ESSER/SCHMIDT[8] § 31 II 2 d: die Arbeitskraft ist grds ein Vermögensbestandteil). HAGEN sieht jedenfalls den Nutzungswert der Arbeitskraft als Vermögensgut, dem als „Tauschobjekt" im Rechtsverkehr ein objektiver Wert zugeordnet werden könne. Mit diesem Ansatz ließen sich Grenzfälle des Erwerbsschadens (zB Haushaltsführung, karitative Tätigkeit des Verletzten) dogmatisch sauber lösen (HAGEN JuS 1969, 61, 67 ff; ders, Drittschadensliquidation 194). STEIN faßt unter den Begriff des Erwerbsschadens auch bereits die Störung des Arbeitseinsatzes, wenn dieser deshalb in seinem Wert kalkulierbar sei, weil er an eine konkrete – auf dem Markt typischerweise nur gegen Geld zu erlangende – Dienstleistungspflicht gebunden oder tatsächlich auf die Ersparung anderer Vermögensaufwendungen gerichtet sei (MünchKomm/STEIN[3] Rn 7). Sie unterscheidet insoweit einen „arbeitswertorientierten" Schaden – auf der Grundlage der Kosten für eine fiktive Ersatzkraft – und einen „entgeltorientierten" Schaden – den tatsächlichen Verlust von Einkommen und Gewinn (MünchKomm/STEIN[3] § 843 Rn 9). ZEUNER sieht mit dem Hinweis auf die Rechtsprechung des BGH zum Haushaltsführungsschaden eine Erstattungsfähigkeit der Kosten einer fiktiven Ersatzkraft als geboten an, auch wenn der verletzte Selbständige keinen konkreten Einnahmeausfall erlitten habe (SOERGEL/ZEUNER[12] Rn 3; ähnlich BAUER DAR 1959, 113; KNOBBE-KEUK VersR 1976, 401, 407 f: Kosten der Ersatzkraft als abstrakter Mindestschaden des verletzten Selbständigen; LIEB JZ 1971, 358, 361). WÜRTHWEIN differenziert bei Aufhebung der Erwerbsfähigkeit zwischen einem immateriellen Nachteil des Verletzten, weil er die Möglichkeit zur Selbstverwirklichung verliere, und einem materiellen Nachteil, weil ihm der Erwerb künftiger Vermögensvorteile durch Einsatz der eigenen Arbeitskraft nicht möglich sei (WÜRTHWEIN JZ 2000, 337, 342). Ersterer sei nur bei der Bemessung des Schmerzensgeldes zu berücksichtigen, letzterer sei Teil des Erwerbsschadens, wenn der Verletzte ein wirtschaftliches Eigeninteresse an der Verwertung seiner Arbeitskraft habe, insbes innerhalb einer auf Dauer angelegten solidarischen Wirtschafts- und Lebensgemeinschaft (WÜRTHWEIN JZ 2000, 337, 344).

Vorzugswürdig ist der Ansatz von SCHIEMANN: Zu Recht verneint er einen Vermö- **16** genswert der Arbeitskraft, leitet allerdings die **Ersatzfähigkeit eines abstrakten Erwerbsschadens** aus einer konsequenten Fortentwicklung der Rechtsprechung des BGH zur **abstrakten Nutzungsentschädigung** ab (grundlegend BGHZ [GS] 98, 212 = NJW

1987, 50 mwNw; Ausgangspunkt für die Rspr war die Annahme eines Ersatzanspruchs für den Nutzungsausfall eines Pkw, wenn nach dem Unfall kein Ersatzfahrzeug gemietet wurde und insoweit kein Schaden iS der Differenzhypothese entstanden ist; vgl hierzu STAUDINGER/SCHIEMANN [1998] § 251 Rn 107). Damit sei in der Rechtsprechung die Existenz eines schadensrechtlich relevanten Nutzungswertes neben dem Substanzwert eines Gutes endgültig anerkannt worden. Gleichzeitig lasse der BGH erkennen, daß die Vereitelung des eigenwirtschaftlichen Einsatzes der Verhinderung eines gewerblichen oder beruflichen Gewinnes gleichzustellen sei (STAUDINGER/SCHIEMANN [1998] § 251 Rn 106). Die vom BGH für die Nutzungsentschädigung entwickelten Kriterien ließen sich ohne weiteres auf die Arbeitskraft übertragen. Bei dieser handele es sich ebenfalls um ein Gut, auf dessen ständige Verfügbarkeit der Verletzte für die eigenwirtschaftliche Lebenshaltung angewiesen sei. Ein Ersatzanspruch habe auszuscheiden, wenn der Ausfall für den Betroffenen nicht „fühlbar" sei, weil er die Arbeitskraft tatsächlich nicht habe einsetzen können oder wollen (STAUDINGER/SCHIEMANN [1998] § 251 Rn 107). Diese Auffassung steht im wesentlichen im Einklang mit der neueren Rechtsprechung des BGH zum Schadensersatz für den Ausfall einer Arbeitsleistung (vgl oben Rn 14).

17 Aus dem Grundsatz der konkreten Schadensberechnung ergeben sich folgende **Konsequenzen**: Ein Erwerbsschaden kann auch nach Wiederherstellung der Erwerbsfähigkeit bestehen und dann ersetzt verlangt werden, wenn seine Ursache in der Verletzung besteht (BGH NJW 1991, 2422, 2423; so auch GRUNSKY DAR 1988, 400, 401). Trotz teilweiser oder voller Erwerbsfähigkeit kann der Geschädigte den Ausfall des gesamten Arbeitslohnes geltend machen, wenn er infolge des Unfalles keine Arbeitsstelle mehr findet (BGH VersR 1968, 396, 398; MünchKomm/STEIN[3] § 843 Rn 11; BGB-RGRK/BOUJONG[12] § 843 Rn 52). Allerdings entsteht dem Geschädigten trotz Herabsetzung der Erwerbsfähigkeit überhaupt kein Schaden, wenn sich eine geringfügige Minderung nicht konkret auswirkt (BGH VersR 1966, 445, 447). Für die Schadensberechnung ist irrelevant, ob die infolge der Verletzung nicht erbrachte Arbeitsleistung das entgangene Entgelt wirtschaftlich wert gewesen wäre. Anknüpfungspunkt ist nicht der Wert der Arbeitsleistung, sondern der erzielbare Verdienst (STEFFEN VersR 1985, 605, 606).

18 Im Prozeß (ie unten Rn 156 ff) muß das Bestehen eines Schadens zunächst konkret vom Geschädigten dargelegt und bewiesen werden. Dies gilt auch dann, wenn die Schadenshöhe im Einzelfall – wie etwa bei der Verletzung von Auszubildenden – durch das Gericht nach § 287 ZPO geschätzt wird. Der Geschädigte muß konkrete Anhaltspunkte als Grundlage für die Schadensermittlung durch das Gericht vorbringen und ggf beweisen, daß er ohne das schädigende Ereignis ein Erwerbseinkommen erzielt hätte (BGH VersR 1965, 1153; BGH VersR 1988, 837; BGH NJW 1995, 1023, 1024; GEIGEL/RIXEKKER[23] Kap 4 Rn 125; KÜPPERSBUSCH[7] Rn 35).

bb) Prognose über die voraussichtliche Entwicklung der Erwerbstätigkeit
19 Soweit die Höhe des zukünftigen Erwerbsschadens nicht eindeutig feststellbar ist, hat das Gericht eine Prognoseentscheidung über die voraussichtliche Entwicklung der Erwerbstätigkeit ohne das schädigende Ereignis nach den besonderen Umständen des Falles bzw nach dem gewöhnlichen Lauf der Dinge zu treffen. Zugunsten des Geschädigten greifen die Beweiserleichterungen des § 252 S 2 und des § 287 ZPO ein, dh er muß lediglich darlegen und beweisen, daß er ohne den Unfall gearbeitet und ein Einkommen erzielt hätte (vgl BGH NJW 2000, 3287, 3288 und allgemein zur Zukunftsprognose STEFFEN DAR 1984, 1; ie unten Rn 158).

Ausgangspunkt für die Prognoseentscheidung ist die Stellung des Geschädigten im **20**
Erwerbsleben zur Zeit des Unfalles. Zu ermitteln ist, wie sich sein Einkommen nach
dem regelmäßigen Verlauf der Dinge entwickelt hätte (BGB-RGRK/BOUJONG[12] § 843
Rn 42). In die Prognose sind auch die konjunkturellen Rahmenbedingungen (zB
Arbeitslosigkeit, gesellschaftliche Veränderungen) einzubeziehen (BGB-RGRK/BOU-
JONG[12] § 843 Rn 50; BGH NJW 1953, 977, 978; OLG Karlsruhe NZV 1990, 269), ebenso charak-
terische Eigenschaften und Neigungen des Verletzten, soweit sie bereits vor dem
Unfall zutage getreten waren (LG Aachen NZV 1988, 107). Bei einem unselbständigen
ArbN sind die Lohn- und Gehaltssteigerungen seiner Lohn- oder Tarifgruppe sowie
altersbedingte Einkommenssteigerungen für die Prognose heranzuziehen (WUSSOW/
DRESSLER[15] Kap 32 Rn 9; OLG Düsseldorf VersR 1980, 931). Stand der Geschädigte noch in
der Berufsausbildung, ist bei der Prognose auch der voraussichtliche Verlauf der
Abschlußprüfung zu berücksichtigen (OLG Nürnberg VersR 1968, 976; unten Rn 146 f).
Läßt sich bei einem Selbständigen der hypothetische Gewinn seines Betriebs, den
er unfallbedingt aufgeben muß, nicht ermitteln, ist der Erwerbsschaden nach dem
möglichen Verdienst durch eine unselbständige Tätigkeit zu ermitteln (BGH NJW 1998,
1634, 1636).

Regelmäßig ist davon auszugehen, daß der Geschädigte das vor dem Unfall erzielte **21**
Einkommen auch danach erzielt hätte (MünchKomm/STEIN[3] § 843 Rn 13; KÜPPERSBUSCH[7]
Rn 36). Hatte er kein regelmäßiges oder gleichbleibendes Einkommen, so ist das
durchschnittliche Einkommen in den letzten Jahren vor dem Unfall als Indiz heranzuziehen (RG JW 1911, 584; OLG Hamm VersR 1954, 419; OLG Frankfurt VersR 1979, 920,
921; MünchKomm/STEIN[3] § 843 Rn 14; GEIGEL/RIXECKER[23] Kap 4 Rn 125). Unterstellt werden
kann regelmäßig eine Kontinuität der beruflichen Laufbahn, zB bei einem Geschädigten, dem es vor dem Unfall stets gelungen war, sich bei verschiedenen ArbG eine
berufliche Existenz auf niedrigem Niveau zu sichern (BGH NJW-RR 1989, 606, 607; ähnlich BGH NJW-RR 1990, 286; BGH NJW 1995, 1023). Dem normalen und regelmäßigen
Verlauf des Erwerbslebens eines unselbständigen ArbN entspricht es, daß dieser
entsprechend der gesetzlichen Vorgabe des § 35 SGB VI (bis 31.12.1991: § 1248
Abs 5 RVO) bei Erreichen des regelmäßigen Rentenalters von 65 Jahren in den
Ruhestand tritt (BGH NJW-RR 1988, 470, 471; BGH NJW 1995, 3313; auch bei Frauen: BGH
VersR 1969, 907, 909; BGH VersR 1989, 855, 857; WUSSOW/DRESSLER[15] Kap 32 Rn 14; zweifelnd zu
Recht STAUDINGER/SCHIEMANN [1998] § 252 Rn 33; LANGE/SCHIEMANN[3] § 6 IX 4 b; s auch § 843
Rn 30). Ohne konkrete Anhaltspunkte kann nicht davon ausgegangen werden, daß
ein junger Mensch auf Dauer seine Möglichkeiten, gewinnbringend tätig zu sein,
nicht nützen und ohne Einkünfte bleiben wird (BGH NJW 1997, 937). Dies gilt selbst
dann, wenn er – ohne eine Berufsausbildung abgeschlossen zu haben – vor dem
Schadensereignis nur in kurzzeitigen Beschäftigungsverhältnissen gestanden hat
(LG Aachen NZV 1988, 107: „Schätzungsbonus"). Soweit keine anderweitigen Anhaltspunkte bestehen, kann jedoch nicht davon ausgegangen werden, daß der Geschädigte
ohne den Unfall eine Nebentätigkeit ausgeübt hätte, durch die ihm nahezu jegliche
Freizeitmöglichkeit genommen worden wäre (OLG Köln VersR 1989, 755, 757). Bei
einem am Anfang seiner beruflichen Laufbahn stehenden Geschädigten ist mangels
näherer Anhaltspunkte von einem durchschnittlichen Erfolg auszugehen (BGH
NJW 1988, 1633, 1634; vgl näher zur Problematik des Erwerbsschadens von Kindern, Jugendlichen
und Auszubildenden unten Rn 144 ff sowie SCHEFFEN VersR 1990, 926, 928; MEDICUS DAR 1994,
442 ff).

22 Das Gericht ist nicht an die zur Zeit des Schadensereignisses vorhandenen Erkenntnisquellen gebunden, sondern muß die weitere Entwicklung bis zur letzten mündlichen Verhandlung in seine Prognose einbeziehen (BGHZ 74, 221, 224 = NJW 1979, 1403, 1404; zuletzt BGH NJW 1999, 136, 136 mwNw; OLG Düsseldorf VersR 1980, 931: zwischenzeitlich eingetretene Lohnerhöhungen), soweit diese Entwicklung nicht gerade auf die Verletzung zurückzuführen ist (STEFFEN DAR 1984, 1, 3). Außer Betracht bleiben insbes Schadensmanipulationen des Geschädigten, dh Entschließungen, die ausschließlich von dem Bestreben getragen sind, einen höheren Schadensersatzanspruch herbeizuführen (BGHZ 74, 221, 224 f = NJW 1979, 1403, 1404; STÜRNER JZ 1984, 412, 416). Nicht ersetzt werden auch solche Schäden, die nicht mehr auf dem Schadensereignis beruhen, sondern dem allgemeinen Lebensrisiko des Verletzten zuzurechnen sind (STEFFEN DAR 1984, 1, 4; ders VersR 1985, 605, 608), oder die auf einem vom Schadensereignis unabhängigen Entschluß des Verletzten beruhen (BGH NJW 1991, 3275, 3276: Berufswechsel 20 Jahre nach dem Unfall; vgl auch WUSSOW/DRESSLER[15] Kap 32 Rn 15 und 32).

Bei **ungewisser Entwicklung** dürfen keine zu hohen Anforderungen an die Darlegungen des Geschädigten gestellt werden, insbes dann nicht, wenn er noch am Anfang der beruflichen Ausbildung gestanden hat und deshalb nur wenig konkrete Anhaltspunkte zur zukünftigen Entwicklung seines Erwerbslebens liefern kann (ebenso bei Arbeitslosen, Gastarbeitern oder Selbständigen) (BGHZ 74, 221 = NJW 1979, 1403; BGH NJW 1995, 1023, 1024; BGH NJW 1998, 1633, 1634; BGH VersR 1992, 973; LANGE/SCHIEMANN[3] § 6 IX 4 c, d mwNw; STAUDINGER/SCHIEMANN [1998] § 252 Rn 34 f und unten Rn 77 ff und 158). Prognoseschwierigkeiten gehen in erster Linie zu Lasten des Schädigers, weil er den Geschädigten erst in die für ihn schwierige Lage gebracht hat, einen konkreten Schadensnachweis zu führen (STEFFEN DAR 1984, 1, 4; BGH NJW 1998, 1633, 1634; LG Aachen NZV 1988, 107; dagegen MEDICUS DAR 1994, 442, 446 und STAUDINGER/SCHIEMANN [1998] § 252 Rn 35: Gefahr einer abstrakten Schadensberechnung).

cc) Zeitliche Grenzen des Anspruchs

23 Zeitliche Grenze des Anspruchs auf Ersatz des Erwerbsschadens ist nicht die Wiederherstellung der vollen Erwerbsfähigkeit des Verletzten (vgl bereits oben Rn 17). Vielmehr kann er jeden zukünftigen wirtschaftlichen Nachteil ersetzt verlangen, der weiterhin ursächlich auf den Unfall zurückzuführen ist.

So kann der Geschädigte zB Verdienstausfall grundsätzlich bis zur Erlangung einer gleichwertigen Erwerbsstellung verlangen, wenn er unfallbedingt seinen Arbeitsplatz verloren hat (BGH NJW 1991, 2422, 2423; RGZ 163, 40, 43 hinsichtlich § 3a RHaftpflG; vGERLACH DAR 1992, 201, 213 f; WUSSOW/DRESSLER[15] Kap 32 Rn 12). Umgekehrt fällt der Ersatzanspruch trotz fortbestehender geminderter Erwerbsfähigkeit weg, wenn und sobald der Geschädigte seine Arbeitsstelle auch ohne den Unfall verloren hätte, zB durch Betriebsschließung, konjunkturellen Stellenabbau (OLG Karlsruhe VRS 78, 1), Arbeitsunfähigkeit infolge einer unabhängig vom Unfall bestehenden Vorerkrankung (überholende Kausalität) oder Erreichen des gesetzlichen Rentenalters (vgl dazu BGHZ 10, 6, 10; BGH VersR 1967, 285; BGH NJW-RR 1988, 470, 471; OLG Zweibrücken VersR 1978, 67; GEIGEL/RIXECKER[23] Kap 4 Rn 126; WUSSOW/DRESSLER[15] Kap 32 Rn 10; § 843 Rn 30).

b) Anspruchskürzung

aa) Vorteilsausgleichung

Bei der Berechnung des Erwerbsschadens gelten die **allgemeinen Grundsätze der** **24** **Vorteilsausgleichung** (allgemein zur Vorteilsausgleichung § 843 Rn 48 ff und 155 ff sowie GEIGEL/RIXECKER[23] Kap 9; grundlegend WENDEHORST, Anspruch und Ausgleich [1999] 118 ff, 545 ff und 615 ff). Ein dem Geschädigten aus dem Schadensereignis kausal erwachsener Vorteil ist dann als Abzugsposten zu berücksichtigen, wenn die Anrechnung mit dem **Zweck des Anspruchs** übereinstimmt, wenn sie also dem Geschädigten zumutbar ist und den Schädiger nicht unangemessen entlastet (vgl BGH VersR 1990, 495, 496).

Leistungen Dritter, die zu einem wirtschaftlichen Ausgleich des Schadens führen, werden nach dem Gedanken des § 843 Abs 4 grundsätzlich nicht angerechnet (ie § 843 Rn 40 ff). Hierzu gehören insbes Leistungen der Sozialversicherungsträger (vgl BGH VersR 1977, 1158, 1159; BGHZ 79, 26, 33 f = NJW 1981, 623, 625; OLG Karlsruhe VersR 2001, 1429; GEIGEL/RIXECKER[23] Kap 9 Rn 25 f; GEIGEL/PLAGEMANN[23] Kap 30 Rn 25; BGB-RGRK/BOUJONG[12] § 843 Rn 151 ff sowie unten Rn 36, § 843 Rn 81 ff), das vom ArbG fortgezahlte Arbeitsentgelt (vgl BGHZ 7, 30, 48; BGHZ 42, 76 = NJW 1964, 2007; BGHZ 43, 378 = NJW 1965, 1430; BGH NJW 1976, 326; BGB-RGRK/BOUJONG[12] § 843 Rn 155 ff; SOERGEL/ZEUNER[12] Rn 4; KÜPPERSBUSCH[7] Rn 59 und unten 59 ff), die Leistungen einer privaten Versicherung (§ 843 Rn 53 ff; vgl auch WUSSOW/DRESSLER[15] Kap 32 Rn 13; BGB-RGRK/BOUJONG[12] § 843 Rn 145 ff) oder die Mitarbeit von Familienangehörigen zum Ausgleich des Ausfalls des haushaltsführenden Ehegatten (vgl BGH NJW 1979, 1501, 1502; OLG Stuttgart FamRZ 1964, 267 und unten Rn 126).

Beschäftigt ein ArbG den Verletzten trotz verminderter Erwerbsfähigkeit zu unveränderten Bezügen weiter, dann ist grundsätzlich nicht davon auszugehen, daß ihm ein Teil des Arbeitsentgelts als freiwillige soziale Fürsorgeleistung des Arbeitgebers ausbezahlt wird, die nicht als Vorteil angerechnet werden darf (BGH JR 1968, 340, 341; OLG Celle VersR 1974, 1208; 1983, 185, 186 mwNw; OLG Bamberg VersR 1967, 691: Beamter; WUSSOW/DRESSLER[15] Kap 32 Rn 29). Eine Anrechnung ist vorzunehmen, wenn im Einzelfall eine Aufteilung des Arbeitsentgelts durch eine – auch stillschweigende – Änderung des Arbeitsvertrages feststellbar ist (LG München I VersR 1988, 938: Zuschuß in Form eines Bemessungszuschlags von vier Arbeitsstunden; LG Freiburg VersR 1988, 937, 938: Teil des Entgelts als Vorschuß mit Rückforderungsvorbehalt).

Infolge der Arbeitsunfähigkeit **ersparte berufliche Aufwendungen** des Verletzten sind von der Rechtsprechung in folgenden Fällen als Vorteil **angerechnet** worden: ersparte Fahrtkosten zum Arbeitsplatz (BGH NJW 1980, 1787; OLG Schleswig VersR 1980, 726; einschränkend KÜPPERSBUSCH[7] Rn 67: soweit sie die weggefallene Steuerersparnis übersteigen); ersparte Kosten für die doppelte Haushaltsführung, wenn der Verletzte eine Zweitwohnung am Arbeitsplatz besessen hat (vgl WUSSOW/DRESSLER[15] Kap 32 Rn 13); die von einem Sportverein gezahlte Aufwandsentschädigung (BGH VersR 1986, 264, 265); ersparte (Mehr-)Aufwendungen für die – unfallbedingt abgebrochene – Ausbildung bzw für den beabsichtigten Beruf (OLG Bamberg VersR 1967, 911; KÜPPERSBUSCH[7] Rn 123).

Nicht angerechnet werden dagegen Ersparnisse, in denen sich Veränderungen in der Lebenshaltung niederschlagen, zu denen der Verletzte durch die verletzungsbedingte Arbeitsunfähigkeit veranlaßt oder unter Konsumverzicht gezwungen worden ist (BGH NJW 1980, 1787). Ebenfalls nicht angerechnet werden die während eines

Krankenhausaufenthalts ersparten Kosten an häuslicher Verpflegung. Diese mindern nicht den Erwerbsschaden, sondern sind von dem Anspruch auf Ersatz der Heilungskosten in Abzug zu bringen. Ein etwaiger Mehraufwand für die Verpflegung im Krankenhaus ist dementsprechend als Teil der Heilungskosten geltend zu machen (vgl BGH VersR 1971, 127, 128; BGH VersR 1984, 583, 584 = NJW 1984, 2628 f; BGB-RGRK/Boujong[12] § 843 Rn 136). Der Anspruch auf Ersatz des Erwerbsschadens geht allerdings in Höhe der ersparten Verpflegungskosten gem § 116 SGB X (bis 30. 6. 1983: § 1542 RVO) auf die Krankenkasse über, auch wenn der ArbG dem Geschädigten den Lohn fortgezahlt hat (BGH VersR 1965, 786; BGH VersR 1971, 127, 128; BGH VersR 1984, 583, 584).

Erträge, die der Geschädigte durch **überobligationsmäßige Tätigkeiten**, also über das ihm im Rahmen seiner Schadensminderungspflicht nach § 254 Abs 2 Abverlangte (ie unten Rn 26 ff) hinaus erzielt, mindern seinen Ersatzanspruch nicht. Insoweit wird durch § 254 Abs 2 eine Obergrenze der anzurechnenden Einkünfte festgelegt (BGH VersR 1971, 544; BGH VersR 1974, 142, 143; BGH NJW 1994, 131, 133; Soergel/Zeuner[12] § 843 Rn 9; Steffen VersR 1985, 605, 610; Thiele AcP 167 [1967] 193, 236). Das gilt ebenso für die anfallenden höheren Beiträge zur Sozialversicherung (OLG Karlsruhe VersR 1994, 1250).

25 In folgenden **Einzelfällen** scheidet eine Anrechnung aus: Gewährung von Sozialhilfe (BGH NJW 1998, 1634, 1635); Einkünfte aus einer Erwerbstätigkeit, die der Geschädigte vor dem Zeitpunkt der hypothetischen Aufnahme eines Berufs in seiner Fachrichtung erzielt, wenn er unfallbedingt eine Ausbildung abgebrochen und sofort in einem anderen Beruf gearbeitet hat (OLG Frankfurt VersR 1983, 1083: in diesem Fall fehlt die zeitliche Kongruenz des Vorteils mit dem Erwerbsschaden; aA Stürner JZ 1984, 461, 462); Abfindung im Kündigungsschutzprozeß im Anschluß an eine verletzungsbedingte Kündigung (BGH NJW 1990, 1360: die Abfindung dient nicht dem Ausgleich des durch die Kündigung erlittenen Verdienstausfalls; OLG Hamm r + s 1994, 417; anders dagegen bei einer Abfindung nach Auflösung des Arbeitsverhältnisses im gegenseitigen Einvernehmen, BGH NZV 1989, 345, 346); Mehrverdienst infolge einer verletzungsbedingten Umschulung in einen höherwertigen Beruf (BGH NJW 1987, 2741; OLG Nürnberg NZV 1991, 267: dieser ist auch nicht mit einem anfangs in dem neuen Beruf erzielten Minderverdienst zu verrechnen).

Hingegen sind zugunsten des Schädigers anzurechnen: die Mitarbeit des Geschädigten im Haushalt der Familie anstelle einer Erwerbstätigkeit (BGHZ 74, 221, 226 = NJW 1979, 1403, 1404); Zuschüsse, die einem Auszubildenden unabhängig von den Unfallfolgen weiter zufließen (Küppersbusch[7] Rn 123; aA Steffen VersR 1985, 605, 609).

Zur Anrechnung von Steuervorteilen vgl unten Rn 50 ff.

bb) Mitverschulden

26 Den Geschädigten trifft nach § 254 Abs 2 die Obliegenheit, die ihm zumutbaren Anstrengungen zu unternehmen, um den Schaden gering zu halten (sog Schadensminderungspflicht) (zB BGH VersR 1974, 142). Im Zusammenhang mit dem Erwerbsschaden ist der Geschädigte insbes gehalten, seine verbleibende Arbeitskraft in zumutbarer Weise schadensmindernd einzusetzen (RG JW 1909, 495; RGZ 160, 119, 120; BGHZ 10, 18, 20; BGH VersR 1969, 538, 539; BGH NZV 1992, 313; BGH NJW 1998, 1634, 1636; OLG Frankfurt NZV 1993, 471, 472; Ross NZV 1999, 276, 278; MünchKomm/Stein[3] § 843 Rn 33;

BGB-RGRK/Boujong[12] § 843 Rn 109; Geigel/Rixecker[23] Kap 4 Rn 122; Lange/Schiemann[3] § 10 X 3 b). Im einzelnen wirkt sich dies folgendermaßen aus:

In erster Linie muß sich der in seiner Erwerbsfähigkeit beeinträchtigte Geschädigte **27** nach einer einfacheren Tätigkeit im selben Betrieb umsehen (BGH VersR 1959, 374). Verliert er verletzungsbedingt seinen Arbeitsplatz, dann muß er sich um eine gleichwertige und zumutbare Ersatzstelle bemühen (RGZ 163, 40, 43; BGH VersR 1955, 38, 39; BGH VersR 1968, 396, 398; BGH VersR 1979, 424, 425; BGH NJW 1987, 2741, 2742: keine höherwertige Tätigkeit). Die **Zumutbarkeit** bestimmt sich nach Treu und Glauben unter Berücksichtigung aller Umstände des Einzelfalles; insbes sind zu berücksichtigen: Persönlichkeit und Stand des Verletzten, bisheriger Lebenskreis, Begabung und Anlagen, Bildungsgang, Kenntnisse und Fähigkeiten, bisherige Erwerbsstellung, gesundheitliche Verhältnisse, Alter, körperliche und seelische Anpassungsfähigkeit, Umstellungsfähigkeit, Art und Schwere der Unfallfolgen, Familie und Wohnort (RGZ 160, 119, 120 f; BGH VersR 1955, 38, 39; Küppersbusch[7] Rn 41; Drees VersR 1987, 739, 743; vgl auch OLG Karlsruhe NJW 1989, 111; zur Zumutbarkeit erneuter Umstellungsversuche Ross NZV 1999, 276, 278 mwNw). An die Zumutbarkeit werden in der Praxis strengere Anforderungen gestellt, wenn der Verletzte tatsächlich nicht arbeitet (Küppersbusch[7] Rn 41 insbes Fn 71). Die Beweislast, daß der Geschädigte eine zumutbare Beschäftigung nicht angenommen hat, trifft – nach den allgemeinen Grundsätzen – den Schädiger (BGH VersR 1971, 348; BGH VersR 1979, 424, 425; zum Anscheinsbeweis vgl RGZ 160, 119, 120). Der Geschädigte muß jedoch den Schädiger zuvor über die ihm zumutbaren Arbeitsmöglichkeiten und seine konkreten Bemühungen um einen anderen Arbeitsplatz unterrichten (RGZ 160, 119, 121; BGH VersR 1979, 424, 425; BGH VersR 1979, 964; BGH VersR 1991, 437, 438; Küppersbusch[7] Rn 40; Wussow/Dressler[15] Kap 32 Rn 30; vgl zum Anscheinsbeweis bei unzureichenden Bemühungen Drees VersR 1987, 739, 743). Aus § 254 Abs 2 kann auch eine Obliegenheit des Geschädigten folgen, sich einer Umschulung zu unterziehen (Soergel/Zeuner[12] § 843 Rn 7; ie unten Rn 48).

Rechtsprechung und Literatur haben zur Frage der **Zumutbarkeit** in folgenden **Ein- 28 zelfällen** Position bezogen:

Einem vorzeitig in den Ruhestand versetzten Beamten obliegt es grundsätzlich, sich zur Schadensminderung um eine andere Beschäftigung zu bemühen (BGH VersR 1967, 953, 955; BGH VersR 1969, 75, 77; BGH VersR 1969, 538, 539; OLG Frankfurt NZV 1993, 471, 472). Dem Geschädigten kann die maßvolle Verlängerung der Arbeitszeit nach kurzfristigem Ausfall zumutbar sein (BGH VersR 1971, 544, 545). Der Verletzte kann gehalten sein, sich einen Pkw anzuschaffen, wenn er andernfalls eine ersatzweise Beschäftigung nicht aufnehmen kann (BGH VersR 1998, 1428). Eine zeitweilige Trennung von der Familie kann zumutbar sein, der Wechsel des Wohnortes aber nur unter Berücksichtigung aller Umstände des Einzelfalles und von Treu und Glauben (BGH VersR 1962, 1100, 1101: dort verneint wegen der Schwere der Unfallfolgen; Lange/Schiemann[3] § 10 X 3 b). Ein verletzter Selbständiger, der unfallbedingt seinen Betrieb aufgibt, muß sich im Rahmen seiner Möglichkeiten um eine unselbständige Erwerbstätigkeit bemühen (vgl Grunsky DAR 1988, 400, 406). Dem verletzten ArbN kann es obliegen, gegen seine verletzungsbedingte Kündigung Kündigungsschutzklage zu erheben; auch der Abschluß eines Abfindungsvergleichs in diesem Prozeß kann gegen § 254 Abs 2 verstoßen (BGH NJW 1989, 99, 100; NJW 1990, 1360; zum Ganzen Ross NZV 1999, 276).

Der geschädigte Unternehmer ist verpflichtet, schadensmindernde Dispositionen zu treffen, um seinen verletzungsbedingten Ausfall aufzufangen – zB durch die Einstellung einer Ersatzkraft, den Wechsel zwischen schweren und leichten Arbeiten, das „Einspringen" von Mitarbeitern oder die Nachholung der ausgefallenen Arbeitszeit (BGH VersR 1959, 374; BGH VersR 1966, 446; BGH VersR 1970, 640, 641; BGH VersR 1977, 916; OLG Hamm NZV 1995, 316, 318; Wussow/Dressler[15] Kap 33 Rn 9; vgl auch unten Rn 86, 93). Mit der Aufgabe des Betriebs verletzt dessen Inhaber seine Schadensminderungspflicht, wenn der Betrieb durch Einstellung einer Ersatzkraft fortführbar gewesen wäre (OLG Koblenz VersR 1991, 194, 195).

Die Eröffnung einer eigenen Praxis ist einer bisher nur als gelegentliche Vertretung tätigen Ärztin nicht zumutbar (BGH VersR 1974, 142). Von einem Verletzten, der im Unfallzeitpunkt in einer Ausbildung zu einem Handwerksberuf gestanden hat, kann nicht verlangt werden, eine Anstellung als ungelernte Arbeitskraft anzunehmen (OLG Frankfurt NZV 1991, 188).

Dem Geschädigten ist kein Mitverschulden anzulasten, wenn er keine Möglichkeit hat, seine verbleibende Arbeitskraft nutzbringend einzusetzen (BGH VersR 1991, 437, 438; Wussow/Dressler[15] Kap 32 Rn 31: verschlechterte Arbeitsmarktsituation). Ebenso gesteht ihm die Rechtsprechung die Möglichkeit zu, infolge des Unfalls mit Vollendung des 63. Lebensjahres in Vorruhestand zu gehen (§§ 37, 38 SGB VI, bis 31. 12. 1991: § 1248 Abs 1 RVO), obwohl er noch in der Lage wäre, bis zur Vollendung seines 65. Lebensjahres zu arbeiten (BGH VersR 1982, 166; BGH NJW 1986, 2762, 2763).

29 Das erzielbare Einkommen aus der nicht angenommenen zumutbaren Ersatzstelle ist auf den Schadensersatzanspruch anzurechnen (BGH VersR 1969, 538, 539; BGB-RGRK/Boujong[12] § 843 Rn 120; Küppersbusch[7] Rn 41; Wussow/Dressler[15] Kap 32 Rn 35).

Die Einnahmen aus einer unfallbedingt aufgenommenen Ersatztätigkeit darf der Geschädigte, den ein Mitverschulden gem § 254 Abs 1 trifft, nicht vorrangig auf die Quote seines Erwerbsschadens anrechnen, die von der Haftung des Schädigers nicht gedeckt ist. Es gilt – anders als bei Unterhaltsansprüchen nach § 844 Abs 2 (dazu Staudinger/Röthel § 844 Rn 251 f) – der Grundsatz, daß erst aus dem um die erzielten Einnahmen verminderten Erwerbsschaden die Schädigerquote ermittelt wird (BGH VersR 1992, 886, 887 mwNw: insoweit liegen unterschiedliche Interessenlagen vor; Soergel/Zeuner[12] § 843 Rn 20; Geigel/Rixecker[23] Kap 4 Rn 124).

Erbringt der Verletzte zur Schadensminderung Aufwendungen, die er gem § 254 Abs 2 für erforderlich halten durfte (zB Umschulungskosten, Gehalt für die Einstellung einer Ersatzkraft), kann er diese vom Schädiger ersetzt verlangen (Küppersbusch[7] Rn 20, 40; Wussow/Dressler[15] Kap 32 Rn 16; vgl auch BGH VersR 1962, 136: Einstellung eines Buchprüfers, um die Fortführung eines Einmannbetriebs zu gewährleisten; BGH VersR 1998, 1428: Anschaffung eines Pkw, um den neuen Arbeitsplatz zu erreichen).

Ggf ist der Geschädigte verpflichtet, sich operieren zu lassen (vgl BGHZ 10, 18, 19; OLG Frankfurt NZV 1993, 471, 472; MünchKomm/Oetker[4] § 254 Rn 79 ff mwNw; BGB-RGRK/Boujong[12] § 843 Rn 125).

c) Art der Ersatzleistung

Wird der Erwerbsschaden bei einer Aufhebung oder Minderung der Erwerbsfähig- 30
keit oder bei einer Vermehrung der Bedürfnisse (§ 843 Abs 1) wegen einer Körper-
oder Gesundheitsverletzung geltend gemacht, ist Ersatz des zukünftigen Schadens
grundsätzlich durch Zahlung einer Geldrente gem § 843 zu leisten (MünchKomm/Stein[3]
§ 843 Rn 2, 6; Jauernig/Teichmann § 843 Anm 1 a; näher zur Geldrente und zu den Ausnahmen
§ 843 Rn 32 ff und 34 ff). In den übrigen Fällen (zB Freiheitsberaubung) ist Ersatz durch
einmalige Geldleistung zu erbringen (MünchKomm/Stein[3] § 843 Rn 2, 6).

IV. Einzelne Tätigkeitsbereiche

1. Arbeitnehmer

a) Beeinträchtigung der Arbeitskraft
aa) Allgemeines

Verletzungen eines ArbN können zu einer vorübergehenden oder dauernden Min- 31
derung seiner Arbeitskraft und damit zu einer Reduzierung des erzielten Arbeitseinkommens führen. Die Vermögenseinbuße des geschädigten ArbN ergibt sich somit aus einem **Vergleich des tatsächlichen mit dem hypothetischen Arbeitseinkommen**
(Geigel/Rixecker[23] Kap 4 Rn 124; Wussow/Dressler[15] Kap 32 Rn 1 f). Sie umfaßt alles, was
der Verletzte durch die Verwertung seiner Arbeitskraft laufend erworben hätte und
nunmehr wegen des zeitweiligen Ausfalls verliert (BGHZ 59, 109, 111 = NJW 1972, 1703,
1704).

Arbeitseinkommen sind alle Arten von Lohn und Gehalt, einschl der Bezüge von 32
Beamten (dazu ie Rn 80), sowie alle anderen damit zusammenhängenden **Sonderlei-**
stungen des ArbG, soweit sie in irgendeiner Form eine Gegenleistung für die erbrachte Arbeit sind (Wussow/Dressler[15] Kap 32 Rn 2; MünchKomm/Stein[3] Rn 10). Bestandteil der Bruttobezüge ist damit auch derjenige Teil von Sonderzuwendungen,
der auf die Zeit der Arbeitsunfähigkeit entfällt (Staudinger/Schiemann [1998] § 252
Rn 28), nicht dagegen eine Aufwandsentschädigung (unten Rn 75). Unbeachtlich ist
dabei, ob die Zahlungspflicht des ArbG auf Gesetz, Tarifvertrag oder betrieblicher
Vereinbarung beruht (BGH VersR 1986, 650, 651).

Der **Entgeltausfallschaden** im Rechtssinne umfaßt den gesamten Bruttolohn. Dieser 33
setzt sich zusammen aus dem ausgezahlten Teil der Bezüge, den **Steuern**, die entrichtet werden müssen, damit genau dieses Nettogehalt übrig bleibt (BGHZ 42, 76, 82 =
NJW 1964, 2007, 2008), sowie den **Arbeitgeberbeiträgen zur Sozialversicherung** (BGHZ 43,
378, 382 f = NJW 1965, 1430, 1431; BGHZ 87, 181, 182 = NJW 1983, 1669; BGH VersR 1976, 326;
BGH NJW 1984, 736; OLG Hamm VersR 1985, 357; Geigel/Rixecker[23] Kap 4 Rn 129; Staudin-
ger/Schiemann [1998] § 252 Rn 28; s auch schon BGH VersR 1954, 277, 278; zust BSGE 86, 262,
306), abzüglich solcher schadensbedingter Steuervorteile, die dem Schädiger zugute
kommen sollen (unten Rn 58). Der Grundsatz der konkreten Schadensberechnung
(oben Rn 13) gebietet, dem ArbN den Betrag zu ersetzen, den er ohne den Schadensfall erhalten hätte. Ihm muß – abzüglich der tatsächlich anfallenden Steuern – das
Nettoeinkommen verbleiben (vgl Rüssmann LM § 249 [Ha] BGB Nr 51).

Auch wenn der ArbG die auf ihn entfallenden **Anteile zur Sozialversicherung** aus 34
eigener Verpflichtung zahlt, kommen sie ausschließlich dem ArbN zugute und ver-

schaffen erst zusammen mit den Arbeitnehmeranteilen den Schutz der Sozialversicherung. Aus diesem Grund stellen sie eine zum Bruttolohn hinzutretende Leistung des ArbG für den ArbN und damit einen Vorteil dar, der diesem kraft gesetzlicher Bestimmung aus seiner Arbeit zufließt (BGHZ 43, 378, 383 = NJW 1965, 1430, 1431) und den er sich durch seine Arbeit verdient hat (BGH NJW 1984, 736, 737). Dies gilt jedenfalls für die Zeit, in der der ArbG trotz des Arbeitsausfalls des Verletzten das Arbeitsentgelt fortzuzahlen hat (BGH NJW 1984, 736, 737).

35 Unerheblich für die Ersatzpflicht ist, ob die Tätigkeit, die nicht mehr wie zuvor ausgeübt werden kann, hauptberuflich oder nur als **Nebenbeschäftigung** ausgeübt wurde. Auch Einkünfte aus einem Nebenberuf (BGH NJW 1998, 1633: Fußballtrainer) oder anderweitige zusätzliche Einkünfte (Trinkgelder) sind zu ersetzen (OLG München ZfSch 1983, 229; auch GEIGEL/RIXECKER[23] Kap 9 Rn 15). Keine Bedeutung hat schließlich, ob die Entlohnung erfolgsabhängig ausgestaltet ist oder nicht. **Tantiemen** sind deshalb zum Entgelt zu rechnen (OLG Hamm VersR 1979, 745, 746: geschäftsführender GmbH-Gesellschafter; zum Erwerbsschaden des Gesellschafters vgl unten Rn 102 ff).

36 **Ersatzleistungen Dritter**, die aufgrund von arbeitnehmerschützenden gesetzlichen Bestimmungen, Tarifvereinbarungen oder vertraglichen Regelungen geleistet werden und den Erwerbsschaden zumindest teilweise auffangen, bleiben bei dieser Berechnung außer Betracht (BGHZ 43, 378, 381 = NJW 1965, 1430, 1431; BGHZ 59, 109, 111 = NJW 1972, 1703, 1704; BGH VersR 1976, 340), weil sie nicht dem Schädiger zugute kommen sollen (oben Rn 24). Eine doppelte Begünstigung des Geschädigten wird dadurch vermieden, daß der Anspruch dem ArbN regelmäßig nicht in voller Höhe zusteht, sondern durch cessio legis auf den lohnfortzahlenden ArbG, den Sozialversicherungsträger oder eine private Versicherung übergeht (dazu § 843 Rn 48 ff).

37 In **zeitlicher Hinsicht** wird das jeweilige Einkommen solange ersetzt, wie der Geschädigte es voraussichtlich erzielt hätte. Obergrenze ist daher grundsätzlich das Erreichen des Rentenalters (BGH NJW-RR 1988, 470, 471: 65. Lebensjahr, s schon oben Rn 30 und § 843 Rn 30).

bb) Umfang der Ersatzpflicht – Einzelfälle

38 **Ersatzfähig** ist der Verlust folgender Vorteile (zum Ganzen: KÜPPERSBUSCH[7] Rn 28 ff; SCHEFFEN VersR 1990, 926, 929 mwNw):

– Der **Anteil des Urlaubsentgelts** (des während des Urlaubs fortgezahlten Lohns), der den verletzungsbedingt ausgefallenen Arbeitstagen im Verhältnis zur Gesamtzahl der jährlichen Arbeitstage entspricht (BGHZ 59, 109, 114 = NJW 1972, 1703, 1705; OLG Stuttgart NJW-RR 1988, 151; BGH VersR 1986, 650, 651: einschließlich der auf das Urlaubsentgelt entfallenden Sozialversicherungsbeiträge bzw der anteiligen Beiträge des ArbG an die Urlaubskasse; zur Berechnungsformel vgl auch RIEDMAIER VersR 1978, 110, 116; KÜPPERSBUSCH[7] Rn 64; GEIGEL/RIXECKER[23] Kap 9 Rn 16: Gewährung bezahlten Urlaubs ist Arbeitsentgelt im weiteren Sinne). Urlaubstagen sind Freistellungstage der Beamten gleichzustellen (BGHZ 133, 1, 7 = NJW 1996, 2296, 2298);

– **Urlaubsgeld** und **Gratifikationen** sind unabhängig davon zu ersetzen, ob sie reinen Entgeltcharakter haben oder gleichzeitig die Betriebstreue belohnen sollen (BGHZ 133, 1, 4 f = NJW 1996, 2296, 2297; GEIGEL/RIXECKER[23] Kap 9 Rn 17; vgl zur Treueprämie BGH

VersR 1971, 152, 154). Eine Weihnachtsgratifikation ist dabei auf das gesamte Jahr umzulegen, nicht nur auf den Dezember (BGHZ 133, 1, 9 = NJW 1996, 2296, 2298);

– **Zulagen** jeder Art – etwa die Erschwerniszulagen (OLG München VersR 1986, 69) oder die Bordzulage (BGH LM § 842 Nr 4; dazu KLIMKE VersR 1969, 111, 112 f) – gehören zum Arbeitsentgelt. Für **Überstundenvergütungen** gilt dies jedenfalls dann, wenn Überstunden nur in geringem Umfang angefallen oder ihrem Umfang nach in der jeweiligen Branche üblich sind (BGH FamRZ 1980, 984: Berechnung des Einkommens als Grundlage eines Unterhaltsanspruchs nach § 1601; s ferner ROSS NZV 1999, 276, 277 unter Berufung auf OLG Koblenz VersR 1975, 105, welches die Rspr des BAG AP Nr 18 zu § 2 Arb-KrankhG übernimmt, nach der von einer regelmäßigen Leistung auszugehen sei, wenn sie über mindestens drei Monate hinweg erbracht wurde);

– **Mitarbeiterrabatte** (OLG Braunschweig Schaden-Praxis 2001, 91 f, auch zur Frage der Vorteilsanrechnung);

– Aufwendungen des ArbG für eine **künftige betriebliche Altersversorgung**, da diese Bestandteil des Arbeitseinkommens ist (BGHZ 139, 167, 172 ff = NJW 1998, 3276, 3277); zu ersetzen sind daher die vom ArbG in eine selbständige Versorgungskasse gezahlten Prämien oder die entsprechenden eigenen Rückstellungen (s auch unten Rn 67; ferner ErfK/DÖRNER² § 4 EFZG Rn 29).

Nicht ersatzfähig sind: **39**

– **Kindergeld**, auch wenn der Verletzte es in der Form der Kinderzulage aus der gesetzlichen Unfallversicherung oder als Kinderzuschuß auf die frühere Berufsunfähigkeits- oder Erwerbsunfähigkeitsrente (§ 270 SGB VI; bis 31. 12. 1991: § 583 Abs 2 bzw § 1262 RVO) erhält (BGH VersR 1978, 861, 862; BGHZ 85, 127, 132 = NJW 1983, 114, 115 lehnen einen Regreß des leistenden Sozialversicherungsträgers ab);

– **Zusatzurlaub nach § 47 SchwbG** (bis 31. 7. 1986: § 44 SchwbG), denn er hat keinen Entgelt-, sondern Fürsorgecharakter und gehört selbst dann nicht zum Arbeitslohn, wenn der Geschädigte infolge des Unfalls Schwerbehinderter wird (BGH NJW 1980, 285 f);

– **Wintergeld**, das nur der Abgeltung witterungsbedingter Mehrkosten dient (vgl § 212 SGB III; bis 31. 12. 1991: § 77 AFG), ist kein Arbeitsentgelt (BGH VersR 1986, 650, 653); dem ArbG ist die von ihm zu zahlende Winterbauumlage (§ 354 SGB III; bis 31. 12. 1997: § 186a AFG) als zweckgebundener Sonderbeitrag nicht zu erstatten (BGH VersR 1986, 650, 652; BGH NJW 1980, 285; OLG Oldenburg VersR 1975, 719, 720).

Bei **unfallbedingtem Vorruhestand** nach § 36 SGB VI (bis 31. 12. 1991: § 1248 Abs 1 **40** RVO) ist als Erwerbsschaden die Differenz zwischen den bisherigen Arbeitseinkünften und dem Altersruhegeld zu ersetzen (BGH VersR 1982, 166; vgl auch BGH NJW 2001, 1274 f zum Vorruhestandsgeld nach einem privaten Vorruhestandsabkommen). Da eine mit Vollendung des 63. Lebensjahres in Anspruch genommene Rente alters- und nicht unfallbedingt ausbezahlt wird und deshalb als Vorteil anzurechnen ist, findet ein Forderungsübergang auf den Rentenversicherungsträger bzgl der vorzeitig ausbezahlten

Rente gem § 116 SGB X (bis 30. 6. 1983: § 1542 RVO) nicht statt; anderes gilt für den Vorruhestand wegen Schwerbehinderung oder Erwerbsminderung mit Vollendung des 60. Lebensjahres (vgl BGH NJW 1986, 2762, 2763).

b) Verlust von Aufstiegschancen

41 Entfällt durch die Verletzung die Möglichkeit eines beruflichen Aufstiegs in demselben oder einem anderen Betrieb, so ist dies ein **Nachteil im Fortkommen** (vgl STÜRNER JZ 1984, 412, 415). Der Geschädigte muß noch keinen rechtlich gesicherten Anspruch auf die höhere Position haben; es genügt eine tatsächliche Erwerbsaussicht, die im Schädigungszeitpunkt bereits hinreichend absehbar war (OLG Köln VersR 1989, 755).

Beispiele aus der Rechtsprechung:

– Der Geschädigte kann infolge eines Unfalles sein Studium nicht abschließen und deshalb nicht die in Aussicht gestellte leitende Position im väterlichen Betrieb übernehmen (BGH NJW 1973, 700);

– der Geschädigte kann infolge des Unfalls eine in Aussicht gestellte Stelle als Dachdeckergehilfe nicht antreten und bleibt statt dessen arbeitslos (BGH NJW 1991, 2422);

– der geschädigte Student muß das angestrebte Berufsziel des Diplom-Chemikers aufgeben und nimmt eine Stellung als Buchhalter an (OLG Frankfurt VersR 1983, 1083).

c) Schlechtere Bezahlung der Tätigkeit

42 Ergreift der Geschädigte infolge des unfallbedingten Verlustes seines bisherigen Arbeitsplatzes einen schlechter bezahlten Beruf (KÜPPERSBUSCH[7] Rn 43; RGZ 163, 40, 43), so ist die Differenz zwischen den Einkünften aus der bisherigen Tätigkeit und den Einkünften aus der Ersatztätigkeit zu ersetzen. Das gleiche gilt, wenn lediglich ein Wechsel des Tätigkeitsortes nötig wird und dieser zu Einkommenseinbußen führt (BGH VersR 1963, 682: Verlust der Stellung als Vertreterin in einem lukrativen Stadtbezirk, in dem die Geschädigte ohne den Unfall ihren Umsatz hätte steigern können).

Das durch die Aufnahme einer schlechter bezahlten Tätigkeit erzielte Einkommen bleibt aber gänzlich unberücksichtigt, wenn der Geschädigte auch nach § 254 Abs 2 nicht zur Wiederaufnahme einer Erwerbstätigkeit verpflichtet ist (BGH NZV 1992, 313). Umgekehrt ist die Erwerbsminderung nicht zu ersetzen, wenn sich der Verletzte entgegen § 254 Abs 2 nicht ausreichend um eine vergleichbare Stelle bemüht hat (zum Mitverschulden oben Rn 26 ff). Hierzu gehört auch die Annahme einer Halbtagsstelle durch einen bisher vollzeitbeschäftigten Geschädigten (BGH NZV 1992, 313).

d) Umschulungskosten
aa) Rechtliche Einordnung

43 Umstritten ist, ob Kosten für Umschulungsmaßnahmen als Naturalrestitution nach § 249 oder als Erwerbsschaden nach § 842 zu ersetzen sind. Für die Einordnung als Naturalrestitution spricht, daß eine Umschulung des Verletzten Teil der beruflichen Rehabilitation sein kann und ihn in die Lage versetzen soll, die nachteiligen Auswirkungen durch Ausweichen auf ein anderes Arbeitsfeld „in natura" abzuschwächen

oder gar abzuwenden (offengelassen von BGH NJW 1982, 1638). Wenn man dem nicht folgt, so stellen diese Kosten Aufwendungen zur Minderung oder Abwehr von Verdienstausfallschäden dar, die der Belastungssphäre des Schädigers angehören und deshalb von ihm zu erstatten sind (BGH NJW 1982, 1638 mwNw; BGH NJW-RR 1991, 854).

bb) Voraussetzungen der Ersatzpflicht
Umschulungskosten sind vom Schädiger zu ersetzen, wenn der Geschädigte infolge **44** seiner Verletzung den bisherigen Beruf nicht mehr ausüben kann und die **Umschulung vertretbar** ist. Hierzu muß sie im Zeitpunkt der Entschließung bei verständiger Beurteilung ihrer Erfolgsaussichten und des Verhältnisses dieser Chancen zum wirtschaftlichen Gewicht des andernfalls absehbaren Erwerbsschadens geeignet und sinnvoll erscheinen (BGH NJW 1982, 1638; BGH NJW 1982, 2321; BGH NJW 1987, 2741; BGH NJW-RR 1991, 854; OLG Schleswig VersR 1991, 355; GEIGEL/RIXECKER[23] Kap 4 Rn 123; vGERLACH DAR 1992, 201, 214). Dies erfordert regelmäßig, daß eine volle Wiedereingliederung des Verletzten in seinen bisher ausgeübten Beruf durch eine medizinische Rehabilitation nicht gewährleistet ist und deshalb konkreten beruflichen Dauereinbußen über die Anpassung an ein der Behinderung günstigeres Arbeitsfeld begegnet werden kann und soll (BGH NJW 1982, 2321). Maßgeblich ist eine **Abwägung** des Integritätsinteresses des Geschädigten mit dem wirtschaftlichen Interesse des Schädigers an einer Geringhaltung des Schadens. Da wie im Rehabilitationsrecht der Grundsatz „Rehabilitation vor Rente" gilt und der Geschädigte seine Persönlichkeit im Berufs- und Erwerbsleben „vollwertig" (BGH NJW-RR 1991, 854, 855) verwirklichen können soll (BGH NJW 1982, 1638, 1639; OLG Karlsruhe DAR 1988, 241: Wiedereingliederung von Behinderten ins Erwerbsleben; vGERLACH DAR 1992, 201, 214), wird die Schwelle, ab der eine Umschulung nicht mehr vertretbar ist, sehr hoch angesetzt. Auch hängt die Ersatzpflicht nicht davon ab, ob die Umschulung nach § 254 Abs 2 eine Obliegenheit des Verletzten ist (BGH NJW 1982, 1638, 1639; BGH 1982, 2321; unten Rn 48).

Umschulungskosten werden grundsätzlich ersetzt, wenn sie zu einem Beruf führen, **45** der der bisherigen Tätigkeit des Betroffenen gleichwertig ist (BGH NJW-RR 1991, 854). Die **Gleichwertigkeit** ist nicht nur anhand des erzielbaren Einkommens, sondern auch aufgrund der sozialen Anschauungen zu ermitteln (BGH NJW-RR 1991, 854). Die Aufwendungen sind auch ersatzfähig, wenn der Verletzte zunächst eine weniger qualifizierte Beschäftigung ausübt und sich erst später umschulen läßt. Dies gilt jedenfalls dann, wenn der Geschädigte seinen beruflichen Lebensweg nicht aufgrund einer eigenständigen Entscheidung ändert, sondern damit nur gezwungenermaßen auf die veränderte Situation reagiert (BGH NJW-RR 1991, 854, 855; vGERLACH DAR 1992, 201, 214).

Kosten für eine **Umschulung in einen höher qualifizierten Beruf** sind nur ersatzfähig, wenn auf andere Weise eine berufliche Eingliederung des Verletzten nicht möglich ist (OLG Koblenz VersR 1979, 964; KÜPPERSBUSCH[7] Rn 45; vgl auch BGH NJW 1982, 1638, 1639: zulässig, wenn dadurch ein auf Dauer höherer Verdienstausfallschaden abgewendet wird). Ansonsten sind die (fiktiven) Kosten für die Umschulung in einen gleichwertigen Beruf ersatzfähig (BGH NJW 1987, 2741; WUSSOW/DRESSLER[15] Kap 32 Rn 16; zur Anrechenbarkeit eines höheren Verdienstes auf den Ersatzanspruch oben Rn 25).

Die **Erfolglosigkeit der Umschulung** steht der Ersatzfähigkeit nicht entgegen. Es **46** kommt allein darauf an, ob die Rehabilitationsmaßnahme bei ihrer Einleitung objektiv sinnvoll erschien. An diese Prognose sind keine hohen Anforderungen zu stellen (oben Rn 44). Hätten der Verletzte bzw der Rehabilitationsträger die Sinnlosigkeit der Umschulung erkennen müssen, ist der Anspruch nach § 254 Abs 2 zu kürzen (KÜPPERSBUSCH[7] Rn 46). Aus demselben Grund sind die Kosten einer erfolglosen Umschulung nicht zu ersetzen, wenn sie durch Verschulden des Verletzten scheitert (OLG Koblenz VersR 1979, 964).

47 Soweit die Umschulungskosten ersatzfähig sind, kann der gem § 116 Abs 1 SGB X vorleistende Sozialversicherungsträger diese vom Schädiger verlangen. Wird eine nicht vertretbare Umschulung dennoch durchgeführt, so besteht kein Ersatzanspruch des Geschädigten bzw des Trägers der Umschulungsmaßnahme nach § 116 SGB X (bis 30. 6. 1983: § 1542 RVO). Auch ein teilweiser Ersatzanspruch bis zur Höhe einer vertretbaren Umschulung ist abzulehnen, da sich der Aufwand für die „gerade noch vertretbare" Umschulung praktisch kaum ermitteln läßt. Auch gibt es im Regelfall nicht nur eine einzige vertretbare Maßnahme (so wohl auch BGH VersR 1982, 767, 769).

cc) Umschulungsobliegenheit
48 Von der Ersatzfähigkeit der Umschulungskosten zu unterscheiden ist die Frage, wann den Verletzten eine Umschulungsobliegenheit trifft. Als Ausfluß der Schadensminderungspflicht des Geschädigten nach § 254 Abs 2 hat dieser seine verbleibende Arbeitskraft schadensmindernd einzusetzen (oben Rn 26). Demgemäß besteht eine Umschulungsobliegenheit, wenn der Verletzte wegen des Unfalls in seinem bisherigen Beruf keine oder nur eine erheblich schlechter bezahlte Arbeit finden kann (BGH VersR 1979, 964). Auf die Auskunft eines Arztes, realistische Heilungschancen würden die erfolgreiche Ausbildung und Aufnahme des ursprünglich angestrebten Berufs ermöglichen, darf sich der Geschädigte verlassen (OLG Köln Schaden-Praxis 2000, 229 ff = OLG Köln OLGR Köln 2000, 151 ff). Die Umschulung muß für den Verletzten allerdings zumutbar sein (BGB-RGRK/BOUJONG[12] § 843 Rn 113). Dies ist gegeben, wenn der neue Beruf der bisherigen Tätigkeit und der sozialen Stellung **gleichwertig** ist und den Neigungen und Fähigkeiten des Verletzten nicht widerspricht (BGH NJW-RR 1991, 854; OLG Karlsruhe DAR 1988, 241; s dazu schon näher oben Rn 45). Umschulungen, für die keine Aussicht auf Erfolg besteht, sind unzumutbar (BGHZ 10, 18, 20, dort auch zu weiteren Zumutbarkeitskriterien). Ebenso kann es an der Zumutbarkeit weiterer Umschulungen fehlen, wenn ein früherer Umschulungsversuch des Geschädigten bereits erfolglos geblieben ist (BGH VersR 1961, 1018; BGH VersR 1991, 437, 438). Eine später abgebrochene Umschulung ist nicht schon deshalb als zumutbar zu qualifizieren, weil der Geschädigte sie zunächst freiwillig begonnen hat (KG KGR 2000, 239 ff = DAR 2000, 401 f [LS]).

dd) Sonstige berufsfördernde Maßnahmen und Ausbildungskosten
49 Unter den genannten Voraussetzungen (oben Rn 44) sind auch Kosten für andere Maßnahmen der beruflichen Rehabilitation zu ersetzen (KÜPPERSBUSCH[7] Rn 48; WUSSOW/DRESSLER[15] Kap 32 Rn 16). Die Eingliederungshilfe, die dem künftigen ArbG des – umgeschulten – Verletzten gezahlt wird, gehört hierzu, wenn der Verletzte ohne die Zahlung arbeitslos geblieben wäre (OLG Köln VersR 1985, 94; OLG Celle VersR 1988, 1252 zu § 567 Abs 1 RVO; seit 1.1. 1997: § 3 Abs 2 Nr 2 SGB III). Das gleiche gilt auch für den Einarbeitungszuschuß (OLG Celle VersR 1983, 185) sowie für Aufwendungen im Zusammenhang mit der Arbeitserprobung des Verletzten in einem Berufsförderungswerk (BGH VersR 1982, 767; OLG Köln VersR 1985, 94).

Diese Grundsätze gelten für den **Ersatz von Ausbildungskosten** entsprechend, wenn
der Verletzte infolge des Unfalls einen anderen Ausbildungsweg einschlagen muß (vgl
OLG Frankfurt VersR 1992, 888).

e) Steuerliche Auswirkungen und Schadensersatzbemessung
aa) Berücksichtigung steuerlicher Nach- und Vorteile bei der Schadensersatz-
bemessung
Entstehen durch einen Unfall **steuerliche Nachteile**, so sind diese vom Schädiger zu   **50**
ersetzen, denn der Geschädigte soll nach dem Unfall über das gleiche Nettoeinkommen verfügen können, das ihm ohne den Unfall zur Verfügung gestanden hätte.

Umgekehrt entlasten unfallbedingte **Steuerersparnisse** den Schädiger, soweit dies
nicht dem sozialpolitischen Zweck der Steuervergünstigung widerspricht (BGHZ 53,
132, 134 = NJW 1970, 461 f; BGH VersR 1979, 519, 520; BGH VersR 1980, 529; BGH VersR 1986, 162,
163; BGH VersR 1986, 914, 915; BGH VersR 1995, 104, 106; BGH NZV 1992, 313, 314; BGH MDR
1999, 1505, 1506; MünchKomm/OETKER[4] § 249 Rn 238 ff; SOERGEL/ZEUNER[12] § 843 Rn 15; BGB-
RGRK/BOUJONG[12] § 843 Rn 70; GEIGEL/HAAG[23] Kap 5 Rn 2; GEIGEL/RIXECKER[23] Kap 9 Rn 34;
KÜPPERSBUSCH[7] Rn 76; WUSSOW/DRESSLER[15] Kap 32 Rn 40; SCHEFFEN VersR 1990, 926, 932).
Ein solcher Normzweck – Verhinderung einer sonst eintretenden Schlechterstellung
aus sozialpolitischen Gründen – muß eindeutig festgestellt werden können (BGH
VersR 1989, 855, 856; BGH VersR 1995, 104, 106). Sind unfallbedingte Steuervorteile entla-
stend zu berücksichtigen, ergibt sich die Frage, ob die Steuervorteile vom Bruttolohn
abzuziehen sind oder ob von vornherein auf den Nettolohn abzustellen ist (unten
Rn 52).

bb) Ersatzanspruch als zu versteuerndes Einkommen
Da der Ersatzanspruch des Geschädigten gem § 24 Nr 1 lit a) EStG zu versteuerndes   **51**
Einkommen darstellt, bleibt die Einkommensteuerbelastung des Geschädigten bei
voller Schadensersatzleistung des Schädigers häufig gleich. Regelmäßig ist daher – im
Hinblick auf die Regelung des § 287 ZPO – eine **vereinfachte Schadensberechnung** in
dem Sinne zulässig, daß der Tatrichter unter Verzicht auf die Feststellung der steuer-
lichen Auswirkungen den Schadensersatz **nach dem entgangenen Bruttoverdienst** bemißt. Er darf insoweit davon ausgehen, daß etwaige Steuervorteile durch die für den
Ersatzanspruch bestehende Steuerpflicht nach § 24 Nr 1 lit a) EStG ausgeglichen
werden (LANGE/SCHIEMANN[3] § 6 XIII 4 c; SOERGEL/ZEUNER[12] § 843 Rn 15; BGHZ 53, 132, 138
= NJW 1970, 461, 463; BGHZ 74, 103, 116 = NJW 1979, 1449, 1452; BGH NJW 1980, 1788, 1789; BGH
VersR 1987, 668, 669; BGH MDR 1999, 1505, 1506; vgl auch BGH NJW-RR 1988, 856 mwNw zur
parallelen Problematik beim Verlust der Beteiligung an einer Abschreibungsgesellschaft).

Die pauschale Schadensberechnung scheidet dagegen in solchen Fällen aus, in denen
dem Geschädigten ein Mitverschulden zur Last fällt (vgl dazu unten Rn 56) oder der
Geschädigte außergewöhnlich hohe Steuervorteile erlangt hat (LANGE, Schadensersatz[2]
[1990] § 6 XIII 4 c [nicht mehr erwähnt in LANGE/SCHIEMANN[3]]; BGH NJW 1980, 1788, 1789; BGH
NJW 1984, 2524; BGH VersR 1987, 668, 669: keine Pauschalierung, wenn der Geschädigte unfallbedingt eine Berufs- oder Erwerbsunfähigkeitsrente mit verminderter Steuerlast bezieht; BGH MDR
1999, 1505, 1506; vgl dazu noch unten Rn 58). In diesen Fällen ist eine **konkrete Schadens-**
berechnung unter Berücksichtigung aller Steuervor- und -nachteile vorzunehmen.

cc) Berücksichtigung unfallbedingter Ersparnisse – Brutto- und Nettolohnmethode

52 Lange Zeit war umstritten, nach welcher Methode unfallbedingte Ersparnisse an Steuern und Sozialversicherungsbeiträgen bei der Berechnung des Erwerbsschadens berücksichtigt werden sollten (vgl hierzu ie Staudinger/Schiemann [1998] § 252 Rn 30 f; Küppersbusch[7] Rn 53 ff, 77 f; Wussow/Dressler[15] Kap 32 Rn 36; Hartung VersR 1981, 1008 f und VersR 1986, 308, 309 ff; Hofmann NZV 1993, 139; Kullmann VersR 1993, 385, 386 f; vGerlach DAR 1995, 221 sowie BGHZ 127, 391 ff = NJW 1995, 389 mwNw).

Nach der sog **Bruttolohnmethode** ist vom Bruttoeinkommen, dh vom Lohn oder Gehalt einschließlich der Steuern und Sozialversicherungsbeiträge, auszugehen. Verletzungsbedingt ersparte Steuern und Beiträge werden im Wege der Vorteilsausgleichung in Abzug gebracht (vertreten vom VII. und ihm folgend vom III. Senat des BGH: vgl BGH VersR 1965, 793; BGH VersR 1967, 1095, 1097; BGH VersR 1973, 1028, 1030; BGH VersR 1975, 37, 40; ebenso OLG Hamm VersR 1985, 1194; Drees VersR 1987, 739, 743; Hartung VersR 1981, 1008, 1009; Stürner JZ 1984, 461, 463; Scheffen VersR 1990, 926, 927; BGB-RGRK/Boujong[12] § 843 Rn 69). Da der BGH in einigen Konstellationen – zB in den Mithaftungsfällen (unten Rn 56) – Korrekturen an dem nach dieser Methode gefundenen Ergebnis vornimmt, wird heute von einer **modifizierten Bruttolohnmethode** gesprochen (so erstmals Hofmann NZV 1993, 139; vgl auch Rüssmann LM § 249 (Ha) Nr 51; Wussow/Dressler[15] Kap 32 Rn 36 und BGH MDR 1999, 1505). Dagegen ist Ausgangspunkt der **modifizierten Nettolohnmethode** das Nettoeinkommen, dh Lohn oder Gehalt abzüglich der Steuern und Sozialversicherungsbeiträge. Tatsächlich anfallende Steuern und Beiträge sind zu addieren (vertreten insbes vom VI. Senat des BGH: BGHZ 42, 76, 78 = NJW 1964, 2007; BGHZ 87, 181, 185 = NJW 1983, 1669, 1670; BGH VersR 1958, 528, 529; BGH VersR 1965, 786; BGH VersR 1970, 640, 642; BGH VersR 1980, 529; BGH VersR 1983, 149; BGH VersR 1986, 162; BGH VersR 1988, 464; ebenso OLG Frankfurt VersR 1979, 920, 921; OLG München VersR 1981, 169; Hofmann VersR 1980, 807, 809 f; ders NZV 1993, 139, 141; Staudinger/Schiemann [1998] § 252 Rn 31).

53 Der Theorienstreit ist nach dem **Urteil des VI. Zivilsenats des BGH vom 15. 11. 1994** (BGHZ 127, 391 = NJW 1995, 389 = JZ 1995, 403 m Anm Lange = LM § 249 (Ha) Nr 51 m Anm Rüssmann; dazu auch Hofmann NZV 1995, 94; Küppersbusch[7] Rn 53 ff; Staudinger/Schiemann [1998] § 252 Rn 30 f) weitgehend hinfällig geworden. Der BGH legt dar, daß bei richtiger Anwendung beide Methoden zum selben Ergebnis führen müssen. Im rechnerischen Ergebnis bleibe es sich nämlich gleich, ob das Nettoeinkommen um bestehenbleibende unfallbedingte Nachteile aufgestockt oder das Bruttoeinkommen um ausgleichspflichtige unfallbedingte Vorteile des Geschädigten im Wege der Vorteilsausgleichung vermindert wird (BGHZ 127, 391, 395 = NJW 1995, 389 ff; bestätigt durch BGH MDR 1999, 1505; so schon der VI. Senat jeweils in BGHZ 42, 76, 84 = NJW 1964, 2007, 2009; VersR 1965, 786; BGH VersR 1983, 149; ebenso Geigel/Rixecker[23] Kap 4 Rn 128; MünchKomm/Stein[3] § 843 Rn 17; Soergel/Zeuner[12] § 843 Rn 15; Grunsky DAR 1988, 400, 410; Ross NZV 1999, 276, 277; hiergegen aber Lange JZ 1995, 406; ebenso Kullmann VersR 1993, 385, 386). Es handele sich bei der Brutto- und Nettolohnmethode bloß um Berechnungstechniken ohne eigenständige normative Aussage. Die Entscheidung für die eine oder andere Methode werde lediglich durch Zweckmäßigkeitserwägungen bestimmt (BGHZ 127, 391, 394 f = NJW 1995, 389, 390 f; MünchKomm/Stein[3] § 843 Rn 17).

54 Kritik hat diese Auffassung des BGH insbes im Hinblick auf die Verteilung der **Darlegungs- und Beweislast** erfahren. Denn während bei der Bruttolohnmethode die Beweislast nach den Regeln der Vorteilsausgleichung den Schädiger trifft (vgl Rn 24 f), ist nach der Nettolohnmethode der Geschädigte hinsichtlich seiner weiteren steuerlichen und sozialversicherungsrechtlichen Schäden beweispflichtig. Der Geschädigte trägt dann das Risiko, daß Zweifelsfragen nicht aufgeklärt werden können und einzelne Belastungen aufgrund der unübersichtlichen steuerlichen Lage unentdeckt bleiben (LANGE JZ 1995, 406, 407). Allerdings muß der Geschädigte auch bei der Bruttolohnmethode die steuerlichen und sozialversicherungsrechtlichen Auswirkungen des Unfalls als eines in seiner Sphäre liegenden Umstands dartun, so daß die praktischen Unterschiede gering sind (BGHZ 127, 391, 395 = NJW 1995, 389, 390 f; BGH VersR 1987, 668, 669; BGH MDR 1999, 1505, 1506; RÜSSMANN LM § 249 [Ha] Nr 51; GEIGEL/ RIXECKER[23] Kap 4 Rn 128; KÜPPERSBUSCH[7] Rn 80).

Ein weiterer möglicher Unterschied der beiden Lösungsansätze betrifft den **Zeit-** **55** **punkt** des Schadensersatzes bzw der Schadensersatzklage. Bei der Nettolohnmethode soll nach überwiegender Ansicht die Schadensersatzforderung erst bei Vorlage des Steuerbescheids möglich sein; für den Schadensersatzprozeß bleibe dem Geschädigten hinsichtlich der Steuern nur die Möglichkeit, ein Feststellungsurteil zu beantragen (OLG München VersR 1981, 169, 170; OLG Frankfurt NZV 1991, 188; HOFMANN VersR 1980, 807, 809; KÜPPERSBUSCH[7] Rn 78). Wendet man die Grundsätze des BGH (BGHZ 127, 391, 397; vgl oben Rn 53) an, so erfordert jedoch auch eine Berechnung nach der Bruttolohnmethode die vorherige Feststellung der konkreten Steuervorteile, so daß sich in dieser Hinsicht keine Unterschiede ergeben.

Bei nur **quotaler Ersatzpflicht aufgrund Mitverschuldens des Geschädigten** führen auf- **56** grund der **Steuerprogression** die Brutto- und Nettolohnmethode ohne weitere Modifizierung zu unterschiedlichen Ergebnissen.

Beispiel: Das hypothetische zu versteuernde Einkommen des Geschädigten beträgt ohne Unfall 50 000 €. Damit beläuft sich die Einkommensteuer-Belastung nach der Grundtabelle für 2002 auf 14 440 €. Der Geschädigte verfügt danach über ein Nettoeinkommen von 35 560 €. Wird durch einen Unfall ein Einkommensausfall in Höhe von 25 000 € verursacht, für den der Schädiger in vollem Umfang verantwortlich ist, steht dem Geschädigten aufgrund von § 24 Nr 1 lit a) EStG (Ersatz für entgangene Einnahmen als Einkünfte) das gleiche Nettoeinkommen zur Verfügung. Liegt dagegen im gleichen Fall zB ein hälftiges Mitverschulden des Geschädigten vor, so ergibt sich folgende Progressionsdifferenz: Die Bruttolohnmethode setzt beim Bruttoeinkommen an, das 37 500 € (25 000 € Verdienst + 12 500 € Schadensersatz) beträgt. Hierauf entfällt eine Steuerbelastung von 9 164 €. Das Nettoeinkommen liegt also bei 28 336 €. Die Nettolohnmethode sieht als Ausgangspunkt dagegen das Nettoeinkommen von 26 670 € (= ¾ von 35 560 €). Als Schadensersatz wird der Betrag zugesprochen, der benötigt wird, um ein Nettoeinkommen von 26 670 € zu erreichen. Die Progressionsdifferenz beträgt also 1 666 €.

Richtigerweise müssen jedoch beide Ansätze durch Anpassung der jeweils relevanten Ausgangsbeträge zum gleichen Ergebnis führen (vgl BGHZ 127, 391, 396 ff = NJW 1995, 389, 390 f = JZ 1995, 403 m Anm LANGE = LM § 249 (Ha) Nr 51 m Anm RÜSSMANN; vGERLACH DAR 1995, 221, 222; krit hiergegen HOFMANN NZV 1993, 139, 140 f; ders NZV 1995, 94). Da die Steuerprogression dem Schädiger zugute kommen muß, damit der Geschädigte nicht besser gestellt wird als ohne den Schaden, ist die Bruttolohnmethode dahingehend zu modifizieren, daß die **Progressionsdifferenz als Vorteil angerechnet** wird (dazu ie unten Rn 58).

dd) Steuerliche Auswirkungen im einzelnen
57 **Steuerliche Nachteile** sind wie folgt zu behandeln:

– Steuern auf Lohnersatzleistungen und Schadensersatzrenten (§ 22 Nr 1 S 3 lit a) EStG) (BGH VersR 1979, 519, 520; BGH VersR 1979, 670, 672) oder auf den Ersatzanspruch gegen den Schädiger (§ 24 Nr 1 EStG) kann der Geschädigte geltend machen.

– Kirchensteuer ist dann ersatzpflichtig, wenn der Geschädigte kirchensteuerpflichtig ist (KÜPPERSBUSCH[7] Rn 84; BGH NJW-RR 1988, 149, 150 ging davon aus, daß hierfür eine Vermutung spricht; dies dürfte inzwischen überholt sein, vgl WUSSOW/DRESSLER[15] Kap 32 Rn 44).

– Ersatzfähig ist der unfallbedingte Wegfall von Steuervergünstigungen (zB Abschreibungen nach § 7b EStG, abzugsfähige Werbungskosten) (vgl KULLMANN VersR 1993, 385, 386 f und 390; BGH VersR 1980, 529, 530; vgl aber LAG Frankfurt DB 1986, 52).

– Verletzten Eheleuten, die zusammen zur Einkommensteuer veranlagt werden (Ehegatten-Splitting), ist nach der Rechtsprechung des BGH lediglich derjenige Steuerbetrag zu ersetzen, der sich bei einer Alleinveranlagung ergeben hätte. Andernfalls würde der Schädiger praktisch einen Teil der vom anderen Ehegatten an sich geschuldeten höheren Steuer zu ersetzen haben (BGH VersR 1970, 640, 642; zust KÜPPERSBUSCH[7] Rn 79). Zu Recht ist ein Teil der Literatur dem krit gegenübergetreten (LANGE/SCHIEMANN[3] § 6 XIII 4 d; KULLMANN VersR 1993, 385, 386; WUSSOW/DRESSLER[15] Kap 32 Rn 39; WAIS NJW 1970, 1637). Konsequenterweise wäre der Ansatz der Rechtsprechung auch zugunsten des besser verdienenden Ehepartners anzuwenden. Dies würde zu einer höheren Ersatzpflicht führen (problematisiert von HARTUNG VersR 1986, 308, 316). Insgesamt verstößt die Rechtsprechung gegen den Grundsatz, daß der Ersatzpflichtige die steuerlichen Verhältnisse so hinnehmen muß, wie sie ohne den Unfall bestanden hätten (WUSSOW/DRESSLER[15] Kap 32 Rn 39). Sie führt zudem zu Schwierigkeiten bei der Berechnung des auf den geschädigten Ehegatten entfallenden Teils (WAIS NJW 1970, 1637; dazu auch OLG Hamm r + s 1999, 372 f).

– Nachteile, die sich aufgrund der Zusammenballung von Einkünften im Veranlagungszeitraum für den Geschädigten ergeben können (zB Verlust des Anspruchs auf Eigenheimzulage).

– Als Folgeproblem ergibt sich der Ersatz von Steuern, die auf die vom Schädiger entrichtete Steuerschuld erhoben werden (vgl HOFMANN VersR 1980, 807, 809; HARTUNG VersR 1986, 308, 311 und 264).

58 **Steuervorteile** führen in folgenden Fällen zu einer **Entlastung des Schädigers**:

– ersparte Einkommensteuer für Renten aus der Kranken-, Unfall- und Arbeitslosenversicherung (§ 3 Nr 1 lit a), c) EStG) (BGH VersR 1957, 574, 575; BGH VersR 1980, 529; BGH VersR 1986, 162, 163; BGH VersR 1986, 914, 915; BGH MDR 1999, 1505, 1506;

WUSSOW/DRESSLER[15] Kap 32 Rn 42; BOELSEN DB 1988, 2187, 2190 f; HOFMANN NZV 1993, 139, 140);

- verminderte Steuer auf Renten aus der gesetzlichen Rentenversicherung (§ 22 Nr 1 S 3 lit a) EStG iVm § 55 Abs 2 EStDV: lediglich der Ertragsanteil ist zu versteuern) (BGH VersR 1986, 162, 163; BGH VersR 1986, 914, 915; BGH VersR 1987, 668, 669; BGH VersR 1988, 464, 465; KÜPPERSBUSCH[7] Rn 81; aA ERMAN/SCHIEMANN[10] § 843 Rn 7: Sinn und Zweck der Steuervergünstigung auf Renten, die durch eigene Leistungen des Geschädigten und mit Hilfe der Solidargemeinschaft erworben sind, sei nicht die Entlastung des Schädigers; ebenso BOELSEN DB 1988, 2187, 2192);

- unfallunabhängige Abschreibungsmöglichkeiten des Geschädigten, die zu einer progressionsbedingten Entlastung des Schädigers führen (OLG München NZV 1999, 513, 514);

- Freibetrag bei einer Arbeitnehmerabfindung nach § 3 Nr 9 EStG (BGH VersR 1989, 855, 856; NZV 1989, 345, 346);

- Freibetrag für Versorgungsbezüge von Beamten nach § 19 Abs 2 EStG (BGH VersR 1992, 886, 887);

- Progressionsdifferenz der Einkommensteuer bei anteiliger Haftung des Schädigers (vgl zur Problematik oben Rn 56): Teilweise wird die Steuerprogression zwar als ein steuerpolitisches Instrument zur Schonung des geringer Verdienenden verstanden, das vom Schadensersatzrecht zu respektieren sei, da der Grund des Schadensersatzes nichts mit dem Gesichtspunkt der steuerlichen Leistungsfähigkeit zu tun habe (LANGE/SCHIEMANN[3] § 6 XIII 4 b; WUSSOW/DRESSLER[15] Kap 32 Rn 43; HARTUNG VersR 1981, 1008, 1009; ders 1986, 308, 313 f; BOELSEN DB 1988, 2187, 2192 f; KULLMANN VersR 1993, 385, 389 [Fn 66]; STEINLE 194 f; STAUDINGER/SCHIEMANN [1998] § 252 Rn 31). Die Rechtsprechung und Teile der Literatur wollen die Progressionsdifferenz dagegen richtigerweise dem Schädiger zugute kommen lassen. Nur so ist der Grundsatz der konkreten Schadensberechnung nach § 249 gewahrt. Auch wird der Geschädigte nicht besser gestellt, als er ohne den Schaden stünde. Es ist nämlich nicht erkennbar, daß die an der Einkommenshöhe ausgerichtete Ausgestaltung des Steuertarifs den Zweck verfolgt, dem Geschädigten eine Progressionsdifferenz zukommen zu lassen, um ihm die finanziellen Lasten zu erleichtern, die er sich durch die Mitverursachung des Schadens selbst aufgebürdet hat (BGHZ 127, 391, 398 f = NJW 1995, 389, 390 f; ebenso KÜPPERSBUSCH[7] Rn 58; GEIGEL/RIXECKER[23] Kap 4 Rn 129 und GEIGEL/HAAG[23] Kap 5 Rn 2; WUSSOW DAR 1951, 3, 5; HOFMANN VersR 1980, 807, 809; ders NZV 1993, 139, 140 unter Anwendung der modifizierten Nettolohnmethode; RUHKOPF/BOOK VersR 1973, 781, 785; DITTMAYER 104 ff). Eine Ausnahme von dem Grundsatz, daß unfallbedingte Steuerersparnisse den Schädiger entlasten, ist nur dann gerechtfertigt, wenn eindeutig ein abweichender Normzweck festgestellt werden kann (BGH VersR 1989, 855, 856; BGH VersR 1995, 104, 106; vgl schon oben Rn 50).

Keine Entlastung des Schädigers tritt dagegen in folgenden Fällen ein:

- Pauschbetrag für Körperbehinderte (§ 33b EStG) (BGH VersR 1958, 528, 529; BGH VersR 1986, 162, 163; BGH VersR 1988, 464, 465; GRUNSKY DAR 1988, 400, 410; KULLMANN

VersR 1993, 385, 389; Boelsen DB 1988, 2187, 2190; in der Begründung abweichend Hofmann NZV 1993, 139, 140);

– Steuerermäßigung für Kapitalentschädigung bei einmaliger, außergewöhnlicher Zusammenballung von Einkünften im Veranlagungszeitraum (§ 34 Abs 1, Abs 2 Nr 2 EStG) (BGHZ 74, 103, 116 = NJW 1979, 1449, 1452; BGH VersR 1980, 529; BGH VersR 1986, 162, 163; BGH VersR 1988, 464, 465; BGH VersR 1994, 733; OLG Hamm NZV 1995, 316, 318; Grunsky DAR 1988, 400, 410; Kullmann VersR 1993, 385, 389; Geigel/Haag[23] Kap 5 Rn 2; Boelsen DB 1988, 2187, 2188 f; Hofmann NZV 1993, 139, 140, aA noch ders VersR 1980, 807, 808 ff; abl OLG Frankfurt VersR 1979, 86, 87; Ruhkopf/Book VersR 1973, 781; Späth VersR 1978, 1004; Dittmayer 115 ff);

– Ermäßigung des Steuertarifs infolge einer Verzögerung des Schadensausgleichs durch den Schädiger (BGH WM 1970, 633, 637; BGH VersR 1986, 162, 163; Boelsen DB 1988, 2187, 2193; Hofmann NZV 1993, 139, 140; aA Kullmann VersR 1993, 385, 387 f, dort auch zum umgekehrten Fall einer zwischenzeitlichen Steuererhöhung, die in jedem Fall zu Lasten des Schädigers gehen muß; insoweit zust Wussow/Dressler[15] Kap 32 Rn 40);

– Verjährung der Steuerforderung (BGHZ 53, 132, 137 = NJW 1970, 461, 462; BGH VersR 1986, 162, 163; zust Boelsen DB 1988, 2187, 2193; Kullmann VersR 1993, 385, 389);

– Nachzahlungsanspruch des Finanzamtes auf nicht entrichtete Steuer, selbst wenn dieser inzwischen verjährt ist (BGHZ 53, 132, 134 = NJW 1970, 461 f).

f) Entgeltfortzahlung

59 Da der ArbG seinem ArbN bei Arbeitsunfähigkeit infolge einer Krankheit, die dieser nicht schuldhaft herbeigeführt hat, für die Dauer von sechs Wochen den Lohn fortzuzahlen hat (§ 3 Abs 1 S 1 EFZG; ebenso die zum 1. 6. 1994 aufgehobenen § 1 LFZG, § 616 Abs 2, § 63 HGB und § 133c Abs 2 GewO), entsteht dem ArbN an sich kein Schaden iS der Differenzhypothese. Es ist jedoch überwiegend anerkannt, daß sich der Geschädigte den **fortentrichteten Betrag nicht als Vorteil anrechnen** lassen muß (BGHZ 7, 30, 48; BGHZ 42, 76 = NJW 1964, 2007; BGHZ 43, 378 = NJW 1965, 1430; BGH VersR 1963, 369; BGH NJW 1976, 326; BGB-RGRK/Boujong[12] § 843 Rn 155 ff; Soergel/Zeuner[12] Rn 4; Küppersbusch[7] Rn 59; oben Rn 24; zur aA – Drittschadensliquidation des ArbG – vgl die Nachw bei Lange/Schiemann[3] § 9 XI 1 a [Fn 238]). Der in § 6 EFZG gesetzlich angeordnete Forderungsübergang auf den ArbG setzt zwingend das Bestehen eines übergangsfähigen Schadensersatzanspruchs voraus (BGHZ 42, 76, 81 = NJW 1964, 2007, 2008; § 843 Rn 48; vgl auch Staudinger/Schiemann [1998] § 252 Rn 27: „… das Bestehen eines solchen Anspruchs [wird] vorausgesetzt und folglich auch ein Erwerbsschaden bejaht, wenn nicht fingiert.“). Ferner entspricht es gerade nicht dem Sinn und Zweck des § 3 EFZG (sowie des entsprechenden § 616 Abs 2 aF), der für den unverschuldet kurzfristig arbeitsunfähigen ArbN soziale Sicherheit gewähren will, wenn der Schädiger einer unerlaubten Handlung zuungunsten des ArbG entlastet würde (BGHZ 7, 30, 48 f; BGHZ 21, 112, 116, 118 f; BGH VersR 1963, 369; BGH VersR 1970, 640, 641; auch BGH NJW 1976, 326: der ArbG soll nur das allgemeine Krankheitsrisiko seines ArbN, nicht aber generell das Schadensrisiko tragen; s auch Rn 24). Auch der Rechtsgedanke des § 843 Abs 4 spricht dagegen, die Entgeltfortzahlung dem Schädiger schadensmindernd zugute kommen zu lassen (BGHZ 21, 112, 116; Wussow/Dressler[15] Kap 32 Rn 18).

Rechtstechnisch bewirkt § 6 EFZG eine **cessio legis** der Schadensersatzansprüche auf **60**
den ArbG, soweit dieser zur Lohnfortzahlung nach § 3 EFZG verpflichtet war. Dies
soll verhindern, daß der ArbN seinen Schaden doppelt – vom Schädiger und vom
ArbG – ersetzt verlangen kann (vgl nur BGH NJW 1976, 326; die zuvor geltenden § 616 Abs 2,
§ 63 HGB und § 133c GewO [jeweils aufgehoben zum 1. 6. 1994] ordneten keine Legalzession an,
doch hielt man den geschädigten ArbN aus dem Arbeitsvertrag bzw nach dem Rechtsgedanken des
§ 255 für verpflichtet, den Anspruch rechtsgeschäftlich abzutreten; näher hierzu § 843 Rn 46 f).

Der zu ersetzende Schaden umfaßt den Bruttolohn (ErfK/Dörner[2] § 4 EFZG Rn 16; **61**
umfassende Einzelaufzählung aaO Rn 18 ff) einschließlich der Arbeitgeberbeiträge zur
Sozialversicherung (BGHZ 42, 76, 80 = NJW 1964, 2007, 2008: Beamte; BGHZ 43, 378, 383 =
NJW 1964, 1430, 1431: Unterscheidung zwischen Arbeitern und Angestellten; BGH VersR 1965, 786;
BGH VersR 1965, 793; BGH VersR 1973, 1028, 1030; BGH VersR 1975, 719; BGH NJW 1976, 326;
Staudinger/Schiemann [1998] § 252 Rn 28, ebenda in Rn 29 m Hinweisen zur Schadensberechnung
bei 80%iger Lohnfortzahlung des ArbG; ErfK/Dörner[2] § 4 EFZG Rn 29; Hofmann NZV 1993, 139;
aA noch BGHZ 7, 30, 53: die Arbeitgeberbeiträge seien kein Schaden des ArbN; vgl auch die Nachw
zu älteren Ansichten in der Literatur, nach denen nur der Nettolohn zu ersetzen sei, in BGHZ 42, 76,
80 = NJW 1964, 2007, 2008) und ggf zu einer besonderen Alters- und Hinterbliebenenversorgung (OLG Oldenburg VersR 1975, 719 mit Ausnahme der Unfallversicherungsbeiträge, die
dem ArbG selbst zuzurechnen sind; BGH NJW 1976, 326, 327).

Die **Berechnung** erfolgt hier ausschließlich nach der Bruttolohnmethode (BGHZ 42, 76,
80 = NJW 1964, 2007, 2008; Erman/Schiemann[10] Rn 5; Küppersbusch[7] Rn 54; Lange/Schiemann[3]
§ 6 IX 4 f bb; oben Rn 52 f). Die im Bruttolohn ferner enthaltenen Steuern stellen eine
Schuld des ArbN dar, die der ArbG bei Lohnfortzahlung mitübernimmt (vgl BGHZ 42,
76, 80 = NJW 1964, 2007, 2008); die Arbeitgeberanteile für die Sozialversicherung werden
durch die Arbeitsleistung des ArbN erworben und sind damit ein Teil des Arbeitseinkommens (oben Rn 33 f). Deren Ersatzpflicht folgt ferner daraus, daß der ArbN
ohne die Lohnfortzahlung anstelle der Beiträge des ArbG die eigenen Beiträge zur
freiwilligen Weiterversicherung in der Sozialversicherung gegenüber dem Schädiger
geltend machen könnte. Sofern die Leistung des Sozialversicherungsträgers dagegen
nicht als Korrelat zur Arbeitsleistung einzustufen ist, sind auch die Arbeitgeberbeiträge nicht Teil des Entgelts iS des EFZG (BGHZ 59, 109, 114 = NJW 1972, 1703). Daher
sind Aufwendungen, die der ArbG im eigenen Interesse oder aufgrund gesetzlicher
Verpflichtung zugunsten eines allgemeinen sozialen Ausgleichs macht (zB Winterbauumlage, BGH VersR 1986, 650; vgl hierzu Küppersbusch[7] Rn 65 mwNw), nicht ersatzfähig.

g) Nachteile in der Sozialversicherung
aa) Allgemeines
Der Geschädigte kann die Nachteile ersetzt verlangen, die ihm infolge des Unfalls in **62**
der Sozialversicherung entstehen (allgemein hierzu Geigel/Rixecker[23] Kap 4 Rn 131 ff und
Geigel/Plagemann[23] Kap 30, insbes zum Ersatz von Sozialversicherungsbeiträgen bei Zahlung von
Lohnersatzleistungen; Küppersbusch[7] Rn 70 ff, 470 ff, 564 ff; Wussow/Dressler[15] Kap 32
Rn 45 ff). Der Schädiger hat den Geschädigten so zu stellen, daß er den gleichen
oder wenigstens einen äquivalenten Versicherungsschutz erhält, wie er ihn ohne
den Unfall gehabt hätte (Lange/Schiemann[3] § 6 IX 4 e). Dies kann zum einen durch
die Erstattung der Sozialversicherungsbeiträge geschehen, die der Geschädigte von
seinem ohne den Unfall erzielten Einkommen abgeführt hätte. Zum anderen kann
der Geschädigte darüber hinaus jede unfallbedingte Verkürzung von Rechten aus der

Sozialversicherung geltend machen, insbes eine Verminderung der Rente (sog Rentenverkürzungsschaden).

Der Schädiger hat die Beiträge zur Sozialversicherung auch dann zu ersetzen, wenn und soweit sie im Falle der Lohnfortzahlung durch den ArbG bzw Dienstherrn des Geschädigten und im Falle von Lohnersatzleistungen (Rente wegen verminderter Erwerbsfähigkeit, Berufsunfähigkeitsrente, Arbeitslosengeld/-hilfe, Krankengeld) durch andere Sozialversicherungsträger tatsächlich abgeführt wurden (ie unten Rn 66). In diesen Fällen geht der Ersatzanspruch insoweit nach § 6 EFZG auf den ArbG (oben Rn 59 ff) bzw nach § 119 SGB X (zur entsprechenden früheren Rspr des BGH vWULFFEN/SCHMALZ[4] § 119 Rn 1) auf den Sozialversicherungsträger über, an den der Beitrag entrichtet wird (zur cessio legis vgl § 843 Rn 81 ff und 119 ff). Diese cessio legis begründet keine Erweiterung der Einstandspflicht des Verletzten (BGHZ 85, 127, 129 = NJW 1983, 114; BGH VersR 1984, 639; MünchKomm/STEIN[3] Rn 6).

bb) Beiträge in die Rentenversicherung

63 Wenn der Verletzte vor dem Unfall rentenversicherungspflichtig war, hat der Schädiger ihm grundsätzlich die **Rentenbeiträge** zu ersetzen, die er ohne die unfallbedingte Erwerbsunfähigkeit abgeführt hätte (allgemein hierzu GEIGEL/RIXECKER[23] Kap 4 Rn 138 ff; WUSSOW/DRESSLER[15] Kap 32 Rn 50 ff; KÜPPERSBUSCH[7] Rn 29, 70 ff, 564 ff insbes zu den einzelnen Fallgruppen). Der Verletzte ist nicht gehalten, erst den Eintritt eines Rentenverkürzungsschadens im Versicherungsfall abzuwarten, sondern ist vom Schädiger so zu stellen, daß ein solcher Schaden von vornherein – soweit rentenrechtlich möglich – verhindert wird (so schon MEDICUS SchlHA 1964, 179, 180; BGHZ 69, 347, 349 = NJW 1978, 155; BGHZ 97, 330, 332 = NJW 1986, 2247 f; BGHZ 116, 260, 263 = NJW 1992, 509; BGHZ 129, 366, 368 = NJW 1995, 1968, 1969; BGH VersR 1977, 1158; vgl auch GEIGEL/RIXECKER[23] Kap 4 Rn 130, 139: es liegt eine gegenwärtige Störung der sozialen Lebensgrundlage des Geschädigten vor; WUSSOW/DRESSLER[15] Kap 32 Rn 50). Ein späterer Schadensersatzanspruch des Verletzten gegen den Schädiger wäre einer gegenwärtigen Rentenanwartschaft wirtschaftlich nicht gleichwertig (BGH VersR 1994, 186, 187; so bereits BGH VersR 1954, 277, 278; nach BGHZ 46, 332, 334 = NJW 1967, 625 und BGHZ 69, 347, 348 = NJW 1978, 155 kommt es nicht darauf an, ob hinter dem Schädiger eine Haftpflichtversicherung steht; zust HOFMANN VersR 1978, 620, 621).

64 Mit Inkrafttreten des § 62 SGB VI zum 1.1. 1992 (Rentenreformgesetz 1992 vom 18.12. 1989, BGBl I S 2261) kann der Geschädigte die Beiträge unabhängig davon ersetzt verlangen, ob seine rentenversicherungsrechtliche Position durch die Berücksichtigung von Anrechnungs- und Zurechnungszeiten trotz des Unfalls unverändert bleibt. Diese Regelung gilt gem § 300 Abs 1 SGB VI auch für Schadensfälle aus der Zeit vor dem Inkrafttreten der Vorschrift, soweit es um den Ersatz eines nach dem 31.12. 1991 eintretenden Erwerbsschadens geht (vgl BGHZ 129, 366, 369 = NJW 1995, 1968, 1969; KÜPPERSBUSCH[7] Rn 471; vGERLACH DAR 1992, 201, 214). Die Rechtsprechung des BGH zur „unfallfesten Position" ist damit hinfällig und behält nur noch für Altfälle (dh Erwerbsschäden vor dem 1.1. 1992) Bedeutung (BGHZ 129, 366, 369 = NJW 1995, 1968, 1969; GEIGEL/RIXECKER[23] Kap 4 Rn 139; KÜPPERSBUSCH[7] Rn 576; STAUDINGER/SCHIEMANN [1998] § 252 Rn 29; vGERLACH DAR 1992, 201, 214; zur Rspr zur „unfallfesten Position" vgl grundlegend BGHZ 46, 332 = NJW 1967, 625; BGHZ 69, 347 = NJW 1978, 155; BGH VersR 1977, 1158; BGH VersR 1987, 1048; BGH VersR 1994, 186; BGH NJW-RR 1988, 149; MEDICUS SchlHA 1964, 179, 181 und 183; HOFMANN VersR 1978, 620 ff; zusammengefaßt in BGHZ 101,

207, 211 f = NJW 1987, 3179; BGHZ 116, 260, 263 f = NJW 1992, 509; zur Rechtslage vor Einführung des § 119 SGB X am 1. 7. 1983 vgl KÜPPERSBUSCH[7] Rn 71, 566).

Auch **Lohnersatzleistungen** (Krankengeld, Verletztengeld, Übergangsgeld, Arbeits-   **65** losengeld/-hilfe) unterliegen der Beitragspflicht zur Rentenversicherung (§§ 3 S 1 Nr 3, 166 Abs 1 Nr 2 SGB VI). Die hiernach an den Rentenversicherungsträger abgeführten Beiträge kann nach § 116 Abs 1 S 2 Nr 1 SGB X der jeweilige Sozialversicherungsträger gegenüber dem Schädiger geltend machen. Die Differenz zwischen diesem Betrag und den ohne den Unfall abgeführten Beiträgen ist nach § 119 SGB X vom Schädiger unmittelbar an den Rentenversicherungsträger zu zahlen. Das gleiche gilt, wenn der Verletzte unfallbedingt einen Minderverdienst erzielt und dementsprechend geringere Rentenbeiträge abführt (vgl hierzu GEIGEL/RIXECKER[23] Kap 4 Rn 151 ff) oder wenn er nur für einen Teil eines Monats Beiträge abführt (BGHZ 97, 330, 335 f = NJW 1986, 2247, 2248 mwNw; GEIGEL/RIXECKER[23] Kap 4 Rn 155). Berechnungsmaßstab für den Restbetrag ist jeweils das vor dem Unfall erzielte Einkommen (Begründung zum Gesetzesentwurf zu § 119 SGB X, BT-Drucks 9/95, 29; vgl auch vWULFFEN/SCHMALZ[4] § 119 Rn 9, dort auch zur Berücksichtigung vorhersehbarer Einkommenssteigerungen).

Da nach § 3 S 1 Nr 1a SGB VI (eingefügt durch das am 1. 4. 1995 in Kraft getretene PflegeVG) auch nichterwerbstätige Pflegepersonen versicherungspflichtig in der Rentenversicherung sind, kann ein Beitragsregreß auch stattfinden, wenn eine Hausfrau verletzt ist, die Familienangehörige oder andere Personen pflegt (vEINEM VersR 1994, 1164, 1165 f).

Im Unfallzeitpunkt nicht versicherungspflichtige Personen (vgl §§ 5, 6 SGB VI) können Ersatz der hypothetischen Rentenversicherungsbeiträge ab dem Zeitpunkt verlangen, in dem sie voraussichtlich ohne den Unfall eine versicherungspflichtige Tätigkeit aufgenommen hätten (BGH VersR 1994, 186).

Der Rentenverkürzungsschaden kann neben dem Beitragsschaden geltend gemacht werden, etwa wenn sich infolge eines Beitragsausfalls die Rentenbemessungsgrundlage des Verletzten verschlechtert (BGH VersR 1977, 1158, 1159) oder er deswegen die Voraussetzungen für einen Rentenanspruch nicht erfüllt (vgl RG JW 1916, 193; RG Recht 1926 Nr 1953). Zur Sicherung dieses Anspruchs bleibt der Geschädigte auf die Erhebung einer Feststellungsklage beschränkt (unten Rn 157).

Hinsichtlich der Rentenversicherungsbeiträge lassen sich folgende Fallkonstellatio-   **66** nen unterscheiden:

– **Krankheit mit Lohnfortzahlung**: Der ArbG kann vom Schädiger Erstattung der tatsächlich an den Sozialversicherungsträger abgeführten Rentenversicherungsbeiträge – einschließlich des Arbeitgeberanteils – verlangen (§ 6 EFZG) (BGH NJW 1976, 326, 327; GEIGEL/RIXECKER[23] Kap 4 Rn 151; oben Rn 61).

– **Krankheit mit Zahlung von Kranken- oder Verletztengeld**: Seit 1. 1. 1992 ist der Verletzte, der Kranken- oder Verletztengeld empfängt, rentenversicherungspflichtig (§§ 3 S 1 Nr 3, 166 Abs 1 Nr 2, 170 Abs 1 Nr 2 a SGB VI). Soweit der Krankenbzw Unfallversicherungsträger Beiträge abführt, geht der diesbezügliche Ersatzanspruch nach § 116 Abs 1 S 1 SGB X auf ihn über (KÜPPERSBUSCH[7] Rn 471; GEIGEL/

RIXECKER[23] Kap 4 Rn 151; GEIGEL/PLAGEMANN[23] Kap 30 Rn 25; zur Rechtslage vor dem 1.1. 1992 – kein Regreß des Krankenversicherungsträgers – vgl BGHZ 109, 291, 294 = NJW 1990, 1045, 1046; BGH NJW 1984, 736, 738; BGH NJW 1986, 2370; BGH VersR 1987, 598, 599; OLG Hamm VersR 1985, 357, 358).

– **Weiterbeschäftigung mit geringerem Lohn**: Die unfallbedingte Beitragsdifferenz ist seit Inkrafttreten des § 119 SGB X unmittelbar an den Rentenversicherungsträger abzuführen (oben Rn 62). Der Geschädigte kann ferner die tatsächlich abgeführten Beiträge ersetzt verlangen, wenn er – unter dem Gesichtspunkt seiner Schadensminderungspflicht (oben Rn 26 ff) – zur Aufnahme einer Beschäftigung nicht verpflichtet war (BGH VersR 1994, 186, 187).

– **Arbeitslosigkeit**: Seit 1. 1. 1992 sind von Arbeitslosengeld, Arbeitslosenhilfe und Übergangsgeld Rentenversicherungsbeiträge zu entrichten (§ 3 S 1 Nr 3, 166 Abs 1 Nr 2 SGB VI). Die Bundesanstalt für Arbeit kann beim Schädiger nach § 116 Abs 1 S 1 SGB X Regreß nehmen.

– **Vorzeitiger Ruhestand**: Erhält der Geschädigte infolge des Unfalls Rente wegen Erwerbsminderung (bis 31. 12. 2000: Berufs-/Erwerbsunfähigkeitsrente) (§ 43 SGB VI), Verletztenrente (§ 56 SGB VII) oder vorzeitige Altersrente (§ 36 SGB VI), kann er vom Schädiger trotzdem Ersatz der andernfalls zu entrichtenden Rentenversicherungsbeiträge verlangen, auch wenn eine Rentenverkürzung nicht zu befürchten ist. Dieser Vorteil soll dem Schädiger nicht zugute kommen (zur Berufs-/Erwerbsunfähigkeitsrente BGH VersR 1977, 1158, 1159 f [entschieden zur Rechtslage vor 1. 1. 1992]; SOERGEL/ZEUNER[12] § 843 Rn 16; zur Verletztenrente vgl BGHZ 129, 366, 371 = NJW 1995, 1968, 1969; MünchKomm/STEIN[3] § 843 Rn 17).

– **Erreichen der gesetzlichen Altersgrenze**: Nach Erreichen der gesetzlichen Altersgrenze (Vollendung des 65. Lebensjahres, § 35 Nr 1 SGB VI) kann der Verletzte Ersatz des konkreten Rentenverkürzungsschadens geltend machen.

Zu Rentenversicherungsbeiträgen von Gastarbeitern vgl GEIGEL/RIXECKER[23] Kap 4 Rn 153 f.

cc) Beiträge in die zusätzliche Altersversorgung

67 Der Schädiger hat auch Beiträge in die betriebliche Altersversorgung (BGHZ 139, 167, 172 ff = NJW 1998, 3276, 3277 f; ErfK/DÖRNER[2] § 4 EFZG Rn 29), Beiträge in die Zusatzversicherung für Angestellte und Arbeiter im öffentlichen Dienst sowie in ein berufsständisches Versorgungswerk (GEIGEL/RIXECKER[23] Kap 4 Rn 159 f) zu ersetzen. Mitumfaßt werden die Rückstellungen, die der ArbG zur Sicherheit der Ruhegehaltsverbindlichkeit bildet (BGHZ 139, 167, 172 ff = NJW 1998, 3276, 3277 f), sowie Beiträge des ArbG in eine Kapitallebensversicherung, die er als zusätzliche Altersversorgung für seine ArbN abgeschlossen hat (BGH VersR 1986, 650, 652). Ersatzfähig ist ferner eine spätere Minderung der Betriebsrente (vgl OLG Düsseldorf VersR 1980, 1122).

dd) Beiträge in die Krankenversicherung

68 Während der Lohnfortzahlung im Krankheitsfall hat der Schädiger die vom ArbG abgeführten Beiträge in die **gesetzliche Krankenversicherung** – einschließlich des Arbeitgeberanteils – zu erstatten (GEIGEL/RIXECKER[23] Kap 4 Rn 145; WUSSOW/DRESSLER[15] Kap 32 Rn 45).

Erhält der Geschädigte unfallbedingt eine Rente wegen Erwerbsminderung, sind hiervon Beiträge an die Krankenversicherung abzuführen (§§ 5 Abs 1 Nr 11, 255 Abs 1 SGB V, § 106 SGB VI). Soweit diese Beiträge vom Rentenversicherungsträger getragen werden, kann dieser sie gem § 116 Abs 1 S 2 Nr 1 SGB X unmittelbar gegenüber dem Schädiger geltend machen. Entsprechendes gilt während beruflicher Rehabilitationsmaßnahmen (§§ 5 Abs 1 Nr 6, 192 Abs 1 Nr 3, 251 Abs 1 SGB V) (BGH NJW 1984, 736; GEIGEL/PLAGEMANN[23] Kap 30 Rn 25; KÜPPERSBUSCH[7] Rn 473).

Fällt die Beitragspflicht des Verletzten zur Krankenversicherung weg, weil er Krankengeld (§ 224 Abs 1 SGB V) erhält, kann er vom Schädiger trotzdem Ersatz der andernfalls zu entrichtenden Pflichtbeiträge zur Krankenversicherung verlangen (§ 224 Abs 2 SGB V). Dieser Anspruch geht gem § 116 Abs 1 S 2 Nr 2 SGB X (bis 31. 12. 2000: § 119 SGB X) auf den Träger der Krankenversicherung über (vgl STAUDINGER/SCHIEMANN [1998] § 252 Rn 29; GEIGEL/RIXECKER[23] Kap 4 Rn 145; GEIGEL/PLAGEMANN[23] Kap 30 Rn 25; KÜPPERSBUSCH[7] Rn 474, 578; WUSSOW/DRESSLER[15] Kap 32 Rn 46 und zur Rechtslage vor dem 1. 1. 1992 – kein Ersatzanspruch – BGH NJW 1970, 137; BGH NJW-RR 1988, 149, 150). Endet die Krankengeldzahlung, kann der Verletzte den Beitrag für eine freiwillige Weiterversicherung (§ 9 SGB V) oder eine private Krankenversicherung geltend machen (WUSSOW/DRESSLER[15] Kap 32 Rn 47).

Erhält der Verletzte Leistungen vom Arbeitsamt, bleibt er gem § 252 S 2 SGB V (bis 31. 12. 1997: § 155 Abs 1 AFG) beitragspflichtig in der Krankenversicherung. Die Bundesanstalt für Arbeit kann für die an den Träger der Krankenversicherung abgeführten Beiträge beim Schädiger gem § 116 Abs 1 S 2 Nr 1 SGB X Regreß nehmen (vgl GEIGEL/RIXECKER[23] Kap 4 Rn 148; WUSSOW/DRESSLER[15] Kap 32 Rn 47).

Erzielt der Geschädigte verletzungsbedingt ein geringeres Einkommen, muß ihm der Schädiger die Beitragsdifferenz nicht ersetzen. Der Geschädigte hat keinen Nachteil, weil er die Leistungen der Krankenversicherung unabhängig von der Höhe seines Beitrags voll in Anspruch nehmen kann (BGHZ 87, 181, 183 = NJW 1983, 1669 f; BGH NJW-RR 1988, 149, 150; GEIGEL/RIXECKER[23] Kap 4 Rn 147; KÜPPERSBUSCH[7] Rn 579).

Die Ersatzpflicht des Schädigers umfaßt ebenso Beiträge in die **private Krankenversicherung** (einschließlich des Arbeitgeberanteils) (GEIGEL/RIXECKER[23] Kap 4 Rn 149). Wechselt der Geschädigte aufgrund des Unfalls in einen Beruf, der nicht der Versicherungspflicht unterliegt, kann er die Beiträge in die private Krankenversicherung ersetzt verlangen, selbst wenn er mehr verdient als vor dem Unfall (OLG Karlsruhe VersR 1994, 1250).

ee) Beiträge in die Arbeitslosenversicherung

Der Schädiger muß die vom ArbG während der Lohnfortzahlung abgeführten Bei- **69** träge in die Arbeitslosenversicherung ersetzen (GEIGEL/RIXECKER[23] Kap 4 Rn 149). Gleiches gilt für Beiträge, die vom Träger der Krankenversicherung im Zusammenhang mit Kranken- oder Verletztengeld abgeführt werden (§§ 345 Nr 4, 347 Nr 4 SGB III).

Wird der Verletzte unfallbedingt arbeitslos oder nimmt er eine schlechter bezahlte

Erwerbstätigkeit auf, kann er dagegen keinen Beitragsschaden geltend machen (BGHZ 87, 181, 184 = NJW 1983, 1669 f; BGH VersR 1986, 914, 915; OLG Hamm VersR 1985, 357, 358; KÜPPERSBUSCH[7] Rn 580). Er bleibt vielmehr auf den Ersatz später eintretender Leistungskürzungen (zB niedrigeres Arbeitslosengeld) beschränkt (BGHZ 87, 181, 187 = NJW 1983, 1669, 1670).

ff) Beiträge in die Unfallversicherung

70 Die Beiträge des ArbG in die gesetzliche Unfallversicherung sind vom Schädiger nicht zu ersetzen. Die Unfallversicherung wird allein vom ArbG getragen; die Beitragshöhe richtet sich primär nach dem Betrieb des versicherten ArbG und nicht nach der Tätigkeit des einzelnen ArbN (BGH NJW 1976, 326; OLG Oldenburg VersR 1975, 719, 720).

gg) Beiträge in die Pflegeversicherung

71 Soweit der Geschädigte nach dem Unfall in der Pflegeversicherung pflichtversichert bleibt, hat ihm der Schädiger die abgeführten Beiträge entsprechend den Krankenversicherungsbeiträgen zu ersetzen (oben Rn 68 und GEIGEL/RIXECKER[23] Kap 4 Rn 145; KÜPPERSBUSCH[7] Rn 475, 582).

hh) Sonstige Sozialbeiträge

72 Die Ersatzpflicht des Schädigers erfaßt auch die Beiträge in die Sozialkassen des Baugewerbes und in die Krankenversicherung der Kurzarbeitergeld- und Schlechtwettergeldempfänger sowie in die Lohnausgleichskasse, die Urlaubskasse für das Baugewerbe und die Zusatzversorgungskasse (OLG Oldenburg VersR 1975, 719 mwNw; GEIGEL/RIXECKER[23] Kap 9 Rn 19; WUSSOW/DRESSLER[15] Kap 32 Rn 22).

h) Sonstige Versicherungsleistungen

73 Erhöhen sich als Folge der Verletzung die Prämien sonstiger privater Versicherungen, so sind die **Mehrkosten als Fortkommensschaden** zu ersetzen, weil der Verletzte einen Anspruch darauf hat, seine Existenzvorsorge so wie bisher weiterzuführen (BGH NJW 1984, 2627: Risikozuschlag auf Krankentagegeldversicherung, die der Verletzte nach dem Unfall unter dem Gesichtspunkt der Schadensminderungspflicht abgeschlossen hat und die von ihm wegen seiner Verletzung höhere Beiträge verlangt; ebenso für Lebensversicherungen BGH aaO; OLG Zweibrücken NZV 1995, 315, 316; MünchKomm/STEIN[3] Rn 12; KÜPPERSBUSCH[7] Rn 29; iE auch OLG München NJW 1974, 1023: allerdings als vermehrte Bedürfnisse; s auch § 843 Rn 23). Umgekehrt hat der Schädiger auch den Verlust von Versicherungsleistungen und -ausschüttungen auszugleichen, die ohne die Verletzung erbracht worden wären (OLG Köln NJW-RR 1990, 1179: entgangene Beitragsrückerstattung der Krankenkasse; SOERGEL/ZEUNER[12] Rn 7: Verlust der Anwartschaft auf eine Versicherungsrente); dies gilt insbes, wenn die Versicherung infolge unfallbedingter Nichtzahlung der Prämien aufgelöst wird (BGH VersR 1964, 925, 927).

i) Kosten eines Kündigungsschutzprozesses

74 Die Kosten für einen Prozeß, der zur Abwehr der unfallbedingten Kündigung führen soll, sind ersatzfähig, falls dies der Schadensminderung iS von § 254 Abs 2 dient (MünchKomm/STEIN[3] Rn 10; s auch oben Rn 28).

k) Aufwandsentschädigungen

75 Nicht zu ersetzen sind echte Aufwandsentschädigungen, die kein zusätzliches Ein-

kommen, sondern nur eine Kompensation für tatsächliche Aufwendungen sind. Hierzu gehören etwa Spesen, Tagegelder (AG Waiblingen VersR 1977, 1137), Auslösungen (OLG München DAR 1987, 117; OLG München VersR 1986, 69: falls tatsächlich zur Deckung eines Mehrbedarfs verwendet), Trennungsentschädigungen (OLG Nürnberg VersR 1968, 976 [LS]), Erschwernis- und Gefahrenzulagen sowie Bekleidungszuschüsse. Für sie ist kennzeichnend, daß ihrem Ausbleiben die Einsparung der Aufwendungen gegenübersteht (BGH VersR 1967, 1080; OLG München VersR 1958, 116; KG NZV 2002, 172, 175; SCHMALZL VersR 1977, 1137, 1138; STAUDINGER/SCHIEMANN [1998] § 252 Rn 28). Von diesem Grundsatz werden in der Literatur Ausnahmen gemacht, wenn die Aufwandsentschädigungen in Wahrheit Arbeitsentgelt darstellen (BOMHARD VersR 1960, 683 ff; BGH VersR 1967, 1080: Bordzulage) oder wenn sie pauschaliert erbracht werden und bei sparsamer Lebensweise die Möglichkeit bieten, Ersparnisse zu bilden (KÜPPERSBUSCH[7] Rn 30; ähnlich OLG München DAR 1984, 117; OLG München VersR 1986, 69 für Auslösungen). Bei Kilometergeld und Fahrgeldzuschüssen (hierzu BGH VersR 1979, 622, 624; OLG Nürnberg VersR 1968, 976; OLG Düsseldorf VersR 1972, 695) wird der Nachweis, daß die Zulage die Mehraufwendung nicht aufgezehrt hätte, idR mißlingen (KÜPPERSBUSCH[7] Rn 30).

2. Gastarbeiter

Bei Gastarbeitern, dh ausländischen ArbN, die in ihr Heimatland zurückkehren **76** wollen, ist für die Berechnung des Erwerbsschadens das Einkommen zugrunde zu legen, das sie ohne den Unfall während ihres voraussichtlichen Aufenthalts in Deutschland erzielt hätten. Nach ihrer Rückkehr ist auf das Einkommen im Heimatland abzustellen (KÜPPERSBUSCH[7] Rn 354). Bei der Prognose ist die Dauer der Aufenthalts- und Arbeitserlaubnis maßgeblich (BGHZ 74, 221, 225 = NJW 1979, 1403, 1404); bei Unionsbürgern ist auch die Freizügigkeitsgarantie des Art 39 EG zu berücksichtigen. Weitere Faktoren sind die allgemeine Arbeitsmarktsituation in Deutschland, die wirtschaftliche Entwicklung des ArbG, die persönlichen und familiären Verhältnisse sowie die Absichten und Pläne des Gastarbeiters (KÜPPERSBUSCH[7] Rn 355). Dabei sind die Besonderheiten eines Gastarbeiters bei der Arbeitsplatzsuche zu bedenken (OLG Zweibrücken VersR 1978, 67).

Ändert ein Gastarbeiter in nicht vorwerfbarer Weise seinen ursprünglich gefaßten Entschluß, ist das im Heimatland voraussichtlich erzielte Gehalt ggf anhand des Wechselkurses umzurechnen. Auch ist es an die unterschiedliche Kaufkraft in Deutschland anzupassen (BGHZ 74, 221, 225 f = NJW 1979, 1403, 1404 für das längere Verbleiben in Deutschland; KÜPPERSBUSCH[7] Rn 356 für die frühere Rückkehr in das Heimatland. Zusätzlich ersparte Aufwendungen für die jährliche Urlaubsheimreise und den zweiten Haushalt in Deutschland sind dabei anzurechnen).

3. Arbeitslose

Der Verlust der Arbeitskraft als solcher begründet nur dann einen Vermögensscha- **77** den, wenn der Verletzte noch zur Nutzung seiner Arbeitskraft imstande war (STAUDINGER/SCHIEMANN [1998] § 251 Rn 107 und oben Rn 16). Deshalb hat keinen Ersatzanspruch, wer bereits vor der Verletzung arbeitslos war und dies – unabhängig von der Verletzung – auf Dauer bleibt (so iE auch die Gegenansicht oben Rn 14).

Ein Verlust der Aussicht auf eine Erwerbsstellung und damit ein Vermögensschaden liegen hingegen vor, wenn konkrete Anhaltspunkte (Arbeitsmarktlage, berufliche Qualifikation, Dauer der Arbeitslosigkeit, Alter des Betroffenen) eine gewisse Wahrscheinlichkeit dafür begründen, daß der Arbeitslose ohne die verletzungsbedingte Erwerbsunfähigkeit eine Arbeit aufgenommen hätte (BGH NJW-RR 1990, 286, 287; BGH NJW 1991, 2422; BGH NJW 1995, 1023; BGH NZV 2002, 268, 269; Bieringer VersR 1983, 516, 519; vGerlach DAR 1992, 201, 214; Ross NZV 1999, 276; MünchKomm/Stein[3] Rn 8 und § 843 Rn 24; Staudinger/Schiemann [1998] § 252 Rn 34; Wussow/Dressler[15] Kap 34 Rn 3; Geigel/Rixekker[23] Kap 4 Rn 126: tatsächliche Vermutung bei Vollbeschäftigung). Die tatsächliche Möglichkeit der Arbeitsaufnahme muß der Geschädigte beweisen (OLG Hamm r + s 1986, 180). Damit trägt er insbes bei schlechter Arbeitsmarktlage die Beweislast dafür, daß er ohne den Unfall wieder Arbeit gefunden hätte (OLG Hamm r + s 1998, 465 f; LG Aachen NZV 1988, 107; OLG Zweibrücken VersR 1978, 67; Ross NZV 1999, 276; Küppersbusch[7] Rn 38). Bloße Absichtserklärungen gegenüber dem Ehegatten ohne weitere Anknüpfungspunkte im Verhalten des Geschädigten reichen nicht aus (OLG Frankfurt MDR 1995, 1012, 1013; Ross NZV 1999, 276 f). Allerdings sind an Darlegung und Beweis einer Arbeitsaufnahme und damit eines Erwerbsschadens keine allzu hohen Anforderungen zu stellen (oben Rn 22; Staudinger/Schiemann [1998] § 252 Rn 34; BGH NJW-RR 1999, 1039, 1040: erst die in die Verantwortung des Schädigers fallende Störung der beruflichen Entwicklung erfordert eine Prognose der hypothetischen Entwicklung; BGH NZV 2002, 268, 269; OLG Hamm r + s 1998, 465 f). Unwägbarkeiten bei der Prognose können mit einem Abschlag berücksichtigt werden (BGH NZV 2002, 268, 269 mwNw; OLG Hamm DAR 2000, 264 [LS]: Höhe von 10%).

78 Wird der Verletzte **infolge des Unfalles arbeitslos**, kann der Träger der Arbeitslosenversicherung auch das Arbeitslosengeld vom Schädiger ersetzt verlangen; wegen des Nachrangprinzips bedarf es bei Weiterzahlung der Arbeitslosenhilfe einer Überleitung nach § 203 SGB III (bis 31. 2. 1997: § 140 AFG) (Geigel/Plagemann[23] Kap 30 Rn 25; BGHZ 108, 296, 298 = NJW 1989, 3158, 3159).

79 Verliert der Arbeitslose einen Anspruch auf eine bestimmte Sozialleistung, so soll es nach dem BGH (BGHZ 90, 334, 339 = NJW 1984, 1811, 1812) darauf ankommen, ob der Wegfall auf dem System der Sozialversicherung, insbes dem Verhältnis der beiden Sozialleistungen zueinander, beruht oder Folge der Verletzung ist. Im erstgenannten Fall lägen die Voraussetzungen zum Bezug der „entfallenen" Sozialleistung weiter vor und unterblieben nur, weil beide Sozialleistungen für sich den Lebensunterhalt sicherstellen sollen. Dies könne dem Schädiger haftungsrechtlich nicht zugerechnet werden. Der krankheitsbedingte Verlust von Arbeitslosengeld oder Arbeitslosenhilfe stelle dagegen einen Erwerbsschaden dar, auch wenn statt dessen Krankengeld in gleicher Höhe gezahlt werde (BGHZ 90, 334, 339 = NJW 1984, 1811, 1812 = VersR 1984, 639; BGH VersR 1984, 862; MünchKomm/Stein[3] Rn 8; Geigel/Rixecker[23] Kap 4 Rn 117; Wussow/Dresler[15] Kap 34 Rn 2). Konsequenz dieser Rechtsprechung ist, daß die Ansprüche, die Lohnersatzfunktion besitzen, nach § 116 SGB X (bis 30. 6. 1983: § 1542 RVO) auf die Krankenkasse übergehen (BGHZ 90, 334, 342 = NJW 1984, 1811, 1812 f; BGH VersR 1984, 862, 863; § 843 Rn 103). Die zutreffende Gegenansicht sieht hierin nur einen Wechsel der Zahlstelle (Bieringer VersR 1983, 516, 518) und einen Systembruch, weil in diesem Fall de facto Schadensersatz für den bloßen Verlust der Arbeitskraft gewährt werde (krit auch Geigel/Plagemann[23] Kap 30 Rn 30 Anm 12). Ferner diene auch die Leistung der Krankenversicherung nicht dem Schadensausgleich, sondern habe lediglich allgemeine Versorgungsfunktion (Staudinger/Schiemann [1998] § 251 Rn 108; ausf Denck NZA 1985, 377, 378).

Durch die Regelung des § 126 Abs 1 S 1 SGB III (bis 31. 12. 1997: § 105b Abs 1 S 1 AFG), nach der auch der Arbeitslose im Krankheitsfall für 6 Wochen seinen Anspruch auf Arbeitslosengeld behält, entfällt die Bedeutung des Streits für diesen Zeitraum. Die Bundesanstalt für Arbeit kann beim Schädiger nach § 116 SGB X (bis 30. 6. 1983: § 1542 RVO) Regreß nehmen. Aktuell bleibt die Frage für die Zeit ab der 7. Woche, in der die Krankenkasse wie bisher Krankengeld zahlt (§§ 5 Abs 1 Nr 2, 47b SGB V, 138 SGB III) (zur heutigen Rechtslage vgl auch Küppersbusch[7] Rn 113 ff).

Zu den Beiträgen des Arbeitslosen in die Sozialversicherung s oben Rn 69.

4. Beamte

Ist der Verletzte Beamter, hat der Schädiger das fortgezahlte Bruttogrundgehalt **80** einschließlich aller Zuschläge und Gratifikationen (BGHZ 42, 76, 78 = NJW 1964, 2007 f) zu ersetzen. Bei der Bemessung ist von einer gewöhnlichen Laufbahnentwicklung auszugehen (MünchKomm/Stein[3] § 843 Rn 15; Drees VersR 1987, 739, 742). Zulagen, die zum Ausgleich erhöhter Lebenshaltungskosten bei zusätzlichen dienstlichen Verrichtungen gewährt werden, sind nicht zu ersetzen (OLG München VersR 1958, 116: Kleiderzuschuß; OLG Oldenburg DAR 1965, 240, 241: Zehrgeld und Gegenwert für freie Dienstbekleidung; OLG Düsseldorf VersR 1972, 695).

Die Fortzahlung des Gehalts durch den Dienstherrn berührt den Anspruch gegen den **81** Schädiger nicht. Eine Vorteilsanrechnung erfolgt nicht (oben Rn 24), der Anspruch geht vielmehr nach § 87a BBG über (BGHZ 42, 76, 80 = NJW 1964, 2007, 2008; BGH VersR 1960, 81; BGH VersR 1965, 793; § 843 Rn 139 ff). Der Freibetrag für Versorgungsbezüge von Beamten nach § 19 Abs 2 EStG entlastet den Schädiger (BGH VersR 1992, 886, 887).

Wird der Beamte wegen des Unfalls **vorzeitig pensioniert**, hat er bis zum Erreichen **82** des regulären Pensionsalters Anspruch auf die vollen Dienstbezüge. Die ordentlichen Gerichte dürfen dabei die sachliche Richtigkeit der Entscheidung der Verwaltungsbehörde über die Pensionierung – abgesehen von Fällen reiner Willkür – nicht überprüfen (BGH VersR 1969, 538 f; KG NZV 2002, 172, 174), sondern nur untersuchen, ob sie eine adäquate Folge des Unfalls war (OLG Frankfurt NZV 1993, 471, 472). Dem Beamten selbst steht die Differenz zwischen den fiktiven Bezügen (einschließlich der Einnahmen aus Nebentätigkeiten) ohne den Unfall und der vorzeitig ausbezahlten Pension zu. Der Restbetrag geht nach § 87a BBG auf den Dienstherrn über (BGH VersR 1965, 793: bei Steuerabführung durch Dienstherrn auch diese). Nach Erreichen des Pensionsalters ist der Unterschied des tatsächlich erdienten zu dem bis dahin erdienbaren Ruhegehalt zu ersetzen (BGH VersR 1960, 81, 82; OLG Celle VersR 1960, 617; Drees VersR 1987, 739, 741; MünchKomm/Stein[3] § 843 Rn 15; Geigel/Rixecker[23] Kap 4 Rn 150). Dabei ist regelmäßig – soweit nicht besondere gegenteilige Anhaltspunkte ersichtlich sind – von einer Pensionierung mit Vollendung des 65. Lebensjahres auszugehen (Drees VersR 1987, 739, 741 f mwNw).

Eine Kürzung des vorzeitig ausbezahlten Ruhegehalts ist unter dem Gesichtspunkt **83** des § 254 Abs 2 BGB vorzunehmen, wenn der verletzte Beamte sich nicht darum bemüht hat, seine verbleibende Arbeitskraft schadensmindernd einzusetzen (BGH VersR 1983, 488; DREES VersR 1987, 739, 743). Das erzielbare Einkommen ist auf den Anteil des Dienstherrn anzurechnen, falls auf diesen Ansprüche nach § 87a S 1 BBG übergegangen sind (BGH VersR 1983, 488, 489: arg § 87a S 2 BBG; OLG Frankfurt NZV 1993, 471, 473; krit dazu DREES VersR 1987, 739, 744: das tatsächlich aus einer ersatzweise aufgenommenen Tätigkeit erzielte Einkommen werde nach st Rspr – vgl BGH VersR 1983, 488, 489; OLG Frankfurt NZV 1993, 471, 472 – gerade auf den Teil des Schadensersatzanspruchs angerechnet, der durch die Leistung des Dienstherrn nicht gedeckt sei).

5. Selbständige

a) Entgangener Gewinn

84 **Selbständige** (insbes Gewerbetreibende und freiberuflich Tätige) haben regelmäßig ein schwankendes Einkommen (vgl RUHKOPF/BOOK VersR 1970, 690). Dabei spielt es keine Rolle, ob die Tätigkeit haupt- oder nebenberuflich ausgeübt wird (BGH NJW 2001, 1640 f; GRUNSKY DAR 1988, 400). Bei Selbständigen kann im Gegensatz zu unselbständig Tätigen meist nicht an einen konkreten Vergütungsausfall angeknüpft werden. Daher ist grundsätzlich die durch die Erwerbsunfähigkeit verursachte Gewinneinbuße (lucrum cessans) oder Verlusterhöhung zu ersetzen (BGH VersR 1994, 316, 318 f; MünchKomm/STEIN[3] Rn 10 und § 843 Rn 20; KÜPPERSBUSCH[7] Rn 87 ff; WUSSOW/DRESSLER[15] Kap 33 Rn 1 f).

85 Der **entgangene Gewinn** umfaßt auch den entgangenen Verdienst aus abgeschlossenen, infolge der Verletzung aber nicht ausgeführten Aufträgen (BGH VersR 1994, 316, 319; GEIGEL/RIXECKER[23] Kap 4 Rn 151; WUSSOW/DRESSLER[15] Kap 33 Rn 6). An den Beweis sind wegen erhöhter Manipulationsgefahr durch Gefälligkeitsbescheinigungen strenge Anforderungen zu stellen (vgl KÜPPERSBUSCH[7] Rn 91 f mit dem Hinweis, die in der Praxis seltenen Fälle beschränkten sich auf bestimmte Berufsgruppen [Makler und Architekten]). Ersparte Aufwendungen sind abzuziehen. Bei der Ersatzforderung für entgangene Geschäfte muß sich der Geschädigte Gewinne, die er durch Nachholung erzielt hat, nicht anrechnen lassen, wenn es sich um eine überpflichtmäßige Anstrengung handelt (BGHZ 55, 329, 334 = NJW 1971, 836, 838). Auch ein zu erwartender Verlust neuer Aufträge ist bei der Berechnung miteinzustellen (KÜPPERSBUSCH[7] Rn 96 ff). Der Gewinn aus neuen Aufträgen, die wegen des Freiwerdens von der Verpflichtung zur Erfüllung der bestehenden Aufträge ausgeführt werden konnten, ist als Vorteil anzurechnen (GRUNSKY DAR 1988, 400, 401). Ersatzpflichtig sind Folgeschäden, die sich aus dem Verlust von Stammkunden oder der Skepsis des Verkehrs gegenüber dem wieder genesenen selbständigen Unternehmer ergeben (GRUNSKY DAR 1988, 400, 401 f mit Hinweis auf die erheblichen Nachweisprobleme unter dem befremdlichen Stichwort „merkantiler Minderwert" des Selbständigen; ebenso MünchKomm/OETKER[4] § 252 Rn 26; GEIGEL/RIXECKER[23] Kap 4 Rn 151). Läuft der Betrieb während der verletzungsbedingten Erwerbsunfähigkeit des Selbständigen weiter und entstehen daher Fixkosten, so ist auf den Rohgewinn, dh die entgangenen Betriebseinnahmen abzüglich der ersparten Betriebsausgaben, abzustellen (BGH VersR 1969, 466; BGB-RGRK/BOUJONG[12] § 843 Rn 56; RUHKOPF/BOOK VersR 1970, 690, 697 f; GRUNSKY DAR 1988, 400, 405; **aA** KNOBBE-KEUK VersR 1976, 401, 407: Aus Gründen der Praktikabilität und materiellen Gerechtigkeit ist stets auf den Bruttoverdienstausfall abzustellen). Zu dem zu ersetzenden Schaden gehört auch der Verlust von Einnahmen aus einer Erfindertätigkeit, die infolge der Verletzung zum Erliegen gekommen ist (BGH VersR 1967, 903, 905).

Im Rahmen seiner **Schadensminderungspflicht** aus § 254 Abs 2 S 2 (dazu ie oben Rn 26, **86**
28) kann der Geschädigte gehalten sein, eine Ersatzkraft einzustellen, um Gewinn-
ausfälle zu vermeiden oder zu mindern, soweit dies möglich und zumutbar ist (vgl
unten Rn 93). Dasselbe gilt für die Aufnahme einer unselbständigen Erwerbstätigkeit
(vgl GRUNSKY DAR 1988, 400, 406).

Zur Berechnung des zu ersetzenden Schadens ist eine **Prognose über die Gewinnent-** **87**
wicklung des Unternehmens anhand des bisherigen Gewinns sowie der Dispositionen
des Betroffenen, der allgemeinen konjunkturellen Entwicklung und weiterer Faktoren vorzunehmen (Einzelheiten zur Schadensermittlung bei KÜPPERSBUSCH[7] Rn 96 ff und
GRUNSKY DAR 1988, 400, 408 f; zur Aussagekraft der Einkommensteuererklärung des Unternehmers für die Schadensermittlung GRUNSKY aaO 406 f; vgl zur Berechnung des hypothetischen Gewinns BGH NJW 1997, 941, 942; BGH NJW 1998, 1634, 1635 f; BGH NJW 2001, 1640, 1641 f).
Ausnahmsweise kann auch der nach dem Unfall tatsächlich erzielte Gewinn herangezogen werden, wenn trotz des Schadensereignisses Gewinne erzielt wurden,
die denen ohne den Unfall bei gewöhnlichem Verlauf entsprechen. Dabei hat das
Gericht alle maßgebenden Umstände für die voraussichtliche Entwicklung der Ge-
winnsituation zu berücksichtigen, wie sie sich ihm im Zeitpunkt der letzten mündlichen Verhandlung darstellen. Vermutet wird, daß der tatsächlich erzielte Gewinn
des Unternehmens bei eigener Tätigkeit des Verletzten in der Zeit seiner Arbeitsunfähigkeit nicht geringer gewesen wäre (BGH NJW 1997, 941, 942).

Nicht ausreichend ist nach ständiger Rechtsprechung des BGH der Nachweis eines **88**
abstrakten Ausfalls der Arbeitskraft oder **fiktiver Kosten für eine Ersatzkraft** (BGHZ
54, 45, 48 ff = NJW 1970, 1411; BGH NJW-RR 1992, 852; zuletzt BGH NJW-RR 2001, 887, 888; zust
BGB-RGRK/BOUJONG[12] § 843 Rn 59; WUSSOW/DRESSLER[15] Kap 33 Rn 1 und 4; KÜPPERSBUSCH[7]
Rn 88; neuerdings auch MünchKomm/OETKER[4] § 252 Rn 27). So kann ein Unternehmer, dessen Betrieb in der Zeit seiner Erwerbsunfähigkeit den gleichen Umsatz und Gewinn
wie vor dem Unfall erzielt, nicht ohne weiteres die Kosten einer gleichwertigen
Ersatzkraft mit der Behauptung verlangen, er hätte ohne den Unfall Umsatz und
Gewinn steigern können (BGHZ 54, 45, 54 = NJW 1970, 1411, 1413: Diplom-Chemiker; BGH
VersR 1992, 973). Dies gilt insbes dann, wenn der Selbständige nur kurzzeitig ausgefallen ist (BGH VersR 1966, 957, 958: zweimonatige Arbeitsunfähigkeit eines Steuerberaters,
dessen Tätigkeit im wesentlichen aus Daueraufträgen gegen Pauschalhonorar besteht). Vielmehr
muß er Tatsachen darlegen und beweisen, aus denen sich ergibt, daß ohne seine
Verletzung tatsächlich ein höherer Gewinn zu erwarten gewesen wäre.

Nach zutreffender Auffassung (STAUDINGER/SCHIEMANN [1998] § 252 Rn 43; LANGE/SCHIE-
MANN[3] § 6 XIV 1; MünchKomm/GRUNSKY[3] Vor § 249 Rn 24; MünchKomm/STEIN[3] Rn 9 und § 843
Rn 29; SOERGEL/ZEUNER[12] Rn 3; KNOBBE-KEUK VersR 1976, 401, 407 f, die die Kosten einer Ersatz-
kraft als Mindestschaden des Unternehmers betrachtet; BAUER DAR 1959, 113; LIEB JZ 1971, 358,
361; vgl allgemein zur Ersatzfähigkeit abstrakten Erwerbsschadens und zum Meinungsstand oben
Rn 14 ff) muß jedoch dem Unternehmer, der in der Zeit seiner Verletzung keinen
konkreten Einnahmeausfall nachweisen kann, zumindest ein Erwerbsschaden in
Höhe der Kosten für eine fiktive Ersatzkraft zugestanden werden. Für die Zeit seiner
Arbeitsunfähigkeit ist ihm ein Vermögenswert in Höhe der Arbeitsleistung entzogen
worden, die er sonst erbracht hätte. Der Einwand des BGH, für diese Art der
Arbeitsleistung fehle es an einem Marktwert, weil sie nicht nach objektiven Kriterien
bemessen werden könne, sondern vom individuellen Einsatz und den subjektiven

Fähigkeiten des einzelnen Unternehmers abhänge (BGHZ 54, 45, 51 = NJW 1970, 1411, 1412; BGHZ 131, 220, 223 = NJW 1996, 921, 922; BGH NJW-RR 1992, 852), läßt die wirtschaftlichen Gegebenheiten außer Betracht. Berechnungsschwierigkeiten können nicht dazu führen, dem wirtschaftlichen Einsatz des Unternehmers schadensrechtlich jeglichen Wert abzusprechen (so auch MünchKomm/STEIN[3] Rn 9).

89 Für den Nachweis eines entgangenen Gewinns kommen dem verletzten Selbständigen die Beweiserleichterungen des § 252 und des § 287 ZPO zugute (KÜPPERSBUSCH[7] Rn 89; BGHZ 54, 45, 56 = NJW 1970, 1411, 1413). Wenn nach dem gewöhnlichen Lauf der Dinge ein Gewinn mit Wahrscheinlichkeit erwartet werden konnte, wird vermutet, daß dieser auch erzielt worden wäre (BGH VersR 1967, 903, 905). Dennoch bereitet die Schadensberechnung erhebliche praktische Schwierigkeiten (vgl dazu RUHKOPF/BOOK VersR 1972, 114 ff). Daher können an Darlegung und Beweis der zukünftigen Entwicklung des Unternehmens keine zu hohen Anforderungen gestellt werden, insbes nicht bei neu gegründeten Unternehmen (BGHZ 52, 45, 56 = NJW 1970, 1411, 1413; BGH VersR 1993, 1284; KÜPPERSBUSCH[7] Rn 89; WUSSOW/DRESSLER[15] Kap 33 Rn 5; nach STAUDINGER/SCHIEMANN [1998] § 252 Rn 44 ist eine Herabsetzung der Anforderungen in der Rspr gerade in letzter Zeit zu beobachten).

Einen Erfahrungssatz, daß freiberuflich tätige Personen ihren Betrieb mit Erreichen der gesetzlichen Altersgrenze für abhängig Beschäftigte aufgeben werden, gibt es nicht. Geboten ist eine Beurteilung anhand der Umstände des Einzelfalles (RUHKOPF/BOOK VersR 1970, 690, 695 mwNw). Allerdings ist zu beachten, daß die Fähigkeit zum Erwerb mit zunehmendem Alter gewöhnlich abnimmt (BGH VersR 1976, 663).

90 Bei der Berechnung sind unfallbedingte Steuerersparnisse (insbes Einkommen-, Umsatz- und Gewerbesteuer) abzuziehen und Nachteile hinzuzurechnen (BGHZ 53, 132, 134 = NJW 1970, 461; BGH NJW 1987, 1814, 1815 [selbständiger Handelsvertreter]; BGH NJW-RR 1992, 411; ausf BGB-RGRK/BOUJONG[12] § 843 Rn 70; GRUNSKY DAR 1988, 400, 409 f; KÜPPERSBUSCH[7] Rn 102 f, der insbes auf die Steuervorteile bei Einstellung einer Ersatzkraft hinweist; RUHKOPF/BOOK VersR 1970, 690, 698; WUSSOW/DRESSLER[15] Kap 33 Rn 11; vgl auch KLIMKE DB 1978, 1323, 1325 ff für die Folgen von Sachschäden). Die Unfallentschädigung ist kein steuerpflichtiger Gewerbeertrag iS von § 7 GewStG, da sie nicht unmittelbar im Gewerbebetrieb, sondern in der Person des Betriebsinhabers begründet ist (BFHE 84, 258; BFHE 93, 466; BGH VersR 1979, 519, 520; BGH VersR 1987, 668, 669). Die Beweislast für den Ersatzanspruch als solchen hat nach allgemeinen Grundsätzen der klagende Geschädigte zu tragen. Nach Auffassung des BGH soll er auch das Fehlen eines Steuervorteils darzulegen haben (BGH NJW 1987, 1814, 1815 = JZ 1987, 574 f m krit Anm LAUMEN). Nicht zu berücksichtigen sind jedoch Steuervorteile, die auf steuerliche Vergünstigungen aufgrund außergewöhnlicher Belastung bzw besonderer Freibeträge zurückzuführen sind (BGH VersR 1958, 528, 529; RUHKOPF/BOOK VersR 1970, 690, 698). Zur Auswirkung von Steuervorteilen auf die Schadensersatzbemessung vgl oben Rn 50 ff.

91 **Einzelfälle** der Schadensberechnung bei Selbständigen:

Anlageberaterin (LG Dortmund VersR 1972, 63); Architekt (OLG Frankfurt VersR 1979, 86; OLG Köln MDR 1971, 215); Arzt (BGH NJW 1974, 602; BGH NJW-RR 1988, 410; OLG Nürnberg VersR 1960, 1007; OLG Düsseldorf VersR 1973, 929; OLG München NJW 1987, 1484; OLG Karlsruhe NZV 1998, 210); Autohändler (BGH VersR 1966, 851); Autoverkäufer (OLG Celle VersR 1970, 472);

Bäcker (BGH VersR 1965, 1153; BGH VersR 1967, 285); Bauhandwerker (BGH VersR 1993, 1284);
Baustoffhändler (BGH VersR 1957, 750; BGH VersR 1963, 1055; BGH VersR 1965, 85); Bauunter-
nehmer (BGH VersR 1959, 432; BGH VersR 1961, 618); Berufsfußballspieler (BGH VersR 1993,
969); Bestattungsunternehmer (BGH VersR 1992, 973); Elektromeister (BGH VersR 1961, 1140);
Erfinder (BGH VersR 1967, 903); Fabrikdirektor (BGH VersR 1953, 244; BGH VersR 1970, 766);
Facharzt (BGH VersR 1964, 929); Fahrlehrer (BGHZ 55, 329 = NJW 1971, 836); Floristin (OLG
Frankfurt ZfS 1992, 368); Friseurmeister (BGH VersR 1976, 440); Gärtnermeister (BGH VersR
1966, 658); Gastwirt (OLG Hamburg VersR 1997, 248); Institutsleiter (BGH NZV 1988, 134);
Kartoffelhändler (BGH VersR 1953, 147); Kaufmann (BGH VersR 1965, 461); Kfz-Mechaniker
(BGH VersR 1957, 752); Kfz-Werkstattinhaber (BGH VersR 1969, 466; BGH VersR 1976, 663);
Ladeninhaber (BGH VersR 1958, 371; BGH VersR 1959, 374; BGH VersR 1959, 900; BGH VersR
1962, 49; BGH VersR 1963, 433); Landwirt (BGH VersR 1961, 425; BGH VersR 1966, 1158); Maler
(BGH VersR 1964, 929; BGH VersR 1969, 376); Metzger (BGH VersR 1960, 352; BGH VersR 1965,
141); Modellschneider (BGH VersR 1964, 76); Pferdewirt (BGH NJW 2000, 3287); Postbeamter
(KG Berlin NZV 1999, 208); Putzhilfe (BGH VersR 1965, 491); Rechtsanwalt (BGH VersR 1961,
534); Sattler (BGH VersR 1962, 1100); Schneidermeister (OLG Nürnberg VersR 1965, 627); Stein-
metzmeister (BGH VersR 1971, 717); Steuerberater (BGH VersR 1966, 957); Stukkateur (BGH
VersR 1960, 598); Süßwarenhändler (BGH VersR 1961, 703; BGH VersR 1965, 521); Taxiunter-
nehmer (BGH VersR 1961, 69; BGH VersR 1966, 595; BGH VersR 1979, 936; KG Berlin VersR 1976,
888); Tischlermeister (BGH VersR 1962, 1008; BGH VersR 1967, 185; BGH VersR 1991, 179);
Transportunternehmer (BGH VersR 1965, 161; BGH VersR 1967, 352); Unternehmensberater
(KG Berlin VRS 1988, 119); Vertreter (BGH VersR 1958, 44; BGH VersR 1958, 566; BGH VersR
1963, 682; BGH VersR 1964, 953; BGH VersR 1968, 396; BGH VersR 2001, 1429); Viehhändler
(BGH VersR 1962, 136); Wein- und Spirituosenhändler (BGH VersR 1962, 1099); Zahnarzt (BGH
VersR 1961, 1018; OLG Nürnberg VersR 1968, 481; OLG Nürnberg VersR 1977, 63; OLG Hamm
NZV 1995, 316); Zahntechniker (BGH VersR 1966, 445).

b)   Gesellschafter-Geschäftsführer

Einen Sonderfall bilden Gesellschafter-Geschäftsführer, die sowohl ihren unfallbe-   **92**
dingt reduzierten Anteil am Gesellschaftsgewinn (vgl Rn 104 ff) als auch ihren eigenen
Gehaltsnachteil geltend machen können (BGH VersR 1964, 1243, 1244; BGH NJW 1971,
1136; BGH NJW 1977, 1283 f m Anm HÜFFER; BGH NJW 1977, 2160 m Anm MANN; BGH NJW
1978, 40 f; ERMAN/SCHIEMANN[10] Rn 5; PALANDT/THOMAS[61] Rn 3; MünchKomm/STEIN[3] Rn 10; KÜP-
PERSBUSCH[7] Rn 108; WUSSOW/DRESSLER[15] Kap 33 Rn 15 f; ausf zum Schaden beim Gesellschafter-
Geschäftsführer STAUDINGER/SCHIEMANN [1998] § 252 Rn 50 ff; vgl auch unten Rn 108 ff). Bei dem
Gehalt muß es sich um eine ernstliche und angemessene Gegenleistung für die
erbrachten Dienste und nicht nur um eine aus steuerlichen Überlegungen heraus
motivierte Zahlung handeln (BGH VersR 1977, 863 f; KÜPPERSBUSCH[7] Rn 107; WUSSOW/
DRESSLER[15] Kap 33 Rn 16; krit KNOBBE-KEUK VersR 1976, 401, 408 f, nach der der „Unternehmerlohn" auch ohne fest vereinbarte Vergütung zu ersetzen sei). Ob eine echte Tätigkeitsvergütung vorliegt, ergibt sich aus dem Gesellschaftsvertrag. Indiz ist insofern die Zahlungspflicht auch in Verlustjahren (RUHKOPF/BOOK VersR 1970, 690, 696; vgl aber auch
Rn 109 f). Der Umkehrschluß, bei Unabhängigkeit von der Gewinnentwicklung liege
kein Entgelt vor, ist unzulässig. Liegt eine echte Tätigkeitsvergütung vor, so kann
selbst der Gesellschafter-Geschäftsführer einer GmbH, auch wenn es sich um eine
Einmann-GmbH handelt, sein Gehalt als Schaden geltend machen (BGH VersR 1971,
570, 571; BGH VersR 1992, 1410 f; vgl unten Rn 114 ff). Andernfalls erschöpft sich der Anspruch im entgangenen Gewinnanteil (BGHZ 61, 380, 383 = NJW 1974, 134, 135; BGH VersR
1977, 374, 376; BGH VersR 1977, 863, 864; BGH VersR 1992, 1410, 1411; GEIGEL/RIXECKER[23] Kap 4

Rn 153; WUSSOW/DRESSLER[15] Kap 33 Rn 16). Bei einer festen Tätigkeitsvergütung ist diese als Mindestschaden zugrunde zu legen (KNOBBE-KEUK VersR 1976, 401, 406 und 408 ff). Vgl zum Anspruch des Gesellschafters als solchem ausf unten Rn 102 ff.

c) Ersatzarbeitskräfte

93 Der Geschädigte kann die Kosten für eine Hilfs- oder Ersatzkraft ersetzt verlangen, wenn die Einstellung erforderlich war, um einen größeren Erwerbsschaden zu verhindern. Dies ist Ausfluß seiner Schadensminderungsobliegenheit nach § 254 Abs 2 (BGH VersR 1976, 440, 441; BGH VersR 1977, 916; MünchKomm/STEIN[3] § 843 Rn 20; GRUNSKY DAR 1988, 400, 404; KÜPPERSBUSCH[7] Rn 93; RUHKOPF/BOOK VersR 1970, 690, 694; vgl allgemein zur sog Schadensminderungspflicht oben Rn 26 ff). Grundsätzlich ist davon auszugehen, daß diese Kosten das Betriebsergebnis gemindert haben (WUSSOW/DRESSLER[15] Kap 33 Rn 2; vgl auch STÜRNER JZ 1984, 461, 465). Bei ihnen handelt es sich um einen Teil des Erwerbsschadens, nicht um vermehrte Bedürfnisse, weil sie der Aufrechterhaltung des bisherigen Einkommens dienen (BGH VersR 1977, 916). Sie sind regelmäßig in voller Höhe ersatzfähig, wenn dadurch ein Betriebsergebnis erreicht wird, das nicht höher liegt als es durch den Unternehmer selbst ohne den Unfall voraussichtlich erzielt worden wäre (BGH NJW 1997, 941, 942).

94 Die Aufwendungen sind jedoch – wenigstens zum Teil – nicht ersatzfähig, wenn sich der Betrieb nach dem Unfall ausgeweitet hat und deshalb in jedem Fall eine zusätzliche Arbeitskraft hätte eingestellt werden müssen (BGH VersR 1959, 374, 375; BGH VersR 1962, 49, 50). Dies gilt wiederum nicht, wenn sich die Auftragslage nachweislich nicht geändert hat und der verletzte Unternehmer unfallbedingt verstärkt auf Hilfskräfte zurückgreifen mußte. Dann ist voller Ersatz zu leisten (BGH VersR 1992, 973: Bestattungsunternehmer).

95 Den Geschädigten trifft keine Obliegenheit zur Einstellung einer Ersatzkraft, wenn das Geschäft auf die persönliche Betätigung des Verletzten ausgelegt ist oder es auf seine persönliche Erfahrung ankommt, wenn also eine unvertretbare Handlung geschuldet war (RG JW 1938, 592; GRUNSKY DAR 1988, 400, 404).

96 Der Anspruch umfaßt grundsätzlich die Bruttokosten für die Ersatzkraft (KÜPPERSBUSCH[7] Rn 93). Dies gilt nicht, wenn die Ersatzkraft unentgeltlich arbeitet (zB Familienmitglieder, Partner einer Sozietät etc). Dann sind regelmäßig die Nettokosten einer vergleichbaren Ersatzkraft heranzuziehen, eine Vorteilsausgleichung zugunsten des Schädigers (allgemein dazu oben Rn 24 f) findet nicht statt (BGHZ 86, 372, 377 = NJW 1983, 1425, 1426: haushaltsführende Ehefrau; OLG Oldenburg NJW-RR 1993, 798, 799: unentgeltliche Ersatzkraft; KÜPPERSBUSCH[7] Rn 95; ebenso STEFFEN VersR 1985, 605, 607 f: Ausfall des Selbständigen aufgefangen durch Überstunden seiner Mitarbeiter; GRUNSKY DAR 1988, 400, 404 f: zwar für Ersatz der Bruttokosten, jedoch gegen Berücksichtigung überobligationsmäßiger Anstrengungen zugunsten des Schädigers; vgl zu dieser Problematik bei Tod der Hausfrau ie STAUDINGER/RÖTHEL § 844 Rn 141 ff). Jedoch sind die Steuervorteile, die dem Geschädigten durch die Einstellung der Ersatzkraft entstehen – Minderung der Einkommen- und Gewerbesteuer – abzuziehen. Die Aufwendungen für die Einstellung einer Ersatzkraft sind von der Gewerbesteuer befreit, weil sie nur mittelbar mit dem Betrieb in Zusammenhang stehen und in erster Linie aus der Minderung der Erwerbsfähigkeit des Betriebsinhabers herrühren (BGH VersR 1979, 519, 520; GEIGEL/HAAG[23] Kap 5 Rn 5; KÜPPERSBUSCH[7] Rn 94 und 103).

Die Kosten für eine Ersatzkraft sind ggf neben einer dennoch eintretenden Erwerbs- 97
minderung zu ersetzen, soweit die Einstellung nicht gegen die Schadensminderungspflicht aus § 254 Abs 2 verstößt (RUHKOPF/BOOK VersR 1970, 690, 694; STEFFEN VersR 1985,
605, 607; STÜRNER JZ 1984, 461, 465; MünchKomm/STEIN³ § 843 Rn 20; WUSSOW/DRESSLER¹⁵
Kap 33 Rn 2).

Bloß fiktive Kosten für eine Ersatzkraft werden nicht ersetzt, da dem Geschädigten 98
in diesem Fall kein konkreter Gewinn entgangen ist und er auch keine Ersatzkraft
eingestellt hat (BGH VersR 1966, 1158, 1159 gegen OLG Hamm als Vorinstanz; BGHZ 54, 45, 54
= NJW 1970, 1411, 1413; OLG Oldenburg NJW-RR 1993, 798; KÜPPERSBUSCH⁷ Rn 88; WUSSOW/
DRESSLER¹⁵ Kap 33 Rn 1; gegen diese Entscheidung MünchKomm/STEIN³ Rn 9 und § 843 Rn 29:
arbeitswertorientierte abstrakte Schadensberechnung, da es dem Schädiger nicht zugute kommen
dürfe, wenn der Verletzte selbst durch überobligationsmäßige Anstrengungen oder seine Mitarbeiter
den Schaden auffangen; GRUNSKY DAR 1988, 400, 404: Pauschalierung des entgangenen Gewinns;
vgl allgemein zur Ersatzfähigkeit eines abstrakten Erwerbsschadens die Nachw oben Rn 13 ff). Steht
allerdings fest, daß ein Schaden besteht, ist aber dessen Höhe unklar, so läßt auch der
BGH eine Schadensschätzung nach § 287 ZPO anhand der Kosten einer fiktiven
Ersatzkraft zu (BGH VersR 1966, 1158, 1160; OLG Oldenburg NJW-RR 1993, 798; BGB-
RGRK/BOUJONG¹² § 843 Rn 58; STEFFEN VersR 1985, 605, 609; offengelassen in BGHZ 54, 45,
53). Ein Ersatz kommt auch dann noch nicht in Betracht, wenn die Einstellung der
Ersatzkraft lediglich in Aussicht genommen, aber noch nicht tatsächlich erfolgt ist
(OLG Oldenburg NJW-RR 1993, 798, 799).

d)   Geschäftsaufgabe, Veräußerung des Unternehmens unter Wert
Der Geschädigte kann den entgangenen Gewinn ersetzt verlangen, wenn er sein 99
Geschäft oder seinen Beruf aufgrund der Verletzung aufgibt und ihm eine Fortsetzung – auch bei Einsatz von Ersatzkräften – nicht zumutbar ist (BGH LM § 843 Nr 1;
BGH VersR 1966, 445, 446: Irrtum des Verletzten über die Notwendigkeit der Betriebsaufgabe läßt
den Anspruch trotzdem entfallen; MünchKomm/STEIN³ § 843 Rn 20; vgl auch unten Rn 151). Dazu
zählen auch Einbußen aus einem Notverkauf, soweit dieser nach § 254 Abs 2 ange-
zeigt war (BGH VersR 1962, 136 f; BGH VersR 1965, 1077, 1078). Gleiches gilt für den
Mindererlös beim Verkauf von Einrichtungsgegenständen (RGZ 95, 173, 174; BGH
VersR 1965, 1077, 1078; BGH VersR 1972, 460, 461 ff; GEIGEL/RIXECKER²³ Kap 4 Rn 151; WUS-
SOW/DRESSLER¹⁵ Kap 33 Rn 11). Allerdings sind ersparte Aufwendungen, die dem Geschädigten bisher als selbständigem Gewerbetreibenden entstanden sind und nun
entfallen, in Abzug zu bringen (MünchKomm/STEIN³ § 843 Rn 20 mwNw).

Bessert sich längere Zeit nach der Geschäftsaufgabe der Gesundheitszustand des
Verletzten, so daß eine Wiederaufnahme des Geschäftsbetriebs – ggf mit Hilfe eines
Angestellten – möglich wäre, ist der Verletzte hierzu dennoch nicht unter dem Gesichtspunkt der Schadensminderungspflicht gehalten, wenn inzwischen seine früheren Geschäftsbeziehungen erloschen sind (BGH LM § 843 Nr 1; RUHKOPF/BOOK VersR
1970, 690, 695).

e)   Nutzlose Aufwendungen
Der Verletzte kann Ersatz für sinnlos gewordene Investitionen oder weiterlaufende 100
Kosten verlangen. Den Aufwendungen müssen allerdings realistische Ertragserwar-
tungen gegenüberstehen. Macht der Verletzte den entgangenen Gewinn geltend,

kann er derartige Aufwendungen nicht ersetzt verlangen (vgl MünchKomm/STEIN³ Rn 10).

f) Weitere Einzelfälle

101 Ebenfalls zum Erwerbsschaden gehören der Ausfall der Bildung von Rücklagen für die Altersversorgung wegen Arbeitsunfähigkeit (BGH VersR 1972, 1068, 1069 f; BGB-RGRK/BOUJONG¹² Rn 11) sowie der Ersatz für unentgeltliche fremdnützige Tätigkeit (PARDEY NJW 1997, 2094 ff).

6. Gesellschafter

102 Erleidet ein Gesellschafter eine Verletzung, so muß schadensrechtlich differenziert werden zwischen dem unmittelbar geschädigten Gesellschafter (unten Rn 103 ff) und den mittelbar geschädigten Mitgesellschaftern (unten Rn 113) sowie der Gesellschaft selbst. Hierbei kann relevant werden, ob es sich um eine Personengesellschaft oder eine Kapitalgesellschaft handelt (vgl HOFMANN VersR 1980, 605 ff). Einen Sonderfall stellt der Alleingesellschafter dar (unten Rn 114 ff).

a) Geschädigter Gesellschafter

103 Beim geschädigten Gesellschafter ist danach zu unterscheiden, ob er eine Gewinnbeteiligung oder – als geschäftsführender oder mitarbeitender Gesellschafter (krit zur Unterscheidung GANSSMÜLLER VersR 1965, 257 f) – eine Tätigkeitsvergütung erhalten hat.

aa) Gesellschafter mit Gewinnbeteiligung

104 Ist der Gesellschafter mit einer **Quote am Gewinn beteiligt**, so entsteht ihm nur insoweit ein Schaden, als der Gesellschaftsgewinn und damit sein Anteil an der Gesellschaft tatsächlich geschmälert wird (BGH FamRZ 1965, 40; BGH VersR 1967, 83; BGH NJW 1977, 1283 f). Hiergegen ist zwar eingewendet worden, daß der Gewinn einen Ausgleich für die Zurverfügungstellung sowohl von Arbeit als auch von Kapital enthalte und daher eine getrennte Behandlung angebracht sei (GANSSMÜLLER VersR 1965, 257 f, der für die Verrechnung als negative Gewinnbeteiligung plädiert; MARSCHALL vBIEBERSTEIN, Reflexschäden und Regreßrechte [1967] 242 ff; KOLLHOSSER ZHR 129 [1967] 121, 131 ff). Jedoch entsteht den Gesellschaftern bei einer reinen Gewinnbeteiligung solange kein Schaden, wie sich der Arbeitsausfall nicht in einer Gewinneinbuße niederschlägt (so auch BGB-RGRK/BOUJONG¹² Rn 22). Die vorgeschlagene getrennte Behandlung würde gegen das Gebot der konkreten Schadensberechnung (oben Rn 13) verstoßen und wäre zudem unpraktikabel. Deshalb besteht über die Darlegung einer Verringerung des Gesellschaftsergebnisses hinaus keine Möglichkeit, einen Schaden iS des § 842 darzutun (BGH FamRZ 1965, 40; BGH VersR 1965, 592, 593 f; OLG Düsseldorf VersR 1962, 555; HOFMANN VersR 1980, 605, 606).

105 Für die **Berechnung der Gewinneinbuße** gelten die allgemeinen Grundsätze. Da die Unternehmensbilanz für die Höhe des Erwerbsausfallschadens wesentliche Aussagen liefert, kann eine Schadensersatzklage abgewiesen werden, wenn die Bilanz im Prozeß nicht vorgelegt wird (BGH VersR 1967, 83, 84). Möglich ist aber eine Schätzung nach den allgemeinen Grundsätzen des § 287 ZPO (KÜPPERSBUSCH⁷ Rn 105; s auch BGH VersR 1965, 592, 593 f: Anwendung von § 287 ZPO nach Vorlage von Bilanzen und Provisionsabrechnungen). Das Gericht darf im Rahmen einer vorläufigen Überschau nicht jeglichen Schadensersatz absprechen, selbst wenn nur ein beschränkter Schaden in Frage steht (BGH VersR 1965, 592, 594).

Ersatzfähig ist auch eine nur **zugesicherte Gewinnbeteiligung**, wenn das Versprechen **106** mehrfach wiederholt abgegeben wurde und es den Sohn zu einer späteren Mitarbeit im väterlichen Betrieb bewegen sollte (BGH NJW 1973, 700, 701). Hier ist nur zu prüfen, ob eine Gewinnerzielung erwartet werden konnte und sich der Versprechende an seine Zusagen gehalten hätte (BGH aaO).

Ist eine Kürzung des Gewinnanteils im Fall der Nichtmitarbeit vereinbart (sog **negative Gewinnbeteiligung**), so ist diese nur beachtlich, wenn sie unabweisbar war und die den anderen Mitgesellschaftern zusätzlich auferlegte Mehrarbeit außergewöhnlich und daher unzumutbar war (KÜPPERSBUSCH[7] Rn 105; HOFMANN VersR 1980, 605, 606). Nicht zu berücksichtigen ist dagegen ein freiwilliger – weder von Rechts wegen noch durch die Rücksicht geforderter – Verzicht (BGH VersR 1964, 1243, 1244: Verzicht auf Unternehmerlohn in Höhe von 1 000 DM monatlich in Familiengesellschaft; dazu GANSSMÜLLER VersR 1965, 257 f, der stets eine Aufspaltung in einen Arbeits- und einen Kapitalanteil annimmt; vgl oben Rn 104).

Wegen § 254 Abs 2 sind Notwendigkeit und Gebotenheit eines vollständigen Ausscheidens des Gesellschafters nach einem Unfall besonders zu prüfen. Im Regelfall dürften eine Reduzierung der Gewinnbeteiligung und die Einstellung einer Ersatzkraft genügen (HOFMANN VersR 1980, 605, 607 im Anschluß an BGH VersR 1963, 585, 586). Üblicherweise und der Treuepflicht entsprechend trägt der unfallbedingt ausfallende Geschädigte die Entlohnung einer Ersatzkraft aus seinem Gewinnanteil. Unabhängig von einem Ausgleich im Innenverhältnis sind deshalb deren gesamte Kosten vom Schädiger zu ersetzen (BGH VersR 1963, 433, 434; BGH VersR 1963, 585, 586; HOFMANN VersR 1980, 605, 607). Wird eine andere qualifizierte Arbeitskraft im Unternehmen ihrer eigentlichen Aufgabe entzogen, um den Ausfall des Geschädigten zu ersetzen und auf diese Weise weiteren Schaden zu vermeiden, so kann der Betriebsverlust mit den Kosten für die Beschäftigung dieser Ersatzkraft gleichgesetzt werden (BGH VersR 1979, 179, 180).

Bei einer Kapitalgesellschaft mit **mehreren Gesellschaftern** muß die Gewinneinbuße **107** der Gesellschaft nicht notwendig das Gesellschaftervermögen reduzieren, da der Wert der Gesellschaftsanteile nicht mit der Quote des Gesellschaftsvermögens identisch ist, sondern von weiteren, insbes marktspezifischen Faktoren geprägt wird (BGH NJW 1977, 1283, 1284 für GmbH; ähnlich für ein als GbR betriebenes Bauunternehmen BGH VersR 1962, 322, 324). Die Berechnung der Gewinneinbuße kann grundsätzlich entweder durch Bezifferung des entgangenen Gewinns oder durch Feststellung der Einbuße des Wertes der Anteilsrechte erfolgen. Da der Anteilswert stark vom Substanzwert abhängt, beeinflußt ein verletzungsbedingter Gewinnausfall den für die Wertbestimmung relevanten Marktwert nur partiell (ausf SCHULTE NJW 1979, 2230, 2231 f; HOFMANN VersR 1980, 605, 607; vgl auch BGH VersR 1962, 622, 623).

bb) Gesellschafter mit Tätigkeitsvergütung

Bezieht der mitarbeitende oder geschäftsführende Gesellschafter ein **echtes Entgelt** **108** für seine Arbeitskraft, so wird dieses wie Lohn oder Gehalt eines ArbN behandelt (BGH VersR 1967, 83, 84). Wie bei einer echten Arbeitsvergütung entsteht dem Gesell-

schafter-Geschäftsführer durch den Wegfall des Entgelts ein unmittelbarer Vermögensschaden (BGH NJW 1970, 95, 96; BGH NJW 1971, 1136, 1137; GANSSMÜLLER GmbH-Rdsch
1971, 149), der daher für die Dauer der konkreten Arbeitsunfähigkeit zu ersetzen ist
(BGH NJW 1978, 40).

Da dieser Erwerbsausfall unabhängig von der gesellschaftsrechtlichen Gewinnbeteiligung besteht, kann er **neben** dem Schaden aus der **Minderung des Gewinnanteils**
(oben Rn 104 ff) und auch bei dessen Fehlen geltend gemacht werden (BGH VersR 1964,
1243, 1244; BGH VersR 1967, 83, 84; HOFMANN VersR 1980, 605, 606).

109 Voraussetzung für die Ersatzfähigkeit des Geschäftsführergehalts als Erwerbsscha-
den ist, daß es sich um eine **echte Tätigkeitsvergütung** und **nicht** um eine **verdeckte
Gewinnausschüttung** handelt. Der Entgeltcharakter ist dann zu bejahen, wenn der
Gesellschafter tatsächlich als Geschäftsführer arbeitet und sein Gehalt den wirtschaftlichen Verhältnissen des Unternehmens entspricht (BGH NJW 1970, 95, 96;
BGH NJW 1971, 1136; HOFMANN VersR 1980, 605). Eine besonders strenge Prüfung ist
angebracht, wenn der GmbH-Geschäftsführer gleichzeitig deren Gesellschafter ist
(BGH VersR 1977, 863, 864). Anzeichen für eine Unangemessenheit kann die Höhe des
Entgelts sein (BGH VersR 1977, 863, 864; BGH NJW 1978, 40, 41). Gerade bei Kapitalgesell-
schaften werden zudem aus steuerlichen Gesichtspunkten verdeckte Ausschüttungen
und Entnahmen als Tätigkeitsvergütungen deklariert (BGH VersR 1977, 863, 864). Auch
hier ist regelmäßig eine besondere Prüfung erforderlich (BGH NJW 1978, 40, 41).

110 Die Eigenschaft als Entgelt für erbrachte Arbeitsleistungen ist nicht ausgeschlossen,
wenn die Vergütung abhängig von Gewinn und Verlust oder flexibel nach einem
bestimmten Betriebsergebnis (Umsatz, Gewinn) bemessen wird (s aber auch Rn 92).
Tantiemen werden daher zutreffend als Tätigkeitsvergütung qualifiziert (BGH NJW
1978, 40; dazu GANSSMÜLLER VersR 1965, 257 f; ders VersR 1978, 805 ff; s auch KUCKUK BB 1978,
283, 284 f; OLG Hamm VersR 1979, 745, 746; **aA** HOFMANN VersR 1980, 605, 606). Spesen,
Zulagen oä sind dagegen nur insoweit ersatzfähig, als sie nicht getätigte Ausgaben
ausgleichen, sondern ein tatsächliches Einkommen sind (OLG München VersR 1986, 69;
vgl auch oben Rn 75).

111 Bei **Entgeltfortzahlung** besteht – unabhängig davon, ob die Gesellschaft hierzu verpflichtet war – der Anspruch des Gesellschafters auf Ersatz der Tätigkeitsvergütung
fort, weil die Fortzahlung den Schädiger nicht entlasten soll (BGH NJW 1963, 1051; BGH
VersR 1964, 626, 627; BGH VersR 1967, 83, 84; BGH VersR 1977, 863 f; BGH NJW 1978, 40; vgl § 843
Rn 122; vgl zur Vorteilsausgleichung allgemein oben Rn 24 f). Der geschädigte Gesellschafter
muß allerdings den Ersatzanspruch an die Gesellschaft abtreten (vgl BGH NJW 1963,
1051; BGH NJW 1970, 95, 96; KÜPPERSBUSCH[7] Rn 107; § 843 Rn 122). Er kann daher Zahlung
an die Gesellschaft verlangen, wenn aufgrund einer Schätzung (§ 287 ZPO) angenommen werden kann, daß der Ausfallschaden der Gesellschaft in der Höhe des
weitergezahlten Gehalts besteht (BGH NJW 1971, 1136). Eine Abrede, daß die Vergütung bei unfallbedingtem Ausfall ganz oder teilweise wegfallen soll, deutet darauf
hin, daß der Geschädigte selbst den Anspruch gegen den Schädiger geltend machen
darf (BGH VersR 1967, 83, 84).

Bei nur vorübergehender Arbeitsunfähigkeit ist zu berücksichtigen, daß in vielen
Fällen – insbes bei hochqualifizierten Tätigkeiten – die Arbeit nachgeholt oder vom

Krankenbett aus bewältigt werden kann. Wenn auf diese – nicht überobligatorische –
Weise eine Leistung weiter erbracht wird, liegt in der fortgezahlten Tätigkeitsvergütung ein Entgelt für erhaltene Dienste. Dies muß wiederum bei der Schadensbemessung Beachtung finden und kommt dem Schädiger zugute (vgl BGH NJW 1978, 40;
Ganssmüller VersR 1978, 805, 807).

Übernimmt ein anderer Gesellschafter die gewöhnlich vom Verletzten verrichteten
Aufgaben, so soll dies nach Sinn und Zweck der Mehrleistung nicht dem Schädiger
zugute kommen; eine Vorteilsausgleichung oder Anrechnung findet daher nicht statt
(BGH NJW 1970, 95, 96; BGH VersR 1963, 585, 586; BGH VersR 1964, 1243, 1244; Hofmann VersR
1980, 605; s § 843 Rn 155 ff insbes 157).

Entsteht einer Kapitalgesellschaft dadurch ein **Vorteil**, daß sie das Geschäftsführer- **112**
gehalt einspart, so ist dies **nicht** auf den Anspruch des Gesellschafters – etwa über
seinen erhöhten Gewinnanteil – **anzurechnen**. Derartige Vorteile kommen nämlich
der Gesellschaft als eigener Rechtspersönlichkeit und damit einer eigenen Vermögensmasse zugute und müssen von dieser verwendet werden, um die ausgefallene
Leistung auszugleichen (BGH NJW 1970, 95, 96; BGH NJW 1971, 1136 = JR 1971, 329 m teils
abl Anm Schwerdtner 330 f, der eine Übertragung der Rspr zum GmbH-Alleingesellschafter
[unten Rn 114 ff] befürwortet; ferner Ganssmüller GmbH-Rdsch 1971, 149, 150 f).

b)   Mitgesellschafter und Gesellschaft selbst
Die Gesellschaft und ihre Mitglieder werden durch die Verletzung und den Arbeits- **113**
ausfall eines Gesellschafters nur mittelbar geschädigt. Nach der Grundkonzeption
des Schadensrechts, nur unmittelbare Vermögensschäden zu ersetzen (dazu Staudin-
ger/Schiemann [1998] Vorbem zu §§ 249 ff Rn 49; Brox/Walker, AllgSchR[28] § 29 Rn 13), stehen
ihnen daher im allgemeinen keine Ansprüche zu (BGH VersR 1964, 1243, 1244; BGH
VersR 1967, 83, 84; BGH NJW 1977, 1283, 1284 mwNw). Aus diesem Grund scheitert auch
eine Liquidation des Schadens der Gesellschaft durch den verletzten Gesellschafter
(BGH NJW 1977, 1283, 1284). Ferner besteht mangels Betriebsbezogenheit des Eingriffs
keine Verletzung des Rechts am eingerichteten und ausgeübten Gewerbebetrieb
(BGH VersR 1977, 277, 278; allgemein Staudinger/J Hager [1999] § 823 Rn D 14).

c)   Alleingesellschafter
Im Fall des Alleingesellschafters einer GmbH (**Einmann-GmbH**) tritt der Vermö- **114**
gensnachteil häufig bei der Gesellschaft ein. Dasselbe gilt bei einem sog **Fast-Alleingesellschafter**, bei dem das Ausmaß der Beteiligung der eines Alleingesellschafters
gleichkommt (Staudinger/Schiemann [1998] Vorbem 59 ff zu §§ 249 ff; BGH NJW 1977, 1283,
1285: ausreichend 99,15%; krit Schulte NJW 1979, 2230, 2232 f, der die Grenze allgemein für
fraglich hält; ferner Hofmann VersR 1980, 605, 608).

Der **BGH** (VersR 1962, 622, 623; BGHZ 61, 380, 382 ff = NJW 1974, 134 m Anm Roll NJW 1974, **115**
492; vgl auch Mann NJW 1974, 492 f und Frank NJW 1977, 2313 ff; BGH NJW 1971, 1136 = JR 1971,
329 m Anm Schwerdtner) bejaht insofern iE zu Recht einen ersatzfähigen Schaden der
Gesellschaft und erlaubt dessen Geltendmachung durch den Alleingesellschafter,
weil bei einer der wirtschaftlichen Wirklichkeit entsprechenden Betrachtung das
GmbH-Vermögen nichts anderes als ein „Sondervermögen" des Gesellschafters sei
(BGHZ 61, 380, 384 = NJW 1974, 134). Es liege keine kapitalmäßige Beteiligung an
fremdem Vermögen vor. Vielmehr werde die Form der Einmann-GmbH allein aus

dem verständlichen Grund der Haftungsbegrenzung gewählt (BGH NJW 1971, 1136; BGHZ 61, 380, 384 = NJW 1974, 134). Gewinn und Verlust träfen daher den Gesellschafter unmittelbar (BGH VersR 1962, 622, 623 für Fast-Alleingesellschafter; BGHZ 61, 380, 383 = NJW 1974, 134). Die rechtliche Trennung beider Vermögensmassen werde durch eine solche Liquidation durch den Gesellschafter nicht berührt. Da selbst wirtschaftlich unabhängige Dritte in den Schutzbereich von Verträgen einbezogen würden, müßte auch der Schaden bei wirtschaftlicher Identität geltend gemacht werden können (BGHZ 61, 380, 382 ff = NJW 1974, 134).

Konsequenz dieser Auffassung des BGH ist, daß bei der Einmann-GmbH der Gesellschafter sowohl – auch ohne den Nachweis verminderter Gewinne (BGH NJW 1971, 1136; auch BGH VersR 1992, 1410; krit HOFMANN VersR 1980, 605, 608; oben Rn 104 ff) – die Erstattung seines angemessenen Geschäftsführergehalts verlangen (oben Rn 108 ff) als auch den Gewinnentgang der Gesellschaft geltend machen kann (KÜPPERSBUSCH[7] Rn 111).

116 Die **Literatur** (neben den oben in Rn 114 f Genannten: K SCHMIDT GmbH-Rdsch 1974, 178 ff; HÜFFER JuS 1976, 83 ff; MünchKomm/REUTER[4] Vor § 21 Rn 17; Überbl ferner bei BGB-RGRK/BOUJONG[12] Rn 26) kritisiert weniger den Umstand, daß der Gesellschafter Schadensersatz fordern kann, als die Begründung des BGH (ganz abl dagegen HOFMANN VersR 1980, 605, 608 f: Wer sich für die GmbH als Gesellschaftsform und damit die Abspaltung des Vermögens entscheide, müsse sich hieran haftungsrechtlich festhalten lassen; SCHULTE NJW 1979, 2230, 2233 ff). Statt der Durchgriffskonstruktion des BGH wird überwiegend zu Recht eine Ausweitung der Fälle der Drittschadensliquidation befürwortet (MANN NJW 1974, 492; HÜFFER NJW 1977, 1285; abl auch hierzu BERG NJW 1974, 933, 934 f; FRANK NJW 1977, 2314). Ebenso wird zutreffend darauf hingewiesen, daß ein Durchgriff, wie ihn der BGH vornimmt, bisher nie zugunsten des Gesellschafters erfolgt ist (MANN aaO; K SCHMIDT GmbH-Rdsch 1974, 178, 179).

An der Lösung des BGH wird weiter bemängelt, daß sie das Interesse der Gesellschaftsgläubiger an der Erhaltung des Gesellschaftskapitals als Haftungsmasse mißachte. Die Ersatzsumme stehe daher der Gesellschaft zu; der Gesellschafter könne allenfalls Leistung an die Gesellschaft verlangen (MANN aaO; HÜFFER aaO; FRANK aaO mit dem zusätzlichen Hinweis, daß dies schon aus dem Grundsatz der Naturalrestitution folge). Die exakte Trennung beider Vermögen sei daher – entgegen dem BGH – eben nicht nur reiner Formalismus (ROLL NJW 1994, 493).

117 Der BGH hat aufgrund der starken Kritik der Literatur seine Rechtsprechung teilweise modifiziert, am Ergebnis aber festgehalten (BGH NJW 1977, 1283 m Anm HÜFFER NJW 1977, 1285). Der für die GmbH als Geschäftsführer tätige Gesellschafter beteilige sich nicht an einem „fremden", sondern handele für sein „eigenes" Unternehmen (BGH NJW 1977, 1283) und betätige sich daher wie ein Einzelkaufmann oder ein Mitglied einer Personengesellschaft. Ungeachtet der rechtlichen Aufspaltung, die der BGH betont, sei das Gesellschaftsvermögen maßgeblich durch die Entscheidungen und Aktivitäten des Alleingesellschafters bestimmt (BGH NJW 1977, 1284). Diese Interessenverflechtung müsse bei der Berechnung des Schadens aufgrund der unfallbedingten Beeinträchtigung der Arbeitskraft berücksichtigt werden; andererseits sei die Trennung der Vermögensmassen zu beachten. Für die Art und Weise des Schadensersatzes bedeutet dies zwar, daß dieser wegen der verschiedenen Haftungsmassen

eigentlich an die Gesellschaft zu leisten sei (BGH NJW 1977, 1284). Sofern aber schutzwürdige Interessen dritter Gläubiger nicht betroffen seien, stehe nichts dagegen,
wenn der Gesellschafter Zahlung an sich verlange. Eine etwaige Pflicht zur Erstattung an die Gesellschaft im Innenverhältnis werde hiervon ebenfalls nicht berührt. In
der Literatur wurde die Einsicht, daß der Ersatzbetrag in das Gesellschaftsvermögen
gehört, begrüßt, das Festhalten an der Durchgriffslösung aber abgelehnt (vgl HÜFFER
aaO).

7. Haushaltsführung

a)   Ehegatten
aa) Rechtsentwicklung – Anspruchsberechtigter
Der Wandel der Rollen- und Aufgabenverteilung in der Ehe ist bei der Beantwortung **118**
der Frage nach der Person, die bei Verletzung des haushaltsführenden Ehegatten
einen Schaden und damit einen Ersatzanspruch wegen der entgangenen Arbeitsleistungen hat, zu berücksichtigen (vgl STAUDINGER/RÖTHEL § 845 Rn 4 f mwNw).

§ 1356 Abs 2 in der bis zum 30. 6. 1958 geltenden Fassung verpflichtete die Ehefrau **119**
gegenüber dem Ehemann zur (unentgeltlichen) Haushaltsführung (ie STAUDINGER/
RÖTHEL § 845 Rn 4). Da der Ehemann der alleinige Gläubiger hinsichtlich der Haushaltsführung war, konnte bei verletzungsbedingtem Ausfall auch nur ihm ein Schaden entstehen (PLANCK/GREIFF Kommentar zum BGB[4] § 845 Anm 2 b; vgl auch BGHZ 38, 55,
56 f = NJW 1962, 2248; BGHZ 50, 304, 305 = NJW 1968, 1823 und LANGE FamRZ 1983, 1181 f).
Dieser Schaden war ihm über § 845 in dem Umfang zu ersetzen, in dem die Frau
Dienste schuldete (GOTTHARDT JuS 1995, 12, 13). Bei einer Haftung aus Spezialgesetzen
mit einer von § 845 abweichenden Regelung fehlte es an einer Ersatzpflicht. Hierin
lag eine unbefriedigende Abwertung der Leistung der Ehefrau (BGB-RGRK/BOU-
JONG[12] Rn 28; vgl auch RG JW 1911, 810 f). Ein eigener Schaden konnte der Frau nur
entstehen, wenn die Ehegatten nicht im gesetzlichen Güterstand lebten, das Vorbe-
haltsgut der Frau betroffen war oder sie für ihre Tätigkeit ein Entgelt erhielt (RGZ 63,
195, 197; RGZ 64, 323, 326 ff; RGZ 73, 309, 311; RGZ 85, 81, 82; RGZ 129, 55, 58 f; auch dargestellt in
BGHZ 38, 55, 57 = NJW 1962, 2248; BGB-RGRK/BOUJONG[12] Rn 27 f).

Nach der von 1. 7. 1958 bis 31. 12. 1976 geltenden Fassung der §§ 1356, 1360 S 2 **120**
erbrachte jeder Ehegatte seine Leistungen – einschließlich der Haushaltsführung –
zugunsten der gesamten Familie (BGHZ 50, 304, 305 = NJW 1968, 1823). Dies schloß aus,
darin eine Dienstleistung der Frau zugunsten des Mannes zu sehen (BGHZ 38, 55, 57 =
NJW 1962, 2248). Da die verletzte Frau gehindert war, ihre Arbeitskraft in der gewähl-
ten und betätigten Weise als Gemeinschaftsbeitrag zu erbringen, entstand ihr ein
eigener Schaden (BGHZ 38, 55, 58 = NJW 1962, 2248, 2249). Ein Ersatz kam daher nicht
mehr über § 845, sondern nur über § 842 in Betracht (BGHZ 50, 304, 305 f = NJW 1968,
1823 f; BGHZ 51, 109, 110 ff = NJW 1969, 321 f; BGH VersR 1971, 416, 417; BGB-RGRK/BOUJONG[12]
Rn 28; zuvor bereits BGHZ 38, 55, 57 = NJW 1962, 2248 f m Anm HAUSS LM § 842 Nr 1: der Weg
über § 843 sei vorzuziehen, und Anm EISSER JZ 1963, 219). Für einen gleichgerichteten Anspruch des Ehemannes fehlte ein Bedürfnis, für eine Gesamtgläubigerschaft eine
rechtliche Grundlage (HAUSS Anm LM § 845 Nr 15).

Grundlage der seit 1. 1. 1977 geltenden Rechtslage mit den §§ 1358, 1360 ist das **121**
EheRG 1 v 14. 6. 1976 (BGBl I 1422). Ihm liegt die Vorstellung zugrunde, daß die

Haushaltstätigkeit – einschließlich der Kindererziehung – insoweit eine Erwerbstätigkeit iS der §§ 842 f darstellt, als sie zum Familienunterhalt erbracht wird (BGB-RGRK/BOUJONG[12] Rn 29; STAUDINGER/RÖTHEL § 845 Rn 4 mwNw). Ob sie absprachegemäß alleine von einem Ehepartner (der dann seine Pflicht, zum Unterhalt beizutragen, erfüllt, § 1360 S 2) oder von beiden anteilig ausgeführt wird, ist unerheblich (BGH NJW 1985, 735); durch die Absprache wird nur die gesetzlich bestehende Pflicht beider konkretisiert (MünchKomm/WACKE[3] § 1360 Rn 23; PALANDT/DIEDERICHSEN[61] § 1356 Rn 2; Antwort der BReg auf die Kleine Anfrage BT-Drucks 8/743, 3). Damit können die zum vorigen Rechtszustand entwickelten Grundsätze sinngemäß übertragen werden (BGB-RGRK/BOUJONG[12] Rn 29; MünchKomm/WACKE[3] § 1360 Rn 25; PALANDT/DIEDERICHSEN[61] § 1356 Rn 3). Demgemäß entsteht dem verletzten Ehegatten (BECKER MDR 1977, 705: gleich ob Hausfrauen- oder Hausmannehe) ein eigener Vermögensnachteil aus der Beeinträchtigung der Haushaltsführung und Kinderbetreuung (vgl aber BGHZ 50, 304, 306 = NJW 1968, 1823; MünchKomm/STEIN[3] § 843 Rn 31: Liquidation des Schadens der gesamten Familie).

122 Die erbrachten Leistungen müssen von solchem Umfang und Gewicht sein, daß sie einer Berufstätigkeit gleichgestellt werden können (GEIGEL/RIXECKER[23] Kap 4 Rn 171). Die Haushaltsführung muß durch die Verletzung spürbar vermindert worden sein (GEIGEL/RIXECKER[23] aaO). Bloß gelegentliche, untergeordnete Mitarbeit oder Unterstützung bei schweren Arbeiten durch den nicht haushaltsführenden Ehegatten erzeugt daher idR keinen ausgleichspflichtigen Schaden (OLG Oldenburg VersR 1983, 890). Dagegen hat in **Doppel- oder Hinzuverdienerehen** jeder Ehegatte einen Anspruch auf Ersatz für seine Haushaltsleistungen, die er sonst tatsächlich erbracht hätte (BGH NJW 1985, 735; BGB-RGRK/BOUJONG[12] Rn 29 und § 843 Rn 60).

bb) Grundlagen und Voraussetzungen des Anspruchs

123 Anspruchsgrundlage für den Haushaltsführungsschaden sind §§ 842, 843 Abs 1 Alt 1 und § 843 Abs 1 Alt 2. Die Haushaltsführung dient zum einen dem Unterhalt der Familie und stellt damit eine Erwerbstätigkeit dar. Zum anderen bezweckt sie die Deckung der eigenen Bedürfnisse (DREES VersR 1988, 784, 786). Beide Posten zusammen sind **Teile eines einheitlichen Schadensersatzanspruchs** (BGH NJW 1974, 41, 42; bestätigt in BGH NJW 1985, 735; LG Saarbrücken FamRZ 2000, 1215; zust BGB-RGRK/BOUJONG[12] Rn 34; GRASMANN FamRZ 1975, 32, 33; teils anders RGZ 151, 298, 300 ff; MEURER NJW 1974, 640, 641, die diese Aufteilung für gezwungen hält und einen einheitlich nach § 843 Abs 1 Alt 1 zu entschädigenden Erwerbsschaden sui generis annimmt; ihr zust LANGE FamRZ 1983, 1181, 1184 [Fn 38]). Diese Unterscheidung hat Bedeutung dafür, wieweit der Anspruch nach § 116 SGB X (bis 30. 6. 1983: § 1542 RVO) übergeht. Der dabei nach § 842 zu ersetzende Anteil an der Gesamtarbeitsleistung läßt sich durch Quotelung nach Kopfteilen berechnen (BGH NJW 1985, 735, 736; GEIGEL/RIXECKER[23] Kap 4 Rn 170; anders PARDEY/SCHULZ-BORCK DAR 2002, 289, 292, die dies bei spezifischen Leistungen für einzelne Angehörige für verfehlt halten).

Der Anspruch entsteht bereits mit dem schädigenden Ereignis. Es handelt sich nicht um einen Erstattungsanspruch (BGH VersR 1958, 887, 889 zu § 11 StVG; zuvor RGZ 148, 68, 70 f; RGZ 151, 298, 300 ff).

Der Anspruch besteht auch dann, wenn sich das schädigende Ereignis bereits **vor der Eheschließung** ereignet hat. Der Schaden verwirklicht sich in diesem Fall erst mit der Eingehung der Ehe (BGHZ 38, 55, 60 = NJW 1962, 2248, 2249 m zust Anm EISSER JZ 1963, 220 ff; OLG Frankfurt VersR 1980, 1122).

cc) Höhe

Bei der Bemessung des Schadensersatzes (dazu auch ie STAUDINGER/RÖTHEL § 844 Rn 132 ff **124** und 146 ff) stößt die konkrete Schadensberechnung oftmals an ihre Grenzen. Ausgangspunkt ist, inwieweit der Verletzte bisher tatsächlich geleistete Arbeiten nicht mehr ausführen kann (LANGE FamRZ 1983, 1181, 1182; GEIGEL/RIXECKER[23] Kap 4 Rn 174); irrelevant ist insoweit, ob die tatsächlich geleistete Arbeit umfänglich hinter dem durch die Unterhaltspflicht geschuldeten Maß zurückbleibt oder darüber hinausgeht (BGH NJW 1974, 1651, 1652 m teils krit Anm DENCK 2280 ff; BGB-RGRK/BOUJONG[12] Rn 36).

Bei **Einstellung einer Ersatzkraft** konkretisiert sich der Schaden in deren Kosten, die **125** einschließlich der abzuführenden Steuern und Sozialversicherungsbeiträge zu ersetzen sind (BGHZ 38, 55, 60; OLG Frankfurt VersR 1982, 39; OLG Frankfurt VersR 1982, 981; GEIGEL/RIXECKER[23] Kap 4 Rn 173; PALANDT/THOMAS[61] § 843 Rn 8; DREES VersR 1988, 784, 787; schwächer BGHZ 50, 304, 306 = NJW 1968, 1823: „Anhaltspunkt").

Unterbleibt die Einstellung einer Ersatzkraft, so kann dem Schädiger nicht zugute **126** kommen, daß sich die Familie mit mangelnder Haushaltsführung zufriedengibt oder Familienmitglieder diese überobligatorisch übernehmen. Unerheblich ist auch, wie die Familie den Geldbetrag verwendet (BGHZ 38, 55, 59 f; BGH VersR 1971, 442, 444; OLG Frankfurt VersR 1980, 1122; OLG Frankfurt VersR 1982, 981, 982; LG Saarbrücken FamRZ 2000, 1215, 1216; PARDEY/SCHULZ-BORCK DAR 2002, 289, 290). Dies folgt bereits aus dem normativen Schadensbegriff (BGHZ 50, 304, 306 = NJW 1968, 1823; OLG Frankfurt VersR 1982, 981, 982; OLG Düsseldorf DAR 1988, 24, 25). Der Schaden besteht im Nettolohn einer Haushaltshilfe. Dabei ist ein pauschaler Abzug von 30% für Steuern vom Bruttolohn als zulässig zu erachten (BGH VersR 1983, 458; BGH NJW-RR 1990, 34; LG Koblenz NJW-RR 1987, 984, 985; OLG Düsseldorf DAR 1988, 24, 25; auch ERMAN/SCHIEMANN[10] § 843 Rn 7 ff; vgl zur Nettolohnfrage STAUDINGER/RÖTHEL § 844 Rn 141).

Zur Ermittlung des Schadensbetrages wird die Anzahl der zur Haushaltsführung **127** notwendigen Arbeitsstunden mit den tariflichen Kosten einer geeigneten Hilfskraft multipliziert (so SCHULZ-BORCK/HOFMANN 18 ff; PARDEY/SCHULZ-BORCK DAR 2002, 289, 292 ff; dem folgend BGH NJW 1988, 1783, 1784; OLG Oldenburg Schaden-Praxis 2001, 196 mwNw; ferner PARDEY DAR 1994, 265 ff). Hierzu ist nicht die allgemeine, sondern die haushaltsspezifische Minderung der Erwerbsfähigkeit zugrunde zu legen (s nur PARDEY/SCHULZ-BORCK DAR 2002, 289, 292; OLG Frankfurt VersR 1982, 981 f; OLG Oldenburg aaO mit Bewertung einzelner, den Arbeitsaufwand beeinflussender Umstände; STÜRNER JZ 1984, 461, 465 f; ferner HansOLG Hamburg VersR 1985, 646, 647). Wegen der konkreten Berechnung genügt nicht die Feststellung einer abstrakten Minderung (so aber OLG Frankfurt VersR 1980, 1122 f, da keine ins einzelne gehende Darlegung erforderlich sei, wie sich der Ausfall konkret auswirke; dagegen wie hier SCHMALZL VersR 1981, 388). Vielmehr ist die konkrete Darlegung zu verlangen, welche Arbeiten nicht mehr, nur erschwert oder mit längerem Zeitaufwand ausgeführt werden können. Bei einer abstrakten Verminderung der Arbeitsfähigkeit um 20% führt dies idR dazu, daß sich keine nennenswerte Auswirkung ergibt (s KLIMKE VersR 1981, 1083, 1084; SCHMALZL VersR 1981, 388; LG Saarbrücken FamRZ 2000, 1215, 1216; s aber auch PARDEY/SCHULZ-BORCK DAR 2002, 289 f) und allenfalls die Kosten für den stundenweisen Einsatz einer Hilfskraft ersatzfähig sind (vgl PARDEY DAR 1994, 265 mwNw und Hinweis auf die Schadensminderungspflicht). Ein Indiz gegen die tatsächliche Verringerung der Fähigkeit wird darin gesehen, daß die Geschädigte berufstätig ist

(KLIMKE VersR 1981, 1083, 1084 gegen OLG Frankfurt VersR 1980, 1122: unerheblich, ob es sich um eine „Nur-Hausfrau" handelt oder nicht). Nach OLG Düsseldorf (VersR 1982, 881 f) soll der Verlust des Geruchs- und Geschmackssinns allein keine Beeinträchtigung der Haushaltsführungsfähigkeit darstellen, da nach langjähriger Erfahrung im Haushalt nach Gefühl gewürzt werde und mit ausreichender Konzentration bei der Zubereitung der Speisen Fehler vermieden werden könnten. Richtigerweise ist insofern nach der Art der Küche – Fertigprodukte, Standardprogramm oder variantenreich-kreative Speisenfolge – im Einzelfall zu differenzieren.

128 Für die Kostenermittlung wird bei „Durchschnittshaushalten der mittleren sozialen Schicht" (zur Bewertung PARDEY/SCHULZ-BORCK DAR 2002, 289, 291) die Vergütung einer BAT IV b-Hauswirtschaftsmeisterin zugrundegelegt (BGH NJW-RR 1990, 34; HansOLG Hamburg VersR 1985, 646; OLG Frankfurt VersR 1982, 981, 982 jeweils unter Berufung auf REICHENBACH/VOGEL VersR 1981, 812; zur Einstufung STAUDINGER/RÖTHEL § 844 Rn 140). Kann die Verletzte den Haushalt weiterführen und benötigt lediglich Hilfe, so wird eine Vergütung als Hauspflegerin (BAT X) für angemessen erachtet (ERMAN/SCHIEMANN[10] § 843 Rn 9; OLG Oldenburg Schaden-Praxis 2001, 196, 197; LG Saarbrücken FamRZ 2000, 1215, 1216; eingehend zu den Vergütungsgruppen PARDEY/SCHULZ-BORCK DAR 2002, 289, 294 f).

dd) Einfluß des Güterstandes

129 Leben die Ehegatten in **Gütergemeinschaft**, so ist der Erwerbsausfall eines Ehegatten wegen §§ 1416, 1420 immer auch ein Schaden für das Gesamtgut (BGB-RGRK/BOUJONG[12] § 842 Rn 33; WEICHLEIN 14 f; umgekehrt so bereits zur früheren Rechtslage RGZ 129, 55, 58; RGZ 73, 309, 311). Neben dem verletzten Ehegatten ist daher nach § 1422 auch derjenige, der das Gesamtgut allein verwaltet, klagebefugt (PALANDT/THOMAS[61] § 843 Rn 10; BGB-RGRK/BOUJONG[12] Rn 33).

b) Eingetragene Lebenspartner

130 In der eingetragenen Lebenspartnerschaft bestehen gegenseitige Unterhaltspflichten (§ 5 S 1 LPartG). Auf die §§ 1356, 1360, welche die Haushaltstätigkeit explizit ansprechen, wird in § 5 S 2 LPartG zwar nicht ausdrücklich verwiesen (vgl auch die Stellungnahme der BReg im Normenkontrollverfahren: eine diesbezügliche Regelung sollte ausdrücklich nicht getroffen werden; Az 1 BvF 1/01, 1 BvF 2/01, Rn 31), weil die Ausgestaltung der Lebenspartnerschaft den Partnern überlassen werden sollte und daher normative Vorgaben entbehrlich erschienen (PALANDT/BRUDERMÜLLER[61] § 2 LPartG Rn 2; § 5 LPartG Rn 1). Die Pflicht zur gegenseitigen Verantwortung und zur gemeinsamen Lebensgestaltung besteht aber auch hier (§ 2 LPartG). Deshalb wird die Führung eines gemeinsamen Haushaltes der Regelfall sein (vgl PALANDT/BRUDERMÜLLER[61] § 2 LPartG Rn 2: häusliche Gemeinschaft wird in zahlreichen Normen retrospektiv vorausgesetzt). Zudem besteht ein enger Zusammenhang der Haushaltstätigkeit mit den Unterhaltspflichten (§ 5 LPartG). Für die tatsächlich erbrachte Haushaltsführungstätigkeit müssen daher schadensrechtlich die gleichen Regeln gelten wie für Eheleute, weil die Erbringung von Haushaltsführungsleistungen ein Beitrag zur gemeinschaftlichen Lebensgestaltung und zur Bewältigung der alltäglichen Aufgaben ist (so iE auch RÖTHEL NZV 2001, 329, 334 und – schon vor Inkrafttreten des LPartG – WÜRTHWEIN JZ 2000, 337, 345).

c) Geschiedene und Getrenntlebende

131 Leben die Ehegatten getrennt oder sind sie geschieden – Gleiches gilt, wenn die Ehe für nichtig erklärt oder aufgehoben worden ist –, so muß danach differenziert werden, ob der allein lebende Geschädigte noch unterhaltspflichtige Kinder versorgen muß oder lediglich seine eigenen Bedürfnisse befriedigt. Im erstgenannten Fall ist ein Haushaltsführungsschaden zu bejahen (BGB-RGRK/BOUJONG[12] Rn 35; ECKELMANN[3] 7). Dies gebietet die Gleichbehandlung der Restfamilie mit der intakten Ehe, da die Unterhaltspflichtensituation insoweit vergleichbar ist (BGB-RGRK/BOUJONG[12] Rn 35; ECKELMANN[3] 12). In den anderen Fällen ist der geschiedene oder getrennt lebende Ehegatte wie ein gewöhnlicher Alleinstehender zu behandeln, dessen Schaden in der Vermehrung der eigenen Bedürfnisse liegt (vgl BGH NJW 1974, 41, 42 f).

d) Nichteheliche Lebensgemeinschaft
Die zur Ehe dargelegten Grundsätze (oben Rn 123 ff) gelten mit Modifikationen auch **132** bei nichtehelichen Lebensgemeinschaften. Soweit unterhaltspflichtige Kinder versorgt werden, sind die für die Ehe geltenden Grundsätze anzuwenden (BGB-RGRK/BOUJONG[12] Rn 35; WEICHLEIN 15). Im übrigen kann der Geschädigte in jedem Fall Ersatz der Leistungen, die ihm zugute gekommen wären, als Mehraufwendungen ersetzt verlangen (RÖTHEL NZV 2001, 329, 333).

Bei den von den Partnern gegenseitig erbrachten Unterhaltsleistungen ist zu beden- **133** ken, daß sie im Unterschied zu Unterhaltsleistungen aufgrund gesetzlich geregelter Verbindungen im Regelfall ohne rechtliche Verpflichtung erfolgen (LG Zweibrücken NJW 1993, 3207) und daher jederzeit eingestellt werden können. Ein Ersatz soll daher nur unter dem Gesichtspunkt eigener vermehrter Bedürfnisse in Frage kommen (OLG Düsseldorf VersR 1992, 1418, 1419; PALANDT/THOMAS[61] § 843 Rn 8; BGB-RGRK/BOUJONG[12] Rn 38; zum Ganzen GEIGEL/RIXECKER[23] Kap 4 Rn 175). Stellt man aber darauf ab, ob in der Leistung eine wirtschaftlich sinnvolle Verwertung der Arbeitskraft liegt, muß es ausreichen, wenn sie als Ausgleich für Versorgung und Unterhalt durch den Partner der nichtehelichen Lebensgemeinschaft erbracht wird (vgl BGH NJW 1980, 124, 126; BGH NJW 1980, 1686, 1688; OLG Zweibrücken FamRZ 1994, 955; LG Zweibrücken NJW 1993, 3207; C BECKER MDR 1977, 705, 707 ff; H-J BECKER VersR 1985, 201, 205; JAUERNIG/TEICHMANN[9] Rn 4; PARDEY DAR 1994, 265, 268 f; **aA** FENN 544). Die §§ 842, 843 setzen nämlich keine gesetzliche Unterhaltspflicht voraus, sondern knüpfen an die Vereitelung der Entgeltaussicht an (RÖTHEL NZV 2001, 329, 333; s auch Rn 12). Eine solche Anerkennung einer faktischen oder sittlichen Unterhaltspflicht ist dem Recht nicht fremd, wie § 122 BSHG oder § 814 zeigen (so auch BGB-RGRK/BOUJONG[12] Rn 38 zu § 122 BSHG; BECKER MDR 1977, 705, 708 zu § 814). In zeitlicher Hinsicht ist zu beachten, daß die jederzeitige Auflösbarkeit der nichtehelichen Lebensgemeinschaft eine Prognose über ihre voraussichtliche Dauer erfordert (GEIGEL/RIXECKER[23] Kap 4 Rn 175).

e) Alleinstehende
Alleinstehende, die nicht anderen Personen unterhaltspflichtig sind (oben Rn 121 f), **134** können ihren Haushaltsführungsschaden nur unter dem Gesichtspunkt der Vermehrung eigener Bedürfnisse (vgl § 843 Rn 23) ersetzt verlangen.

8. Mitarbeit von Familienangehörigen

Grundlage eines Ersatzanspruchs für den Ausfall eines Ehegatten, der im Betrieb des **135** anderen mitarbeitet, können besondere vertragliche Abreden (Gesellschaftsvertrag, Arbeitsvertrag) sein oder – bei deren Fehlen – das familienrechtliche Unterhaltsverhältnis.

a)   Mitarbeit aufgrund Gesellschafts- oder Arbeitsvertrages

136   Eine rechtsgeschäftliche Vereinbarung, daß der mitarbeitende Ehegatte zur Mitarbeit verpflichtet sein soll und als Gegenleistung ein Entgelt erhält, kann auch konkludent eingegangen werden (MünchKomm/WACKE³ § 1356 Rn 25; zur Auslegung eines Ehevertrags und zum Verhältnis zur Unterhaltspflicht BGH VersR 1973, 54, 55 ff). Der Ausfallschaden ist nach dieser Vereinbarung, dh im Fall eines Arbeitsverhältnisses wie bei einem ArbN, bei einer gesellschaftsvertraglichen Vereinbarung wie bei einem mitarbeitenden Gesellschafter zu behandeln (MünchKomm/WACKE³ § 1360 Rn 26; vgl etwa BGH VersR 1973, 54, 58). Der Ehegatte erleidet daher einen eigenen Erwerbsschaden iS der §§ 842, 843. Ansprüche des anderen Ehegatten scheiden aus (BGH NJW 1962, 1612; BGB-RGRK/BOUJONG¹² Rn 32; s auch FENN 539).

137   Insbes dann, wenn die Ehegatten im Güterstand der Gütertrennung leben, kann eine Ehegatteninnengesellschaft vorliegen. Voraussetzung ist, daß sich beide Ehegatten zusammen eine über die bloße Verwirklichung der Lebensgemeinschaft hinausgehende Aufgabe gestellt haben, etwa ein Vermögen aufzubauen, gemeinsam einem Beruf nachzugehen oder ein Gewerbe auszuführen (BGH VersR 1973, 54, 56 mwNw; BGHZ 142, 137, 144 ff = NJW 1999, 2962, 2964; MünchKomm/WACKE³ § 1356 Rn 26).

138   Liegt eine Form der Ehegattengesellschaft vor, so ist fraglich, inwieweit **familienrechtliche Besonderheiten bei der Bemessung des Schadensersatzanspruchs** zu berücksichtigen sind (allgemein BGB-RGRK/BOUJONG¹² § 843 Rn 60 ff; zum Schadensersatz bei Gesellschaftern s oben Rn 102 ff). Der BGH (VersR 1973, 54 ff) hat auf eine möglicherweise als Ehegattengesellschaft zu qualifizierende Gewinnzusage im wesentlichen die gleichen Grundsätze angewandt wie auf sonstige Gesellschaften und zwar auch dann, wenn die Vereinbarung rein familienrechtlich zu werten ist.

Ehevertragliche Gewinnbeteiligungszusagen könnten – so der BGH – durchaus so ausgelegt werden, daß bei unfallbedingtem Wegfall der Arbeitsleistung auch der Anspruch auf den Gewinnanteil entfalle. Die fortlaufende Gewinnbeteiligung wäre dann Äquivalent oder Lohn für die eingesetzte Arbeitskraft. Deren Verlust wäre als Erwerbsschaden zu entschädigen (BGH VersR 1973, 57, 58). Wie bei anderen Gesellschaften (oben Rn 93 ff) könne die Treuepflicht den Verletzten dazu verpflichten, auf seine Kosten eine Ersatzkraft zu stellen, so daß ihm diese Ausgaben vom Schädiger voll zu erstatten seien (BGH VersR 1973, 57). In diesem Fall mindert sich nach den allgemeinen Grundsätzen auch der Gewinnanteil des Verletzten nicht. Ein auszugleichender Nachteil ist nur denkbar, wenn die Geldleistung die persönliche Dienstleistung nicht ganz abdeckt (BGH VersR 1973, 57). Die besonderen rechtlichen Bindungen als Ehegatten indizieren allerdings, daß für den Fall der verletzungsbedingten Unfähigkeit der Mitarbeit eine besondere Regelung im Vertrag getroffen worden wäre, wenn die Ehegatten diese Möglichkeit vorhergesehen hätten (BGH VersR 1973, 57, 58 mwNw). Soweit nach einer solchen ergänzenden Vertragsauslegung davon auszugehen ist, daß die Gewinnbeteiligungszusage zumindest teilweise aufrechterhalten bleibt, entsteht dem Verletzten kein Schaden.

139   Bei einer **Familiengesellschaft** gilt die Regel, daß wegen der besonderen Interessenlage und Zusammengehörigkeit alle an der Gesellschaft beteiligten Familienmitglieder verpflichtet sind, nach besten Kräften die ausgefallene Arbeitskraft eines verletzten Mitgesellschafter-Familienmitglieds zu ersetzen. Ganz außergewöhnliche

Belastungen werden jedoch nicht gefordert (BGH FamRZ 1965, 40, 41; vgl auch BGHZ 17, 299, 301; abl GANSSMÜLLER VersR 1965, 257, der es für verfehlt hält, aus einem Verwandtschaftsverhältnis Folgerungen für das finanzielle Verhältnis zu ziehen).

b) Unterhaltsmitarbeit

Fehlt eine besondere vertragliche Abrede (oben Rn 135), so wird die Mitarbeit aus- **140** schließlich im Rahmen der ehelichen Gemeinschaft erbracht. Rechtsgrundlage war hierfür bis zum Inkrafttreten des GleichberG am 1. 7. 1958 § 1356 Abs 2 aF. Dieser verpflichtete ausschließlich die Frau zur Mitarbeit im Geschäft des Ehemanns und zwar entsprechend den Lebensverhältnissen der Ehegatten. Hierin war eine Dienstpflicht iS des § 845 zu sehen, so daß Ansprüche bei verletzungsbedingtem Ausfall allein dem Ehemann zustanden (s nur LANGE FamRZ 1983, 1181, 1185). Durch das GleichberG galt diese Pflicht für beide Ehegatten mit der Konsequenz, daß sie nicht mehr als Dienstpflicht, sondern als partnerschaftlicher Beitrag zum Familienunterhalt angesehen wurde. Anspruchsberechtigter für den Ausfallschaden wurde damit der verletzte Ehegatte selbst (LANGE FamRZ 1983, 1181, 1185 unter Hinweis auf BGH VersR 1969, 997, 998; BGH VersR 1970, 522, 524).

Mit dem EheRG 1 ist die ausdrückliche Erwähnung der Mitarbeit im Unternehmen **141** des anderen Ehegatten entfallen; diese kann deshalb nur noch aus der allgemeinen Verpflichtung zu gegenseitiger Verantwortung (§ 1353 Abs 1 S 2) oder zur Leistung eines Beitrags zum Unterhalt (§ 1360 S 1) entnommen werden (BGHZ 77, 157, 162 = NJW 1980, 2196, 2197 f; LANGE FamRZ 1983, 1181, 1185; STAUDINGER/HÜBNER/VOPPEL [2000] § 1360 Rn 42 ff; zur ganzen Entwicklung auch oben Rn 118 ff; MünchKomm/WACKE³ § 1356 Rn 19 f). Die von der Rechtsprechung entwickelten Grundsätze zur Haushaltsführung unter Ehegatten gelten sinngemäß für die Mitarbeit eines Ehegatten im Betrieb des anderen. Die Erbringung von Leistungen für das Unternehmen des anderen ist insofern ein Beitrag zur Unterhaltsleistung, als sie eine sinnvolle Verwertung der eigenen Arbeitskraft darstellt (BGHZ 59, 172, 174 = NJW 1972, 2217, 2222; BGHZ 77, 157, 161 = NJW 1980, 2196, 2197; BGB-RGRK/BOUJONG¹² § 842 Rn 30). Die Wandelung des Rechtscharakters und die „Verschiebung" von § 845 zu § 842 ändert daran nichts (BGHZ 59, 172, 174 f = NJW 1972, 2217, 2222; STAUDINGER/RÖTHEL § 844 Rn 131 mwNw).

Problematisch ist, in welchem **Umfang** der durch den Ausfall hervorgerufene Scha- **142** den zu ersetzen ist. Für den Anspruch des überlebenden Ehegatten bei Tötung des Mitarbeitenden (§ 844 Abs 2) hat der BGH einen Ersatz nur soweit gewährt, wie die Mitarbeit aufgrund der Unterhaltspflicht iS des § 1360 geschuldet war (sog „Unterhaltsmitarbeit"). Die nur wegen § 1356 aufgrund der ehelichen Beistandspflicht geschuldete Unterstützung (sog „Pflichtmitarbeit") genügt dagegen nicht (BGHZ 77, 157, 162 ff = NJW 1980, 2196, 2197 f; zur Unterscheidung allgemein KROPHOLLER FamRZ 1969, 241 ff). In einem früheren Urteil wurde allerdings der Anspruch des Verletzten auch dann bejaht, wenn dieser ohne jegliche Pflicht mitgearbeitet hatte (BGHZ 59, 172, 174). Diese unterschiedliche Behandlung ist gerechtfertigt, da § 844 Abs 2 ausnahmsweise eine Pflicht zum Ersatz eines mittelbaren Schadens normiert, während § 842 den Ersatz des eigenen Nachteils des Geschädigten betrifft. Die §§ 842, 843 verlangen daher gerade keine gesetzlich geschuldete Unterhaltspflicht (RÖTHEL NZV 2001, 329). Die Unterscheidung zwischen Unterhaltsmitarbeit und Pflichtmitarbeit hat daher hier keine Bedeutung (wohl auch BGB-RGRK/BOUJONG¹² Rn 30). Der Umfang des zu ersetzenden Ausfallschadens hängt somit nicht von der geschuldeten, sondern von der tatsächlich erbrachten Mitarbeit ab. Hierfür sprechen auch praktische Überlegungen und die Gleichbehandlung mit der Haushaltstätigkeit (BGHZ 59, 172, 175 = NJW 1972, 2217, 2222; HAUSS Anm LM § 845 Nr 15).

143 **Anspruchsberechtigt** ist im Regelfall nur der verletzte Ehegatte selbst (oben Rn 118 ff; BGHZ 59, 172, 175 = NJW 1972, 2217, 2222; HAUSS Anm LM § 845 Nr 15; PALANDT/THOMAS[61] § 843 Rn 9), nicht hingegen der andere Ehegatte als mittelbar Geschädigter (BGHZ 77, 157, 165 = NJW 1980, 2196, 2198; BGH NJW 1962, 1612; BGB-RGRK/BOUJONG[12] Rn 32; KROPHOLLER FamRZ 1969, 241, 246; FENN 549, 551 ff).

Eine Ausnahme ergibt sich wiederum (s oben Rn 129), wenn der Gewerbebetrieb zum Gesamtgut der in **Gütergemeinschaft** lebenden Ehegatten gehört. Die Grundsätze der Ehegatteninnengesellschaft sind dann unanwendbar. Der Schadensersatzanspruch fällt vielmehr in das Gesamtgut und umfaßt den gesamten unfallbedingt entgangenen Gewinn des Erwerbsgeschäfts (KÜPPERSBUSCH[7] Rn 112; BGH VersR 1994, 316 m Anm DERLEDER FuR 1994, 110 [insbes zur Prozeßstandschaft in solchen Fällen] und Anm TIEDCKE EWiR 1994, 561 f).

9. Kinder, Auszubildende, Studenten, unentgeltlich Tätige

a) Kinder

144 Ein im Haushalt seiner Eltern lebendes Kind ("Hauskind", § 1619) erleidet keinen Schaden, wenn es verletzungsbedingt seine familienrechtlich geschuldete Mitarbeit nicht erbringen kann, weil diese unentgeltlich erbracht wird (BGB-RGRK/BOUJONG[12] Rn 10; STÜRNER JZ 1984, 412, 415). Ein **eigener Anspruch** entsteht jedoch, sobald das Hauskind nach seiner Darlegung eine selbständige Erwerbstätigkeit außerhalb der elterlichen Wirtschaftsgemeinschaft aufgenommen hätte (BGB-RGRK/BOUJONG[12] Rn 10; STÜRNER JZ 1984, 412, 415). Auch bei andauernder Minderung der Arbeitskraft im späteren Berufsleben – ggf nach Umschulung – und darauf beruhendem Verdienstausfall entsteht dem Kind ein Erwerbsschaden (WEBER DAR 1978, 113, 129; s auch MünchKomm/OETKER[4] § 249 Rn 86). Da diese Ansprüche erst zu einem späteren Zeitpunkt entstehen, kommt dabei nur eine Klage auf Feststellung der Schadensersatzpflicht wegen künftiger Beeinträchtigungen in Betracht (eingehend STEFFEN DAR 1984, 1 ff; unten Rn 157).

145 Ansprüche wegen der **entgangenen Mitarbeit im Haushalt** stehen nur den Eltern nach § 845 zu (STAUDINGER/RÖTHEL § 845 Rn 1, 7; MünchKomm/STEIN[3] § 845 Rn 6 f). Sobald und soweit ein eigener Erwerbsschaden des Kindes begründet ist, hat dieser Vorrang vor § 845 (Subsidiarität des Elternanspruchs, BGHZ 69, 380, 384 f = NJW 1978, 159, 160; OLG Frankfurt VersR 1982, 908, 909; BGB-RGRK/BOUJONG[12] Rn 10; WEBER DAR 1978, 113, 129; krit MünchKomm/OETKER[4] § 249 Rn 86). Andernfalls käme es zu einer ungerechtfertigten Doppelbelastung des Schädigers (DUNZ Anm LM § 842 Nr 22; BGHZ 69, 380, 381 f = NJW 1978, 159; WEBER aaO; ausf zum Verhältnis beider Ansprüche STAUDINGER/RÖTHEL § 845 Rn 34 ff).

b) Auszubildende und Studenten

146 Befindet sich der Geschädigte noch in der **Berufsausbildung**, so ist der Fortkommensschaden durch einen Vergleich der beruflichen Zukunft des verletzten Auszubildenden mit der Situation, die ohne die Verletzung bestünde, zu ermitteln. Bei dieser Gegenüberstellung von Ist-Verlauf und Soll-Verlauf ist der gesamte berufliche Werdegang zu berücksichtigen (BGH VersR 1965, 489; KÜPPERSBUSCH[7] Rn 18). Es kommt nicht darauf an, ob Aussichten bereits rechtlich begründet waren (RGZ 163, 40, 44). Relevant sind insbes die Schäden, die sich aus der unfallbedingten Verlängerung der Schulausbildung (BGH NJW-RR 1992, 791), der Berufsausbildung (BGH NJW 2000, 3287, 3288) oder des Studiums (BGH 1985, 791, 792) und dem damit verbundenen späteren Eintritt ins Berufsleben ergeben (BGH NJW 1985, 791, 792; OLG Düsseldorf VersR 1969, 671; STÜRNER JZ 1984, 412, 415). Solche Verzögerungen gehören nicht zu den vermehrten Bedürfnissen. Die während dieser Zeit anfallenden Lebenshaltungskosten sind dagegen nicht ersatzfähig, weil sie auch ohne den Unfall angefallen wären (BGH NJW-RR 1985, 791, 792; OLG Nürnberg VersR 1968, 976 [LS]; vgl § 843 Rn 24).

Jedoch sind dabei Gesichtspunkte wie Alter, Übersetzung des Berufs, das kontinuierliche Einkommen der letzten Jahre sowie die Möglichkeit, daß der erstrebte Beruf auch ohne den Unfall nicht erreicht worden wäre (BGH NJW-RR 1989, 606, 607; für eine Beachtung des vorgesehenen und wahrscheinlichen Verlaufs der Abschlußprüfung auch OLG Nürnberg VersR 1968, 976 [LS]), aber auch die innere Einstellung (BGH VersR 1965, 489) zu beachten. Vgl zur Verteilung der Beweislast ie unten Rn 158. Bei Verletzungen im Kindesalter sind solche Prognosen der Begabung nur sehr schwer möglich. Anhaltspunkte aus dem sozialen Umfeld (Beruf der Eltern und Geschwister, Familien- und Vermögensverhältnisse) können im Einzelfall eine Grundlage der Prognose sein (vgl SCHEFFEN VersR 1990, 926, 928 mwNw; ROSS NZV 1999, 276, 277; mit Einschränkungen auch MEDICUS DAR 1994, 442, 447).

Ergeben sich infolge der späteren Ausbildungsfortsetzung **weitere Verzögerungen**, die **147** durch Umstände an der Ausbildungsstätte bedingt sind, so kommt es darauf an, ob sich hiermit nur das allgemeine Lebensrisiko verwirklicht hat oder ob die Gefahr für solche weiteren Hindernisse gerade durch den Unfall herbeigeführt wurde (so STEFFEN DAR 1984, 1, 3 f: Streiksemester infolge der 1968er-Bewegung zu einem Zeitpunkt, in dem der Geschädigte ohne den Unfall die Prüfung bereits abgelegt hätte, gegen OLG Hamm NJW 1970, 1853; BGH NJW 1985, 791, 792; s auch MEDICUS DAR 1994, 442, 443: allgemeines Lebensrisiko).

c)   Unentgeltlich Tätige im sozial-karitativen Bereich

Bei unentgeltlicher, insbes karitativer Tätigkeit ist umstritten, ob überhaupt ein Er- **148** werbsschaden entsteht. Zwar sind gem § 842 grundsätzlich nur konkrete Vermögensschäden zu ersetzen, so daß bei einer unentgeltlichen Tätigkeit aus sozialethischen Gründen ein Ersatzanspruch gem § 842 zu verneinen wäre. Beim Verletzten selbst läge allenfalls ein immaterieller Schaden vor; die durch die karitative Tätigkeit begünstigte Institution würde einen nicht ersatzfähigen mittelbaren Drittschaden erleiden (OLG Celle NJW 1988, 2618 für einen Ordensbruder, der lediglich Tätigkeiten für die Klostergemeinschaft erbracht hat; zust GEIGEL/RIXECKER[23] Kap 4 Rn 117; vgl zum Urteil des OLG Celle auch die Rezension von GOTTHARDT JuS 1995, 12 ff).

Richtigerweise ist § 842 so zu verstehen, daß jeder Einsatz der Arbeitskraft, mit der eine sonst am Markt nur gegen Entgelt erhältliche Dienstleistung erbracht wird, als Vermögensschaden zu werten ist (vgl zur Erstattungsfähigkeit eines abstrakten Erwerbsschadens ie oben Rn 14 ff). Von diesem Verständnis ausgehend erleidet einen Erwerbsschaden auch derjenige, der eine Tätigkeit altruistisch, dh ohne Gegenleistung ausübt (STAUDINGER/SCHIEMANN [1998] § 252 Rn 53 f; MünchKomm/STEIN[3] Rn 9; HAGEN JuS 1969, 61, 68; WUSSOW/DRESSLER[15] Kap 35 Rn 17 mwNw; so auch LG Karlsruhe NJW-RR 1996, 1239, 1241: die konkrete Tätigkeit sei nach Art und Umfang mit einer professionellen Arbeit vergleichbar gewesen und dürfe deshalb nicht ersatzlos bleiben). Zu fordern ist jedoch mit SCHIEMANN, daß die betreffende Arbeitsleistung – iS der Rechtsprechung des BGH zu den Gebrauchsvorteilen von Sachen – für die eigenwirtschaftliche Lebensführung des Geschädigten von zentraler Bedeutung gewesen wäre (STAUDINGER/SCHIEMANN [1998] § 252 Rn 54; LANGE/SCHIEMANN[3] § 6 XIV 1; differenzierend nach dem schützenswerten wirtschaftlichen Eigeninteresse WÜRTHWEIN JZ 2000, 337, 345 ff; vgl auch oben Rn 15). Ein Ordensbruder, der in einer auf gegenseitiger Versorgung beruhenden Gemeinschaft lebt und innerhalb dieser regelmäßig Arbeitsleistungen erbringt, kann vom Schädiger deshalb Ersatz verlangen (so auch WÜRTHWEIN JZ 2000, 337, 345, die das ihrer Auffassung nach entscheidende schutzwürdige Eigeninteresse des Geschädigten bei Leistungen innerhalb einer solidarischen Lebensgemeinschaft bejaht; anders GOTTHARDT JuS 1995, 12, 16 f: ein Ersatzanspruch besteht nach § 249 S 2 nur, wenn für die Tätigkeit des Ordensbruders tatsächlich eine Ersatzkraft eingestellt wurde; andernfalls entsteht ihm lediglich ein nicht ersatzfähiger Nichtvermögensschaden). Bei lediglich stundenweiser karitativer Tätigkeit in der Freizeit ist für den Ausfall der Arbeitsleistung hingegen kein Ersatz zu leisten (STAUDINGER/SCHIEMANN [1998] § 252 Rn 54; iE ebenso WÜRTHWEIN JZ 2000, 337, 347).

10. Verbotene oder sittenwidrige Tätigkeit

149 Einigkeit besteht, daß **Einkünfte aus rechtswidrigen Tätigkeiten** wegen der Einheit der Rechtsordnung nicht ersatzfähig sind (zu den einzelnen Begründungsansätzen F BYDLINSKI, in: FS Deutsch 69 ff). Da für die Ersatzfähigkeit nach § 842 eine tatsächliche Erwerbsaussicht genügt (BGH NJW 1986, 1486, 1487; oben Rn 4 und 85), führt die zivilrechtliche Nichtigkeit des Vertrages (zu deren Voraussetzungen s allgemein STAUDINGER/SACK [1996] § 134 Rn 1, 30 ff; BGH NJW 1986, 1486, 1487 mwNw), aus dem die Ansprüche abzuleiten wären, alleine allerdings nicht zum Schadensausschluß. Der nach § 249 herzustellende Zustand muß aber erlaubt sein; er darf nicht ein solcher sein, den das Recht gerade verhindern will (BGHZ 67, 119, 126 = NJW 1976, 1883, 1885; BGH NJW 1994, 851, 852; BGH VersR 1954, 489). Hierzu ist ein Verstoß gegen zwingende rechtliche Bestimmungen erforderlich. Dies ist nicht gegeben, wenn das Einholen einer Genehmigung leicht fahrlässig unterlassen wurde (BGH VersR 1968, 969 f; s ferner F BYDLINSKI, in: FS Deutsch 81 f). Zu den Normen, die eine Ersatzfähigkeit ausschließen, zählt der BGH auch einen Verstoß gegen Arbeitsschutzvorschriften (BGH NJW 1986, 1486, 1487; krit ERMAN/SCHIEMANN[10] Rn 5; abl STAUDINGER/SACK [1996] § 134 Rn 205).

150 Einnahmen, die der Verletzte aus Geschäften und Tätigkeiten erzielt hätte, die **gegen die guten Sitten verstoßen**, sind nach der Rechtsprechung des BGH nicht zu ersetzen (BGH VersR 1954, 498; BGHZ 67, 119, 127 ff = NJW 1976, 1883, 1885). Ein wertneutrales oder aus gesellschaftlicher Sicht unnützes Verhalten, das das Anstandsgefühl aller billig und gerecht Denkenden nicht verletzt, läßt die Ersatzpflicht hingegen noch nicht entfallen.

Besonders problematisch war bis zum Inkrafttreten des ProstG v 20. 12. 2001 (BGBl I 3983) am 1. 1. 2002 die Bewertung des **Dirnenlohns** (vgl insbes BGHZ 67, 119, 127 ff = NJW 1976, 1883, 1885 sowie STAUDINGER/SCHIEMANN [1998] § 252 Rn 15 ff; zur Rspr in Österreich und der Schweiz F BYDLINSKI, in: FS Deutsch 65). Das ProstG soll die Rechtsstellung der Prostituierten in zivil- und strafrechtlicher Hinsicht verbessern (KURZ GewArch 2002, 142, 144; PALANDT/HEINRICHS[61] § 1 ProstG Rn 1). Auch wenn die Bewertung der Prostitution als sittenwidrig durch das Gesetz nicht aufgehoben werden sollte (ausf Kurz GewArch 2002, 142, 143 f; differenzierend Armbrüster NJW 2002, 2763, 2764) und der Vertrag als solcher weiterhin wegen § 138 nichtig wäre (Palandt/Heinrichs[61] § 1 ProstG Rn 2), ist wohl davon auszugehen, daß wegen des gesetzlichen Schutzes des Lohnanspruchs der Prostituierten nunmehr der volle Ersatz des entgangenen Verdienstes geschuldet wird (so auch Palandt/Heinrichs[61] § 1 ProstG Rn 1; Armbrüster NJW 2002, 2763, 2764 f).

11. Einzelprobleme

a) Mittelbare Vermögenseinbußen infolge des Ausfalls des normalen Einkommens

Zum ersatzfähigen Schaden gehören grundsätzlich auch die Einbußen an Vermö- **151** gensgütern, die auf dem geringeren Einkommen des Verletzten beruhen. Dies ist für die Minderung von Versorgungsleistungen anerkannt, weil verletzungsbedingt weniger Beiträge geleistet werden können (Erman/Schiemann[10] Rn 6, vgl schon oben Rn 62 ff und 101).

Müssen infolge der verringerten Einkünfte einzelne **Vermögenswerte veräußert** (RG WarnR 17 Nr 265; RGZ 141, 169, 171 f: Hausgrundstück) oder muß ein **Erwerbsgeschäft** ganz **aufgegeben** werden (RGZ 95, 173, 174), so ist auch der hieraus resultierende Schaden zu ersetzen. Erforderlich ist lediglich ein adäquater Zusammenhang zwischen der Verletzung und dem Verlust (RGZ 141, 169, 171 f; aA Wussow JW 1938, 427, 428: Ersatzpflicht nur bei Verzug des Schädigers). Dieser Zusammenhang kann häufig dadurch vermittelt werden, daß auf fällige Darlehensraten und Grundpfandrechte nicht rechtzeitig geleistet werden kann (RGZ 141, 169, 171 f). Wegen § 254 Abs 2 muß der Verletzte jedoch den Schädiger auf solche ungewöhnlich hohen Vermögensschäden rechtzeitig aufmerksam machen (RGZ 141, 169, 171 f). Der Ersatz dieser Schäden darf nicht dazu führen, daß es zu einer doppelten Zahlung wegen des gleichen Interesses kommt. So wurde zu Recht ein Ersatz des dauernden Mietausfalls abgelehnt, der aus der totalen Zerstörung eines Hauses resultierte, weil dieses Interesse bereits mit dem Wertersatz für das Haus kompensiert ist; allenfalls kommt ein vorübergehender Ersatz bis zum Wiederaufbau in Betracht (RG WarnR 1917 Nr 265).

Problematisch ist die Behandlung der sog **Entwertungsschäden**, die entstehen, wenn **152** Gegenstände für den auf Dauer Erwerbsunfähigen unbrauchbar und damit wertlos geworden sind (s auch Staudinger/Röthel § 844 Rn 14). Fraglich ist hier, ob der Vermögensschaden bei Verletzung oder bei Unter-Wert-Verkauf entsteht. Praktische Bedeutung hat dies, wenn der Verletzte in der Zwischenzeit verstirbt, weil nur bereits entstandene Ansprüche vererblich sind. Der Entwertungsschaden entsteht dem Grunde nach schon im Augenblick des Eintritts der Wertminderung, also mit der Verletzung. Seine Realisierung und betragsmäßige Konkretisierung erfolgt erst zu dem späteren Zeitpunkt (vgl Larenz JZ 1962, 709, 710). Fallen aber Verletzung und Tod zusammen oder sind sie wegen eines engen zeitlichen Zusammenhangs als einheitlicher Vorgang zu werten, entsteht kein vererblicher Anspruch. Betroffen ist lediglich der Nachlaß (Larenz JZ 1962, 709, 711; BGH VersR 1965, 1077, 1078; auch BGH VersR 1972, 460, 461).

b) Beeinträchtigungen der Heiratsaussichten

Mit dem heutigen Verständnis der Ehe ist es nicht zu vereinbaren, in einer „Minde- **153** rung der Heiratsaussichten der Frau" einen ersatzfähigen Schaden zu sehen (so aber BGH VersR 1959, 458, 460; BGH VersR 1961, 84, 85; SOERGEL/ZEUNER[12] Rn 7 [Fn 31]; BGB-RGRK/ BOUJONG[12] Rn 39; STAUDINGER/SCHÄFER[12] Rn 21; krit LARENZ/CANARIS II/2[13] § 83 I 1; ERMAN/ SCHIEMANN[10] Rn 6; JAUERNIG/TEICHMANN[9] Rn 3). Weder nach ihrem gesetzlichen Bild noch rechtstatsächlich kann die Ehe generell als Versorgungseinrichtung für nicht berufstätige Frauen angesehen werden (so auch MünchKomm/STEIN[3] Rn 12; LARENZ/CA- NARIS II/2[13] § 83 I 1; aA STÜRNER JZ 1984, 412, 415, da die Ehe oft handfeste vermögenswerte Folgen, insbes durch schenkweise Zuwendungen, habe). Hinzu kommen schwer zu überwindende Probleme des Kausalitätsnachweises. Die Minderung der Heiratsaussicht als solcher kann allenfalls als immaterieller Schaden zu ersetzen sein (vgl LARENZ/CANARIS aaO; MünchKomm/STEIN[3] Rn 12 u § 847 Rn 24).

c) Werkleistungen am eigenen Heim

154 Kann der Verletzte seine Arbeitskraft nicht zum Bau oder zur Renovierung des eigenen Wohnhauses einsetzen, so entstehen ihm dadurch Kosten, daß er Handwer- ker oder Hilfskräfte beauftragen muß. Die Ersatzfähigkeit wird – wenn auch mit unterschiedlicher Begründung – übereinstimmend bejaht. Teilweise wird hierin eine Minderung der Erwerbstätigkeit gesehen (OLG Hamm VersR 1989, 152; OLG München DAR 1985, 354). Die für Werkleistungen am eigenen Heim eingesetzte Arbeitskraft ist danach wie beim Hauptberuf als Erwerbsschaden zu behandeln. Die Höhe richtet sich nach dem angemessenen Werklohn eines Handwerkers (OLG München aaO). Andere halten die Aufwendungen für fremde Hilfskräfte als Vermehrung der Be- dürfnisse für ersatzfähig (so BGH NJW 1989, 2539 f; OLG Köln VersR 1991, 111; beides abl KLIMKE DAR 1986, 139, 140, der unmittelbar § 249 anwendet), was damit begründet wird, daß Gartenarbeiten ebenso wie Reparaturarbeiten zu den „Haushaltstätigkeiten im wei- teren Sinne" gezählt werden können, welche anerkanntermaßen eine Vermehrung der Bedürfnisse darstellen (so BGH NJW 1989, 2539 f).

Der Verlust, der dem Verletzten dadurch entsteht, daß ihm bei eigener Tätigkeit ein Dritter – zB ein Verwandter oder Nachbar – Hilfe geleistet hätte, ist dagegen nicht ersatzfähig, da es sich um einen mittelbaren Schaden handelt (OLG Köln VersR 1994, 356).

Auch wenn das Bauvorhaben verletzungsbedingt nicht verwirklicht wird, entsteht ein Vermögensschaden, und zwar in der Höhe, in der der Wert der Eigenleistungen das Vermögen erhöht hätte (BGH NJW 1989, 2539, 2540 f; dort sogar den Ersatz entgangener Mieteinnahmen erwägend). Die Beweisanforderungen werden hier allerdings recht streng gehandhabt (KÜPPERSBUSCH[7] Rn 29; BGH NJW 1989, 2539, 2540; BGH NJW 1990, 1037).

d) Neurosen

155 Bei Neurosen ist danach zu differenzieren, ob sie bereits vorher latent vorhanden waren und nur durch den Unfall zum Ausbruch kamen oder ob sie erst hierdurch entstanden sind (BGH VersR 1968, 396, 397 f; zur Klassifizierung der Neurosetypen KÜPPERS- BUSCH[7] Rn 156 ff; ausf § 843 Rn 14 ff). Die Tendenz- oder Begehrensneurose löst nie einen ersatzpflichtigen Schaden aus (BGH VersR 1967, 176, 177).

V. Prozessuales

156 Bei dem Schadensersatzanspruch aus § 842 handelt es sich um einen **einheitlichen Anspruch**. Die durch dasselbe schadenstiftende Ereignis entstandenen Nachteile des

Geschädigten für Erwerb oder Fortkommen sind unselbständige Rechnungsposten dieses Anspruchs (RG JW 1908, 455; BGB-RGRK/Boujong[12] Rn 41). Prozessual hat dies zur Konsequenz, daß der Kläger bei einer Leistungsklage ohne weiteres einzelne Posten erhöhen, ermäßigen oder untereinander austauschen kann, ohne daß es sich um eine Klageänderung (§§ 263 f ZPO) handeln würde. Voraussetzung ist, daß die gesamte beantragte Schadensersatzsumme nicht überschritten wird (RG JW 1910, 1007: Enteignungsentschädigung; RG WarnR 1914 Nr 9 mwNw: Enteignungsentschädigung, Vertragsverletzung und Bergschaden). Bei einem Grundurteil (§ 304 ZPO) bedarf es neben der Feststellung der Verminderung der Erwerbsfähigkeit nicht auch noch des Ausspruchs, welche Nachteile für Erwerb oder Fortkommen ie verursacht worden sind (RG JW 1908, 455). Bei einer Teilklage erübrigt sich die Aufteilung der Klagesumme im Hinblick auf die einzelnen eingetretenen Nachteile (Staudinger/Schäfer[12] Rn 61). Beim Anspruch auf Ersatz des Erwerbsschadens und beim **Schmerzensgeldanspruch** mit seinen besonderen Voraussetzungen und Eigenschaften handelt es sich dagegen um prozessual verschiedene Ansprüche (RG JW 1921, 1230; BGH VersR 1985, 1141, 1142 mwNw).

Der **künftige Erwerbsschaden** kann im Wege der **Feststellungsklage** geltend gemacht **157** werden (Erman/Schiemann[10] Rn 7). Bis zum Eintritt in das erwerbsfähige Alter ist das verletzte Kleinkind regelmäßig auf die Erhebung einer Feststellungsklage beschränkt (OLG Köln VersR 1988, 1185; Geigel/Rixecker[23] Kap 4 Rn 154; Steffen DAR 1984, 1 ff). Schadensersatzrenten von Kindern wegen entgangenen Unterhalts sind in der Regel auf das 18. Lebensjahr zu begrenzen und etwaige weitere Ansprüche durch Feststellungsklage abzusichern (BGH VersR 1983, 688; Staudinger/Röthel § 844 Rn 190 ff). Bei nachträglicher Veränderung der Verhältnisse – zB der allgemeinen Lohnverhältnisse – kann eine Abänderung der Verurteilung zu künftig fällig werdenden Leistungen nur unter den Voraussetzungen des § 323 ZPO (**Abänderungsklage**) erreicht werden (BGHZ 34, 110 [LS]; dazu ie § 843 Rn 175 ff). Nach den allg Regeln der Auslegung ist anzunehmen, daß alle ab Klageerhebung entstehenden Ansprüche vom Feststellungsantrag erfaßt sein sollen, nicht nur die ab der letzten mündlichen Verhandlung (BGH NJW 2000, 3287, 3289).

Bei einem sog **Rentenschaden** ist die Bestimmtheit des Klageantrags (§ 253 Abs 2 Nr 2 ZPO) problematisch. Zutreffend nimmt Weber (DAR 1978, 113, 128 und 1980, 129, 146 jeweils mwNw) wie folgt Stellung: Der Geschädigte kann vom Schädiger die für eine Fortsetzung seiner Rentenversicherung erforderlichen Beiträge verlangen. Dieses Begehren kann er im Wege der Feststellungsklage geltend machen. Bei einer Leistungsklage ist wegen der Bestimmtheit des Klageantrags eine bloße Bezugnahme auf die Auskunft des Rentenversicherungsträgers, dieser könne die zur Überbrückung der Ausfallzeiten notwendigen Beträge berechnen, allenfalls bis zum Stadium eines Grundurteils möglich. Für das daran anschließende Betragsverfahren muß der Kläger seinen Antrag beziffern, also die Beträge aufnehmen, die der Rentenversicherungsträger genannt hat.

Nach § 252 S 2 muß ein zu ersetzender entgangener Gewinn mit Wahrscheinlichkeit **158** erwartet werden können. Für die Tatsachen, die eine Gewinnerwartung wahrscheinlich machen, hat grundsätzlich der Kläger die **Darlegungs- und Beweislast** (BGH NJW 1998, 1633, 1634; BGH NJW 1998, 1634, 1635; BGH NJW 1973, 700, 701: Gewinnbeteiligungen nach bestandener Diplomprüfung; BGHZ 54, 45, 55 f = NJW 1970, 1411, 1413). Die – über die Wahr-

scheinlichkeit hinausgehende – Gewißheit, daß er künftig Gewinne erzielt hätte,
braucht er dagegen nicht zu beweisen (BGHZ 54, 45 f = NJW 1970, 1411, 1413). An die
Darlegungspflicht des Geschädigten sind keine allzu hohen Anforderungen zu stellen
(vgl BGH NJW-RR 1990, 34; OLG Frankfurt VersR 1982, 981, 982; RGZ 148, 68, 70). So muß zB
bei der Geltendmachung des Haushaltsführungsschadens lediglich Beweis dafür erbracht werden, daß sich infolge der Verletzung die Notwendigkeit der Beschäftigung
einer Haushaltshilfe ergab (OLG Celle VersR 1981, 357). Die Beweislast für die Verwirklichung des Berufsplans trägt bei der Verletzung eines Auszubildenden in An-
betracht der Lebensverhältnisse und der Wirtschaftslage der Geschädigte; die Beweislast für Reserveursachen liegt beim Schädiger (SCHEFFEN VersR 1990, 926, 928).
Wenn das Vorbringen des Klägers für die Wahrscheinlichkeitsprognose des § 252
ausreicht, gibt § 287 ZPO dem Gericht die Möglichkeit der Schadensschätzung
(BGHZ 54, 45, 55 f = NJW 1970, 1411, 1413 mwNw; BGH NJW 1998, 1633, 1634; BGH NJW
1998, 1634, 1635; BGH NJW-RR 1989, 606 f). Ausf zu Beweisfragen: BAUMGÄRTEL/LAUMEN
(Handbuch der Beweislast im Privatrecht, Band 1, §§ 842, 843).

§ 843
Geldrente oder Kapitalabfindung

**(1) Wird infolge einer Verletzung des Körpers oder der Gesundheit die Erwerbsfä-
higkeit des Verletzten aufgehoben oder gemindert oder tritt eine Vermehrung seiner
Bedürfnisse ein, so ist dem Verletzten durch Entrichtung einer Geldrente Schadensersatz zu leisten.**

**(2) Auf die Rente findet die Vorschrift des § 760 Anwendung. Ob, in welcher Art und
für welchen Betrag der Ersatzpflichtige Sicherheit zu leisten hat, bestimmt sich nach
den Umständen.**

**(3) Statt der Rente kann der Verletzte eine Abfindung in Kapital verlangen, wenn
ein wichtiger Grund vorliegt.**

**(4) Der Anspruch wird nicht dadurch ausgeschlossen, dass ein anderer dem Verletz-
ten Unterhalt zu gewähren hat.**

Materialien: E I § 724 Abs 1, 2, 5, 7, 8, § 726; II
§ 766; III § 827; Mot II 784; Prot II 627;
STAUDINGER/BGB-Synopse 1896–2000 § 843.

Schrifttum

ARENS, Dogmatik und Praxis der Schadensschätzung, ZZP 88 (1975) 1
BROX/WALKER, Allgemeines Schuldrecht
(28. Aufl 2002); zitiert: BROX/WALKER,
AllgSchR[28]
BROX/WALKER, Zwangsvollstreckungsrecht
(6. Aufl 1999); zitiert: BROX/WALKER, ZwVR[6]

CANTZLER, Die Vorteilsausgleichung beim
Schadensersatzanspruch, AcP 156 (1957) 29
CLAUSSEN, Medizinische neurootologische
Wege zum Lösen von Beweisfragen beim HWS-
Schleudertrauma, DAR 2001, 337
DEUTSCH, Allgemeines Haftungsrecht (2. Aufl
1996); zitiert: DEUTSCH[2]

DEUTSCH/AHRENS, Deliktsrecht (4. Aufl 2002); zitiert: DEUTSCH/AHRENS[4]

DREES, Schadensersatzansprüche und unfallbedingte Pensionierung, VersR 1987, 739

ders, Schadensersatzansprüche wegen vermehrter Bedürfnisse, VersR 1988, 784

EBEL, Schadensersatz bei Personenschäden (§§ 844–846 BGB), Jura 1985, 561

ESSER/SCHMIDT, Schuldrecht, Band I, Allgemeiner Teil, Teilband 2 (8. Aufl 2000); zitiert: ESSER/SCHMIDT[8]

GANSSMÜLLER, Die Tantieme und andere anzurechnende Vergütungsteile bei Erwerbsschaden des Gesellschafter-Geschäftsführers, VersR 1978, 805

GEIGEL, Der Haftpflichtprozeß (23. Aufl 2001); zitiert: GEIGEL/BEARBEITER[23]

vGERLACH, Die Rechtsprechung des BGH zum Haftpflichtrecht, DAR 1994, 217; DAR 1997, 217; DAR 1998, 213

GOTTHARDT, „Lebensgefährten" mit beschränkter Haftung, FamRZ 1980, 17

GREGER, Haftungsrecht des Straßenverkehrs (3. Aufl 1997); zitiert: GREGER[3]

GROSS, Forderungsübergang im Schadensfall, DAR 1999, 337

HERPERS, Über den Nachteil des Gläubigers bei der Legalzession, AcP 166 (1966) 454

KLEB-BRAUN, Der Abzug häuslicher Ersparnisse bei Krankenhausbehandlung eines durch Fremdverschulden geschädigten Arbeitnehmers, NJW 1985, 663

KOLLHOSSER, Lohnfortzahlung, Schadensersatz und Regreßinteressen bei Unfall eines Angestellten, AcP 166 (1966) 277

KUCKUK, Die Tantiemen eines GmbH-Geschäftsführers im Schadensersatzrecht, BB 1978, 283

KUHN, HWS-Verletzungen in der Schadenregulierung, DAR 2001, 344

KÜPPERSBUSCH, Ersatzansprüche bei Personenschaden (7. Aufl 2000); zitiert: KÜPPERSBUSCH[7]

LANGE, Familienrechtsreform und Ersatz für Personenschäden, FamRZ 1983, 1181

LANGE/SCHIEMANN, Handbuch des Schuldrechts, Band 1: Schadensersatz (3. Aufl 2003); zitiert: LANGE/SCHIEMANN[3]

LARENZ, Lehrbuch des Schuldrechts, Band I, Allgemeiner Teil (14. Aufl 1987); zitiert: LARENZ I[14]

LÜKE (Hrsg), Münchener Kommentar zur Zivilprozeßordnung, Band 1 §§ 1–354 (2. Aufl 2000), Band 2 §§ 355–802 (2. Aufl 2000); zitiert: MünchKommZPO/BEARBEITER[2]

MARSCHALL vBIEBERSTEIN, Reflexschäden und Regreßrechte (1967)

MUSIELAK, Zivilprozeßordnung (2. Aufl 2000); zitiert: MUSIELAK/BEARBEITER[2]

RAUSCHER, Die Schadensrechtsreform, Jura 2002, 577

ROSENBERG/SCHWAB/GOTTWALD, Zivilprozeßrecht (15. Aufl 1993); zitiert: ROSENBERG/SCHWAB/GOTTWALD[15]

SCHÄFER/BAUMANN, Die neue Rechtsprechung des BGH zum Schadensersatz für psychische Folgeschäden nach Unfällen, MDR 1998, 1080

SCHILKEN, Die Abgrenzung von Grund- und Betragsverfahren, ZZP 95 (1982) 45

ders, Zivilprozeßrecht (3. Aufl 2000); zitiert: SCHILKEN[3]

SCHLUND, Juristische Aspekte bei der Kapitalisierung von Renten- und Unterhaltsansprüchen, BB 1993, 2025

SCHNEIDER, Probleme des Grundurteils in der Praxis, MDR 1978, 705 und 793

STEIN/JONAS, Kommentar zur Zivilprozeßordnung (21. Aufl 1993 ff); zitiert: STEIN/JONAS/BEARBEITER[21]

STÜRNER, Der Erwerbsschaden und seine Ersatzfähigkeit, JZ 1984, 412, 461

THIELE, Gedanken zur Vorteilsausgleichung, AcP 167 (1967) 193

THOMAS/PUTZO, Zivilprozeßordnung (24. Aufl 2002); zitiert: THOMAS/PUTZO[24]

WEBER, Die Rechtsprechung des BGH zum Verkehrshaftpflichtrecht, DAR 1979, 113

WENDEHORST, Anspruch und Ausgleich – Theorie einer Vorteils- und Nachteilsausgleichung im Schuldrecht (1999)

WESSELS/CASTRO, Ein Dauerbrenner: das „HWS-Schleudertrauma", VersR 2000, 284

WUSSOW (Hrsg), Unfallhaftpflichtrecht (15. Aufl 2002); zitiert: WUSSOW/BEARBEITER[15]

ZÖLLER, Zivilprozeßordnung (23. Aufl 2002); zitiert: ZÖLLER/BEARBEITER[23].

Weitere Schrifttumshinweise bei Rn 52.

Klaus Vieweg

Systematische Übersicht

I. Entstehungsgeschichte, systematische Stellung, Normzweck
1. Entstehungsgeschichte _____ 1
2. Systematische Stellung _____ 2
3. Normzweck _____ 3

II. Anwendungsbereich
1. Unmittelbare Anwendung _____ 4
2. Entsprechende Anwendung _____ 5

III. Voraussetzungen
1. Aufhebung oder Minderung der Erwerbsfähigkeit (§ 843 Abs 1 Alt 1) _ 6
2. Vermehrung der Bedürfnisse (§ 843 Abs 1 Alt 2) _____ 7
a) Begriff _____ 7
b) Entbehrlichkeit tatsächlicher Bedürfnisbefriedigung _____ 10
3. Haftungsausfüllende Kausalität _____ 11
a) Allgemeines _____ 11
b) Haftungsausfüllende Kausalität und Zurechenbarkeit bei psychischen Reaktionen _____ 14
4. Umfang der Ersatzpflicht _____ 21
5. Beweislast _____ 22
6. Einzelfälle _____ 23

IV. Rentenanspruch
1. Rechtsnatur _____ 26
2. Entstehung _____ 27
3. Einheitlicher Anspruch _____ 28
4. Höhe _____ 29
5. Dauer _____ 30
a) Rente wegen Erwerbsbeeinträchtigung _____ 30
b) Rente wegen Bedürfnisvermehrung _ 31
6. Modalitäten der Rentengewährung (§ 843 Abs 2) _____ 32
a) Entsprechende Anwendung des § 760 _____ 32
b) Sicherheitsleistung (§ 843 Abs 2 S 2) 33
7. Kapitalabfindung (§ 843 Abs 3) _____ 34
a) Regelungszweck und -gehalt _____ 34
b) Wichtiger Grund _____ 35
c) Berechnung der Kapitalabfindung _ 37
d) Prozessuales _____ 38
e) Reformbestrebungen _____ 39

V. Leistungen Dritter (§ 843 Abs 4)
1. Anwendungsbereich _____ 40
a) Unmittelbare Anwendung _____ 41
b) Entsprechende Anwendung _____ 42
c) Anwendung aufgrund allgemeinen Rechtsgedankens _____ 43
2. Regreßansprüche Dritter _____ 45

VI. Cessio legis und Vorteilsausgleichung
1. Allgemeines _____ 48
2. Leistungen einer Privatversicherung (§ 67 VVG) _____ 53
a) Anwendungsbereich _____ 53
b) Erfaßte Ansprüche _____ 56
c) Zeitpunkt des Übergangs _____ 58
d) Kongruenz _____ 60
e) Quotenvorrecht _____ 62
f) Familienprivileg _____ 65
aa) Begriff des Familienangehörigen _ 66
bb) Häusliche Gemeinschaft _____ 70
cc) Unzulässige Rechtsausübung und Vorsatz _____ 72
g) Sonderfragen zur Anrechnung von Versicherungsleistungen _____ 74
3. Leistungen der Sozialversicherung (§ 116 SGB X) _____ 81
a) Anwendungsbereich, Zweck und Rechtsnatur _____ 81
b) Erfaßte Ansprüche _____ 88
c) Zeitpunkt des Übergangs _____ 90
d) Kongruenz _____ 97
aa) Sachliche Kongruenz _____ 98
bb) Zeitliche Kongruenz _____ 108
cc) Korrektur nach Sinn und Zweck _____ 109
e) Quotenvorrecht _____ 110
f) Familienprivileg _____ 116
g) Sonstiges _____ 118
aa) Pauschalierte Berechnung gem § 116 Abs 8, 9 SGB X _____ 118
bb) § 119 SGB X _____ 119
cc) Beschränkung des Regresses bei unbilligen Härten _____ 121
4. Entgeltfortzahlung im Krankheitsfall (insbes § 6 EFZG) _____ 122
a) Anwendungsbereich _____ 122
b) Erfaßte Ansprüche _____ 125
c) Zeitpunkt des Übergangs _____ 126

d)   Kongruenz _____ 127
e)   Quotenvorrecht _____ 129
aa) Konkurrenz Arbeitgeber – Sozialver-
     sicherungsträger _____ 130
bb) Konkurrenz Arbeitnehmer – Sozial-
     versicherungsträger _____ 131
f)   Familienprivileg _____ 132
g)   Haftungsausschluß bei Schädigung
     innerhalb eines Betriebs _____ 133
h)   Weitere Fälle der Nichtanrechnung _ 134
aa) Entgelt- und Gehaltsfortzahlung ohne
     gesetzliche Verpflichtung _____ 134
bb) Weiterzahlung anderer Leistungen _ 136
cc) Dogmatische Grundlagen _____ 137
5.   Beamtenrechtliche Regelungen
     (§ 87a BBG) _____ 139
a)   Anwendungsbereich _____ 139
b)   Erfaßte Ansprüche _____ 141
c)   Zeitpunkt des Übergangs _____ 142
d)   Kongruenz _____ 144
aa) Vom Dienstherrn gewährte
     Leistungen _____ 145
bb) Sachliche Kongruenz im einzelnen _ 151

e)   Quotenvorrecht _____ 152
f)   Familienprivileg _____ 154
6.   Vorteilsausgleichung _____ 155
a)   Anwendungsbereich _____ 155
b)   Voraussetzungen _____ 156
c)   Durchführung _____ 158
d)   Einzelfälle _____ 160

VII. Prozessuales
1.   Klageantrag _____ 163
2.   Leistungs- oder Feststellungsklage,
     Klage auf künftige Leistung _____ 167
3.   Zwischenurteil über den Grund nach
     § 304 ZPO _____ 170
a)   Voraussetzungen _____ 171
b)   Abgrenzung von Grund und Betrag   172
c)   Wirkung _____ 174
4.   Abänderungsklage nach § 323 ZPO _ 175
a)   Voraussetzungen _____ 176
b)   Begründetheit _____ 180
5.   Darlegungs- und Beweislast _____ 181
6.   Zwangsvollstreckung _____ 183

Alphabetische Übersicht

Amtshaftung _____ 56, 89, 141
Anstrengungen des Geschädigten,
   überobligationsmäßige _____ 157
Anwendungsbereich
– entsprechend _____ 5
– unmittelbar _____ 4
Arbeitslosengeld/-hilfe _____ 95
Arbeitslosenversicherung _____ 102, 106
Arbeitsloser _____ 103
Aufopferung _____ 5, 56, 89
Aufwendungen, einmalige _____ 9

Beamte _____ 139 ff
Bedürfnisse
– Rente wegen Vermehrung der _____ 31
– unfallbedingte _____ 7
– Vermehrung der _____ 7 ff, 23 f, 106
Befriedigungsvorrecht _____ 113
Beihilfe _____ 148
Betreuungsleistungen, familiäre _____ 25
Beweislast _____ 22, 159, 181 f

Cessio legis s Legalzession

Differenztheorie _____ 49, 63

Entgeltfortzahlung _____ 122 ff
Entstehungsgeschichte _____ 1
Ersatzpflicht, Umfang der _____ 21
Erwerbsbeeinträchtigung, Rente wegen __ 30
Erwerbsfähigkeit
– Aufhebung der _____ 6
– Minderung der _____ 6

Familienprivileg _____ 65, 116 f, 132, 154
– Angehörigenbegriff _____ 66

Gemeinschaft, häusliche _____ 70
Gefährdungshaftung _____ 5
Geschäftsführung ohne Auftrag ____ 89, 141
Gewinn, entgangener _____ 102

Haftungsausschluß _____ 133

Kapitalabfindung
– Berechnung _____ 37
– Grund, wichtiger _____ 35 f

– Kombination mit Rentenzahlung _____ 36

Kausalität _____ 11 ff

– Bagatellfälle _____ 18

– haftungsausfüllende _____ 14 ff

Kongruenz

– Beamtenrecht _____ 144 ff

– Entgeltfortzahlung _____ 127 f

– Privatversicherung _____ 60 f

– Sozialversicherung _____ 97 ff

Legalzession _____ 48 ff

Leistungen Dritter _____ 40 ff, 157

Neurosen _____ 15 f

Normzweck _____ 3

Privatversicherung

– Anrechnung von Leistungen _____ 74 ff

– Leistungen einer _____ 53 ff

Prognose _____ 29, 37

Prozessuales

– Abänderungsklage _____ 175 ff

– Betragsverfahren _____ 173

– Feststellungsklage _____ 168, 176

– Klageantrag _____ 163 ff

– Leistungsklage _____ 167

– Nachforderungsklage _____ 178

– Rechtsschutz, einstweiliger _____ 167

– Zwangsvollstreckung _____ 183 f

– Zwischenurteil _____ 170 ff

Quotenvorrecht

– des Dienstherrn _____ 152 f

– Entgeltfortzahlung _____ 129 ff

– Privatversicherung _____ 62 ff

– Sozialversicherungsträger _____ 110 ff

Regreß

– Ausschluß bei unbilliger Härte _____ 121

– Eingriffskondiktion _____ 47

– Forderungsübergang, gesetzlicher _____ 47

– Gesamtschuld _____ 47

– des Unterhaltspflichtigen _____ 45 f

– Zessionsregreß _____ 46

Rentenanspruch

– Bedürfnisvermehrung _____ 31

– Dauer _____ 30 f, 180

– Erwerbsbeeinträchtigung _____ 30

– Fälligkeit _____ 27

– Höhe _____ 29

– Kapitalabfindung _____ 34 ff

– Kombination mit Kapitalabfindung _____ 36

– Modalitäten _____ 32 f

– Sicherheitsleistung _____ 33

Rentenversicherung _____ 81, 105 f

Schaden

– Differenzhypothese _____ 49

– psychischer _____ 14 ff

Schadensberechnung

– abstrakt _____ 157

– konkret _____ 157

Schadensversicherung _____ 53 f

Schmerzensgeld _____ 101, 151

Sozialhilfe _____ 94

Sozialversicherung

– Anspruchsübergang, Zeitpunkt _____ 90 ff

– Arbeitslosenversicherung _____ 102, 106

– Beiträge _____ 102 ff

– Krankenversicherung _____ 81, 106

– Leistungspauschalierung _____ 118

– Rentenversicherung _____ 81, 105 f

– Unfallversicherung _____ 81

Summenversicherung _____ 55

Tantieme _____ 135

Unfallversicherung _____ 81

Unterhalt _____ 40 ff

– Regreß _____ 45 f

Verhältnis zu § 249 _____ 2

Verhältnismäßigkeit _____ 21

Verjährung _____ 96, 143

Vorteilsausgleichung _____ 155 ff

– Anstrengungen des Geschädigten, überobligationsmäßige _____ 157

– Beamtenrecht _____ 149

– Bereicherungsverbot _____ 49, 157

– Entbehrlichkeit _____ 48

– Fallgruppen _____ 49

– Legalzession _____ 48 ff

Zurechenbarkeit _____ 17

Zwangsvollstreckung _____ 183 f

I. Entstehungsgeschichte, systematische Stellung, Normzweck

1. Entstehungsgeschichte

Bereits im E I wurde die Grundentscheidung zugunsten eines Rentenanspruchs ge- **1**
fällt, obwohl die Regelung noch anders formuliert und über mehrere Vorschriften
verteilt war (vgl Materialien). Auch war die Kapitalabfindung nur bei Vorliegen besonderer Umstände vorgesehen, da der Kapitalanspruch die richterliche Entscheidung durch weitere unbekannte Faktoren zusätzlich erschwere (Mot II 793 f, 785 =
MUGDAN II 443, 438: „Das Rentensystem erleichtert eine gerechte und billige Entscheidung. Mit
jeder Kapitalabfindung ist der große Übelstand verbunden, daß die Bestimmung derselben in weit
höherem Maße mit unbekannten Faktoren zu rechnen zwingt.").

Der aktuelle Wortlaut geht – abgesehen von kleinen sprachlichen Differenzen – auf
den E II zurück. Seit dem E III ist die Vorschrift unverändert geblieben.

Reformbestrebungen im Laufe des Gesetzgebungsverfahrens zum 2. SchadÄndG
sind ohne Erfolg geblieben (ie unten Rn 39).

2. Systematische Stellung

§ 843 steht im systematischen Zusammenhang mit §§ 249 ff und §§ 823 ff. Während **2**
§§ 249 ff allgemein Inhalt und Umfang des Schadensersatzanspruchs regeln, greifen
bei Körper- und Gesundheitsverletzungen durch unerlaubte Handlungen daneben
die §§ 842 ff als Sondernormen ein (BGB-RGRK/BOUJONG[12] § 842 Rn 1; vgl zum Verhältnis
des § 843 zu § 842 unten Rn 4 und § 842 Rn 2).

§§ 249 ff gehen – abgesehen von den Fällen der Naturalrestitution – vom Grundsatz
der Kapitalabfindung aus und lassen eine Rentenzahlung nur in Ausnahmefällen zu
(RGZ 68, 429, 431; RG JW 1917, 713, 715; RG JW 1918, 86 f; ERMAN/SCHIEMANN[10] Rn 2; LANGE/
SCHIEMANN[3] § 5 IX; SOERGEL/ZEUNER[12] Rn 2). Im Gegensatz dazu sieht § 843 grundsätzlich
eine Verrentung bei Beeinträchtigung der Erwerbsfähigkeit oder Vermehrung der
Bedürfnisse aufgrund von Körper- und Gesundheitsverletzungen vor (MünchKomm/
STEIN[3] Rn 1), ohne den Umfang des Schadensersatzes nach den §§ 249 ff zu erweitern
(BGB-RGRK/BOUJONG[12] Rn 1; MünchKomm/STEIN[3] Rn 1).

Zudem ergibt sich ein weiterer systematischer Zusammenhang aus den gesetzlichen
Verweisungen auf § 843 (ie Rn 5, 41 ff).

3. Normzweck

§ 843 regelt die Art und Weise des Schadensersatzes bei Körper- und Gesundheits- **3**
verletzungen. Die als Grundsatz vorgesehene Gewährung einer Rente (Abs 1 und 2)
soll sicherstellen, daß der Standard der vor der Verletzung bestehenden Lebensqualität möglichst erhalten bleibt (Nachw in Rn 21) und der Geschädigte nicht der
Gefahr der Unterversorgung ausgesetzt wird (DREES VersR 1988, 784, 789), sondern
auf Dauer einen Ausgleich erhält und so weder die Risiken einer Kapitalanlage
tragen noch seinen Schaden jeweils konkret nachweisen muß (vgl MünchKomm/STEIN[3]
Rn 3; DREES VersR 1988, 784). Die Rente gilt – wie schon in den Motiven (oben Rn 1)

ausgeführt – als die geeignetste Form des Schadensausgleichs bei Dauerschäden (BGH NJW 1982, 757; MünchKomm/STEIN[3] Rn 3; BGB-RGRK/BOUJONG[12] Rn 2). Eine einmalige Kapitalabfindung (Abs 3) ist demgemäß als Ausnahme zum Regelfall der Verrentung nur bei Vorliegen eines wichtigen Grundes vorgesehen.

Die soziale Versorgungsfunktion des auf die unmittelbare Beziehung zwischen Schädiger und Geschädigtem zugeschnittenen § 843 tritt inzwischen allerdings weitgehend gegenüber den sozialen Sicherungssystemen zurück, die das Schadensersatzrecht des BGB überlagern (SCHLUND BB 1993, 2025). § 843 bildet insoweit einen Maßstab für die Regreßansprüche der Sozialversicherungsträger (vgl ERMAN/SCHIEMANN[10] Rn 1). In diesem Zusammenhang steht auch die Regelung der Vorteilsausgleichung in Abs 4 (dazu unten Rn 48 ff, 155 ff).

II. Anwendungsbereich

1. Unmittelbare Anwendung

4 Während § 842 alle auf einer unerlaubten Handlung gegen eine Person beruhenden Schäden erfaßt, ist der Anwendungsbereich des § 843 auf **Dauerschäden** beschränkt, die auf eine Körper- oder Gesundheitsverletzung (vgl dazu STAUDINGER/J HAGER [1999] § 823 Rn B 8 ff u 20 ff) zurückgehen (MünchKomm/STEIN[3] Rn 6). Die Dauerschäden können in der Aufhebung oder Minderung der Erwerbsfähigkeit (unten Rn 6) oder in der Vermehrung der Bedürfnisse (unten Rn 7) bestehen. Sie sind abzugrenzen von einmaligen Aufwendungen, insbes Heilungskosten (unten Rn 9).

2. Entsprechende Anwendung

5 Für den Bereich **vertraglicher Fürsorgepflichten** sehen § 618 Abs 3 und § 62 Abs 3 HGB eine entsprechende Anwendung des § 843 vor. Ferner verweisen die §§ 844 Abs 2 und 845 auf die Abs 2 bis 4 des § 843.

Gefährdungshaftungstatbestände mit Verweis auf die Abs 2 bis 4 des § 843 sind § 8 Abs 2 HaftpflG, § 9 Abs 2 ProdHaftG, § 38 Abs 2 LuftVG, § 13 Abs 2 StVG, § 30 Abs 2 AtomG, § 89 Abs 2 ArznmG, § 32 Abs 6 GenTG und § 14 Abs 2 UmweltHG.

§ 117 BBergG verweist pauschal auf die Vorschriften des Bürgerlichen Rechts über den Ersatz von Vermögensschäden bei unerlaubten Handlungen und damit auch auf § 843.

Bei **Aufopferungsansprüchen** kommt eine analoge Anwendung des § 843 in Betracht. In seiner bisherigen Rechtsprechung hat der BGH lediglich entschieden, daß der Aufopferungsanspruch ein einheitlicher Anspruch sei, der allerdings auch in Rentenform zu begleichen sein könne (BGHZ 22, 43, 49 = NJW 1957, 21, 22). Zu § 844 hat er die analoge Anwendbarkeit hingegen bereits ausdrücklich festgestellt und mit der Nähe zum Regelungsbereich der §§ 823 ff begründet (BGH LM § 75 Einl Preuß ALR Nr 15 m Anm PAGENDARM; STAUDINGER/RÖTHEL § 844 Rn 29 f). Es ist daher nur konsequent, auch § 843 analog auf Ansprüche aus Aufopferung anzuwenden (vgl BGB-RGRK/BOUJONG[12] Rn 5).

Auf Körper- und Gesundheitsschäden, die im Zusammenhang mit einer Leistungspflicht nach dem **BLG** entstehen, ist § 843 gem § 28 Abs 2 S 1 BLG anzuwenden.

III. Voraussetzungen

1. Aufhebung oder Minderung der Erwerbsfähigkeit (§ 843 Abs 1 Alt 1)

Das Gesetz unterscheidet zwischen der Minderung als der teilweisen Herabsetzung **6** und der Aufhebung als dem vollständigen Wegfall der Erwerbsfähigkeit. Da die Rechtsfolge in beiden Fällen dieselbe ist, ist eine Unterscheidung weder sinnvoll noch nötig. Demgemäß lassen sich beide Begriffe als **Beeinträchtigung der Erwerbsfähigkeit** zusammenfassen.

Die Beeinträchtigung der Erwerbsfähigkeit entspricht dem Begriff der „Nachteile für Erwerb und Fortkommen" in § 842 (vgl § 842 Rn 12; JAUERNIG/TEICHMANN[9] Rn 2). Diese Vorschrift gewährt für beide Arten von Nachteilen einen einheitlichen Anspruch (vgl § 842 Rn 12; BGB-RGRK/BOUJONG[12] Rn 1), der diejenigen wirtschaftlichen Einbußen erfaßt, die durch den verletzungsbedingten Ausfall der Arbeitskraft als Erwerbsquelle entstehen (BGH NJW 1984, 1811). Gleiches muß für § 843 gelten, der damit die Nachteile für das Fortkommen, welche von denen für die Erwerbsfähigkeit kaum zu unterscheiden sind, mitumfaßt.

Anders als im Sozialrecht, das von einer abstrakten, prozentual bemessenen Minderung der Erwerbsfähigkeit ausgeht, ist auf einen konkret nachzuweisenden Erwerbsschaden abzustellen (ERMAN/SCHIEMANN[10] Rn 3; SOERGEL/ZEUNER[12] Rn 4; vgl § 842 Rn 13). Die bloß abstrakte Beeinträchtigung der Arbeits- oder Erwerbsfähigkeit stellt hingegen nach noch überwiegender, zu Recht kritisierter Auffassung noch keinen Schaden dar (BGH NJW 1984, 1811; BGB-RGRK/BOUJONG[12] Rn 31; vgl ie auch § 842 Rn 13 ff mwNw).

2. Vermehrung der Bedürfnisse (§ 843 Abs 1 Alt 2)

a) Begriff
Nach der **Definition des BGH** (stRspr: BGH NJW-RR 1992, 791; BGH NJW 1982, 757; vgl **7** schon BGH VersR 1974, 162, jeweils mwNw) umfaßt der Begriff der Vermehrung der Bedürfnisse alle unfallbedingten ständigen, dh immer wiederkehrenden Aufwendungen, die dem Ausgleich der Nachteile dienen, die dem Verletzten infolge dauernder Beeinträchtigung seines körperlichen Wohlbefindens entstehen. Es muß sich demnach um Mehraufwendungen handeln, die dauernd und regelmäßig erforderlich sind und die zudem nicht – wie etwa Heilungskosten – der Wiederherstellung der Gesundheit dienen. Umfaßt sind nur unfallbedingte Mehraufwendungen, die dem Geschädigten im Vergleich zu einem gesunden Menschen erwachsen (BGH NJW-RR 1992, 791 = VersR 1992, 1235 f mwNw; so schon RGZ 151, 298, 301) und sich daher von den allgemeinen Lebenshaltungskosten unterscheiden, welche in gleicher Weise vor und nach einem Unfall anfallen (BGH NJW-RR 1992, 791). Die Aufwendungen müssen sich im einzelnen bezeichnen lassen und sich konkret in der Vermögenssphäre niedergeschlagen haben (BGH MDR 1999, 1138). Einmalige Aufwendungen (vgl unten Rn 9) können nach ständiger Rechtsprechung dagegen regelmäßig nur als Schadensersatzposten im Rahmen der §§ 249 ff geltend gemacht werden. Auch in der **Literatur** ist diese Definition des Begriffs der Vermehrung der Bedürfnisse weitestgehend anerkannt (vgl nur ERMAN/

SCHIEMANN[10] Rn 11; JAUERNIG/TEICHMANN[9] Rn 2; MünchKomm/STEIN[3] Rn 37; PALANDT/THOMAS[61] Rn 3; BGB-RGRK/BOUJONG[12] Rn 92; SOERGEL/ZEUNER[12] Rn 10; KÜPPERSBUSCH[7] Rn 182).

Als Auslegungshilfe wurde die Legaldefinition der vermehrten Bedürfnisse in § 53 BSeuchG idF v 1961 (BGBl I 1961, 1023) herangezogen (STAUDINGER/SCHÄFER[12] Rn 25). Auch wenn die Vorschrift heute durch die §§ 56 ff IfSG mit einer Verweisung in § 60 Abs 1 IfSG auf das BVersG ersetzt worden ist, kann ihre Formulierung als spezialgesetzliche Legaldefinition bei der Auslegung des Begriffes der vermehrten Bedürfnisse nach wie vor hilfreich sein. Sie lautet:

„(2) … Eine Vermehrung der Bedürfnisse liegt insbesondere dann vor, wenn der Geschädigte infolge des Gesundheitsschadens so hilflos ist, daß er ohne fremde Wartung und Pflege nicht bestehen kann. …“

8 Ein großer Teil der nach einem schadensstiftenden Ereignis anfallenden Aufwendungen hat **gemischten Charakter**. So ist die erforderliche Haushaltshilfe für den verletzten haushaltsführenden Ehegatten einerseits unter den Begriff der vermehrten Bedürfnisse subsumierbar, soweit die Tätigkeit des Verletzten der eigenen Versorgung dient (BGH NJW 1974, 41, 43; DREES VersR 1988, 784, 786). Andererseits knüpft sie an die Beeinträchtigung der Erwerbsfähigkeit an, soweit die Tätigkeit des Verletzten einen Beitrag zum Familienunterhalt darstellt (BGH NJW 1997, 256; LG Saarbrücken FamRZ 2000, 1215; § 842 Rn 118 ff). Ob die Haushaltstätigkeit des Verletzten eine Beeinträchtigung der Erwerbsfähigkeit iS des § 843 Abs 1 Alt 1 ist oder der Befriedigung der eigenen Bedürfnisse iS des § 843 Abs 1 Alt 2 dient, ist für den Anspruch aus § 843 ohne Belang. Die Abgrenzung ist allerdings ausschlaggebend für die Frage, ob Leistungen nach §§ 36 ff SGB XI (bis 31. 3. 1995: §§ 53 ff SGB V) zum Anspruchsverlust führen. Denn diese Leistungen sind nur mit dem Anspruch des Verletzten auf Ersatz seiner vermehrten Bedürfnisse kongruent (BGH NJW 2001, 755; BGH NJW 1997, 256). Zahlungen des Leistungsträgers führen daher nur zum Verlust des Anspruchs auf Schadensersatz wegen vermehrter Bedürfnisse (s auch § 842 Rn 123).

9 Der BGH (vgl insbes BGH NJW 1982, 757; zust DREES VersR 1988, 784, 789; KÜPPERSBUSCH[7] Rn 183) unterscheidet zwischen dem bei Dauerschäden bestehenden dauerhaften und regelmäßigen Mehrbedarf, welcher allein nach § 843 in Form einer Rente zu ersetzen ist, und **einmaligen Aufwendungen**, die ausnahmsweise auch nach §§ 249, 251 ersetzt werden können.

Eine solche **Ausnahme** läßt der BGH (BGH NJW 1982, 757; ihm grds folgend OLG Düsseldorf VersR 1995, 1449, 1450) zu, wenn durch eine einmalige Anschaffung das vermehrte – dauerhaft bestehende (OLG Düsseldorf VersR 1995, 1449, 1450) – Bedürfnis auf Dauer befriedigt werden kann. Zu denken ist zB an die Anschaffung behindertengerechter Rollstühle oder Treppen. So hat der BGH (aaO) etwa die Frage bejaht, ob ein Schwerbehinderter auch eine seiner Behinderung angepaßte Wohnung in Form einer Eigentumswohnung oder eines Eigenheims durch Einsatz eines einmalig aufzubringenden Kapitalbetrages erwerben kann, statt über § 843 Abs 1 Mietkosten für eine angemessene Wohnung zu verlangen. In diesen Sonderfällen sei in Abweichung von der Regel eine Abgeltung gem §§ 249, 251 möglich und der Geschädigte nicht auf den Rentenanspruch zu verweisen.

Zwar kann durch eine einmalige Abgeltung der Bedarf dauerhaft befriedigt werden und ein zufriedenstellendes Ergebnis – Besserstellung des Opfers ohne korrespondierende Benachteiligung des Schädigers – erzielt werden. Allerdings ist der dauerhafte Bedarf deshalb nicht beseitigt, so daß § 843 – Rentenzahlung als Regelentschädigung (oben Rn 3) – eigentlich anwendbar bleibt und eine Kapitalabfindung nur nach den Grundsätzen des § 843 Abs 3 zu erlangen ist. Der BGH vermengt also die dauerhafte Befriedigung mit dem dauerhaften Anfall des Bedarfs. Dogmatisch überzeugender läßt sich das gewünschte Ergebnis durch eine extensive Auslegung des „wichtigen Grundes" in § 843 Abs 3 (unten Rn 35 ff) erreichen.

b)   Entbehrlichkeit tatsächlicher Bedürfnisbefriedigung
Ausreichend ist bereits das objektive Vorliegen eines Mehrbedarfs. Nicht erforder- **10** lich ist, daß der Geschädigte seine vermehrten Bedürfnisse auch tatsächlich befriedigt, also etwa eine benötigte Haushaltshilfe einstellt (BGH NJW 1970, 1411; vgl auch SOERGEL/ZEUNER[12] Rn 12; MünchKomm/STEIN[3] Rn 40). Dies ergibt sich schon aus dem Gesetzeswortlaut („tritt eine Vermehrung seiner Bedürfnisse ein"). Zudem sollte der Schädiger nicht durch den überobligatorischen Verzicht des Geschädigten belohnt werden (dazu BGH NJW-RR 1992, 792 f). Letztlich darf auch eine mangelnde Zahlungsbereitschaft des Schädigers, die den Geschädigten an der Bedürfnisbefriedigung hindert, nicht dazu führen, daß der Anspruch des Geschädigten ganz entfällt (SCHNEIDER MDR 1969, 536).

Konsequenterweise ist die Rente **nachzuzahlen**, wenn die Befriedigung der Bedürfnisse in der Vergangenheit notwendig war, aber tatsächlich infolge Mittellosigkeit des Gläubigers unterblieben ist (BGHZ 54, 45, 47 f = NJW 1970, 1411; BGH NJW 1974, 41, 43).

3.   Haftungsausfüllende Kausalität

a)   Allgemeines
Aus dem Wortlaut (Abs 1: „infolge") ergibt sich, daß die Beeinträchtigung der Er- **11** werbsfähigkeit bzw die Vermehrung der Bedürfnisse adäquat kausal durch die Körper- oder Gesundheitsverletzung (vgl zur adäquaten Kausalität ie STAUDINGER/SCHIEMANN [1998] § 249 Rn 12 ff) verursacht sein muß. Kausal iS des § 843 sind somit alle diejenigen Schadensfolgen, die nicht außerhalb jeder Wahrscheinlichkeit liegen und bei denen die zugrundeliegende Körper- oder Gesundheitsverletzung nicht ohne den gleichzeitigen Wegfall der Schadensfolge selbst hinweggedacht werden kann. Ursache kann dabei sowohl ein körperliches als auch ein verletzungsbedingtes psychisches Gebrechen sein (BGHZ 20, 137, 140 f = NJW 1956, 1108, 1109; BGH NJW 1971, 1883, 1884 [insoweit in BGHZ 56, 163 nicht abgedruckt]; BGH NJW 1974, 1510; BGH NJW 1976, 1143, 1144; MünchKomm/ STEIN[3] Rn 7; BGB-RGRK/BOUJONG[12] Rn 17; vgl ie unten Rn 12 ff). Die Kausalität in diesem Sinne kann auch dann gegeben sein, wenn der Gesundheitszustand des Geschädigten bereits vorher angegriffen war, da dem Schädiger dieser Umstand nicht zugute kommen soll (BGHZ 20, 137, 139 = NJW 1956, 1108; vgl auch RGZ 155, 37, 41 f; RGZ 169, 117, 120; BGH VersR 1959, 752, 753; BGH VersR 1966, 737, 738; BGH VersR 1970, 814, 815; BGH NJW 1974, 1510; MünchKomm/STEIN[3] Rn 8).

In folgenden Fällen hat die Rechtsprechung die **adäquate Kausalität bejaht**: bei ärzt- **12** lichen Kunstfehlern im Rahmen einer notwendigen Heilbehandlung, wenn kein außergewöhnlich grober Verstoß gegen die ärztlichen Pflichten vorliegt (RGZ 102, 230,

231; BGH VersR 1968, 773 f; BGH VersR 1988, 1273, 1274); bei Sturzverletzungen infolge verminderter Standsicherheit nach unfallbedingter Beinamputation 22 Jahre zuvor (RGZ 119, 204, 206 f); bei einer Beinverletzung nach Sturz wegen reduzierter Standfestigkeit aufgrund einer 13 Jahre zuvor erlittenen Kreuzbandverletzung am Knie (BGH VersR 1971, 442, 443); bei Schäden, die zwar auf das Fehlverhalten eines Dritten zurückzuführen sind, deren Eintritt aber durch die vom Erstschädiger verursachte Gefahrenlage wesentlich begünstigt worden ist (BGHZ 43, 178 = LM § 823 [C] Nr 34 m Anm Hauss = NJW 1965, 1177; BGH VersR 1963, 262, 263 f; BGH NJW 1972, 1804, 1805 mwNw; BGH VersR 1975, 1026, 1027 f; BGH VersR 1977, 430 f); bei vom Zweitschädiger ausgelösten Dauerschäden, die auf eine vom Erstschädiger verursachte Körperverletzung und eine dadurch indizierte erhöhte Anfälligkeit zurückzuführen sind (BGH VersR 1964, 49, 51); bei Sturzverletzungen, wenn die Möglichkeit, sich mit den Händen abzufangen, wegen Muskelschwunds aufgrund vorheriger Unfallverletzung durch den Erstschädiger eingeschränkt ist (OLG Karlsruhe VersR 1979, 479).

13 Die Rechtsprechung hat in folgenden Fällen die **adäquate Kausalität verneint**: bei Sturzverletzung einer nervenschwachen Frau infolge Bellens eines harmlosen Hundes (RG JW 1908, 41); bei Impfschaden infolge einer nicht notwendigen Tetanusimpfung, die anläßlich einer Unfallbehandlung vorgenommen wurde (BGH NJW 1963, 1671); bei einem Stammhirnschaden durch aufregungsbedingte Gehirnblutung nach Beleidigung und leichten Tätlichkeiten (BGH NJW 1976, 1143, 1144).

b) Haftungsausfüllende Kausalität und Zurechenbarkeit bei psychischen Reaktionen

14 Grundsätzlich sind auch adäquat kausale psychische Folgen der Schädigung zu ersetzen (stRspr vgl BGHZ 20, 137, 141 = NJW 1956, 1108, 1109; BGHZ 132, 341, 343 f = NJW 1996, 2425; BGH VersR 1993, 589 f; BGH VersR 1997, 752 f; BGH NJW 1998, 810 f; BGH NJW 1998, 813 f mwNw; zur haftungsbegründenden Kausalität vgl ie Staudinger/Schiemann [1998] § 249 Rn 8 ff).

Abgrenzungsprobleme ergeben sich bei **Neurosen**, dh bei psychischen Fehlentwicklungen, die auf einer unangemessenen Erlebnisverarbeitung des Unfallgeschehens beruhen (vGerlach DAR 1994, 217, 227). Sog Renten- oder Begehrensneurosen (ie unten Rn 15 ff) sowie Bagatellfälle (ie unten Rn 18) sind nach der Rechtsprechung (vgl zuletzt BGH NJW 1998, 813 f und BGH NJW 2000, 862 ff) nicht von der Ersatzpflicht erfaßt. Auch kann sich bei unverständlicher Erlebnisverarbeitung ein graduell unterschiedliches Mitverschulden des Geschädigten nach § 254 ergeben (MünchKomm/Oetker⁴ § 249 Rn 182; BGB-RGRK/Boujong¹² Rn 22; Staudinger/Schiemann [1998] § 249 Rn 42).

15 **Von der Ersatzpflicht ausgenommen** sind die **Renten- oder Begehrensneurosen**: Hierbei handelt es sich um neurotisch-querulatorische Fehlhaltungen, mit denen der Verletzte der seelischen Verarbeitung und Überwindung seiner Verletzung ausweicht und die Vorstellung entwickelt, nicht mehr selbst für sein Leben aufkommen zu können, sondern die Lebenssicherung auf den Schädiger bzw dessen Haftpflichtversicherung überwälzen zu können oder zu müssen (ie Staudinger/Schiemann [1998] § 249 Rn 40 ff). Der Geschädigte nimmt das Unfallgeschehen also unbewußt zum Anlaß, sich den Belastungen des Erwerbslebens zu entziehen (vGerlach DAR 1994, 217, 227).

16 Abzugrenzen von der Renten- oder Begehrensneurose sind die **ersatzpflichtigen Aktual-** und **Konversionsneurosen**, bei denen die psychischen Schäden primär ange-

legt und durch eine enge Verknüpfung mit dem Unfall gekennzeichnet sind. Der Unfall ist also nicht lediglich Auslöser oder „Kristallisationspunkt" für die Neurose (BGHZ 39, 313, 317 = VersR 1963, 731, 732; BGHZ 132, 341, 346 mwNw = NJW 1996, 2425, 2426; BGH NJW 1979, 1935 f; BGH NJW 1998, 810, 812 f; BGH NJW 1998, 813 f). Das Unfallgeschehen wird vielmehr unbewußt zum Anlaß genommen, ungelöste innere Konflikte zu kompensieren (BGH VersR 1986, 240, 242). Eine Verschiebung der Energien aus der Konfliktbewältigung führt zu ersatzpflichtigen gesundheitlichen Schäden (OLG Frankfurt VersR 1993, 853 f; vGERLACH DAR 1994, 217, 228). Eine Abgrenzung zwischen diesen unterschiedlichen Formen der Neurose kann regelmäßig nur vom Psychiater vorgenommen werden (BGH NJW 1997, 1640 f; BGH NJW 2000, 862 f). Vgl zur Beweislast unten Rn 22.

Zwar ist die psychische Fehlverarbeitung regelmäßig durch das schädigende Ereignis **17** adäquat kausal verursacht. Allerdings ist die **Zurechenbarkeit** unter wertender Betrachtung im Einzelfall fraglich (MünchKomm/OETKER[4] § 249 Rn 182 f; SOERGEL/MERTENS[12] Vor § 249 Rn 135; BGB-RGRK/BOUJONG[12] Rn 22; so auch KÜPPERSBUSCH[7] Rn 8; WESSELS/CASTRO VersR 2000, 284, 289; HESS NZV 2001, 287, 291), so daß die Ersatzfähigkeit zu verneinen sein kann.

Nach der Argumentation des BGH soll der Schadensersatzanspruch nach seinem Sinn und Zweck dem Geschädigten grundsätzlich helfen. Bei der Rentenneurose sei aber gerade die Versagung des Anspruches der einzige Weg, dem Geschädigten über seine Neurose hinwegzuhelfen (BGH NJW 1965, 2293; BGH NJW 1979, 1935 f verlangt allerdings nicht einmal den Nachweis, daß die Versagung des Schadensersatzanspruches dem Neurotiker auch helfen werde). Daher und weil es dem Schädiger überdies nicht zuzumuten sei, die Begehrensvorstellung des Geschädigten durch Geldzahlung auch noch zu unterstützen, sei ein Schadensersatzanspruch zu versagen (BGHZ 20, 137, 142 f = NJW 1956, 1108, 1109; BGHZ 39, 313, 316 = VersR 1963, 731; BGH VersR 1968, 396 f; BGHZ 132, 341, 347 ff = NJW 1996, 2425, 2426 f; BGH NJW 1998, 813 f; vgl auch vGERLACH DAR 1998, 213, 214).

SCHIEMANN (JZ 1998, 683, 684 f; STAUDINGER/SCHIEMANN [1998] § 249 Rn 41 f) berücksichtigt hingegen zu Recht die besonderen psychischen Gegebenheiten bei der Bestimmung des Umfangs des Schadensersatzes und vermeidet auf diese Weise eine Lösung nach dem „Alles oder Nichts-Prinzip". Die Anwendung des § 254 ermöglicht eine differenzierte Schadensteilung und die zutreffende dogmatische Verortung der Problematik. Ungeachtet dessen müssen aber die erheblichen Abgrenzungs- und Beweisschwierigkeiten im tatsächlichen Bereich solange ungelöst bleiben, wie gesicherte medizinisch-technische Verfahren zur Einordnung der jeweiligen Fehlverarbeitung fehlen (SCHÄFER/BAUMANN MDR 1998, 1080, 1082 f; VAN BÜHREN MDR 1998, 159 f; zu den Fortschritten bei der Begutachtung von HWS-Traumata vgl CLAUSSEN DAR 2001, 337 ff sowie KUHN DAR 2001, 344 ff).

Trotz prinzipiell vorliegender haftungsausfüllender Kausalität ist bei **Bagatellfällen** **18** die Ersatzpflicht zu verneinen. In diesen Fällen ist das schädigende Ereignis ganz geringfügig und betrifft nicht speziell die Schadensanlage des Verletzten, so daß die psychische Reaktion im konkreten Fall in einem groben Mißverhältnis zum Anlaß steht und deshalb schlechterdings nicht mehr verständlich ist (BGH VersR 1960, 740 f; BGHZ 132, 341, 346 = NJW 1996, 2425, 2426; BGH VersR 1997, 752 f: näher zu den Anforderungen an die tatrichterliche Feststellung; zuletzt BGH NJW 1998, 813 f mwNw; vgl auch OLG Hamm DAR

2001, 360; KG NZV 2002, 172, 173 f). Nach der Rechtsprechung des BGH liegen solche Bagatellfälle nur dann vor, wenn es sich um vorübergehende, im Alltagsleben typische und häufig auch aus anderen Gründen als dem besonderen Schadensfall entstehende Beeinträchtigungen handelt. Der BGH verweist insoweit auf seine Rechtsprechung zu § 847 idF bis 31. 7. 2002 (BGH NJW 1998, 810 f; BGH VersR 1992, 504 f; vGerlach DAR 1998, 213; s auch OLG Köln NJW-RR 2000, 760).

19 Beide Fallgruppen (Renten- oder Begehrensneurose und Bagatellfälle) sind **als Ausnahmen eng** zu interpretieren (BGH NJW 1998, 810 f, vGerlach DAR 1998, 213 für den Bagatellfall; ders DAR 1994, 217, 228 allgemein für psychische Schadensfolgen; BGB-RGRK/ Boujong[12] Rn 21 für Rentenneurose; eine gute Übersicht bietet Küppersbusch[7] Rn 8 ff). Krit Stimmen in der Literatur weisen darauf hin, daß diese für den Verletzten günstige Rechtsprechung zum Einfallstor für „amerikanische Verhältnisse" werde und hohe Kosten zu Lasten der übrigen Versicherungsnehmer verursache (krit vBühren MDR 1998, 159 f sowie Palandt/Heinrichs[61] Vorbem 70 a zu § 249).

20 Die praktische Bedeutung der Renten- oder Begehrensneurose als Kriterium für den völligen Haftungsausschluß nimmt ab, denn bei psychischer Fehlverarbeitung wird häufig dem Schädiger zumindest ein Mitverursachungsbeitrag anzulasten sein (Emmerich JuS 1998, 657 f sieht künftig einen nurmehr sehr schmalen Anwendungsbereich für die Rentenneurose; weitergehend Schiemann JZ 1998, 683, 684, demzufolge Konversions- und Begehrensneurosen künftig als Ausschlußgründe nach den jüngsten Urteilen überhaupt nicht mehr in Betracht kommen). In der Praxis wird künftig allenfalls der Bagatellfall als Ausschlußgrund eine Rolle spielen, da – gleich worin die Fehlverarbeitung zu sehen ist – das Schädigungsereignis idR zumindest mitursächlich war (vgl zu dieser Prognose vGerlach DAR 1997, 217, 218; weitergehend Küppersbusch[7] Rn 8 u 157, der aufgrund der niedrigen Schwelle zur Bagatelle in der Rspr des BGH kaum mehr Praxisrelevanz erwartet).

4. Umfang der Ersatzpflicht

21 Der Umfang der Ersatzpflicht bestimmt sich nach dem Zweck des § 843, den **Standard der vor der Verletzung bestehenden Lebensqualität möglichst zu erhalten** (ähnlich Wussow/Dressler[15] Kap 53 Rn 1; Greger[3] § 11 Rn 41). Es geht nicht nur darum, eine medizinisch gebotene Minimalversorgung zu sichern. Dies folgt aus dem schadensrechtlichen Wiederherstellungsgrundsatz. Deshalb sind Betreuungskosten für die Unterbringung in einer Behindertenwerkstatt zu ersetzen, wenn sich diese Art der Lebensgestaltung als angemessen darstellt (OLG Hamm VRS 100, 321, 323). Ebenso folgt aus diesem Grundsatz, daß ein Vollzeitpflegefall Anspruch auf Ersatz der Kosten einer angemessenen Pflege in den ihm vertrauten Lebensumständen hat. Er kann selbst dann nicht auf eine stationäre Einrichtung verwiesen werden, wenn dies kostengünstiger wäre (OLG Bremen NJW-RR 1999, 1115). Hier setzt die Rechtsprechung allerdings zu Recht eine **Verhältnismäßigkeitsgrenze**: Nicht zu ersetzen sind Kosten, die in keinem vertretbaren Verhältnis zur Qualität der Versorgung des Geschädigten stehen (OLG Koblenz VersR 2002, 244, 245).

Vgl zur Berücksichtigung besonderer psychischer Gegebenheiten bei der Bestimmung des Schadensersatzes oben Rn 17.

5. Beweislast

Im Rahmen einer Rentenklage trägt der Verletzte die Darlegungs- und Beweislast **22** dafür, ob und in welche Richtung eine Vermehrung der Bedürfnisse als dauernd und regelmäßig erforderlich zu erwarten ist (BGH NJW-RR 1990, 34 f = FamRZ 1990, 31 f). Diese umfaßt auch die Kausalität des schädigenden Ereignisses für die Bedürfnisvermehrung. § 287 ZPO kann die Darlegungs- und Beweislast allerdings erleichtern (dazu BGH NJW-RR 1992, 792).

Bei Neurosen trägt der Schädiger die Beweislast dafür, daß sich nur das allgemeine Lebensrisiko verwirklicht hat und eine nicht ersatzpflichtige Art einer Neurose vorliegt (KG NZV 2002, 172, 174).

6. Einzelfälle

Die **Rechtsprechung** hat in folgenden Fällen (weitere Einzelfälle bei WUSSOW/DRESSLER[15] **23** Kap 53 Rn 2 ff; GREGER[3] § 11 Rn 47 ff) das Vorliegen vermehrter Bedürfnisse (vgl zum gemischten Charakter und den daraus resultierenden Abgrenzungsproblemen oben Rn 8 sowie § 842 Rn 123) **anerkannt**:

– laufende Ausgaben für bessere Verpflegung, Kuren, Erneuerung und Instandhaltung künstlicher Gliedmaßen (BGH NJW 1974, 41, 42; BGH NJW-RR 1992, 791; ähnlich schon BGH NJW 1956, 219 f);

– eine Kleiderpauschale wegen unfallbedingt erhöhter Abnutzung (BGH NJW-RR 1992, 792 f; DREES VersR 1988, 784, 788);

– die Kosten für Stärkungsmittel auch dann, wenn sie der Geschädigte aufgrund seiner finanziellen Lage nicht hat kaufen können (BGH VersR 1958, 176; WUSSOW/ DRESSLER[15] Kap 53 Rn 3 mit Verweis auf BGHZ 40, 345, 351 = NJW 1964, 542);

– Anmietung einer an die Behinderung angepaßten Wohnung, Erwerb eines Rollstuhls, einer elektrischen Schreibmaschine und notwendiger Umbau der Wohnräume (BGH NJW 1982, 757 ff; die drei letztgenannten Beispiele seien allerdings wegen fehlender Fortdauer des Mehrbedarfs nach §§ 249, 251 auszugleichen, wenn die einmalige Investition jeweils geeignet sei, das anhaltend vermehrte Bedürfnis dauerhaft zu befriedigen, vgl dazu oben Rn 9); beim Bau oder Umbau von Wohnungen sowie der Anschaffung dauerhafter Einrichtungsgegenstände ist aber, um eine Bereicherung des Geschädigten und seiner Erben zu vermeiden, nur ein „bereinigter Anteil" zu erstatten (DREES VersR 1988, 784, 788; BGH VersR 1982, 238, 239); ebenso kann der Einbau einer privaten Schwimmhalle erforderlich sein (OLG Nürnberg VersR 1971, 260: Anerkennung bei beidseitiger Beinamputation nach schwerem Unfall; dagegen bei einem 17jährigen unfallbedingt beidseitig Beinamputierten ÖstOGH Wien VersR 1992, 259; dazu Anm HUBER VersR 1992, 545 ff, der eine Erstattung befürwortet);

– Zuschuß zur Anschaffung und Haltung eines benötigten Kfz (BGH NJW 1970, 1685 f; mangelnder Nachweis für den Bedarf wurde in BGH VersR 1968, 587 f festgestellt; vgl auch MünchKomm/STEIN[3] Rn 38); Ausstattung mit behindertengerechten Sondereinrichtungen (DREES VersR 1988, 784, 788) sowie der Mehrverbrauch an Benzin wegen des notwendigen Einsatzes eines Automatik-Getriebes (BGH NJW-RR 1992, 792);

– Kosten für notwendige Fahrten zu Ärzten, Psychotherapeuten, Apotheken (OLG Nürnberg DAR 2001, 366, 366; wohl auch BGH NJW 1974, 41, 42: Entgelte für öffentliche Verkehrsmittel) oder zusätzliche Fahrten zur Arbeitsstätte (OLG Nürnberg aaO: Verletzter kann selbst nicht Auto fahren, weshalb sich die Zahl der Fahrten verdoppelt; GREGER[3] § 11 Rn 43 sieht in den Mehrkosten für die Fahrt zur Arbeitsstätte einen Verdienstausfall);

– Kosten für Pflegepersonal (BGH NJW 1974, 41, 42; weitere Ausführungen zum Pflegeaufwand bei Schwerbehinderten bei BGH VersR 1973, 1067 ff und BGH VersR 1978, 149 f sowie bei DREES VersR 1988, 784, 785 f), notwendige Hilfen in Haus und Garten – soweit dies nicht einen Erwerbsschaden darstellt – (auch fiktive Kosten, s § 842 Rn 126; vgl aber Rn 88, 98; BGH NJW-RR 1992, 792), Schreibkräfte und Begleitpersonen (OLG Nürnberg DAR 2001, 366: Angehöriger fährt Verletzten zur Arbeit);

– Beitrags- und Prämienzuschläge für private Versicherungen (GEIGEL/RIXECKER[23] Kap 4 Rn 124), soweit es sich nicht um Fortkommensschäden handelt (dazu § 842 Rn 73 mwNw; BGH NJW 1984, 2627);

– Ausbildungskosten, soweit sie unfallbedingt erhöht sind (BGH NJW-RR 1992, 791).

24 Die **Rechtsprechung** hat in folgenden Fällen das Vorliegen vermehrter Bedürfnisse **nicht anerkannt**:

– Lebenshaltungskosten während unfallbedingt verlängerter Schulzeit, da es sich insoweit um Grundbedürfnisse handele, die in gleicher Weise wie vor dem Unfall anfielen (BGH VersR 1992, 1235 f);

– Kosten für Süßigkeiten, Obst und vitaminreiche Getränke während eines Krankenhausaufenthaltes (OLG Nürnberg ZfS 1983, 132 f), da die dort gereichte Kost ausreichend sei (KG VersR 1968, 259 f; OLG Saarbrücken VersR 1976, 271 f);

– Aufwendungen für beim Krankenhausbesuch mitgebrachte Blumen (vgl BGH VersR 1991, 559; AG Aschaffenburg ZfS 1986, 167; **aA** noch LG Oldenburg ZfS 1985, 40; SCHLEICH DAR 1988, 145 f);

– Mehraufwendungen für Dienste einer Prostituierten bei einem unfallbedingt auf den Rollstuhl Angewiesenen, der behauptet, auf anderem Wege keine Sexualpartnerin mehr zu finden, da es sich um Aufwendungen für Lebensfreude handele; dies sei ein immaterieller Schaden, der beim Schmerzensgeld zu berücksichtigen sei (OLG Düsseldorf RuS 1997, 504).

25 **Familiäre Betreuungsleistungen** behandelt die Rechtsprechung **differenziert**. Nicht ersatzfähig ist die vermehrte elterliche Zuwendung, selbst wenn sie mit erheblichem Zeitaufwand verbunden ist. Insoweit fehlt es an einem konkreten geldwerten Verlustposten (BGHZ 106, 28, 31 = NJW 1989, 766). Ersatzfähig sind nur der durch Krankenbesuche der Eltern oder des Ehepartners bedingte Verdienstausfall, Fahrtkosten und Pflegedienste (BGH VersR 1985, 784, 785; BGH VersR 1961, 272). Diese Rechtsprechung führt zwar zu Ungleichgewichten – so wird etwa der Zeitaufwand eines arbeitslosen Elternteils im Gegensatz zu dem eines selbständig Tätigen nicht ersetzt. Dennoch ist ihr wegen der sonst ausufernden Haftungserweiterung und der drohenden vollständigen Kommerzialisierung des Lebens zuzustimmen. Elterliche Liebe entzieht sich ihrem Wesen nach der Umrechnung in Geld (so zu Recht BGHZ 106, 28, 33 = NJW 1989, 766, 767). Betreuungsleistungen, die die Eltern in ihrer Freizeit erbringen, können sich aber dann als geldwerter Verlustposten konkret niederschlagen, wenn sie den Bereich der allein den Eltern als engsten Bezugspersonen zugänglichen „unvertretbaren" Zuwendung verlassen und sich so weit aus dem selbstverständlichen, originären Aufgabengebiet der Eltern herausheben, daß nicht nur theoretisch, sondern auch als praktische Alternative ein vergleichbarer Einsatz fremder Hilfskräfte in Betracht kommt (BGH NJW 1999, 2819). Im Einzelfall kann die Grenze der selbstverständlichen, originären Aufgaben der Eltern schwer zu bestimmen sein. Der normativen Wertung des Richters liegt letztlich die Frage zugrunde, wieviel Pflege und Fürsorge von den Eltern ohne finanziellen Ausgleich verlangt werden kann. Den zentralen Maßstab bildet Art 6 Abs 2 S 1 GG, der den Eltern die Pflege ihrer Kinder nicht nur als natürliches Recht gewährt, sondern zugleich als Pflicht auferlegt, wie sie bei keinem anderen Grundrecht vorhanden ist (vgl nur MAUNZ/DÜRIG/MAUNZ [Stand: 1980] Art 6 Abs 2 Rn 25 j). Vor diesem verfassungsrechtlichen Hintergrund sollte der vom BGH (BGH NJW 1999, 2819) geprägte Begriff des „selbstverständlichen, originären Aufgabengebiets" weit interpretiert werden, zumal tatsächlich entstandene Kosten einschließlich des Erwerbsschadens ohnehin zu ersetzen sind.

IV. Rentenanspruch

1. Rechtsnatur

Seiner Rechtsnatur nach ist der Rentenanspruch ein **besonders gestalteter Schadens-** 26 **ersatzanspruch in Geld** (SCHLUND BB 1993, 2025, 2026; MünchKomm/STEIN[3] Rn 42; aA STAUDINGER/SCHÄFER[12] Rn 30, der den Anspruch dogmatisch als Schuldbefreiungsanspruch einordnet). Da er kein Unterhaltsanspruch ist, finden die Vorschriften über den Unterhaltsanspruch (§§ 1612 Abs 2, 1613) keine Anwendung (SCHLUND BB 1993, 2025, 2026).

2. Entstehung

Der Rentenanspruch entsteht mit Aufhebung oder Minderung der Erwerbsfähigkeit 27 (Erwerbsbeeinträchtigung) oder mit Eintritt der Bedürfnisvermehrung. Dies ergibt sich daraus, daß es sich bei dem Rentenanspruch nicht um einen Erstattungsanspruch, sondern um einen Schadensersatzanspruch handelt, der unmittelbar **mit dem schädigenden Ereignis** und unabhängig davon entsteht, ob tatsächlich Geld aufgewandt worden ist (oben Rn 10). Die Fälligkeit bestimmt sich nach § 843 Abs 2 iVm § 760.

3. Einheitlicher Anspruch

Der Rentenanspruch setzt sich zwar rechnungsmäßig aus der Entschädigung wegen 28 der Erwerbsbeeinträchtigung und wegen der Bedürfnisvermehrung zusammen. Er bildet aber einen einheitlichen Anspruch (SOERGEL/ZEUNER[12] Rn 13). Deshalb können die beiden Anspruchsgründe im Laufe des Verfahrens ausgewechselt werden (BGH

VersR 1957, 394, 396). Auch die Verjährung wird nicht nach den einzelnen Anspruchsteilen getrennt, sondern einheitlich beurteilt. Deshalb wirkt ein hinsichtlich des einen Rechnungspostens abgegebenes Anerkenntnis verjährungshemmend auch für den anderen Teil (OLG Koblenz NJW-RR 1994, 1049 f). Bei einer Abänderungsklage gem § 323 ZPO sind die gesamten Verhältnisse und nicht nur einzelne Faktoren zu überprüfen (RGZ 74, 131; Soergel/Zeuner[12] Rn 13). Allerdings muß schon im Tenor der Entscheidung eine getrennte Ausweisung beider Rentenanteile erfolgen, weil nach neuerer Rechtsprechung des BFH (BFHE 175, 439, 443 = NJW 1995, 1238 ff; BFHE 176, 402) die Mehrbedarfsrenten im Gegensatz zu den Erwerbsschadensrenten nicht mehr der Einkommensbesteuerung unterliegen (vgl auch MünchKomm/Stein[3] Rn 43).

4. Höhe

29 Die Höhe der Rente richtet sich nach den **konkreten Gegebenheiten**, nicht nach abstrakten Überlegungen (Jauernig/Teichmann[9] Rn 2; Wussow/Dressler[15] Kap 53 Rn 1; OLG Oldenburg VersR 1998, 1380; OLG Bamberg VersR 1978, 451). Ausgehend von den Verhältnissen bei Erlaß des Urteils ist eine **Prognose** über die ohne das schädigende Ereignis hypothetisch erzielten Erwerbseinnahmen (vgl zur Zukunftsprognose schon § 842 Rn 19 ff) und über die durch das schädigende Ereignis verursachte Bedürfnisvermehrung anzustellen. Hinsichtlich des Erwerbsschadens ist die Differenz zwischen dem, was der Verletzte nach dem Schadensereignis tatsächlich verdient, und dem, was er nach dem regelmäßigen Verlauf der Dinge ohne die Verletzung durch Ausnutzung seiner Arbeitskraft verdient hätte, maßgeblich (MünchKomm/Stein[3] Rn 12; Wussow/Dressler[15] Kap 32 Rn 12).

5. Dauer

a) Rente wegen Erwerbsbeeinträchtigung

30 Eine Verdienstausfallsrente ist auf die **voraussichtliche Dauer der Erwerbstätigkeit** des Verletzten, wie sie sich ohne den Unfall gestaltet hätte, zu begrenzen (stRspr: BGH NJW 1995, 3313; BGH VersR 1994, 186; BGH NJW 1985, 482; BGH VersR 1985, 90). Im Prozeß ist der Antrag gem § 253 Abs 2 Nr 2 ZPO zB in der Weise zu formulieren, daß „an den Kläger für die Zeit vom … bis … eine vierteljährlich im voraus zu zahlende Rente in Höhe von … € zu zahlen" ist. Nicht ausreichend bestimmt ist hingegen ein Antrag auf Rentenzahlung „bis zur Wiedererlangung der vollen Arbeitskraft". Die zeitliche Begrenzung der Rente ist gem § 287 ZPO nach den konkreten Umständen des Einzelfalls zu ermitteln. Maßgeblich ist, wie lange der Verletzte nach dem normalerweise zu erwartenden Lauf der Dinge erwerbstätig gewesen wäre. In die Bemessung fließen die Art der Berufstätigkeit, der körperliche und geistige Zustand des Verletzten (vor allem sein Alter und Gesundheitszustand), seine Leistungsfähigkeit, seine voraussichtliche Lebenserwartung sowie gesetzliche und tarifliche Pensions- oder Rentenregelungen ein (BGH VersR 1956, 174).

Da der Verletzte in den meisten Fällen seine Erwerbstätigkeit nicht bis ins hohe Alter hätte fortsetzen können, ist in der Regel die Dauer der Rente altersmäßig zu begrenzen oder abzustufen (BGH NJW 1974, 1651; BGH NJW 1982, 2864). Denn nach einem allgemeinen Erfahrungssatz läßt die Arbeitskraft ab einem gewissen Alter nach. Bei nicht selbständig Beschäftigten ist daher die Rente grundsätzlich auf die Vollendung des regelmäßigen Rentenalters von 65 Jahren (§ 35 SGB VI) zu begrenzen (BGH

NJW-RR 1995, 1272; BGH NJW 1994, 131; BGH NJW 1989, 3150; BGH NJW-RR 1988, 470, 471).
Das gilt nach Ansicht des BGH auch bei Frauen, obwohl diese statistisch gesehen
deutlich früher in den Ruhestand eintreten (BGH NJW 1995, 3313; ohne Berücksichtigung
der statistisch erheblich höheren Lebenserwartung der Frauen). Allerdings steht dem Schädiger
der Nachweis offen, daß der Verletzte ohne die Verletzung früher in Rente gegangen
wäre (BGH NJW 1995, 3313; nach Ross NZV 1999, 276, 278 reicht der häufige Gebrauch der
Möglichkeit des Vorruhestandes nicht aus; differenzierend SCHLUND BB 1993, 2025, 2028, der auf das
bei bestimmten Berufen [Piloten, Polizisten] regelmäßig frühere Ausscheiden aus dem Berufsleben
hinweist). Umgekehrt bleiben selbständige Gewerbetreibende und freiberuflich Tätige oft bis ins hohe Alter im Erwerbsleben aktiv. Hier kommt sogar ausnahmsweise
eine Rente auf Lebenszeit in Betracht, wenn im Einzelfall nach der ausgeübten
Beschäftigung sowie der geistigen und körperlichen Konstitution des Verletzten
eine lebenslange Berufstätigkeit zu erwarten war (RG JW 1932, 787; RG JW 1910, 812).
Dies gilt auch, wenn ein noch Erwerbstätiger erst in hohem Alter verletzt wird (RG
WarnR 1908, 57). In diesen Ausnahmefällen muß das Urteil aber stets die besonderen
Gründe angeben, die eine lebenslange Rente ausnahmsweise rechtfertigen (RG JW
1931, 865, 866; RG JW 1932, 787).

b) Rente wegen Bedürfnisvermehrung

Für die Schadensersatzrente wegen vermehrter Bedürfnisse gelten die Ausführungen **31**
zur Rente wegen Erwerbsbeeinträchtigung (oben Rn 30) sinngemäß. Hier ist jedoch
regelmäßig eine zeitlich unbegrenzte Gewährung auszusprechen, da die Dauerhaf-
tigkeit des Mehrbedarfs bereits Begriffsmerkmal der Bedürfnisvermehrung ist; anderes gilt, wenn sich die zeitliche Dauer absehen läßt (MünchKomm/STEIN[3] Rn 44; OLG
Köln VersR 1988, 61, 62). Mit dem Wegfall der Mehraufwendungen erlischt dann auch
der Rentenanspruch (DREES VersR 1988, 784). Entsprechend den Ausführungen zu
einmaligen Aufwendungen (oben Rn 9) kommt hier eine Kapitalisierung eher in Betracht als bei der Rente wegen des Erwerbsschadens, weil oftmals eine einmalige
Zahlung den Mehrbedarf wirtschaftlich vernünftiger und sinnvoller abdecken kann
(WUSSOW/DRESSLER[15] Kap 53 Rn 8).

6. Modalitäten der Rentengewährung (§ 843 Abs 2)

a) Entsprechende Anwendung des § 760

Durch die Verweisung auf den für die Entrichtung der Leibrente geltenden § 760 **32**
(vierteljährliche Vorausleistung) ist das Gericht an diese Vorschrift gebunden.
Grundsätzlich hat es daher bei der Festsetzung der Zahlungsmodalitäten keinen
Ermessensspielraum. Allerdings ist im Einvernehmen beider Parteien eine abweichende Zahlungsart möglich (RGZ 69, 296, 297). Ohne Zustimmung der Gegenpartei
muß bei Vorliegen eines wichtigen Grundes in der Person des Verletzten die Gewährung einer anderen Zahlungsmodalität zulässig sein. Dies folgt aus § 843 Abs 3:
Da der Geschädigte danach sogar eine Kapitalabfindung verlangen kann, muß erst
recht eine abweichende Zahlungsmodalität als „Minus" zur Kapitalabfindung gewährt werden können (STÜRNER JZ 1984, 461, 467). In der Praxis dominiert mittlerweile
die monatliche Vorauszahlung der Rente (SCHLUND BB 1993, 2025, 2026; MünchKomm/
STEIN[3] Rn 45). Das ändert aber nichts an der Geltung des § 760 Abs 3, der auch bei
monatlicher Vorauszahlung die Rente nach dem Tod des Verletzten für den vollen Dreimonatszeitraum garantiert (SCHLUND BB 1993, 2025, 2026; MünchKomm/STEIN[3]
Rn 45).

b)   Sicherheitsleistung (§ 843 Abs 2 S 2)

33 Die Art der Sicherheit und der Betrag, für den Sicherheit zu leisten ist, liegen im
freien Ermessen des Gerichts (MünchKomm/STEIN[3] Rn 46; ERMAN/SCHIEMANN[10] Rn 17). Zu
berücksichtigen sind §§ 232 ff (teils abw PLANCK/GREIFF Kommentar zum BGB[4] Anm 4). Für
die Bemessung der Sicherheitsleistung sind Höhe und Dauer der Rente maßgeblich
(RG JW 1935, 2949). Deshalb kann bei einem Feststellungsurteil, das Höhe und Dauer
der Rente offenläßt, keine Sicherheitsleistung verlangt werden (RGZ 60, 416, 417;
PLANCK/GREIFF Kommentar zum BGB[4] Anm 4).

Bei der Entscheidung, ob für die Realisierung der Rentenansprüche eine Sicherheitsleistung erforderlich ist, hat das Gericht die Umstände des Einzelfalles zu berücksichtigen. Daher ist ein Verlangen nach Sicherheitsleistung jedenfalls dann gerechtfertigt, wenn die Einkommens- und Vermögensverhältnisse des Ersatzpflichtigen
Zweifel an seiner künftigen Leistungsfähigkeit begründen (vgl RGZ 157, 348, 350 f;
MünchKomm/STEIN[3] Rn 46). Das ergibt sich aus § 324 ZPO, der bei einer späteren erheblichen Verschlechterung der Vermögensverhältnisse sogar eine Nachforderungsklage zur Sicherheitsleistung oder eine Erhöhung der Sicherheit ermöglicht. Darüber
hinaus sollte der Anspruch auf Sicherheitsleistung auch dann gewährt werden, wenn
sich aufgrund konkreter Anhaltspunkte ergibt, daß der Verpflichtete seinen Zah-
lungsverpflichtungen nicht nachkommen will (MünchKomm/STEIN[3] Rn 46). Eine Haftpflichtversicherung des Schädigers macht eine Sicherheitsleistung idR entbehrlich,
wenn die Versicherung ihre Leistungspflicht anerkennt (RGZ 157, 348, 350 f; ähnlich
SOERGEL/ZEUNER[12] Rn 23). Fehlt ein solches Anerkenntnis, ist das Bedürfnis nach Sicherheitsleistung insbes dann nicht ausgeschlossen, wenn der Schädiger über den
Versicherungsanspruch frei verfügen kann (RGZ 157, 348, 350).

Bei bereits fälligen Ansprüchen ist die Sicherheitsleistung den Umständen nach nicht
erforderlich, da der Verletzte wegen fälliger Rentenansprüche auch ohne Sicherheitsleistung gemäß § 708 Nr 8 ZPO sofort vollstrecken kann.

7.   Kapitalabfindung (§ 843 Abs 3)

a)   Regelungszweck und -gehalt

34 § 843 Abs 1 liegt der Gedanke zugrunde, daß die Schadensersatzleistung in Form
einer Rente dem Verletzten bei einer dauerhaften Schädigung am besten dient (oben
Rn 3). Nach der Ausnahmeregelung des § 843 Abs 3 kann der Verletzte statt der
Rente Abfindung in Kapital verlangen, wenn ein wichtiger Grund vorliegt. Die
Kapitalabfindung liegt häufig auch im Interesse der Versicherung, da sich deren
Arbeitsaufwand verringert und eine Reservebildung entbehrlich wird (SCHLUND BB
1993, 2025, 2026). Ein entsprechendes Wahlrecht des Schädigers sieht das Gesetz allerdings nicht vor (gegen die ganz hM, die dem Schädiger keinen entsprechenden Anspruch zubilligt,
SCHLUND BB 1993, 2025, 2027). Ebensowenig kann das Gericht von sich aus eine Kapitalabfindung (vgl zur Möglichkeit der Kombination aus Kapitalabfindung und Rente unten Rn 36)
zusprechen (PLANCK/GREIFF Kommentar zum BGB[4] Anm 5).

§ 843 Abs 3 bezieht sich nur auf künftige Ansprüche. Für bereits fällige Ansprüche
kann der Verletzte mangels abweichender Regelung ohne Einschränkung Rente oder
Kapitalabfindung verlangen (BGHZ 59, 187, 188 = NJW 1972, 1711).

b)   Wichtiger Grund

Ob ein wichtiger Grund vorliegt, bestimmt sich nach den jeweiligen **Umständen des**   **35** **Einzelfalls.** Zu berücksichtigen sind sowohl die Verhältnisse des Geschädigten als auch die des Ersatzpflichtigen. Bei den **Verhältnissen des Geschädigten** ist zB relevant, ob im Einzelfall der Ausgleichszweck der Schadensersatznorm aufgrund besonderer Umstände besser und nachhaltiger durch eine sofortige Zahlung einer größeren Geldsumme erreicht werden kann. So kann etwa die Ermöglichung einer neuen Existenz oder die Gewährleistung beruflicher Selbständigkeit einen wichtigen Grund bilden (RG JW 1933, 840). Ebenso kann ein für die Gesundheit günstiger Einfluß der Abfindungsgewährung, die Zweifel über die Fortzahlung der Ersatzansprüche beseitigt, die Kapitalisierung begründen (RGZ 73, 418, 419 f). Bei den **Verhältnissen des Ersatzpflichtigen** sind zB von Bedeutung: Vermögensverfall, drohende Insolvenz, Zahlungsschwierigkeiten, fehlende Möglichkeit, Sicherheit zu leisten (OLG Stuttgart OLGE 2, 440) oder auch Schwierigkeiten der Rentenerhebung wegen ausländischen Wohnsitzes (OLG München SeuffA 62 Nr 108 – ohne Berücksichtigung der europarechtlichen Problematik) oder wegen häufiger Wohnungswechsel (OLG Nürnberg FamRZ 1968, 478). Eine hinter dem Ersatzpflichtigen stehende zahlungsfähige Versicherungsgesellschaft kann den wichtigen Grund ausschließen (RGZ 93, 209, 210 f; OLG Karlsruhe RdK 1928, 364).

Die Kapitalabfindung ist eine Alternative zur Befriedigung eines einheitlichen Ersatzanspruchs. Daher sind auch **Kombinationen aus Kapitalabfindung und Rentenzahlung** möglich (RGZ 77, 213, 216; RGZ 110, 150, 151; RGZ 136, 374, 375). Der Kläger kann also für einige Jahre eine Rente, für die Folgezeit eine Abfindung in Kapital verlangen, wenn ein wichtiger Grund vorliegt (RG Recht 1917 Nr 1631). Auch nach einem rechtskräftigen Urteil kann der Geschädigte für die Zukunft Kapitalabfindung verlangen, wenn der wichtige Grund erst nach dem ersten Urteil eingetreten ist (BGH NJW 1982, 757, 758). Der Verletzte kann sein Wahlrecht bei Vorliegen eines wichtigen Grundes auch dann noch ausüben, wenn er schon Rentenleistungen erhalten hat. Die erhaltenen Zahlungen sind dann bei der Kapitalisierung anzurechnen (BGH NJW 1982, 757, 758). Da es sich bei Rente und Kapitalisierung um Befriedigungsvarianten eines einheitlichen Anspruchs (oben Rn 28) handelt, laufen Verjährung, Verjährungsneubeginn (bis 31. 12. 2001: Verjährungsunterbrechung) und Rechtshängigkeit einheitlich (RGZ 136, 374, 375; RGZ 110, 150, 151; RGZ 77, 213, 216).   **36**

c)   Berechnung der Kapitalabfindung

Der Kapitalwert der Rente ist so zu berechnen, daß der Verletzte während der   **37** voraussichtlichen Laufzeit der Rente aus dem Kapital, vermehrt um dessen Zinserträge, die eigentlich geschuldete Rente beziehen kann (SCHLUND BB 1993, 2025, 2026; SCHNEIDER VersR 1980, 493; WEBER Anm LM § 843 Nr 28). Dabei sind die individuellen Verhältnisse des Geschädigten zu berücksichtigen (BGHZ 79, 187, 190 = NJW 1981, 818, 819). **Berechnungsfaktoren** sind die Lebenserwartung (dazu BGH NZV 2002, 268, 269), die ohne den Unfall zu erwartenden Verdienstchancen unter Berücksichtigung der steuerlichen Auswirkungen und die voraussichtliche Entwicklung des Lohn- und Zinsgefüges (eingehend SCHNEIDER VersR 1980, 493 mit Rechenbeispielen und Schaubildern). Die hierbei anzustellende **Prognose** kann – trotz Anwendung von § 287 ZPO – schwierig sein (siehe nur BGHZ 79, 187, 189 ff = NJW 1981, 818, 819 ff; WEBER Anm LM § 843 Nr 28).

Der BGH (BGHZ 79, 187, 190 = NJW 1981, 818, 819; einschränkend BGH NZV 2002, 268, 269) hat dennoch eine **Anwendung des § 323 ZPO** mit dem Wesen und Zweck der Kapitalabfindung für unvereinbar gehalten und der Abfindung den Charakter eines richterlich verfügten Vergleichs zugesprochen, in dem der Geschädigte das Prognoserisiko bewußt übernehme und auf die Berücksichtigung der zukünftigen Entwicklungen seiner persönlichen und wirtschaftlichen Verhältnisse verzichte (so bereits OERTMANN AcP 109 [1912] 265, 303; dem BGH folgend WEBER Anm LM § 843 Nr 28; MünchKommZPO/GOTTWALD[2] § 323 Rn 13; ROSENBERG/SCHWAB/GOTTWALD[15] § 158 II 2; NEHLS VersR 1981, 286; formal mit dem Normtext argumentierend STEIN/JONAS/LEIPOLD[21] § 323 Rn 7; MUSIELAK/MUSIELAK[2] § 323 Rn 6; BGB-RGRK/BOUJONG[12] Rn 231; STAUDINGER/SCHÄFER[12] Rn 184; früher bereits RGZ 73, 418, 420). Umgekehrt hätten der Schädiger und sein Versicherer ein „höchst legitimes Interesse" daran, daß die so bewirkte Regulierung des Schadens endgültig sei (so SCHLUND BB 1993, 2025, 2030; auch BGHZ 79, 187, 191 = NJW 1981, 818, 819). Die möglichen Ereignisse, welche die Dauer und die Höhe der zu zahlenden Rente beeinflussen können, sind aber so vielgestaltig, daß sie nie vollständig erfaßt und in die Bemessung der Kapitalabfindung eingestellt werden können. Prognosefehler bei der Berechnung der Kapitalabfindung sind daher praktisch unvermeidbar. Würde der Geschädigte – um den Erfordernissen der Rechtsprechung zu entsprechen – im Prozeß versuchen, auch ganz entfernte Risiken in die Berechnung einzustellen, würde dies am Widerstand des Schädigers bzw dessen Versicherung scheitern. Richtigerweise muß deshalb § 323 ZPO grundsätzlich auch auf eine einmal festgesetzte Kapitalentschädigung angewendet werden, weil sonst untragbare Ungerechtigkeiten entstehen können (so auch MünchKomm/STEIN[3] Rn 49, die die nötige und irreversible Prognose „nur im Wege der Scharlatanerie" für erfüllbar hält; ebenso ZÖLLER/VOLLKOMMER[23] § 323 Rn 28; ERMAN/SCHIEMANN[10] Rn 19; SCHILKEN[3] Rn 1069: analoge Anwendung gerechtfertigt; GRUNSKY AcP 181 [1981] 343, 346; STÜRNER JZ 1984, 461, 468). Allerdings wird die Wesentlichkeitsschwelle im Vergleich zur Rentenzahlung (ie unten Rn 179) hier höher liegen: Generell vorhersehbarer Mehrbedarf ist in diesem Sinne als nicht wesentlich anzusehen (ähnlich iE BGH NZV 2002, 268, 269).

d) Prozessuales

38 Gegenüber mehreren Schädigern kann die Entscheidung, ob Rente oder Kapitalabfindung zu gewähren ist, nur einheitlich getroffen werden (RGZ 68, 429, 430). Auch mehrere Gesamtgläubiger können eine Kapitalabfindung nur gemeinsam verlangen (BGHZ 59, 187, 191 = NJW 1972, 1711; ERMAN/SCHIEMANN[10] Rn 19).

Um zu vermeiden, daß die Klage wegen Verneinung eines wichtigen Grundes abgewiesen wird, empfiehlt es sich für den Kläger, der Kapitalabfindung verlangt, einen Hilfsantrag auf Rentengewährung zu stellen (RGZ 136, 373, 375). Zu den prozessualen Konsequenzen der Einheitlichkeit des Anspruchs s ie oben Rn 28.

e) Reformbestrebungen

39 Der BR hat im Laufe des Gesetzgebungsverfahrens zum 2. SchadÄndG (in Kraft getreten am 1. 8. 2002) vorgeschlagen, die gesetzliche Regel der Rentenabfindung aus § 843 Abs 1 für Regreßansprüche der Sozialversicherungsträger in eine Kapitalabfindung umzuwandeln, wenn dem ein wichtiger Grund nicht entgegensteht (BT-Drucks 14/7752, 49). Wenn ein Sozialversicherungsträger die Rentenzahlung übernehme, sei kein Grund mehr für eine Geldrente vorhanden. Zudem seien in der heutigen Praxis die Sozialversicherungsträger auf Bereitschaft und Wohlwollen der

Versicherer angewiesen, wenn sie die auf sie übergegangenen Ansprüche im Wege eines Vergleichs abgefunden haben möchten (hiergegen MACK/TERRAHE PHI 2002, 42, 49: auch die Haftpflichtversicherer seien in der Regel an einer Kapitalisierung interessiert).

Der Vorschlag des BR hat im weiteren Gesetzgebungsverfahren keine Berücksichtigung gefunden; eine Neuregelung ist in absehbarer Zeit damit unwahrscheinlich, zumal die Gerichte die Möglichkeit haben, einmalige Aufwendungen in direkter Anwendung der §§ 249, 251 zuzusprechen (oben Rn 9).

V.   Leistungen Dritter (§ 843 Abs 4)

1.   Anwendungsbereich

Nach § 843 Abs 4 wird der Schadensersatzanspruch des Geschädigten nicht dadurch **40** ausgeschlossen, daß ein anderer ihm Unterhalt zu gewähren hat. Damit wird dem Schädiger der Einwand abgeschnitten, dem Geschädigten sei diese Unterhaltszahlung im Wege der Vorteilsausgleichung (unten Rn 48 ff und 155 ff) auf den Schadensersatzanspruch anzurechnen (BGB-RGRK/BOUJONG[12] Rn 129; MünchKomm/STEIN[3] Rn 53).

Die Anrechnung wird dabei nur bei denjenigen Unterhaltsleistungen ausgeschlossen, die in einem **unmittelbaren kausalen Zusammenhang** mit dem Schadensereignis stehen (BGH NJW 1970, 1127, 1129; BGH VersR 1970, 522, 524; BGH VersR 1978, 346, 348; BGB-RGRK/BOUJONG[12] Rn 131). Hingegen kann eine Anrechnung erfolgen, wenn lediglich die Person des Unterhaltpflichtigen wechselt, nicht aber die Quelle des Unterhalts (BGHZ 58, 14, 20 = NJW 1972, 574, 575; BGH VersR 1965, 376, 379; BGH VersR 1969, 951, 952 = NJW 1969, 2008; BGB-RGRK/BOUJONG[12] Rn 131). Eine Identität der Quelle wurde zB bejaht, wenn das Vermögen, aus dem der Unterhalt bestritten wurde, zuvor der elterlichen Gütergemeinschaft, dann einem Elternteil allein gehörte (RGZ 64, 350, 357 ff; RGZ 69, 292, 294; RGZ 72, 435, 437).

a)   Unmittelbare Anwendung

Unmittelbar erfaßt § 843 Abs 4 nur die Fälle der Erwerbsbeeinträchtigung bzw Be- **41** dürfnismehrung, in denen ein **Dritter kraft Gesetzes** dem Geschädigten **Unterhalt zu gewähren** hat (MünchKomm/STEIN[3] Rn 50). Hierzu gehören die Unterhaltsansprüche der Ehegatten (§ 1360 S 1) einschließlich derer bei Getrenntleben (§ 1361) oder nach Scheidung (§§ 1569 ff), der Verwandten in gerader Linie (§ 1589 S 1 iVm §§ 1601 ff), der Kinder, deren Eltern nicht miteinander verheiratet sind, gegenüber dem Vater (§ 1615a iVm §§ 1601 ff) oder der Mutter (§§ 1589 S 1, 1591 iVm §§ 1601 ff), der Mutter gegenüber dem Vater des Kindes, mit dem sie nicht verheiratet ist (§ 1615l Abs 1 iVm Abs 3 S 1 und §§ 1601 ff), des mit der Mutter nicht verheirateten Vaters, der das gemeinsame Kind betreut (§ 1615l Abs 5 iVm Abs 2 S 2 und Abs 3 S 1 sowie §§ 1601 ff), des Adoptierten und der Adoptiveltern (§ 1754 Abs 1 iVm §§ 1601 ff) sowie der Lebenspartner (§ 5 LPartG).

b)   Entsprechende Anwendung

Die entsprechende Anwendung der Norm ist angeordnet in §§ 618 Abs 3, 844 Abs 2 **42** S 1 HS 2, 845 S 2 sowie in § 89 Abs 2 ArznmG, § 30 Abs 2 AtomG, § 28 Abs 2 S 1 BLG, § 32 Abs 6 S 2 GenTG, § 8 Abs 2 HaftpflG, § 62 Abs 3 HGB, § 38 Abs 2 LuftVG, § 9 Abs 2 ProdHaftG, § 13 Abs 2 StVG und § 14 Abs 2 UmweltHG.

Vgl zur Verweisung in § 117 BBergG sowie zur analogen Anwendung auf öffentlich-rechtliche Aufopferungsansprüche oben Rn 5 mwNw.

c) Anwendung aufgrund allgemeinen Rechtsgedankens

43 Die Bedeutung des § 843 Abs 4 erschöpft sich nicht darin, dem Schädiger den Einwand zu nehmen, der Verletzte könne sich an einen anderen Unterhaltspflichtigen wenden. Vielmehr enthält die Vorschrift nach zutreffender ganz überwiegender Auffassung den allgemeinen Rechtsgedanken, daß solche **Leistungen Dritter** nicht auf den Schadensersatzanspruch angerechnet werden, die ihrer **Natur und Zweckbestimmung nach dem Schädiger nicht zugute kommen sollen** (RGZ 92, 57, 59; BGHZ 21, 112, 116 = NJW 1956, 1068, 1069; BGHZ 22, 72, 74 f = NJW 1957, 138, 139; JAUERNIG/TEICHMANN[9] Rn 5; BGB-RGRK/BOUJONG[12] Rn 129, 133; MünchKomm/STEIN[3] Rn 50; SOERGEL/ZEUNER[12] Rn 29; BROX/WALKER, AllgSchR[28] § 31 Rn 23; einschränkend THIELE AcP 167 [1967] 193, 219 und LANGE/SCHIEMANN[3] § 9 II 1: kein allgemeines Prinzip, sondern nur ein erweiterungsfähiger Rechtsgedanke; nach LANGE/SCHIEMANN aaO soll die ratio legis daher nicht generell auf das private und öffentliche Dienstrecht anwendbar sein). Der Schädiger soll auch dann für sein Verhalten einstehen müssen, wenn sich die wirtschaftliche Lage des Geschädigten wegen der Leistung eines Dritten nicht nachteilig verändert. Eine Verlagerung des Schadens vom Schädiger auf den Dritten wird so vermieden.

44 Ausgehend von diesem allgemeinen Rechtsgedanken erfaßt § 843 Abs 4 auch folgende **Fallgruppen**, in denen eine **Anrechnung** demnach **ausscheidet**:

– alle Schadensersatzansprüche wegen Verletzung des Körpers und der Gesundheit, insbes Ersatz der Heilungskosten (RGZ 47, 211, 213; RGZ 65, 162, 163; RGZ 132, 223, 224; OLG Celle NJW 1962, 51; BGB-RGRK/BOUJONG[12] Rn 132; SOERGEL/ZEUNER[12] Rn 30; GREGER[3] § 13 StVG Rn 35); dagegen sind ersparte Unterhaltsaufwendungen der Eltern beim Krankenhausaufenthalt ihres Kindes anzurechnen (OLG Celle NJW 1969, 1765, 1766);

– Schadensersatzansprüche des Mündels gegen seinen Vormund nach § 1833 (BGHZ 22, 72, 76; BGB-RGRK/BOUJONG[12] Rn 132; LANGE/SCHIEMANN[3] § 9 VI 2);

– bereits erfolgte Unterhaltsgewährung (RGZ 138, 1, 2 f; BGH MDR 1957, 537, 538; BGHZ 22, 72, 77 f = NJW 1957, 138, 139; BGHZ 54, 269, 274 = NJW 1970, 2061, 2063; SOERGEL/ZEUNER[12] Rn 29; JAUERNIG/TEICHMANN[9] Rn 5; BGB-RGRK/BOUJONG[12] Rn 130; LANGE/SCHIEMANN[3] § 9 VI 3; anders die zT früher vertretene Auffassung, die am Wortlaut „zu gewähren hat" anstelle „gewährt hat" festhielt: MARCUSE JW 1915, 265; ENECCERUS/LEHMANN[15] § 248 III 2 f; vCAEMMERER NJW 1963, 1402, 1403; SCHMIDT JherJb 72 [1922] 1, 91; ESSER MDR 1957, 522, 523);

– Unterhaltsgewährung durch einen nicht unterhaltspflichtigen Angehörigen (RGZ 92, 57, 59; BGHZ 54, 269, 274 = NJW 1970, 2061, 2063; BGH VersR 1963, 463, 464: Hilfsleistungen der Schwiegertochter; BGH NJW 1979, 598, 599: Besuchskosten der Schwiegermutter im Krankenhaus; BGB-RGRK/BOUJONG[12] Rn 130; SOERGEL/ZEUNER[12] Rn 29);

– verstärkter Einsatz eigener Arbeitskraft durch Familienangehörige (BGHZ 38, 55, 59; BGH VersR 1976, 440, 441; BGH VersR 1963, 463, 464; BGH VersR 1961, 230, 231; BGB-RGRK/BOUJONG[12] Rn 132; LANGE/SCHIEMANN[3] § 9 VI 2, § 6 IX 6).

2. Regreßansprüche Dritter

§ 843 Abs 4 ist auch Ausdruck des Grundgedankens, daß einerseits der Geschädigte **45** nicht doppelt entschädigt werden soll, andererseits der Schädiger den Schaden im Ergebnis tragen soll (unten Rn 48 f; BGB-RGRK/Boujong[12] Rn 130; Lange/Schiemann[3] § 9 VI 3, § 11 C V; Larenz I[14] § 30 II c). Hat der Unterhaltspflichtige den Unterhalt bereits geleistet, so ergibt sich hieraus die Notwendigkeit, ihm gegen den Schädiger den Regreß zu eröffnen. Eine Norm, die einen Regreß ausdrücklich anordnet, fehlt. Deshalb werden verschiedene konstruktive Lösungswege vorgeschlagen: Möglich sind der Rückgriff über GoA und im Wege des Zessionsregresses (unten Rn 46). Abzulehnen sind der Rückgriff nach Bereicherungsrecht sowie im Wege der Gesamtschuld oder der cessio legis (unten Rn 47).

Der BGH (BGH VersR 1957, 377, 378; BGH VersR 1961, 272, 273; BGH NJW 1979, 598 f; vgl **46** schon RGZ 84, 390; RGZ 156, 193, 201: sog auch-fremdes Geschäft) und Teile der Literatur (Wollschläger, Die Geschäftsführung ohne Auftrag [1976] 113 ff) sehen die **GoA** als das geeignete Regreßinstrument an. Sie gehen davon aus, daß der Unterhaltspflichtige ein (auch-)fremdes Geschäft (vgl nur BGHZ 40, 28, 31 = NJW 1963, 1825; BGHZ 110, 313, 315 = NJW 1990, 2058, 2059; Staudinger/Wittmann [1994] Vorbem zu §§ 677 ff Rn 23; Martinek JuS 1997, 805, 807 f; **aA** noch Larenz I[14] § 30 II [Fn 40]; Weimar JR 1954, 256, 257) für den Schädiger führt. Die Erfüllung einer fremden Unterhaltspflicht durch einen nicht oder nur sekundär Unterhaltspflichtigen ist daher ein Geschäft auch für den primär Unterhaltspflichtigen (Staudinger/Wittmann [1994] Vorbem zu §§ 677 ff Rn 27); die Nachrangigkeit des Unterhaltspflichtigen gegenüber dem deliktischen Schädiger ergibt sich gerade aus § 843 Abs 4. Durch einen Regreß aufgrund der GoA-Vorschriften wird der Schädiger nicht schlechter gestellt, da ein Aufwendungsersatzanspruch nur dann besteht, wenn im Zeitpunkt der Zahlung der Schadensersatzanspruch noch durchsetzbar bestand; in jedem Fall profitiert er durch die so bewirkte teilweise Befreiung, einen Aufschub oä (Martinek JuS 1997, 805, 810).

Möglich ist auch ein **Rückgriff im Wege des Zessionsregresses** (abl Frotz JZ 1964, 665, 670 aus praktischen Erwägungen). Danach kann der Unterhaltspflichtige, soweit er geleistet hat, vom Verletzten die Abtretung des ihm gegen den Schädiger zustehenden Schadensersatzanspruchs fordern. Dies wird auf eine Analogie zu § 1648 (Soergel/Zeuner[12] Rn 31; Larenz I[14] § 30 II c), den Grundgedanken des § 255 (Staudinger/Selb [1995] § 255 Rn 20) oder das zwischen Unterhaltsgläubiger und -schuldner bestehende Rechtsverhältnis (Lange/Schiemann[3] § 11 C V) gestützt.

Abzulehnen sind hingegen der Rückgriff nach Bereicherungsrecht und im Wege der **47** Gesamtschuld sowie der cessio legis.

Nach Frotz (JZ 1964, 665, 670) und Esser (MDR 1957, 522, 523) ist ein Rückgriff nach Bereicherungsrecht (**Eingriffskondiktion**) gegeben, da der Schädiger durch die Unterhaltszahlung seitens eines Unterhaltsverpflichteten in sonstiger Weise auf dessen Kosten rechtsgrundlos einen vermögenswerten Vorteil in Gestalt der Befreiung von dem gegen ihn gerichteten Schadensersatzanspruch erlange. Unberücksichtigt bleibt insofern, daß nach § 843 Abs 4 die Leistung des Unterhaltspflichtigen auf den Anspruch des Verletzten gegen den Schädiger keinen Einfluß haben soll. Dies verbietet auch, hierin die Erlangung eines vermögenswerten Vorteils durch den Schädiger zu erblicken (LANGE/SCHIEMANN³ § 11 C V; SOERGEL/ZEUNER¹² Rn 31; SCHNEIDER MDR 1961, 101, 103; LAUFS NJW 1967, 2295, 2297). Zudem leistet der Unterhaltsschuldner bewußt und zweckgerichtet ausschließlich im Rahmen des zwischen ihm und dem Geschädigten bestehenden Rechtsverhältnisses. Dies schließt zum einen eine Leistungskondiktion im Verhältnis zum Schädiger aus, zum anderen versperrt dies wegen des Vorrangs der Leistungskondiktion eine Eingriffskondiktion (LANGE/SCHIEMANN³ § 11 C V).

Eine weitere Auffassung, welche die Gesamtschuld als allgemeines Ausgleichsinstitut immer für gegeben ansieht, wenn mehrere eine Leistung schulden, und die gesetzlichen Fälle der Legalzession nur als deren Spezialfälle begreift (EHMANN, Die Gesamtschuld [1972] 301 f; RÜSSMANN JuS 1974, 292, 294 ff, 298; SCHMIDT JherJb 72 [1922] 1, 77 ff; ders AcP 163 [1963] 530, 533), bejaht einen **Rückgriff im Wege der Gesamtschuld**. Da hiernach zwischen dem Delikts- und dem Unterhaltsschuldner ein Gesamtschuldverhältnis bestehe, solle der Regreß des Letztgenannten über § 426 Abs 1 HS 2 iVm §§ 840 Abs 2, 3, 841 oder 843 Abs 4 oder 254 erfolgen. Für ein Gesamtschuldverhältnis ist aber nach heute allgM eine Gleichstufigkeit erforderlich (BGHZ 106, 313, 319 = NJW 1989, 2127, 2128; BGHZ 108, 179, 183 ff = NJW 1989, 2530, 2531; LARENZ I¹⁴ § 37 I; PALANDT/ SPRAU⁶¹ § 421 Rn 7), welche wegen der durch § 843 Abs 4 statuierten vorrangigen Schadenstragungspflicht des Schädigers bei der Haftung von Deliktsschuldner und Unterhaltsschuldner nicht besteht (LANGE/SCHIEMANN³ § 11 C V; MünchKomm/BYDLINSKI⁴ § 421 Rn 63; ferner PREISSER JuS 1987, 961, 964).

Schließlich wird ein **gesetzlicher Forderungsübergang** mit einer Analogie zu § 1607 Abs 2 S 2 (THIELE AcP 167 [1967] 193, 223 ff; BACH JW 1914, 730, 732), einer Analogie zu § 840 Abs 2, 3 (BACH JW 1914, 730, 732: alternativ) oder einer Gesamtanalogie aus der Zusammenschau der wichtigsten maßgeblichen Vorschriften (STAUDINGER/SCHÄFER¹² Rn 77 ff) befürwortet. Dies führt jedoch zu einer erheblichen Rechtsunsicherheit. Da die genauen Modalitäten – insbes Zeitpunkt und Umfang – bei jeder Legalzessionsnorm mit Rücksicht auf die jeweilige Sachmaterie vom Gesetzgeber unterschiedlich geregelt sind, kommt eine Analogie nicht in Betracht (BGHZ 13, 360, 366). Ein Analogieschluß soll zudem aus methodischen Gründen nicht gezogen werden, wenn er nicht zwingend ist, sondern nur eine von mehreren Abwicklungsmöglichkeiten darstellt (so auch LANGE/SCHIEMANN³ § 9 XI 1 d).

VI. Cessio legis und Vorteilsausgleichung

1. Allgemeines

48 In einigen gesetzlichen Vorschriften (ie unten Rn 51) ist angeordnet, daß der Schadensersatzanspruch auf einen Dritten übergeht, der dem Geschädigten wegen des eingetretenen Schadens Leistungen gewährt. Diese **Sonderbestimmungen** machen mit der in ihnen enthaltenen **cessio legis** die Vorteilsausgleichung entbehrlich (LANGE/SCHIEMANN³ § 9 III 4; THIELE AcP 167 [1967] 193, 216; LARENZ I¹⁴ § 30 II c; ESSER/SCHMIDT⁸ § 33 V 2; BROX/WALKER, AllgSchR²⁸ § 31 Rn 25; MünchKomm/OETKER⁴ § 249 Rn 444; STAUDINGER/SCHIEMANN [1998] § 249 Rn 135: die Vorschriften über die Legalzession setzen die Verneinung der Vorteilsausgleichung voraus; ähnlich ders LM § 852 Nr 137; auch MEDICUS JuS 1979, 233, 237 f m Hinweis auf den Zusammenhang mit dem normativen Schadensbegriff) und sinnwidrig, da der übergegangene Anspruch für den Geschädigten keinen Vorteil mehr darstellen kann. Vorteilsausgleichung und cessio legis dienen allerdings ähnlichen Zwecken (ie unten Rn 49).

Ein Teilaspekt der Problematik der Leistungen Dritter – deren **Unterhaltsleistungen** – wird in **§ 843 Abs 4** behandelt. Dort und in den auf diese Vorschrift verweisenden Normen wird die Anrechnung als Vorteil ausdrücklich ausgeschlossen. Andere Normen, wie zB § 642 Abs 2, §§ 429 Abs 2, 658 Abs 1 und 659 HGB (wNw bei SOERGEL/ MERTENS[12] Vor § 249 Rn 206, STAUDINGER/SCHIEMANN [1998] § 249 Rn 134), ordnen dagegen eine Anrechnung an.

Dogmatischer Hintergrund und Ausgangspunkt der Vorteilsausgleichung sind die Dif-   **49** ferenzhypothese und das Bereicherungsverbot (DEUTSCH/AHRENS[4] Rn 435; GREGER[3] § 7 Rn 202). Der Schadensersatzanspruch soll nur die Nachteile ausgleichen, nicht aber zu einer Bereicherung des Ersatzberechtigten führen (so bereits PLANCK/SIBER Kommentar zum BGB[4] § 249 Anm 5; OERTMANN Recht der Schuldverhältnisse[3] [1910] Vorbem §§ 249–254 Anm 5 a mwNw; BROX/WALKER, AllgSchR[28] § 31 Rn 21). Der vom Grundsatz der Totalreparation geforderte hypothetische Vergleich der Vermögenszustände wird daher nur dann konsequent durchgeführt, wenn auch die im Zusammenhang mit dem Schadensereignis erwachsenen Vorteile beachtet werden. Um den Verletzten so zu stellen, wie er sonst stünde, genügt nicht der Ersatz aller Nachteile, sondern muß auch eine Ausgleichung von Vorteilen erfolgen (CANTZLER AcP 156 [1957] 29, 31 ff; auch PLANCK/ GREIFF Kommentar zum BGB[4] Anm 3 c: allg Grundsatz der compensatio lucri cum damno). Gleichwohl ist inzwischen anerkannt, daß hier eine rein konstruktive Lösung versagt und statt dessen eine wertende Betrachtung erfolgen muß (unten Rn 156 f; MEDICUS JuS 1979, 233, 237 f; weiterführend zum Ganzen WENDEHORST 118 ff, 545 ff und 615 ff).

Die **Frage der Vorteilsausgleichung** stellt sich immer dann, wenn eine **eindeutige**   **50** **Stellungnahme des Gesetzgebers fehlt.** Einerseits belegen die Motive (Mot II 19), daß schädliche und nützliche Folgen nicht voneinander getrennt werden dürften, sondern daß auf das Gesamtresultat gesehen werden müsse. Andererseits wollen die Materialien (Mot II 18; damit argumentierend BGHZ 8, 325, 328 = NJW 1953, 618, 619) die Beantwortung der Frage der Anrechenbarkeit der Rechtswissenschaft und Praxis überlassen. Eine generelle Vorrangrelation läßt sich jedenfalls daraus nicht ableiten (so iE auch STAUDINGER/SCHIEMANN [1998] § 249 Rn 140).

Zutreffend bejaht die Rechtsprechung die – jeweils zu begründende – **Anrechnung im Einzelfall** und scheint damit von der Regel der Nichtanrechenbarkeit auszugehen (BGHZ 8, 325, 329 = NJW 1953, 618, 619; BGHZ 10, 107, 108 = NJW 1953, 1346; BGHZ 30, 29, 33 = NJW 1959, 1078). Ein Teil der Literatur sieht hingegen dennoch die Anrechnung als Regelfall (so AK-BGB/RÜSSMANN Vor § 249 Rn 7; ESSER/SCHMIDT[8] § 33 V 1; MünchKomm/ GRUNSKY[2] Vor § 249 Rn 96; STAUDINGER/SCHIEMANN [1998] § 249 Rn 132, zweifelnd aber in Rn 140; THIELE AcP 167 [1967] 199). Dagegen wiederum wird teilweise jedes Regel-Ausnahme-Verhältnis verneint (SOERGEL/MERTENS[12] Vor § 249 Rn 207; LANGE/SCHIEMANN[3] § 9 III 3; MünchKomm/OETKER[4] § 249 Rn 230; PALANDT/HEINRICHS[61] Vorbem v § 249 Rn 122; STAUDINGER/MEDICUS[12] § 249 Rn 146; STAUDINGER/RÖTHEL § 844 Rn 200).

Eine **cessio legis** ordnen folgende Vorschriften an: **51**

§ 67 VVG, § 77 Abs 2 AngVG (in Kraft bis 31. 12. 1991), § 109 RKnappschG (in Kraft

bis 31. 12. 1991), § 6 EFZG, § 87a BBG, § 52 BRRG (und entspr Landesrecht), § 116
SGB X (§ 127 AFG ersetzt zum 1. 1. 1998 durch § 116 Abs 10 SGB X); § 91 BSHG,
§ 81a BVG, § 7 UnterhVG, § 63 Abs 4 IfSG (bis 31. 12. 2000: § 54 Abs 2 BSeuchG), § 5
Abs 1 OEG (zu den letztgenannten Normen WALTERMANN NJW 1996, 1644, 1645, 1649).

52 Wegen ihrer **besonderen praktischen Relevanz** werden im folgenden die Regelungen
der **§§ 67 VVG, 116 SGB X, 6 EFZG und 87a BBG** ie dargestellt*. Diese Vorschriften
lösen zwar nicht unmittelbar das Problem der Vorteilsausgleichung. Der gesetzliche
Forderungsübergang bezweckt in diesen Fällen aber – ähnlich wie bei der Vorteilsausgleichung – die Vermeidung einer doppelten Entschädigung des Geschädigten (vgl
BGHZ [GS] 9, 179, 186 = NJW 1953, 821, 822 [zu § 1542 RVO]; bestätigt in BGHZ 54, 377, 382 = NJW

---

* **Schrifttum:** ARNAU, Stellen die Rentenversi-
cherungsbeiträge für Pflegepersonen gem § 44
SGB XI einen vom Schädiger zu erstattenden
Aufwand dar?, NZV 1997, 255
BATTIS, Bundesbeamtengesetz (2. Aufl 1997);
zitiert: BATTIS[2]
BRUCK/MÖLLER/SIEG, Versicherungsvertragsgesetz (8. Aufl 1980); zitiert: BRUCK/MÖLLER/SIEG[8]
BUDEL, Regreß der Pflegeversicherung, VGT
1997, 269
DECKER/OESTREICHER/SCHELTER/KUNZ, Bun-
dessozialhilfegesetz, Loseblatt (Stand 6/02)
DENCK, Das Befriedigungsvorrecht nach § 116
Abs 4 SGB X bei unzureichender Versiche-
rungssumme, VersR 1987, 629
DEINHARDT, Der gesetzliche Forderungsübergang nach den §§ 116–119 SGB X, VersR 1984,
697
DREES, Konkurrenzverhältnis zwischen öffent-
lichem Dienstherrn und Sozialversicherungsträger als Legalzessionäre gem §§ 87a BBG, 116
SGB X, VersR 1986, 19
EICHENHOFER, Umfaßt der Ersatzanspruch des
pflegegeldberechtigten Geschädigten Aufwendungen für die Alterssicherung der Pflegekraft?,
VersR 1998, 393
vEINEM, Der Regreß des Krankenversicherungsträgers nach § 116 SGB X wegen Zahlung
von Renten- und Arbeitslosenversicherungsbeiträgen, NJW 1987, 480
ders, Regreß der Sozialhilfeträger im Zusammenhang mit der Pflegeversicherung, SGb 1995,
524
ELSNER, Quoten- und Befriedigungsvorrecht in
der Sozialversicherung, zfs 1999, 276
Erfurter Kommentar zum Arbeitsrecht (2. Aufl
2001); zitiert: ErfK/BEARBEITER[2]

FEHL, Die immaterielle Ausgleichsfunktion der
Beschädigtenrente gemäß § 31 BVersG, VersR
1983, 1008
FLEISCHMANN, Das Familienprivileg im Privat-
und Sozialversicherungsrecht, zfs 2000, 140
FÜRST (Hrsg), Gesamtkommentar öffentliches
Dienstrecht, Loseblatt (Stand 4/01); zitiert:
GKÖD/BEARBEITER
GITTER, Die Neuregelung der Haftungsfreistel-
lung des Unternehmers und anderer im Betrieb
tätiger Personen in der gesetzlichen Unfallver-
sicherung, in: FS Wiese (1998) 131
GREGER/OTTO, Vom Nachrang zum Super-Vor-
recht, NZV 1997, 292
HALFMEIER/SCHNITZLER, Die Anwendung des
Angehörigenprivilegs bei Verkehrsunfällen,
VersR 2002, 11
HAUCK/HEINES, SGB X/3, Zusammenarbeit der
Leistungsträger und ihre Beziehungen zu Drit-
ten, Loseblatt (Stand: 1/00); zitiert: HAUCK/
HEINES/BEARBEITER
R HESS, Noch einmal: Psychische Erkrankun-
gen nach Unfallereignissen: HWS und die post-
traumatische Belastungsstörung, NZV 2001, 287
HIRSCHBERG, Arbeitnehmerhaftung und Haft-
pflichtversicherung, VersR 1973, 786;
HOLTMANN, Das Quotenvorrecht des Versiche-
rungsnehmers, JuS 1991, 649
JAHNKE, Pflegeleistungen nach SGB V und
SGB XI: Forderungsübergang und Abfindung,
VersR 1996, 924
KAISER/DUNKL/HOLD/KLEINSORGE, Entgelt-
fortzahlungsgesetz (3. Aufl 1996); zitiert: KAI-
SER/DUNKL/HOLD/KLEINSORGE[3]
Kasseler Kommentar Sozialversicherungsrecht,
Loseblatt (Stand: 08/2002); zitiert: Kasseler
Kommentar/BEARBEITER

1971, 286, 287). **Weil nur etwas übergehen kann, was entstanden ist** (LANGE/SCHIEMANN[3] § 9 III 4; ihnen folgend WENDEHORST 118), **zeigt dies, daß die die Legalzession auslösenden Zahlungen keine den Schaden ausgleichenden Vorteile bilden sollen.** Der Schädiger

KISCH, Eintritt des Versicherers in den Entschädigungsanspruch des Versicherten, LZ 1916, 13

ders, Der Übergang der Entschädigungsansprüche des Versicherungsnehmers auf den Versicherten, Beiheft 2 „Wirtschaft und Recht der Versicherung" WuR, zur Zeitschr Deutsch öff rechtl Versicherung, 1935, 50

KLAPROTH, Erstattung von Sozial- und Arbeitslosenversicherungsbeiträgen nach §§ 116, 119 SGB X, VersR 1984, 924

KNOCHE, Sind nichteheliche Lebensgemeinschaften im Privatrecht wie Familien zu behandeln?, MDR 1988, 743

KOHTE, Familienschutz für Lebensgemeinschaften beim Forderungsübergang nach § 67 Abs 2 VVG, § 116 Abs 6 SGB X, NZV 1991, 89

KÜPPERSBUSCH, Die Ablösung der §§ 1542, 1543 RVO durch §§ 116 bis 119 SGB X, VersR 1983, 193

ders, Schadensersatz wegen Zahlungen von Rentenversicherungs- und Arbeitslosenversicherungs-„Beiträgen" nach § 1385b Abs 1 RVO nF, § 186 Abs 1 AFG, VersR 1985, 16

ders, Probleme bei Regreß der Pflegekasse, NZV 1997, 30

LACHNER, Das Quotenvorrecht, das unbekannte Wesen, zfs 1998, 161

MARBURGER, Neu geregelt: Entgeltfortzahlung im Krankheitsfall, BB 1994, 1417

MARSCHALL VBIEBERSTEIN, Beihilfeansprüche und kongruente Schadensersatzleistungen, VersR 1965, 1134

MARSCHNER, Die Neuregelung der Haftungsfreistellung in der gesetzlichen Unfallversicherung, BB 1996, 2090

VMAYDELL/BREUER, Zum Übergang des Schadensersatzanspruchs auf den Sozialleistungsträger gemäß § 116 SGB X, NJW 1984, 23

NEESSE, Übergang der Schadensersatzforderung, die der Versicherungsnehmer gegen einen Schädiger hat, auf den Versicherer in der privaten Krankenversicherung, VersR 1976, 704

VOLSHAUSEN, Die Regreßregelung des § 116 Abs 3 S 2 Sozialgesetzbuch (SGB) – Eine Fehl-

leistung des Gesetzgebers, VersR 1983, 1108

ders, Die Aufteilung des Schadensersatzanspruchs zwischen Geschädigtem und SVT beim Zusammentreffen von Haftungshöchstsummen und Mitverantwortung des Geschädigten (§ 116 Abs 3 S 2 SGB X), VersR 2001, 936

PLAGEMANN, Teleologisch reduzieren oder: Die Metamorphose des Verwandtenprivilegs?, NZV 1998, 94

PLAGEMANN/SCHAFHAUSEN, Teilungsabkommen mit Sozialversicherungsträgern und ihre Auswirkungen auf Dritte, NZV 1991, 49

PLUMEYER, Offene Fragen zum Regreß nach dem Sozialgesetzbuch (SGB), VGT 1984, 155

PRÖLSS/MARTIN, Versicherungsvertragsgesetz, (26. Aufl 1998); zitiert: PRÖLSS/MARTIN/BEARBEITER[26]

G und D REINICKE, Zur Frage des Übergangs von Schadensersatzansprüchen auf Arbeitgeber und Versicherungsträger, NJW 1953, 1243

RIEDMAIER, Schadensregulierung zwischen dem Bund und Dritten, VersR 1976, 793

ders, Schadensersatz wegen Arbeitsunfähigkeit, VersR 1978, 110

ders, Schadensregulierung zwischen dem Bund und Dritten – zum Rechtsübergang gem § 87a BBG, ZBR 1976, 73

ders, Schadensersatz wegen Arbeitsunfähigkeit von Angehörigen des öffentlichen Dienstes, ZBR 1978, 190

ders, Übergang der Schadensersatzansprüche unfallverletzter Arbeitnehmer (Beamter) auf Arbeitgeber (Dienstherren), DB 1980, 64

RISCHAR, Steht das Familienprivileg zur Disposition der Rechtsprechung?, VersR 1998, 27

RITZE, Zum Übergang von Beitragsansprüchen nach § 119 SGB X, VersR 1983, 214

SCHIRMER, Ausdehnung des Familienprivilegs (§§ 67 Abs 2 VVG, 116 Abs 6 SGB X) auf eheähnliche Lebensgemeinschaften, DAR 1988, 289

SCHMITT, Entgeltfortzahlungsgesetz (2. Aufl 1995); zitiert: SCHMITT[2]

ders, Die Neuregelung der Entgeltfortzahlung im Krankheitsfall, RdA 1996, 5

SCHÜTTENSACK, Der Umfang des Rechtsüber-

schuldet vielmehr weiterhin Schadensersatz. Es ändert sich nur die Person des Gläubigers, indem der Dritte, auf den sich der Schaden infolge der Zahlung verlagert hat, neuer Anspruchsinhaber wird. Ihm sollen alle Leistungen, soweit sie durch das Schadensereignis ausgelöst worden sind und sich im Rahmen des Schadensersatzanspruchs halten, erstattet werden. Im Ergebnis kommt es daher nur zu einer **Verlagerung des Risikos der Rechtsverfolgung vom Geschädigten auf den Zessionar** (vgl BGHZ [GS] 9, 179, 186 = NJW 1953, 821, 822; BGH NJW 1977, 246; BGB-RGRK/Boujong[12] Rn 139).

2. Leistungen einer Privatversicherung (§ 67 VVG)

a) Anwendungsbereich

53 Nach § 67 Abs 1 S 1 VVG geht der dem Versicherungsnehmer gegen einen Dritten zustehende Schadensersatzanspruch insoweit auf den Versicherer über, als dieser den Schaden des Versicherungsnehmers ersetzt. Die Frage der Vorteilsausgleichung stellt sich insoweit nicht (oben Rn 48).

Aus der systematischen Stellung der Vorschrift im Abschnitt 2 Titel 1 des VVG ergibt sich ihre **Anwendbarkeit für die gesamte private Schadensversicherung** (BGHZ 52, 350, 352 = NJW 1969, 2284, 2285 = VersR 1969, 1036, 1037; Gross DAR 1999, 337; Prölss/Martin/ Prölss[26] § 67 Rn 2). Die demnach häufig relevante **Abgrenzung zur Summenversicherung** erfolgt gem § 1 Abs 1 S 1 und 2 VVG danach, ob die Versicherungsleistung durch einen eingetretenen Vermögensschaden bedingt und begrenzt ist (dann Schadensversicherung) oder der Versicherer im Versicherungsfall eine vorher bestimmte, vom konkret eingetretenen Schadensumfang unabhängige Geldsumme ohne weiteres zu erbringen hat (dann Summenversicherung) (vgl Gross DAR 1999, 337; Prölss/ Martin/Prölss[26] § 1 Rn 27).

54 Demzufolge ist § 67 VVG **anwendbar**, so daß eine Anrechnung nicht stattfindet, auf die

- **Haftpflicht**versicherung (Prölss/Martin/Prölss[26] § 67 Rn 2);

---

gangs nach § 67 VVG und seine Bedeutung für das Verhältnis zwischen Versicherer und Versicherungsnehmer, DR 1944, 173
Sieg, Das Quotenvorrecht des Versicherten, BB 1987 Beil Nr 13 S 8
Theda, Fragen zum Forderungsübergang nach § 67 VVG, DAR 1984, 201
Vossen, Entgeltfortzahlung bei Krankheit und an Feiertagen, 1997
Waltermann, Forderungsübergang auf Sozialleistungsträger, NJW 1996, 1644
ders, Abstimmung von Zivilrecht und Sozialrecht – am Beispiel des Schadensregresses der Sozialleistungsträger, in: FS Gitter (1995) 1039
Wannagat (Hrsg), Sozialgesetzbuch Loseblatt (Stand: 2001); zitiert: Wannagat/Bearbeiter

Weber, Genießt auch eine eheähnliche Lebensgemeinschaft das Familienprivileg des § 67 Abs 2 bzw des § 116 Abs 6 SGB X?, DAR 1985, 1
Wiesner, Die Pflegeversicherung, VersR 1995, 134
Wilts, Beihilfeanspruch trotz kongruenter Schadensersatzansprüche?, VersR 1965, 926
ders, § 87a BBG und beamtenrechtliche Beihilfeleistungen, VersR 1966, 13
Worzalla/Süllwald, Kommentar zur Entgeltfortzahlung (2. Aufl 1999); zitiert: Worzalla/Süllwald[2]
vWulffen, SBG X – Sozialverwaltungsverfahren und Sozialdatenschutz (4. Aufl 2001); zitiert: vWulffen/Bearbeiter[4].

– **Kasko**versicherung (Gross DAR 1999, 337);

– **Rechtsschutz**versicherung (BGH VersR 1967, 774, 775; OLG Köln NJW 1973, 905; Gross DAR 1999, 337);

– **Personen**versicherung, soweit sie konkrete Schadensleistungen wie Arzt-, Krankenhaus-, Rehamittel- und sonstige Kosten erstattet (BGHZ 25, 330, 332 ff = NJW 1957, 1874 f: Krankenhaus-, Arztkosten; BGHZ 52, 350, 353 = NJW 1969, 2284, 2285: unfallbedingte Heilbehandlungskosten). Hierzu gehört insbes die **Kranken**versicherung (vgl aber auch unten Rn 55), die Schadensversicherung iSd § 67 VVG aber nur insoweit ist, als sie eine konkrete, nicht eine abstrakte Schadensdeckung betreibt (BGHZ 79, 35, 37 = NJW 1981, 626, 627 zur privaten Krankenversicherung); dies stellt auch § 178a Abs 2 VVG (eingefügt durch G v 21. 7. 1994) klar (Prölss/Martin/Prölss[26] § 178a Rn 1). Bei der **Krankentagegeld**versicherung entscheidet die jeweilige Ausgestaltung des einzelnen Versicherungsvertrags darüber, ob eine Summen- oder eine Schadensversicherung vorliegt, je nachdem, ob eine konkrete oder eine abstrakte Schadensdeckung betrieben wird (vgl oben Rn 53; BGH VersR 1974, 184, 185: dort Summenversicherung); das gleiche gilt für die allg **Kinderunfall**versicherung (BGH VersR 1973, 224 f).

Unanwendbar ist § 67 VVG dagegen auf Leistungen aus **Summen**versicherungen (aA   **55**
Prölss/Martin/Prölss[26] § 67 Rn 2, der eine analoge Anwendung des § 67 VVG auf die Summenversicherung befürwortet, weil auch sie der Schadenswiedergutmachung diene und der einzige Unterschied zur Schadensversicherung darin bestehe, daß sich bei der Summenversicherung nicht genau feststellen lasse, ob die Versicherungsleistung genau dasselbe Defizit decke wie der Ersatzanspruch), also bei:

– **Kranken**versicherungen, soweit sie nicht einen konkreten Schaden beheben, sondern einen abstrakt berechneten Schaden ausgleichen sollen (BGHZ 52, 350, 353 = VersR 1969, 1036; BGH VersR 1974, 184, 185; BGH VersR 1973, 224; Neesse VersR 1976, 704 ff speziell zu der Frage, ob und wann eine Krankenhaustagegeld- und eine Krankentagegeldversicherung als Schadens- oder Summenversicherung gelten kann; ebenso Gross DAR 1999, 337);

– jedwede Ansprüche einer Gefahrperson (zB Ehegatte u Kind ohne eigenes Einkommen, vgl Prölss/Martin/Prölss[26] § 178a Rn 8 f) aus einer Krankenversicherung gehen nicht gem § 67 VVG über (Prölss/Martin/Prölss[26] § 178a Rn 9);

– **Lebens**versicherungen (BGB-RGRK/Boujong[12] Rn 147; Lange/Schiemann[3] § 9 VIII 3);

– **Unfall**versicherungen, soweit sie nicht konkrete Bedarfsdeckung im Einzelfall leisten, sondern dem Prinzip der abstrakten Bedarfsdeckung folgen (BGB-RGRK/ Boujong[12] Rn 148);

– **Kfz-Haftpflicht**versicherungen (Gross DAR 1999, 337), da der Versicherer durch die Schadensregulierung seine eigene Verpflichtung aus § 3 Nr 1 PflVG erfüllt; er kann nur gem § 426 Abs 2 einen Regreßanspruch vom Haftpflichtgläubiger erwerben (BGH VersR 1984, 327; BGHZ 105, 140, 142 ff = NJW 1988, 2734; Geigel/Schlegelmilch[23] Kap 13 Rn 15);

– Rheinische Zusatzversorgungskasse für Gemeinden und Gemeindeverbände

(BGH VersR 1980, 1072 mwNw; BGH VersR 1979, 1020, 1021), da sie keine Schadensversicherung, sondern letztlich eine Summenversicherung ist.

b) Erfaßte Ansprüche

56 Die Legalzession erfaßt (zum Anwendungsbereich der Norm bereits oben Rn 54) allgemein alle Ansprüche des Geschädigten gegen den Schädiger, die dem Ausgleich eines versicherten Risikos dienen (SOERGEL/MERTENS[12] BGB Vor § 249 Rn 172). Nach § 67 Abs 1 S 1 VVG gehen ie folgende Ansprüche über (wNw bei PRÖLSS/MARTIN/PRÖLSS[26] § 67 Rn 4):

– **Schadensersatzansprüche** aus Delikt oder Vertrag (allgM; BGH NJW-RR 1992, 283 f; PRÖLSS/MARTIN/PRÖLSS[26] § 67 Rn 4 mwNw; THEDA DAR 1984, 201, 202);

– **Ausgleichsansprüche** gem §§ 426, 840, § 17 Abs 2 StVG (BGHZ 20, 371, 377 f; BGHZ 24, 378, 785 = NJW 1957, 1233, 1234; BGH VersR 1971, 476, 477 mwNw; ÖstOGH VersR 1993, 340 [zum nahezu wortgleichen § 67 östVVG]; BRUCK/MÖLLER/SIEG[8] § 67 Rn 26), auch als **Befreiungsansprüche** (BAG VersR 1968, 266, 267: ArbG gegen ArbN);

– **Ansprüche aus Aufopferung** (PRÖLSS/MARTIN/PRÖLSS[26] § 67 Rn 4; BRUCK/MÖLLER/SIEG[8] § 67 Rn 31; vgl BGHZ 20, 81, 84 zu § 1542 RVO);

– Ansprüche aus **GoA** gem §§ 670, 683 (PRÖLSS/MARTIN/PRÖLSS[26] § 67 Rn 4); zumindest die Geschäftsführung zur Abwendung einer Gefahr kann nicht anders als ein Schadensersatzanspruch behandelt werden (so LG Konstanz VersR 1973, 1173, 1175; siehe auch BGHZ 33, 251, 256 ff = NJW 1961, 359, 360; BGHZ 38, 270, 274 ff = NJW 1963, 390, 391; **aA** LG Trier NJW-RR 1994, 483 f, da die GoA keine Gewähr für ihr Gelingen bringe und der Geschäftsherr durch das Unglück selbst bereits hart getroffen sein könne);

– **Amtshaftungsansprüche**, soweit sie nicht schon am Verweisungsprivileg des § 839 Abs 1 S 2 scheitern. Der BGH differenziert für die praktisch wichtigsten Fälle der Teilnahme am Straßenverkehr danach, ob sich das Fahrzeug wie jedes andere im Straßenverkehr bewegt habe (BGHZ 68, 217, 219 ff = NJW 1977, 1238 f: keine Anwendung des Verweisungsprivilegs) oder Sonderrechte iS des § 35 StVO in Anspruch genommen bzw hoheitliche Aufgaben wahrgenommen wurden. Nur im letzten Fall soll § 839 Abs 1 S 2 eingreifen können (BGH VersR 1983, 84, 85; BGH VersR 1984, 759, 760: Subsidiaritätsklausel anzuwenden; s auch STAUDINGER/WURM [2002] § 839 Rn 270 f; BRUCK/MÖLLER/ SIEG[8] Rn 29 f).

Umstritten ist die Übergangsfähigkeit von **Bereicherungsansprüchen** (bejahend PRÖLSS/ MARTIN/PRÖLSS[26] § 67 Rn 4; OLG Hamm VersR 1970, 729, 730; abl BRUCK/MÖLLER/SIEG[8] § 67 Rn 27 mwNw zum Streitstand, da der Bereicherungsanspruch wesensverschieden vom Schadensersatzanspruch sei).

57 Vom Übergang nach § 67 Abs 1 S 1 VVG **ausgeschlossen** sind dagegen:

– **Befreiungsansprüche des ArbN gegen den ArbG** (BGH VersR 1972, 166, 168), da der Versicherer für den ArbN den Schaden trägt und ein Forderungsübergang ohnehin auszuschließen ist, wenn der Anspruch seiner rechtlichen Natur nach ganz persönlicher Art ist und aus sozialen Gründen nur dem ArbN gewährt wird;

– der **Befreiungsanspruch des Beamten** gegen den Dienstherrn aus der Fürsorgepflicht, da Fürsorgemaßnahmen keine auf Ersatz eines Schadens gerichteten Maßnahmen sind (BVerwG NJW 1968, 2308, 2310; aA Prölss/Martin/Prölss[26] § 67 Rn 7 mwNw);

– **Ansprüche aus einer Garantiezusage** (Bruck/Möller/Sieg[8] Rn 35 mwNw, auch zur Frage
der Subsidiarität in Abhängigkeit vom Verschulden; Prölss/Martin/Prölss[26] § 67 Rn 6 mwNw
zum Streitstand);

– der **Eigentumsanspruch**, und zwar selbst dann, wenn er sich als ein auf Naturalrestitution gerichteter Schadensersatzanspruch darstellt (RGZ 108, 110, 112; Bruck/
Möller/Sieg[8] Rn 28).

c) Zeitpunkt des Übergangs

Bereits der Gesetzestext zeigt, daß der Übergang nicht schon mit Eintritt des Ver- **58**
sicherungsfalls und damit bei Entstehung der Leistungspflicht erfolgt, sondern erst
im Zeitpunkt der **tatsächlichen Leistung** des Versicherers an den Versicherungsnehmer oder den Versicherten (BGH VersR 1989, 250, 251; Prölss/Martin/Prölss[26] § 67 Rn 17,
20; Gross DAR 1999, 337). Macht der Versicherer Aufwendungen außerhalb der eigentlichen Leistungspflicht (zB durch eine Gutachtenerstellung), findet gleichwohl § 67
VVG Anwendung (BGH VersR 1962, 725, 726). Ferner ist nicht erforderlich, daß der
Versicherer die Leistung selbst erbringt; es genügt, wenn er die Leistung in zurechen-
barer Weise veranlaßt (OLG Hamm VersR 1994, 975, 976: der leistungsfreie Kfz-Haftpflicht-
versicherer leistet aufgrund einer Abrede mit dem Kaskoversicherer an den Versicherungsnehmer).

Der Übergang erfolgt auch dann, wenn der Versicherer zur Leistungsverweigerung **59**
oder zur Kondiktion der gewährten Leistung berechtigt wäre (BGH VersR 1982, 250), da
es mit dem Ziel des § 67 VVG unvereinbar wäre, dem Versicherungsnehmer den
Ersatzanspruch gegen einen Dritten zu belassen, nur weil ihm die empfangene Ver-
sicherungssumme nicht zustand (BGH NJW 1964, 101 f; BAG NJW 1968, 717, 718; Lange/
Schiemann[3] § 11 C I 5).

Nach §§ 412, 399 ff bleiben dem Schädiger **Einreden** erhalten. Eine positive Kenntnis
iS des § 407 wird noch nicht durch die Mitteilung der Versicherung, sie befasse sich
mit dem Fall oder der rein vorsorglichen Anmeldung des Versicherungsfalls begründet (Gross DAR 1999, 337 f). Bei Zweifeln, wem die Forderung zusteht, trifft den
Schädiger keine Erkundigungspflicht (BGH VersR 1966, 330, 331 unter Berufung auf RGZ
88, 4, 8: solange der Schuldner begründbare Zweifel hat, fehlt es an seiner Kenntnis).

Durch den Übergang beginnen auch Verjährungsfristen nicht neu zu laufen (BGH
VersR 1961, 910). Möglicherweise entsteht aber durch die Leistung des Versicherers ein
Rückgriffsanspruch aus § 816 Abs 2, für den eigene Regeln gelten und Fristen laufen
(vgl LG Köln VersR 1979, 346, 347; s ferner Lange/Schiemann[3] § 11 C I 7 zum Quotenvorrecht).

d) Kongruenz

Für **alle Fälle der Legalzession** gilt der Grundsatz, daß die Leistung des Versiche- **60**
rungsträgers dem gleichen Zweck dienen muß wie der vom Schädiger zu leistende
Schadensersatz und daß sich die Leistungszeiträume entsprechen müssen (**sachliche
und zeitliche Kongruenz**) (s nur Greger[3] § 11 Rn 29; Greger/Otto NZV 1997, 292, 293; zu
§ 116 SGB X jeweils vWulffen/Schmalz[4] § 116 Rn 5 ff, 15; Gitter JZ 2001, 716 mwNw; Eichen-

HOFER VersR 1998, 393, 396 f; WALTERMANN NJW 1996, 1644; s unten Rn 97). Der Übergang auf den Versicherer findet also insoweit statt, als dieser dem Versicherungsnehmer den Schaden ersetzt (§ 67 Abs 1 S 1 VVG). Ersetzt wird dem Versicherungsnehmer aber nur das **versicherte Risiko**, so daß der beim Versicherungsnehmer entstandene Schaden idR nicht voll durch den Versicherer getragen wird. Dasselbe gilt bei nur teilweiser Leistungspflicht des Versicherers, die sich aus einem Selbstbehalt des Versicherungsnehmers oder daraus ergeben kann, daß dieser unterversichert ist. Diese Ansprüche verbleiben insoweit beim Versicherungsnehmer.

61 Bei der **Sachversicherung**, bei der nach § 12 AKB nur der unmittelbare Sachschaden gedeckt ist, liegt daher **keine Kongruenz** zur Versicherungsleistung hinsichtlich des Mietausfalls für das versicherte Gebäude (BGH VersR 1963, 1185, 1186 f), des geschäftlichen Schadens aus Stillegung des LKW (BGHZ 25, 340 ff = NJW 1958, 180, 181), des Verlustes des Schadensfreiheitsrabatts (BGHZ 44, 382, 387 f = NJW 1966, 654) und des unfallbedingten Verdienstausfalls (GROSS DAR 1999, 337, 338) vor, weil es sich jeweils um bloße Sachfolgeschäden handelt (weitere Bsp zur Kfz-Kaskoversicherung bei HOLTMANN JuS 1991, 649, 651).

Mietwagenkosten werden teils als Art der Ersatzbeschaffung angesehen, für die Kongruenz besteht (MÜLLER VersR 1989, 313, 319 f). Andere sehen nur das nicht kaskoversicherte Nutzungsinteresse betroffen (GROSS DAR 1999, 337, 338).

Erst recht ist keine Kongruenz gegeben zwischen den Leistungen einer Sachversicherung und Ersatzansprüchen wegen Gesundheitsschäden einschließlich der Vermögensfolgeschäden (LANGE/SCHIEMANN[3] § 11 C I 6).

Kongruenz ist gegeben zwischen Aufwendungen des Sozialversicherungsträgers für die Krankenhausbehandlung bis zu der Höhe, in der dem Versicherten Eigenersparnisse erwachsen sind, und dem – demselben Zweck dienenden – vom Schädiger zu leistenden Schadensersatz wegen Entgeltfortfalls (BGH NJW 1971, 240 f).

e) Quotenvorrecht

62 Hat der Schädiger nicht den gesamten Schaden des Geschädigten zu ersetzen (zB wegen Mitverschuldens oder einer Haftungshöchstsumme), ist zu klären, wie weit sich der Forderungsübergang erstreckt, und damit, ob der Ausfall vom Versicherer, vom Geschädigten oder anteilig von beiden zu tragen ist (vgl MünchKomm/OETKER[4] § 249 Rn 465 ff; Zahlenbeispiele bei EBERT VersR 2001, 143 f; HOLTMANN JuS 1991, 649 ff). Ist er vom Versicherer zu tragen, weil der Anspruch nur übergeht, soweit er zusammen mit der Versicherungsleistung den Schadensbetrag übersteigt, spricht man von einem Quotenvorrecht des Versicherungsnehmers.

63 Sind Versicherungsleistungen und Ersatzanspruch geringer als der dem versicherten Risiko entsprechende Schaden, wird der Umfang des gesetzlichen Übergangs relevant. Eine klare gesetzliche Regelung fehlt in § 67 Abs 1 S 2 VVG.

Die zutreffende hM folgt der **Differenztheorie**, nach der ein Übergang nur stattfindet, wenn und soweit die Summe von Versicherungsleistung und Ersatzanspruch höher ist als der zum Schadensausgleich erforderliche Betrag. Stellt man auf Sinn und Zweck des § 67 Abs 2 VVG und das Wesen des Schadensversicherungsvertrags ab, so geht es primär um den Ersatz des entstandenen Schadens. Durch die Prämien hat der Versicherer bereits das Entgelt dafür, daß er den gesamten Schaden des Versicherungsnehmers ersetzen muß, erhalten; die cessio legis soll nur eine Bereicherung des Versicherungsnehmers verhindern. Dies wird aber durch die Differenztheorie gewährleistet (BGHZ 13, 28, 29 ff = NJW 1954, 1113 ff; BGHZ 25, 340, 342 ff = NJW 1958, 180, 181; BGHZ 47, 196, 200 = NJW 1967, 1273, 1274; PRÖLSS/MARTIN/PRÖLSS[26] § 67 Rn 22 mwNw; BRUCK/MÖLLER/SIEG[8] Rn 65 mwNw zum Streitstand; SOERGEL/MERTENS[12] Vor § 249 Rn 175 mwNw; LANGE/SCHIEMANN[3] § 11 C I 7; GROSS DAR 1999, 337, 339; THEDA DAR 1984, 201, 205 f; HOLTMANN JuS 1991, 649, 650; ERMAN/KUCKUK[10] Vor § 249 Rn 187; auch LACHNER zfs 1998, 161 ff zu Problemen der Praxis bei der Anwendung dieser Theorie, insbes bei der Bestimmung der jeweils kongruenten Schadensposition; abl aber EBERT VersR 2001, 143, 144 ff, da sich so eine Selbstbeteiligung oder eine Unterversicherung trotz der geringeren Prämien nicht zu Lasten des Versicherungsnehmers auswirkt).

Nach der – heute weitgehend bedeutungslosen – absoluten Theorie geht der Anspruch in Höhe der erbrachten Versicherungsleistung über (SCHÜTTENSACK DR 1944, 173, 174 mit Hinweis auf den Gesetzeswortlaut; neuerdings wieder EBERT VersR 2001, 143, 145 ff). Die relative Theorie nimmt einen Übergang in dem Verhältnis an, das dem der Schadensverteilung zwischen Versicherungsnehmer und Versicherer entspricht (KISCH WuR 1935, 50, 51; ders LZ 1916, 13 ff; PRÖLSS/MARTIN/PRÖLSS[26] § 67 Rn 22 für die Transportversicherung). Allein dies entspreche dem Grundgedanken der Unterversicherung. Angemessen sei, den Parteien, die das Risiko des Versicherungsschadens anteilig auf sich aufteilen, in gleichem Umfang auch die Vorteile der etwaigen Schadenshaftung eines Dritten zustatten kommen zu lassen.

Die durch die Differenztheorie erreichte Bevorrechtigung des Versicherungsneh- **64** mers greift jedoch nur im Rahmen der kongruenten Posten, so daß der Grundsatz „**Kongruenz vor Differenz**" gilt (GROSS DAR 1999, 337, 339; HOLTMANN JuS 1991, 649, 650 m praktischen Beispielen; PRÖLSS/MARTIN/PRÖLSS[26] § 67 Rn 23; BRUCK/MÖLLER/SIEG[8] Rn 67 mwNw; BGHZ 25, 340, 344 ff; BGHZ 47, 196, 200; BGH NJW 1982, 829 f).

f) Familienprivileg

Die gesetzlichen Regeln, die eine Legalzession anordnen, sehen idR den Ausschluß **65** bzw die Beschränkung des Forderungsübergangs bei Familienangehörigen vor. Gem **§ 67 Abs 2 HS 1 VVG** findet die cessio legis nicht statt, wenn sich der Schadensersatzanspruch gegen einen Familienangehörigen richtet, der mit dem Geschädigten in häuslicher Gemeinschaft lebt. Zweck der Vorschrift ist zum einen die Vermeidung einer mittelbaren Belastung des Versicherungsnehmers, der bei einem Regreß mitbetroffen wäre, weil die Familie eine einheitliche Wirtschaftsgemeinschaft darstellt. Zum anderen bezweckt die Vorschrift den Schutz des Familienfriedens, der durch einen Regreßprozeß gestört werden könnte (BGHZ 41, 79, 83 = NJW 1964, 860 f; BGH VersR 1986, 333, 334; BGH VersR 1988, 235 f; GROSS DAR 1999, 337, 339; RISCHAR VersR 1998, 27, 28 mwNw; PLAGEMANN NZV 1998, 94, 97; HALFMEIER/SCHNITZLER VersR 2002, 11, 12, 13; PRÖLSS/MARTIN/PRÖLSS[26] § 67 Rn 36; BGB-RGRK/BOUJONG[12] Rn 165; weiter SCHIRMER DAR 1988, 289 f: vgl auch Rn 116 zur Anwendung auf den Direktanspruch nach § 3 Nr 1 PflVersG).

Zum Gesamtschuldverhältnis bei Zusammentreffen mit einem weiteren, nichtprivilegierten Schädiger vgl § 840 Rn 65.

aa) Begriff des Familienangehörigen

66 Unter **Familienangehörigen** sind Ehepartner, Verwandte und Verschwägerte iS der §§ 1589, 1590 zu verstehen. Eingetragene Lebenspartner gelten gem § 11 LPartG als Familienangehörige des anderen, Verschwägerte des einen Partners zählen zu den Verwandten des anderen, so daß das Familienprivileg auch auf sie anzuwenden ist (ausf Röthel NZV 2001, 329, 331 f; Staudinger/Oetker [2002] § 616 Rn 417). Zu den Partnern einer nichtehelichen Lebensgemeinschaft ie unten Rn 69. Auf das Bestehen einer gesetzlichen Unterhaltpflicht kommt es nicht an (BGH VersR 1980, 526, 527; BGH VersR 1980, 644, 645: Brüder; BGH VersR 1988, 253, 254). Auch der Grad der Verwandtschaft bzw Schwägerschaft ist gleichgültig, da eine Korrektur durch das Tatbestandsmerkmal der häuslichen Gemeinschaft erreicht werden kann (BGH VersR 1980, 644, 645; Gross DAR 1999, 337, 340).

Wegen des Normzwecks sind neben den gesetzlichen Verwandten auch die Personen erfaßt, die tatsächlich die Stellung eines Verwandten einnehmen, wie etwa ein Pflegekind (BGH VersR 1980, 526 [LS]; Prölss/Martin/Prölss[26] § 67 Rn 37). Um ein „künstlich hergestelltes Familienprivileg" auszuschließen, müssen aber insbes bei erst kurzem Aufenthalt bei den Pflegeeltern weitere Umstände für ein auf Dauer angelegtes Pflegekindverhältnis sprechen (OLG Stuttgart NJW-RR 1993, 1418, 1419 zu § 116 Abs 6 SGB X [in casu fünf Monate]). Das Verlöbnis genügt wegen der damit verbundenen Abgrenzungsprobleme und Manipulationsgefahren ebenfalls nicht (BGH VersR 1972, 764, 765; OLG Schleswig VersR 1979, 669; OLG Köln VersR 1991, 1237).

67 **Maßgeblicher Zeitpunkt** für das Bestehen der Familienangehörigkeit ist der Zeitpunkt des **Eintritts des Versicherungsfalles**, nicht der des Rechtsübergangs. Die dem § 67 Abs 2 VVG zugrundeliegende Vermutung, daß Familienangehörige gegeneinander bestehende Forderungen nicht geltend machen, besteht nämlich schon im Zeitpunkt der Entstehung des Schadensersatzanspruchs (OLG Hamm VersR 1970, 708, 709; auch BGH VersR 1971, 901 f; **aA** Prölss/Martin/Prölss[26] § 67 Rn 39, der auf den Zeitpunkt, in dem die Versicherung den Anspruch erwerben würde, also die Zahlung, abstellt). Spätere Änderungen sind grundsätzlich irrelevant (LG Potsdam VersR 1997, 93, 94).

Überwiegend wird dieser Grundsatz jedoch eingeschränkt, wenn keine Manipulationsgefahr droht, also insbes bei nachträglicher Eheschließung (BGH VersR 1972, 764, 765; OLG Hamburg VersR 1992, 685, 686; auch ein Verlöbnis muß bei der Schädigung noch nicht bestanden haben, BGH NJW 1977, 108); die Heirat muß aber noch vor dem Zeitpunkt der Vollziehung des Regresses stattgefunden haben (BGH VersR 1985, 471 mwNw).

Ein **späterer Wegfall** der Voraussetzungen, zB durch Auflösung der Ehe oder Beendigung der Verwandtenbeziehung durch Adoption (vgl § 1755 Abs 1 S 1) hindert das Eingreifen des § 67 Abs 2 VVG nicht (BGH VersR 1972, 764, 765; Gross DAR 1999, 337, 339).

68 Haftet neben dem Familienangehörigen ein **Dritter als Gesamtschuldner**, so kann ihn der Versicherer nur in Höhe seiner Haftungsquote im Innenverhältnis in Anspruch nehmen, weil ansonsten das Familienprivileg durch den Gesamtschuldnerausgleich gem § 426 unterlaufen werden würde (BGHZ 54, 256, 259 = NJW 1970, 1844, 1845 mwNw; vgl auch § 840 Rn 65).

Umstritten ist die Einbeziehung des **nichtehelichen Lebenspartners** in den Kreis der **69**
Angehörigen iS der Vorschrift. Die wohl noch hM lehnt eine solche Einbeziehung ab,
weil der Gesetzgeber trotz Kenntnis der Problematik keine anderweitige Regelung
geschaffen habe und es somit an der planwidrigen Lücke fehle (BGH VersR 1988, 253,
254 f zu § 116 Abs 6 SGB X). Eine Erstreckung des § 67 Abs 2 VVG führe zudem in der
Rechtsanwendung wegen der im Versicherungsrecht bestehenden Bedürfnisse nach
leichter Berechenbarkeit sowie nach leicht feststellbaren, typisierenden und pauscha-
lierenden Tatbeständen zu großen Schwierigkeiten (BGH aaO; ebenso LANGE/SCHIE-
MANN[3] § 11 C I 9 [Fn 190 mNw auf **aA**]; OLG Frankfurt VersR 1997, 561, 562; OLG Köln VersR
1991, 1237; GOTTHARDT FamRZ 1980, 17, 19 unter Hinweis auf das Fehlen der einer Ehe inhärenten
„Stabilitätsvermutung"; ähnlich WEBER DAR 1985, 1, 6 ff: „instabiles und amorphes Gebilde";
BOSCH FamRZ 1988, 394, 396; FLEISCHMANN zfs 2000, 140, 141; ERMAN/KUCKUK[10] Vor § 249
Rn 186, der hier allerdings einen Widerspruch zur Pflegekind-Rspr sieht und insofern eher zur Einbeziehung der nichtehelichen Lebensgemeinschaft tendiert). Zudem wird ein Bedürfnis verneint, da sich die Partner wegen des Schadensersatzrisikos anderweitig absichern
könnten (Küppersbusch[7] Rn 485). Auch hier wird schließlich auf Manipulationsgefahren
hingewiesen (WEBER DAR 1985, 1, 9; ihm folgend OLG München NJW-RR 1988, 34 f).

Einige Instanzgerichte und ein Teil der Literatur wollen den nichtehelichen Partner
insoweit gleichstellen, da das Argument der Instabilität nicht belegt und die Miß-
brauchsgefahr eher als gering einzuschätzen sei (OLG Brandenburg NJW 2002, 1581; LG
Potsdam VersR 1997, 93 f jeweils für den Fall, daß die Partner mit einem gemeinsamen Kind zusammenleben; LG Saarbrücken VersR 1995, 158, 159; zust MünchKomm/OETKER[4] § 249 Rn 471; KOHTE
NZV 1991, 89, 93 ff; STRIEWE NJW 1988, 1093 f; GROSS DAR 1999, 337, 340). Der Normzweck
spreche daher für eine Einbeziehung (OLG Brandenburg NJW 2002, 1581 ff; AG München
DAR 1981, 358; ÖstOGH VersR 1989, 830, 831 m krit Anm BOSCH VersR 1989, 1327; KNOCHE MDR
1988, 743, 745; SCHIRMER DAR 1988, 289, 293 ff).

Die befürchteten Abgrenzungsprobleme sind, wenn man die begrifflichen Kriterien
von BGH und BVerfG (BVerfGE 87, 234, 264 = NJW 1993, 643, 646; BGH NJW 1993, 999, 1001:
[1] auf Dauer angelegte Lebensgemeinschaft von Mann und Frau, [2] keine weiteren zeitgleich
bestehenden Lebensgemeinschaften/Ehen, [3] innere Bindung mit gegenseitigem Einstehen für einander) anlegt, zu bewältigen (so auch GROSS DAR 1999, 337, 340). Selbst gesetzliche
Bestimmungen (§ 122 BSHG, §§ 193 Abs 2, 194 Abs 1 SGB III [bis 31. 12. 1997:
§ 137 Abs 2 a AFG]) verpflichten den Rechtsanwender ausdrücklich, die Voraussetzungen einer nichtehelichen Lebensgemeinschaft zu prüfen (so vWULFFEN/SCHMALZ[4]
§ 116 Rn 35; OLG Brandenburg NJW 2002, 1581, 1582). Zumindest dann, wenn eine hinreichende Verfestigung vorliegt oder gemeinsame Kinder vorhanden sind, sollte
daher § 67 VVG auch bei der nichtehelichen Lebensgemeinschaft angewandt werden
(RÖTHEL NZV 2001, 329, 331; GROSS aaO; MünchKomm/OETKER[4] § 249 Rn 471). Dafür spricht
aus praktischer Sicht auch die Auslegung von AHB BB Privathaftpflicht Nr II 2. Sie
ergibt, daß der nichteheliche Lebenspartner als Person, die gefälligkeitshalber Haus-
haltsarbeiten verrichtet, mitversichert ist und ein Regreß der Versicherung insofern
ausscheidet (OLG Hamm NJW-RR 1997, 90, 91).

bb) Häusliche Gemeinschaft
Eine häusliche Gemeinschaft liegt vor, wenn die Familienangehörigen für eine ge- **70**
wisse Dauer ihren Lebensmittelpunkt in einem gemeinsamen Haushalt begründet
haben (BGH VersR 1980, 644, 645; OLG Frankfurt VersR 1984, 254, 255 mwNw; GROSS DAR 1999,

337, 340). Dies setzt eine auf Dauer angelegte – wenn auch nicht alle Angelegenheiten umfassende – Gemeinschaft der Wirtschaftsführung voraus (BGH VersR 1986, 333, 335; Prölss/Martin/Prölss[26] § 67 Rn 38). Dabei kommt es auf die konkreten wirtschaftlichen Beziehungen der Hausgenossen nicht an (BGH VersR 1986, 333, 335; OLG Frankfurt VersR 1984, 254, 255). Ebensowenig ist ein überwiegender Aufenthalt in der Familienwohnung erforderlich, solange mit einer etwaigen Abwesenheit keine willkürliche Lokkerung des Familienverbandes einhergeht (BGH VersR 1971, 478, 479; BGH VersR 1986, 333, 334 f; OLG Karlsruhe VersR 1988, 483: ausreichend, wenn der verheiratete Sohn mit Frau im Einfamilienhaus der Eltern wohnt und in gewissem Umfang ein gemeinsames Familienleben besteht). Der Rechtsgedanke des § 116 Abs 6 S 2 SGB X gilt im Rahmen des § 67 VVG entsprechend (Prölss/Martin/Prölss[26] § 67 Rn 39; OLG Köln VersR 1991, 1237, 1238; iE ebenso Theda DAR 1984, 201, 206), so daß die spätere Heirat oder Begründung eines gemeinsamen Haushaltes dem Anspruchsübergang nicht entgegensteht, sondern nur die Geltendmachung hemmt.

Ausgeschlossen ist der Regreß gegen einen Erben des Schädigers, wenn der Geschädigte mit ihm zum Zeitpunkt der Schädigung und der Geltendmachung des Rückgriffs in häuslicher Gemeinschaft lebte. Dieser ist genauso schutzwürdig (BGH VersR 1985, 471 f; Lange/Schiemann[3] § 11 C I 9; Gross DAR 1999, 337, 340).

71 Wegen der besonderen Gefahr von Manipulationen muß die häusliche Gemeinschaft bereits **im Zeitpunkt der Schädigung bestanden** haben (BGH VersR 1972, 764, 765; BGHZ 54, 256, 261 f = NJW 1970, 1844, 1845; BGB-RGRK/Boujong[12] Rn 165); eine spätere Aufhebung ist dagegen für den Ausschluß des Übergangs unschädlich (BGH VersR 1971, 901 f; BGHZ 54, 256, 263 = NJW 1970, 1844, 1846).

cc) Unzulässige Rechtsausübung und Vorsatz

72 Über das Familienprivileg hinaus ist der Regreß gem § 67 VVG unter dem Gesichtspunkt der **unzulässigen Rechtsausübung** (dolo agit qui petit quod statim redditurus est) ausgeschlossen, soweit der in Anspruch genommene Dritte einen Ausgleichsanspruch gegen den Versicherungsnehmer oder den Versicherten hätte, für den wiederum der Versicherer einstehen müßte (BGH VersR 1972, 166, 167 f; BGH VersR 1992, 485 f; OLG Hamburg VersR 1970, 537 f; Hirschberg VersR 1973, 786, 795 f; Prölss/Martin/Prölss[26] § 67 Rn 44).

73 Die Rückausnahme des § 67 Abs 2 HS 2 VVG bewirkt trotz Familienangehörigkeit und häuslicher Gemeinschaft den Übergang, wenn der Angehörige den Schaden **vorsätzlich herbeigeführt** hat. Der Vorsatz hat sich dabei sowohl auf die haftungsbegründende Verletzungshandlung als auch auf den Schaden selbst zu beziehen (BGH VersR 1986, 233, 235; BGH NJW-RR 1998, 1321, 1322; beide mwNw; Gross DAR 1999, 337, 340).

g) Sonderfragen zur Anrechnung von Versicherungsleistungen

74 Über das unmittelbare Problem der (Nicht-)Anwendbarkeit des § 67 VVG (oben Rn 53 ff) hinaus stellt sich bei der Lebens- und der Unfallversicherung die Frage, ob Versicherungsleistungen angerechnet werden sollten oder nicht (zu den Leistungen der Sozialversicherung unten Rn 81 ff).

75 Bei der **Lebensversicherung** entspricht es nicht dem Sinn des Versicherungsverhältnisses, die Leistungen des Versicherers dem Schädiger zugute kommen zu lassen.

Daher gehen Rechtsprechung (RG DR 1941, 275; BGHZ 19, 94, 99 = NJW 1956, 222, 223 mwNw) und Literatur zu Recht im Grundsatz davon aus, daß Leistungen der Lebensversicherung nicht auf den Schadensersatzanspruch anzurechnen sind. Allerdings ist in diesem Bereich zu unterscheiden zwischen dem Kapital der Versicherung und den Erträgen sowie bei letzteren weiter nach der Art der Lebensversicherung:

Das **Kapital** einer jeden Form von Lebensversicherung ist nie anzurechnen, weil der Versicherungsnehmer nur seinen Angehörigen eine zusätzliche Versorgung zukommen lassen wollte (BGHZ 39, 249, 250 = NJW 1963, 1604; PRÖLSS/MARTIN/PRÖLSS[26] § 67 Rn 2; BGB-RGRK/BOUJONG[12] Rn 147; LANGE/SCHIEMANN[3] § 9 VIII 3). Diese Überlegung gilt auch für die **Erträge** (dh die Zinsen) **einer Risikolebensversicherung** (statt vieler LANGE/SCHIEMANN[3] § 9 VIII 3).

Umstritten ist die Behandlung der **Erträge einer gemischten Kapital- und Sparlebensversicherung**. Für diese führte die Rechtsprechung zeitweise (BGHZ 39, 249, 252 = NJW 1963, 1604, 1605 in Abkehr von RG WarnR 1917 Rn 266) eine Anrechnung durch, weil jede Prämie nur eine Rücklage für die Vermögensbildung darstelle (dem BGH folgend HAUSS Anm LM § 844 Abs 2 Nr 26). Gegen dieses Verständnis wurde eingewandt, daß bei einem tödlichen Unfall sich gerade der Risiko- und nicht der Sparanteil der gezahlten Prämien verwirkliche. Deshalb handele es sich nur um eine bestimmte Form des Sparens (vgl THIELE AcP 167 [1967] 193, 234 f; STAUDINGER/WERNER[11] Vorbem Vor § 249 Rn 114 mwNw; ausf LANGE/SCHIEMANN[3] § 9 VIII 3). Der BGH (BGHZ 73, 109, 111 = NJW 1979, 760, 761; so auch die jetzige hM; BGB-RGRK/BOUJONG[12] Rn 147; krit LANGE/SCHIEMANN[3] § 9 VIII 3) hat sich dieser Argumentation angeschlossen und hält es nunmehr wegen der auch bei den gemischten Lebensversicherungen enthaltenen Risikoprämien angesichts von Sinn und Zweck der in § 844 Abs 2 enthaltenen Schadensersatzpflicht (ie STAUDINGER/RÖTHEL § 844 Rn 224) nicht für recht und billig, den Hinterbliebenen die Anrechnung dieser Erträge zuzumuten.

Bei der **privaten Unfallversicherung**, die durch **Prämien** des Geschädigten oder Drit- **76** ter erkauft ist (BGB-RGRK/BOUJONG[12] Rn 149: kein Unterschied, ob die Unfallversicherung von dem Geschädigten selbst oder für ihn von einem Dritten [etwa dem Arbeitgeber] abgeschlossen worden ist), findet gerade **keine Anrechnung** statt, weil es auch hier – anders als in der Haftpflichtversicherung, bei der der Schädiger selbst der Versicherte ist (RGZ 146, 287, 289; bestätigt in RGZ 152, 199, 200; RG DR 1944, 29, 30) – nicht Zweck der Leistungen ist, den Schädiger zu entlasten (RGZ 146, 287, 289; BGHZ 10, 107, 109 f = NJW 1953, 1346; BGHZ 19, 94, 99 = NJW 1956, 222, 223 mwNw m Anm SIEG JZ 1956, 370 f; BGH VersR 1957, 265, 266; LANGE/SCHIEMANN[3] § 9 VIII 4; BROX/WALKER, AllgSchR[28] § 31 Rn 27). Dies gilt nach richtiger Ansicht grundsätzlich sowohl für die Stammsumme als auch für die Erträge (BGH NJW 1957, 905 mwNw; BGH VersR 1969, 350, 351; BGH NJW 1971, 2069, 2071: keine Anrechnung von Zinsen einer Unfallzusatzversicherung; aA THIELE AcP 167 [1967] 193, 235).

Dieser Grundsatz der Nichtanrechnung wird für den Fall der nur **subsidiären Ver- 77 sicherungshaftung nach § 158c VVG** teilweise durchbrochen. Dessen auf Haftpflichtversicherungen bezogener **Abs 4** wurde vom BGH (BGHZ 25, 322, 328 = NJW 1957, 1876, 1877) zunächst über seinen Wortlaut hinaus auf alle Arten von Versicherungen einschließlich vom Geschädigten abgeschlossener Unfallversicherungen ausgedehnt. § 158c VVG fingiere das „kranke" Versicherungsverhältnis dem Geschädigten gegenüber nur, um diesen nicht völlig ohne Ersatzanspruch zu stellen; dieser Zweck werde aber durch eine eigene Versicherung des Geschädigten erreicht. Deshalb müsse sich der Geschädigte deren Leistungen auf seinen Anspruch gegen den Pflichtversicherer des Schädigers anrechnen lassen. Diese Rechtsprechung (BGH NJW 1968, 837, 838) wurde später dahingehend eingeschränkt, daß eine Anrechnung nur erfolgen könne, wenn es sich bei der anderen Versicherung ebenfalls um eine Schadensversicherung handele. Normzweck des § 158c Abs 4 VVG sei zwar die Verschonung des an sich leistungsfreien Versicherers vor unnötigen Zahlungspflichten; doch wolle die Vorschrift dies ihrer Gesamtintention nach nicht auf Kosten des Geschädigten erreichen. Dies wäre aber der Fall, wenn sich das Opfer die abstrakte Summenversicherung, die gerade keinen Ersatz des konkret entstandenen Schadens bezwecke, sondern ihm darüber hinaus zugute kommen solle, auf die Schadensversicherung anrechnen lassen müsse.

78 Umstritten ist ferner, ob eine **Anrechnung** stattfinden soll, wenn der Schädiger selbst auf seine Kosten eine (Fremd-)Unfallversicherung abgeschlossen hat. Diskutiert wird dies insbes für die **Insassenunfallversicherung** eines Kfz-Halters. Solche Versicherungen sind dadurch motiviert, daß der Versicherungsnehmer für den Fall seiner Haftung Vorsorge treffen will, indem er dem Geschädigten einen den Schaden zumindest teilweise auffangenden Anspruch zukommen läßt; daneben will er auch dessen Versorgung sicherstellen, wenn eine eigene Haftpflicht nicht besteht (so schon RGZ 152, 199, 200).

Entscheidend ist nach zutreffender hM (BGHZ 64, 260, 266 = NJW 1975, 1273, 1275 im Anschluß an MARSCHALL VBIEBERSTEIN 253 ff), daß der Zweck einer solchen Fremdunfallversicherung nur erreicht wird, wenn der Versicherungsnehmer im Falle seiner Haftung die von ihm erkaufte Leistung auf die geforderte Schadensersatzsumme anrechnen kann (vgl RG aaO; MARSCHALL VBIEBERSTEIN 253 ff). Hierfür spricht weiter die Parallele zur gewöhnlichen Haftpflichtversicherung (vgl BGHZ 80, 8, 11: Unfallversicherung und Haftpflichtversicherung sind verwandt und in gewisser Hinsicht austauschbar; teils abw THIELE AcP 167 [1967] 193, 231: es entscheidet das Valutaverhältnis zwischen dem Versicherungsnehmer und dem Insassen; ohne eine Anordnung des Versicherungsnehmers kommt eine Anrechnung nicht in Betracht), bei der ebenfalls eine auf Kosten des Versicherungsnehmers erkaufte Leistung des Versicherers an den Geschädigten vorliegt (RGZ 152, 199, 201); dem Umstand, daß es sich hier um eine Summenversicherung handelt, ist keine entscheidende Bedeutung beizumessen. Die **Anrechnung** muß daher stattfinden, sofern der Schädiger an ihr – wie regelmäßig – ein anerkennenswertes Interesse hat und keine abweichenden Zusagen entgegenstehen (BGHZ 64, 260, 266 = NJW 1975, 1273, 1275 im Anschluß an MARSCHALL VBIEBERSTEIN 253 ff; BGB-RGRK/BOUJONG[12] Rn 150; MünchKomm/OETKER[4] § 249 Rn 244; JAUERNIG/TEICHMANN[9] Vor §§ 249–253 Rn 37; ESSER/SCHMIDT[8] § 33 V 3 a; LANGE/SCHIEMANN[3] § 9 VIII 4; dahin tendierend BGHZ 80, 8, 11).

79 Mit denselben Überlegungen kommt man auch zu einer **Anrechnung von Unfallversicherungssummen im übrigen**, wenn sie ihrem Zweck nach zumindest auch dem Schutz des Versicherungsnehmers dienen. Dies ist zB bei der von einem Veranstalter abgeschlossenen Versicherung anzunehmen, der später schadensersatzpflichtig werden kann (LANGE/SCHIEMANN[3] § 9 VIII 4). Ein gesetzliches Beispiel einer Anrechnung von Leistungen der Unfallversicherung auf den Haftpflichtanspruch findet sich in § 50 S 3 LuftVG.

Eine **Anrechnung** findet dann **nicht** statt, wenn der **Versicherungsnehmer vertraglich** **80** **zur Abtretung seiner Ersatzansprüche verpflichtet** ist (Beispiel: § 11 der Musterbedingungen 1994 für die Krankheitskosten- und Krankenhaustagegeldversicherung, MBKK 94, abgedruckt bei PRÖLSS/MARTIN/PRÖLSS[26] Teil III H; hierzu LANGE/SCHIEMANN[3] § 9 VIII 2 [mit Zweifeln am Sinn von § 11 MBKK]; NEESSE VersR 1976, 704, 705 f). In diesem Fall will der Versicherer nur anstelle des Schädigers, nicht neben diesem leisten.

3. Leistungen der Sozialversicherung (§ 116 SGB X)

a) Anwendungsbereich, Zweck und Rechtsnatur

Im Bereich der Sozialversicherung stellt § 116 SGB X die wichtigste Regreßnorm **81** dar. Die Vorschrift hat die bis zum 30. 6. 1983 geltende und in weiten Teilen gleichlautende Norm des § 1542 RVO abgelöst (s zur Entstehungsgeschichte vMAYDELL/BREUER NJW 1984, 23). Da hierdurch die Rechtsprechung zu § 1542 RVO weitgehend kodifiziert worden ist, kann diese weiter herangezogen werden (GROSS DAR 1999, 337, 341; vMAYDELL/BREUER NJW 1984, 23, 24).

Nachdem zum 1. 1. 1998 die früher wichtige Sondernorm des § 127 AFG durch § 116 Abs 10 SGB X ersetzt worden ist (§ 77 Abs 2 AngVG wurde bereits zum 1. 1. 1992 aufgehoben), erstreckt sich der Anwendungsbereich des § 116 SGB X auf die **in den besonderen Büchern des SGB geregelten Materien** und die **Spezialgesetze**, die in Art II § 1 SGB I bis zu ihrer Einordnung in das SGB X im Grundsatz als besondere Teile des SGB X deklariert worden sind. Erfaßt ist damit insbes der **Regreß der Träger der Kranken-, Unfall- und Rentenversicherung.** Im Bereich des Sozialrechts ist damit nur noch § 110 SGB VII als weitere Regreßnorm zu beachten (unten Rn 83). Dieser sieht nicht einen Anspruchsübergang vor, sondern gewährt dem Sozialversicherungsträger einen originären Rückgriffsanspruch (hierzu GITTER, in: FS Wiese [1998] 137 f; MARSCHNER BB 1996, 2090, 2092 f; GEIGEL/KOLB[23] Kap 32 Rn 2). Für die Sozialhilfe enthält § 90 BSHG mit der dort vorgesehenen Anspruchsüberleitung eine eigene Konstruktion (unten Rn 84).

§ 116 SGB X gilt analog für den Regreß der Behörden gegen den Schädiger bei Leistungen nach dem **AsylbLG.** Auch wenn § 116 SGB X nicht in § 9 Abs 3 AsylbLG erwähnt ist, handelt es sich der Sache nach um Sozialhilfeleistungen. Damit ist die Grundlage für eine Analogie gegeben (so auch LG Frankfurt aM VersR 2000, 340 f mit zust Anm BLOTH/vPACHELBEL; aA LG Münster VersR 1998, 739 mit zust Anm JAHNKE, der der dortigen formalen Argumentation folgt).

Zweck des § 116 SGB X ist – wie in den anderen Fällen der Legalzession (oben Rn 48, **82** 50) –, den Schädiger nicht dadurch zu entlasten, daß ein Dritter für den Schaden einzustehen hat, zumal der Schädiger dem Schaden näher steht als der Sozialversicherungsträger. Zugleich soll der Geschädigte nicht aus zwei Quellen Leistungen beziehen (BGHZ 26, 365, 369 = NJW 1958, 710; BGHZ 80, 332, 343 = NJW 1981, 1843, 1845 f; MünchKomm/OETKER[4] § 249 Rn 444; GREGER/OTTO NZV 1997, 292; WALTERMANN NJW 1996, 1644, 1645). Hinzu kommt die Überlegung, daß die Sozialversicherung auch mit öffentlichen Mitteln finanziert wird (BGH NJW 1969, 98, 100) und die Sozialversicherungsträger im Interesse der Erhaltung ihrer finanziellen Leistungsfähigkeit von Ausgaben entlastet werden sollten (BVerfGE 21, 362, 375 f = NJW 1967, 1411, 1414).

83 Der Sozialversicherungsträger hat keinen originären Anspruch gegen den Schädiger, da auch die durch Gesetz angeordnete Leistungsverpflichtung keinen Schaden für ihn darstellt (BGH NJW 1978, 2200; BGHZ 99, 62, 66 = NJW 1987, 1696; BGB-RGRK/BOUJONG[12] Rn 178; anders bei § 110 SGB VII, s Nw in Rn 81). Er kann nur insoweit Regreß nehmen, als er dem Geschädigten als Inhaber des Schadensersatzanspruchs dessen Schaden zu ersetzen hat (§ 116 Abs 1 S 1 SGB X). Das wiederum setzt voraus, daß in der Person des Geschädigten ein ersatzfähiger Schaden entstanden ist (BGH NJW 1977, 246 f; zur konkreten Schadensberechnung ie § 842 Rn 13 ff). Eine Ausnahme besteht dann, wenn der geschädigte Versicherungsnehmer der Beitragsfreiheit unterliegt (§§ 224, 225 SGB V) und die Krankenkasse vom Schädiger die ihr entgangenen Beiträge ersetzt verlangen kann (§§ 224 Abs 2 SGB V) (anders bis zum 31. 12. 1991, als nach § 224 SGB V aF bzw § 383 RVO insofern kein übergangsfähiger Eigenschaden des Versicherungsnehmers vorlag; vgl BGH NJW 1970, 137). Da bei Kranken- oder Verletztengeld der Verletzte und der Sozialversicherungsträger gem § 170 Abs 1 Nr 2 SGB VI die Beiträge je hälftig zu tragen haben, geht nur der halbe Ersatzanspruch auf den Sozialversicherungsträger über (vWULFFEN/SCHMALZ[4] § 116 Rn 10).

84 Bei § 90 BSHG gilt die Besonderheit, daß der Anspruch nicht automatisch auf den Sozialhilfeträger übergeht, sondern hierfür eine schriftliche Anzeige an den verpflichteten Dritten erforderlich ist (§ 90 Abs 1 S 1 BSHG). Diese **Überleitungsanzeige** ist ein privatrechtsgestaltender Verwaltungsakt (BGB-RGRK/BOUJONG[12] Rn 152; WALTERMANN NJW 1996, 1644, 1645). Eingeschränkt wird der Anwendungsbereich des § 90 BSHG durch § 90 Abs 4 S 2 BSHG, demzufolge die §§ 115, 116 SGB X vorgehen.

85 Materielle Voraussetzung für einen Übergang gem § 90 Abs 1 S 1 BSHG ist, daß die Leistung des Sozialhilfeträgers erfolgt ist, um dem Hilfeempfänger die Deckung seines Lebensbedarfs zu ermöglichen (BGB-RGRK/BOUJONG[12] Rn 152; BGH VersR 1969, 188, 189 zu § 21a der inhaltsgleichen VO über die Fürsorgepflicht). Bei betragsmäßig umfangreicheren Ansprüchen erfolgt der Übergang daher nur bedingt und sukzessive, soweit Sozialversicherungsleistungen erbracht worden sind und hierfür nicht bereits eine volle Erstattung erlangt ist (OLG Nürnberg VersR 1980, 1149, 1150). Überleitbar sind Geldansprüche (OLG Nürnberg aaO: auch Schmerzensgeldansprüche) und nicht-höchstpersönliche Sachansprüche wie Herausgabeansprüche (DECKER/OESTREICHER/SCHELTER/KUNZ § 90 Rn 50).

86 Der Anspruchsübergang nach § 116 SGB X findet auch dann statt, wenn sich der Verletzte freiwillig in seiner gesetzlichen Krankenkasse oder einer Ersatzkasse weiterversichert hat, weil dies der einheitlichen Organisationsform und der gemeinsamen Teilhabe an Funktionen, Zielen und Garantien der Sozialversicherung entspricht (BGH NJW 1976, 2349; BGH VersR 1977, 768 zu § 1542 RVO).

87 **Ausgeschlossen** ist dagegen ein **Anspruchsübergang**, soweit die Haftungsprivilegierung des ArbG oder Betriebskollegen gem §§ 104, 105 SGB VII eingreift (BGB-RGRK/BOUJONG[12] Rn 176; dazu unten Rn 133), wenn der Geschädigte die Sozialversicherungsleistung – etwa wegen Verspätung bei Antragstellung – nicht mehr beanspruchen kann (BGH VersR 1960, 709; der Schadensersatzanspruch gegen den Schädiger bleibt davon allerdings unberührt), wenn die Sozialversicherungsleistung freiwillig nicht in Anspruch genommen wird (BGH VersR 1965, 161, 163: verletzter Kassenpatient ließ sich privat behandeln) oder soweit der Schädiger im Verhältnis zum Geschädigten – im Rahmen der Dispositionsbefugnis – die Haftung vertraglich ausgeschlossen hat (BGH NJW 1980, 524, 527; BGB-RGRK/Boujong[12] Rn 178; Wannagat/Eichenhofer § 116 SGB X Rn 17).

b) Erfaßte Ansprüche

Gegenstand des Regresses sind nach dem Wortlaut des § 116 Abs 1 S 1 SGB X („ein   **88** auf anderen gesetzlichen Vorschriften beruhender Anspruch") **Schadensersatzansprüche**. Der Begriff des Schadensersatzanspruchs deckt sich mit dem des bürgerlichen Rechts (Lange/Schiemann[3] § 11 C II 5). Es muß also tatsächlich ein Schaden entstanden sein. Daran fehlt es, wenn der Geschädigte eine Unfallrente erhält, aber ohne Verdienstminderung seiner bisherigen Tätigkeit nachgeht (BGH VersR 1967, 1068, 1069: Der verletzte ArbN wird wie bisher weiter beschäftigt, aber der Sozialversicherungsträger zahlt eine Teilrente. Hier scheidet ein Rückgriff des Sozialversicherungsträgers gegen den Schädiger mit der Begründung aus, die Arbeit sei weniger wert und ein Teil des Lohns sei in Wahrheit eine unentgeltliche Zuwendung, die nicht dem Schädiger zugute kommen soll; Lange/Schiemann[3] § 11 C II 5; Soergel/Mertens[12] Vor § 249 Rn 183; einschränkend MünchKomm/Oetker[4] § 249 Rn 447: nur wenn der Verletzte gem § 254 Abs 2 gehalten ist, seine bisherige Tätigkeit weiter auszuüben; ist dem nicht so, braucht er sich den Verdienst nicht auf seinen Schadensersatzanspruch anrechnen zu lassen, und ein nach § 116 SGB X übergangsfähiger Schaden besteht insoweit).

Auf den Sozialversicherungsträger gehen somit über die Schadensersatzansprüche   **89** aus:

– Delikt und gesetzlicher Haftpflicht (BGB-RGRK/Boujong[12] Rn 174; Erman/Kuckuk[10] BGB Vor § 249 Rn 161);

– Vertrag (BGHZ 26, 365, 368 = NJW 1958, 710; BGHZ 33, 247, 249 = MDR 1961, 134: Anspruch aus § 618; BGH VersR 1969, 954; BGH NJW 1980, 524, 527: Ansprüche aus Luftbeförderungsvertrag; BGH VersR 1969, 1037, 1038: Anspruch aus Fahrschulvertrag; OLG Karlsruhe MedR 1985, 79, 80 f; MünchKomm/Oetker[4] § 249 Rn 446; entgegen der hM einschränkend Wannagat/Eichenhofer § 116 SGB X Rn 15: nur dann, wenn neben den vertraglichen ein deliktischer oder anderer gesetzlicher Schadensersatzanspruch tritt);

– Amtshaftung (BGHZ 79, 26, 26 ff, 31 ff = NJW 1981, 623, 624 f; BGH NJW 1983, 2191, 2192; BGB-RGRK/Boujong[12] Rn 175; anders noch RGZ 138, 209, 210 ff); bei Leistungen der gesetzlichen Unfallversicherung bzw der Unfall- und Rentenversicherung greift die Subsidiaritätsklausel des § 839 Abs 1 S 2 nicht, weil es rechtspolitisch bedenklich und mit dem Schutz des Bürgers kaum zu vereinbaren wäre, wenn der Staat den Geschädigten auf Ansprüche verweisen könnte, die er sich zum großen Teil selbst erkauft hat (Lange/Schiemann[3] § 11 C II 5). Da das Verweisungsprivileg also nicht greift (Ossenbühl Staatshaftungsrecht [4. Aufl 1991] § 7 1 b ee; Lörler JuS 1990, 544, 546; Staudinger/Wurm [2002] § 839 Rn 276), kommt es zum Rechtsübergang (Staudinger/Wurm [2002] § 839 Rn 277);

– Aufopferung (BGHZ 20, 81, 84; anders Erman/Kuckuk[10] vor § 249 Rn 161, der dieses Urteil als Verneinung der Übergangsfähigkeit interpretiert);

– Umstritten ist der Übergang von **Aufwendungsersatzansprüchen aus GoA** gem §§ 677, 683. Dem steht zwar der Wortlaut des § 116 SGB X entgegen (Waltermann

NJW 1996, 1644, 1648 mit weiteren Argumenten). Zumindest in den Fällen der GoA zur Gefahrenabwehr ist für die Anwendbarkeit aber nicht zu fordern, daß die Rechtsfolgen des Anspruchs in den §§ 249 ff geregelt sind, sondern nur, daß es um den Ausgleich unfreiwilliger Einbußen an Rechtsgütern des Geschädigten geht (WANNAGAT/EICHENHOFER § 116 SGB X Rn 16). Davon ausgehend hat der BGH (BGHZ 92, 270, 271 = NJW 1985, 492 [unter Aufgabe der früheren Rspr: BGHZ 38, 270, 281 = NJW 1963, 390, 393]; dem folgend OLG Karlsruhe NJW 1988, 2676, 2677) den Übergang zumindest dann verneint, wenn die Eintrittspflicht der Unfallversicherung allein auf § 2 Nr 13 SGB VII (bis 31. 12. 1996: § 539 Abs 1 Nr 9 RVO) beruht und das Unfallopfer sich nicht verschuldet in die Notlage gebracht hat, weil der Gesetzgeber hier eine Inanspruchnahme des Unfallopfers für unbillig erachtet hat.

c) Zeitpunkt des Übergangs

90 Aus dem Wortlaut des § 116 Abs 1 S 1 SGB X („… geht … über, soweit dieser aufgrund des Schadensereignisses Sozialleistungen zu erbringen hat …") folgt, daß der Anspruchsübergang bereits im **Zeitpunkt des schädigenden Ereignisses** erfolgt (vgl nur BGHZ 99, 62, 66 = NJW 1987, 1696; MünchKomm/OETKER[4] § 249 Rn 462; LANGE/SCHIEMANN[3] § 11 C II 3; GREGER[3] Anh II Rn 121; KÜPPERSBUSCH[7] Rn 442; WALTERMANN NJW 1996, 1644, 1646). Dies ist grundsätzlich auch dann so, wenn die vom Sozialversicherungsträger zu gewährenden Leistungen durch nachträgliche Gesetzesänderungen erhöht worden sind (BGHZ 19, 177, 178 f = NJW 1956, 461 mwNw). Anderes gilt, wenn die betreffenden Ansprüche infolge von „Systemänderungen" von Gesetzen neu begründet werden (BGHZ 134, 381, 384 f = NJW 1997, 1783, 1784 mwNw; BGH VersR 1955, 393; BGHZ 19, 177, 179 = NJW 1956, 461; BGHZ 48, 181, 182 = NJW 1967, 2199; BGH NZV 1990, 308, 309; weitere Beispiele bei BGB-RGRK/BOUJONG[12] Rn 171; GREGER[3] Anh II Rn 126; krit zum Begriff der Systemänderungen Kasseler Kommentar/KATER § 116 SGB X Rn 152), da der Übergang erst dann erfolgen kann, wenn sich aufgrund der neuen Regelung die Möglichkeit der Entstehung von Versicherungsleistungen ergibt (BGB-RGRK/BOUJONG[12] Rn 171).

91 Ersatzansprüche des Verletzten gegen den Schädiger wegen Leistungen, die zwar erst in der Folgezeit zu erbringen sind, die aber nach den Umständen des Schadensfalles bereits zum Zeitpunkt des Schadensereignisses in Betracht zu ziehen waren, gehen schon in diesem Moment dem Grunde nach über (BGH VersR 1990, 1028, 1029; GROSS DAR 1999, 337, 341), da der Sozialversicherungsträger auch hinsichtlich der **künftigen Forderungen** geschützt werden soll (BGH VersR 1964, 49, 51 f; BGHZ 48, 181, 184 f = NJW 1967, 2199, 2200). Dies gilt allerdings dann nicht, wenn das Sozialversicherungsverhältnis erst nach dem Unfall begründet wird, weil dessen Bestehen Voraussetzung des Übergangs ist; in solchen Fällen erfolgt der Übergang erst mit der Begründung des Versicherungsverhältnisses (KÜPPERSBUSCH[7] Rn 443 mwNw; BGH VersR 1966, 233, 234; BGH VersR 1984, 136, 137; BGH VersR 1990, 1028, 1029).

92 Im Interesse eines möglichst weitgehenden Schutzes des Sozialversicherungsträgers genügt es für den Anspruchsübergang, daß die **bloße Möglichkeit der Leistungspflicht** des Sozialversicherungsträgers besteht (BGHZ 48, 181, 186 f = NJW 1967, 2199, 2200: Leistungspflicht darf nur nicht völlig unwahrscheinlich, also geradezu ausgeschlossen erscheinen; Kontrollfrage, ob berechtigterweise eine Feststellungsklage erhoben werden könnte; ebenso BGHZ 134, 381, 383 = NJW 1997, 1783, 1784 mwNw; BGH VersR 1990, 1028, 1029; BGHZ 99, 62, 66 f = NJW 1987, 1696; BGH VersR 1984, 136, 137; BGH VersR 1983, 536; BGH NZV 1990, 308, 309; SOERGEL/MERTENS[12] Vor § 249 Rn 184; KÜPPERSBUSCH[7] Rn 446; BGB-RGRK/BOUJONG[12] Rn 170; ERMAN/

KUCKUK[10] Vor § 249 Rn 166; WANNAGAT/EICHENHOFER § 116 SGB X Rn 19; WALTERMANN, in: FS Gitter [1995] 1050; ders NJW 1996, 1644, 1645; MünchKomm/OETKER[4] § 249 Rn 464; dagegen aber noch MünchKomm/GRUNSKY[3] Vor § 249 Rn 163: auch ohne diese Annahme werde der Geschädigte bei späterem Eintritt der Leistungspflicht zum Nichtberechtigten, weshalb eine zuvor getroffene Verfügung unwirksam sei; komme es nicht zu einer Leistungspflicht, müsse der Sozialversicherungsträger nicht geschützt werden).

Da der Anspruch bereits bei Schädigung übergeht, ist der Geschädigte nur für eine **93** logische Sekunde Anspruchsinhaber. Eine Verfügung über den Anspruch als Berechtigter kommt damit praktisch nicht in Betracht (LANGE/SCHIEMANN[3] § 11 C II 3 [Fn 227]; MünchKomm/OETKER[4] § 249 Rn 463; jeweils mwNw; BGB-RGRK/BOUJONG[12] Rn 170; auf Ausnahmen im Zusammenhang mit der Einführung der PflegeV weist GREGER[3] Anh II Rn 136 f hin). Zugunsten eines gutgläubigen Schädigers, der an den Geschädigten leistet, können die §§ 412, 406, 407 eingreifen. Deren Anwendungsbereich ist jedoch wegen der strikten Rechtsprechung gering, die eine Kenntnis vom Anspruchsübergang bereits annimmt, wenn der Schädiger die tatsächlichen Umstände kennt, aus denen sich die Sozialversicherungspflichtigkeit des Geschädigten ergibt (BGH VersR 1975, 446, 447; jeweils zu Abfindungsverträgen: BGHZ 19, 177, 181 = NJW 1956, 461; BGH NJW 1984, 607, 608 mwNw; VersR 1966, 233, 234; VersR 1962, 467, 468; zur Kenntnis bei Schaffung einer neuen Sozialversicherungsleistung nach dem Schadensfall BGH NJW 1984, 607, 609; NJW 1990, 2933, 2936; MünchKomm/OETKER[4] § 249 Rn 463: es soll bereits die Bekanntmachung des neuen Gesetzes im BGBl genügen).

Wurde mit befreiender Wirkung geleistet, gewährt § 116 Abs 7 S 1 SGB X dem Sozialversicherungsträger einen öffentlich-rechtlichen Erstattungsanspruch gegen den Bereicherten, dem gegenüber sich der Geschädigte nicht auf den Entreicherungseinwand des § 818 Abs 3 berufen kann (vWULFFEN/SCHMALZ[4] § 116 Rn 41; HAUCK/HEINES/NEHLS § 116 SGB X Rn 52; WALTERMANN NJW 1996, 1644, 1647); bei nicht befreiender Leistung haften der Schädiger und der Geschädigte als Gesamtschuldner (§ 116 Abs 7 S 2 SGB X).

Grundsätzlich sind auch **Sozialhilfeträger** in den Regreß gem § 116 SGB X mit ein- **94** bezogen. Die Lage verkompliziert sich hier dadurch, daß es im Sozialhilferecht nicht nur auf den klar definierbaren Schädigungszeitpunkt, sondern insbes auch auf den Zeitpunkt des Nachweises der Bedürftigkeit und auf die Abschätzung einer möglichen künftigen Bedürftigkeit ankommt. Für den Zeitpunkt des Übergangs wurden zahlreiche Ansichten vertreten (Darstellung bei WALTERMANN, in: FS Gitter 1048 ff). Nachdem der BGH dieses Problem dahingehend gelöst hat, daß es je nach Einzelfall auf das Vorliegen konkreter Anhaltspunkte für eine künftige Hilfsbedürftigkeit ankommt (BGHZ 131, 274, 279 f = NJW 1996, 726, 727; unter Auseinandersetzung mit den bis dato vertretenen Theorien; bestätigt in BGHZ 132, 39, 44 = NJW 1996, 1674; BGHZ 133, 129, 134 f = NJW 1996, 2508, 2509; BGHZ 133, 192, 197 = NJW 1996, 2933, 2934; zuvor schon zu Leistungen der Bundesanstalt für Arbeit BGHZ 127, 120, 124 f = NJW 1994, 3097, 3098; ebenso OLG Stuttgart NJW-RR 1993, 1418, 1419; GROSS DAR 1999, 337, 341 f; WALTERMANN NJW 1996, 1644, 1646; PALANDT/HEINRICHS[61] Vor § 249 Rn 155; GEIGEL/PLAGEMANN[23] Kap 30 Rn 38), dürfte zumindest für die Praxis Klarheit geschaffen sein. Der BGH nimmt dabei das Bestehen einer Einziehungsermächtigung des Geschädigten an, mit der er den auf den Sozialhilfeträger übergegangenen Anspruch in Prozeßstandschaft für diesen einklagen kann (BGH NJW 2002, 1877; BGHZ 131, 274, 281 ff = NJW 1996, 726, 728). Auf diese Weise soll – entsprechend dem Nachrangprinzip des § 2 BSHG – die Hilfsbedürftigkeit des Geschädigten vermieden und der Weg der ihm zustehenden Ersatzleistungen abgekürzt werden.

95 In der **Arbeitslosenhilfe** – einer besonderen Form der Sozialhilfe – ist der Grundsatz der Subsidiarität noch weiter verwirklicht als im Sozialhilferecht, so daß hier kein Übergang stattfindet (BGHZ 108, 296, 302 = NJW 1989, 3158, 3160; WALTERMANN NJW 1996, 1644, 1645; ERMAN/KUCKUK[10] Vor § 249 Rn 167; **aA** OLG München VersR 1990, 544, das aber mit der bis zum 31. 12. 1997 geltenden Rechtslage nach §§ 134 Abs 4, 127 AFG argumentiert; § 116 Abs 10 SGB X stellt nun die Bundesanstalt für Arbeit den Sozialversicherungsträgern gleich). Ausnahmen gelten wiederum bei der sog Gleichwohlgewährung nach § 203 Abs 1 SGB III (WALTERMANN NJW 1996, 1644, 1645; der Regreßweg ist hier wie in § 90 BSHG konstruiert). Bei **Arbeitslosengeld** findet der Übergang auf die Bundesanstalt für Arbeit im Zeitpunkt der Leistungsgewährung statt (WANNAGAT/EICHENHOFER § 116 SGB X Rn 21), da der Geschädigte entweder bereits arbeitslos war und es an der Kausalität der Schädigung für die Zahlung seitens der Bundesanstalt für Arbeit fehlt oder andernfalls die Zahlung erst nach der Kündigung erfolgt.

96 Für den Beginn der **Verjährung** gem §§ 195, 199 Abs 1 Nr 2 (bis 31. 12. 2001: § 852) ist die Kenntnis des Sozialversicherungsträgers maßgeblich, auf den der Anspruch übergeht; die Kenntnis eines anderen Sozialversicherungsträgers genügt nicht (BGH VersR 1977, 739 f mwNw; BGB-RGRK/BOUJONG[12] Rn 173; WALTERMANN NJW 1996, 1644, 1647). Den teilweisen oder vollständigen Ablauf der Verjährungsfrist vor dem Anspruchsübergang (wenn dieser nicht sofort eintritt, s oben Rn 90 f) muß der Sozialversicherungsträger gemäß §§ 404, 412 gegen sich gelten lassen (BGHZ 48, 181, 183 = NJW 1967, 2199, 2200). § 404 greift ferner bei einem Wechsel des Sozialversicherungsträgers ein (BGH VersR 1978, 660, 662; WEBER DAR 1979, 113, 117; eingehend GREGER[3] Anh II Rn 163). Die Erhebung der Feststellungsklage durch den Geschädigten berührt die Verjährung des übergegangenen Teils des Schadensersatzanspruchs nicht (BGH VersR 1965, 610, 611).

d) Kongruenz

97 § 116 Abs 1 S 1 SGB X normiert das Prinzip der sachlichen und zeitlichen Kongruenz von Schadensposition und Versicherungsleistung, dh beide müssen in einem „inneren Zusammenhang" stehen (stRspr zu § 1542 RVO: BGH VersR 1973, 566, 567; BGH VersR 1979, 640, 641; BGH VersR 1981, 477, 478; s nur LANGE/SCHIEMANN[3] § 11 C II 6 a; oben Rn 60). Mit der Vorschrift soll vermieden werden, den Schädiger in unbilliger Weise zu entlasten und den Geschädigten doppelt zu entschädigen. Dieser Konflikt droht nur, wenn der Geschädigte durch den Schadensfall kongruente Ansprüche erwirbt (oben Rn 60; BGH NJW 1974, 41, 43; BGH NJW 1977, 802 f).

Die fehlende Kongruenz schließt eine Überleitung gem § 90 BSHG nicht aus, die bei sämtlichen und damit auch nichtkongruenten Ansprüchen möglich ist (OLG Nürnberg VersR 1980, 1149).

aa) Sachliche Kongruenz

98 Maßgeblich ist die Funktion der Leistung und nicht eine konkrete Betrachtungsweise (MünchKomm/OETKER[4] § 249 Rn 449 ff; LANGE/SCHIEMANN[3] § 11 C II 6 a). Dies entspricht der vom BGH entwickelten **Gruppentheorie**, nach der die Zugehörigkeit zur gleichen Schadensgruppe genügt, ohne daß der Sozialversicherungsträger die Deckung des

konkreten Schadenspostens durch seine Leistung nachweisen muß (BGH VersR 1973, 566, 567; BGH NJW 1976, 2349, 2350; BGH NJW 1979, 2313, 2314; BGH VersR 1981, 477, 478; BGH VersR 1983, 686, 687: es reicht aus, wenn die Sozialleistung bei einer Gesamtbetrachtung zumindest auch dazu bestimmt ist, einen Ausgleich der Aufwendungen des Geschädigten herbeizuführen; vgl auch KÜPPERSBUSCH[7] Rn 452 ff mwNw).

Rechtsprechung und Literatur haben hinsichtlich der sachlichen Kongruenz folgende **Fallgruppen** gebildet:

Bei **Sachschäden** kommt es nur zu einem Übergang, soweit eine Ersatzpflicht des **99** Sozialversicherungsträgers besteht. Dies ist insbes bei medizinischen Hilfsmitteln (§ 33 SGB V, § 8 Abs 3 SGB VII) sowie bei denjenigen Sachschäden gegeben, die bei Hilfeleistungen entstehen (§ 2 Abs 1 Nr 11 lit a, 13 lit a, c SGB VII) (WUSSOW/SCHNEIDER[15] Kap 74 Rn 9, 31; ERMAN/KUCKUK[10] Vor § 249 Rn 184).

Heilbehandlungskosten werden idR durch die Krankenversicherung erbracht (vgl **100** §§ 27, 39, 40 SGB V; § 15 SGB VI; auch § 116 VIII SGB X), so daß Kongruenz zu den Aufwendungen für eine notwendige ärztliche Behandlung besteht (BGH NJW 1990, 1045, 1046). Werden Kosten durch den Sozialversicherungsträger nicht ausgeglichen, so verbleibt ein etwaiger Ersatzanspruch beim Geschädigten (Beispiel: Versicherungsnehmer wählt höhere Pflegeklasse als die Krankenkasse erstattet; BGH VersR 1973, 566, 567; BGH VersR 1983, 686, 687; ERMAN/KUCKUK[10] Vor § 249 Rn 174: Zuzahlung zu Medikamenten gem § 31 Abs 3 SGB V).

Schmerzensgeld wird vom Sozialversicherungsträger nicht geschuldet. Deshalb behält **101** der Geschädigte seinen vollen Anspruch (BGH VersR 1970, 1053; WUSSOW/SCHNEIDER[15] Kap 74 Rn 30; LANGE/SCHIEMANN[3] § 11 C II 6 d mwNw; GROSS DAR 1999, 337, 343; SOERGEL/MERTENS[12] Vor § 249 Rn 187; WALTERMANN, in: FS Gitter 1044; teils anders HAUCK/HEINES/NEHLS § 116 SGB X Rn 13 mwNw für Rente nach dem BVersG, da diese auch immaterielle Aspekte enthalte und somit zumindest in Höhe der Grundrente Kongruenz zum Schmerzensgeldanspruch bestehe).

Der Anspruch auf **Ersatz entgangenen Gewinnes** und des **Erwerbsschadens** iS der **102** §§ 842, 843 ist zu allen Sozialleistungen mit Entgeltersatzcharakter kongruent (MünchKomm/OETKER[4] § 249 Rn 454; SOERGEL/MERTENS[12] Vor § 249 Rn 186; LANGE/SCHIEMANN[3] § 11 C II 6 d; KÜPPERSBUSCH[7] Rn 460; ERMAN/KUCKUK[10] Vor § 249 Rn 176). Der Erwerbsschaden muß allerdings in Beziehung zur versicherten Tätigkeit stehen (dies ist auch beim Arbeits- oder Wegeunfall iS des § 8 Abs 1 und 2 SGB VII gegeben). Ist der Schaden dagegen nicht bei einer versicherten Tätigkeit entstanden oder geht er über das versicherte Maß hinaus, verbleibt der Schadensersatzanspruch beim Geschädigten (MünchKomm/OETKER[4] § 249 Rn 454).

Kongruenz besteht für das **Krankengeld** (§ 44 SGB V) (BGH VersR 1971, 816, 818; BGH VersR 1977, 768, 770; BGH NJW 1976, 2349, 2350; BGH NJW 1990, 2933, 2934 ff), die **Beiträge zur Arbeitslosenversicherung** (BGH NJW 1986, 2370), das **Verletztengeld** in der Unfallversicherung (§ 45 SGB VII) (BGHZ 109, 291, 293 = NJW 1990, 1045; BGH NJW 1977, 246 f), das **Übergangsgeld** (OLG Düsseldorf VersR 1980, 269, 270), das schädigungsbedingt in Anspruch genommene **vorgezogene Altersruhegeld** (§§ 37, 38 SGB VI) (BGH NJW 1986, 2762, 2763; ERMAN/KUCKUK[10] Vor § 249 Rn 176; für die unfallbedingte Pensionierung DREES VersR 1987, 739, 745), die **Rente wegen Erwerbsminderung** (BGH NJW 1974, 41, 43 zur früheren

Erwerbsunfähigkeitsrente) und die **Verletztenrente** (BGH NJW 1970, 1685; weitere Einzelheiten bei Wussow/Schneider[15] Kap 74 Rn 34; zur Waisenrente aber BGH NJW 1974, 1237). Kongruent sind ferner die Kosten für eine **Ersatzkraft**, die den Erwerbsschaden mindern soll (BGH VersR 1977, 916; BGH NJW 1985, 735 f). Dagegen besteht keine Kongruenz zwischen dem Erwerbsschaden und Leistungen des Sozialhilfeträgers, die nur vermehrte Bedürfnisse ausgleichen sollen (BGH NJW 2002, 292, 293).

103 Wird ein **Arbeitsloser** verletzt, so verliert er für die Zeit, in der er dem Arbeitsmarkt nicht mehr zur Verfügung steht, seinen Anspruch auf Arbeitslosengeld (§§ 117 Abs 1, 118 Abs 2, 119 SGB III). Erhält er nun stattdessen Krankengeld, so ist nach der Rechtsprechung (abl hierzu § 842 Rn 79 mwNw) wegen der Entgeltersatzfunktion Kongruenz mit dem Anspruch auf Arbeitslosengeld gegeben (BGHZ 90, 334, 337 ff = NJW 1984, 1811 f mwNw; Wussow/Schneider[15] Kap 74 Rn 41).

Wird ein **nicht berufstätiger Ehepartner** verletzt, der wegen einer früheren Erwerbstätigkeit eine Unfallrente erhält, so besteht insoweit Kongruenz, als die häusliche Arbeit eine Unterhaltsleistung innerhalb der Familie darstellt. Darüber hinaus liegt eine inkongruente Mehrung der Eigenbedürfnisse des Verletzten vor (§ 842 Rn 118 ff, insbes 123; BGH NJW 1974, 41, 42 f; BGH NJW 1985, 735 f; MünchKomm/Oetker[4] § 249 Rn 456; krit Lange FamRZ 1983, 1181, 1183 f). Berechnungskriterium hierfür ist die Zahl der zu versorgenden Personen. Nicht berücksichtigt werden die nicht unterhaltsberechtigten Personen (zB Geschwister) (BGH NJW 1985, 735, 736; MünchKomm/Oetker[4] § 249 Rn 456; s auch § 842 Rn 124 ff; zum nichtehelichen Lebenspartner Rn 132 f).

104 **Vermehrte Bedürfnisse** sind, soweit sie fortlaufend entstehen, kongruent mit Leistungen der Sozialversicherungsträger, die gerade auf die Befriedigung dieser Bedürfnisse abzielen. Hierzu gehören Leistungen der Pflegeversicherung gem SGB XI (BGH NJW 1997, 256, 257), die Haushaltshilfe bei Krankenhausbehandlung (§ 38 SGB V), die häusliche Krankenpflege (§ 44 SGB VII), Rehabilitationsmaßnahmen und das Krankengeld bei Pflege eines Kindes (§ 45 SGB V). Vermehrte Bedürfnisse iS des § 843 sind aber nicht kongruent mit einer Rente wegen Erwerbsminderung (MünchKomm/Oetker[4] § 249 Rn 457; zur früheren Erwerbsunfähigkeitsrente BGH NJW 1956, 219, 220; BGH DB 1970, 1683 f).

105 Wird jemand so schwer verletzt, daß er pflegebedürftig wird, übernehmen häufig Angehörige oder Freunde die häusliche Pflege. Gem §§ 170 Abs 1 Nr 6 SGB VI, 44 SGB XI sind durch die Pflegekasse **Rentenversicherungsbeiträge für die pflegenden Personen** zu entrichten, wenn diese wenigstens 14 Stunden pro Woche pflegen und weniger als 30 Stunden pro Woche anderswo arbeiten (§§ 19, 44 Abs 1 S 1 SGB XI).

Umstritten ist, ob die Entrichtung dieser Rentenversicherungsbeiträge der Schadensbehebung dient und mit dem Anspruch auf Ersatz der vermehrten Bedürfnisse kongruent ist, so daß dieser gem § 116 SGB X auf die Pflegekasse übergehen könnte. Zutreffend bejaht der BGH (BGHZ 140, 39, 44 ff = NJW 1999, 421, 422 f; vgl auch LG Hanau zfs 1998, 212; LG Hannover VersR 1998, 255) mit einem Teil der Literatur (Hauck/Heines/Nehls § 116 SGB X Rn 16; Erman/Schiemann[10] Rn 14; Wussow/Schneider[15] Kap 74 Rn 69; Gross DAR 1999, 337, 343; Eichenhofer VersR 1998, 393, 395; Schrinner VGT 1997, 248, 252; Wiesner VersR 1995, 134, 143) die Kongruenz und damit den Übergang. Die Auffassung, hier sei kein Schaden des Geschädigten auszugleichen (Arnau NZV 1997, 255; Budel

VGT 1997, 269, 274; JAHNKE VersR 1996, 924, 933 [Fn 56]; KÜPPERSBUSCH NZV 1997, 30, 31; vEINEM SGb 1995, 528, 529; LG Frankfurt aM VersR 1998, 653, 654), berücksichtigt nicht, daß die Kosten für eine Pflegekraft und die für sie zu entrichtenden Sozialversicherungsbeiträge zum Schaden gehören. Wenn ein pflegender Familienangehöriger dieselbe Leistung nicht erwerbsmäßig erbringt, darf dies – schon aus dem gesellschaftspolitischen Grund der Stärkung der häuslichen Pflege – keinen Unterschied machen. Bei normativer Schadensbetrachtung ist die Kongruenz daher zu bejahen.

Ansprüche aus §§ 842, 843 Abs 1 sind kongruent mit den **Beitragszahlungen** einer **106** Berufsgenossenschaft für die **gesetzliche Kranken- und Arbeitslosenversicherung** (BGHZ 89, 14, 23 = NJW 1984, 736, 738). Für die Aufwendungen des Trägers der gesetzlichen Kranken- und Unfallversicherung für die **Rentenversicherung** ist dies im Detail str: Der BGH (BGHZ 97, 330, 339 = NJW 1986, 2247, 2249; auch BGHZ 109, 291, 296 f = NJW 1990, 1045, 1046; dem folgend KÜPPERSBUSCH VersR 1985, 16, 18) nimmt zu Recht Kongruenz nur hinsichtlich der Versichertenbeiträge an, da die Trägerbeiträge nicht den Ausgleich eines fremdverursachten Beitragsdefizits zum Ziel haben, sondern lediglich der Beteiligung am Finanzierungsaufwand der Rentenversicherung dienen. Die Gegenansicht sieht eine Kongruenz sowohl hinsichtlich der Versicherten- als auch der Trägerbeiträge als gegeben an. Die Tatsache, daß der Sozialversicherungsträger den halben Beitrag aufbringen müsse, könne den Schädiger nach dem Grundsatz des versagten Vorteilsausgleichs nicht entlasten (vEINEM NJW 1987, 480; ebenso SOERGEL/MERTENS[12] Vor § 249 Rn 186; KLAPROTH VersR 1984, 924).

Beerdigungskosten sind mit dem nach §§ 58, 59 SGB V, 64 SGB VII zu gewährenden **107** **Sterbegeld** kongruent (BGH VersR 1986, 698, 699 mwNw zur bis zum 31.11.1988 geltenden Rechtslage nach §§ 201 ff RVO). Die Überbrückungshilfe gem § 591 RVO aF war dagegen mit den nach § 844 zu ersetzenden Beerdigungskosten nicht kongruent, weil sie lediglich die Umstellung in der Lebensführung erleichtern sollte (OLG Hamm VersR 1980, 390; LANGE/SCHIEMANN[3] § 11 C II 6 f; KÜPPERSBUSCH[7] Rn 461; MünchKomm/OETKER[4] § 249 Rn 459 will Kongruenz dagegen dann annehmen, wenn der hinterbliebene Ehegatte gegen den Schädiger einen Anspruch auf Ersatz von Umzugskosten hat, weil er zB die zu groß gewordene Wohnung aufgeben muß; s ferner STAUDINGER/RÖTHEL § 844 Rn 244 ff).

bb) Zeitliche Kongruenz

Gem § 116 Abs 1 S 1 SGB X müssen sich die Leistungen des Sozialversicherungs- **108** trägers auf denselben Zeitraum beziehen, für den der Schadensersatzanspruch besteht (stRspr: BGH VersR 1973, 436 mwNw; BGH NJW 1976, 2349; BGH VersR 1979, 640, 641; BGB-RGRK/BOUJONG[12] Rn 187). Maßgeblich ist grundsätzlich der jeweilige Kalendermonat, auf den sich die Leistungspflicht bezieht (BGH VersR 1973, 436, 437; LANGE/SCHIEMANN[3] § 11 C II 6 i; BGB-RGRK/BOUJONG[12] Rn 187). Beim Krankengeld folgt jedoch aus § 47 Abs 1 S 4, Abs 2 SGB V, daß nach Tagen abgerechnet und ausgezahlt wird und daß ein Siebtel des Wochenlohns einem Tag Krankengeld entspricht. Dies gilt für alle Leistungen, die für andere Zeiträume als einen Monat abgerechnet werden (BGH VersR 1973, 436, 437).

Praktische Bedeutung kommt dem Erfordernis der zeitlichen Kongruenz in Fällen des Mitverschuldens des Geschädigten zu, da der Sozialversicherungsträger nur für den jeweiligen Zeitraum beim Schädiger Regreß nehmen kann. Soweit der zivilrechtliche Schadensersatzanspruch zeitlich über die sozialversicherungsrechtliche

Leistungspflicht hinausreicht, geht der Anspruch nicht über (MünchKomm/Oetker[4]
§ 249 Rn 461).

cc) Korrektur nach Sinn und Zweck

109 Obwohl eine ausdrückliche Bestimmung, die den Übergang zu Lasten des Geschädigten untersagt (vgl § 67 Abs 1 S 2 VVG), in § 116 SGB X nicht enthalten ist, bedarf
die Legalzession über die beschriebenen Kriterien der Kongruenz hinaus einer Korrektur nach Sinn und Zweck, wenn der Regreß des Sozialversicherungsträgers zu
Lasten des Versicherten gehen würde (vgl BGH NJW 1983, 114, 115). Das ist zB dann der
Fall, wenn die Versicherungsleistung eine andere Sozialleistung wegfallen lassen
würde. Der an sich zulässige Regreß des Sozialversicherungsträgers wegen Erwerbsschadens ist hier nur insoweit möglich, als es um den die andere Sozialleistung übersteigenden Teil geht (BGH NJW 1983, 114, 115: bei Kindergeld Regreß nur insoweit, als die
Sozialleistung das Kindergeld übersteigt; Küppersbusch[7] Rn 465).

e) Quotenvorrecht

110 Die Frage des Quotenvorrechts des Sozialversicherungsträgers ist von § 116 SGB X
differenzierend gelöst worden (zur Rechtslage bis 30. 6. 1983 nach § 1542 RVO vgl vOlshausen VersR 1983, 1108; Staudinger/Schäfer[12] Rn 126 ff):

– Soweit der Geschädigte durch den Schädiger voll entschädigt wird, stellt sich die
Frage des Quotenvorrechts nicht; der Anspruchsübergang auf den Sozialversicherungsträger erfolgt gem § 116 Abs 1 S 1 SGB X vollständig.

– Soweit die Haftung des Schädigers summenmäßig beschränkt ist (§§ 12 StVG,
9 HaftpflG, 31 AtomG, 88 ArznmG, 37 Abs 2, 46 LuftVG, 117 BBergG etc) und
der Anspruch des Geschädigten über die Höchstgrenze hinausgeht, gesteht § 116
Abs 2 SGB X dem Geschädigten ein absolutes Quotenvorrecht zu (vMaydell/
Breuer NJW 1984, 23, 25; auch BGHZ 146, 84, 88 = NJW 2001, 1214, 1215). Der Sozialversicherungsträger erlangt daher nur noch denjenigen Teil des Schadensersatzanspruchs, der für die Befriedigung des Verletzten nicht benötigt wird (Waltermann
NJW 1996, 1644, 1647; zu der umgekehrten Regelung des § 1542 RVO vgl Wannagat/Eichen-
hofer § 116 SGB X Rn 39 mwNw).

111 Gem § 116 Abs 3 S 1 SGB X geht (entsprechend der „relativen Theorie", oben Rn 63;
anders die frühere hM, Nachw bei vWulffen/Schmalz[4] § 116 Rn 24; Greger/Otto NZV 1997, 292,
293; vOlshausen VersR 1983, 1108) auf den Sozialversicherungsträger nur der Anteil des
Schadensersatzanspruchs über, der dem Geschädigten bei eigenem Mitverschulden
gegen den Schädiger verbleibt (Rechenbeispiele bei Lange/Schiemann[3] § 11 C II 7 a; Marschall vBieberstein ZVersWiss 1983, 99, 109 f). Dies soll der Praxis die Handhabung
erleichtern (BT-Drucks 9/1753, 44; Küppersbusch VersR 1983, 193, 201 sieht darin gerade eine
Verkomplizierung).

Ein Teil der Literatur nimmt dabei zutreffend an, daß sich das Quotenvorrecht
jeweils auf die kongruente Schadensgruppe bezieht. Hierfür spricht schon die parallele Situation im Privatversicherungsrecht (Lange/Schiemann[3] § 11 C II 7 b [m Hinw auf
aA in BGHZ 135, 170]; Küppersbusch VersR 1983, 193, 202; ebenso vWulffen/Schmalz[4] § 116
Rn 21; MünchKomm/Oetker[4] § 249 Rn 467; Denck VersR 1987, 629, 631). Auch in § 12 Abs 1
StVG hat der Gesetzgeber die einzelnen Schadensersatzposten limitiert. Kürzt man

bei mehreren Geschädigten anteilig nach Schadensarten (§ 12 Abs 1 Nr 1, 2 bzw § 12 Abs 1 Nr 3 StVG), so bedeutet das gewährte Vorrecht für die inkongruenten Schadensgruppen einen nicht berechtigten Vorteil (GREGER/OTTO NZV 1997, 292, 293 f). Die Gegenansicht (BGHZ 135, 170, 173 ff = NJW 1997, 1785; GEIGEL/PLAGEMANN[23] Kap 30 Rn 61; SOERGEL/MERTENS[12] Vor § 249 Rn 188; DEINHARDT VersR 1984, 697, 700; WUSSOW/SCHNEIDER[15] Kap 74 Rn 83; Kasseler Kommentar/KATER § 116 SGB X Rn 217; HAUCK/HEINES/NEHLS § 116 SGB X Rn 30; ELSNER zfs 1999, 276, 277) sieht für diese Differenzierung keine Stütze im Gesetzestext, zumal es sich angesichts der einschneidenden Wirkung einer Einschränkung des Quotenvorrechts aufgedrängt hätte, dies ausdrücklich zu regeln. Die gegenüber § 67 VVG abweichende Formulierung sei bewußt gewählt, zumal der Schutzzweck des § 116 SGB X für ein uneingeschränktes Quotenvorrecht des Geschädigten spreche.

Die Regelung des Übergangs des Anteils in § 116 Abs 3 S 1 SGB X gilt nach dem **112** Wortlaut für die Fälle, in denen eine Mitverursachung oder ein Mitverschulden des Geschädigten zur Minderung seines Schadensersatzanspruchs führt. § 116 Abs 3 S 2 SGB X bestimmt weiter, daß im Fall der Kumulation von Haftungshöchstsumme und Mitverschulden § 116 Abs 3 S 1 Anwendung findet, nicht aber Abs 2. Dies ist sachgerecht, weil das in § 116 Abs 2 SGB X dem Geschädigten zukommende Quotenvorrecht nur begründet ist, um die in Fällen der Gefährdungshaftung – aus Gründen der Versicherbarkeit – eintretende Deckungslücke auf den Sozialversicherungsträger zu verlagern. Diese Rechtfertigung versagt jedoch, wenn die Haftung des Schädigers wegen des Mitverschuldens des Geschädigten gemindert ist; vielmehr verbietet der Sanktionscharakter der Mitverschuldensvorschriften, dem Geschädigten zu Lasten der Sozialversicherungsträger ein Quotenvorrecht zu gewähren (GITTER JZ 2001, 716, 717). Insoweit stellt § 116 Abs 3 S 2 SGB X klar, daß ein zur Anspruchskürzung führendes Mitverschulden auch dann nach den Grundsätzen der relativen Theorie (oben Rn 111) zum Regreß führt, wenn ein Anspruch der Höhe nach begrenzt ist (BGHZ 146, 84, 89 f = NJW 2001, 1214, 1216 mwNw; WANNAGAT/EICHENHOFER § 116 SGB X Rn 42, 47). Gleichwohl ist diese vom Ansatz her sinnvolle Regelung in der praktischen Durchführung problematisch, weil auf diese Weise der Geschädigte um so besser steht, je höher seine Mitverantwortungsquote ist (vgl die Beispiele bei LANGE/SCHIEMANN[3] § 11 C II 7 c; VOLSHAUSEN VersR 1983, 1108, 1109 f). Einigkeit besteht daher, daß dieses Ergebnis korrekturbedürftig ist (Übersicht über die verschiedenen dogmatischen Begründungsansätze bei LANGE/SCHIEMANN[3] § 11 C II 7 c; KÜPPERSBUSCH VersR 1983, 193, 203; PLUMEYER VGT 1984, 155, 163 ff; VOLSHAUSEN VersR 1983, 1108 ff; ders VersR 2001, 936, 939; GROSS DAR 1999, 337, 344; wie dieser WALTERMANN NJW 1996, 1644, 1647 f). Der BGH (BGHZ 146, 84, 91 f = NJW 2001, 1214, 1216: „relative Theorie in modifizierter Form"; dazu ausführlich und mit Rechenbeispielen VOLSHAUSEN VersR 2001, 936 ff, der auch bei dieser Lösung Unstimmigkeiten und einen heiklen Interessengegensatz zwischen Geschädigtem und Sozialversicherungsträger sieht und als einzigen Ausweg eine Gesetzesänderung verlangt, die dem Geschädigten ein umfassendes Quotenvorrecht einräumt; dem BGH zust aber GITTER JZ 2001, 716, 717) will eine sachgerechte Lösung erreichen, indem er zunächst eine Aufteilung nach der relativen Theorie gem § 116 Abs 3 S 1 SGB X vornimmt. Falls der um den Mitverschuldensanteil des Geschädigten gekürzte Gesamtschadensanteil die Haftungshöchstsumme übersteigt, paßt er das Ergebnis der Aufteilung zwischen Sozialversicherungsträger und Geschädigtem der Haftungshöchstsumme anteilig an, damit die Unterdeckung ebenfalls proportional verteilt wird.

113 Während § 116 Abs 3 und 5 SGB X rechtliche Begrenzungen des Schadensersatzanspruchs des Geschädigten (Mitverschulden, Haftungshöchstsummen) regeln, betrifft § 116 Abs 4 SGB X das Problem, daß ein gegebener Anspruch aus tatsächlichen Gründen (vMAYDELL/BREUER NJW 1984, 23, 26; WALTERMANN NJW 1996, 1644, 1648; DENCK VersR 1987, 629, 630 f) nicht durchgesetzt werden kann (Beispiel: nicht haftpflichtversicherter und nur begrenzt leistungsfähiger Schuldner). In diesem Fall hat der Geschädigte gegenüber dem Sozialversicherungsträger ein für alle – dh auch nichtkongruente (DENCK VersR 1987, 629, 631; GREGER/OTTO NZV 1997, 292, 293) – Ansprüche bestehendes **Befriedigungsvorrecht** (BGH VersR 1979, 30, 31; BGH VersR 1968, 170, 171; eingehend DENCK VersR 1987, 629 ff; BGB-RGRK/BOUJONG¹² Rn 189; LANGE/SCHIEMANN³ § 11 C II 8; MünchKomm/OETKER⁴ § 249 Rn 468; zu den Auswirkungen des Befriedigungsvorrechts HERPERS AcP 166 [1966] 454, 458 ff).

114 Ausgeschlossen ist der Anspruchsübergang gem § 116 Abs 3 S 3 SGB X, soweit der Geschädigte oder seine Hinterbliebenen dadurch sozialhilfeberechtigt (iS des BSHG) werden würden (vMAYDELL/BREUER NJW 1984, 23, 26). Bei Mithaftung soll die Versagung des Quotenvorrechts nicht zur Sozialhilfebedürftigkeit führen. Voraussetzung ist, daß die fiktive Sozialhilfebedürftigkeit gerade durch den Anspruchsübergang hervorgerufen wird (vgl vWULFFEN/SCHMALZ⁴ § 116 Rn 29). Entscheidender Zeitpunkt für die Annahme der Sozialhilfebedürftigkeit ist der des Schadensereignisses (vWULFFEN/SCHMALZ⁴ aaO; LANGE/SCHIEMANN³ § 11 C II 7 e; BT-Drucks 9/1753, 44; aA GEIGEL/PLAGEMANN²³ Kap 30 Rn 69). Der Wortlaut „soweit" spricht dabei für einen je nach Fall anteiligen Übergang (so auch LANGE/SCHIEMANN³ § 11 C II 7 e; DEINHARDT VersR 1984, 697, 701; vWULFFEN/SCHMALZ⁴ § 116 Rn 30; aA KÜPPERSBUSCH VersR 1983, 193, 200 f: vollständiger Wegfall des Übergangs, da sonst Schwierigkeiten bei der praktischen Durchführung bestehen).

115 Nach der Sonderregelung des § 116 Abs 5 SGB X findet ein Übergang auf den Sozialversicherungsträger nur insoweit statt, als der geschuldete Schadensersatzanspruch nicht zur vollen Deckung des Schadens führt, wenn der Sozialversicherungsträger aufgrund des Schadensereignisses keine höheren Leistungen zu erbringen hat als vorher. Der Geschädigte hat also ein Befriedigungsvorrecht in Höhe seines ganzen Schadensersatzanspruchs (MünchKomm/OETKER⁴ § 249 Rn 466 mit dem Beispiel, daß ein Rentner tödlich verunfallt und der Sozialversicherungsträger von nun an statt der Rente eine Hinterbliebenenrente an die Witwe zu entrichten hat).

f) Familienprivileg

116 § 116 Abs 6 S 1 SGB X kodifiziert die von der Rechtsprechung zu § 1542 RVO gebildete Analogie zum Familienprivileg des § 67 Abs 2 VVG (vWULFFEN/SCHMALZ⁴ § 116 Rn 34; SOERGEL/MERTENS¹² Vor § 249 Rn 190; LANGE/SCHIEMANN³ § 11 C II 9). Bei fahrlässiger Schädigung durch ein in häuslicher Gemeinschaft mitlebendes Familienmitglied ist daher der Regreß ausgeschlossen.

Die Begriffe des Familienmitglieds und der häuslichen Gemeinschaft decken sich mit denen in § 67 VVG (SOERGEL/MERTENS¹² aaO; LANGE/SCHIEMANN³ aaO; GROSS DAR 1999, 337, 344). Die Abgrenzungsprobleme sind daher in gleicher Weise zu entscheiden (oben Rn 66 ff; vgl zur sozialrechtlichen Diskussion der nichtehelichen Lebensgemeinschaft Kasseler Kommentar/KATER § 116 SGB X Rn 246; HAUCK/HEINES/NEHLS § 116 SGB X Rn 46: wer ausdrücklich die Nachteile der Ehe meidet, soll nicht die aus ihr erwachsenden Vorteile ziehen können; SCHUMACHER FamRZ 1994, 857, 859).

Das Familienprivileg erstreckt sich wegen der Akzessorietät des **Direktanspruchs** des Geschädigten **gegen den Pflichtversicherer** des Schädigers gem § 3 Nr 1 PflVersG auch auf diesen, so daß ein Übergang nicht stattfindet, wenn der Schädiger Familienangehöriger ist (BGHZ 146, 108, 111, 112 f = NJW 2001, 754, 755 m Anm vBüren EWiR 2001, 183 f; im Anschluß an BGHZ 133, 192, 195 f = NJW 1996, 2933 f und BGH VersR 1979, 256, 257 = NJW 1979, 983 f; OLG München NZV 2000, 416 f; zust Rischar VersR 1998, 27, 29 f; Schiemann LM § 852 Nr 137; Plagemann NZV 1998, 94 ff; ders NZV 2000, 417 mwNw; zur Frage der Anrechnung von Pflegegeld Rischar aaO 30 f; Plagemann NZV 2000, 417 gegen OLG München aaO). Nach Ansicht der Rechtsprechung sei diese Besserstellung des durch einen Familienangehörigen Geschädigten als logische Konsequenz des Familienprivilegs durch Art 6 Abs 1 GG gerechtfertigt (BGHZ 146, 108, 111, 114 = NJW 2001, 754, 756; abl Halfmeier/Schnitzler VersR 2002, 11, 14). Eine Ausnahme gelte nur wegen der Subsidiarität der Sozialhilfe, wenn Zessionar der Sozialhilfeträger ist (BGHZ 133, 192, 195 f = NJW 1996, 2933 f; zust Rischar VersR 1998, 27 ff; abl Schiemann Anm LM § 852 Nr 137, da das Subsidiaritätsprinzip nicht neue Regreßwege eröffnen solle; an der Entscheidung festhaltend BGHZ 146, 108, 111, 112 f = NJW 2001, 754, 755). Ein Teil der Literatur plädiert dagegen für eine teleologische Reduktion des Familienprivilegs, wenn der Schädiger versichert ist, weil dann keine Gefahr von Spannungen innerhalb der Familie oder von mittelbaren Vermögensnachteilen für den Schädiger (zu diesem Normzweck s schon oben Rn 65) bestehe (Halfmeier/Schnitzler VersR 2002, 11, 13 f; Schirmer DAR 1988, 289 ff; Greger³ Anh II Rn 154; dies ablehnend aber Plagemann NZV 1998, 94, 95 ff; für eine Änderung de lege ferenda Halfmeier/Schnitzler aaO 17; Deinhard VersR 1984, 697, 702).

§ 116 Abs 6 S 2 SGB X regelt den Fall, daß der Geschädigte den Schädiger nach der **117** Schädigung heiratet und mit ihm in häuslicher Gemeinschaft lebt. Hier wird nicht der Anspruchsübergang selbst ausgeschlossen, sondern lediglich dessen Geltendmachung durch den Sozialversicherungsträger (BGH NJW 1977, 108; vWulffen/Schmalz⁴ § 116 Rn 38). Obwohl die Vorschrift im wesentlichen dem Schutz des Verlobten dient, muß das Verlöbnis im Schädigungszeitpunkt nicht bestanden haben (BGH NJW 1977, 108). Da nur die Geltendmachung des Anspruchs gehindert wird, nicht aber der Übergang selbst, kann demnach der Anspruch geltend gemacht werden, sobald die Ehe oder die häusliche Gemeinschaft enden (str; wie hier Plumeyer VGT 1984, 155, 167; Theda DAR 1984, 201, 204; vWulffen/Schmalz⁴ § 116 Rn 38 mwNw zum Streitstand).

Zwar geht aus dem Wortlaut – anders als bei § 67 Abs 2 HS 2 VVG – nicht direkt hervor, daß die Vorschrift nur für nichtvorsätzliche Schädigungen gilt. Dies ergibt sich aber aus der Intention der Regelung, da andernfalls die Möglichkeit der Kollusion zu Lasten des Sozialversicherungsträgers bestünde (vWulffen/Schmalz⁴ § 116 Rn 34; BT-Drucks 9/95, 28).

g) Sonstiges
aa) Pauschalierte Berechnung gem § 116 Abs 8, 9 SGB X
Bei Naturalleistungen (Krankenpflege, Unterhalt und Pflege im Krankenhaus) kann **118** es schwierig oder mit unverhältnismäßigem Verwaltungsaufwand verbunden sein, die tatsächlich entstandenen Kosten nachzuweisen (vgl BGB-RGRK/Boujong¹² Rn 190). Daher wird eine pauschale Abrechnung bestimmter, in § 116 Abs 8 SGB X aufgeführter Kosten erlaubt. Der Sozialversicherungsträger hat allerdings die Wahl zwischen der pauschalen Abrechnung und dem Nachweis der tatsächlich entstandenen Kosten im

Einzelfall (vWulffen/Schmalz[4] § 116 Rn 42; zum Fall, wenn die pauschalierten die tatsächlichen Kosten übersteigen, vWulffen/Schmalz[4] § 116 Rn 44 mit Verweis auf die überholte Rspr zu § 1542 RVO; vgl auch BGB-RGRK/Boujong[12] Rn 191 mit Einzelheiten).

§ 116 Abs 9 SGB X eröffnet darüber hinaus die Möglichkeit, Ersatzansprüche im Nachhinein durch einmaligen Abfindungsvergleich oder bereits im Vorfeld durch Abschluß eines Teilungsabkommens zu regeln (näher vWulffen/Schmalz[4] § 116 Rn 45; zur Praxis der Teilungabkommen vgl Geigel/Plagemann[23] Kap 30 Rn 95 ff; Plagemann/Schafhausen NZV 1991, 49).

bb) § 119 SGB X

119 Im Unterschied zu § 116 SGB X, der eine Legalzession wegen erbrachter Leistungen des Sozialversicherungsträgers statuiert, regelt § 119 SGB X den Fall, daß Leistungen des Sozialversicherungsträgers gerade nicht erfolgen (vWulffen/Schmalz[4] § 119 Rn 1). § 119 SGB X (Überblick bei Küppersbusch[7] Rn 564 ff) greift ein, wenn der Ersatzanspruch des Versicherten den Anspruch auf Ersatz von Beiträgen zur Sozialversicherung umfaßt. Dieser geht gem § 119 Abs 1 S 1 HS 1 SGB X ebenfalls auf den Sozialversicherungsträger über. Weitergehend zählt nach der Rechtsprechung des BGH (BGHZ 97, 330, 333 = NJW 1986, 2247, 2248; BGHZ 69, 347, 348 f = NJW 1978, 155 mwNw; BGHZ 46, 332, 333 ff = NJW 1967, 625, 626 f mwNw) zum Erwerbsschaden auch der Schaden, den der Geschädigte durch Ausfall von Beiträgen in der gesetzlichen Sozialversicherung erlitten hat: Der Geschädigte soll später Sozialleistungen erhalten, die auch die Zeit der Verletzung umfassen (vgl Wannagat/Eichenhofer § 119 SGB X Rn 5). Durch die §§ 62 SGB VI, 224 Abs 2 SGB V wird praktisch ein Schaden des Verletzten fingiert (ähnlich Greger[3] Anh II Rn 170). Der Rentenversicherungsträger und der Träger der Heilbehandlung erhalten einen originären Anspruch auf Ersatz eines Schadens in Gestalt der Beitragsausfälle (krit hierzu Küppersbusch[7] Rn 564). Auch verbessert sich dabei nicht notwendig die Versorgungslage des Betroffenen (Erman/Schiemann[10] Rn 14). Der BGH (BGH VersR 2000, 427 f) reagiert auf solche rechtspolitische Bedenken nicht mit einer einschränkenden Auslegung. Vielmehr sieht er sogar Ansprüche gegen den Entschädigungsfonds gem § 12 PflVG vom Regreß nach § 119 SGB X erfaßt, da der Subsidiaritätsgedanke des § 12 Abs 1 S 3 PflVG dem nicht entgegenstehe.

Die Überleitung ist **subsidiär** gegenüber der Entgeltfortzahlung im Krankheitsfall (§ 119 Abs 1 S 1 HS 2 SGB X) und gegenüber der Regelung des § 116 SGB X, soweit diese im Einzelfall eingreift. Das Familienprivileg erstreckt sich nicht auf § 119 SGB X (BGHZ 106, 284, 292 = NJW 1989, 1217, 1218).

120 Gem § 119 SGB X können Beiträge vom **Rentenversicherungsträger** (vgl § 62 SGB VI) regressiert werden, sofern die Beiträge nicht aus Entgeltersatzleistungen zu entrichten sind; dann geht § 116 SGB X zugunsten der Entgeltersatzleistungsträger dem § 119 SGB X vor (Küppersbusch[7] Rn 577 mit Einzelheiten). Gleiches gilt für **Krankenversicherer** (§ 224 Abs 1 SGB V läßt bei Gewährung von Krankengeld den Versicherungsnehmer beitragsfrei krankenversichert; doch bleibt gem § 224 Abs 2 SGB V ein normativer Schaden zugunsten des Krankenversicherers bestehen). **Kein Regreß** findet statt zugunsten der Bundesanstalt für Arbeit (Küppersbusch[7] Rn 580), des Unfallversicherungsträgers wegen der Beiträge zur Unfallversicherung (BGH VersR 1976, 340, 341; dem folgend Ritze VersR 1983, 214, 215; Küppersbusch[7] Rn 581) und

der Pflegekasse (str: bejahend Kasseler Kommentar/KATER § 119 Rn 51; abl KÜPPERSBUSCH[7]
Rn 582).

cc) Beschränkung des Regresses bei unbilligen Härten

Nach § 76 Abs 2 Nr 3 SGB IV kann der Sozialversicherungsträger gehalten sein, den **121**
auf ihn übergegangenen Anspruch gegen den Schädiger nicht oder nur teilweise
durchzusetzen, wenn sich nur so unbillige Härten vermeiden lassen (s dazu LOOSCHEL-
DERS VersR 1999, 141, 146 f mwNw; PLAGEMANN NZV 1993, 178 f mwNw; AHRENS VersR 1997,
1064 ff mwNw; PALANDT/HEINRICHS[61] Vor § 249 Rn 158; auch BVerfG NJW 1998, 3557; das Vorliegen eines Anspruchs auf einen solchen Verzicht ist vor den Sozialgerichten zu klären, BGHZ 88,
296, 301 = NJW 1984, 240 f; BSG NJW 1990, 342 f).

4. Entgeltfortzahlung im Krankheitsfall (insbes § 6 EFZG)

a) Anwendungsbereich

Hat ein ArbN einen Schadensersatzanspruch gegen den Schädiger, so geht der An- **122**
spruch insoweit auf den ArbG über, als dieser dem ArbN nach dem EFZG Arbeitsentgelt fortgezahlt hat (§ 6 Abs 1 EFZG). Die in § 6 Abs 1 EFZG vorausgesetzte
Pflicht zur Entgeltfortzahlung kann sich aus gesetzlichen Vorschriften (§ 616, §§ 3
Abs 1 S 1 EFZG, 12 Abs 1 Nr 2 b BBiG, 48 SeemG), aus einer tariflichen Vereinbarung oder aus einem Vertrag ergeben (MünchKomm/OETKER[4] § 249 Rn 249 f; LANGE/SCHIE-
MANN[3] § 9 XI 1 a mwNw in Fn 234).

Die Regelungen über die Entgeltfortzahlung sollen nur dem Geschädigten nützen,
nicht aber den Schädiger entlasten (allgM, vgl nur BGHZ 62, 380, 387 = NJW 1974, 1767, 1768;
BGB-RGRK/BOUJONG[12] Rn 155; SOERGEL/KRAFT[12] § 616 Rn 39; LANGE/SCHIEMANN[3] § 9 XI 1 a;
MünchKomm/OETKER[4] § 249 Rn 249 mwNw in Fn 903). Damit kann sich der Schädiger nicht
darauf berufen, der von ihm verletzte ArbN sei durch Leistungen seines ArbG
bereits entschädigt.

Die noch vom LFZG (in seinen wesentlichen Bestimmungen in Kraft bis 31. 5. 1994) **123**
geforderte Arbeiter-Eigenschaft des Verletzten hat das EFZG nicht übernommen.
§ 1 Abs 2 EFZG geht von einem **weiten Arbeitnehmerbegriff** aus, der alle Arbeiter,
Angestellten und die in Berufsausbildung befindlichen Personen umfasst (s nur MAR-
BURGER BB 1994, 1417).

Umstritten ist, was im Fall groben Verschuldens oder Vorsatzes seitens des ArbN **124**
gelten soll, weil dann gem § 3 Abs 1 S 1 EFZG der Entgeltfortzahlungsanspruch gar
nicht entsteht (zu den Voraussetzungen ie MARBURGER BB 1994, 1417, 1419). Zutreffend ist es,
insoweit eine cessio legis abzulehnen und den ArbG auf einen Rückzahlungsan-
spruch gegen den ArbN zu verweisen. Es darf nicht zu Lasten des Schädigers gehen,
wenn der ArbG dessen Geltendmachung versäumt (WORZALLA/SÜLLWALD[2] Teil I § 6
Rn 19; SCHAUB, Arbeitsrechts-Handbuch[10] [2002] § 98 VI 4; STAUDINGER/OETKER [2002] § 616
Rn 420 mwNw, der ferner darauf hinweist, daß dem ArbN die Möglichkeit der Abtretung des
Schadensersatzanspruchs an den ArbG offen steht; Nachw zum Streitstand auch bei Münch-
Komm/SCHAUB[3] § 616 Rn 178; **aA** OLG Koblenz, DB 1994, 483: § 6 Abs 1 EFZG ist anwendbar,
wenn der ArbG ohne Verpflichtung zahlt, da er hiermit lediglich auf die Geltendmachung einer
Einrede verzichtet).

Unterbleibt die Entgeltfortzahlung pflichtwidrig und zahlt die Krankenkasse statt dessen Krankengeld, so bewirkt § 115 SGB X einen Übergang des Entgeltfortzahlungsanspruchs auf die Krankenkasse (s nur MARBURGER BB 1994, 1417, 1421; WALTERMANN NJW 1996, 1644, 1648; ErfK/DÖRNER² § 6 EFZG Rn 36).

b) Erfaßte Ansprüche

125 Nach seinem Wortlaut erfaßt § 6 Abs 1 EFZG zwar nur „Schadensersatz aufgrund gesetzlicher Vorschriften". Doch fallen darunter auch gesetzlich vorgesehene, auf einem Vertrag beruhende Schadensersatzansprüche (WORZALLA/SÜLLWALD² Teil I § 6 Rn 7; SCHMITT² § 6 EFZG Rn 15; ebenso MünchKomm/SCHAUB³ § 616 Rn 170; ErfK/DÖRNER² § 6 EFZG Rn 6; vgl auch KAISER/DUNKL/HOLD/KLEINSORGE³ § 6 EFZG Rn 5: nur gesetzliche Schadensersatzansprüche). Nicht erfaßt werden die Ansprüche auf Erfüllung eines Vertrags (allgM: MünchKomm/SCHAUB³ § 616 Rn 170; SCHMITT² § 6 EFZG Rn 16; ErfK/DÖRNER² § 6 EFZG Rn 7: hierzu gehören insbes Erfüllungsansprüche aus einem privaten Versicherungsvertrag).

c) Zeitpunkt des Übergangs

126 Dem Wortlaut nach ist der Zeitpunkt der Entgeltzahlung an den ArbN maßgeblich für den Anspruchsübergang (ErfK/DÖRNER² § 6 EFZG Rn 19; STAUDINGER/OETKER [2002] § 616 Rn 416). Behindert der ArbN den Anspruchsübergang durch Abtretung, Vergleich oder Verzicht, so steht dem ArbG nach § 7 Abs 1 Nr 2 EFZG ein Leistungsverweigerungsrecht zu (ErfK/DÖRNER² § 6 EFZG Rn 20; § 7 Rn 17 ff).

d) Kongruenz

127 Der **Übergang erfolgt** insoweit auf den ArbG, als dieser das Arbeitsentgelt an den geschädigten ArbN weiter bezahlt hat (zum Umfang der Fortzahlungspflicht insgesamt MARBURGER BB 1994, 1417, 1420; ErfK/DÖRNER² § 6 EFZG Rn 14 ff). Umfaßt sind:

– der **Bruttoverdienst** des ArbN, den der ArbG gem §§ 3, 4 EFZG fortzuzahlen hat, einschließlich der ArbN-Beiträge zur Sozialversicherung (MünchKomm/SCHAUB³ § 616 Rn 180; zur früheren Rechtslage ebenso BGH NJW 1964, 2007 ff); § 6 Abs 1 EFZG beschränkt den Regreß ausdrücklich auf das Entgelt, das der ArbG nach „diesem Gesetz" fortzuzahlen hat; soweit der ArbN also Leistungen bezieht, die darüber hinausgehen (seien es tariflich oder einzelvertraglich festgelegte Leistungen), werden sie vom Übergang nicht erfaßt (WORZALLA/SÜLLWALD² Teil I § 6 Rn 17);

– alle **Einmalzahlungen mit Entgeltcharakter**, soweit sie bei der Entgeltzahlung gem §§ 3, 4 EFZG ausnahmsweise zu berücksichtigen sind; dazu zählen auch das Weihnachtsgeld (BGH VersR 1972, 566 = NJW 1972, 150), das Urlaubsgeld (BGH VersR 1986, 650, 651), das Urlaubsentgelt (BGHZ 59, 109, 113 f = NJW 1972, 1703) und das Entgelt für Freistellungstage (BGH NJW 1996, 2296, 2298), da diese ein Entgelt für die Arbeitsleistung des Arbeitnehmers darstellen und somit haftungsrechtlich dessen Erwerb zuzurechnen sind (BGH NJW 1996, 2296, 2297; BGH DB 1986, 1015, 1016; nach **aA** ist diese Rspr nicht mit dem Gesetzeswortlaut vereinbar; es handele sich dabei nicht um anteiliges Einkommen: STAUDINGER/OETKER [2002] § 616 Rn 421; ErfK/DÖRNER² § 6 EFZG Rn 14; SCHMITT RdA 1996, 5, 10);

– die in § 6 Abs 1 EFZG abschließend (KAISER/DUNKL/HOLD/KLEINSORGE³ § 6 EFZG Rn 25) aufgezählten **Beiträge zur sozialen Sicherung**: Beiträge des ArbG zur Bundesanstalt für Arbeit (OLG Oldenburg BB 1975, 745; MARBURGER BB 1994, 1417, 1421;

MünchKomm/Schaub[3] § 616 Rn 181: nicht aber die Umlagen, die der ArbG an die Bundesanstalt für Arbeit zu zahlen hat); Beiträge des ArbG zur Sozialversicherung (Kranken-, Renten-, Pflegeversicherung; MünchKomm/Schaub[3] § 616 Rn 181; Marburger BB 1994, 1417, 1421); die anteiligen Beiträge zu den Sozialkassen des Baugewerbes (OLG Oldenburg aaO; MünchKomm/Schaub[3] § 616 Rn 181; BGH NJW-RR 1986, 512 ff) und der ArbG-Beitrag zur Krankenversicherung während des Schlechtwettergeldbezugs sowie das Wintergeld (Worzalla/Süllwald[2] Teil I § 6 Rn 14);

- **Beiträge zu Einrichtungen der zusätzlichen Alters- und Hinterbliebenenversorgung**, sofern sie im Zusammenhang mit dem Arbeitsentgelt stehen (Worzalla/Süllwald[2] Teil I § 6 Rn 14; Marburger BB 1994, 1417, 1421).

Vom **Übergang ausgeschlossen** sind dagegen: **128**

- Beiträge des ArbG zur **Unfallversicherung**, da diese nicht in die wirtschaftliche Zuständigkeit des ArbG fallen, sondern den Anteil darstellen, der vom Aufkommen der Berufsgenossenschaft auf den ihr genossenschaftlich verbundenen Unternehmer entfällt (BGH NJW 1976, 326, 327; OLG Oldenburg BB 1975, 745; Kaiser/Dunkl/Hold/Kleinsorge[3] § 6 EFZG Rn 40; MünchKomm/Schaub[3] § 616 Rn 181; ErfK/Dörner[2] § 6 EFZG Rn 17; Staudinger/Oetker [2002] § 616 Rn 423; aA LG Köln BB 1973, 1308: Unfallversicherung ist Teil der Sozialversicherung, weil es wie bei der Alters- oder Hinterbliebenenversorgung um die soziale Sicherung des Versicherungsnehmers gehe);

- der ArbG-Anteil an der **Lohnsteuer** (MünchKomm/Schaub[3] § 616 Rn 182; Kaiser/Dunkl/Hold/Kleinsorge[3] § 6 EFZG Rn 28; Marschall vBieberstein 234 f);

- Schadensposten, die nicht aufgrund des Arbeits-/Verdienstausfalls entstanden sind, also etwa **Heilungskosten** (MünchKomm/Schaub[3] § 616 Rn 179);

- etwaige **Anwaltskosten**, die der Arbeitgeber zur Durchsetzung des Schadensersatzanspruchs aufwenden mußte (Kaiser/Dunkl/Hold/Kleinsorge[3] § 6 EFZG Rn 28).

e)   Quotenvorrecht

Aus § 6 Abs 3 EFZG ergibt sich, daß der Übergang nicht zum Nachteil des ArbN **129** geltend gemacht werden darf. Daraus folgt, daß ein Quotenvorrecht nicht dem ArbG, sondern vielmehr dem **Arbeitnehmer** zusteht (ErfK/Dörner[2] § 6 EFZG Rn 27; Staudinger/Oetker [2002] § 616 Rn 424; MünchKomm/Schaub[3] § 616 Rn 183; BGB-RGRK/Boujong[12] Rn 209; Lange/Schiemann[3] § 11 C IV 6).

aa)   Konkurrenz Arbeitgeber – Sozialversicherungsträger

Obwohl die Sozialleistungen erst einsetzen, wenn die Entgeltfortzahlung endet, ist **130** denkbar, daß der ArbN neben der Entgeltfortzahlung auch Leistungen eines Sozialversicherungsträgers bezieht. Dies kann entweder bei mangelnder Absprache geschehen, aber auch immer dann, wenn der Krankenversicherer Krankenhauspflege gewährt und sich dann wegen ersparter häuslicher Verpflegungskosten an den ArbN hält, da gerade der Lohn der Deckung dieser Kosten dient (BGH NJW 1984, 2628). In diesen Fällen doppelter Leistung stehen sich die Regreßnormen § 116 SGB X und § 6 Abs 1 EFZG gegenüber. Anknüpfungspunkt für die Lösung des Konflikts ist der **unterschiedliche Zessionszeitpunkt**: Der Anspruch geht auf den Sozialversicherungsträger bereits mit Schädigung, auf den ArbG aber erst mit Zahlung des Entgelts über. Nach dem Prioritätsprinzip erwirbt daher der Sozialversicherungsträger den Anspruch (BGH NJW 1984, 2628, 2629; MünchKomm/SCHAUB³ § 616 Rn 184; ErfK/DÖRNER² § 6 EFZG Rn 35).

bb) Konkurrenz Arbeitnehmer – Sozialversicherungsträger

131 Im Verhältnis des ArbN zum Sozialversicherungsträger sind immer § 116 Abs 2 bis 4 SGB X zu beachten, welche die Möglichkeit eines nur teilweisen Übergangs des Schadensersatzanspruchs an den Sozialversicherungsträger vorsehen. Es bleibt beim Quotenvorrecht des Versicherungsnehmers vor dem Sozialversicherungsträger und dem ArbG (KAISER/DUNKL/HOLD/KLEINSORGE³ § 6 EFZG Rn 41; ErfK/DÖRNER² § 6 EFZG Rn 31 ff; oben Rn 129).

Daraus ergibt sich folgende **Reihenfolge der Quotenvorrechte**, wenn der Schadensersatzanspruch sowohl auf den ArbG als auch auf den Sozialversicherungsträger übergegangen ist (vgl MünchKomm/SCHAUB³ § 616 Rn 185; WORZALLA/SÜLLWALD² Teil I § 6 Rn 30; BGH NJW 1965, 1592, 1593; BGH NJW 1966, 2356; BGH NJW 1984, 2628, 2629; KAISER/DUNKL/HOLD/KLEINSORGE³ § 6 EFZG Rn 40; SCHMITT² § 6 EFZG Rn 74; STAUDINGER/OETKER [2002] § 616 Rn 425): Zunächst sind die auf den Sozialversicherungsträger übergehenden Beträge zu befriedigen; soweit ein Übergang wegen § 116 Abs 2 bis 4 SGB X nicht stattfindet, ist der ArbN/Versicherungsnehmer zuerst zu befriedigen. Danach ist der Versicherte selbst und zuletzt der ArbG zu befriedigen. Krit hierzu KLEB-BRAUN (NJW 1985, 663 f; zust ERMAN/SCHIEMANN¹⁰ Rn 13) mit der Begründung, der BGH wähle den falschen dogmatischen Anknüpfungspunkt, wenn er auf den Sinn des Forderungsübergangs statt auf den Gegenstand des Übergangs abstelle. Im Ergebnis zwinge der BGH den ArbG dazu, den ArbN aus seinem Privatvermögen überzuversorgen.

f) Familienprivileg

132 Eine gesetzliche Regelung des Familienprivilegs im EFZG fehlt. Im Hinblick auf den sozialen Schutzzweck und die vergleichbare Interessenlage ist gleichwohl der Rechtsgedanke der §§ 67 Abs 2 VVG, 116 Abs 6 SGB X entsprechend anzuwenden (LANGE/SCHIEMANN³ § 11 C IV 7; BGB-RGRK/BOUJONG¹² Rn 210; ErfK/DÖRNER² § 6 EFZG Rn 10; WORZALLA/SÜLLWALD² Teil I § 6 Rn 12; KAISER/DUNKL/HOLD/KLEINSORGE³ § 6 EFZG Rn 12; SCHMITT² § 6 EFZG Rn 23; STAUDINGER/OETKER [2002] § 616 Rn 417; MünchKomm/SCHAUB³ § 616 Rn 174). Dies war auch in der Rechtsprechung zu § 4 LFZG anerkannt (BGHZ 66, 104, 105 f = NJW 1976, 1208). Umstritten ist auch hier die Gleichstellung der nichtehelichen Lebensgemeinschaft mit der Ehe (vgl zum Streitstand STAUDINGER/OETKER [2002] § 616 Rn 417).

g) Haftungsausschluß bei Schädigung innerhalb eines Betriebs

133 **Arbeitskollegen** sind zwar dem Begriff nach „Dritte" iS des § 6 Abs 1 EFZG, so daß der Schadensersatzanspruch des durch sie geschädigten ArbN dem Wortlaut nach auf den ArbG übergehen müßte. Der Haftungsausschluß der §§ 104, 105 SGB VII (bis 31. 12. 1996: §§ 637, 636 RVO) führt jedoch dazu, daß ein Schadensersatzanspruch – und damit auch ein Anspruchsübergang – nur dann gegeben ist, wenn die Voraussetzungen dieses Haftungsausschlusses nicht vorliegen (LAG Düsseldorf DB 1976, 2360; KAISER/DUNKL/HOLD/KLEINSORGE³ § 6 EFZG Rn 15; SCHMITT² § 6 EFZG Rn 31; STAUDINGER/OETKER [2002] § 616 Rn 417; ErfK/DÖRNER² § 6 EFZG Rn 12; ErfK/ROLFS² § 104 SGB VII

Rn 26). Unbeachtlich für diesen Haftungsausschluß (zu seinen Voraussetzungen allg ROLFS
DB 2001, 2294 ff; GAMPERL NZV 2001, 401 ff; ErfK/ROLFS[2] § 104 SGB VII Rn 8 f, 16 ff, § 105
SGB VII Rn 3 ff; GITTER, in: FS Wiese, 134 ff m Darstellung der früheren Rechtslage; MARSCHNER
BB 1996, 2090 ff; GREGER[3] Anh II Rn 7 ff; zu Verkehrsunfällen s insbes KIRCHHOFF NZV 2001, 361,
364 f und § 840 Rn 62) ist, ob der Schädiger haftpflichtversichert ist (BGH DB 1973, 1345,
1346). Der Haftungsausschluß greift auch dann ein, wenn der schädigende und der
geschädigte ArbN zwar nicht bei demselben ArbG angestellt sind, aber dennoch in
demselben Betrieb arbeiten (§ 106 Abs 3 Alt 3 SGB VII). Hierzu ist mit dem BGH
(BGHZ 145, 331, 336 = NJW 2001, 443, 444 = VersR 2001, 336, 337 mNw zu abweichenden Ansichten;
zust FREYBERGER MDR 2001, 541, 543; krit HÖHER VersR 2001, 372; bestätigt in BGH VersR 2001,
372, 373 = NJW-RR 2001, 741) allerdings zu verlangen, daß ein bewußtes Miteinander im
Arbeitsablauf vorliegt, welches ein zumindest tatsächlich aufeinander bezogenes
betriebliches Zusammenwirken erfordert (siehe ferner BGHZ 148, 209 ff = NJW 2001,
3127 f = VersR 2001, 1156 f; BGHZ 148, 214 ff = NJW 2001, 3125 ff = VersR 2001, 1028 zum Unternehmer selbst; dazu IMBUSCH VersR 2001, 1485 ff mwNw; ferner GITTER, in: FS Wiese 135).

h) Weitere Fälle der Nichtanrechnung
aa) Entgelt- und Gehaltsfortzahlung ohne gesetzliche Verpflichtung

§ 6 EFZG findet keine Anwendung, soweit die Entgeltfortzahlung ohne dahinge- **134**
hende Verpflichtung über die gesetzliche **6-Wochen-Frist** des § 3 Abs 1 EFZG hinaus
erfolgt (BGH VersR 1964, 626, 627; MünchKomm/OETKER[4] § 249 Rn 252; LANGE/SCHIEMANN[3]
§ 9 XI 2; auch BGH VersR 1967, 1185, 1186 zu Gehaltsvorschüssen).

Eine Anrechnung scheidet auch aus, wenn die Gehaltszahlung aufgrund **gesellschafts-** **135**
vertraglicher Verpflichtungen geleistet wurde (vgl hierzu auch § 842 Rn 108 ff). Dies gilt
jedoch nur für „echte" Gegenleistungen für erbrachte Dienste, nicht dagegen für
versteckte Gewinnbeteiligungen (LANGE/SCHIEMANN[3] § 9 XI 3). Alleine die Abhängigkeit der Höhe der Vergütung von einem bestimmten Betriebsergebnis (**Tantieme**)
führt noch nicht zu ihrer Qualifikation als Arbeitsentgelt (BGH NJW 1978, 40 f zur
Abgrenzung von erfolgsabhängiger Vergütung und Umsatztantieme m insoweit zust Anm GANSS-
MÜLLER VersR 1978, 805; MünchKomm/OETKER[4] § 249 Rn 250; ie § 842 Rn 35, 110).

Das fortgezahlte Geschäftsführergehalt eines Mitinhabers (BGH VersR 1964, 626, 627)
oder eines **Alleingesellschafters** wird ebenfalls nicht angerechnet (BGH NJW 1971, 1136;
SOERGEL/MERTENS[12] Vor § 249 Rn 242). Auch hier bestehen im Einzelfall Abgrenzungsprobleme, ob und inwieweit eine echte Tätigkeitsvergütung vorliegt.

bb) Weiterzahlung anderer Leistungen

Nicht angerechnet werden Lohn-/Gehalts**nebenleistungen** wie betriebliche Renten- **136**
zahlungen oder Sterbegelder. Handelt es sich hierbei um **Sozialleistungen** aus dem
Arbeitsverhältnis, die durch den Unfall ausgelöst werden, so sind sie nicht zur Ent-
lastung des Schädigers bestimmt (LANGE/SCHIEMANN[3] § 9 XI 2; MünchKomm/OETKER[4] § 249
Rn 249). Eine Anrechnung kommt daher nach Sinn und Zweck des vom ArbG gelei-
steten Ersatzes nicht in Betracht (BGHZ 10, 107, 108 ff in Anschluß BGHZ [GS] 9, 179, 190:
Hinterbliebenenrenten nicht anders zu behandeln als Leistungen privater Versicherungen; allg auch
GEIGEL/RIXECKER[23] Kap 9 Rn 18; vgl auch § 842 Rn 36, 59 ff).

Schließlich erfolgt keine Anrechnung von **Entgeltersatzleistungen** (MünchKomm/OET-

KER[4] § 249 Rn 251). Für Arbeitslosengeld und -hilfe folgt dies bereits aus § 116 SGB X (oben Rn 81).

cc) Dogmatische Grundlagen

137 Die dogmatische Begründung für das allgemein als richtig angesehene Ergebnis, derartige Entgeltzahlungen nicht auf den Schadensersatzanspruch anzurechnen, ist umstritten. In praktischer Hinsicht ist die Problematik im Anwendungsbereich des § 6 EFZG entschärft, da hier die gesetzliche Regelung einen Schaden voraussetzt, der auf den ArbG übergehen kann (LANGE/SCHIEMANN[3] § 9 III 4; allg THIELE AcP 167 [1967] 193, 218). In den übrigen Fällen, für die eine gesetzliche Regelung fehlt, ist aber der Einwand, daß die Entgeltfortzahlungsbestimmungen zwar nicht nur, aber doch auch die Wirkung haben sollen, den Eintritt eines Schadens beim ArbN gerade zu verhindern, nicht einfach zu entkräften (vgl LANGE/SCHIEMANN[3] § 9 XI 1 c). Die Situation ist auch gegenüber § 843 Abs 4 verschieden, da Unterhaltsansprüche zwar durch den Unfall ausgelöst werden, aber grundsätzlich nicht speziell auf die Verhinderung von Schädigungen gerichtet sind und ihr konkreter Inhalt deshalb vom Umfang des Schadensersatzanspruchs sehr verschieden sein kann (LANGE/SCHIEMANN[3] § 9 XI 1 b).

138 Ie werden folgende **dogmatische Konstruktionen** (dazu STAUDINGER/OETKER [2002] § 616 Rn 138) diskutiert:

– die Fiktion eines eigenen Schadens des ArbN (LARENZ I[14] § 30 II d; LANGE/SCHIEMANN[3] § 9 XI 1 c);

– die Anwendung der Grundsätze zur **Drittschadensliquidation** (SOERGEL/KRAFT[12] § 616 Rn 40; KOLLHOSSER AcP 166 [1966] 277, 306; für eine Drittschadensliquidation auch REINICKE NJW 1953, 1243, 1244; BREITHAUPT NJW 1953, 97);

– die Pflicht des ArbN zur Abtretung des ihm gegen den Dritten zustehenden Schadensersatzanspruchs (ERMAN/KUCKUK[10] Vor § 249 Rn 158; STAUDINGER/SCHIEMANN [1998] § 252 Rn 50; mit Hinweis auf § 281 aF: KOLLHOSSER AcP 166 [1966] 277, 308; THIELE AcP 167 [1967] 193, 218; auch REINICKE NJW 1953, 1243, 1244; mit Hinweis auf § 255: BGHZ 21, 112, 119 = NJW 1956, 1473; BGHZ 41, 292, 294; BGHZ 107, 325, 329 = NJW 1989, 2062, 2063; offengelassen dagegen in BGHZ 43, 378, 380 = NJW 1965, 1430, 1431, da Abtretungspflicht jedenfalls feststehe).

5. Beamtenrechtliche Regelungen (§ 87a BBG)

a) Anwendungsbereich

139 Wird ein Beamter verletzt, so kann sein Dienstherr den schädigenden Dritten in Regreß nehmen. Für Bundesbeamte ergibt sich dies aus § 87a BBG (auf den § 30 Abs 3 SoldatenG verweist), für die übrigen Beamten findet sich die Regelung in § 52 BRRG iVm den entsprechenden Landesbeamtengesetzen.

140 Der Regreß gem § 87a BBG gilt auch bei der Verletzung und Tötung von Versorgungsberechtigten und Angehörigen, soweit der Dienstherr Leistungen zu erbringen hat (zur bis zum 1.8. 1985 geltenden Rechtslage, die nur Beamte erfaßte, OLG München VersR 1972, 472, 474; OLG Hamm VersR 1977, 151; BGB-RGRK/BOUJONG[12] Rn 154). Der Kreis der Versorgungsberechtigten ergibt sich aus dem BeamtVG: Ruhestandsbeamte, ehemalige Beamte mit Versorgungsbezügen und Hinterbliebene iS der §§ 16–18 BeamtVG. Angehörige sind der Ehepartner, der geschiedene Ehepartner (§ 22 BeamtVG) und diejenigen Verwandten, denen gegenüber der Dienstherr bei Verletzung oder Tötung beamtenrechtlich leistungsverpflichtet ist, insbes also Abkömmlinge (§ 23 BeamtVG) (Battis[2] BBG § 87a Rn 3). Die zunächst vorgesehene umfassende Gleichstellung eingetragener Lebenspartner mit Ehepartnern (§ 1a BRRG idF d Art 3 § 8 des Gesetzesvorschlages, BT-Drucks 14/3751, 10) wurde noch nicht verwirklicht.

b)   Erfaßte Ansprüche
Die in § 87a BBG bzw den Landesbeamtengesetzen (oben Rn 139) angeordnete Legalzession erfaßt: **141**

– **Schadensersatzansprüche**, soweit diese kraft Gesetzes entstanden sind (Battis[2] BBG § 87a Rn 3; GKÖD/Fürst BBG § 87a Rn 4); der Schadensersatzanspruch kann gegen jeden beliebigen Dritten bestehen, der nur nicht mit dem Dienstherrn identisch sein darf, da Ansprüche gegen den Dienstherrn selbst gem § 46 BeamtVG begrenzt sind (Battis[2] BBG § 87a Rn 13); der Übergang findet bis zur Höhe der Bruttodienstbezüge statt (BGHZ 42, 76, 78; BGH JZ 1965, 571; GKÖD/Fürst BBG § 87a Rn 10; Riedmaier ZBR 1978, 190, 192);

– **vertragliche Ansprüche** jedenfalls dann, wenn sie der Verletzung von Pflichten entspringen, die dem Vertragsschuldner auch außervertraglich in nicht geringerem Umfang aufgegeben sind (BGH NJW 1983, 1374, 1377; Lange/Schiemann[3] § 9 X und § 11 C III 4 a; nur mit Umkehr des Regel-Ausnahme-Verhältnisses Battis[2] BBG § 87a Rn 3);

– **Amtshaftungsansprüche** gegen andere Dienstherren, da das Verweisungsprivileg in § 839 Abs 1 S 2 nur die Subsidiarität des Amtshaftungsanspruchs gegenüber anderen Ansprüchen festlegt, nicht aber das Verhältnis der verschiedenen staatlichen Rechtsträger zueinander betrifft (BGHZ 62, 394, 396 f = NJW 1974, 1769 mwNw; Lange/Schiemann[3] § 11 C III 4 d; Ossenbühl Staatshaftungsrecht[4] [1991] § 7 1 b gg; Lörler JuS 1990, 544, 545; s auch Staudinger/Wurm [2002] § 839 Rn 280 und 313);

– **Ansprüche aus GoA zur Gefahrenabwehr** (Riedmaier ZBR 1976, 73, 74; ders DB 1980, 64, 66 unter Berufung auf BayObLG VersR 1968, 951, 953: GoA und Schadensersatzansprüche seien zwar grds scharf zu unterscheiden, bei GoA zur Gefahrenabwehr liege es jedoch anders).

c)   Zeitpunkt des Übergangs
§ 87 S 1 aE BBG stellt nicht auf den Zeitpunkt der Gewährung der Bezüge ab,   **142**
sondern auf die Pflicht des Dienstherrn zur Gewährung. Maßgeblich ist für den Übergang des Schadensersatzanspruchs auf den Dienstherrn demnach der **Zeitpunkt der Schädigung** (BGH NJW 1960, 381; BGH VersR 1964, 640, 641; BGH VersR 1968, 277, 278; GKÖD/Fürst BBG § 87a Rn 9 mwNw); lediglich bei nachträglichem Eintritt in das Beamtenverhältnis erfolgt der Übergang erst in diesem Zeitpunkt (BayObLG VersR 1987, 992 = BayObLGZ 1986, 436; Greger[3] Anh II Rn 183).

Die **Verjährung** der übergegangenen Schadensersatzansprüche richtet sich nach   **143**
§§ 195, 199 (bis 31.12.2001: § 852); die den Verjährungslauf auslösende Kenntnis bestimmt sich nach der Kenntniserlangung durch den Dienstherrn (BGH VersR 1964, 640, 642; BGH VersR 1968, 277, 278). Dabei kommt es auf die Kenntnis des zuständigen Beamten an (GKÖD/Fürst BBG § 87a Rn 31 mwNw). Führt die Verletzung zu einer

Versetzung in den Ruhestand, ist eine Kenntnis des Dienstherrn zu bejahen, wenn aufgrund der ihm bekannten Unfallfolgen voraussehbar ist, daß mit einer Versetzung des Beamten in den Ruhestand gerechnet werden muß (BGH NJW 1965, 908, 909 mwNw).

d) Kongruenz

144 Die vom Dienstherrn gewährten Leistungen müssen demselben Zweck dienen und sich auf denselben Zeitraum beziehen wie der vom Dritten zu leistende Schadensersatz – sachliche und zeitliche Kongruenz (oben Rn 60; BGH NJW 1962, 800; OLG München NJW 1970, 49, 51; OLG Nürnberg VersR 2002, 592 m zust Anm EBNER/SCHMALZ VersR 2002, 594 f; GKÖD/FÜRST BBG § 87a Rn 17; BATTIS[2] BBG § 87a Rn 7; DREES VersR 1987, 739, 745). Andere Schadensersatzansprüche als solche auf Ersatz von Körper- oder Gesundheitsschäden oder wegen Tötung werden daher nicht erfaßt. Ebensowenig müssen bei einer Versetzung in den Ruhestand sämtliche Beihilfeleistungen ersetzt werden, sondern nur die, welche durch den Unfall bedingt sind; bei den übrigen handelt es sich um eine originäre Pflicht des Dienstherrn aus dem Beamten- und Ruhestandsverhältnis (OLG Nürnberg VersR 2002, 592 f unter Erörterung von Entscheidungen zu verwandten Konstellationen; zust EBNER/SCHMALZ aaO 594 f).

aa) Vom Dienstherrn gewährte Leistungen

145 Aus dem Übergang folgt wiederum, daß sich die Frage der Vorteilsausgleichung insoweit nicht mehr stellt, als der Dienstherr **Dienst- und Versorgungsbezüge** erbracht hat (BGB-RGRK/BOUJONG[12] Rn 153; LANGE/SCHIEMANN[3] § 9 X; BGHZ 42, 76, 81 f). Der Übergang erfolgt auch, wenn der Dienstherr nach dem Eintritt des Schadensereignisses geringere Leistungen zu erbringen hat als vorher, da der Anspruch nicht von einem Vermögensschaden des Dienstherrn abhängig ist (vgl BGH VersR 1978, 251 m Anm KLIMKE 513 f zu den Verpflegungskosten eines Soldaten).

146 Zu den **Bruttodienstbezügen** gehören Grundgehalt und Ortszuschlag (RIEDMAIER ZBR 1978, 190, 192), entrichtete Steuern (BGHZ 42, 76, 78; BGH JZ 1965, 571), eine anteilige Weihnachtszuwendung (BGH NJW 1972, 766; RIEDMAIER VersR 1978, 110, 112), anteilige vermögenswirksame Leistungen (RIEDMAIER VersR 1978, 110, 113 f; GKÖD/FÜRST § 87a Rn 22), anteiliges Urlaubsgeld (LANGE/SCHIEMANN[3] § 11 C III 4 e) sowie anteiliger Ersatz der dem Beamten während des Urlaubs fortgewährten Dienstbezüge (BGHZ 59, 154, 157 f: der auf die Zeit seiner Dienstunfähigkeit entfallende Teil des Urlaubsentgelts, weil diese Leistung dem Urlaubsgeld der Arbeitnehmer entspricht und eine Ungleichbehandlung hier nicht geboten ist; LANGE/SCHIEMANN[3] § 11 C III 4 e; RIEDMAIER VersR 1978, 110, 113). Nicht zu den Bruttodienstbezügen gehört seit 1. 1. 1975 das Kindergeld (RIEDMAIER VersR 1978, 110, 112).

147 Für die **Anrechnung** ist zu beachten, daß Versorgungsansprüche von Angehörigen nicht aufgrund einer Rechtsnachfolge erworben werden, sondern selbständig dem jeweiligen Berechtigten zustehen. Eine Anrechnung findet demnach nicht statt (BGH VersR 1958, 311, 312 zur Witwenpension).

148 Bei der **Beihilfe** ist die Rechtslage dagegen anders, weil sich aus § 5 Abs 3, Abs 4 Nr 4, Abs 5 (vormals Nr 3 Abs 4 S 1) der Beihilfevorschriften des Bundes (BhV, GMBl 1995, 470) bzw den entsprechenden Landesvorschriften die **Subsidiarität** der Beihilfe ergibt. Der Beamte hat danach keinen Beihilfeanspruch, soweit er gegenüber Dritten realisierbare und kongruente (BGB-RGRK/BOUJONG[12] Rn 154; WILTS VersR 1965, 926, 927; ders

VersR 1966, 13, 15 f) Schadensersatzansprüche hat (GREGER³ § 11 Rn 35; grundlegend anders: MARSCHALL VBIEBERSTEIN VersR 1965, 1134, 1135, der die bürgerlich-rechtlichen Schadensersatzansprüche nicht als Fälle der Kostenerstattung iS des BhV auffaßt und statt dessen wie bei §§ 87a BBG, 116 SGB X, 67 VVG usw vorgeht); bei deliktischen Schadensersatzansprüchen ist dies in aller Regel der Fall (BVerwG VersR 1980, 345, 346). Solche Ansprüche schließen die Beihilfe auch dann aus, wenn sie wegen § 67 VVG auf eine private Krankenversicherung des Beamten übergehen (BVerwG VersR 1980, 345, 346). Allgemein haben sämtliche Leistungen, zu denen ein Dritter verpflichtet ist, Vorrang vor den Beihilfeleistungen des Dienstherrn (OLG Koblenz VersR 1967, 962).

Da eine zu berücksichtigende Zahlung nicht vorliegt, stellt sich insoweit die Frage der **149** **Vorteilsausgleichung** von vornherein nicht. Ein Übergang von Ansprüchen kommt im vorliegenden Zusammenhang daher idR nur in Betracht, wenn der zunächst beihilfeberechtigte Beamte verstorben ist, zuvor Behandlungskosten aufgelaufen sind und den Hinterbliebenen ein Ersatzanspruch auf Erstattung von Krankheitskosten gegen den Schädiger zusteht (vgl die Fälle bei LANGE/SCHIEMANN³ § 11 C III 4 f; BGH VersR 1986, 463, 465; BGH FamRZ 1989, 596, 597).

Das Problem der Vorteilsausgleichung im Rahmen der Beihilfe tritt aber dann auf, wenn der Dienstherr bereits Beihilfe geleistet hat, weil er den dem Beamten zuste henden Schadensersatzanspruch nicht kannte oder irrtümlich für undurchsetzbar hielt (nach LANGE/SCHIEMANN³ § 11 C III 4 f muß der Schädiger zudem hinnehmen, daß der Dienstherr aufgrund seiner Fürsorgepflicht für den Beamten die Beihilfevoraussetzungen großzügig interpretiert und diesen so auch gegen verzögerte Zahlung des Schädigers schützt). Hier gilt die allgemeine Erwägung, daß der Dienstherr seinen Beamten unterstützen, keinesfalls jedoch den Schädiger entlasten wollte (BGB-RGRK/BOUJONG¹² Rn 154). Eine Anrechnung der Beihilfe auf den Schadensersatzanspruch scheidet also aus. Eine andere Frage ist, ob man aus dem Beamtenrecht eine Pflicht des Beamten ableiten kann, seine Schadensersatzansprüche an den Dienstherrn abzutreten; dies wird in der Literatur bejaht (BGB-RGRK/BOUJONG¹² Rn 154; WILTS VersR 1966, 13, 17).

Eine cessio legis findet auch statt, wenn der Dienstherr **freiwillige Leistungen** („Kann- **150** Leistungen") an den Beamten erbringt, da diese keine reinen Gnadenakte sind, sondern vom pflichtgemäßen Ermessen der Behörde abhängen und nur ergehen dürfen, wenn ihre Voraussetzungen erfüllt sind (BGH VersR 1954, 225, 226; LANGE/SCHIEMANN³ § 11 C III 4 c). Daher besteht nicht die Gefahr, daß der Dienstherr nicht geschuldete Leistungen erbringt, aus denen ihm wegen der Ersatzpflicht des Schädigers keine Nachteile erwachsen würden. Ebenso ist wegen der Abhängigkeit vom Vorliegen des Leistungstatbestandes auch die Kausalität zwischen Schädigung und Versorgung gegeben (so für die entspr Regelung im Dt BeamtenG bereits RGZ 171, 193, 194 f: Leistung wurzelt in Fürsorgepflicht).

bb) Sachliche Kongruenz im einzelnen
Ie gilt für die sachliche Kongruenz: **151**

– Beim **Schmerzensgeldanspruch** des Beamten fehlte nach der bis zum 31. 7. 2002 geltenden Rechtslage (§ 847 aF) die Kongruenz wegen der besonderen Genugtuungsfunktion des Schmerzensgeldes und wegen des Rechtscharakters des Anspruchs (sui generis) (BGHZ [GS] 18, 149 ff = NJW 1955, 1675 ff). Dies galt gegenüber allen Leistungen des Dienstherrn, selbst wenn bei deren Bemessung seelische Begleiterscheinungen und Schmerzen mitzuberücksichtigen waren (vgl § 30 Abs 1 S 1 BVersG) (BGH VersR 1984, 864; LANGE/SCHIEMANN[3] § 11 C III 5; GKÖD/FÜRST BBG § 87a Rn 23; aA FEHL VersR 1983, 1008, 1011 ff, der Kongruenz bejaht; s auch DREES VersR 1987, 739, 745 zur Unfallentschädigung gem § 43 BeamtVG). Nach der Neuregelung des Schmerzensgeldanspruchs in § 253 Abs 2 spricht manches für die Bejahung der Kongruenz: Insbes ist zu berücksichtigen, daß durch die Ausdehnung des Ersatzes immaterieller Schäden und die damit verbundene Trennung vom Verschuldensprinzip (BT-Drucks 14/7752, 24 f) die Genugtuungsfunktion des Schmerzensgeldes noch weiter in den Hintergrund tritt (im Ergebnis ähnlich RAUSCHER Jura 2002, 577, 579).

– Auch wenn das **Sterbegeld** (§ 18 BeamtVG, bis 31.12. 1999: § 122 BBG) abstrakt berechnet wird, besteht Kongruenz zum Schadensersatzanspruch auf Ersatz von Beerdigungskosten (BVerwGE 47, 55, 61; BGH NJW 1977, 802, 803; RIEDMAYER ZBR 1975, 343; GKÖD/FÜRST § 87a Rn 24; ERMAN/KUCKUK[10] Vor § 249 Rn 179; WUSSOW/SCHNEIDER[15] Kap 82 Rn 19 mwNw; differenzierend, aber im Ergebnis ebenso LANGE/SCHIEMANN[3] § 11 C III 5).

– Die Leistungen der **Unfallfürsorge** (§ 30 BeamtVG) sind kongruent mit dem Schadensersatzanspruch auf Zahlung von Rente wegen vermehrter Bedürfnisse (BGH NJW 1965, 914; KG NZV 1992, 236, 237).

– **Freiwillige Zuwendungen** des Dienstherrn aufgrund einer „Kann-Vorschrift" lösen ebenfalls den Übergang aus (GKÖD/FÜRST § 87a Rn 26: anders nur bei reinen Gnadenakten; BATTIS[2] BBG § 87a Rn 7; oben Rn 150).

– Ausgelöst wird der Übergang schließlich durch **Beihilfezahlungen** (BGH VersR 1983, 686, 687; BGH NVwZ 1986, 507 f; LANGE/SCHIEMANN[3] § 11 C III 4 f). Dies gilt jedenfalls insoweit, als nicht die Subsidiarität der Beihilfe eigens angeordnet wird, denn dann ist der Dienstherr zu ihrer Gewährung nicht verpflichtet (dazu oben Rn 148).

e) Quotenvorrecht

152 Dem Dienstherrn steht **kein Quotenvorrecht** gegenüber dem Beamten zu (BGHZ 22, 136, 139 ff; BGH VersR 1967, 902, 903; BGH NJW 1971, 240 f; BGH NJW-RR 1998, 237, 238; BGH NJW-RR 1998, 1103; KG NZV 1999, 208). Dies folgt schon aus § 87a S 2 BBG; ferner wird als Begründung auf die Entstehungsgeschichte der beamtenrechtlichen Zessionsnormen und die Fürsorgepflicht des Dienstherrn verwiesen (BGHZ 22, 136, 139 ff; GREGER[3] Anh II Rn 184; Kurzübersicht über die historische Entwicklung auch bei LANGE/SCHIEMANN[3] § 11 C III 6; gegen ein Quotenvorrecht und für die Einführung der relativen Theorie aber aus Gründen der Gleichbehandlung PLAGEMANN NZV 1993, 180 f).

153 Bei **Konkurrenz** von Sozialversicherungsträger und Dienstherrn ist unstreitig, daß beide dann Gesamtgläubiger sind, wenn der Schädiger voll haftet und demnach kein Quotenvorrecht des Sozialversicherungsträgers besteht (BGH NJW 1971, 240, 241; BGH VersR 1983, 686, 687; BGHZ 106, 381, 388 f = NJW 1989, 2622, 2623). Umstritten ist die Rechtslage, wenn der Schädiger nicht voll haftet. Die hM lehnt dann zu Recht eine Gleichstellung des Dienstherrn mit einem Sozialversicherungsträger ab und hält eine analoge Anwendung des § 117 SGB X nur dann für möglich, wenn beide hinsichtlich des übergegangenen Ersatzanspruchs konkurrieren; auf die Fälle, in denen jedem nur eine Teilforderung zusteht, läßt sich auch die ratio legis (zu ihr vWulffen/ Schmalz[4] § 117 Rn 1; die Norm kodifiziert die stRspr seit BGHZ 28, 68) nicht übertragen, weil der Schädiger die Sachbefugnis des Sozialversicherungsträgers ohne weiteres ermitteln kann (BGHZ 106, 381, 388 f = NJW 1989, 2622, 2623; dem folgend vWulffen/Schmalz[4] § 117 Rn 2; Wussow/Schneider[15] Kap 77 Rn 2; auch Hauck/Heines/Nehls § 117 SGB X Rn 4, 22; zuvor schon BGH NJW 1971, 240, 241; BGH NJW 1961, 216, der ein Quotenvorrecht des Sozialversicherungsträgers gegen den Dienstherrn anerkannte; aA Drees VersR 1986, 19, 21; wNw in BGHZ 106, 381, 388 = NJW 1989, 2622, 2623: in analoger Anwendung des § 117 SGB X sei eine Gesamtgläubigerschaft der Übergangsberechtigten gegeben, da der Anspruch auf beide im Zeitpunkt der Schädigung übergehe).

f) Familienprivileg
Aufgrund der vergleichbaren Interessenlage wird allgemein die entsprechende An- **154**
wendung des § 67 Abs 2 VVG bejaht (Gross DAR 1999, 337, 344; Lange/Schiemann[3] § 11 C III 8; GKÖD/Fürst § 87a BBG Rn 8; Riedmaier ZBR 1978, 190; ders ZBR 1976, 73, 75; BGHZ 43, 72, 79 und Battis[2] BBG § 87a Rn 3 bejahen dies zwar, sprechen aber nur von nahen Angehörigen und Berechtigten für die Hinterbliebenenversorgung. Eine inhaltliche Abweichung vom VVG dürfte damit aber nicht intendiert sein; so auch für das BayBG Weiss/Niedermaier/Summer/Zängl Art 96 BayBG Rn 21).

6. Vorteilsausgleichung

a) Anwendungsbereich
Für die nicht von § 843 Abs 4 sowie von Spezialregelungen erfaßten Fälle (ie zur **155**
Legalzession oben Rn 48 ff, 51) stellt sich die Frage, ob im Zusammenhang mit dem Schadensereignis zugeflossene Vorteile auf den Ersatzanspruch anzurechnen sind (vgl schon oben Rn 50).

b) Voraussetzungen
In Fortentwicklung der traditionell genannten Voraussetzungen – Identität des schä- **156**
digenden mit dem vorteilsbringenden Ereignis, Identität des Geschädigten mit dem Begünstigten, Kausalzusammenhang zwischen Schadens- und Vorteilsentstehung sowie Erfüllung des Normzwecks (vgl etwa Brox/Walker, AllgSchR[28] § 31 Rn 22) – wird heute überwiegend auf sog Leitgedanken und Grundsätze zurückgegriffen (vgl Soergel/Mertens[12] Vor § 249 Rn 214; Lange/Schiemann[3] § 9 III 3; oben Rn 48 ff; vgl auch Staudinger/Röthel § 844 Rn 200 ff). Dem ist zuzustimmen, weil ein System aus Leitgedanken und Grundsätzen als Indikatoren einen sachangemessenen und flexiblen Entscheidungprozeß im Einzelfall ermöglicht und darüber hinaus eine Systematisierung in Fallgruppen erlaubt (vgl zB Jauernig/Teichmann[9] Vor § 249 Rn 37 ff: Leistungen Dritter aufgrund Verpflichtung [Schadensversicherung, Unfallversicherung des Geschädigten, Unfallversicherung des Schädigers, Lebensversicherung], freiwillige Leistungen Dritter, schadensmindernde Leistungen des Geschädigten selbst, ersparte Aufwendungen [Versicherungsbeiträge, Steuern], Wertsteigerungen; ähnlich jeweils Soergel/Mertens[12] Vor § 249 Rn 229 ff; Palandt/Heinrichs[61] Vorbem v § 249 Rn 139 ff; MünchKomm/Oetker[4] § 249 Rn 233 ff; Staudinger/Schiemann [1998] § 249 Rn 140, 145 ff und die Fallgruppen bildende Rspr). Dabei ist im Blick zu behalten, daß der konkrete Bezug zu § 843 eine krit Überprüfung und Modifizierung des übergreifend für die Vorteilsausgleichung zusammengestellten Katalogs von Indikatoren nahelegt.

157 Für die konkrete Einzelfallentscheidung, ob es im Rahmen des § 843 zu einer Vorteilsausgleichung kommt, kann folgender modifizierter **Katalog von Leitgedanken
und Grundsätzen** herangezogen werden:

(1) Anrechenbar sind nur **feststehende Vorteile**; die theoretische Möglichkeit des
Eintritts eines solchen Umstands reicht nicht aus (BGH NJW 1979, 2033, 2034; SOERGEL/
MERTENS[12] § 843 Rn 216).

(2) Eine Vorteilsausgleichung kann **nur bei konkreter, nicht aber bei abstrakt-nor-
mativer Schadensberechnung** vollzogen werden, da es nur dort auf den Einzelfall
ankommt (vgl LANGE/SCHIEMANN[3] § 9 III 6; SOERGEL/MERTENS[12] Vor § 249 Rn 218; STAUDIN-
GER/SCHIEMANN [1998] § 249 Rn 141).

(3) Nur ein Vorteil, der **mit dem Schaden kongruent** ist, dh mit diesem in einem
qualifizierten Zusammenhang steht, kann ausgeglichen werden (vgl BGH NJW 1979,
760; BGHZ 77, 151, 154 = NJW 1980, 2187, 2188; BGH NJW 1997, 2378; SOERGEL/MERTENS[12]
Vor § 249 Rn 220; LANGE/SCHIEMANN[3] § 9 III 12; STAUDINGER/SCHIEMANN [1998] § 249 Rn 144;
auch PALANDT/HEINRICHS[61] Vorbem v § 249 Rn 123: sachlich und zeitlich kongruent).

(4) Während für alle **Vermögensschäden** eine Vorteilsausgleichung in Betracht
kommt (SOERGEL/MERTENS[12] Vor § 249 Rn 219; MünchKomm/OETKER[4] § 249 Rn 231; LANGE/
SCHIEMANN[3] § 9 III 8), ist umstritten, ob sie auch bei **immateriellen Schäden** erfolgen
kann (so MünchKomm/OETKER[4] § 249 Rn 231) oder nicht (so LANGE/SCHIEMANN[3] § 9 III 5).
Die Anrechnung materieller Vorteile auf immaterielle Nachteile und umgekehrt
scheidet dabei mangels Kommensurabilität von vornherein aus (STAUDINGER/SCHIE-
MANN aaO; MünchKomm/OETKER[4] § 249 Rn 231 f; SOERGEL/MERTENS[12] Vor § 249 Rn 217;
LANGE/SCHIEMANN[3] § 9 III 5; in diese Richtung auch in den Fällen von „wrongful birth" BGHZ
76, 249, 253 = NJW 1980, 1450, 1451; BGHZ 89, 95, 104 f; aA KLIMKE VersR 1969, 111, 112 f).

(5) Es gilt im Grundsatz das allgemeine schadensrechtliche **Bereicherungsverbot**,
das im Prinzip der Totalreparation enthalten ist (SOERGEL/MERTENS[12] Vor § 249 Rn 221;
STAUDINGER/SCHIEMANN [1998] § 249 Rn 143 unter Verweis auf Rn 2; MünchKomm/OETKER[4] § 249
Rn 230). Dh der Geschädigte darf durch die Schadensersatzleistung nicht besser stehen, als er ohne das schädigende Ereignis stünde. Dieses Bereicherungsverbot modifiziert die allgemeine Differenzhypothese, die eine ausnahmslose Anrechnung aller
Vorteile mit sich brächte (allg oben Rn 49; MünchKomm/OETKER[4] aaO).

(6) Bei nicht aufgrund gesetzlicher Verpflichtungen erfolgenden **freiwilligen Lei-
stungen Dritter** ist das allgemeine schadensrechtliche Bereicherungsverbot zu modi-
fizieren: Entscheidend ist die **Leistungsbestimmung** des Dritten, nach der die Hilfe im
Regelfall dem Geschädigten allein zugute kommen soll (vgl DEUTSCH[2] Rn 843; ESSER/
SCHMIDT § 33 V 3; LARENZ I[14] § 30 II b mit Beispielen; SOERGEL/MERTENS[12] Vor § 249 Rn 226).
Dies ergibt sich nicht zuletzt aus der grundgesetzlichen Wertung des Art 2 Abs 1
GG und ggf aus der des Art 6 GG.

(7) Ausgenommen die Fälle des § 267 wird man allgemein davon ausgehen müssen,
daß der Schädiger gerade nicht entlastet werden soll (MünchKomm/OETKER[4] § 249
Rn 241 f mwNw; LANGE/SCHIEMANN[3] § 9 VII). Dieses **Entlastungsverbot** ergibt sich aus
der Steuerungsfunktion des Schadensersatzrechts (BGHZ 10, 107, 108 = NJW 1953,

1346; bestätigt in BGHZ 30, 29, 33; BGHZ 49, 56, 61 = NJW 1968, 491; BGHZ 54, 269, 272 = NJW 1970, 2061, 2062; BGHZ 81, 271, 275 = NJW 1982, 32, 33; BGH NJW 1978, 536, 537; BGH NJW 1979, 760; vgl auch BGB-RGRK/Boujong[12] Rn 134).

(8) Vermögensmehrungen, die auf **eigene Vorsorgebemühungen des Verletzten** für den Fall der Schädigung zurückgehen, werden nie angerechnet (Soergel/Mertens[12] Vor § 249 Rn 222; Staudinger/Schiemann [1998] § 249 Rn 169; Lange/Schiemann[3] § 9 III 11). Auch dies folgt aus der Wertung des Art 2 Abs 1 GG.

(9) Eine Anrechnung von Vorteilen, die durch eigene über die Schadensminderungsobliegenheit des § 254 hinausgehende, **überobligatorische Anstrengungen** des Geschädigten erkauft wurden, findet ebenfalls nicht statt (BGHZ 55, 329, 334 = NJW 1971, 836; Larenz I[14] § 30 II b; Soergel/Mertens[12] Vor § 249 Rn 221; Staudinger/Schiemann [1998] § 249 Rn 169; vgl auch BGH VersR 1959, 36, 37: keine Vorteilsanrechnung daraus, daß der ArbG, der einen kriminellen ArbN entlassen hat, Gehalt einspart, weil sich nicht sofort eine Ersatzkraft finden läßt). Dies folgt ebenfalls aus der Wertung des Art 2 Abs 1 GG.

(10) Bei einer **Anspruchskürzung** (zB gem § 254 oder § 17 StVG) sind auch die dem Geschädigten zufließenden Vorteile anteilig zu kürzen (BGH NJW 1970, 461 f; Lange/Schiemann[3] § 9 III 11; Soergel/Mertens[12] Vor § 249 Rn 228; Staudinger/Schiemann [1998] § 249 Rn 143; Palandt/Heinrichs[61] Vorbem v § 249 Rn 123).

c) Durchführung

Sind die Voraussetzungen der Vorteilsausgleichung gegeben, so findet eine **Anrech- 158 nung** der Vorteile auf die Nachteile statt. Dies erfolgt, indem die Vorteile unter Beachtung der Grundsätze der Kongruenz (oben Rn 60 f) und der anteiligen Kürzung (oben Rn 62 ff) vom Ersatzanspruch abgezogen werden. Da es sich um eine Anrechung und nicht um eine Aufrechnung handelt, bedarf es keiner Erklärung des Schädigers (Palandt/Heinrichs[61] Vorbem v § 249 Rn 123). Auch kann die Anrechnung bei gesetzlichen Aufrechnungsverboten stattfinden (vgl Staudinger/Schiemann [1998] § 249 Rn 142).

Die **Beweislast** für das Gegebensein der Voraussetzungen der Vorteilsausgleichung **159** trägt der Schädiger (Staudinger/Schiemann [1998] § 242 Rn 141; BGHZ 94, 195, 217 = NJW 1985, 1539, 1544; RGZ 84, 386, 390; BGH VersR 1963, 1163 mwNw; Lange/Schiemann[3] § 9 XIII; Esser/Schmidt[8] § 33 VI 2 aE). Anderes gilt jedoch, wenn es um die Aufklärung von Vorgängen aus dem Vermögensbereich des Geschädigten geht. Insofern ist dieser ausnahmsweise darlegungs- und aufklärungspflichtig (BGH NJW 1979, 760, 761).

d) Einzelfälle

Die Anwendung dieser allgemeinen Grundsätze auf einzelne Leistungen wurde – des **160** Zusammenhangs wegen – bei den Ausführungen zum Umfang des Schadens dargestellt:

Ersparte Kosten für die häusliche Verpflegung während eines Krankenhaus- oder Kuraufenthaltes wirken sich nicht anspruchsmindernd gegenüber dem Schädiger aus (dazu § 842 Rn 24; Greger[3] § 11 Rn 24). **Ersparte Aufwendungen** für den Arbeitsplatz (zB Fahrtkosten) sind dagegen anzurechnen (dazu § 842 Rn 24), ebenso **steuerliche Ersparnisse** (dazu § 842 Rn 50 ff).

161 Ein freiwilliger Schadensausgleich des Arbeitgebers, der Lohn, Gehalt etc ohne Bestehen einer gesetzlichen Verpflichtung fortzahlt, ist für den Anspruch gegenüber dem Schädiger unbeachtlich (dazu oben Rn 134 f; zur Abtretungspflicht oben Rn 137 f), ebenso andere Zuwendungen Dritter, die allein dem Schädiger zugute kommen sollen (Brox/Walker, AllgSchR[28] § 31 Rn 28; BGH NJW 2002, 292, 293). Freiwillige Zuwendungen Dritter iSd § 267 Abs 1 lassen dagegen wegen ihrer Erfüllungswirkung den Schadensersatzanspruch insoweit erlöschen (Staudinger/Bittner [2001] § 267 Rn 22; Brox/Walker, AllgSchR[28] § 31 Rn 28), begründen aber beim Fehlen einer Schenkungsabsicht Ansprüche des Leistenden gegen den Schädiger (Staudinger/Bittner [2001] § 267 Rn 30 ff).

162 Einnahmen, die der Geschädigte durch überobligationsmäßige, dh nicht im Rahmen seiner Schadensminderungspflicht geschuldete Tätigkeit erzielt, bleiben anrechnungsfrei (§ 842 Rn 24; zur Situation bei Gesellschaftern und Selbständigen § 842 Rn 85, 95 f und 111 f).

Zu weiteren Einzelfragen der Vorteilsausgleichung, insbes zu ersparten Unterhaltsleistungen sowie zu Vorteilen im Zusammenhang mit Erbschaften, Staudinger/Röthel § 844 Rn 200 ff.

VII. Prozessuales

1. Klageantrag

163 Der Kläger muß unzweideutig zu erkennen geben, ob er **Rente oder Kapitalabfindung** begehrt (RGZ 141, 304, 305; BGHZ 4, 138, 142). Dabei kann er die Wahl bis zum Schluß der letzten mündlichen Verhandlung treffen (BGH DB 1972, 1868). Der Klageabweisung wegen Fehlens des für die Kapitalabfindung nach § 843 Abs 3 notwendigen wichtigen Grundes kann der Kläger durch Stellung eines Hilfsantrages auf Rentenzahlung entgehen (RGZ 136, 373, 375; MünchKomm/Stein[3] Rn 55). Fordert der Kläger Rentenzahlung, muß er angeben, für welchen Zeitraum er Rentenzahlung begehrt (vgl zur Formulierung des Klageantrags ie oben Rn 30).

164 Ausnahmsweise kann ein **unbezifferter Klageantrag** zulässig sein, wenn die Bestimmung des Betrages von einer gerichtlichen Schätzung nach § 287 ZPO oder vom billigen Ermessen des Gerichts abhängt (stRspr: BGH NJW 2002, 302, 303; BGHZ 4, 138, 142; RGZ 140, 211, 213; RG JW 1931, 2483, 2484; ie Zöller/Greger[23] § 253 Rn 14 f, der für eine restriktive Zulassung von unbezifferten Anträgen außerhalb von Schmerzensgeldklagen eintritt; Schilken[3] Rn 213 mwNw; vgl auch Stein/Jonas/Schumann[21] § 253 Rn 81 mit dem Hinweis, das Gesetz verlange „Bestimmtheit", nicht Bezifferung). In diesen Fällen genügt der Kläger dem Bestimmtheitserfordernis des § 253 Abs 2 Nr 2 ZPO, indem er die tatsächlichen Grundlagen für die Bemessung umfassend darlegt (vgl etwa BGH VersR 1975, 856, 857; BGH VRS 62, 122). Die Angabe der Größenordnung des begehrten Betrages oder eines Mindestbetrages ist hingegen in Konsequenz neuerer Rechtsprechung des BGH nicht mehr Zulässigkeitsvoraussetzung (BGHZ 132, 341, 350 ff = NJW 1996, 2425, 2427; einschr aber BGHZ 140, 335, 340 f = NJW 1999, 1339, 1340; vGerlach VersR 2000, 525 ff; Schlosser JZ 1996, 1082). Allerdings sollte der Kläger dennoch die ungefähre Größenordnung oder – besser noch, da präziser – einen Mindestbetrag nennen, um sich das Rechtsmittel in jedem Fall offenzuhalten, falls das Gericht unter Zugrundelegung des klägerischen Sachvortrages einen den Kläger nicht zufriedenstellenden Betrag zuspricht (BGHZ 140, 335, 340 f = NJW 1999, 1339, 1340; bestätigt in BGH NJW 2002, 302, 303; vGERLACH VersR 2000, 525, 526 u 527 f; SCHILKEN[3] Rn 213).

Erwerbsschäden und Bedürfnisvermehrung bilden nur unselbständige Rechnungs- **165** posten des **einheitlichen Rentenanspruchs** (oben Rn 28) aus § 843, so daß der Kläger insbes diese Schadensposten ohne Klageänderung auswechseln kann (BGH VersR 1957, 394, 396; RG Recht 1916 Nr 938). Der einheitliche Rentenanspruch aus § 843 umfaßt jedoch keine darüber hinausgehenden Ansprüche, wie solche auf Ersatz der Heilungskosten oder auf Schmerzensgeld. Diese stehen selbständig neben dem Rentenanspruch (BGH VersR 1985, 1141, 1142; RGZ 170, 37, 39; RGZ 151, 279, 286; RGZ 149, 157, 166).

Machen **mehrere Kläger** Rentenansprüche aus demselben Schadensereignis geltend, **166** so können diese nicht zu einem einheitlichen Anspruch zusammengefaßt und mit einer gemeinsamen Klage geltend gemacht werden (BGHZ 11, 181, 183). Allerdings kann unter Angabe der vorgestellten Einzelbeträge und im Einverständnis der Kläger mit einer anderen Aufteilung ein Gesamtbetrag begehrt werden (BGH NJW 1972, 1716, 1717).

2. Leistungs- oder Feststellungsklage, Klage auf künftige Leistung

Ist zum Schluß der letzten mündlichen Verhandlung ein **künftiger Erwerbsausfall oder** **167** **Mehrbedarf** mit einiger Sicherheit feststellbar, kann sich der Kläger unmittelbar auf eine **Leistungsklage** stützen. Bei nicht überschaubarer künftiger Entwicklung kann der Kläger die Leistungsklage zunächst auch zeitlich beschränken. Dies empfiehlt sich insbes, wenn eine Verbesserung der Erwerbsmöglichkeiten oder eine Verringerung des Mehrbedarfs infolge der gesundheitlichen Entwicklung des Verletzten oder des Abschlusses einer Berufsausbildung zu erwarten ist (MünchKomm/STEIN[3] Rn 57).

Die Geltendmachung noch nicht fälliger Rentenzahlungen richtet sich nach §§ 258 f ZPO.

Einstweiliger Rechtsschutz kann nach Maßgabe von §§ 935, 940 ZPO erlangt werden. Da es sich hierbei um eine Leistungsverfügung handelt, hat der Verfügungskläger eine existenzgefährdende Notlage glaubhaft zu machen (OLG Düsseldorf VersR 1988, 803; OLG Düsseldorf VersR 1970, 331, 332 = JR 1970, 143, 144 m Anm BERG: Abschlagszahlungen in jedem Fall möglich; BROX/WALKER, ZwVR[6] Rn 1616).

Eine **Feststellungsklage nach § 256 Abs 1 ZPO** ist regelmäßig als unzulässig abzu- **168** weisen, wenn eine Klage auf Leistung möglich ist (BGHZ 5, 314, 315 = NJW 1952, 740 = LM § 323 ZPO Nr 2). Hier ist jedoch zu beachten, daß die langfristige und teils recht unsichere Zukunftsprognose, die die Zuerkennung einer Rente nach § 843 voraussetzt, und die Möglichkeit der Schadensschätzung nach § 287 ZPO eine strikte Trennung stark erschwert. Vielmehr ist im Einzelfall auf **prozeßökonomische Gesichts-** **punkte** abzustellen (BGHZ 2, 250, 253; BGHZ 36, 38, 39 f = NJW 1962, 45 f; BGH WM 1974, 905; s auch SCHILKEN[3] Rn 186). Daraus ergibt sich insbes bereits dann ein Feststellungsinteresse, wenn die Unsicherheit der Entscheidungsgrundlage für ein Leistungsurteil das spätere Bedürfnis für eine Abänderungsklage schon erkennen läßt (MünchKomm/ STEIN[3] Rn 58).

169 In Rechtsprechung und Literatur werden insbes folgende **Einzelfälle** genannt, in denen ein **Feststellungsinteresse zu bejahen** ist:

– bei Erwerbsschäden von im Zeitpunkt der Schädigung noch erwerbsunfähigen **Kindern** und **Jugendlichen** (MünchKomm/STEIN[3] Rn 58; BGHZ 4, 133, 135);

– bei **drohenden Folgeschäden**, wenn deren Eintritt zumindest möglich ist (auf die Wahrscheinlichkeit des Eintritts kommt es bei Verletzung eines absolut geschützten Rechtsguts – hier Körper oder Gesundheit – nicht an; diese spielt nur bei Verletzung einer Norm zum Schutz des Vermögens eine Rolle, da es dort sonst bereits an einem feststellbaren Rechtsverhältnis fehlen würde; hierzu GREGER, Beweis und Wahrscheinlichkeit [1978] 145; ZÖLLER/GREGER[23] § 256 Rn 8a; iE ebenso BGH NJW 1993, 648, 653 f; 96, 1062, 1063; sowie vGERLACH VersR 2000, 525, 531 f);

– wenn **nur** ein **Teil des Schadens bezifferbar** ist (BGB-RGRK/BOUJONG[12] Rn 127 mwNw; MünchKomm/STEIN[3] Rn 58; STEIN/JONAS/SCHUMANN[21] § 256 Rn 89 bejaht dies zumindest für den Fall, daß der bezifferbare Teil verhältnismäßig niedrig ist; OLG Köln VersR 1988, 61; vgl auch RGZ 108, 201, 202: Schadensentwicklung kommt während des Prozesses zum Abschluß; RGZ 113, 410, 412: Vorgehen nach § 259 ZPO wäre möglich gewesen);

– bei Erforderlichkeit einer **aufwendigen Begutachtung** zur Bezifferung (BGH NJW 2000, 1256, 1257; anders noch BGH BB 1974, 1184; RGZ 152, 193, 195);

– bei **Klagen gegen die öffentliche Hand** (MünchKomm/STEIN[3] Rn 58; STEIN/JONAS/SCHUMANN[21] § 256 Rn 89 mwNw; RG JW 1931, 2483, 2484 mwNw; OLG Köln VersR 1988, 61: dies gilt auch für den mit der öffentlichen Hand gesamtschuldnerisch mithaftenden Bediensteten, wenn dieser einen arbeitsrechtlichen Freistellungsanspruch im Innenverhältnis hat), wie zB gegen eine Körperschaft des öffentlichen Rechts (BGH NJW 1984, 1118, 1119: ZDF), gegen den Fiskus (RGZ 129, 31, 34; RGZ 146, 290, 294), gegen eine Behörde (OLG Düsseldorf WM 1989, 1370, 1372), allgemein gegen eine Partei, die leistungsfähig ist und deren Leistungswilligkeit auf ein Feststellungsurteil hin zu erwarten steht, aber unter Umständen auch gegen privatrechtliche Vereinigungen (BGH WM 1988, 1780, 1781: Bank; BAGE 56, 138, 141: Insolvenzversicherung);

– bei **Möglichkeit der Erhebung einer Leistungsklage erst nach Rechtshängigkeit** (BGB-RGRK/BOUJONG[12] Rn 218; STEIN/JONAS/SCHUMANN[21] § 256 Rn 122); so bedarf es grds keiner Umstellung, wenn der Schaden erst im Verlauf des Prozesses bezifferbar wird (BGH WM 1978, 470, 471; BGH NJW 1978, 210; OLG Koblenz WM 1993, 1241; RGZ 108, 201, 202); ausnahmsweise kann eine Klageänderung jedoch geboten sein, wenn die Schadensentwicklung in erster Instanz abgeschlossen ist und der Übergang zur Leistungsklage weder zu einer Verzögerung noch zu dem Verlust einer Instanz führt (BGH NJW 1978, 210; weiter einschränkend noch BGH NJW 1952, 546).

3. Zwischenurteil über den Grund nach § 304 ZPO

170 Die Vorabentscheidung über den Grund nach § 304 ZPO (Grundurteil) ist Ausdruck der Prozeßökonomie (BGH NJW-RR 1991, 599, 600; BGH NJW 1991, 1895; BGH NJW 1981, 1369, 1370; BGH NJW 1978, 544; SCHILKEN ZZP 95 [1982] 45, 46, 51, 54) und steht bei Zulässigkeit im freien Ermessen des Gerichts (SCHILKEN ZZP 95 [1982] 45, 53). Mit dem Erlaß eines Grundurteils kann insbes bei Rentenansprüchen der Streit um die Anspruchshöhe mit regelmäßig aufwendiger Beweisaufnahme noch ausgespart und zugleich die Grundlage für eine vergleichsweise Einigung geschaffen werden (MünchKomm/Stein³ Rn 59).

a) Voraussetzungen

§ 304 ZPO ist nur anwendbar, wenn der Anspruch nach Grund und Betrag streitig ist **171** (BGH NJW 1994, 3295, 3296 [insoweit in BGHZ 126, 217 nicht abgedruckt]; BGH NJW-RR 1994, 319; BGH NJW 1975, 1968; RG JW 1931, 2483, 2484; RG JW 1935, 2954; Zöller/Vollkommer²³ § 304 Rn 5; BGB-RGRK/Boujong¹² Rn 221; Schilken ZZP 95 [1982] 45 f). Dies setzt grundsätzlich einen **bezifferten** oder **in zulässiger Weise unbezifferten Anspruch** (oben Rn 164) voraus. Bei einem unbezifferten Feststellungsantrag ist ein Grundurteil nicht möglich (BGH NJW 2002, 302, 303; BGH NJW 2001, 155; BGH NJW 1997, 3176, 3177; BGH NJW 1994, 3295, 3296 mwNw: in der Regel [insoweit in BGHZ 126, 217 nicht abgedruckt]; BGH NJW 1991, 1896 mwNw; BGHZ 7, 331, 333 f; Zöller/Vollkommer²³ § 304 Rn 3); anders aber, wenn die Feststellungsklage zu einem Ausspruch über die Höhe eines Anspruchs führen soll (BGH NJW 1994, 3295, 3296; RGZ 93, 152, 154; Zöller/Vollkommer²³ § 304 Rn 3 f; BGB-RGRK/Boujong¹² Rn 221; Musielak/Musielak² § 304 Rn 4).

Jedes Grundurteil setzt weiter voraus, daß die nicht immer einfache Trennung des Prozeßstoffes nach Grund und Betrag (Schilken ZZP 95 [1982] 45, 47 ff; ie unten Rn 172) überhaupt möglich ist (s BGH NJW 1991, 1896). Die Rechtsprechung läßt sich dabei von pragmatischen Gesichtspunkten leiten (BGH NJW 1981, 1369, 1370; BGH NJW-RR 1991, 599, 600; Musielak/Musielak² § 304 Rn 16; zu den allgemeinen Voraussetzungen Schneider MDR 1978, 705 ff u 793 ff; BGB-RGRK/Boujong¹² Rn 211 ff). Ferner muß der geltend gemachte Zahlungsanspruch mit hoher Wahrscheinlichkeit in irgendeiner Höhe bestehen (BGHZ 126, 217, 219 = NJW 1994, 3295, 3297; BGH NJW-RR 1991, 599, 600; LM Nr 16 zu § 304 ZPO = VersR 1961, 23; BGH VersR 1966, 1163, 1164). Andernfalls kann kein Grundurteil ergehen.

b) Abgrenzung von Grund und Betrag

An sich muß das Grundurteil den **Prozeßstoff zum Anspruchsgrund** und damit alle **172** anspruchsbegründenden Tatsachen, alle den Anspruch selbst betreffenden Einwendungen (BGHZ 72, 34, 36 = NJW 1978, 1920, 1921 mwNw) und Einreden (zur Verjährungseinrede OLG Nürnberg VersR 1967, 90) erledigen. Dies gilt nicht, soweit sie nur einen Teil des Anspruchs betreffen und daher dem Kläger im Betragsverfahren noch in jedem Fall ein gewisser Betrag zuzusprechen sein wird (BGH NJW 1968, 2105; BGB-RGRK/Boujong¹² Rn 226; Musielak/Musielak² Rn 17). Das Gebot vollständiger Aufbereitung des Prozeßstoffes gilt auch für alle den Anspruch stützenden Anspruchsgrundlagen, soweit sie nicht ohne jede selbständige Bedeutung sind, weil der bereits festgestellte Klagegrund den Gesamtbetrag der Höhe nach voll ausschöpft (BGHZ 72, 34, 36 = NJW 1978, 1920, 1921; Zöller/Vollkommer²³ § 304 Rn 10; Schilken ZZP 95 [1982] 45, 48 ff). Allerdings können einzelne Aspekte aus Zweckmäßigkeitserwägungen dem Betragsverfahren vorbehalten werden. Dies muß allerdings im Tenor oder in den Entscheidungsgründen kenntlich gemacht werden, damit die Bindungswirkung des Grundurteils feststeht (BGH NJW-RR 1996, 700, 701; BGHZ 11, 181, 183; MünchKomm/Stein³ Rn 60).

Dem **Betragsverfahren** können ausnahmsweise überlassen werden (eingehend, aber teils **173** krit Schilken ZZP 95 [1982] 45, 50, 55 ff):

– die Wahl zwischen Geldrente und Kapitalabfindung aus Zweckmäßigkeitsgründen (BGHZ 59, 139, 147 = NJW 1972, 1943; BGH VersR 1976, 987 f);

– das Mitverschulden, wenn sich dieser Punkt mit der Frage nach der Haftung des Schädigers nicht überschneidet und nach summarischer Prüfung das Mitverschulden den Anspruch nicht völlig ausschließt (BGHZ 110, 196, 202 = NJW 1990, 1106, 1108; BGH NJW 1987, 3176, 3177; BGHZ 76, 397, 400 = NJW 1980, 1579 mwNw; BGHZ 1, 34, 36 mNw z Rspr des RG; MUSIELAK/MUSIELAK[2] § 304 Rn 24; STEIN/JONAS/LEIPOLD[21] § 304 Rn 32); dies gilt auch, wenn eine andere Einwendung aus § 254 Abs 2 erhoben wird (BGH LM Nr 1 zu § 304 ZPO; BGH VersR 1967, 953, 955);

– die Aktivlegitimation, soweit infolge einer Legalzession, insbes nach § 116 SGB X, nur streitig ist, in welcher Höhe ein eigener Ersatzanspruch des Klägers noch besteht, jedoch unstreitig ist oder eine hohe Wahrscheinlichkeit dafür spricht, daß dem Kläger jedenfalls eine nicht übergegangene Teilforderung verbleibt (BGH VersR 1987, 1243; BGH VersR 1968, 1161, 1162; BGH VersR 1968, 69, 70; BGH NJW 1956, 1236; RGZ 123, 40, 41);

– Vorteilsausgleichungen, soweit der Anspruch nur gemindert wird; Vorteilsausgleichungen sind hingegen im Grundurteil zu behandeln, soweit nur die Möglichkeit besteht, daß der auszugleichende Vorteil den geltend gemachten Betrag erreicht (RGZ 103, 406, 408; RGZ 65, 57, 59 f; RG JW 1938, 3306);

– die Aufrechnung sowohl mit nicht konnexen (vgl § 302 ZPO) (BGHZ 11, 63, 65; RGZ 170, 281, 283) als auch mit konnexen Forderungen, sofern für den letzteren Fall nach summarischer Prüfung feststeht, daß die Klageforderung nicht vollständig erlischt (BGH NJW-RR 1994, 379, 380; BGHZ 11, 63, 65 m Hinw auf die noch engere Rspr des RG); allerdings ist der Beklagte sinngemäß wie bei § 767 Abs 2 ZPO mit der Aufrechnung im Betragsverfahren präkludiert, wenn er bereits im Grundverfahren hätte aufrechnen können (BGH NJW 1965, 1763; BGB-RGRK/BOUJONG[12] Rn 225).

Umstritten ist, ob die genaue zeitliche Begrenzung dem Betragsverfahren vorbehalten sein kann (vgl OLG Nürnberg VersR 1967, 90 mwNw). Aus Zweckmäßigkeitsgründen ist dies im Einzelfall zu bejahen, sofern die zeitliche Begrenzung im Grundurteil erkennbar entsprechend zugeordnet wird (RGZ 64, 33, 34 f; RGZ 98, 222, 223; RG WarnR 1914 Nr 32; RG JW 1931, 854; RG JW 1931, 3353; RG JW 1932, 787; BGHZ 11, 181, 183; BGH VersR 1957, 321; BGH VersR 1965, 85; BGH VersR 1970, 523; OLG Stuttgart VersR 1958, 649). Im Grundsatz gehören aber Beginn und Dauer der Rente – ob auf Lebenszeit oder mit zeitlicher Begrenzung – in das Grundurteil.

c) Wirkung

174 Das Grundurteil entfaltet **Bindungswirkung** (§ 318 ZPO), so daß im Betragsverfahren Einwendungen nicht mehr geltend gemacht werden können, soweit sie nicht (oben Rn 172) erkennbar diesem – gleich ob zu Recht oder zu Unrecht – vorbehalten wurden (vgl BGH NJW 1961, 1465, 1466). Neue Einwendungen werden in sinngemäßer Anwendung von § 767 Abs 2 ZPO nicht von der Bindungswirkung erfaßt (ZÖLLER/VOLLKOMMER[23] § 304 Rn 20, 24; THOMAS/PUTZO[24] § 304 Rn 21; SCHILKEN ZZP 95 [1982] 45, 64 mwNw) und können im Betragsverfahren geltend gemacht werden (BGH NJW 1965, 1763 mwNw; MUSIELAK/MUSIELAK[2] § 304 Rn 29). Ferner erstreckt sich die Bindungswirkung nur auf den zulässigen Inhalt des Grundurteils (BGH NJW 1961, 1465, 1466; MUSIELAK/MUSIELAK[2] § 304 Rn 11). So bindet das Grundurteil nicht, soweit es zu Unrecht bereits Feststellungen zur Höhe des Anspruchs enthält (BGH MDR 1964, 214, 215).

4. Abänderungsklage nach § 323 ZPO

Da die Festsetzung einer Rente für die Zukunft mit vielerlei Unsicherheiten in tat- **175** sächlicher Hinsicht verbunden ist, erfordert die Billigkeit (RGZ 162, 279, 281; MUSIELAK/ MUSIELAK[2] § 323 Rn 3; zur historischen Entwicklung STEIN/JONAS/LEIPOLD[21] § 323 Rn 2), bei nachträglichen wesentlichen Veränderungen der Umstände eine Anpassung zu ermöglichen. Verfahrensrechtliches Mittel hierzu ist die Abänderungsklage gem § 323 ZPO, die einen prozessualen Anwendungsfall der clausula rebus sic stantibus darstellt (BGHZ 34, 110, 115 f = NJW 1961, 871, 872; BGH NJW 1979, 1656, 1657; BGH NJW-RR 2001, 937; BGB-RGRK/BOUJONG[12] Rn 229; ZÖLLER/VOLLKOMMER[23] § 323 Rn 1). Dies hat zur Konsequenz, daß eine Änderung nicht weiter gehen kann, als dies zur Anpassung an die veränderten Verhältnisse nötig ist (BGH NJW 1979, 1656, 1657; BGH NJW-RR 2001, 937).

a) Voraussetzungen

Die Anwendbarkeit des § 323 ZPO als prozessualer Gestaltungsklage setzt einen auf **176** eine künftige Leistung gerichteten **Schuldtitel** voraus (ZÖLLER/VOLLKOMMER[23] § 323 Rn 3).

Dazu gehören zunächst der Klage **stattgebende Urteile** („Verurteilung") **jeder Art** (STEIN/JONAS/LEIPOLD[21] § 323 Rn 8 mwNw: auch Anerkenntnis- oder Versäumnisurteile), die noch nicht rechtskräftig sein müssen (so die heute hM: BGHZ 94, 145, 146 = NJW 1985, 1701; BGHZ 34, 110, 115 f = NJW 1961, 871, 872; STEIN/JONAS/LEIPOLD[21] § 323 Rn 11, 30; ZÖLLER/ VOLLKOMMER[23] § 323 Rn 13; **aA** BGB-RGRK/BOUJONG[12] Rn 236; ROTH NJW 1988, 1233, 1236; RGZ 47, 405, 411; RGZ 75, 24, 25; RGZ 86, 377, 381), weil § 323 ZPO kein spezifisches Mittel ist, um die Rechtskraft zu beseitigen (ZÖLLER/VOLLKOMMER[23] § 323 Rn 13; dagegen wiederum ROTH aaO). Bei **Klageabweisungen** wegen Fehlens eines Schadens im Zeitpunkt der letzten mündlichen Verhandlung ist nach einer Auffassung die Abänderungsklage zulässig (KG FamRZ 1980, 892, 893 mwNw; STEIN/JONAS/LEIPOLD[21] § 323 Rn 8; BGB-RGRK/ BOUJONG[12] Rn 237; RGZ 162, 279, 282; ZÖLLER/VOLLKOMMER[23] § 323 Rn 26). Die Gegenansicht (BGHZ 82, 246, 250 f = NJW 1982, 578, 579; OLG Köln FamRZ 1987, 616, 617; MünchKommZPO/ GOTTWALD[2] § 323 Rn 24; ROSENBERG/SCHWAB/GOTTWALD[15] § 158 II 3; STAUDINGER/RÖTHEL § 844 Rn 261) läßt die Erhebung einer gewöhnlichen Leistungsklage zu, weil im Ersturteil keine Prognoseentscheidung enthalten ist, die über § 323 ZPO abzuändern wäre und der Anspruch erst in dem Zeitpunkt neu entsteht, in dem auch der Schaden als Tatbestandsmerkmal vorliegt.

Die Abänderung eines **Feststellungsurteils** (RGZ 150, 246, 254; RGZ 74, 121, 124 lehnte eine Anwendbarkeit des § 323 ZPO hier generell ab) ist nur zulässig, wenn der Anspruch auf wiederkehrende Leistung betragsmäßig festgestellt wurde; wird nur das Bestehen einer Leistungspflicht als solcher ausgesprochen, hat der Kläger Leistungsklage zu erheben (STEIN/JONAS/LEIPOLD[21] § 323 Rn 13; BGB-RGRK/BOUJONG[12] Rn 232).

Über § 323 ZPO sind weiter abänderbar **Schiedssprüche**, da sie gem § 1055 ZPO **177** Urteilen gleichstehen (STEIN/JONAS/LEIPOLD[21] § 323 Rn 12; ZÖLLER/VOLLKOMMER[23] § 323 Rn 6; SCHILKEN[3] Rn 1069), **gerichtliche Vergleiche** (§§ 323 Abs 4 iVm 794 Nr 1 ZPO) und für **vollstreckbar erklärte Anwaltsvergleiche** (§§ 796a ff ZPO) (trotz der Nichterwähnung in § 323 Abs 4 ZPO, da dies keinen Schluß auf einen entgegenstehenden gesetzgeberischen Willen erlaubt; vgl MUSIELAK/MUSIELAK[2] § 323 Rn 47; ZÖLLER/VOLLKOMMER[23] § 323 Rn 7a, 43).

Unanwendbar ist § 323 ZPO dagegen auf gewöhnliche außergerichtliche Vergleiche, weil für eine analoge Anwendung der Norm wegen der Abänderbarkeit nach den Grundsätzen des Wegfalls der Geschäftsgrundlage im Wege der Leistungs-/Feststellungsklage kein Bedürfnis besteht und gerade kein Vollstreckungstitel zu durchbrechen ist (BGH VersR 1968, 450, 451; BGB-RGRK/BOUJONG[12] Rn 233: **aA** offenbar MünchKomm/ STEIN[3] Rn 61; nach BGH FamRZ 1960, 60, 61; OLG Köln FamRZ 1986, 1018 f soll allerdings eine vertragliche Unterstellung unter § 323 ZPO möglich sein).

Eine Abänderungsklage kommt nach der Rechtsprechung nicht in Betracht, wenn dem Geschädigten eine **Kapitalabfindung** zugesprochen worden ist (s Rn 37 m abl Stellungnahme).

178 Da § 323 ZPO das speziellere Instrument zur Abänderung von Titeln darstellt, kommt eine **Nachforderungsklage gem § 258 ZPO** nur in Betracht, wenn die Erstklage ausdrücklich nur auf einen Teilbetrag lautete und das Ersturteil auch nur einen solchen zugesprochen hat (BGH NJW 1986, 3142; BGHZ 94, 145, 147 = NJW 1985, 1701; BGHZ 34, 110, 115 = NJW 1961, 871, 873; BGH NJW 1983, 2200, 2201 auch zur Frage der Umdeutung; STEIN/JONAS/LEIPOLD[21] § 323 Rn 3 f; ZÖLLER/VOLLKOMMER[23] § 323 Rn 20; ROSENBERG/ SCHWAB/GOTTWALD[15] § 158 III; SCHILKEN[3] Rn 1068).

179 **Materielle Voraussetzung** der Abänderungsklage ist eine wesentliche Änderung derjenigen Umstände, die für die Verurteilung bzw Klageabweisung maßgeblich waren. Hierunter fallen **Veränderungen von Tatsachen**, während eine lediglich veränderte Betrachtung derselben nicht ausreicht (zuletzt BGH NJW 2001, 3618, 3620; BGH NJW-RR 1992, 1092, 1093; BGH NJW-RR 1986, 938 mwNw; BGH NJW 1979, 1656, 1657; BGH VersR 1969, 236, 237; RGZ 129, 239, 241; MUSIELAK/MUSIELAK[2] § 323 Rn 27; BGB-RGRK/BOUJONG[12] Rn 239; ZÖLLER/VOLLKOMMER[23] § 323 Rn 32). Die Veränderung muß gem § 323 Abs 2 ZPO nach der letzten mündlichen Verhandlung erfolgt sein (dazu BGH NJW 1982, 1812).

Während die Rechtsprechung früher die **Wesentlichkeit** einer Änderung erst annahm, wenn die maßgeblichen Unterschiede 10% überschritten (etwa LG Berlin FamRZ 1968, 398, 399; HansOLG Hamburg FamRZ 1983, 932, 933), lehnt sie heute solche starren Grenzen ab (so OLG Düsseldorf NJW-RR 1994, 520; vgl auch OLG Nürnberg VersR 1992, 623: Wesentlichkeitsschwelle liegt bei Schmerzensgeldrente höher als bei Unterhaltsrente, da diese dem unmittelbaren Lebensbedarf dient; für einen Prozeßvergleich kommt es ohnehin nur darauf an, ob ein Festhalten an den Leistungen unzumutbar ist; vgl BGH NJW 1986, 2054, 2055). Es darf nur nicht eine gar zu geringfügige Differenz gegenüber der früheren Bemessung bestehen (RGZ 166, 303, 305).

Solche Veränderungen können sowohl in der Sphäre einer der Parteien (RGZ 2, 3, 5; RGZ 68, 352, 353: Änderungen von Umfang und Dauer der Erwerbsbeeinträchtigung; BGH VersR 1960, 130, 132 mwNw: Änderungen des Grades der Bedürftigkeit; BGB-RGRK/BOUJONG[12] Rn 240: Ausbleiben von Besserungen; RG HRR 1930 Nr 63: Verlängerung der Zeit, in der Erwerbstätigkeit hätte ausgeübt werden können) als auch in den allgemeinen wirtschaftlichen Rahmenbedingungen wie Inflation (OLG Karlsruhe VersR 1969, 1123, 1126; RGZ 114, 188, 192; vgl zu allgemeinen Änderungen von Lohn, Gehalt und Besoldung BGHZ 34, 110, 118 = NJW 1961, 871, 873; RG JW 1921, 1080) begründet sein (STEIN/JONAS/LEIPOLD[21] § 323 Rn 21 ff). Eine **Änderung von Rechtsnormen** stellt eine beachtliche Veränderung dar (RGZ 166, 303, 304; BGH NJW-RR 1991, 514; BGB-RGRK/BOUJONG[12] Rn 239; ZÖLLER/VOLLKOMMER[23] § 323 Rn 32); ebenso nach der zunehmenden hM eine Änderung der Rechtsprechung (sehr str; offengelassen in BGHZ 148, 368 ff = NJW 2001, 3618, 3620 = FamRZ 2001, 1687, 1689 f m Anm GOTTWALD mwNw, da es sich um einen Prozeßvergleich handelte; bejahend ZÖLLER/VOLLKOMMER[23] § 323 Rn 32; abl etwa STEIN/JONAS/LEIPOLD[21] § 323 Rn 23; OLG Hamm NJW 1984, 315; zum Wegfall der Geschäftsgrundlage bei Änderung der Rspr ZÖLLER/VOLLKOMMER[23] § 323 Rn 32).

b)   Begründetheit

Bei Erfolg der Änderungsklage ist eine **Anpassung von Höhe oder Dauer der Rente**   **180** vorzunehmen. Diese darf nicht eine von der bisherigen Rentenhöhe unabhängige Neufestsetzung bedeuten, sondern nur eine der Veränderung entsprechende Anpassung (BGH NJW 1979, 1656, 1657; BGH NJW 1983, 1118 f; BGH NJW-RR 1990, 194; auch oben Rn 175), so daß das Gericht an die Beurteilung der gegenüber dem Ersturteil bzw Prozeßvergleich konstant gebliebenen Verhältnisse gebunden und der Spielraum für eine Abänderung wegen der Rechtskraft bzw des Grundsatzes pacta sunt servanda insofern begrenzt ist (BGH NJW 1987, 1201, 1203; BGH NJW 1984, 1458; BGH NJW-RR 2001, 937, 938 m krit Anm WAX LM § 323 ZPO Nr 77). Die Abänderung darf überdies nur für die Zeit nach Klageerhebung erfolgen (§ 323 Abs 3 S 1 ZPO).

5.   Darlegungs- und Beweislast

Die Darlegungs- und Beweislast der Ansprüche wegen Erwerbsschäden (dazu schon   **181** § 842 Rn 158) und Vermehrung von Bedürfnissen liegt beim **Kläger** (MünchKomm/STEIN[3] Rn 56). Diesem kommt aber die Erleichterung durch **§ 287 ZPO** zugute, sofern es sich um die **haftungsausfüllende Kausalität** (BGHZ 10, 6, 11; BGH NJW 1972, 1515, 1517: Fragen der hypothetischen Kausalität; BGHZ 7, 198, 203; BGH NJW 1992, 2694, 2695; BGB-RGRK/BOUJONG Rn 247: des rechtmäßigen Alternativverhaltens; STEIN/JONAS/LEIPOLD[21] § 287 Rn 16: der kumulativen Kausalität) oder die **Höhe des Schadens** (BGHZ 10, 6, 11; BGHZ 45, 212, 220 = NJW 1966, 1260: Vorteilsausgleichung; BGH NJW 1973, 1283, 1284; BGH VersR 1976, 663; BGB-RGRK/BOUJONG[12] Rn 249; STEIN/JONAS/LEIPOLD[21] § 287 Rn 19) einschließlich etwaiger Folgeschädigungen (BGHZ 60, 177, 183 f = NJW 1973, 993, 995; BGH NJW 1987, 705; BGH NJW-RR 1987, 339 f; BGH NJW-RR 1994, 481, 482; STEIN/JONAS/LEIPOLD[21] § 287 Rn 17; MUSIELAK/FOERSTE[2] § 287 Rn 5; dagegen aber ROSENBERG/SCHWAB/GOTTWALD[15] § 116 II 4 b; ARENS ZZP 88 [1975] 1, 42 f; SCHILKEN[3] Rn 492) handelt. Der Tatbestand der Haftung einschließlich der haftungsbegründenden Kausalität beurteilt sich dagegen nach § 286 ZPO (BGH NJW 1987, 705; OLG Köln NJW-RR 1993, 598, 599; BGB-RGRK/BOUJONG[12] Rn 245; STEIN/JONAS/LEIPOLD[21] § 287 Rn 13; MUSIELAK/FOERSTE[2] § 287 Rn 3; SCHILKEN[3] Rn 491; insbes zur haftungsbegründenden Kausalität auch BGH NJW 1976, 1145, 1146; BGH NJW 1992, 2694, 2695 mwNw; MUSIELAK/FOERSTE[2] § 287 Rn 5).

Die gleiche Unterscheidung gilt hinsichtlich einer **Mitverantwortlichkeit des Geschädigten** gem § 254 Abs 2 (BGHZ 121, 210, 214 = NJW 1993, 2674, 2676; BGH NJW 1961, 368, 369; BGH NJW-RR 1988, 1317; MUSIELAK/FOERSTE[2] § 287 ZPO Rn 3; BGB-RGRK/BOUJONG[12] Rn 248; ARENS ZZP 88 [1975] 1, 44 f; SCHILKEN[3] Rn 493 mwNw).

Die vereinfachte Schadensprognose gem § 287 ZPO vermindert jedoch bereits die   **182**

Darlegungslast. Der behauptete Schaden muß nur wahrscheinlich sein (BGH NJW 1996, 2924, 2925; BGH NJW 1993, 734). Der Kläger muß sich nur um ein zumutbares Maß an Substantiierung bemühen (BGH NJW 1981, 1454) und mit seinem Vorbringen dem Gericht die tatsächliche Grundlage für die Schätzung unterbreiten (BGHZ 77, 16, 19 = NJW 1980, 2522; BGH NJW 1988, 3016, 3017; BGH NJW 1964, 589; BGH WM 1969, 832, 834; BGH VersR 1980, 454); hierzu kann auch die Vorlage von Unterlagen nötig sein (BGHZ 62, 103, 108).

§ 287 ZPO senkt ferner das **Beweismaß** ab (SCHILKEN[3] Rn 490). Für die Schadenshöhe wird abweichend von § 286 ZPO nur eine erhebliche (so BGH NJW 1976, 1145, 1146; BGH NJW 1991, 1412, 1413; BGH LM § 823 [Aa] Nr 21 mwNw) oder überwiegende (BGH NJW 1972, 1515, 1516) Wahrscheinlichkeit gefordert; für Fragen der haftungsausfüllenden Kausalität wird nur eine überwiegende Wahrscheinlichkeit (BGH NJW 1992, 2964, 2965 mwNw; BGH NJW 1993, 734; BGH NJW-RR 1996, 781; STEIN/JONAS/LEIPOLD[21] § 287 Rn 30 mwNw; auch BGH NJW-RR 1987, 339, 340; OLG Hamm NJW-RR 1994, 481, 482: höhere oder deutlich höhere Wahrscheinlichkeit) verlangt (zu den Gründen für diese Differenzierung ARENS ZZP 88 [1975] 1, 21; BGH NJW 1970, 1970, 1971).

Auch das Ob und der Umfang einer **Beweisaufnahme** stehen nach § 287 Abs 1 S 2 ZPO im Ermessen des Gerichts (siehe nur BGH VersR 1976, 663; SCHILKEN[3] Rn 490). Dieses ist an Beweisanträge nicht gebunden (BGH NJW 1991, 1412, 1413; ZÖLLER/GREGER[23] § 287 Rn 6), doch kann auf eine Beratung durch einen Sachverständigen kaum verzichtet werden, wenn Spezialkenntnisse, insbes medizinische, erforderlich sind (BGH VersR 1976, 389, 390; BGH NJW 1972, 1515, 1517; anders OLG Hamm NJW-RR 1994, 481 f).

Kann sich das Gericht auch auf diese Weise nicht vom Schadenseintritt oder der haftungsausfüllenden Kausalität überzeugen, so kommen die eingangs genannten Beweislastregeln zur Anwendung (BGH NJW 1970, 1970, 1971; BGH NJW 1972, 1515, 1516; STEIN/JONAS/LEIPOLD[21] § 287 Rn 30). Eine freie Schätzung ist nur in Ausnahmefällen zulässig, weil sie die haftungsausfüllende Kausalität überspielt (so MUSIELAK/FOERSTE[2] § 287 Rn 8; auch BGH NJW 1970, 1970, 1971; BGH NJW 1973, 1283, 1284; BGH NJW 1978, 1633, 1634: verbleibende Risiken können Abschlag rechtfertigen); in jedem Fall muß die Urteilsbegründung die tatsächlichen Grundlagen der Schätzung in nachvollziehbarer Weise angeben (SCHILKEN[3] Rn 490 mwNw).

6. Zwangsvollstreckung

183 **Schadensersatzrenten** gem § 843 fallen nach § 850b Abs 1 Nr 1 ZPO in den Kreis der **bedingt pfändbaren Bezüge** (ZÖLLER/STÖBER[23] § 850b Rn 2; BROX/WALKER, ZwVR[6] Rn 555; MünchKomm/STEIN[3] Rn 63; daraus resultiert auch ein Abtretungsverbot gem § 400; s nur PALANDT/THOMAS[61] Rn 16). Eine Vollstreckung in die Schadensersatzrente ist daher nur beim Scheitern anderer Vollstreckungsversuche und nach einer Billigkeitsprüfung möglich (§ 850b Abs 2 ZPO) (zu den Voraussetzungen ie ZÖLLER/STÖBER[23] § 850b Rn 12 ff; BROX/WALKER, ZwVR[6] Rn 559 f). Dagegen ist eine **Kapitalabfindung** ohne Einschränkungen **pfändbar** (allgM: MUSIELAK/BECKER[2] § 850b Rn 2; ZÖLLER/STÖBER[23] § 850b Rn 2).

Der Geschädigte wird ferner dadurch privilegiert, daß eine Vorratspfändung gem § 850d Abs 3 ZPO möglich ist und bei einer Vollstreckung wegen eines Schadensersatzanspruchs, der auf einer vorsätzlichen unerlaubten Handlung beruht, zudem die Pfändungsgrenzen des § 850c ZPO nicht gelten (§ 850f Abs 2 ZPO) (s jeweils ZÖLLER/ STÖBER[23] § 850d Rn 22 ff, § 850f Rn 8 ff; BROX/WALKER, ZwVR[6] Rn 159, 579); auch eine Restschuldbefreiung im Verbraucherinsolvenzverfahren scheidet aus (§ 302 Nr 1 InsO).

Wegen der essentiellen Bedeutung einer baldigen Rentenzahlung für den Gläubiger **184** ist das auf Rentenzahlung lautende Urteil nach § 708 Nr 8 ZPO stets ohne Sicherheitsleistung vorläufig vollstreckbar, soweit es um den Zeitraum nach Klageerhebung und das Vierteljahr davor geht (s nur MünchKommZPO/KRÜGER[2] § 708 Rn 15; MUSIELAK/ BECKER[2] § 708 Rn 8; BROX/WALKER, ZwVR[6] Rn 59; dies gilt auch für Änderungsurteile gem § 323 ZPO; vgl ZÖLLER/HERGET[23] § 708 Rn 10 mwNw).

Einer Ausdehnung auf die Kapitalabfindung steht zum einen der Wortlaut der Norm, zum anderen die mangelnde Übertragbarkeit der Zeitraumsregelung entgegen.

§ 844
Ersatzansprüche bei Tötung Dritter

(1) Im Falle der Tötung hat der Ersatzpflichtige die Kosten der Beerdigung demjenigen zu ersetzen, welchem die Verpflichtung obliegt, diese Kosten zu tragen.

(2) Stand der Getötete zur Zeit der Verletzung zu einem Dritten in einem Verhältnis, vermöge dessen er diesem gegenüber kraft Gesetzes unterhaltspflichtig war oder unterhaltspflichtig werden konnte, und ist dem Dritten infolge der Tötung das Recht auf den Unterhalt entzogen, so hat der Ersatzpflichtige dem Dritten durch Entrichtung einer Geldrente insoweit Schadensersatz zu leisten, als der Getötete während der mutmaßlichen Dauer seines Lebens zur Gewährung des Unterhalts verpflichtet gewesen sein würde; die Vorschriften des § 843 Abs. 2 bis 4 finden entsprechende Anwendung. Die Ersatzpflicht tritt auch dann ein, wenn der Dritte zur Zeit der Verletzung gezeugt, aber noch nicht geboren war.

Materialien: E I § 722–725; II § 767; III § 818;
Mot II 767; Prot II 613.

Schrifttum

ACKMANN, Die deutsche und amerikanische Rechtsprechung zur Anrechenbarkeit von Erbschaftsstamm und -erträgen auf Unterhaltsersatzansprüche (§ 844 Abs 2 BGB) im Wege der Vorteilsausgleichung – Teil 1, JZ 1991, 818; Teil 2, JZ 1991, 967
BGB-RGRK/BOUJONG Bd 2 6. Teil (12. Aufl 1989) §§ 844–846
BÖHMER, Bemessung der Geldrente nach § 844 Abs 2, MDR 1961, 744
DENCK, Schadensersatzansprüche Dritter bei

Tötung ihnen nahestehender Personen im französischen und deutschen Recht (1975)
DREES, Berechnung des Unterhaltsschadens bei Ausfall des mitverdienenden Ehegatten, VersR 1985, 611
ders, Ersatz des Unterhaltsschadens und Altersversorgung der Witwe, VersR 1992, 1169
ders, Schadensberechnung bei Unfällen mit Todesfolge (2. Aufl 1994)
EBEL, Schadensersatz bei Personenschäden (§§ 844–846 BGB), Jura 1985, 561

Klaus Vieweg
Anne Röthel

ECKELMANN, Berechnung des Schadensersatzes bei Tötung unterhaltspflichtiger Personen (1978)

ders, Bewertung der Arbeit der Hausfrau und Schadensersatz bei ihrem Ausfall in der höchstrichterlichen Rechtsprechung, DAR 1987, 44

ders, Die neue höchstrichterliche Rechtsprechung zum Schadensersatzanspruch des Ehemannes und der Kinder bei Unfalltod der Ehefrau und Mutter, BB 1965, 1012

ders, Die neue höchstrichterliche Rechtsprechung zum Schadensersatz bei Verletzung oder Tötung einer Hausfrau, MDR 1976, 103

ders, Die neue Rechtsprechung zur Höhe des Schadensersatzes bei Verletzung oder Tötung einer Hausfrau und Mutter, DAR 1973, 255

ders, Schadensersatz bei Verletzung oder Tötung einer (berufstätigen) Frau oder Ehefrau wegen Beeinträchtigung oder Ausfalls in der Haushaltsführung (4. Aufl 1974)

ders, Schadensersatz bei Verletzung oder Tötung einer Ehefrau, NJW 1971, 355

ECKELMANN/BOOS, Schadensersatz beim Ausfall einer Hausfrau, VersR 1978, 210

ECKELMANN/BOOS/NEHLS, Vae calamitate victis. Zur Problematik der Rechtsprechung zum Schadensersatz bei Ausfall der Hausfrau im Haushalt durch Unfalltod, DAR 1984, 297

ECKELMANN/FREIER, Die unbefriedigende Regulierungspraxis bei Personenschäden im Straßenverkehr und ihre Konsequenzen, DAR 1992, 121

ECKELMANN/NEHLS/SCHÄFER, Beitrag zum Schadensersatz bei Ausfall von Hausfrauen und Müttern im Haushalt nach Unfalltod, DAR 1982, 377

dies, Die Berechnung des Schadensersatzes bei Ausfall von Geldunterhalt nach Unfalltod des Ehemannes/Vaters, NJW 1984, 945

ECKELMANN/SCHÄFER, Beitrag zur Schadensregulierung bei Personenschäden nach Unfalltod wegen Ausfalls von Geldunterhalt (Überblick mit Bewertungsbeispielen), DAR 1981, 356

FERRARI, Wer ist deliktischer Gläubiger – Der Schutz des Lebensgefährten und die Systematik des Deliktsrechts, ZEuP 1997, 1122

FRANK, Schadensersatzansprüche bei Tötung des Versorgers (§ 844 Abs 2 BGB), in: FS Stoll (2001) 143

FREYBERGER, Der Unterhaltsschaden, MDR 2000, 117

GEIGEL, Der Haftpflichtprozeß (23. Aufl 2001); zitiert: GEIGEL/BEARBEITER

GERNHUBER/COESTER-WALTJEN, Lehrbuch des Familienrechts (4. Aufl 1994)

GOTTHARDT, Zum Ausfall der Haushaltstätigkeit eines sozialversicherten Ehegatten, FamRZ 1981, 728

GREGER, Haftungsrecht des Straßenverkehrs (3. Aufl 1997)

HAMM, Vorteilsausgleichung und Schadensminderungspflicht im Rahmen des § 844 Abs 2 BGB (Diss Freiburg 1978)

HOFMANN, Die Bewertung der Hausfrauentätigkeit, FamRZ 1980, 107

ders, Der Ersatzanspruch bei Beeinträchtigung der Haushaltsführung, NZV 1990, 8

ders, Ersatzanspruch der Kinder einer getöteten Mutter für fiktive Ersatzkraftkosten, VersR 1982, 1192

ders, Schadensersatz beim Ausfall der Ehefrau, VersR 1977, 296

ders, Der Wert der Hausfrauenarbeit nach deutscher und schweizerischer bundesgerichtlicher Rechtsprechung, VersR 1983, 1093

HÖRING, Die neuere Rechtsprechung des BGH zu § 844 Abs 2, VersR 1952, 334

HÜSKES, Zur Berechnung von Schadensrenten nach §§ 843, 844 Abs 2, VersR 1959, 250

JAHNKE, Verwandtenprivileg und Personenschadenregulierung, NZV 1995, 377

JAYME, Die Familie im Recht der unerlaubten Handlungen (1971)

JUNG, Schadensersatz für entgangene Haushaltstätigkeit, DAR 1990, 160

KILIAN, Schadensersatzansprüche wegen Beeinträchtigung der Haushaltsführung, AcP 169 (1969) 443

KREBS, Zum Schadensersatzanspruch der Witwe nach § 844 Abs 2, VersR 1961, 293

KÜPPERSBUSCH, Ersatzansprüche bei Personenschaden (7. Aufl 2000)

LANGE, Familienrechtsreform und Ersatz für Personenschäden, FamRZ 1983, 1181

ders/SCHIEMANN, Handbuch des Schuldrechts, Band 1: Schadensersatz (3. Aufl 2003)

LUDWIG, Schadensersatz bei verletzungsbedingtem Ausfall der Hausfrau, DAR 1991, 401

MACKE, Der Unterhaltsschaden zwischen Schadensrecht und Familienrecht, NZV 1989, 249

MONSTADT, Die Berechnung der Unterhaltsrenten bei Tötung eines Ehegatten einer Hausfrauenehe (Diss Münster 1991)

NAGEL, Schadensersatzansprüche wegen entgangener Haushaltsführung bei Verletzung oder Tod des Versicherten und Forderungsübergang auf den Unfallversicherungsträger gem § 1542 RVO aF bzw § 116 SGB X, VersR 1990, 138

NEUMANN-DUESBERG, Feststellungsklage wegen Tötung des mutmaßlichen Ernährers (§ 256 ZPO, § 844 Abs 2 BGB), MDR 1955, 257

ders, Rückgriffsanspruch des Sozialversicherungsträgers nach § 1542 RVO beim Unfalltod eines Rentners, VersR 1968, 709

PARDEY, Berechnung von Personenschäden: Ermittlung des Erwerbs-, Haushaltsführungs- oder Unterhaltsschadens (2000)

ders/SCHULZ-BORCK, Angemessene Entschädigung für die zeitweise oder dauernde, teilweise oder vollständig vereitelte unentgeltliche Arbeit im Haushalt, DAR 2002, 289

PERKUHN, Die vollständige Berechnung der den Hinterbliebenen eines Beamten oder Soldaten gemäß § 844 BGB zustehenden Schadensersatzansprüche einschl der Steuern, VersR 1981, 6

PREUSSNER, Die Kapitalisierung von Renten wegen entgangenen Unterhalts, VersR 1967, 840

RÖCKRATH, Die vertragliche Haftung für den Unterhaltsschaden Hinterbliebener, VersR 2001, 1197

RÖTHEL, Ehe und Lebensgemeinschaft im Personenschadensrecht, NZV 2001, 329

A ROTH, Die gesetzliche Unterhaltspflicht im Schadensrecht, in: FS Kraft (1998) 537

SCHACHT, Bemessung und Bewertung des Naturalunterhalts in der Doppelverdienerehe (Diss Göttingen 1979)

ders, Die Bestimmung der Unterhaltsrente nach § 844 Abs 2 BGB, VersR 1982, 517

SCHEFFEN, Erwerbsausfallschaden bei verletzten und getöteten Personen (§§ 842 bis 844 BGB), VersR 1990, 926

SCHICK, Die steuerliche Behandlung von Schadensersatzrenten beim Rentenempfänger, NJW 1962, 962

SCHLUND, Schadensersatz bei Tötung oder

Verletzung einer Hausfrau und Mutter, DAR 1977, 281

ders, Zur Schätzung des Unterhaltsbedarfs der Hinterbliebenen, wenn für die getötete Hausfrau keine Ersatzkraft eingestellt wird, JR 1983, 415

H SCHMIDT, Schadensersatz bei Verlust des Rechts auf Unterhalt (1999)

SCHNEIDER, Die neue Rechtsprechung des BGH zu §§ 844 Abs 2, 845, NJW 1952, 447

SCHUBEL, Ansprüche Unterhaltsberechtigter bei Tötung des Verpflichteten zwischen Delikts-, Familien- und Erbrecht, AcP 198 (1998) 1

SCHULZ-BORCK/HOFMANN, Die Bewertung der Hausarbeit im Unterhaltsrecht (1980)

dies, Schadensersatz bei Ausfall von Hausfrauen und Müttern im Haushalt (6. Aufl 2000)

SÖHN, Besteuerung von Schadensersatzrenten, in: FS Friauf (1996) 809

SOERGEL, Bürgerliches Gesetzbuch Band IV/2 Schuldrecht (12. Aufl 1998)

THEDA, Die Beerdigungskosten nach § 844 Abs 1, DAR 1985, 10

TRIEBOLD, Schadensersatzansprüche bei Tötung oder Verletzung einer Hausfrau und Mutter und Bewertung der Hausarbeit (Diss Münster 1994)

WEICHLEIN, Die Höhe des Schadensersatzes bei Verletzung oder Tötung einer Hausfrau (1977)

WEIMAR, Aufwendungen für Trauerkleider als Beerdigungskosten, MDR 1967, 980

ders, Entfällt der Schadensersatzanspruch der mittelbar geschädigten Ehefrau bei Wiederverheiratung?, NJW 1960, 2181

WEITNAUER, Aktuelle Probleme des Rückgriffs des Versicherers gegen den Schädiger, DB 1968, 881

WENKER, Die Kosten der Beerdigung gemäß § 844 Abs 1 BGB, VersR 1998, 557

WEYER, Schadensersatz wegen Ausfall der Hausfrau und Mutter, DRiZ 1971, 261

WITTKÄMPER, Die Berechnung des Unterhaltsschadens der Witwe nach § 844 Abs 2, Betrieb 1964, 1225

WUSSOW, Die Höhe des Schadensersatzanspruchs bei Verletzung oder Tötung einer Hausfrau und Mutter, NJW 1970, 1393

ders, Unfallhaftpflichtrecht (15. Aufl 2002).

Systematische Übersicht

I. § 844 als Bestandteil einer europäischen Rechtstradition _____ 1

II. §§ 844–846 im System des Haftungsrechts _____ 2
1. Grundgedanken _____ 2
2. Rechtsnatur der Ansprüche aus §§ 844, 845 _____ 3
a) Eigene und selbständige Ansprüche des mittelbar Geschädigten _____ 3
b) Abhängigkeit vom Verhalten des unmittelbar Verletzten _____ 5
aa) § 846 als allgemeiner Rechtsgedanke _____ 5
bb) Vertragliche Haftungsausschlüsse _____ 6
cc) Gesetzliche Haftungsausschlüsse _____ 7
dd) Einwilligung des Verletzten _____ 8
ee) Sonstige Einwendungen _____ 9
c) §§ 844, 845 als Schadensersatzansprüche _____ 11
3. Abgrenzung zu anderen deliktischen Ansprüchen der Angehörigen oder Hinterbliebenen _____ 12
a) Erblicher Selbstschaden des unmittelbar Verletzten _____ 12
b) Selbstschaden des Dritten _____ 15
c) Ersatzfähigkeit von Vermögenseinbußen mittelbar Geschädigter außerhalb des BGB _____ 17

III. Anwendungsbereich der §§ 844–846
1. Unmittelbarer Anwendungsbereich der §§ 844–846 _____ 19
2. Entsprechende Anwendbarkeit der §§ 844, 845 _____ 23
a) Ausnahmecharakter und Analogiefeindlichkeit der §§ 844, 845 _____ 23
b) Entsprechende Anwendbarkeit auf andere als deliktische Ersatzansprüche _____ 25
aa) Vertragliche Ersatzansprüche _____ 25
bb) Vertragsähnliche Ersatzansprüche _____ 28
cc) Öffentlich-rechtliche Ersatzansprüche _____ 29
c) Entsprechende Anwendbarkeit auf andere mittelbar Geschädigte _____ 31
aa) Grundsatz _____ 31

bb) Zum Kreis der Ersatzberechtigten bei § 844 Abs 2 _____ 32
cc) Zum Kreis der Ersatzberechtigten bei § 845 _____ 37
d) Entsprechende Anwendbarkeit auf andere Arten von Schäden _____ 38
aa) Andere Schäden als der Unterhaltsausfall _____ 39
bb) Nichtvermögensrechtliche Einbußen _____ 40
e) Entsprechende Anwendbarkeit des § 844 Abs 2 auf Unterhaltsschäden infolge Körperverletzung _____ 41
f) Entsprechende Anwendbarkeit der §§ 844, 845 bei Erlöschen einer juristischen Person _____ 42

IV. Tötung eines Menschen _____ 43

V. Ersatz der Beerdigungskosten (§ 844 Abs 1)
1. Ersatzberechtigte _____ 45
a) Gesetzlich Verpflichtete _____ 46
b) Vertraglich Verpflichtete _____ 48
c) Verpflichtete aus öffentlich-rechtlichen Verwaltungsvorschriften _____ 49
d) Tatsächliche Übernahme der Beerdigungskosten _____ 50
2. Forderungsübergang _____ 51
a) Sterbegeld _____ 51
b) Erhöhter Rentenbetrag gemäß § 65 Abs 2 Nr 1 SGB VII _____ 53
3. Begriff und Umfang der Beerdigungskosten _____ 54
a) Allgemeines _____ 54
b) Einzelfragen _____ 58
4. Vorteilsausgleichung und überholende Kausalität _____ 69

VI. Ersatz des Unterhaltsschadens (§ 844 Abs 2)
1. Rechtsnatur und Zweck des Ersatzanspruchs _____ 71
2. Kreis der Ersatzberechtigten _____ 73
3. Maßgebender Zeitpunkt für die Ersatzberechtigung _____ 77
a) Zeitpunkt der Verletzung _____ 77
b) Nasciturus _____ 79

4.	Entziehung des Rechts auf Unterhalt durch die Tötung	82
a)	Erlöschen der Unterhaltpflicht	82
b)	Aufleben subsidiärer Unterhaltspflichten (§ 844 Abs 2 iVm § 843 Abs 4)	83
c)	Übergang der Unterhaltsverpflichtung auf die Erben des Getöteten	86
5.	Entstehung eines Schadens	87
a)	Rechtliche und tatsächliche Voraussetzungen des Unterhaltsanspruchs	88
b)	Unterhaltsrückstände	91
c)	Feststellungsklage bei späterer Unterhaltspflicht	92
aa)	Feststellungsinteresse	93
bb)	Begründetheit der Feststellungsklage	96
6.	Umfang des ersatzfähigen Schadens	98
a)	Ausgangspunkt	98
b)	Zukunftsprognose	99
c)	Allgemeine Grundsätze der Rentenbemessung	101
aa)	Geldrente oder Kapitalabfindung	101
bb)	Mehrere Hinterbliebene	102
cc)	Bemessung der Schadensersatzrente	103
d)	Tod des alleinverdienenden Ehegatten/Lebenspartners	105
aa)	Einkommensermittlung	106
bb)	Vorwegabzug fixer Kosten	116
cc)	Ermittlung des Unterhaltsbedarfs der Hinterbliebenen	120
α)	Anwendung von Tabellen und Quoten für die Bedarfsermittlung	121
β)	Konkret-individuelle Bedarfsermittlung	123
dd)	Verteilung der fixen Kosten	124
ee)	Anrechnung eigener Einkünfte der Hinterbliebenen	126
e)	Tod des haushaltsführenden Ehegatten/Lebenspartners	128
aa)	Haushaltsführung als Unterhaltsleistung	128
bb)	Umfang der geschuldeten Haushaltsführung	129
cc)	Bewertung der ausfallenden Haushaltstätigkeit	132
α)	Die Familie behilft sich selbst	133
β)	Verwandte oder Freunde helfen aus	144
γ)	Eine Ersatzkraft wird eingestellt	146
δ)	Der Familienverbund wird aufgelöst	148
dd)	Verteilung des Haushaltsführungsschadens auf die Hinterbliebenen	152
f)	Tod des mitverdienenden Ehegatten/Lebenspartners	154
aa)	Barunterhaltsschaden	155
bb)	Haushaltsführungsschaden	159
g)	Tod eines oder beider Elternteile	161
aa)	Minderjährige unverheiratete Kinder	162
bb)	Volljährige Kinder	167
cc)	Tod beider Eltern	168
dd)	Kinder nicht miteinander verheirateter Eltern	172
h)	Tod eines unterhaltspflichtigen Kindes	174
7.	Dauer der Rente	177
a)	Allgemeines	177
b)	Ersatzanspruch des Ehegatten/Lebenspartners wegen weggefallener Haushaltsführung	178
aa)	Dauer der Leistungsfähigkeit	179
bb)	Entwicklung des Arbeitszeitbedarfs	180
cc)	Der Hinterbliebene geht eine neue Ehe/Lebenspartnerschaft ein	181
dd)	Der Hinterbliebene geht eine nichteheliche Lebensgemeinschaft ein	184
ee)	Scheidung bzw Aufhebung der Lebenspartnerschaft	187
c)	Ersatzanspruch des Ehegatten/Lebenspartners wegen weggefallenen Barunterhalts	188
d)	Ersatzanspruch des Kindes wegen Tod eines Elternteiles	190
aa)	Betreuungsunterhalt	191
bb)	Barunterhalt	192
e)	Ersatzanspruch der Eltern wegen Tod ihres Kindes	196
f)	Mutmaßliche Lebensdauer des Getöteten	197
aa)	Grundsatz	197
bb)	Entzogene Vorsorgeaufwendungen	199
8.	Vorteilsausgleich	200
a)	Allgemeines	200
b)	Ersparte Unterhaltsleistungen	202
aa)	Ersparter Barunterhalt	203
bb)	Ersparter Naturalunterhalt, insbesondere Haushaltsführung	206
c)	Anrechnung ererbten Vermögens	207

aa) Unterscheidung zwischen Stamm und Erträgen _____ 207

bb) Keine Anrechnung bei Übergang der Unterhaltsquelle _____ 208

cc) Einzelfragen _____ 211

d) Unterhaltsleistungen Dritter _____ 219

aa) Auflebende Unterhaltspflichten (§ 843 Abs 4) _____ 219

bb) Freiwillige Unterhaltsleistungen _____ 220

cc) Nach dem Schadensfall begründete Unterhaltspflichten Dritter _____ 221

e) Sozialversicherungs- und Versorgungsleistungen _____ 222

f) Private Unfall- und Lebensversicherungen _____ 224

g) Eigene Einkünfte des Ersatzberechtigten _____ 226

h) Vorteilsausgleichung und Mithaftung _____ 230

9. Schadensminderungspflicht (§ 254 Abs 2) _____ 231

a) Erwerbsobliegenheit _____ 232

b) Sonstige Obliegenheiten zur Schadensminderung _____ 234

c) Schadensminderungspflicht und Mithaftung (§§ 254 Abs 1, 846) _____ 237

10. Berücksichtigung steuerlicher Vor- und Nachteile _____ 238

a) Ersatz des Steuerschadens _____ 238

b) Verlust steuerlicher Vorteile _____ 240

c) Unfallbedingte Steuerersparnisse _____ 241

d) Bezüge gemäß § 32 Abs 4 S 2 EStG 242

11. Gesetzlicher Forderungsübergang _____ 243

a) Voraussetzungen des Forderungsübergangs _____ 244

aa) Sachliche Kongruenz _____ 245

bb) Zeitliche Kongruenz _____ 247

b) Zeitpunkt und Rechtsfolgen des Forderungsübergangs _____ 248

c) Mithaftung und Quotenvorrecht _____ 251

d) Familienprivileg _____ 253

aa) Allgemeiner Rechtsgedanke _____ 253

bb) Begünstigter Personenkreis _____ 254

cc) Häusliche Gemeinschaft _____ 255

dd) Maßgeblicher Zeitpunkt für das Vorliegen der Voraussetzungen des Familienprivilegs _____ 245

ee) Regreß und Haftpflichtversicherung 257

ff) Regreß des Dienstherrn bzw Versorgungsträgers _____ 258

VII. Prozessuales

1. Leistungsklage und Feststellungsklage _____ 259

2. Abänderungsklage _____ 260

3. Rentendauer _____ 262

4. Mehrere Hinterbliebene _____ 263

5. Darlegungs- und Beweislast, Schadensschätzung nach § 287 ZPO 264

6. Unpfändbarkeit und Unabtretbarkeit der Geldrente _____ 266

Alphabetische Übersicht

Abänderungsklage _____ 100, 183, 194, 260 f

Abfindung _____ 101, 219

– svergleich _____ 250

ABGB _____ 1

Adäquanz _____ 44, 200

Adoption _____ 85, 169, 221

Alkoholabhängigkeit _____ 40, 90

Allerheiligen _____ 65

Altersvorsorge _____ 112

Amtshaftung _____ 19, 30

Angestellte des öffentlichen Dienstes _____ 52

Anwendungsbereich der §§ 844, 845 _____ 19 ff

Äquivalenz _____ 200

Arbeitgeberanteile bei fiktiver Ersatzkraft _____ 146

Arbeitnehmersparzulage _____ 107

Arbeitslosenhilfe _____ 110

Arbeitslosigkeit _____ 90, 110

Arbeitszeitbedarf (Haushaltsführung) _____ 135 ff, 164, 180

Athener Abkommen _____ 22

Aufopferung, -sschäden _____ 29

Auftrag _____ 27 f

Aufwandsentschädigung _____ 107

Ausbildung, s Berufsausbildung

Ausbildungsförderung _____ 110

Auslandszulage _____ 107

Ausnahmecharakter der §§ 844, 845 _____ 2, 23 ff

BAföG _____ 110, 161, 223

Barunterhalt ——————— 122, 129 f,
148, 150, 155 ff, 162 ff, 170 ff, 188 ff, 203 ff
BAT ——————— 52, 69, 140 ff
Bayer Entwurf ——————— 1
Beamter ——————— 244, 252
Bedürftigkeit ——— 79, 88 f, 92 f, 153, 161 f,
169, 174 ff, 181, 190, 201 f, 213, 226 f, 249, 259
Beerdigungskosten ——————— 1, 17, 45 ff
Beerdigungsversicherung ——————— 69
Berufsausbildung ——————— 193 ff, 233
Berufsunfähigkeitsrente ——————— 110
Bestattungskosten ——————— 1, 17, 45 ff
Bestattungspflichtige ——————— 46 ff
Besuchskosten ——————— 12
Betreuungsunterhalt ——— 162 ff, 171, 191
Beweiserleichterung (§ 287 ZPO) ———
——— 44, 55, 90, 99 f, 120, 188, 197, 264 f
Beweislast ——————— 90, 187, 264
Billigkeitshaftung ——————— 19
Brutto-Einkommen ——————— 108
Bruttovergütung (einer Ersatzkraft) — 133, 141
BSeuchG ——————— 29, 50
Bundeswehrangehöriger ——————— 49

cessio legis ——————— 51 ff, 243 ff
Code civil ——————— 1
Codice civile ——————— 1
common law ——————— 1

Danksagung ——————— 62
Dauer der Rente ——————— 177 ff
Dresdner Entwurf ——————— 1
Düsseldorfer Tabelle ——— 121, 149, 163

Eheähnliche Lebensgemeinschaft ———
——————— 32 ff, 75, 184 ff, 254
Ehegatten, Ersatzansprüche der ———
——————— 105 ff, 128 ff, 154 ff
Ehegatten-Splitting ——————— 240
Eigenversorgung ——————— 135
Einkommensteuer, s auch Steuerschaden — 239
Einwilligung ——————— 8
Eltern, Ersatzansprüche der ——— 174 ff
Entgangener Gewinn ——————— 12, 14, 42
Enterbung ——————— 211
Entwertungsschaden ——————— 14
Entziehung des Rechts auf Unterhalt ——— 82 ff
Erbe ——————— 13 ff, 46, 55, 84 ff, 215
Erbschaft, Anrechnung ——————— 207 ff

Erbschein ——————— 66
Ersparter Unterhalt ——————— 202 ff
Erwerbsfähigkeit, Dauer der ——— 188, 265
Erwerbsobliegenheit ——————— 232 f
Erwerbsschaden ——————— 12
Europäische Rechtstradition ——————— 1

Familiengrab ——————— 61
Familienprivileg ——————— 253 ff
Familienunterhalt ——— 88, 104, 114, 202, 227
Feststellungsinteresse ——————— 93 ff, 259
Feststellungsklage ——— 92 ff, 182, 195 f, 259
Feuerbestattung ——————— 58
Fiktive Kosten für eine Ersatzkraft — 133, 141 f
Fixe Kosten der Haushaltsführung ——— 115 ff
Forderungsübergang ——————— 51 ff, 243 ff
Fortführung eines ererbten Geschäfts ———
——————— 215, 217 f
Frustrierte Aufwendungen ——————— 40, 68

Gefährdungshaftung ——————— 17 ff
Geschäftsführung ohne Auftrag ——————— 28
Gewerkschaftsbeiträge ——————— 118
Grab ——————— 60 ff, 65
Grabbepflanzung ——————— 60
Grabdenkmal ——————— 60
Grabschmuck ——————— 60, 65
Gratifikationen ——————— 107
Großeltern ——————— 12, 220

Haftungsausschluß ——————— 6 f
Handlungsgehilfe ——————— 21
Hausfrauenehe, Leitbild ——————— 129
Haushaltsführungsschaden ——————— 128 ff
Hausratsversicherung ——————— 117
Hauswirtschaftsleiterin ——————— 140
Heilungskosten ——————— 12
Hinterbliebenenrenten ——————— 222, 245 ff
Höchstbeträge ——————— 18, 240, 252

Impfschäden ——————— 29
InfektionsschutzG ——————— 29, 50
Insassenunfallversicherung ——————— 225
Internat ——————— 148
In-vitro-Fertilisation ——————— 79

Juristische Person ——————— 42

Kapitalabfindung ——————— 101

Anne Röthel

Kausalität, haftungsausfüllende _____ 43

– überholende _____ 69

Kind, Ersatzansprüche des _____ 190 ff

– minderjähriges _____ 144, 161 ff

– nichteheliches _____ 46, 75, 161, 165, 220

– Pflege– _____ 75

– Stief– _____ 12, 75

– volljähriges _____ 99, 167, 176

Kindergartenbeiträge _____ 117

Kindergeld _____ 110, 222

Kinderheim _____ 148

Kindertagesstätte _____ 165

Kirchensteuer _____ 239

Kongruenz _____ 51, 245 ff

Kriegsbeschädigtenrente _____ 110

Lebenspartner, Lebenspartnerschaft iSd
    LPartG _____ 46 f, 74,
    103 ff, 128 ff, 154 ff, 181 f, 189, 221, 254, 256

Lebenserwartung _____ 177, 197, 265

Lebensversicherung _____ 113, 224

Lehrlingsbeihilfe _____ 161

Leistungsfähigkeit _____
    _____ 11, 88 ff, 96 f, 163, 176 ff, 259

Leistungsklage _____ 95, 195, 259, 261

Mehrzahl von Unterhaltsberechtigten _____ 102, 152

Minderjährige Kinder _____ 144, 161 ff

Mitarbeit im Beruf oder Geschäft des
    Ehegatten _____ 131

Mithilfepflichten

– der Kinder _____ 138

– des Ehegatten _____ 139, 160, 180

– des Ehegatten im Ruhestand _____ 180

Mitverdiener-Ehe _____ 131, 154 ff

Mitwirkendes Verschulden _____ 5 f

Nachlaßverwaltung _____ 66

Nasciturus _____ 79 ff

Naturalunterhalt, s Betreuungsunterhalt,
    Haushaltsführung

Nettoeinkommen _____ 106 ff, 114, 155

Nichteheliche Kinder _____ 46, 75, 161, 165, 220

Nichteheliche Lebensgemeinschaft _____
    _____ 32 ff, 75, 184 ff, 254

Notariat, Abwicklungskosten _____ 14

Nothelfer-Unfallversicherung _____ 28

Österreich _____ 1, 254

Pecuniary loss rule _____ 1

Pflegeeltern, Leistungen der _____ 149

Pflegegeldsätze _____ 149

Pflegekinder _____ 75

Pflegezulage _____ 246

Pflichtteil _____ 47, 212, 234

Prognose _____ 99 f, 177, 183, 190, 196 f, 261

Prostitution _____ 109

Quotenvorrecht _____ 157, 205, 230, 237, 251 f

Realisierbarkeit des Unterhaltsanspruchs _____
    _____ 90, 265

Rechtsanwaltskosten _____ 39

Rechtsnatur der Ansprüche aus § 844, 845 _____
    _____ 3 ff, 71

Rechtsschutzversicherung _____ 117

Reflexschäden _____ 37

Regelbedarf _____ 149, 173

Regreß, s Forderungsübergang

Reisekosten _____ 67

Risikobegrenzung im Gläubigerinteresse 2, 30

Risikolebensversicherung _____ 113, 224

Rücklagen _____ 117, 188

Rückstände, Unterhalts– _____ 91

Rundfunkgebühren _____ 117

Sättigungsgrenze _____ 114

Schadensminderungspflicht _____
    _____ 4, 127, 148, 206, 215, 219, 231 ff, 264

Schadensschätzung _____
    _____ 44, 55, 90, 99 f, 120, 188, 197, 264 f

Scheidung _____ 93, 183, 185, 187

Schenker, Pflicht zur Tragung der
    Beerdigungskosten _____ 46

Schmerzensgeld _____ 13

Schockschäden _____ 16

Schwangerschaft _____ 46

Schwarzarbeit _____ 109

Schweiz _____ 1, 33, 219

Selbstbehalt _____ 121, 176

Selbstmord _____ 44

Soldat _____ 49

Sozialhilfe _____ 46, 88, 110, 222, 243, 249, 257

Sozialversicherung, Leistungen der _____
    _____ 51, 222 ff, 243 ff

– Beiträge zur _____ 41, 108, 112 f, 141

Sparquote _____ 115

Sparversicherung _____ 113, 224

Splitting-Tarif, Verlust des ——————— 240

Stammwert der Erbschaft —————— 207 ff

Sterbegeld ———————————— 51 f, 69

Steuern ————— 51, 108, 134, 141 f, 238 ff

Steuerschaden ———————— 51, 238 ff

Steuervergünstigung ———————— 241

Stiefeltern —————————— 220

Stiefkind —————————— 12, 75

Tagesmutter ————————— 165

Tageszeitung ————————— 116

Taschengeld ——————— 148, 161

Tatbestandsprinzip ———— 2, 16, 35, 38

Teilgläubiger ————— 102, 152, 202

Telefongebühren —————— 116

Testamentseröffnung, -vollstreckung ——— 66

Tierhalter, Haftung des ————— 19

Todesanzeigen ————————— 62

Tötung ————— ———— 43 f

Transportkosten ————————— 59

Trauerkleidung ————————— 63 f, 69

Trauermahlzeit ————————— 62

Trennung ——————— 187, 255

Trennungsunterhalt ——————— 47, 82

Überbrückungshilfe ———————— 53

Überführungskosten ———————— 59

Überobligationsmäßige Anstrengungen ——
——————————— 204, 227

Überobligationsmäßige Entbehrungen —— 89

Überstundenvergütungen —————— 107

Unfallversicherung ———— 112, 116, 224 f

– gesetzliche – ————————— 245

– Insassen– ————————— 225

– Nothelfer– ————————— 28

Unpfändbarkeit der Rente ————— 266

Unterhaltsabfindung ——————— 219

Unterhaltspflicht, gesetzliche ———— 88 ff

Unterhaltsquoten ———————— 121 ff

Unterhaltsrechtliches Einkommen ———
——————————— 106 ff, 114, 155

Unterhaltsrückstände ————————— 91

Unterhaltstabellen ———— 121 f, 149, 163

Urlaubsgeld ————————— 107

Urlaubsreise ———————— 40, 68

Vergleich ———————— 10, 101

Verjährung ——————— 4, 93 f, 182

Verlobte ———————— 32 ff, 75

Vermögensbildung, Aufwendungen für ——
——————————— 113, 115, 118

Verrichtungsgehilfe, Haftung des ——— 19

Versicherungen

– Beerdigungs– ————————— 69

– Hausrats– ————————— 117

– Kraftfahrzeug– ————————— 117

– Lebens– ———————— 113, 224

– Privathaftpflicht– ——————— 117

– Unfall– ———— 28, 112, 117, 224 f, 245

Versorgungsausgleich ————————— 76

Vertragliche Ersatzansprüche ———— 25 ff

Vertragsähnliche Ersatzansprüche ——— 28

Verwaltungsvorschriften ————— 49

Verzicht

– auf Ersatzansprüche gegenüber dem
Schädiger ———————— 10

– Unterhaltsverzicht ———— 88, 182, 187

Volljährige Kinder —————— 99, 167, 176

Vollstreckbarkeit ———————— 266

Vorsorgeaufwendungen ————— 112, 199

Vorteilsausgleich ———————— 200 ff

Waisenrente ——————— 161, 166, 222

Weihnachtsgeld ———————— 107

Werkvertrag ———————— 27

Wiederverheiratung ———— 85, 93, 181 ff

Wohnbedarf ——————— 115, 119

Wohnungsmiete ——————— 117, 235

Zeitliche Begrenzung des Rentenanspruchs ————————— 177 ff

Zeitpunkt des Bestehens der Unterhaltspflicht ————————— 77 ff

Zugewinnanspruch ——————— 212

Zukunftsprognose ——————— 99 f

Zumutbarkeit ———— 148, 216, 226 ff, 231 ff

Zweck des Ersatzanspruchs ————— 71

I. § 844 als Bestandteil einer europäischen Rechtstradition

1 Der wesentliche Regelungsinhalt des § 844 war bereits im gemeinen Recht anerkannt. Viele Partikularrechte, unter ihnen das PrALR (I 6 §§ 98–110, 129), das Sächs
BGB (§ 1491), der Bayer (§ 941 Abs 1) sowie der Dresdener Entwurf (§ 1007) sahen
eine Ersatzpflicht für die Beerdigungskosten vor (vgl weiter Mot 775 = Mugdan II 433).
Gleiches gilt für den jetzt in § 844 Abs 2 normierten Ersatzanspruch für entgangenen
Unterhalt (Mot 767 = Mugdan II 428). Insoweit konnte das RG im Jahr 1882 (RGZ 7,
139, 140 ff) bereits einen „allgemeinen deutschen Gerichtsgebrauch" konstatieren. Als
Regelungsvorbild der §§ 722–725 E I und schließlich des § 844 dienten insbes § 3
Ziff 1 S 2 RHaftpflG sowie der weitgehend wortgleiche § 1008 des Dresdener Ent-
wurfs (ie Schubel AcP 198 [1998] 1, 9 ff).

Vergleichbare Rechtsregeln bestehen in Österreich (zu § 1327 ABGB Feil, Ansprüche
Dritter bei Tötung [1997]; Welser JBl 1968, 342; s auch Kropholler FamRZ 1969, 241, 247). Auch
die Schweiz (Art 45 OR) und die Niederlande (Art 108 BW) haben besondere Regelungen für die Ersatzansprüche Dritter bei Personenschäden getroffen. Anders als
das deutsche Recht beschränken sie die Ersatzberechtigung allerdings nicht auf die
gesetzlich Unterhaltsberechtigten (näher Frank, in: FS Stoll 143, 147 ff; zur Gesetzgebungs-
technik Noll, Gesetzgebungslehre [1973] 277): Nach § 45 Abs 3 OR ist ersatzberechtigt,
wer seinen „tatsächlichen Versorger" verloren hat; nach Art 108 BW ist ersatzberechtigt, wer mit dem Verstorbenen „in einem Familienverband zusammenlebte".
Zumeist wird der Ersatz von Drittschäden im Rahmen der deliktischen General-
klauseln gewährt, etwa in Frankreich, Belgien und Italien (Art 1382 frz Code civil;
Art 1382 belg Code civil; Art 2043 Codice civile; vgl Feenstra ZEuP 2001, 585 ff; Ferrari
ZEuP 1997, 1122 ff; Battes, in: FS Pleyer [1986] 467, 470 ff). Auch die *pecuniary loss rule* des
anglo-amerikanischen Common Law gestattet im Einzelfall den Ersatz von Drittschäden naher Angehöriger (ie Brüggemeier, Prinzipien des Haftungsrechts [1999] 169 f;
vRummel, Ersatz von Vermögensschäden bei widerrechtlicher Tötung oder Tod des körperlich
Verletzten nach englischem und amerikanischem Recht verglichen mit dem deutschen Recht
[1979]; vgl iü rechtsvergleichend Frank, in: FS Stoll 143, 147 ff; Kötz, Deliktsrecht [8. Aufl 1998]
Rn 545; vBar, Gemeineuropäisches Deliktsrecht Bd 2 [1999] § 1 Rn 15, 45).

II. §§ 844–846 im System des Haftungsrechts

1. Grundgedanken

2 Die §§ 844–846 gewähren einem bestimmten Personenkreis von lediglich **mittelbar
Geschädigten** Ersatzansprüche für vermögensmäßige Nachteile, die sie durch die
Tötung eines anderen erleiden. Damit durchbrechen sie den deliktsrechtlichen
Grundsatz, daß nur derjenige ersatzberechtigt ist, der durch die schädigende Handlung in seinen eigenen, von § 823 geschützten absoluten Rechten oder Rechtsgütern
verletzt worden ist (heute allgM; statt aller Erman/Schiemann § 844 Rn 1; vgl aber auch
vGierke, Deutsches Privatrecht III [1919] 965, der als eigentlichen Haftungsgrund den Eingriff in
die „Privatsphäre" und damit in ein eigenes, absolutes Recht des Dritten benannt hat). Dieses
deliktsrechtliche „Tatbestandsprinzip" (Esser/Schmidt, SchuldR Bd I 2 [7. Aufl 1993] § 34 I)
beruht auf der Grundsatzentscheidung des deutschen Gesetzgebers gegen eine haftungsrechtliche Generalklausel nach Vorbild des Art 1382 frz Code civil (vgl BGHZ 7,
31, 34; näher Ferrari ZEuP 1997, 1122, 1125 ff) und dient der **Risikobegrenzung im**

Gläubigerinteresse (HAGEN, Die Drittschadensliquidation im Wandel der Rechtsdogmatik [1971] 1 f, 66, 98; STAUDINGER/SCHIEMANN [1998] Vorbem 49 zu §§ 249 ff; BGB-RGRK/BOUJONG § 844 Rn 1; JAUERNIG/TEICHMANN vor §§ 844–846 Rn 1). Vor diesem Hintergrund lassen sich die §§ 844, 845 umso eher rechtfertigen, wenn sie sich auf Schäden beschränken, die für den Schädiger vorhersehbar waren (Mot II 778 = MUGDAN II 434 f; hierzu auch unten Rn 35).

Dennoch stehen das Haftungsrecht und die §§ 844–846 nicht in einem reinen Regel-Ausnahme-Verhältnis, da es ohne die §§ 844, 845 an einem Anspruchsinhaber für die in § 823 Abs 1 angeordnete Ersatzpflicht im Falle einer Tötung fehlen würde (RÖCK-RATH VersR 2001, 1197, 1203; KILIAN AcP 169 [1969] 443, 447 Fn 20; zur Frage des Ausnahme-charakters der §§ 844 f noch unten Rn 23 ff). Die §§ 844, 845 tragen daher entscheidend zur inneren Folgerichtigkeit der deliktsrechtlichen Gesamtregelung bei (SCHUBEL AcP 198 [1998] 1, 30). Verfassungsrechtliche Wurzeln der §§ 844, 845 sind das Sozialstaatsprin-zip und der Schutz von Ehe und Familie (BGHZ 18, 286, 290; RÖCKRATH VersR 2001, 1197, 1203).

2. Rechtsnatur der Ansprüche aus §§ 844, 845

a) Eigene und selbständige Ansprüche des mittelbar Geschädigten

Die Ansprüche aus §§ 844, 845 entstehen unmittelbar in der Person des Berechtigten **3** als dessen eigene und selbständige Ansprüche (vgl RGZ 55, 24, 30 f; 69, 186, 187; 122, 298, 305; vGIERKE, Deutsches Privatrecht III [1919] 968), über die der mittelbar Geschädigte frei verfügen kann (vgl BGHZ 105, 243 = LM § 157 Nr 51; KG Berlin r + s 1997, 461). Sie bestehen neben etwaigen Ansprüchen des unmittelbar Verletzten – wenn der Tod des Ver-letzten nicht sofort eingetreten ist oder im Fall des § 845 – bzw dessen Rechtsnach-folgern. Insoweit bewirken die §§ 844, 845 eine Erweiterung des Kreises der Ersatz-berechtigten (LANGE/SCHIEMANN § 8 II).

Da es sich um eigene Ansprüche des mittelbar Geschädigten handelt, kommt es für **4** die **Verjährung** auf dessen Person an. Sie beginnt erst zu laufen, wenn der mittelbar Geschädigte von seinem Schaden und von der Person des Ersatzpflichtigen Kenntnis erhält (GEIGEL/SCHLEGELMILCH Kap 8 Rn 4). Genauso muß sich der mittelbar Geschä-digte auch eigenes **Mitverschulden** und insbes den Verstoß gegen seine **Schadens-minderungspflicht** aus § 254 Abs 2 anrechnen lassen (unten Rn 231 ff).

b) Abhängigkeit vom Verhalten des unmittelbar Verletzten
aa) § 846 als allgemeiner Rechtsgedanke

Trotz ihrer Selbständigkeit sind die Ansprüche aus §§ 844, 845 in ihrer Entstehung **5** vom Verhalten des unmittelbar Verletzten abhängig. Insoweit enthält § 846 einen allgemeinen Rechtsgedanken (vgl RGZ 65, 313, 318; 69, 186, 187 f; 128, 229, 233; 170, 311, 315; BGH VersR 1961, 846, 847; KG VersR 1963, 525, 527; BGB-RGRK/BOUJONG Rn 4; ERMAN/SCHIE-MANN § 846 Rn 2; ie § 846 Rn 3). Der mittelbar Geschädigte muß sich nicht nur ein **mit-wirkendes Verschulden** des unmittelbar Verletzten bei der Entstehung (§ 254 Abs 1) oder Abwendung des Schadens (§ 254 Abs 2) in gleicher Weise entgegenhalten las-sen, als wenn es sich um Ersatzansprüche des Verletzten handelte. Darüber hinaus kann sich der Ersatzpflichtige gegenüber dem mittelbar Geschädigten auch auf alle anderen Einwendungen stützen, die er dem unmittelbar Verletzten hätte entgegen-halten können (BGH VersR 1961, 846, 847). Dahinter steht der allgemeinere Gedanke, daß der Schädiger dem mittelbar Geschädigten nicht stärker haften soll als dem unmittelbar Verletzten. Nur wenn der Ersatzpflichtige dem unmittelbar Verletzten gegenüber die Verantwortung für unerlaubtes Handeln trägt, hat auch der mittelbar Geschädigte einen Ersatzanspruch (vGIERKE, Deutsches Privatrecht III [1919] 968).

bb) Vertragliche Haftungsausschlüsse

6 Der Ersatzpflichtige kann dem mittelbar Geschädigten daher nach allgM einen wirksam (§ 276 Abs 3 nF) mit dem unmittelbar Verletzten **vor** der Verletzung vertraglich vereinbarten Haftungsausschluß entgegenhalten (RGZ 65, 313, 315 ff; 117, 102, 104; 128, 229, 233; BGH VersR 1961, 846, 847).

cc) Gesetzliche Haftungsausschlüsse

7 Bei gesetzlichen Haftungsausschlüssen wird zT nach dem Regelungszweck differenziert: Nur wenn dieser darauf gerichtet sei, den Schädiger umfassend von jeder Haftung freizustellen, wirke der Ausschluß auch gegenüber den mittelbar Geschädigten (PALANDT/THOMAS Rn 1; BGB-RGRK/BOUJONG Rn 4). Dies ist für § 636 RVO bejaht worden (BAG NJW 1989, 2838 mwNachw; BGH NJW-RR 1988, 1238, 1239 = LM § 636 Nr 37; OLG Celle NJW 1959, 990) und wird jetzt genauso für §§ 104 ff SGB VII gesehen (Münch-Komm/STEIN Rn 4; PALANDT/THOMAS Rn 1; WUSSOW/DRESSLER Kap 43 Rn 4 jeweils mwNachw). Mit den §§ 844, 845 soll der mittelbar Geschädigte aber nicht besser stehen als der unmittelbar Verletzte oder seine Rechtsnachfolger. Ist der Schädiger dem unmittelbar Verletzten von Gesetzes wegen nicht ersatzpflichtig, so wird automatisch auch die Ersatzpflicht gegenüber den bloß mittelbar Geschädigten abgeschnitten. Dies ist weniger eine Frage des Normzwecks des gesetzlichen Haftungsausschlusses als vielmehr der Rechtsnatur der Ansprüche aus §§ 844 und 845. Sie sind insoweit akzessorisch zur Haftung des Schädigers gegenüber dem unmittelbar Verletzten. Genauso wie vertragliche Haftungsausschlüsse schließen daher auch gesetzliche Haftungsausschlüsse die Ersatzansprüche nach §§ 844 und 845 aus.

dd) Einwilligung des Verletzten

8 Der Schädiger kann dem Ersatzberechtigten auch eine Einwilligung des Verletzten entgegenhalten, soweit diese weder gegen ein gesetzliches Verbot noch gegen die guten Sitten verstößt (PALANDT/THOMAS § 823 Rn 42). Wegen § 216 StGB kann in eine Tötung nicht wirksam eingewilligt werden (RGZ 66, 306, 308). Die Ansprüche aus § 844 können von einer Einwilligung daher nicht berührt werden. Regelmäßig beachtlich ist hingegen die Einwilligung des unmittelbar Geschädigten in seine eigene Verletzung (§ 845), es sei denn, die Tat verstößt trotz der Einwilligung gegen die guten Sitten (§ 228 StGB).

ee) Sonstige Einwendungen

9 Schließlich kann der Schädiger dem mittelbar Geschädigten auch sonstige Einwendungen entgegenhalten, die die Entstehung seiner Ersatzpflicht gegenüber dem unmittelbar Verletzten berühren, zB den Einwand des **Handelns auf eigene Gefahr** (BGB-RGRK/BOUJONG Rn 4) oder den Einwand **unzulässiger Rechtsausübung** (RGZ 170, 311, 315; MünchKomm/STEIN Rn 4; SOERGEL/ZEUNER § 846 Rn 2).

10 Einmal entstandene Ersatzansprüche werden durch nachträgliche Verfügungen des Verletzten nicht mehr berührt. Einwendungen, die sich auf das Verhalten des Verletzten in der Zeit nach seiner Verletzung oder zwischen seiner Verletzung und

seinem Tod gründen, sind dem mittelbar Geschädigten gegenüber unbeachtlich, da die Ersatzansprüche aus den §§ 844, 845 bereits im Zeitpunkt der Verletzung entstehen (BGHZ 132, 39, 42 f = LM § 844 Abs 2 Nr 93; s unten Rn 77 f). Daher kann ein **Vergleich** oder **Verzicht**, den der unmittelbar Verletzte nach seiner Verletzung mit dem Schädiger abschließt, die Ersatzansprüche aus §§ 844, 845 nicht mehr berühren (Mot II 773 = MUGDAN II 432; BGHZ 132, 39, 43 = LM § 844 Abs 2 Nr 93; MünchKomm/STEIN Rn 5; PALANDT/THOMAS Rn 1; BGB-RGRK/BOUJONG Rn 5). Als eigene Ansprüche des Dritten (Rn 3) sind sie der Verfügung des unmittelbar Verletzten entzogen (vGIERKE, Deutsches Privatrecht III [1919] 968 Fn 50). Der Schädiger kann dem mittelbar Geschädigten daher nur einen mit diesem geschlossenen Vergleich oder Verzicht entgegenhalten (hierzu etwa BGHZ 105, 243 = LM § 157 Nr 51; KG Berlin r + s 1997, 461).

c)   §§ 844, 845 als Schadensersatzansprüche
Die Ansprüche aus §§ 844 und 845 sind ihrem Wesen nach Schadensersatzansprüche. **11**
Auch § 844 Abs 2 stellt keinen Unterhaltsanspruch zum Zwecke des Schadensersatzes, sondern einen Anspruch auf Schadensersatz wegen Entziehung des Unterhalts dar (allgM; so bereits die I. Komm vgl Mot II 780 f = MUGDAN II 436; iü RGZ 74, 274, 275 f; 151, 101, 103; BGH NJW 1974, 1373; EBEL Jura 1985, 561, 562; JAUERNIG/TEICHMANN Rn 2; BGB-RGRK/BOUJONG Rn 23; SOERGEL/ZEUNER Rn 8; WUSSOW/DRESSLER Kap 43 Rn 2; zu § 845 BGHZ 4, 123, 125 ff mwNachw auch zur abw Rspr des RG). Sämtliche Ansprüche setzen daher die Entstehung eines Schadens voraus (zu § 844 Abs 2 unten Rn 87 ff), und die Grundsätze des Vorteilsausgleichs finden Anwendung (ie noch Rn 200 ff). Gleiches gilt für die Schadensminderungspflicht nach § 254 Abs 2 S 1 (unten Rn 231 ff). Auch kommt es für die Anspruchsbemessung nicht auf die Einkommens- und Vermögensverhältnisse des Schädigers an; seine „Leistungsfähigkeit" ist unbeachtlich (insoweit ist auch eine Abänderungsklage unzulässig: s unten Rn 100). Schließlich folgt aus der Qualifikation als Schadensersatzanspruch, daß die Ersatzfähigkeit eines Unterhaltsschadens nicht von vornherein auf einen Minimalunterhalt für das Nötigste beschränkt werden kann (so aber BGH NJW 1973, 1076, 1077; vgl auch BGH NJW 1982, 2864, 2865; dazu krit MünchKomm/ STEIN Rn 2).

Gleiches gilt für § 845. Ungeachtet der zT abweichenden Formulierung ist § 845 ebenfalls ein Schadensersatz- und nicht nur ein Wertersatzanspruch. Daher findet grundsätzlich auch ein Vorteilsausgleich statt (ie § 845 Rn 26 ff).

3.   Abgrenzung zu anderen deliktischen Ansprüchen der Angehörigen oder Hinterbliebenen

a)   Erblicher Selbstschaden des unmittelbar Verletzten
Die Ansprüche mittelbar Geschädigter sind abzugrenzen von den Ansprüchen des **12**
unmittelbar Verletzten. Der dem Verletzten selbst entstandene Schaden, insbes die **Heilungskosten**, der entgangene Gewinn (§ 252) oder ein Erwerbsschaden (§§ 842, 843), ist nach den allgemeinen deliktsrechtlichen Vorschriften (§§ 823 ff) ersatzfähig (zur Koordination mit Ansprüchen der Dienstberechtigten aus § 845 s § 845 Rn 34 ff). Hierzu zählen auch die **Besuchskosten** naher Angehöriger. Diese bilden nach gefestigter Rspr einen Teil der Heilungskosten, die nach § 249 Abs 2 S 1 nF (bis zum 1. 8. 2002 § 249 S 2) dem Krankenhauspatienten zu erstatten sind (ie STAUDINGER/SCHIEMANN [1998] § 249 Rn 239 mwNachw).

13 Gemäß § 1922 gehen diese Ansprüche beim Tod des Verletzten ohne weiteres auf die Erben über. Seit dem Wegfall des § 847 Abs 1 S 2 zum 1. 7. 1990 ist auch der Anspruch auf Schmerzensgeld erblich (nunmehr § 253 Abs 2 idF des Zweiten Gesetzes zur Änderung schadensersatzrechtlicher Vorschriften vom 19. 7. 2002, BGBl I 2674). Für Schadensersatzklagen von Hinterbliebenen kommen daher zwei Haftungsgründe in Betracht: auf der einen Seite die Geltendmachung des Eigenschadens des Verletzten aus übergegangenem Recht (§§ 823 ff iVm § 1922) und auf der anderen Seite die Geltendmachung der mittelbaren Schädigung gemäß §§ 844, 845. Zwischen beiden Ansprüchen ist sorgfältig zu unterscheiden (RG JW 1931, 859, 860; BGH NJW 1962, 1054, 1055; MünchKomm/STEIN Rn 6; BGB-RGRK/BOUJONG Rn 6; WUSSOW/DRESSLER Kap 43 Rn 3).

14 Ie sind die Erben auf diejenigen Ersatzansprüche beschränkt, die auch der Verletzte schon zu seinen Lebzeiten hätte geltend machen können (BGB-RGRK/BOUJONG Rn 9; MünchKomm/STEIN Rn 6). Folgen eines Schadensereignisses, die das Vermögen des Erblassers erst nach seinem Tod beeinträchtigen, können nur dann dem lebzeitigen Schadensersatzanspruch des Erblassers zugerechnet werden, wenn er sie in seine eigene Schadensberechnung bereits als Verminderung seines Vermögens hätte einstellen können (vgl BGH NJW 1962, 911; ie STOLL Begriff und Grenzen des Vermögensschadens [1973] 697 ff; STAUDINGER/SCHIEMANN [1998] Vorbem 53 zu §§ 249 ff; MünchKomm/STEIN Rn 6). Schäden, die dem Erben dadurch entstehen, daß er den Haushalt, die Praxis oder das Erwerbsgeschäft des Erblassers auflösen und unter Wert veräußern muß (sog **Entwertungsschäden**), sind daher regelmäßig nicht ersatzfähig (BGH NJW 2001, 971, 973; VersR 1972, 460, 461; VersR 1965, 1077, 1078; STOLL, Begriff und Grenzen des Vermögensschadens [1973] 698), beispielsweise die Abwicklungskosten eines Notariats nach dem Tod des Notars (BGH FamRZ 1968, 308). Gleiches gilt für den Haftungsschaden des Erben, der einen Kauf des Erblassers rückgängig macht und dadurch dem Verkäufer für seinen entgangenen Gewinn ersatzpflichtig wird (BGH NJW 1962, 911 = JZ 1962, 708 m krit Anm LARENZ).

b) Selbstschaden des Dritten

15 Ebenfalls von §§ 844, 845 unberührt bleiben die Ansprüche der Hinterbliebenen wegen Verletzung in eigenen Rechten. So kann die dem Dritten durch den Tod eines nahen Angehörigen mittelbar entstehende Gesundheitsverletzung uU einen eigenständigen Ersatzanspruch aus § 823 begründen (ie STAUDINGER/HAGER [1999] § 823 Rn B 25 mwNachw).

16 Im wesentlichen geht es dabei um die Haftung des Schädigers für **Schockschäden**, also die Schäden, die ein Dritter dadurch erleidet, daß er die Tötung oder schwere Verletzung eines nahen Angehörigen miterleben muß oder davon Kenntnis erlangt. Eine solche Haftung des Schädigers ist inzwischen weitgehend anerkannt (s nur aus jüngerer Zeit BGHZ 93, 351, 355; 107, 359, 363; 132, 341, 344; FamRZ 1999, 1064; OLG Koblenz NJW-RR 2001, 318; JAUERNIG/TEICHMANN § 823 Rn 3; PALANDT/HEINRICHS vor § 249 Rn 71; SOERGEL/ZEUNER § 823 Rn 27; vgl iü zum Stand der Diskussion eingehend STAUDINGER/HAGER [1999] § 823 Rn B 31 ff). Entscheidend ist, daß es sich hierbei um Ansprüche wegen einer **eigenen**, wenn auch mittelbar entstandenen **Gesundheitsverletzung** handelt. Die haftungsrechtliche Anerkennung solcher Selbstschäden unterläuft weder das deliktische Tatbestandsprinzip (oben Rn 2), noch bedeutet sie eine gesetzwidrige Durchbrechung der §§ 844, 845 (so aber HERKNER VersR 1971, 1140). Der Dritte kann daher sowohl seine ihm an eigenen Rechtsgütern entstandenen Schäden unmittelbar auf § 823 stützen, als auch danebem Ansprüche aus §§ 844 und 845 geltend machen (s auch § 846 Rn 7).

c)　Ersatzfähigkeit von Vermögenseinbußen mittelbar Geschädigter außerhalb des BGB

Eine Vielzahl spezialgesetzlicher Gefährdungshaftungtatbestände sind § 844 nach- **17** gebildet und räumen dem mittelbar Geschädigten ebenfalls einen Anspruch auf Ersatz der Beerdigungskosten sowie des Unterhaltsschadens ein. Siehe etwa §§ 86 Abs 2, 88, 89 AMG (hierzu BGHZ 106, 273, 278 ff); 28, 30 AtG; 32 Abs 4, 6 GenTG; 5, 8 HaftPflichtG (hierzu BGH NJW-RR 1994, 603; LG Bamberg RdE 1998, 163); 35 Abs 2, 38 LuftVG (hierzu BGH NJW 1969, 2007); 7, 9 ProdHaftG; 10, 13 StVG (hierzu OLG Hamm r + s 1997, 65; OLG Düsseldorf VersR 1995, 1195; LG Saarbrücken ZfS 1997, 412; LG Koblenz Schaden-Praxis 1994, 412) sowie §§ 12, 14 UmweltHG.

Im Anwendungsbereich dieser spezialgesetzlichen Gefährdungshaftungtatbestände **18** sind mittelbare Schäden ausschließlich im Rahmen der dort geregelten Ansprüche ersatzfähig. §§ 844 und 845 sind daneben nicht anwendbar, auch nicht analog (unten Rn 20). Dies ist vor allem im Hinblick auf § 845 von Bedeutung, der nur in § 53 Abs 2 LuftVG bei Personenschäden durch militärische Flugzeuge eine Entsprechung gefunden hat (s etwa GREGER § 10 StVG Rn 8). Dieser Unterschied hat aber an Relevanz eingebüßt, da auch der durch den Tod des haushaltsführenden Ehegatten entstehende Haushaltsführungsschaden inzwischen als ein echter Unterhaltsschaden iSd § 844 Abs 2 erfaßt wird (LANGE FamRZ 1983, 1181, 1183; BGB-RGRK/BOUJONG Rn 2; ie unten Rn 128; s auch § 845 Rn 4 f).

Zu beachten ist iü, daß die spezialgesetzliche Gefährdungshaftung vielfach auf **Höchstbeträge** beschränkt ist. Das Zweite Gesetz zur Änderung schadensersatzrechtlicher Vorschriften vom 19. 7. 2002 (BGBl I 2674) hat die Höchstbeträge harmonisiert und deutlich angehoben. Nach § 12 StVG nF ist die Haftung nun auf einen jährlichen Rentenbetrag von 36 000 € (vorher 30 000 DM) je Person und einen Kapitalbetrag von 600 000 € (vorher 500 000 DM) beschränkt. Dieselben Höchstbeträge sieht § 9 HaftPflichtG nF vor. In §§ 10 ProdHaftG nF, 15 UmweltHG nF, 33 GenTG nF ist die Gesamthaftung auf 85 Mio € beschränkt. Vgl iü §§ 31 AtG; 37, 46 LuftVG, 88 AMG. Zum Quotenvorrecht bei Höchstbeträgen unten Rn 252.

III.　Anwendungsbereich der §§ 844–846

1.　Unmittelbarer Anwendungsbereich der §§ 844–846

Die §§ 844 ff gelten für alle Tatbestände der §§ 823 ff, und zwar auch für die Billig- **19** keitshaftung nach § 829 (RGZ 94, 220; ERMAN/SCHIEMANN Rn 4), die Amtshaftung nach § 839 (RGZ 94, 102, 103 f; 126, 253, 256; OLG München VersR 1966, 858, 859; BGHZ 106, 13, 16; NJW-RR 1994, 603), die Gefährdungshaftung des Tierhalters nach § 833 (OLG Hamm VersR 1997, 1542 f; EBEL Jura 1985, 561; ROHDE VersR 1968, 227), die Haftung für den Verrichtungsgehilfen nach § 831 (OLG Köln MDR 1992, 561), die Haftung des Aufsichtspflichtigen nach § 832 (OLG München FamRZ 1997, 740), die Haftung des Grundstücksbesitzers nach § 836 (LG Freiburg NJW-RR 1996, 476) sowie im Bereich des § 830 Abs 1 S 2 (RGZ 148, 154, 166).

Aufgrund ihrer **systematischen Stellung** sind die §§ 844 ff nicht dem allgemeinen **20** Schadensrecht der §§ 249 ff, sondern dem Recht der unerlaubten Handlungen zuzuordnen. Die §§ 844 ff gelten daher nicht allgemein, sondern setzen eine deliktische Ersatzpflicht nach den §§ 823 ff voraus (BGH MDR 1997, 354). Insbes gelten sie weder für vertragliche Ersatzansprüche (hM; s RGZ 112, 290, 296; RG JW 1931, 1357; BGHZ 5, 62, 66; 7, 30, 34; 18, 286, 289 f; VersR 1957, 479, 480; OLG Köln VersR 1991, 101, 102; OLG Saarbrücken NJW-RR 1995, 986, 987; ERMAN/SCHIEMANN Rn 4; PALANDT/THOMAS Rn 2; BGB-RGRK/BOUJONG Rn 13; SOERGEL/ZEUNER Rn 3; zur Frage der entsprechenden Anwendbarkeit aber noch unten Rn 25 ff) noch für die sondergesetzlichen Ansprüche aus Gefährdungshaftung (statt aller BGB-RGRK/BOUJONG Rn 12; hierzu bereits oben Rn 17 f). Von praktischer Bedeutung war dies bis zum 1. 1. 2002 vor allem im Hinblick auf die kurze Verjährung nach § 852 aF (vgl GEIGEL/SCHLEGELMILCH Kap 8 Rn 8), da Schadensersatzansprüche aus Vertragsverletzung idR zugleich Schadensersatzansprüche aus Delikt begründen, sowie im Hinblick auf § 845 (s bereits oben Rn 18).

21 Bestätigt werden diese Grundsätze über den beschränkten Anwendungsbereich der §§ 844 ff durch **§ 618 Abs 3** sowie **§ 62 Abs 3 HGB**, in denen der Gesetzgeber die Anwendbarkeit der §§ 844 ff für einzelne vertragliche Ersatzansprüche ausdrücklich vorgegeben hat (s aber auch noch unten Rn 27). Verletzt der Dienstberechtigte seine in § 618 Abs 1 formulierten Schutzpflichten und verursacht dadurch einen Personenschaden des Dienstverpflichteten, so verweist § 618 Abs 3 für den Ausgleichsanspruch auf die §§ 842 ff. Dasselbe gilt gemäß § 62 Abs 3 HGB für die Haftung des Prinzipals bei Personenschäden des Handlungsgehilfen. Die gesetzliche Verweisung auf die §§ 842 ff ändert aber nichts daran, daß es sich in beiden Fällen um vertragliche Ersatzansprüche handelt (so für § 62 Abs 3 HGB LAG Düsseldorf-Köln BB 1965, 245).

22 Unterscheidet ein **internationales Abkommen** bei der Begründung von Haftungsansprüchen nicht zwischen vertraglichen und deliktischen Ansprüchen, so ist für die Bestimmung des Haftungsumfangs entscheidend, ob das deutsche Recht in vergleichbaren Fällen Ersatzansprüche nach den §§ 844, 845 gewährt. Dies hat der BGH bejaht für den Anspruch auf Schadensersatz wegen des Todes eines Reisenden bei der Beförderung auf See nach § 664 HGB iVm dem Athener Abkommen von 1974 (BGH NJW-RR 1997, 541, 542).

2. Entsprechende Anwendbarkeit der §§ 844–846

a) Ausnahmecharakter und Analogiefeindlichkeit der §§ 844, 845

23 Nach ganz überwiegender Auffassung darf die in §§ 844, 845 normierte Regelung weder auf andere Drittgeschädigte noch auf andere als die dort genannten Schäden ausgedehnt werden (RGZ 82, 189, 190 f; BGHZ 7, 30, 33 f; VersR 1955, 183, 184; LM Nr 3 zu § 10 StVG; VersR 1960, 1097, 1098; NJW 1961, 119, 120; NJW 1973, 1076; VersR 1962, 337; JZ 1986, 451 f m Anm DUNZ; OLG Frankfurt FamRZ 1984, 790; ERMAN/SCHIEMANN Rn 3; JAUERNIG/TEICHMANN vor §§ 844–846 Rn 1; BGB-RGRK/BOUJONG Rn 7; SOERGEL/ZEUNER Rn 4; PALANDT/THOMAS Rn 1; Hk-BGB/A STAUDINGER [2001] § 844 Rn 1; für Analogiefähigkeit aber RGZ 167, 85, 89). Als entscheidendes Argument wird der Ausnahmecharakter der §§ 844, 845 angeführt (im Anschluß an BGHZ 7, 30, 34 etwa BGH JR 1990, 110, 111; JAUERNIG/TEICHMANN vor §§ 844–846 Rn 1; BGB-RGRK/BOUJONG Rn 7).

24 Diese Regel von der Analogiefeindlichkeit der §§ 844, 845 ist in ihrer Generalität aber nicht nur methodisch anfechtbar (grundsätzlich krit CANARIS, Die Feststellung von Lükken im Gesetz [1964] 180 ff; s auch Bydlinski, Juristische Methodenlehre und Rechtsbegriff [1982] 440); sie wird in der Praxis auch gar nicht durchgehend eingehalten. Aus methodischer Sicht liegt das eigentliche Problem schon in der Frage, ob überhaupt eine Ausnahmevorschrift gegeben ist (s Larenz, Methodenlehre der Rechtswissenschaft [6. Aufl 1991] 355 f; krit auch Ebel Jura 1985, 561, 562). Insoweit konnte bereits gezeigt werden, daß die §§ 844, 845 nicht in einem reinen Regel-Ausnahme-Verhältnis zu den Grundprinzipien des Delikts- und Haftungsrechts stehen, da es ohne die §§ 844, 845 an einem Anspruchsinhaber für die in § 823 Abs 1 angeordnete Ersatzpflicht im Falle einer Tötung fehlen würde (Rn 2). Entscheidend ist vielmehr, ob im einzelnen die Voraussetzungen einer Analogie – Vergleichbarkeit der Sachverhalte und Vorliegen einer Regelungslücke (ie Larenz, Methodenlehre der Rechtswissenschaft [6. Aufl 1991] 370 ff; Rüthers, Rechtstheorie [1999] Rn 878 ff; Zippelius, Juristische Methodenlehre [7. Aufl 2000] § 11 II) – gegeben sind.

b) Entsprechende Anwendbarkeit auf andere als deliktische Ersatzansprüche
aa) Vertragliche Ersatzansprüche
α) Grundsatz: Keine entsprechende Anwendbarkeit
Auf vertragliche Ersatzansprüche sind die §§ 844, 845 – abgesehen von den Sonder- **25** regeln der § 618 Abs 3 sowie § 62 Abs 3 HGB (s Rn 21) – nach ganz überwiegender Auffassung **weder unmittelbar noch entsprechend anwendbar** (RGZ 112, 290, 296; BGHZ 18, 286, 289 f; VersR 1957, 480; OLG Köln VersR 1991, 101, 102; BGB-RGRK/Boujong Rn 13; Erman/Schiemann Rn 4; vgl iü bereits die Nachw in Rn 20).

Anderes soll nach Auffassung von Stein für den Fall gelten, daß der Vertrag eine **26** Verkehrspflicht begründet, deren Verletzung dem Vertragspartner als unerlaubte Handlung zuzurechnen ist (MünchKomm/Stein Rn 8; genauso Röckrath VersR 2001, 1197, 1202 ff mwNachw). In diesem Bereich des „Deliktsrechts nach vertraglichen Grundsätzen" seien die §§ 844, 845 jedenfalls entsprechend anwendbar. Dagegen hat Schiemann den Ausnahmecharakter der §§ 844, 845 eingewendet (Erman/Schiemann Rn 4; vgl bereits oben Rn 23 f). Hier ist aber schon das Bedürfnis nach einer Analogie zu bezweifeln, da solche Verkehrspflichtverletzungen regelmäßig zu eigenständigen deliktischen Ansprüchen berechtigen werden. Die Erstreckung der §§ 844, 845 auf vertragliche Ansprüche würde in solchen Fällen das Prinzip der freien Anspruchskonkurrenz und die vom BGB gewollte Eigengesetzlichkeit von vertraglichen und deliktischen Ansprüchen (ie Medicus, Gesetzliche Schuldverhältnisse [3. Aufl 1996] § 2; MünchKomm/Mertens[2] vor §§ 823–853 Rn 29 ff; Staudinger/Hager [1999] Vorbem 37 ff zu §§ 823 ff mwNachw) unterlaufen und ist daher abzulehnen.

β) Erstreckung des § 618 Abs 3 auf andere Vertragstypen
In der Praxis hat der vorstehende Grundsatz (Rn 25) aber dadurch an Schärfe ver- **27** loren, daß die Rspr die Vorschrift des § 618 – und damit auch dessen Abs 3 – zunehmend für andere Vertragstypen geöffnet hat, bei denen der Schuldner in ähnlicher Weise wie ein Dienstverpflichteter der räumlichen oder organisatorischen Herrschaft des Gläubigers unterliegt (RGZ 159, 268, 270) und daher auch vergleichbaren Schutz beanspruchen kann (vgl Staudinger/Oetker [1996] § 618 Rn 101 ff). Ein solches vergleichbares Schutzbedürfnis des Schuldners ist im Einzelfall für **Werkverträge** (RGZ 159, 268, 270; BGHZ [GS] 5, 62, 65 ff; 16, 265, 267 f; 26, 365, 370; OLG Stuttgart NJW 1984, 1904; zust Erman/Hanau § 618 Rn 3; Soergel/Kraft § 618 Rn 4; MünchKomm/Lorenz § 618 Rn 8; Staudinger/Oetker [1996] § 618 Rn 103; Palandt/Putzo § 618 Rn 1; krit Lewer

JZ 1983, 336, 337 f) und für auf die Erbringung einer Dienstleistung gerichtete **Auftragsverhältnisse** (allgM; ERMAN/HANAU § 618 Rn 3; SOERGEL/KRAFT § 618 Rn 5; MünchKomm/ LORENZ § 618 Rn 8; STAUDINGER/OETKER [1996] § 618 Rn 104) bejaht worden (zu Maklerverträgen, Gefälligkeitsverhältnissen und den Rechtsverhältnissen im öffentlichen Dienst iü STAUDINGER/OETKER [1996] § 618 Rn 106 ff). In diesen Fällen rechtfertigt die mit einem Dienstverpflichteten vergleichbare Gefährdungslage des Schuldners auch die entsprechende Anwendung des § 618 Abs 3 und damit der §§ 844 ff (BGB-RGRK/BOUJONG Rn 13; SOERGEL/ZEUNER Rn 3; MünchKomm/STEIN Rn 9; zu § 846 s dort Rn 9).

bb) Vertragsähnliche Ersatzansprüche

28 Auch bei **lebensgefährdender Geschäftsführung ohne Auftrag** haben Rspr und Schrifttum im Anschluß an das RG (RGZ 167, 85, 89) die §§ 844, 845 **entsprechend** auf den Ersatzanspruch der Hinterbliebenen nach §§ 677, 683, 670 angewandt (s BGHZ 7, 30, 34; LANGE JZ 1963, 550, 552; HELM VersR 1968, 318, 323; OTTO JuS 1984, 684, 689; zust MünchKomm/STEIN Rn 9 aE; STAUDINGER/SCHÄFER[12] Rn 17). Für diese Analogie fehlt es aber wegen der Nothelfer-Unfallversicherung nach § 2 Abs 1 Nr 13 a SGB VII (früher § 539 Abs 1 Nr 9 a RVO) an einer Regelungslücke (so ERMAN/SCHIEMANN Rn 3; krit auch schon CANARIS JZ 1963, 662); sie ist daher abzulehnen.

cc) Öffentlich-rechtliche Ersatzansprüche

29 Die Grundsätze der §§ 844, 845 finden auf öffentlich-rechtliche Ersatzansprüche entsprechende Anwendung, insbes für **Aufopferungsschäden** an Körper und Gesundheit (vgl BGHZ 18, 286, 289 f; 34, 23, 24 ff; FamRZ 1968, 308 f; OSSENBÜHL, Staatshaftungsrecht [5. Aufl 1998] 141; MünchKomm/STEIN Rn 10; ERMAN/SCHIEMANN Rn 4). Soweit spezialgesetzliche Regeln über die Ersatzansprüche Hinterbliebener aus Aufopferung bestehen, kann daneben nicht mehr auf die §§ 844, 845 zurückgegriffen werden. So richten sich die Ansprüche der Hinterbliebenen von Impfgeschädigten gemäß § 60 Abs 4 InfektionsschutzG (zuvor § 51 Abs 4 BSeuchG) ausschließlich nach dem BVG (zuvor BGHZ 18, 286, 289). Gleiches gilt für Hinterbliebene von im militärischen Dienst Getöteten, die Bestattungsgeld oder Hinterbliebenenrenten gemäß §§ 36, 38 ff BVG erhalten. § 28 Abs 2 BLG ordnet schließlich die entsprechende Anwendung der §§ 843 bis 846 an.

30 Im Bereich der **Amtshaftung** gelten die §§ 844, 845 unmittelbar (oben Rn 19; anders noch RGZ 111, 22, 23 für die Verletzung der behördlichen Fürsorgepflicht durch den Dienstherrn). Daneben hat das RG die §§ 844, 845 auch auf **sonstige öffentlich-rechtliche Verhältnisse** entsprechend angewandt, so auf eine im Rahmen der Sozialfürsorge geleistete Krankenhausbehandlung (RGZ 112, 290, 296 f). Diese Analogie ist zumindest insoweit unbedenklich, als gegenüber dem Staat eine Risikobegrenzung im Gläubigerinteresse (Rn 2) nicht von Nöten ist (iE auch ERMAN/SCHIEMANN Rn 4; MünchKomm/STEIN Rn 10; SOERGEL/ZEUNER Rn 3; BGB-RGRK/BOUJONG Rn 14).

c) Entsprechende Anwendbarkeit auf andere mittelbar Geschädigte
aa) Grundsatz

31 §§ 844, 845 bestimmen den Kreis der Ersatzberechtigten umfassend und abschließend. Eine Ausdehnung der Ansprüche auf andere mittelbar Geschädigte wird nach ganz allgM wegen des insoweit eindeutigen Wortlauts der Vorschriften abgelehnt (RGZ 82, 189, 190 f; BGHZ 7, 30, 33 f; VersR 1955, 193, 184; VersR 1960, 1097, 1098; JZ 1986, 451; MünchKomm/STEIN Rn 3; SOERGEL/ZEUNER Rn 4; ERMAN/SCHIEMANN Rn 3; PALANDT/THOMAS

Rn 1). Diskutiert wird diese Frage vor allem für den Ersatzanspruch aus § 844 Abs 2, der nur solchen mittelbar Geschädigten zugute kommt, die „kraft Gesetzes" unterhaltsberechtigt sind (ie unten Rn 73 ff).

bb) Zum Kreis der Ersatzberechtigten bei § 844 Abs 2
α) Verlobte und Partner einer nichtehelichen Lebensgemeinschaft

Verlobte schulden einander weder während der Dauer des Verlöbnisses noch nach **32** seiner Auflösung von Gesetzes wegen Unterhalt (ie STAUDINGER/STRÄTZ [1999] Vorbem 88 zu §§ 1297 ff; in engen Grenzen normiert aber § 1298 eine Ersatzpflicht für mittelbar Geschädigte; vgl LANGE/SCHIEMANN § 8 II). Gleiches gilt für die Partner einer nichtehelichen Lebensgemeinschaft (BSG NJW 1993, 3346, 3357; BGH NJW 1980, 124; GERNHUBER/COESTER-WALTJEN § 44 I; GRZIWOTZ, Nichteheliche Lebensgemeinschaft [3. Aufl 1999] § 24 Rn 1; ie STAUDINGER/ STRÄTZ [1999] Anh zu §§ 1279 ff Rn 71 mwNachw). Da auch eine globale Übertragung des ehelichen Unterhaltsrechts (§§ 1360 ff, 1578 ff) auf das Verlöbnis oder die nichteheliche Lebensgemeinschaft de lege lata abgelehnt wird (BGH FamRZ 1980, 879, 880; GERNHUBER/COESTER-WALTJEN § 44 II; LIPP AcP 180 [1980] 537, 561 ff; SOERGEL/LANGE Nehel LG Rn 30 ff; DIEDERICHSEN NJW 1983, 1017, 1019; zu Unterhaltsansprüchen aus stillschweigender Vereinbarung aber ROTH-STIELOW JR 1978, 223, 233; aus Vertrauenshaftung SCHWENZER JZ 1988, 781, 785 ff; de lege ferenda GRZIWOTZ, Nichteheliche Lebensgemeinschaft [3. Aufl 1999] § 24 Rn 2), kann der Schädiger einem hinterbliebenen Verlobten oder Lebensgefährten auch **kein Recht auf Unterhalt** entziehen: Ein Unterhaltsrecht, das nie bestanden hat, kann nicht entzogen und daher auch nicht zum Inhalt von Unterhaltsersatzansprüchen gemacht werden (anders aber für Lebenspartner nach dem LPartG; s unten Rn 74). Insoweit kann das Schadensrecht nicht weitergehen als das Innenverhältnis der Partner (LIEB, Gutachten zum 57. DJT [1988] C II 1).

Gedanklicher Anknüpfungspunkt für eine Ausdehnung des § 844 Abs 2 auf hinter- **33** bliebene Lebensgefährten und Verlobte könnte daher nur die **tatsächliche Versorgung** durch den Getöteten sein (zu vertraglich begründeten Unterhaltsansprüchen EBEL Jura 1985, 561, 562 f sowie noch unten Rn 35).

Insoweit steht einer Analogie aber nicht nur der klare Wortlaut des § 844 Abs 2, sondern auch die Entstehungsgeschichte der Vorschrift entgegen. Der Gesetzgeber hat die Ersatzberechtigung bewußt an ein gesetzliches Unterhaltsrecht angeknüpft und nicht – wie etwa Art 45 Abs 3 OR (hierzu H-J BECKER VersR 1985, 201, 203; oben Rn 1) – darauf abgestellt, ob der Betroffene rein tatsächlich seinen Versorger verloren hat (vgl Mot II 778 = MUGDAN II 435; so auch OLG Frankfurt FamRZ 1984, 790; hierzu FRANK, in: FS Stoll, 143, 144 f). Daher wird die analoge Anwendung der §§ 844, 845 auf Verlöbnis und nichteheliche Lebensgemeinschaft zu Recht allgemein abgelehnt (OLG Frankfurt FamRZ 1984, 790; DEUTSCH, Allg HaftungsrechR [2. Aufl 1996] Rn 811; DIEDERICHSEN NJW 1983, 1017, 1025; GEIGEL/SCHLEGELMILCH Kap 8 Rn 21 f; GERNHUBER/COESTER-WALTJEN § 42 II; GRZIWOTZ, Nichteheliche Lebensgemeinschaft [3. Aufl 1999] § 16 Rn 35; KÜPPERSBUSCH Rn 225; BGB-RGRK/BOUJONG Rn 24; MünchKomm/STEIN Rn 3; ERMAN/SCHIEMANN Rn 8; MESSERLE JuS 2001, 28, 30; STAUDINGER/STRÄTZ [1999] Anh zu §§ 1297 ff Rn 224; krit im Hinblick auf § 845 C BECKER MDR 1977, 705, 707 ff; für eine analoge Anwendung auf Verlobungen, wenn die Ehe in unmittelbare Nähe gerückt ist BOSCH FamRZ 1967, 219; hiergegen überzeugend MONSTADT 21 f). Wertungsmäßigen Rückhalt findet dieses Ergebnis in der Tatsache, daß Verlobte und Partner einer nichtehelichen Lebensgemeinschaft bislang auch nicht an der sozialrechtlichen Hinterbliebenen-Versorgung teilnehmen (BSG NJW 1995, 3270; HOHNERLEIN

FPR 2001, 49, 51 f; so das Argument von HOLZHAUER, in: HAUSMANN/HOHLOCH [Hrsg], Hdb der nichtehelichen Lebensgemeinschaft [1999] Kap 5 Rn 27).

34 Im Hinblick auf die wachsende Bedeutung nichtehelicher Lebensgemeinschaften und auch entsprechende ausländische Rechtsentwicklungen (hierzu FERRARI ZeuP 1997, 1123 ff; FRANK, in: FS Stoll, 143, 147 ff; KÖTZ, Deliktsrecht [8. Aufl 1998] Rn 545; SCHWENZER, Vom Status zur Realbeziehung [1987] 216 ff; COESTER-WALTJEN NJW 1988, 2085, 2087; H-J BECKER VersR 1985, 201, 202 ff) ist aber **de lege ferenda** eine Erweiterung des § 844 Abs 2 zu überlegen (hierfür etwa vBAR, in: BMJ [Hrsg], Gutachten und Vorschläge zur Überarbeitung des Schuldrechts Bd II [1981] 1711, 1762; DEUTSCH/AHRENS, DeliktsR [4. Aufl 2002] Rn 439; FRANK, in: FS Stoll, 143 ff; GERNHUBER/COESTER-WALTJEN § 42 II 2; SCHWENZER JZ 1988, 781, 787; LÜDERITZ, FamilienR [27. Aufl 1999] Rn 101; STAUDINGER/STRÄTZ [1999] Anh zu §§ 1297 ff Rn 224; RÖTHEL NZV 2001, 329, 334 f; hierzu auch noch unten Rn 186).

Im Jahr 2000 lebten ca 4 Mio Bundesbürger in einer nichtehelichen Lebensgemeinschaft, mehr als doppelt so viele als noch vor 10 Jahren (s NAVE-HERZ FPR 2001, 3 ff sowie Statistisches Bundesamt, Statistische Daten zu nichtehelichen Lebensgemeinschaften, Statistisches Jahrbuch [2000], auch abgedruckt in FPR 2001, 68 ff). Damit haben faktische Unterhaltsgemeinschaften inzwischen eine gewachsene soziale Realität. Zugleich hat sich mit einer Scheidungsquote von mehr als 30% auch das der Ehe zugrunde liegende soziale Modell entscheidend verändert (HOLZHAUER, in: HAUSMANN/HOHLOCH [Hrsg], Hdb der nichtehelichen Lebensgemeinschaft [1999] Kap 5 Rn 26). Vor diesem Hintergrund läßt sich die in § 844 Abs 2 angelegte Unterscheidung zwischen rechtlichen und faktischen Unterhaltsgemeinschaften immer weniger rechtfertigen. Die bislang bestehende Beschränkung der Ersatzpflicht auf gesetzliche Unterhaltsrechte ist auch nicht im Hinblick auf die konkrete Anspruchsbemessung zwingend vorgezeichnet (s aber H-J BECKER VersR 1985, 201, 204 f und DEUTSCH, Allg HaftungsR [2. Aufl 1996] Rn 811). Zum einen obläge es nach wie vor dem Hinterbliebenen, zur Überzeugung des Gerichts das Bestehen, den Umfang und die voraussichtliche Dauer der Unterhaltsbeziehung nachzuweisen. Zum anderen würde die Schadensbemessung durch eine Anknüpfung an die tatsächliche Versorgung nicht grundlegend erschwert, da die unterhaltsrechtlichen Tabellenwerke für die Bemessung des Barunterhaltsschadens nur einen begrenzten Erkenntniswert haben (Rn 121) und es für die Bemessung des Haushaltsführungsschadens ohnehin entscheidend auf den tatsächlichen Zuschnitt der Lebensführung ankommt (Rn 129 f). Zudem kann mit dem Tod eines Lebensgefährten in concreto eine nicht minder existentielle Versorgungslücke entstehen wie beim Tod eines Ehegatten. Dies spricht dafür, in § 844 Abs 2 de lege ferenda auch die deliktische Störung rein faktischer Unterhaltsbeziehungen unter Schutz zu stellen. Eine Vorwegnahme dieser dem Gesetzgeber zugewiesenen Entscheidung im Wege der Analogie verbietet sich aber wegen des insoweit eindeutigen Wortlauts (oben Rn 33).

β) Unterhaltsberechtigte kraft Vertrages

35 Auch auf vertragliche Unterhaltsrechte ist § 844 Abs 2 nicht entsprechend anwendbar (allgM; zuletzt BGH NJW 2001, 971, 973; NJW 1984, 977, 978; VersR 1966, 735, 736; OLG München VersR 1979, 1066; genauso für § 35 Abs 2 LuftVG BGH NJW 1969, 2007, 2008; MünchKomm/STEIN Rn 17; ERMAN/SCHIEMANN Rn 8; SOERGEL/ZEUNER Rn 10; BGB-RGRK/BOUJONG Rn 25; Hk-BGB/A STAUDINGER [2001] § 844 Rn 7; GEIGEL/SCHLEGELMICH Kap 8 Rn 21; KÜPPERSBUSCH Rn 225). Der historische Gesetzgeber hat sich bewußt gegen das Regelungsvorbild des § 1492 sächs BGB sowie des hessischen und des bayerischen Entwurfs

entschieden und die Ersatzberechtigung mit eindeutigem Wortlaut auf gesetzliche Unterhaltsansprüche beschränkt (vgl Mot II 778 = MUGDAN II 435). Es fehlt daher an einer ausfüllungsbedürftigen Regelungslücke. Die nur vertraglich Unterhaltsberechtigten sind – jedenfalls de lege lata – nicht anders zu behandeln als sonstige Vertragsgläubiger des Getöteten, deren Ansprüche sich nun gegen die Erben richten (vgl BGH NJW 1969, 2007; mit Recht für eine Ausdehnung der Ersatzpflicht, wenn das schädigende Ereignis berechtigtes Unterhaltsvertrauen enttäuscht etwa DEUTSCH/AHRENS, DeliktsR [4. Aufl 2002] Rn 439; FRANK, in: FS Stoll, 143, 146).

γ)   Sonstige Fälle freiwilliger Unterhaltsleistungen

Auch außerhalb von nichtehelicher Lebensgemeinschaft und Verlöbnis (Rn 32 ff) be-   **36** rechtigt die freiwillige, rein tatsächlich gewährte Versorgung durch den Getöteten de lege lata nicht zu Ersatzansprüchen der bloß mittelbar Geschädigten (BGH NJW 1969, 2007, 2008; GEIGEL/SCHLEGELMILCH Kap 8 Rn 21; BGB-RGRK/BOUJONG Rn 25). Wegen der bewußten Entscheidung des historischen Gesetzgebers fehlt es an einer ausfüllungsbedürftigen Regelungslücke (vgl bereits Rn 32).

cc)   Zum Kreis der Ersatzberechtigten bei § 845

Genauso wie bei § 844 Abs 2 verbietet sich auch im Rahmen des § 845 eine Aus-   **37** dehnung der Vorschrift auf **vertragliche Dienstpflichten**. Sog Reflexschäden von Arbeitgebern oder Dienstherren sind daher nicht ersatzfähig (BGHZ 7, 30, 34 mwNachw; MünchKomm/STEIN Rn 3 aE; BGB-RGRK/BOUJONG Rn 8). Ein Arbeitgeber hat wegen der Lohnfortzahlung an einen unfallgeschädigten, dienstunfähig gewordenen Angestellten keinen Schadensersatzanspruch gegen den Schädiger aus eigenem Recht (BGHZ 7, 30, 34 ff). Gleiches gilt für die Vermögenseinbuße eines Taxiunternehmers, der als Ersatz für einen getöteten Taxifahrer eine höher bezahlte Ersatzkraft einstellen muß (BGH NJW 1979, 2244).

d)   Entsprechende Anwendbarkeit auf andere Arten von Schäden

Auch auf andere Arten von Schäden sind die §§ 844, 845 nicht entsprechend anwend-   **38** bar (allgM; grundlegend BGHZ 7, 30, 33 f; BGH VersR 1955, 183, 184; VersR 1960, 1097, 1098; JZ 1986, 451 f; ERMAN/SCHIEMANN Rn 3; MünchKomm/STEIN Rn 3; BGB-RGRK/BOUJONG Rn 9). Die Ersatzberechtigten können weder den Ersatz sonstiger Vermögenseinbußen noch immaterieller Schäden geltend machen. Der Kreis der ersatzfähigen Vermögenseinbußen ist bewußt auf gesetzlich konturierte und daher in Entstehung und Ausmaß vorhersehbare Einbußen begrenzt worden. Eine weitergehende Durchbrechung des deliktischen Tatbestandsprinzips (Rn 2) zugunsten lediglich mittelbar Geschädigter läßt sich im Gläubigerinteresse nicht rechtfertigen.

aa)   Insbes sind über § 844 Abs 2 **andere Schäden als der reine Unterhaltsausfall** nicht   **39** ersatzfähig. Dies gilt etwa für die Nachteile, die den Hinterbliebenen dadurch erwachsen, daß der Getötete in Selbsthilfe ein Haus bauen wollte und dafür nun eine Ersatzkraft eingestellt werden muß (BGH JR 1967, 100); daß die bisherigen Tilgungsbeiträge des getöteten Ehegatten zur Finanzierung des Eigenheims entfallen (BGH NJW-RR 1990, 221 = LM § 844 Abs 2 Nr 87; NJW 1988, 2365, 2367 = LM § 844 Abs 2 Nr 82; NJW 1986, 715, 716 = LM § 844 Abs 2 Nr 73; NJW 1985, 49, 50); daß sich durch Wegfall des Ehegatten die Unterhaltspflichten der Witwe gegenüber den Kindern erhöhen (vgl RGZ 64, 344, 345; 64, 350, 360; OLG Karlsruhe VersR 1955, 215) sowie für den Verlust von Steuervorteilen (BGH NJW 1979, 1501, 1502; ie noch unten Rn 238 ff) oder die Rechtsanwaltskosten der Hinterbliebenen für die Geltendmachung von Rentenansprüchen gegen öffentliche Versicherungsträger (BGH LM StVG § 10 Nr 3).

40 bb) Genausowenig bestehen Entschädigungsansprüche Dritter für **nichtvermögensrechtliche Einbußen**. Über §§ 844, 845 sind weder „Beeinträchtigungen der Lebensfreude" (BGH NJW 1978, 2337) noch sonstige mit dem Tod oder der Verletzung eines nahen Angehörigen verbundene „seelische Unlustgefühle" (LG Augsburg NJW 1967, 1513 m Anm Selb NJW 1967, 1914, 1915) ersatzfähig. Die Hinterbliebenen können nicht Ausgleich dafür verlangen, daß sie wegen der mit dem Todesfall verbundenen psychischen Belastungen eine gebuchte Urlaubsreise nicht antreten (BGH NJW 1989, 2317, 2318 = JR 1990, 110, 111 m zust Anm Dunz; unten Rn 68). Auch eine durch den Tod eines Ehegatten ausgelöste Alkoholabhängigkeit stellt keinen über § 844 Abs 2 ersatzfähigen Drittschaden dar (BGH JZ 1984, 437 f). Solche psychischen Fernwirkungen bedeuten uU aber einen als Gesundheitsbeeinträchtigung ersatzfähigen Eigenschaden des Angehörigen (so auch BGH JR 1990, 110 f; s bereits Rn 16).

e)   Entsprechende Anwendbarkeit des § 844 Abs 2 auf Unterhaltsschäden infolge Körperverletzung

41 § 844 Abs 2 ist auch nicht entsprechend auf Unterhaltsschäden anwendbar, die nicht auf einer Tötung, sondern auf einer Körper- oder Gesundheitsverletzung des Unterhaltsverpflichteten beruhen. Wird ein Arbeitnehmer infolge einer Körperverletzung arbeitsunfähig, so hat seine Witwe keinen Anspruch auf Ersatz des Schadens, der ihr dadurch entsteht, daß sie nach dem Tod ihres Mannes eine niedrigere Witwenrente erhält, weil während der Arbeitsunfähigkeit keine Sozialversicherungsbeiträge entrichtet worden sind (BGH NJW 1986, 984 f = LM § 844 Abs 2 Nr 74 = JZ 1986, 451, 452 m Anm Dunz = JR 1986, 413 m Anm vEinem; Küppersbusch Rn 223); insoweit kommen aber eigene Ansprüche des Verletzten nach §§ 842, 843 Abs 1 in Betracht (s etwa Dunz JZ 1986, 452, 453; ie Staudinger/Vieweg § 842 Rn 36).

f)   Entsprechende Anwendbarkeit der §§ 844, 845 bei Erlöschen einer juristischen Person

42 Zu Recht wird auch eine entsprechende Anwendung der §§ 844, 845 auf das Erlöschen einer juristischen Person abgelehnt. Arbeitnehmern einer wegen Verfassungswidrigkeit aufgelösten Partei kann nicht in Analogie zu §§ 844, 845 Enteignungsentschädigung wegen entgangenen Gehalts zuerkannt werden (BGH MDR 1963, 917). Einer solchen Analogie steht der eindeutig personale Bezug der §§ 844, 845 entgegen.

IV.   Tötung eines Menschen

43 Gemeinsame Voraussetzung von § 844 Abs 1 und Abs 2 ist die Tötung eines Menschen. Dabei reicht es aus, daß der Tod die **adäquate Folge** einer unerlaubten Handlung iSd §§ 823 ff ist. Der Tod ist nicht Bestandteil der haftungsbegründenden, sondern der **haftungsausfüllenden Kausalität** (BGHZ 132, 39, 42; BGH VersR 1993, 55 f = LM § 844 Abs 2 Nr 91). Im Falle des § 823 genügt es also, daß dem Schädiger in bezug auf die Körperverletzung Vorsatz oder Fahrlässigkeit zur Last gelegt werden kann. Auf den späteren Tod muß sich sein Verschulden hingegen nicht erstrecken; er muß noch nicht einmal vorhersehbar gewesen sein (heute allgM; BGHZ 132, 39, 42 = LM § 844 Abs 2 Nr 93; OLG Düsseldorf VersR 1992, 1233, 1234; RGZ 66, 251, 253; 55, 24, 30 f; MünchKomm/Stein Rn 11; Erman/Schiemann Rn 5; Soergel/Zeuner Rn 5; BGB-RGRK/Boujong Rn 15; zu älteren Auffassungen noch STAUDINGER/SCHÄFER[12] Rn 28 mwNachw; zur Rechtsentwicklung RÖCKRATH VersR 2001, 1197, 1203). Insoweit liegt den §§ 844, 845 eine durchgängige zeitliche Zäsur zugrunde, da es auch für die Entstehung der Ansprüche und die Bestimmung der Ersatzberechtigten entscheidend auf den Zeitpunkt der Verletzung ankommt (BGHZ 132, 39, 42 f = LM § 844 Abs 2 Nr 93; s unten Rn 77).

An dem adäquaten Kausalzusammenhang zwischen Tod und Verletzung fehlt es, **44** wenn der Tod „völlig außerhalb aller Erfahrung" liegt (ie STAUDINGER/SCHIEMANN [1998] § 249 Rn 13 ff), so etwa bei einem Herzinfarkt infolge einer verbalen Auseinandersetzung (KG VersR 1987, 105), anders aber für einen Herztod nach einem „Beinahe-Unfall" (OLG Düsseldorf VersR 1992, 1233, 1234). Beim Nachweis der haftungsausfüllenden Kausalität kommt dem mittelbar Geschädigten die **Beweiserleichterung des § 287 ZPO** zugute, so daß keine an Sicherheit grenzende Wahrscheinlichkeit zu verlangen ist (BGH VersR 1993, 55, 56 = LM § 844 Abs 2 Nr 91). Im Einzelfall kann auch ein Selbstmord des Verletzten dem Schädiger noch zurechenbar sein (vgl BGH NJW 1958, 1579; vgl aber auch OLG Düsseldorf VersR 1983, 739 f), wenn die psychischen Folgen nicht in einem groben Mißverhältnis zu dem schädigenden Ereignis stehen (so aber OLG Köln VersR 1988, 1049, 1050). Je größer der Zeitraum zwischen Verletzung und Tod ist, um so sorgfältiger ist die Adäquanz zu prüfen. Verwirklicht sich im späteren Tod des Verletzungsopfers nicht mehr die vom Schädiger gesetzte Verletzungsursache, sondern das allgemeine Lebensrisiko (s STAUDINGER/SCHIEMANN [1998] § 249 Rn 84), so ist § 844 nicht anwendbar, auch nicht entsprechend (zum Problem verletzungsbedingter Unterhaltsausfälle bereits Rn 41).

V.   Ersatz der Beerdigungskosten (§ 844 Abs 1)*

1.   Ersatzberechtigte

Gemäß § 844 Abs 1 ersatzberechtigt ist, wem die Verpflichtung zur Tragung der **45** Beerdigungskosten obliegt.

a)   Gesetzlich Verpflichtete
Gesetzlich zur Tragung der Beerdigungskosten verpflichtet sind in erster Linie die **46** **Erben** (§ 1968), subsidiär diejenigen, die dem Getöteten kraft Gesetzes **unterhaltspflichtig** waren (§ 1615 Abs 2), also die Verwandten in auf- und absteigender Linie (vgl LG Dortmund NJW-RR 1996, 775), der Ehegatte (§ 1360a Abs 3 iVm § 1615 Abs 2), auch der getrenntlebende Ehegatte (§ 1361 Abs 4 S 4 iVm §§ 1360a Abs 3, 1615 Abs 2) sowie der Lebenspartner (§ 5 LPartG iVm §§ 1360a Abs 3, 1615 Abs 2) und schließlich der Vater eines nichtehelichen Kindes, wenn die Mutter infolge der Schwangerschaft oder der Entbindung verstirbt (§ 1615m). Eine subsidiäre Verpflichtung zur Übernahme der Beerdigungskosten trifft iü den Beschenkten beim Tod des Schenkers, wenn dem Schenker wegen Notbedarfs ein Rückforderungsrecht zustand, § 528 Abs 1 S 3 iVm § 1615 Abs 2 (ie FRANZEN FamRZ 1997, 528, 529 ff mwNachw; OLG Düsseldorf FamRZ 1984, 887, 889; SOERGEL/MÜHL/TEICHMANN § 528 Rn 10; STAUDINGER/

---

* **Schrifttum:** DREES 7 ff; FRITZ, Fragen zum Bestattungsrecht, BWNotZ 1992, 137; GEIGEL/SCHLEGELMILCH Kap 8 Rn 10 ff; KÜPPERSBUSCH Rn 340 ff; THEDA, Die Beerdigungskosten nach § 844 Abs 1 BGB, DAR 1985, 10; WENKER, Die Kosten der Beerdigung gemäß § 844 Abs 1 BGB, VersR 1998, 557.

REUSS[12] § 528 Rn 8). Soweit einem hiernach Bestattungspflichtigen die Tragung der Kosten nach seinen Verhältnissen nicht zugemutet werden kann (ie OVG Münster NJW 1998, 2154), fallen sie gemäß § 15 BSHG dem Träger der Sozialhilfe zur Last (näher FRITZ BWNotZ 1992, 137, 141, 146).

47 Hingegen trifft den **geschiedenen Ehegatten** keine Verpflichtung zur Übernahme der Beerdigungskosten. Da der Gesetzgeber die frühere Regelung des § 69 Abs 2 EheG (hierzu noch DIECKMANN FamRZ 1977, 161, 165) bewußt nicht übernommen und damit eine Abstufung zum Familien- und Trennungsunterhalt (§§ 1360a Abs 3, 1361 Abs 4 S 4) intendiert hat, verbietet sich auch eine analoge Anwendung des § 1615 Abs 2 (Münch-Komm/RICHTER § 1586 Rn 8; GEIGEL/SCHLEGELMILCH Kap 8 Rn 12; THEDA DAR 1985, 10; nun auch PALANDT/BRUDERMÜLLER § 1586 Rn 2; **aA** noch PALANDT/DIEDERICHSEN[58] § 1586 Rn 2 sowie STAU-DINGER/SCHÄFER[12] Rn 35). Genausowenig schuldet der Lebenspartner nach Aufhebung einer Lebenspartnerschaft Ersatz der Beerdigungskosten (vgl § 16 LPartG). Einen Ersatzanspruch hat auch nicht, wer lediglich pflichtteilsberechtigt ist (THEDA DAR 1985, 10, 11).

b) Vertraglich Verpflichtete

48 Auch wer sich vertraglich zur Übernahme der Beerdigungskosten verpflichtet hat, ist ersatzberechtigt (MünchKomm/STEIN Rn 12; PALANDT/THOMAS Rn 4; BGB-RGRK/BOUJONG Rn 17; ERMAN/SCHIEMANN Rn 6; HENTSCHEL, Straßenverkehrsrecht [36. Aufl 2000] § 10 StVG Rn 5 aE; WUSSOW/DRESSLER Kap 44 Rn 1; vgl auch LG Oldenburg VersR 1979, 1135), da § 844 Abs 1 anders als § 844 Abs 2 oder § 845 allein das Vorliegen einer Verpflichtung verlangt, ohne nach ihrem Entstehungsgrund zu differenzieren.

c) Verpflichtete aus öffentlich-rechtlichen Verwaltungsvorschriften

49 Schließlich kann sich eine rechtliche Verpflichtung zur Übernahme der Beerdigungs-kosten auch aus öffentlich-rechtlichen Verwaltungsvorschriften und dem Grundsatz der Selbstbindung ergeben (so LG Oldenburg VersR 1979, 1135 für die Bestattung von Bundes-wehrangehörigen durch die Bundesrepublik; **aM** BGB-RGRK/BOUJONG Rn 18; BOMHARD VersR 1961, 303 f).

d) Tatsächliche Übernahme der Beerdigungskosten

50 Wer die Beerdigungskosten nur rein tatsächlich übernimmt, ohne hierzu gesetzlich oder vertraglich verpflichtet zu sein, zB der Lebensgefährte (vgl KG VersR 1979, 379) oder eine sonstige, nicht erbberechtigte nahestehende Person, ist **nicht** nach § 844 Abs 1 **ersatzberechtigt** (vgl BGH NJW 1962, 791, 792; OLG Oldenburg VersR 1979, 1135; BGB-RGRK/BOUJONG Rn 16). Die abweichende Regelung in § 60 Abs 4 InfektionsschutzG (zuvor § 51 Abs 4 BSeuchG) iVm § 36 BVG ist insoweit nicht verallgemeinerbar (**aA** wohl STAUDINGER/SCHÄFER[12] Rn 37). In Betracht kommt aber ein Aufwendungsersatzan-spruch nach den Grundsätzen der berechtigten GoA (§§ 683, 679, 677, 670), und zwar nicht nur gegen den Bestattungspflichtigen, sondern auch unmittelbar gegen den Schädiger (OLG Saarbrücken VersR 1964, 1257; KG VersR 1979, 379; KÜPPERSBUSCH Rn 340; MünchKomm/STEIN Rn 12; PALANDT/THOMAS Rn 4; STAUDINGER/MAROTZKE [1995] § 1968 Rn 21; THEDA DAR 1985, 10; WENKER VersR 1998, 557).

2. Forderungsübergang

a) Sterbegeld

Hat ein Sozialversicherungsträger Sterbegeld gezahlt (§§ 58, 59 SGB V; 63 Abs 1 **51**
Nr 1, 64 SGB VII; früher §§ 203, 589 RVO), so geht der Anspruch auf Erstattung
der Beerdigungskosten gemäß § 116 Abs 1 SGB X (früher § 1542 Abs 1 RVO) auf
ihn über (BGH NJW-RR 1986, 962; VersR 1959, 231 zu § 1542 RVO; zur Übergangsregelung des
§ 58 S 1 SGB V Drees 12 f; zu einem Sonderfall AG Naumburg NJW 2001, 2890: kein Anspruchsübergang mangels Ersatzanspruch, wenn das Sterbegeld an den Schädiger – den Mörder seiner
Ehefrau – ausbezahlt wurde). Gleiches gilt nach § 87a BBG für das vom Dienstherrn
nach § 18 BeamtVG gewährte Sterbegeld (vgl BGH NJW 1977, 802; BVerwG VersR 1975,
1038; KG VersR 1981, 536). Obwohl das dienstrechtliche Sterbegeld weitergehenden
Zwecken dient und kostenunabhängig gezahlt wird (ie BGH NJW 1977, 802 f; OLG
Oldenburg MDR 1990, 1015), besteht in Höhe der tatsächlichen Beerdigungskosten
Kongruenz (BGH NJW 1977, 802 f; ERMAN/SCHIEMANN Rn 7; WENKER VersR 1998, 557, 559;
PERKUHN VersR 1981, 6, 9). Müssen die Hinterbliebenen das Sterbegeld versteuern,
hat der Schädiger ihnen auch den sog Steuerschaden zu ersetzen (PERKUHN VersR
1981, 6, 9; hierzu auch unten Rn 238 ff).

Mangels gesetzlicher Anordnung findet für das wegen Tötung von Angestellten des **52**
öffentlichen Dienstes gewährte Sterbegeld (§ 41 BAT) kein Anspruchsübergang statt
(vgl BGH NJW-RR 1986, 962, 963). Auch muß sich der Anspruchsberechtigte das Sterbegeld im Verhältnis zum Schädiger nicht anrechnen lassen (BGH NJW 1978, 536, 537;
ERMAN/SCHIEMANN Rn 7; WENKER VersR 1998, 557, 559). Aus dem Rechtsgedanken des
§ 255 wird aber eine Verpflichtung zur Abtretung des Ersatzanspruchs an den Dienstherrn angenommen (BGHZ 21, 112, 119 ff; NJW 1978, 536, 537; MünchKomm/STEIN Rn 14).

b) Erhöhter Rentenbetrag gemäß § 65 Abs 2 Nr 1 SGB VII

Kein Anspruchsübergang findet für den an die Stelle der Überbrückungshilfe nach **53**
§ 591 RVO getretenen erhöhten Rentenbetrag für die ersten drei Monate nach dem
Tod des Versicherten gemäß § 65 Abs 2 Nr 1 SGB VII statt (MünchKomm/STEIN Rn 14;
zu § 591 RVO OLG Hamm VersR 1980, 390).

3. Begriff und Umfang der Beerdigungskosten

a) Allgemeines

Eine gesetzliche Definition der ersatzfähigen Beerdigungskosten fehlt. Im Sinne **54**
einer allgemeinen Begriffsbestimmung wird man darunter sämtliche **Kosten** verstehen können, die **unmittelbar durch die Beerdigung entstanden oder untrennbar mit ihr
verbunden** sind (vgl HENTSCHEL, StraßenverkehrsR [36. Aufl 2000] § 10 StVG Rn 5 und bereits
STAUDINGER/SCHÄFER[12] Rn 32), also vor allem die Kosten für den Beerdigungsakt und die
Beerdigungsfeierlichkeiten (vgl nur DREES 8 ff). Kosten, die lediglich mittelbar auf
einer Beerdigung beruhen, insbes Aufwendungen, die Dritte im Zusammenhang
mit einer Beerdigung getätigt haben, sind dagegen regelmäßig nicht ersatzfähig
(s auch unten Rn 67).

Ausmaß und Umfang des Ersatzanspruchs entsprechen der Ersatzpflicht des Erben **55**
nach § 1968 (BGHZ 32, 72, 73; KG VersR 1999, 504, 508; AG Rheinbach Schaden-Praxis 1999, 375;
OLG Düsseldorf VersR 1995, 1195; OLG Hamm NJW-RR 1994, 155; PALANDT/THOMAS Rn 4).

Ersatzfähig sind daher nicht nur die Kosten einer notdürftigen, sehr einfachen Beerdigung (OLG Düsseldorf MDR 1961, 940 f; anders im Rahmen des § 15 BSHG [„erforderliche Kosten einer Bestattung"]; dazu OVG Lüneburg NJW 2000, 2513, 2514 und Fritz BWNotZ 1992, 137, 146), sondern die Kosten einer der gesellschaftlichen und wirtschaftlichen Lebensstellung des Getöteten sowie den Sitten und Gebräuchen der betreffenden Bevölkerungskreise **angemessenen Beerdigung** (allgM; RGZ 139, 393, 394; 160, 255, 256; BGHZ 32, 72, 73; 61, 238, 239; LG Berlin VersR 1964, 1259; LG Wiesbaden VersR 1970, 1140; OLG Düsseldorf VersR 1995, 1195; KG Berlin VersR 1999, 504, 508; BGB-RGRK/Boujong Rn 19; Erman/Schiemann Rn 7; Jauernig/Teichmann Rn 1; MünchKomm/Stein Rn 13; Palandt/Thomas Rn 4). An dem hierzu Erforderlichen findet die Ersatzpflicht ihre Grenze (BGHZ 61, 238, 239). Auch wenn die Hinterbliebenen in der Gestaltung und Ausrichtung der Beerdigung frei sind (Wenker VersR 1998, 557), ist der Schädiger nicht verpflichtet, schlechthin alle Kosten, die für die Bestattung aufgewendet wurden, zu ersetzen (vgl BGHZ 61, 238, 239; OLG Düsseldorf VersR 1995, 1195, 1196). Übersteigen die tatsächlichen Aufwendungen die Grenze des Angemessenen, so sind die nach § 844 Abs 1 ersatzfähigen Beerdigungskosten gemäß § 287 ZPO zu schätzen (vgl OLG Düsseldorf VersR 1995, 1195, 1196).

56 An dieser **normativen Begrenzung** des Ersatzanspruchs ist auch nach der Streichung des Wortes „standesmäßig" zum 1. 1. 1999 durch Art 33 Nr 31 EGInsO festzuhalten, weil der Gesetzgeber damit keine inhaltliche Änderung, sondern nur redaktionelle Anpassungen vornehmen wollte (vgl BT-Drucks 12/3803, 79 sowie Palandt/Edenhofer § 1968 Rn 3; Erman/Schlüter § 1968 Rn 5; Staudinger/Marotzke [1995] § 1968 Rn 2; Wussow/Dressler Kap 44 Rn 2).

57 Ie ist bei der Beurteilung der Angemessenheit eine **Gesamtschau** sämtlicher Aufwendungen vorzunehmen. Es kommt nicht auf die Angemessenheit einzelner Positionen an. Entscheidend ist vielmehr, daß der insgesamt betriebene Aufwand der Lebensstellung des Getöteten entspricht und sich im finanziellen Gesamtrahmen hält (KG VersR 1999, 504; OLG Hamm NJW-RR 1994, 155; Geigel/Schlegelmilch Kap 8 Rn 10; auch Staudinger/Marotzke [1995] § 1968 Rn 3 aE). Dabei können für eine 19jährige Auszubildende aus dem „gutbürgerlichen Mittelstand" Beerdigungskosten von insgesamt 15 000 DM noch im erstattungsfähigen Bereich liegen (OLG Hamm NJW-RR 1994, 155).

b) Einzelfragen

58 aa) Im Rahmen der Angemessenheit ersatzfähig sind regelmäßig die **eigentlichen Kosten des Beerdigungsakts** (BGH VersR 1974, 140; LG Hamburg VersR 1979, 64). Hierzu zählen grundsätzlich auch die Kosten einer **Feuerbestattung** (allgM; BGB-RGRK/Boujong Rn 19; Soergel/Zeuner Rn 7; Theda DAR 1985, 10, 12; Geigel/Schlegelmilch Kap 8 Rn 11; ie Staudinger/Marotzke [1995] § 1968 Rn 4), und zwar auch dann, wenn sie höher sind als die einer Beerdigung (Staudinger/Marotzke [1995] § 1968 Rn 4).

59 Zu den eigentlichen Beerdigungskosten können auch die **Überführungskosten** zählen; hier ist im Einzelfall aber die Beachtung der Schadensminderungspflicht aus § 254 Abs 2 zu prüfen (RGZ 66, 306; OLG Karlsruhe VersR 1954, 12; zur Überführung ins Ausland vgl LG Gießen ZfS 1984, 231; Wussow/Dressler Kap 44 Rn 4). Bei einer Beerdigung in der Türkei können auch die Kosten für die Ebnung der Dorfstraße ersatzfähig sein, wenn dies üblich und erforderlich ist (KG VersR 1999, 504, 508).

60 Ebenfalls ersatzfähig sind die Kosten für **Grabstätte** und **Grabstein** (RGZ 139, 393 ff; LG

Wiesbaden VersR 1970, 1140) einschließlich der Aufwendungen für eine Grablaterne
(Wenker VersR 1998, 557, 558), der Kosten der Erstbepflanzung des Grabes sowie des
Sarg- und Grabschmucks (OLG Köln VersR 1956, 646, 647; OLG Düsseldorf ZEV 1994, 372 f).
Als insgesamt unangemessen und damit nicht mehr ersatzfähig beurteilte das OLG
Düsseldorf die Kosten einer aufwendig gestalteten Grabanlage mit einer Bronzefigur
als Grabdenkmal für die Beerdigung eines 20jährigen Kfz-Mechanikers (VersR 1995,
1195, 1196; zur Angemessenheit eines Grabdenkmals auch LG Siegen Schaden-Praxis 1998, 457 f).

Nicht ersatzfähig sind die Mehrkosten für ein **Doppelgrab**, das künftig den Ehegatten **61**
des Getöteten aufnehmen soll, da sich die Ersatzpflicht nach § 844 Abs 1 nur auf die
Kosten der Beerdigung des vom Schädiger Getöteten bezieht (BGHZ 61, 238, 240; OLG
Düsseldorf MDR 1973, 671; OLG Köln ZfS 1981, 73; LG Hamburg VersR 1979, 64; Wenker VersR
1998, 557, 558; Soergel/Zeuner Rn 7; BGB-RGRK/Boujong Rn 21; Staudinger/Marotzke
[1995] § 1968 Rn 5; abw OLG Köln VersR 1976, 373). Die Ersatzpflicht beschränkt sich
insoweit auf die anteiligen Kosten eines angemessenen Einzelgrabes (BGHZ 61, 238,
240; Küppersbusch Rn 342). Die gleichen Grundsätze gelten für eine **Familiengrabstätte**
(OLG Celle NZV 1997, 232; vgl aber auch noch OLG München NJW 1968, 252).

bb) Zu den ersatzfähigen Beerdigungskosten zählen auch die Kosten einer **ange-** **62**
messenen Beerdigungsfeier, insbes die Kosten für eine nach den Umständen angemessene **Trauermahlzeit** (vgl ie LG Ulm VersR 1968, 183; OLG Hamm VersR 1972, 405; LG
München VersR 1975, 73; LG Stuttgart ZfS 1985, 166) sowie für Todesanzeigen (LG München
VersR 1975, 73), Totenzettel, Danksagungen (LG Kleve Schaden-Praxis 1998, 458), Fern-
sprech- und Telegrammgebühren. Der christlichen Trauerfeier entspricht bei Angehörigen des islamischen Glaubens die rituelle Waschung der Leiche (vgl VG Berlin
NVwZ 1994, 617 zu § 15 BSHG; Britz JZ 2000, 1127, 1132). Hingegen wird man die Über-
nachtungs- und Bewirtungskosten für auswärtige Trauergäste jedenfalls nach den
heutigen Gepflogenheiten regelmäßig nicht mehr zu den erstattungsfähigen Beerdigungskosten zählen können (anders aber noch OLG Köln JW 1938, 811; auch LG Karlsruhe
VersR 1957, 725).

Auch die Kosten der nächsten Angehörigen für **Trauerkleidung** werden überwiegend **63**
für ersatzfähig gehalten (BGHZ 32, 72, 75; zust BGB-RGRK/Boujong Rn 20; Erman/Schie-
mann Rn 7; MünchKomm/Stein Rn 12 Fn 40; Palandt/Edenhofer § 1968 Rn 3; Küppersbusch
Rn 344; Weimar MDR 1967, 980; vgl ie die Übersichten bei Wenker VersR 1998, 557, 558 und
Theda DAR 1985, 10, 13), in jüngerer Zeit allerdings zumeist unter Abzug einer Eigenersparnis. Im einzelnen ist die Rspr hierzu uneinheitlich; judiziert wurden Abzüge
von 20% (OLG Celle ZfS 1987, 229; 1981, 334), 25% (LG Detmold r + s 1978, 237 für männliche
Kleidung), 40% (LG Düsseldorf VersR 1967, 985; OLG Köln VersR 1956, 646, 647) und 50% (RG
WarnR 1928 Nr 127; BGH VersR 1973, 224; OLG Hamm VersR 1982, 961; LG Köln VersR 1983,
1066; LG Detmold r + s 1978, 237 für weibliche Kleidung; zust Wenker VersR 1988, 557, 558: Abzug
zwischen 33 und 50%). Andere lehnen jeden Abzug mangels meßbarer Eigenersparnis
ab (LG Kleve Schaden-Praxis 1998, 458; OLG [SchiffObGer] Karlsruhe NZV 1992, 443, 445; OLG
Hamm VersR 1977, 1110; OLG Koblenz ZfS 1982, 7; OLG Stuttgart ZfS 1983, 325; LG Bad Kreuz-
nach ZfS 1981, 198; LG Darmstadt ZfS 1982, 291; LG Münster DAR 1986, 121, 122; zust Hentschel,
Straßenverkehrsr [36. Aufl 2000] § 10 StVG Rn 5; BGB-RGRK/Boujong Rn 20; MünchKomm/
Stein Rn 15 Rn 48; Erman/Schiemann Rn 7; Geigel/Schlegelmilch Kap 8 Rn 11; ie zum Vorteilsausgleich unten Rn 69).

64 Es erscheint zweifelhaft, ob sich die Kosten der Trauerkleidung überhaupt zu den ersatzfähigen Beerdigungskosten zählen lassen. Mit Recht wird hervorgehoben, daß Trauerkleidung ein Zeichen persönlicher Anteilnahme und Trauer der Angehörigen um den Verstorbenen ist, deren uneingeschränkte Anrechnung sich zumindest im Rahmen des § 1968 verbietet, da es widersprüchlich wäre, sie dem Vermögen des Verstorbenen anzulasten (BERGER, Die Erstattung der Beerdigungskosten [Diss Köln 1968] 40 f; ihm folgend STAUDINGER/MAROTZKE [1995] § 1968 Rn 7; vgl auch SOERGEL/STEIN § 1968 Rn 4 Fn 21; MünchKomm/SIEGMANN § 1968 Rn 4). Diese Wertung ist auch im Rahmen des § 844 Abs 1 zu berücksichtigen (vgl oben Rn 55; iE genauso SOERGEL/ZEUNER Rn 6 Fn 23). Jedenfalls wird man aber in großem Umfang von einer anrechenbaren Eigenersparnis ausgehen können, da gedeckte Kleidung heutzutage regelmäßig weitergetragen werden kann, ggf kombiniert mit anderer Kleidung (WENKER VersR 1998, 557, 558; ERMAN/SCHLÜTER § 1968 Rn 5; WUSSOW/DRESSLER Kap 44 Rn 5). Ein Ersatzanspruch für Trauerkleidung sollte daher die Ausnahme bleiben und auf sehr enge wirtschaftliche Verhältnisse beschränkt werden.

65 cc) Da der Beerdigungsakt mit der Herrichtung einer bestimmten Grabstätte seinen Abschluß findet, zählen die Kosten der **laufenden Grabpflege** nicht zu den ersatzfähigen Beerdigungskosten (allgM; BGHZ 61, 238, 239; OLG Düsseldorf r + s 1997, 159; AG Warburg Schaden-Praxis 1996, 382; LG Koblenz Schaden-Praxis 1994, 412; LG Stuttgart ZfS 1985, 166; SOERGEL/ZEUNER Rn 7; ERMAN/SCHIEMANN Rn 7; MÄRKER MDR 1992, 217; aA nur OLG Hamm r + s 1990, 304 m abl Anm DORNWALD; s auch LANGE/KUCHINKE, ErbR [5. Aufl 2001] 1200 Fn 59: für die Dauer eines Jahres vom Erben erstattungsfähig). Gleiches gilt für die Kosten für fortlaufende kirchliche Jahrgedächtnisse und zB den Allerheiligengrabschmuck (OLG Celle HRR 39 Nr 144; OLG Köln VersR 1956, 646; KÜPPERSBUSCH Rn 342).

66 An dem erforderlichen untrennbaren Zusammenhang mit der Beerdigung fehlt es auch bei den Kosten für die Erteilung eines **Erbscheins** (OLG Koblenz ZfS 1982, 7; OLG Köln VersR 1982, 558; LG Augsburg ZfS 1986, 166, 167), für die **Testamentseröffnung** und **-vollstreckung** (THEDA DAR 1985, 10, 13) sowie für die **Nachlaßverwaltung** (BGH VersR 1955, 183). Ersatzfähig sind aber die Kosten für die Ausstellung einer Sterbeurkunde, weil diese für die Bestattung erforderlich ist (LG Hamburg VersR 1979, 64; WENKER VersR 1998, 557, 559).

67 Grundsätzlich nicht zu den Beerdigungskosten zählen auch die **Reisekosten**, die Angehörige oder Dritte aufwenden, um an der Beerdigung teilzunehmen (BGHZ 32, 72 ff; AG Rheinbach Schaden-Praxis 1999, 375; LG Siegen Schaden-Praxis 1998, 457; OLG Köln VersR 1956, 647; AG Würzburg VersR 1974, 94; vgl iü STAUDINGER/MAROTZKE [1995] § 1968 Rn 8 mwNachw). Im Einzelfall kommt es darauf an, ob es üblich und gebräuchlich ist, daß der Bestattungspflichtige den Anreisenden ihre Reisekosten ersetzt (für den türkischen Kulturkreis bejaht von KG VersR 1999, 504, 508; zust WUSSOW/DRESSLER Kap 44 Rn 6).

68 Nicht ersatzfähig sind schließlich solche Aufwendungen, die **unabhängig vom Todesfall** gemacht wurden, deren Früchte infolge der Beerdigung aber nicht in Anspruch genommen werden können (BGH JR 1990, 110 m zust Anm DUNZ JR 1990, 112: frustrierte Aufwendungen für nicht angetretene Urlaubsreisen; dazu DEUTSCH/SCHRAMM VersR 1990, 715; WUSSOW/DRESSLER Kap 44 Rn 7; s auch schon Rn 40).

4.   Vorteilsausgleichung und überholende Kausalität

Da es sich bei dem Anspruch aus § 844 Abs 1 um einen Schadensersatzanspruch **69** handelt (Rn 11), kann grundsätzlich auch ein Vorteilsausgleich stattfinden (THEDA DAR 1985, 10, 11; KÜPPERSBUSCH Rn 344; vgl auch GREGER § 10 StVG Rn 32), soweit dies dem Anspruchsberechtigten zumutbar ist, den Schädiger nicht unbillig entlastet und dem Zweck der Schadensersatznorm entspricht (vgl allg STAUDINGER/SCHIEMANN [1998] § 249 Rn 138 mwNachw; gegen jeden Vorteilsausgleich aber OLG [SchiffObGer] Karlsruhe NZV 1992, 443, 445; GEIGEL/SCHLEGELMILCH Kap 8 Rn 15; MünchKomm/STEIN Rn 15). Diese Voraussetzungen wird man für die Kosten der Trauerkleidung – hält man diese überhaupt für ersatzfähig – bejahen können (ie Rn 63 f). Iü ist sorgfältig zu prüfen, ob ein Vorteilsausgleich mit dem Zweck des § 844 Abs 1 vereinbar ist. Abzulehnen ist ein Vorteilsausgleich etwa gegenüber Leistungen einer privaten Beerdigungsversicherung (OLG Kiel SchlHAnz 1927, 30; MünchKomm/STEIN Rn 15 aE; GREGER § 10 StVG Rn 33), da es sich um Vorsorgemaßnahmen handelt, die ihrer Natur nach nicht dem Schädiger, sondern den Hinterbliebenen zugute kommen sollen. Entsprechendes gilt für das Sterbegeld nach § 41 BAT (Rn 52). Auch ersparte Unterhaltsleistungen braucht sich der Anspruchsberechtigte nicht anrechnen zu lassen (BGH NJW 1953, 97, 98; WEIMAR MDR 1967, 980; BGB-RGRK/BOUJONG Rn 22).

Ohne Bedeutung für den Anspruch auf Ersatz der Beerdigungskosten sind **hypo- 70 thetische Reserveursachen**, die ohnehin zu einem zeitnahen Tod geführt hätten. Die Beerdigungskosten sind vielmehr auch dann zu erstatten, wenn der Getötete schwerstkrank war und nur noch kurze Zeit zu leben hatte (OLG Düsseldorf ZfS 1994, 405; BGB-RGRK/BOUJONG Rn 22; GEIGEL/SCHLEGELMILCH Kap 8 Rn 14; MünchKomm/ STEIN Rn 15; ERMAN/SCHIEMANN Rn 6).

VI.   Ersatz des Unterhaltsschadens (§ 844 Abs 2)

1.   Rechtsnatur und Zweck des Ersatzanspruchs

Bei dem Anspruch aus § 844 Abs 2 handelt es sich um einen **Schadensersatz-** und **71 nicht um einen Unterhaltsanspruch** (s bereits Rn 11). Er setzt voraus, daß dem Berechtigten tatsächlich ein Schaden entstanden ist (BGH NJW 1974, 1373 sowie unten Rn 77 ff). Auch die Grundsätze der Vorteilsausgleichung sind prinzipiell anwendbar (unten Rn 200 ff).

Der Anspruch nach § 844 Abs 2 soll es dem Unterhaltsberechtigten ermöglichen, **72** sein Leben in wirtschaftlicher Hinsicht so fortzuführen, als leistete der Getötete weiterhin Unterhalt (RGZ 159, 21, 24; BGH VersR 1952, 97; OLG Hamburg VersR 1963, 1037; JAUERNIG/TEICHMANN Rn 2). Da die gesetzlichen Unterhaltspflichten mit dem Tode des Verpflichteten grundsätzlich erlöschen (§§ 1615 Abs 1 S 1, 1360a Abs 3, 1361 Abs 4 S 4; § 5 S 2 LPartG iVm §§ 1360a Abs 3, 1615 Abs 1 S 1; vgl aber auch § 1586b Abs 1 S 1), tritt der Anspruch aus § 844 Abs 2 als **Surrogat** an die Stelle der weggefallenen Unterhaltsleistungen oder -ansprüche (BGB-RGRK/BOUJONG Rn 23).

2.   Kreis der Ersatzberechtigten

Ersatzberechtigt sind gemäß § 844 Abs 2 S 1 diejenigen Personen, denen der Getö- **73** tete zur Zeit der Verletzung kraft Gesetzes unterhaltspflichtig war oder unterhaltspflichtig werden konnte.

74 Kraft Gesetzes unterhalts- und damit ersatzberechtigt sind:

– **Ehegatten** (§ 1360 S 1), auch getrennt lebende (§ 1361) oder geschiedene Ehegatten (§§ 1569 ff) sowie Ehegatten nach aufgehobener Ehe (§ 1318 Abs 2 iVm §§ 1569 ff);

– die **Partner einer eingetragenen Lebenspartnerschaft** (§ 5 LPartG), auch bei Getrenntleben (§ 12 LPartG) und nach Aufhebung der Partnerschaft (§ 16 LPartG) (hierzu RÖTHEL NZV 2001, 329, 330; MUSCHELER, Das Recht der Eingetragenen Lebenspartnerschaft [2001] 108 ff);

– **Verwandte in gerader Linie** (§§ 1601 ff) einschließlich **nichtehelicher Kinder** gegenüber ihren nicht verheirateten Eltern (§ 1615a iVm §§ 1601 ff);

– die **nicht miteinander verheirateten Eltern** eines gemeinsamen Kindes unter den Voraussetzungen des § 1615l (OLG Koblenz NJW-RR 2000, 1531) sowie

– **angenommene Kinder** und die **annehmenden Eltern** (§§ 1754, 1751 Abs 4, 1770 Abs 3 iVm §§ 1601 ff).

75 Kein gesetzliches Unterhaltsrecht besitzen **Stief- und Pflegekinder** (BGH NJW 1969, 2007, 2008; 1984, 977, 978; OLG Stuttgart VersR 1993, 1536, 1537), **Verlobte** und **Partner einer nichtehelichen Lebensgemeinschaft** (Rn 32). Insoweit scheidet auch eine analoge Anwendung des § 844 Abs 2 aus (ie bereits Rn 33). Gleiches gilt für Unterhaltsberechtigte kraft **Vertrages** (Rn 35). Ein gesetzlicher Unterhaltsanspruch verliert seinen Charakter aber nicht dadurch, daß er durch Vertrag anerkannt oder näher geregelt wird.

76 Zum gesetzlichen Unterhaltsanspruch ist auch der **schuldrechtliche Versorgungsausgleich** nach §§ 1587f bis 1587n zu zählen (ERMAN/SCHIEMANN Rn 8; BGB-RGRK/BOUJONG Rn 32; MünchKomm/STEIN Rn 27; aA MONSTADT 29 mwNachw). Zwar wird der Versorgungsausgleich schuldrechtlich verwirklicht, doch handelt es sich um einen kraft Gesetzes gewährten Anspruch, der zumindest unterhaltsähnlichen Charakter hat (ie LANGE FamRZ 1983, 1181, 1188).

Anderes gilt für den öffentlich-rechtlichen Versorgungsausgleich. Hier besteht kein Bedürfnis nach einer Anwendung des § 844 Abs 2, da die Ansprüche aus dem rentenrechtlichen Versorgungsausgleich gemäß § 1587e Abs 4 nicht mit dem Tode des Ausgleichsschuldners erlöschen; das Rentenkonto bleibt vielmehr über den Tod hinaus bestehen, soweit dies zur Durchführung des Versorgungsausgleichs erforderlich ist (MünchKomm/STEIN Rn 27; LANGE FamRZ 1983, 1181, 1187).

3. Maßgebender Zeitpunkt für die Ersatzberechtigung

a) Zeitpunkt der Verletzung

77 Das **Rechtsverhältnis**, aus dem sich das gesetzliche Unterhaltsrecht ergibt, muß **bereits zur Zeit der Verletzung** bestanden haben (§ 844 Abs 2 S 1). Der Gesetzgeber hat bewußt auf den Zeitpunkt der Verletzung und nicht auf den Zeitpunkt des Todes abgestellt, weil der Tod zwar zum Tatbestand des Deliktes gehört, aber keinen Bestandteil der vom Täter zu vertretenden Handlung bildet (Mot II 780 = MUGDAN II 436; vgl auch Rn 43 f). Wer erst nach der Verletzung durch Heirat, Zeugung, Annahme oä unterhaltsberechtigt wird, gehört daher nicht zum Kreis der Ersatzberechtigten (BGHZ 132, 39, 42 f = LM § 844 Abs 2 Nr 93; BGH NJW 1962, 1054, 1055; BGB-RGRK/BOUJONG Rn 26; SOERGEL/ZEUNER Rn 13).

Der Zeitpunkt der Verletzung ist auch dann maßgebend, wenn er nicht mit der Zeit der Begehung der unerlaubten Handlung zusammenfällt, zB wenn ein fehlerhafter Bau, für dessen Fehler der Baumeister verantwortlich ist, erst längere Zeit nach der Vollendung einstürzt (Mot II 780 = MUGDAN II 436).

Nur das Rechtsverhältnis, auf dem die gesetzliche Unterhaltspflicht beruht, muß **78** bereits im Zeitpunkt der Verletzung vorgelegen haben, nicht die weiteren Voraussetzungen wie Bedürftigkeit und Leistungsfähigkeit. Es reicht aus, daß dem Berechtigten in einem späteren Zeitpunkt ein Unterhaltsanspruch gegen den Verpflichteten, wenn dieser weitergelebt hätte, entstanden wäre (BGB-RGRK/BOUJONG Rn 27). Solange die weiteren unterhaltsbegründenden Umstände noch nicht eingetreten sind, kann der Berechtigte allerdings lediglich auf Feststellung der künftigen Ersatzpflicht des Schädigers klagen (unten Rn 92 ff, 259).

b)   Nasciturus
Eine **Ausnahme** von dem Grundsatz des § 844 Abs 2 S 1 macht **§ 844 Abs 2 S 2** für den **79** nasciturus. Danach tritt die Ersatzpflicht auch dann ein, wenn der Unterhaltsberechtigte zur Zeit der Verletzung **bereits gezeugt**, aber noch nicht geboren war.

Schwierigkeiten bereitet die Bestimmung des Zeugungszeitpunktes bei der **in-vitro-Fertilisation**. Hier wird zT auf den Zeitpunkt der extrakorporalen Verschmelzung der Keimzellen abgestellt (SELB, Rechtsordnung und künstliche Reproduktion des Menschen [1987] 20 ff; STAUDINGER/HABERMANN/WEICK [1994] § 1 Rn 23 mwNachw), zT erst auf die Einnistung des Eis in die Gebärmutter (SOERGEL/FAHSE § 1 Rn 27; PALANDT/HEINRICHS § 1 Rn 8). Da aber der rechtliche Schutz schon im Zeitpunkt der Verschmelzung der Keimzellen beginnt, erschiene es unbillig, dem später geborenen Kind einen Ersatzanspruch nach § 844 Abs 2 zu versagen (STAUDINGER/HABERMANN/WEICK [1994] § 1 Rn 23). Dies wird auch dann gelten müssen, wenn ein Kind unter Verstoß gegen § 4 Abs 1 Nr 3 ESchG erst nach dem Tod des Verletzten künstlich gezeugt wird, da es nicht Zweck der Verbotsnorm ist, Unterhaltsschäden zu vermeiden (DEUTSCH NJW 1991, 721, 723; iE genauso vor Inkrafttreten des ESchG LEIPOLD, in: FS Kralik [1986] 467, 477; aA ERMAN/SCHIEMANN Rn 8).

Wie im Fall des § 1923 Abs 2 entscheidet bei einem Streit, ob der Dritte zur Zeit der **80** Verletzung bereits gezeugt war, der Richter nach freier Beweiswürdigung (§ 286 Abs 2 ZPO), ohne durch die Vorschriften über die Empfängniszeit (§§ 1592, 1600d Abs 3) gebunden zu sein (MünchKomm/STEIN Rn 18; PALANDT/EDENHOFER § 1923 Rn 5; SOERGEL/STEIN § 1923 Rn 5).

Ein Fall des § 844 Abs 2 S 2 liegt nicht vor, wenn durch eine Verletzung der Mutter **81** auch der nasciturus geschädigt wird. Hier ist der nasciturus nicht nur mittelbar Geschädigter, sondern in eigenen Rechtsgütern verletzt, und hat daher auch eigene deliktische Ansprüche aus §§ 823 ff (ie Staudinger/Hager [1999] § 823 Rn B 40 ff; zur Rechtsstellung des nasciturus in der hirntoten Mutter Coester-Waltjen, in: FS Gernhuber [1993] 837 ff).

4. Entziehung des Rechts auf Unterhalt durch die Tötung

a) Erlöschen der Unterhaltspflicht

82 Erlischt die Unterhaltspflicht mit dem Tode des Unterhaltspflichtigen, so ist dem Unterhaltsberechtigten das Recht auf Unterhalt infolge der Tötung entzogen. Dies gilt gemäß § 1615 für den Unterhalt von Abkömmlingen in auf- und absteigender Linie (§ 1601 ff) sowie für den Familien- und den Trennungsunterhalt (§§ 1360a Abs 3, 1361 Abs 4 S 4 iVm § 1615).

b) Aufleben subsidiärer Unterhaltspflichten (§ 844 Abs 2 iVm § 843 Abs 4)

83 Eine Entziehung des Rechts auf Unterhalt iSd § 844 Abs 2 liegt auch dann vor, wenn mit dem Tod des Unterhaltspflichtigen dem Unterhaltsberechtigten eine andere Person kraft Gesetzes unterhaltspflichtig wird, wie sich aus der Verweisung auf § 843 Abs 4 ergibt. Der Unterhaltsersatzanspruch nach § 844 Abs 2 stellt lediglich darauf ab, daß der Geschädigte als Unterhaltsverpflichteter ausscheidet. Die Existenz subsidiärer Unterhaltsverpflichteter soll den Schädiger nicht entlasten.

84 Aufgrund teleologischer Restriktion ist **§ 843 Abs 4 nicht anwendbar**, wenn nur die Person des Unterhaltsverpflichteten, nicht aber die Quelle des Unterhalts gewechselt hat (BGH NJW 1969, 2008; Geigel/Schlegelmilch Kap 8 Rn 27; MünchKomm/Stein Rn 25; Soergel/Zeuner Rn 27; ie Staudinger/Vieweg § 843 Rn 40 ff), so daß für die Unterhaltsleistung dieselben Vermögenswerte zur Verfügung stehen, zB wenn der neue Unterhaltspflichtige Erbe des Getöteten geworden ist und der Getötete seine Unterhaltsverpflichtungen ausschließlich aus seinem Vermögen bestritten hatte. In diesem Fall ist dem Unterhaltsberechtigten durch den Tod zwar sein ursprüngliches, gegen den Getöteten gerichtetes Unterhaltsrecht entzogen worden, doch darf ihm iE kein Anspruch gegen den Schädiger zustehen, wenn er ein **gleichwertiges Unterhaltsrecht** erhalten hat. Systematisch ist diese Frage auf der Ebene des Schadens im Rahmen der Vorteilsausgleichung zu verarbeiten (hierzu noch Rn 219).

85 Ebenfalls kein Fall des § 843 Abs 4 ist die **Wiederverheiratung** des unterhaltsberechtigten Ehegatten, weil der aus der Wiederverheiratung gegen den neuen Ehegatten erwachsende Unterhaltsanspruch nicht unmittelbar auf dem Schadensfall beruht. § 843 Abs 4 bezieht sich nur auf Fälle, in denen ein anderer Unterhaltspflichtiger entweder im Unfallzeitpunkt bereits vorhanden ist oder die Unterhaltspflicht „aus Anlaß des Unfalls" zu erfüllen hat (BGH NJW 1970, 1127, 1128 f; vgl auch BGH NJW 1979, 268; Lange/Schiemann § 9 VI 7; Geigel/Schlegelmilch Kap 8 Rn 27; Soergel/Zeuner Rn 16; ie hierzu Rn 181 ff, 219). Genauso liegt es auch bei der **Adoption** von Unfallwaisen: Die durch die Adoption entstehenden Unterhaltsansprüche gegen die Adoptiveltern (§ 1754 iVm §§ 1601 ff) unterfallen nicht dem Anrechnungsverbot des § 843 Abs 4 (vgl BGH NJW 1970, 2061, 2063; BGHZ 91, 357, 364 = LM § 254 Nr 30; Triebold 178 f und noch unten Rn 169, 221).

c) Übergang der Unterhaltsverpflichtung auf die Erben des Getöteten

86 Das Recht auf Unterhalt wird **nicht** iSd § 844 Abs 2 **entzogen**, wenn die Unterhaltsansprüche mit dem Tod des Verpflichteten nicht erlöschen, sondern auf dessen Erben übergehen, §§ 1586b, 1615l Abs 3 S 5 (BGB-RGRK/Boujong Rn 32; MünchKomm/Stein Rn 24). Gleiches sieht § 16 Abs 2 S 2 LPartG iVm § 1586b für den nachpartnerschaftlichen Unterhalt vor. In diesen Fällen geht das Gesetz davon aus, daß der Unterhaltsberechtigte einen gleichwertigen Unterhaltsanspruch erhält, weil mit der Vermögensmasse des Getöteten auch die Quelle des Unterhaltsanspruchs auf den neuen Unterhaltsverpflichteten übergeht. Unterhaltsersatzansprüche gegen den Schädiger kommen daher nur insoweit in Betracht, als sich die Rechtsstellung des Berechtigten durch den Gläubigerwechsel aus rechtlichen oder tatsächlichen Gründen verschlechtert, zB wenn die Erben von ihrer Haftungsbeschränkung (§§ 1586b Abs 1 S 3, 1975, 1990) Gebrauch machen (RGZ 74, 375). Ansprüche gegen den Schädiger bestehen auch, wenn der Getötete den Unterhalt mit seinem **Erwerbseinkommen** bestritten hat, weil dann die eigentliche Unterhaltsquelle nicht auf die Erben übergegangen ist und also kein Anlaß zu einer Entlastung des Schädigers besteht (vgl Schubel AcP 198 [1998] 1, 25 f).

5.   Entstehung eines Schadens

Als Schadenersatzanspruch (Rn 11) setzt § 844 Abs 2 die Entstehung eines Schadens **87** voraus. Dem Unterhaltsberechtigten muß sein Recht auf Unterhalt infolge der Tötung des Verpflichteten auch **tatsächlich entzogen** worden sein (OLG Köln NJWE-VHR 1996, 152; BGH NJW 1974, 1373; Erman/Schiemann Rn 9).

a)   Rechtliche und tatsächliche Voraussetzungen des Unterhaltsanspruchs

Ein einklagbarer Unterhaltsschaden liegt nur dann vor, wenn auch die sonstigen **88** Voraussetzungen des Unterhaltsanspruchs im Verhältnis zum Getöteten gegeben waren, insbes **Leistungsfähigkeit** (§§ 1581, 1603) und **Bedürftigkeit** (§§ 1577, 1602). Die Bedürftigkeit entfällt nicht dadurch, daß dem Unterhaltsberechtigten Sozialhilfe geleistet worden ist, da sie wegen ihres subsidiären Charakters (§ 2 Abs 2 BSHG) den Unterhaltspflichtigen nicht von seiner Leistungspflicht befreien soll. Dies gilt auch dann, wenn der Unterhaltsanspruch wegen der Beschränkungen des § 91 Abs 1 S 3, Abs 2 S 1, Abs 3 BSHG nicht auf den Sozialhilfeträger übergehen konnte (BGH NJW 1999, 2365, 2367 f; BGHZ 115, 228, 230 f = LM § 844 Abs 2 Nr 90; BGH FamRZ 1985, 1245; FamRZ 1984, 364, 366; BGHZ 78, 201, 207). Für den Anspruch auf Familienunterhalt nach §§ 1360, 1360a BGB kommt es nur auf die Leistungsfähigkeit an (BGHZ 56, 389, 392; ie Staudinger/Hübner/Voppel [2000] § 1360 Rn 15); gleiches gilt für den Partnerschaftsunterhalt gemäß § 5 S 2 LPartG iVm § 1360a. Fehlt es zur Zeit der Verletzung noch an der Leistungsfähigkeit oder der Bedürftigkeit, ist uU eine Klage auf Feststellung eines künftigen Unterhaltsschadens möglich (unten Rn 92 ff). Ein Unterhaltsschaden liegt auch dann nicht vor, wenn die Ehegatten einen wirksamen **Unterhaltsverzicht** (§ 1585c) abgeschlossen hatten (vgl OLG Hamm FamRZ 1991, 1179; unten Rn 187).

Bestanden die rechtlichen Voraussetzungen des Unterhaltsanspruchs schon vor dem **89** schädigenden Ereignis, ist es für den späteren Unterhaltsschaden unbeachtlich, ob der Ersatzberechtigte den Unterhaltspflichtigen bereits in Anspruch genommen hatte. Hat der Berechtigte den Unterhaltspflichtigen trotz Bedürftigkeit und Leistungsfähigkeit freiwillig nicht in Anspruch genommen, etwa um den Unterhaltspflichtigen zu schonen, so hindert dies seinen Ersatzanspruch aus § 844 Abs 2 nicht (RGZ 92, 57). Die überobligationsmäßigen Entbehrungen des Unterhaltsberechtigten sollen dem Schädiger nicht zugute kommen.

90 An einem einklagbaren Unterhaltsschaden fehlt es aber, wenn der Unterhaltsanspruch gegen den Getöteten ohnehin **nicht hätte realisiert werden können** (OLG Köln NJWE-VHR 1996, 152; BGH NJW 1974, 1373; OLG Bremen FamRZ 1990, 403, 404; KG ZfS 1987, 133; OLG München VersR 1964, 102; OLG Karlsruhe NJW 1955, 1756; BGB-RGRK/BOUJONG Rn 31; MünchKomm/STEIN Rn 22), zB weil die getötete unterhaltspflichtige Ehefrau ihre Pflicht zur Haushaltsführung wegen schweren Alkoholmißbrauchs auch weiterhin nicht erfüllt hätte (OLG Köln NJWE-VHR 1996, 152) oder weil der unterhaltspflichtige Vater nur sporadisch einer Beschäftigung nachgegangen ist (AG Düsseldorf Schaden-Praxis 1998, 459). Der Unterhaltsersatzanspruch aus § 844 Abs 2 soll den Unterhaltsberechtigten nicht besser stellen, als er bei Fortleben des Verpflichteten stünde.

Über die Realisierbarkeit des Unterhaltsanspruchs kann der Tatrichter gemäß § 287 **ZPO** entscheiden (BGH NJW 1974, 1373; LG Düsseldorf Schaden-Praxis 2000, 379). Auch wenn der Unterhaltsschuldner in der Vergangenheit keinen Unterhalt geleistet hat und voraussichtlich immer wieder arbeitslos geworden wäre, können die Unterhaltsansprüche dennoch im Rahmen der Wahrscheinlichkeitsschätzung nach § 287 ZPO als realisierbar bewertet werden, wenn der Unterhaltsgläubiger in der Vergangenheit seine Unterhaltsansprüche nicht tituliert hatte (OLG Bremen FamRZ 1990, 403, 404). Bzgl der Leistungsfähigkeit verbleibt es aber bei der vollen Beweislast des Geschädigten (BGH NJW 1974, 1373; OLG Hamm FamRZ 2000, 425, 426; GEIGEL/SCHLEGELMILCH Kap 8 Rn 24).

b) Unterhaltsrückstände

91 Keinen ersatzfähigen Unterhaltsschaden stellen Unterhaltsrückstände dar, und zwar auch dann nicht, wenn der Getötete in der Lage gewesen wäre, sie im Laufe der Zeit zu tilgen (BGH NJW 1973, 1076; NJW 1974, 1373, 1374; KG NJW 1970, 476; OLG München NJW 1972, 586; MünchKomm/STEIN Rn 26; KÜPPERSBUSCH Rn 226; BGB-RGRK/BOUJONG Rn 31; GEIGEL/SCHLEGELMILCH Kap 8 Rn 25; GEIER VersR 1966, 905, 907; abw OLG Nürnberg VersR 1971, 749; OLG Düsseldorf FamRZ 1970, 103; vgl auch MONSTADT 31 ff). Nach seinem Wortlaut und seinem natürlichen Sinngehalt gewährt § 844 Abs 2 Ersatz nur für den künftigen Unterhaltsausfall, nicht aber für den Verlust der Verwirklichungsmöglichkeit von rückständigen Unterhaltsforderungen (vgl BGH NJW 1973, 1076). Da der Unterhalt in der Vergangenheit tatsächlich – wenn auch auf andere Weise – bestritten worden ist, erscheint die Versagung eines Ersatzanspruches auch iE interessengerecht (MünchKomm/STEIN Rn 26). Ist der Unterhaltsverpflichtete in der Vergangenheit seinen Verpflichtungen nicht nachgekommen, ist dies aber von Bedeutung für die Ersatzfähigkeit des künftigen Unterhaltsausfalles (mangelnde Realisierbarkeit des Unterhalts; hierzu Rn 90).

c) Feststellungsklage bei späterer Unterhaltspflicht

92 Solange noch nicht sämtliche tatsächlichen Umstände, die eine Unterhaltspflicht des Getöteten begründet hätten, eingetreten sind, es zB noch an der Bedürftigkeit des mittelbar Geschädigten fehlt oder nicht sämtliche Umstände für die Bezifferung des Unterhaltsschadens feststehen, kann auf **Feststellung der künftigen Ersatzpflicht** geklagt werden (vgl BGHZ 4, 133, 135 f; 5, 314, 317; BGH NJW 1956, 1479). Gleiches gilt für solche Zeiträume, für die bereits im Entscheidungszeitpunkt eine wesentliche Änderung der Verhältnisse des Anspruchsberechtigten – etwa durch Wegfall der Unterhaltspflicht für ein Kind – zu erwarten ist (OLG Köln VersR 1985, 1285). Schon im Zeitpunkt der Verletzung muß aber das die Unterhaltspflicht begründende familienrechtliche Verhältnis vorgelegen haben (Rn 77).

aa) Feststellungsinteresse

Das für die Zulässigkeit einer solchen Feststellungsklage erforderliche berechtigte **93**
Feststellungsinteresse (§ 256 ZPO) ergab sich bis zum 1.1. 2002 vor allem aus der
kurzen Verjährung des § 852 aF (BGH MDR 1954, 160; VersR 1976, 291, 293). Gemäß § 199
Abs 2 idF des Gesetzes zur Modernisierung des Schuldrechts verjähren deliktische
Schadensersatzansprüche und damit auch der Anspruch aus § 844 Abs 2 mit Wirkung
vom 1.1. 2002 erst nach 30 Jahren (hierzu PALANDT/HEINRICHS § 199 Rn 16). Damit dürften Feststellungsklagen in Zukunft grundsätzlich an Bedeutung verlieren. Raum für
Feststellungsklagen bleibt aber insoweit, als die Verjährung nun kenntnisunabhängig
mit Vornahme der schädigenden Handlung zu laufen beginnt. Genauso wie nach
alter Rechtslage wird man aber eine hinreichende Wahrscheinlichkeit für den Eintritt
eines Unterhaltsschadens dafür verlangen müssen, daß der Getötete dem Ersatzberechtigten später unterhaltspflichtig geworden wäre (BGHZ 4, 133, 135 f; vgl auch BGH
NJW 1993, 648, 653 f; ERMAN/SCHIEMANN Rn 9 [nicht ganz fernliegende Wahrscheinlichkeit]; BGB-
RGRK/BOUJONG Rn 28 [gewisse Wahrscheinlichkeit]). Ist der Eintritt eines Unterhaltsschadens noch völlig ungewiß, hindert dies auch das Feststellungsinteresse (vgl BGHZ 132,
39, 45 = LM § 844 Abs 2 Nr 93; NJW 1993, 648, 653 f), etwa wenn ein Unterhaltsanspruch
mangels Bedürftigkeit der Ersatzberechtigten noch gänzlich fernliegend ist (vgl
MünchKomm/STEIN Rn 20). Wenn der Geschädigte, dessen Ersatzanspruch durch eine
Wiederverheiratung gemindert war (unten Rn 181 ff), diese neue Ehe später wieder
löst, beginnt die Verjährung mit der Scheidung (neu) zu laufen (BGH NJW 1979, 268,
269; KG VersR 1981, 1080; zum neuen Recht PALANDT/HEINRICHS § 199 Rn 16; vgl auch unten
Rn 182).

Vor dem Tod des Verletzten bestehen weder aufschiebend bedingte Ansprüche der **94**
Unterhaltsberechtigten, noch liegt zwischen ihnen und dem Schädiger ein Anwart-
schaftsverhältnis vor (vgl FURTNER NJW 1964, 745 ff). Zwar beginnt die Verjährungsfrist
des § 199 Abs 2 nF bereits mit der Vornahme der schädigenden Handlung, also uU
noch vor dem Tod des Verletzten, doch fehlt es gleichwohl vorher an einem Feststellungsinteresse, weil ein Unterhaltsschaden erst mit dem Tod eintreten kann. Unzulässig sind daher sowohl Klagen des unmittelbar Verletzten, der die Feststellung
einer künftigen Ersatzpflicht des Schädigers nach § 844 im Falle seines Todes begehrt
(RGZ 95, 248; OLG Schleswig VersR 1966, 670), als auch Klagen der Unterhaltsberechtigten.

Schließlich fehlt es am Feststellungsinteresse, wenn anstelle der Feststellungsklage **95**
auch eine **Leistungsklage** möglich wäre, der Ersatzanspruch also bereits im Klagezeitpunkt bezifferbar ist. In diesem Fall steht dem Kläger mit der Leistungsklage ein
einfacherer Weg zur Verfügung, sein Rechtsschutzziel zu erreichen (st Rspr; vgl nur
BGH NJW 1997, 870, 872 sowie BGHZ 5, 314, 315 f; s aber auch MUSIELAK/FOERSTE, ZPO [1999]
§ 256 Rn 12).

bb) Begründetheit der Feststellungsklage

Die Feststellungsklage ist begründet, wenn dem Ersatzberechtigten der Nachweis **96**
gelingt, daß eine gewisse Wahrscheinlichkeit für einen künftigen Unterhaltsanspruch
des Geschädigten, insbes seine künftige Bedürftigkeit – soweit erforderlich (s unten
Rn 161) – und die künftige Leistungsfähigkeit des Getöteten besteht (BGHZ 132, 39, 45 =
LM § 844 Abs 2 Nr 93; 5, 314, 315; 4, 133, 135 f; vgl auch BGH NJW 1993, 648, 653 f; NJW 1991, 2707,
2708). Der Wahrscheinlichkeitsprüfung sind alle zur Zeit der Urteilsfällung bekann-

ten Umstände zugrunde zu legen (BGHZ 4, 133, 137). Eine gewisse Wahrscheinlichkeit für eine spätere Unterhaltspflicht des Getöteten setzt aber jedenfalls für die Frage der Bedürftigkeit das Vorhandensein von konkreten Anhaltspunkten voraus. Die bloß allgemein denkbare Möglichkeit, die Erwerbstätigkeit oder den vorrangig unterhaltspflichtigen Ehegatten zu verlieren oder sonst bedürftig zu werden, genügt nicht (vgl bereits OLG Königsberg HRR 1940 Nr 1010).

97 Nach der Rspr können auch die Eltern von getöteten Kindern auf Feststellung ihres künftigen Unterhaltsrechts klagen (vgl noch unten Rn 174 ff). Die mutmaßliche Leistungsfähigkeit eines Kindes sei jedenfalls dann nicht auszuschließen, wenn es bei seiner Tötung gesund und nach seiner geistigen und charakterlichen Veranlagung in der Lage war, einen Beruf zu erlernen (so BGHZ 4, 133, 137). Je nach Alter, Gesundheit, Befähigung, Ausbildung, Arbeitswilligkeit und Erwerbsmöglichkeit lasse sich die mutmaßliche Leistungsfähigkeit auch schon für 5–13jährige Kinder bejahen (BGHZ 4, 133, 136 f; zust BGB-RGRK/Boujong Rn 29; Erman/Schiemann Rn 9; genauso schon RG WarnR 1910 Nr 206 für die Tötung von Kindern im Alter von 7–13 Jahren; abl OLG Dresden OLGR 20, 267; OLG Karlsruhe DJZ 1916, 546 für Kinder im Alter von 4 bzw 5 Jahren).

Da es für das Feststellungsurteil nicht allein auf das künftige Bestehen eines Unterhaltsanspruchs, sondern auf das künftige Bestehen der Ersatzpflicht nach § 844 Abs 2 ankommt, ist in das Wahrscheinlichkeitsurteil auch ein eventueller Vorteilsausgleich einzubeziehen. Es ist daher auch zu berücksichtigen, inwieweit sich die Eltern durch den Tod der Kinder Unterhaltsleistungen erspart haben (MünchKomm/Stein Rn 21; gegen einen Vorteilsausgleich aber Thiele AcP 167 [1967] 193, 210 f und Staudinger/Medicus[12] § 249 Rn 171; hierzu noch unten Rn 202 f). Auch über eine eventuelle Schadensminderungspflicht (Rn 231 ff) ist bereits im Feststellungsurteil zu entscheiden (BGH VersR 1982, 877; Scheffen VersR 1990, 925, 933). Können diese Feststellungen im voraus nicht getroffen werden (vgl BGHZ 4, 133, 137), so fehlt es für die Unterhaltspflicht insgesamt an der für ein stattgebendes Feststellungsurteil erforderlichen Wahrscheinlichkeit (MünchKomm/Stein Rn 21).

6. Umfang des ersatzfähigen Schadens

a) Ausgangspunkt

98 Nach § 844 Abs 2 hat der Schädiger dem Dritten insoweit Schadensersatz zu leisten, als der Getötete ihm während der mutmaßlichen Dauer seines Lebens zur Gewährung von Unterhalt verpflichtet gewesen sein würde. Der zu ersetzende Unterhaltsschaden bestimmt sich nach dem Betrag, den der Getötete aus seinem Einkommen zur Erfüllung seiner gesetzlichen Unterhaltspflicht gegenüber dem Dritten hätte aufwenden müssen (st Rspr; vgl nur BGH NJW 1988, 66, 67; NJW 1987, 322, 323 = LM § 7 StVG Nr 56; NJW 1985, 1460, 1461 = LM § 844 Abs 2 Nr 72). Es ist zu ermitteln, was dem Berechtigten in einem fiktiven Unterhaltsprozeß gegen den Getöteten zuzusprechen wäre (BGH NJW 1988, 66, 67).

b) Zukunftsprognose

99 Die Ermittlung des Unterhaltsschadens zwingt den Richter zu einer Prognose darüber, wie sich die Unterhaltsbeziehungen zwischen dem Unterhaltsberechtigten und dem Unterhaltsverpflichteten, wenn dieser weitergelebt hätte, voraussichtlich entwickelt hätten. Er muß eine vorausschauende Betrachtung vornehmen, in die er alle voraussehbaren Veränderungen und Entwicklungen einzubeziehen hat (BGH NJW-RR 1990, 962 = LM § 844 Abs 2 Nr 89; vgl auch OLG Frankfurt VersR 1992, 1411, 1412); ggf ist die Rente nach Zeiträumen zu staffeln (vgl etwa BGH NJW-RR 1990, 962, 963 = LM § 844 Abs 2 Nr 89; VersR 1969, 713, 714 f; BGB-RGRK/BOUJONG Rn 38) oder zu befristen (vgl OLG Hamm NJW-RR 1996, 1221 f; OLG Frankfurt FamRZ 1999, 1064: Befristung bis zur Volljährigkeit der unterhaltsberechtigten Kinder; zur Rentendauer noch unten Rn 192 ff, 195). Unsicherheiten über die Bemessungsfaktoren sind im Rahmen des nach § 287 ZPO Zulässigen in einem Schätzungsergebnis zu verarbeiten (unten Rn 265). Sieht sich der Richter trotz § 287 ZPO nicht in der Lage, einzelne für die Höhe der Rente erhebliche Faktoren in seine Zukunftsprognose einzubeziehen, dann muß er, sofern er dennoch auf Leistung erkennt, dies in den Urteilsgründen zum Ausdruck bringen (BGH NJW-RR 1990, 962, 963 = LM § 844 Abs 2 Nr 89).

Tritt eine nicht vorhersehbare wesentliche Änderung der Umstände ein, die für die **100** Festsetzung von Höhe und Dauer der Unterhaltsrente maßgebend waren, so kann **Abänderungsklage** nach § 323 ZPO erhoben werden (unten Rn 260). Dies gilt insbes für die Anpassung von Schadensrenten an das allgemeine Lohn- und Preisgefüge (BGHZ 33, 112, 116; vgl auch BGHZ 105, 243, 245 f = LM § 157 Nr 51 für die Anpassung eines außergerichtlichen Vergleichs). Eine bloß abweichende Prognose der künftigen Verhältnisse reicht hingegen nicht aus (vgl BGHZ 80, 389, 398). Eine Abänderungsklage kommt aber wegen derjenigen Bemessungsfaktoren in Betracht, die der Richter trotz § 287 ZPO nicht in seine Prognose einzubeziehen vermochte (BGH NJW-RR 1990, 962, 963 = LM § 844 Abs 2 Nr 89; s schon Rn 99). Stets unerheblich sind Änderungen in den Vermögens- und Erwerbsverhältnissen des Schädigers, da es hierauf für die Bemessung des Ersatzanspruchs nicht ankommt (Rn 11).

c) Allgemeine Grundsätze der Rentenbemessung
aa) Geldrente oder Kapitalabfindung
Der Ersatzanspruch geht auf Zahlung einer Geldrente (hierzu STAUDINGER/VIEWEG § 843 **101** Rn 32 f). Eine Kapitalabfindung ist gemäß § 844 Abs 2 S 2 iVm § 843 Abs 3 aus wichtigem Grund möglich; hierzu wird es regelmäßig nur im Wege des Vergleichs kommen (näher zur Kapitalisierung ECKELMANN/NEHLS/SCHÄFER DAR 1982, 377, 389 ff; ie STAUDINGER/VIEWEG § 843 Rn 34 ff).

bb) Mehrere Hinterbliebene
Mehrere unterhaltsberechtigte Hinterbliebene (zB Ehegatte und Kinder) sind keine **102** Gesamt-, sondern **Teilgläubiger** (BGH NJW 1972, 251; NJW 1972, 1130; NJW 1979, 2155, 2156; MünchKomm/STEIN Rn 35; SOERGEL/ZEUNER Rn 21; ERMAN/SCHIEMANN Rn 14; BGB-RGRK/ BOUJONG Rn 36; DREES VersR 1985, 611, 616; STAUDINGER/NOACK [1999] § 428 Rn 66 mwNachw; JAYME 73 ff, 95 ff; WUSSOW/DRESSLER Kap 44 Rn 10; ie unten Rn 152, 158). Die Rentenbemessung muß daher für jeden Berechtigten gesondert erfolgen (BGHZ 56, 389, 394; BGH NJW 1983, 1425, 1427; OLG Hamm VersR 1984, 875, 876; zur prozessualen Geltendmachung unten Rn 263).

cc) Bemessung der Schadensersatzrente
Die Schadensersatzrente bestimmt sich danach, was der Getötete **nach den unterhalts-** **103** **rechtlichen Vorschriften rechtlich zu leisten verpflichtet** gewesen wäre. Es kommt nicht darauf an, was der Getötete bislang tatsächlich geleistet hat und demgemäß vielleicht künftig geleistet hätte (BGH NJW 1993, 124, 125 = LM § 844 Abs 2 Nr 92; NJW-RR 1988, 1238,

1239 = LM § 636 Nr 37; VersR 1971, 423, 424; OLG Zweibrücken VersR 1994, 613; vgl aber auch Rn 90 zur Realisierbarkeit des Unterhaltsanspruchs). Die tatsächlichen Unterhaltszahlungen können allenfalls einen Anhalt dafür bieten, in welchem Umfang sich der Getötete für unterhaltspflichtig hielt (so BGH VersR 1962, 322, 323; EBEL Jura 1985, 561, 563).

Hinterläßt der Getötete einen **Ehegatten**, so ist die Ersatzrente entsprechend der §§ 1360, 1360a zu bemessen. Der Ersatzanspruch eines getrenntlebenden Ehegatten ist nach Maßgabe des § 1361 Abs 1 (OLG Hamm FamRZ 1991, 1179), der eines Geschiedenen nach § 1578 und derjenige von **Kindern** und sonstigen **Verwandten** nach § 1610 zu bestimmen (s auch § 1615l Abs 3 iVm § 1610).

Wird ein **Lebenspartner iSd LPartG** (oben Rn 74) getötet, so hat der überlebende Lebenspartner während bestehender Lebenspartnerschaft Anspruch auf angemessenen Unterhalt gemäß § 5 S 2 LPartG iVm § 1360a (Lebenspartnerschaftsunterhalt). Entsprechend der vom Gesetzgeber gewollten eheähnlichen Solidarität der Lebenspartner iS einer „Verantwortungs- und Einstehensgemeinschaft" (BT-Drucks 14/3751 S 37 sowie die Begründung der Beschlußempfehlung des Rechtsausschusses, BT-Drucks 14/4550 S 6) gelten hier die Ausführungen über den Ersatzanspruch beim Tod eines Ehegatten entsprechend (unten Rn 105 ff, 128 ff, 154 ff). Ersatz für Getrennlebensunterhalt ist gemäß § 12 LPartG, Ersatz für nachpartnerschaftlichen Unterhalt gemäß § 16 LPartG zu bemessen (zum Unterhaltsrecht der Lebenspartnerschaft BÜTTNER FamRZ 2001, 1105; MUSCHELER, Das Recht der Eingetragenen Lebenspartnerschaft [2001] 101 ff, 229 ff).

104 Ie hängt die Bemessung des Ersatzanspruchs davon ab, worin der Beitrag des Getöteten zum Unterhalt des bzw der Hinterbliebenen bestand: Trug der Getötete im wesentlichen durch seine **Erwerbstätigkeit** zum Unterhalt bei, so ist Ausgangspunkt für die Bemessung des Ersatzanspruchs das vom Getöteten erzielte Einkommen (unten d), Rn 105 ff). Bestand der Unterhaltsbeitrag des Getöteten hingegen in **Haushaltsführung** und **Kindererziehung**, so bestimmt sich der Ersatzanspruch nach den Aufwendungen für eine Ersatzkraft (unten e), Rn 128 ff). Bei einer sog **Doppelverdiener-Ehe**, bei der beide Ehegatten bzw Lebenspartner durch Erwerbstätigkeit und Haushaltsführung zum Familienunterhalt beitrugen, ist der Unterhaltsschaden nach den künftig entgehenden Anteilen an Bar- und Naturalunterhalt zu ermitteln (unten f), Rn 154 ff).

d) Tod des alleinverdienenden Ehegatten/Lebenspartners*

105 Wird der erwerbstätige Ehegatte in einer sog Alleinverdiener-Ehe getötet (zur Doppelverdienerehe unten Rn 154 ff), bestimmt sich der Ersatzanspruch nach den Einkünften, die für den Unterhalt der Familie zur Verfügung standen (unten Rn 106 ff), abzgl der fixen Kosten der Haushaltsführung (unten Rn 116 ff). Der so ermittelte Betrag ist zwischen dem Getöteten und den Hinterbliebenen aufzuteilen (unten Rn 120 ff), zzgl

---

* **Schrifttum**: DREES 30 ff; ECKELMANN/SCHÄFER, Beitrag zur Schadensregulierung bei Personenschäden nach Unfalltod wegen Ausfalls von Geldunterhalt (Überblick mit Bewertungsbeispielen), DAR 1981, 356; ECKELMANN/ NEHLS/SCHÄFER, Die Berechnung des Schadensersatzes bei Ausfall von Geldunterhalt nach Unfalltod des Ehemannes/Vaters, NJW 1984, 945; KÜPPERSBUSCH Rn 228 ff.

eines verhältnismäßigen Anteils an den fixen Kosten (unten Rn 124 ff). Wegen der Verweisung in § 5 S 2 LPartG (Rn 74) auf § 1360a BGB gelten die folgenden Ausführungen für den Ersatzanspruch eines Lebenspartners entsprechend (s bereits Rn 103).

aa) Einkommensermittlung

Maßgeblich für die Einkommensermittlung ist das **unterhaltsrechtliche Nettoeinkom-** **106**
men (BGH VersR 1971, 717, 718; 1979, 1029; zur Parallelität mit der familienrechtlichen Unterhaltsberechnung FREYBERGER MDR 2000, 117, 118). Es sind sämtliche Einkünfte zugrunde zu legen, die der Unterhaltspflichtige voraussichtlich weiterhin oder künftig erzielt hätte und die für den Unterhalt des Ersatzberechtigten einzusetzen gewesen wären (ie zum unterhaltsrechtlichen Einkommen SCHWAB/BORTH, Hdb des Scheidungsrechts [4. Aufl 2000] IV Rn 555 ff; WAX/GÖPPINGER/STROHAL, Unterhaltsrecht [7. Aufl 1999] Rn 501 ff; STAUDINGER/HÜBNER/VOPPEL [2000] § 1361 Rn 43 ff; vgl auch KÜPPERSBUSCH Rn 228 ff; DREES 31 ff).

Bei **Einkünften aus unselbständiger Tätigkeit** zählen hierzu sämtliche Gehaltsbestand- **107**
teile einschließlich Weihnachts- und Urlaubsgeld, Prämien und Leistungszulagen sowie Gratifikationen und Tantiemen (vgl BGH FamRZ 1980, 342; FamRZ 1983, 670). Auch Überstundenvergütungen und Sachbezüge sind anzurechnen, wenn sie voraussichtlich weiterhin erzielt worden wären (vgl zu §§ 1361, 1601, 1610 OLG München FamRZ 1999, 1350; OLG Köln FamRZ 1994, 897; BGH NJW 1980, 2251). Aufwandsentschädigungen wie Spesen und Auslandszulagen sind jedoch nur insoweit zugrunde zu legen, als sie den tatsächlichen Aufwand übersteigen (BGH NJW-RR 1987, 538; NJW 1968, 715, 716; vgl allg OLG Bamberg FamRZ 1997, 1339; OLG Köln FamRZ 1991, 940). Dem Einkommen zuzurechnen sind auch vermögenswirksame Leistungen; im Ausgleich dafür bleibt die vom Arbeitgeber gezahlte Arbeitnehmersparzulage unberücksichtigt (vgl BGH NJW 1980, 2251, 2252).

Es ist grundsätzlich vom Netto-Einkommen auszugehen; **Steuern** und **Beiträge zur** **108**
gesetzlichen Sozialversicherung sind abzuziehen, da diese den für Unterhaltsleistungen effektiv verfügbaren Betrag gemindert hätten (st Rspr; etwa BGH VersR 1971, 717, 718). Das Brutto-Einkommen ist nur dann anzusetzen, wenn die vom Unterhaltspflichtigen bereits geleisteten Steuerbeträge in vollem Umfang zurückzuerstatten waren und daher für den Unterhalt tatsächlich zur Verfügung standen (BGH NJW-RR 1990, 706 = LM § 844 Abs 2 Nr 88).

In die Zukunftsprognose nicht einzubeziehen sind jedoch **gesetzwidrig erzielte Ein-** **109**
künfte, insbes aus Schwarzarbeit, weil der Unterhaltsschuldner den gesetzwidrigen Gelderwerb jederzeit hätte aufgeben können und hierzu auch verpflichtet gewesen wäre (OLG Hamm FamRZ 1998, 1169, 1170; vgl zu § 842 auch BGH VersR 1986, 596, 598; ie SCHWAB/BORTH, Hdb des ScheidungsR [4. Aufl 2000] IV Rn 564 f; zur Gesamtproblematik F BYDLINSKI, in: FS Deutsch [1999] 63 ff). Anderes dürfte mit Inkrafttreten des ProstG (BGBl I 3983) jedoch für Einkünfte aus **Prostitution** gelten. Auch wenn die Verpflichtung zur Prostitution nach wie vor wegen Sittenwidrigkeit gem § 138 Abs 1 nichtig sein sollte (so PALANDT/HEINRICHS § 1 ProstG Rn 2; KURZ GewArch 2002, 142, 143 f; aA ARMBRÜSTER NJW 2002, 2763, 2764), entsteht mit Vornahme der versprochenen Leistung ex nunc ein wirksamer Entgeltanspruch, der auch in schadensrechtlicher Hinsicht Schutz verdient (ARMBRÜSTER NJW 2002, 2763, 2764; s auch STAUDINGER/VIEWEG § 842 Rn 150).

110 Auch anstelle unselbständiger Tätigkeit gewährte **Renten** (vgl BGH NJW 1981, 1313 [Grundrente nach § 31 BVG]; BGH NJW 1960, 1615 [Kriegsbeschädigtenrente]) und **Sozialversicherungsleistungen**, insbes Leistungen bei Krankheit (zum Krankentagegeld vgl BGH NJW 1994, 1002, 1003; OLG Köln FamRZ 1998, 480, 481; OLG Koblenz FamRZ 1998, 1616, 1617), Erwerbsunfähigkeit (zur Verletztenrente nach §§ 580 f RVO sowie zur Berufsunfähigkeitsrente nach § 1245 RVO OLG Braunschweig VersR 1979, 1124; vgl auch BGH MDR 1982, 561) und Arbeitslosigkeit (vgl BGH NJW-FER 1996, 15; BSG FamRZ 1987, 374, 375) sind zugrunde zu legen (ie SCHWAB/BORTH, Hdb des ScheidungsR [4. Aufl 2000] IV Rn 630).

Demgegenüber sind **sozialstaatliche Leistungen** nur dann als Einkommen anrechenbar, wenn sie nicht nur subsidiär gewährt werden und auch tatsächlich für den Unterhalt zur Verfügung standen (vgl BGH NJW 1987, 1551, 1553 mwNachw). Nicht anrechenbar sind daher Sozialhilfe (§ 2 Abs 2 S 1 BSHG; vgl BGH FamRZ 1984, 364, 364; NJW 2002, 292, 293), Arbeitslosenhilfe (BGH NJW 1987, 1551, 1553) und Ausbildungsförderung nach dem BAföG (OLG Brandenburg NZV 2001, 213, 215; SCHWAB/BORTH, Hdb des ScheidungsR [4. Aufl 2000] IV Rn 635 mwNachw; s auch noch unten Rn 161, 223).

Auch das **Kindergeld** bleibt bei der Berechnung des Unterhaltsschadens außer Betracht (BGH VersR 1979, 1029; MünchKomm/STEIN Rn 32 aE; GEIGEL/SCHLEGELMILCH Kap 8 Rn 64; KÜPPERSBUSCH Rn 231; WUSSOW/DRESSLER Kap 48 Rn 17; allg STAUDINGER/HÜBNER/VOPPEL [2000] § 1361 Rn 58 mwNachw), und zwar auch dann, wenn es dem Steuerpflichtigen eine über den Kinderfreibetrag hinausgehende Entlastung gewährt und damit echte Sozialleistung ist (ie GÖPPINGER/WAX/HÄUSSERMANN, UnterhaltsR [7. Aufl 1999] Rn 747 f; SCHÖPPE-FREDENBURG FuR 2000, 449). Entscheidend ist, daß das Kindergeld beiden Elternteilen zugute kommen soll, um ihre Unterhaltsverpflichtungen gegenüber dem Kind zu mildern (BGH VersR 1979, 1029; FamRZ 1997, 806, 808). Es ist daher ggf auf die Unterhaltsleistung, nicht aber auf das unterhaltspflichtige Einkommen der Eltern anzurechnen (zu § 1612b Abs 5 nF GRABA NJW 2001, 249; SCHOLZ FamRZ 2000, 1541, 1544 ff). Auch mindert es die Bedürftigkeit des Kindes nicht (s unten Rn 161).

111 **Selbständige Einkünfte** sowie **Einkünfte aus Vermietung und Verpachtung** sind insoweit anzusetzen, als sie voraussichtlich auch weiterhin für Unterhaltsleistungen zur Verfügung stehen würden, also abzgl der zur Einnahmenerzielung erforderlichen Aufwendungen (vgl allg GÖPPINGER/WAX, UnterhaltsR [7. Aufl 1999] Rn 581 ff). Bei steuerlich zulässigen Abschreibungen ist im Einzelfall zu prüfen, ob ihnen auch eine tatsächliche Wertminderung gegenübersteht (vgl OLG Bremen FamRZ 1995, 935, 936; OLG Brandenburg NJW-RR 1998, 217, 218 f: keine Anerkennung von Sonderabschreibungen zur allgemeinen Wirtschaftsförderung).

Bei **Gewerbetreibenden** ist nicht vom Netto-Gewinn auszugehen, da die Gewinnfeststellung nach dem EStG anderen Zielen als die unterhaltsrechtliche Einkommensfeststellung dient (BGH FamRZ 1998, 357, 359). Zumindest einen Anhaltspunkt bieten die in der Vergangenheit getätigten Gewinnentnahmen für den Privatverbrauch (KÜPPERSBUSCH Rn 232 aE).

112 Abzuziehen sind aber die **Beiträge für freiwillige Versicherungen des Getöteten**, insbes also die von Selbständigen freiwillig erbrachten Aufwendungen für ihre Unfall-, Kranken- und Pflegeversicherung sowie zu ihrer Altersvorsorge, da das für den Unterhalt von Angehörigen zur Verfügung stehende Einkommen insoweit von vornherein gemindert war (KÜPPERSBUSCH Rn 232; vgl aber auch OLG Zweibrücken VersR 1994, 613, 614). Gleiches gilt für Aufwendungen, die ein verstorbener Ehemann für eine private Altersvorsorge der Witwe getätigt hat (vgl OLGR München 2000, 1; anders noch STAUDINGER/SCHÄFER[12] Rn 72. Solche Vorsorge kann auch unterhaltsrechtlich geschuldet sein; ie DREES VersR 1992, 1169, 1170 f).

Beiträge und Prämien, die der Getötete für eine **private Lebensversicherung** aufge- **113** wendet hat, sind hingegen nicht abzugsfähig (vgl BGHZ 73, 109, 111; 39, 249, 254; OLG Zweibrücken VersR 1994, 613, 614). Diese haben zwar tatsächlich das für den Unterhalt zur Verfügung stehende Einkommen gemindert, doch kommen dem Hinterbliebenen regelmäßig auch die Erträgnisse aus solchen Versicherungen zugute (OLG Zweibrücken VersR 1994, 613, 614), die iü nicht auf den Ersatzanspruch nach § 844 Abs 2 anzurechnen sind (unten Rn 224). Dies gilt auch dann, wenn es sich bei der Lebensversicherung um eine sog Sparversicherung handelt, die jedenfalls zT der Vermögensbildung dient (BGHZ 115, 228, 233 = LM § 844 Abs 2 Nr 90; BGHZ 73, 109, 111 ff = VersR 1979, 1152 m Anm RUDLOFF; EMMERICH JuS 1979, 588 f).

Bei **höheren Einkommen** besteht keine Verpflichtung, das gesamte Netto-Einkom- **114** men zum Familienunterhalt zur Verfügung zu stellen (BGH NJW 1985, 1460 = LM § 844 Abs 2 Nr 72; VersR 1979, 324; VersR 1968, 770; VersR 1966, 588; OLG Bamberg ZfS 1983, 295, 296). Zwar erkennt der BGH keine allgemeine „Ober-" oder „Sättigungsgrenze" für den Unterhaltsbedarf an (BGH NJW 1994, 2618, 2619 mwNachw zum Ehegattenunterhalt). Gleichwohl wird man bei gehobenen Einkünften den Unterhaltsbedarf des Ehegatten nicht unbesehen mit der Hälfte der Einkünfte veranschlagen können (vgl etwa OLG Oldenburg FamRZ 1996, 288, 289; OLG Zweibrücken VersR 1994, 613; OLG Köln FamRZ 1992, 322, 324), so etwa bei einem monatlichen Einkommen von 70 000 DM (OLG Hamm FamRZ 1999, 723, 724: monatlicher Bedarf von 15 000 DM).

Gerade bei höheren Einkommen mindern auch die **Beiträge zur Vermögensbildung**, **115** soweit sie in Zukunft weiterhin geleistet worden wären, den Ersatzanspruch (vgl BGH NJW-RR 1990, 221 = LM § 844 Abs 2 Nr 87; NJW 1988, 2365, 2367 = LM § 844 Abs 2 Nr 82; NJW 1986, 715, 716 = LM § 844 Abs 2 Nr 73; NJW 1985, 49, 50; OLG Frankfurt NJW-RR 1990, 1440, 1441; MünchKomm/STEIN Rn 36; KÜPPERSBUSCH Rn 233; WUSSOW/DRESSLER Kap 46 Rn 4 f). Entscheidend sind insoweit die tatsächlichen Verhältnisse; eine allgemeine „Sparquote" wird nicht anerkannt (vgl BGH FamRZ 1983, 678, 679; NJW 1987, 322, 323 = LM § 7 StVG Nr 56; OLG Hamm FamRZ 1992, 1175 f; OLG Köln FamRZ 1998, 1413 sowie STAUDINGER/HÜBNER/VOPPEL [2000] § 1361 Rn 141). Der Vermögensbildung können aber nur solche Aufwendungen zugerechnet werden, die unterhaltsrechtlich nicht geschuldet sind (BGH NJW 1985, 49, 50; NJW 1986, 715, 716 = LM § 844 Abs 2 Nr 73). Daher sind beim Erwerb eines Eigenheims nur die Tilgungsraten der Vermögensbildung zuzuordnen, während die Zinsen wirtschaftlich der Finanzierung des Wohnbedarfs dienen und daher in Höhe des Mietzinses für eine angemessene Mietwohnung als fixe Kosten zu behandeln sind (BGH NJW-RR 1990, 221 = LM § 844 Abs 2 Nr 87; OLG Nürnberg NZV 1997, 439; OLG München NJW-RR 2001, 1298, 1299; unten Rn 117).

bb) Vorwegabzug fixer Kosten

Abzusetzen von dem für Unterhaltsleistungen verfügbaren Einkommen sind die **116** **fixen Kosten der Haushaltsführung**, die später wieder den Anteilen der Berechtigten verhältnismäßig hinzugerechnet werden (BGH VersR 1986, 39, 40; unten Rn 124 f). Als fixe

Kosten können Aufwendungen dann berücksichtigt werden, wenn sie vom Getöteten im Fall seines Fortlebens unterhaltsrechtlich geschuldet worden wären und weitgehend unabhängig vom Wegfall des getöteten Familienmitglieds als feste Kosten des Haushalts weiterlaufen (st Rspr; BGHZ 137, 237, 241 mwNachw = LM § 844 Abs 2 Nr 94 m Anm SCHIEMANN; NJW-RR 1987, 1235, 1237 = LM § 839 Nr 46; FREYBERGER MDR 2000, 117, 118; SOERGEL/ZEUNER Rn 17; GEIGEL/SCHLEGELMILCH Kap 8 Rn 53; ie EGE DAR 1988, 299 ff; MONSTADT 52 ff; SCHEFFEN VersR 1990, 926, 931 f; KÜPPERSBUSCH Rn 234 ff; WUSSOW/DRESSLER Kap 46 Rn 6 ff).

117 Zu den fixen Kosten zählen insbes die Aufwendungen für:

– **Miete** einschließlich Nebenkosten und Abgaben (Strom, Heizung, Wasser, Müllabfuhr etc) (BGH VersR 1998, 333, 334; NJW-RR 1987, 538, 539; NJW-RR 1987, 1235, 1237; OLG Braunschweig VersR 1979, 1124, 1125; OLG Brandenburg NZV 2001, 213, 214);

– die **Haltung eines Kfz**, insbes die Kosten für Versicherung und Steuer (BGH NJW 1988, 2365, 2367 = LM § 844 Abs 2 Nr 82; OLG Frankfurt NJW-RR 1990, 1440, 1441) einschließlich der durchschnittlichen Aufwendungen für Reparaturen und Rücklagen für die Anschaffung eines neuen Fahrzeugs (OLG Brandenburg NZV 2001, 213, 214; offengelassen von BGH NJW 1988, 2365, 2367 = LM § 844 Abs 2 Nr 82);

– den Bezug einer **Tageszeitung** (OLG Brandenburg NZV 2001, 213, 214; OLG Frankfurt NJW-RR 1990, 1440, 1441), die Haltung eines **Telefonanschlusses** (BGH NJW 1986, 715, 716 = LM § 844 Abs 2 Nr 73) sowie die **Rundfunk- und Fernsehgebühren** (BGH NJW 1988, 2365, 2367 = LM § 844 Abs 2 Nr 82; OLG Brandenburg NZV 2001, 213, 214; OLG Braunschweig VersR 1979, 1124, 1125);

– die **Organisation der familiären Lebenshaltung**, soweit sie dem Zuschnitt des Haushalts entsprechen und unabhängig vom Wegfall des getöteten Unterhaltsverpflichteten weiterlaufen, zB Kosten für Haushaltshilfen, notwendige Betreuungspersonen (vgl BGH NJW 1968, 715, 716) und Kindergartenbeiträge (BGHZ 137, 237, 241 f = LM § 844 Abs 2 Nr 94 m Anm SCHIEMANN);

– **personenungebundene Versicherungen**, soweit die Versicherungen schon zu Lebzeiten des Getöteten tatsächlich bestanden, danach aufrechterhalten wurden und die Unterhaltsberechtigten in den Versicherungsschutz einbezogen sind (BGH NJW 1988, 2365, 2368 = LM § 844 Abs 2 Nr 82), zB für die Privathaftpflicht-, Hausrat- und Rechtsschutzversicherung (BGH NJW 1988, 2365, 2368 = LM § 844 Abs 2 Nr 82). Die Aufwendungen für Kranken- und Unfallversicherung der hinterbliebenen Familienmitglieder wird man jedenfalls dann nicht den fixen Kosten zuschlagen können, wenn der Getötete einziger Versicherungsnehmer und die Hinterbliebenen lediglich mitversichert waren (iE KÜPPERSBUSCH Rn 235; **aA** FREYBERGER MDR 2000, 117, 118; vgl auch BGH NJW-RR 1987, 1235, 1237 = LM § 839 Nr 46);

– den Erwerb (Zinsen), die Instandsetzung und die Erhaltung von **Haus- oder Wohnungseigentum**, allerdings nur in Höhe der fiktiven Kosten für die Anmietung einer vergleichbaren Wohnung (BGHZ 137, 239, 240 f; OLG Nürnberg NZV 1997, 439; OLG Brandenburg NZV 2001, 213, 214) und im Rahmen des unterhaltsrechtlich Geschuldeten. Die Obergrenze für die Ersatzfähigkeit von Aufwendungen für Haus- und

Wohnungseigentum bilden die fiktiven Mietkosten einer unterhaltsrechtlich angemessenen Wohnung (BGH NJW-RR 1990, 221 = LM § 844 Abs 2 Nr 87; NJW 1986, 715, 716 =
LM § 844 Abs 2 Nr 73; OLG München NJW-RR 2001, 1298, 1299);

– Rücklagen für die Anschaffung und Reparatur von **Hausrat** (BGH VersR 1998, 333,
334; NJW 1988, 2365, 2368 = LM § 844 Abs 2 Nr 82; OLG Brandenburg NZV 2001, 213, 214; OLG
Nürnberg NZV 1997, 439; abl OLG Celle ZfS 1987, 229; krit auch Küppersbusch Rn 235 Fn 67
mit dem Argument, es handele sich überwiegend um einmalige Anschaffungen) sowie für vom
Mieter zu tragende Reparaturen (OLG Hamm ZfS 1996, 211; OLG Hamburg DAR 1988,
96; OLG Braunschweig VersR 1979, 1124, 1125).

Nicht zu den fixen Kosten zählen Aufwendungen, die der **Vermögensbildung** dienen, **118**
da es sich hierbei um unterhaltsrechtlich nicht geschuldete Aufwendungen handelt.
Dies gilt insbes für die Zinskosten für den Erwerb eines Eigenheims und die Tilgungsraten, soweit sie die fiktiven Kosten für die Anmietung einer unterhaltsrechtlich angemessenen Wohnung überschreiten (oben Rn 115).

Ebenfalls nicht zu den fixen Kosten zählen **personengebundene Aufwendungen**, deren
Entstehung vollständig von der Person des Getöteten abhängig ist, die also entweder
mit dem Wegfall des Getöteten ebenfalls wegfallen wie zB Gewerkschaftsbeiträge
(BGH VersR 1998, 333, 334) und Vereinsmitgliedschaften (OLG Brandenburg NZV 2001, 213,
215) oder die erst mit dem Wegfall des Getöteten anfallen (Privatlehrer für Waisen:
Küppersbusch Rn 236 aE). Gleiches gilt für **personengebundene Versicherungen**; keine
Fixkosten sind daher die Beiträge für die Unfallversicherung des Verstorbenen (OLG
Brandenburg NZV 2001, 213, 215).

Bei Aufwendungen, die zwar unabhängig von der Person des Getöteten auch nach **119**
dessen Tod weiterlaufen und insoweit personenungebunden sind, ihrer Höhe nach
aber **bedarfs- und verbrauchsabhängig** sind, ist ie zu prüfen, ob es durch den Wegfall
des Getöteten zu einer **spürbaren** Verringerung der Kosten gekommen ist (BGH NJW
1968, 715, 716; vgl auch BGB-RGRK/Boujong Rn 42: „nicht nur unwesentlich verringert"; ohne die
Spürbarkeitsvoraussetzung BGH NJW-RR 1987, 1235, 1237 = LM § 839 Nr 46). So können die
Kosten für Strom-, Gas- und Wasserverbrauch nicht in ihrer ursprünglichen Höhe als
fixe Kosten zugrunde gelegt werden, wenn mit dem Tod der Eltern zwei von vier
Personen aus dem Haushalt wegfallen (BGH NJW 1986, 715, 716 = LM § 844 Abs 2 Nr 73);
ähnliches gilt für den Wohnbedarf (vgl BGH NJW 1984, 40, 50 f = FamRZ 1984, 980 m krit
Anm Bosch). In diesen Fällen ist entweder ein pauschaler Abschlag von den bisherigen fixen Kosten vorzunehmen, oder aber sie sind völlig neu nach dem fortdauernden Bedarf der Hinterbliebenen zu berechnen (BGH NJW-RR 1987, 1235, 1237 = LM
§ 839 Nr 46; VersR 1986, 39, 40; Küppersbusch Rn 237).

cc) Ermittlung des Unterhaltsbedarfs der Hinterbliebenen
Das nach Abzug der fixen Kosten ermittelte unterhaltsrechtliche Einkommen ist auf **120**
die Hinterbliebenen nach ihrem konkreten Bedarf zu verteilen. Dabei kommt dem
Tatrichter § 287 ZPO zugute (vgl BGH NJW 1986, 715, 716 = LM § 844 Abs 2 Nr 73; OLG
Zweibrücken VersR 1994, 613, 614).

α) Anwendung von Tabellen und Quoten für die Bedarfsermittlung
Bei der Bedarfsermittlung hinterbliebener Kinder und Ehegatten kann **nicht** unbe- **121**

sehen auf die Unterhaltssätze und -quoten der **Düsseldorfer Tabelle** oder anderer familienrechtlicher Regelwerke zurückgegriffen werden, da sie von einer doppelten Haushaltsführung getrennt lebender Ehegatten mit höheren fixen Lebenshaltungskosten ausgehen (BGH FamRZ 1988, 37, 38; VersR 1986, 39, 40; VersR 1985, 365, 367; OLG Frankfurt NJW-RR 1990, 1440, 1442; **aA** noch OLG Stuttgart VersR 1983, 932; OLG Koblenz ZfS 1983, 169) und dem verdienenden Ehegatten regelmäßig höhere Selbstbehalte zubilligen (ECKELMANN/NEHLS/SCHÄFER NJW 1984, 945, 947; ECKELMANN/BOOS/NEHLS DAR 1984, 297, 304). Bestand vor dem Schadensereignis eine „intakte" Familie, wird der Unterhaltsbedarf der hinterbliebenen Kinder regelmäßig über den Beträgen der Düsseldorfer Tabelle liegen (BGH VersR 1986, 39, 40; VersR 1985, 365, 367 [„erhebliche Korrektur nach oben"]; KÜPPERSBUSCH Rn 242; WUSSOW/DRESSLER Kap 46 Rn 12; generell gegen eine Anwendung der Unterhaltstabellen MONSTADT 78 ff).

122 Für die Ermittlung des Unterhaltsbedarfs der Familienmitglieder in einer „intakten" Familie behilft sich die Praxis für den **Regelfall** mit **Verteilungsquoten** (vgl BGH NJW 1986, 715, 716 = LM § 844 Abs 2 Nr 73; VersR 1986, 39, 40; NJW-RR 1987, 538 f; OLG Brandenburg NZV 2001, 213, 215; OLG Zweibrücken VersR 1994, 613, 615; LUDWIG DAR 1986, 375, 381; eingehend MONSTADT 70 ff; den Einzelfall betonend GEIGEL/SCHLEGELMILCH Kap 8 Rn 67; insgesamt krit ECKELMANN/FREIER DAR 1992, 121, 128). Als Anhaltspunkt werden dabei zzgl der fixen Kosten (unten Rn 124 f) folgende Quoten vorgeschlagen (KÜPPERSBUSCH Rn 246; ihm folgend etwa FREYBERGER MDR 2000, 117, 119):

– 45%: Ehegatte (vgl BGH NJW-RR 1987, 538, 539; bei erhöhtem Eigenverbrauch durch den erwerbstätigen Ehegatten wegen schwerer Arbeit auch weniger: OLG Düsseldorf NZV 1993, 473, 474: 40%; genauso LUDWIG DAR 1986, 375, 381);

– 35%, 20%: Ehegatte, ein Kind (so gebilligt von OLG Frankfurt NJW-RR 1998, 1699, 1700; anders BGH VersR 1986, 39, 40: 15–20% für ein Kind);

– 30%, 15%, 15%: Ehegatte, zwei Kinder (gebilligt von OLG Brandenburg NZV 2001, 213, 215; LUDWIG DAR 1986, 375, 381; BGH FamRZ 1988, 37, 38 billigte auch die Quotierung 25%, 22,5%, 22,5%);

– 27%, 13%, 13%, 13%: Ehegatte, drei Kinder.

Nicht zu überzeugen vermag die pauschale **Höherbewertung** des Unterhaltsbedarfs des berufstätigen **Ehegatten** um 10%. Diese offenbar dem Erwerbstätigenbonus nachempfundene Bedarfsermittlung ist nur dann berechtigt, wenn hinter dieser Höherquotierung auch ein entsprechender berufsbedingt höherer Bedarf steht (vgl auch OLG Frankfurt NJW-RR 1990, 1440, 1442; für Höherbewertung um 5% WUSSOW/DRESSLER Kap 46 Rn 13; allg zur Rechtfertigungsfähigkeit des Erwerbstätigenbonus RÖTHEL FamRZ 2001, 328, 331 ff). Sind beide Ehegatten erwerbstätig, sind sie in derselben Höhe am Einkommen des anderen zu beteiligen (OLG Brandenburg NZV 2001, 213, 215).

Gerade bei niedrigeren Einkommen sollte man überdies für die Bestimmung des Kindesbarbedarfs nach dem **Alter der Kinder differenzieren** (so die Tabelle von ECKELMANN/NEHLS/SCHÄFER NJW 1984, 945, 948; ihr folgend OLG Frankfurt NJW-RR 1990, 1440, 1442; zur Anwendbarkeit dieser Tabelle BGH NJW-RR 1987, 538; für altersbedingte Differenzierung auch BGH NJW 1988, 2365, 2366 = LM § 844 Abs 2 Nr 82; NJW-RR 1988, 66 = LM § 844 Abs 2 Nr 80;

VersR 1987, 1243, 1244; Palandt/Thomas Rn 9; MünchKomm/Stein Rn 51; Scheffen VersR 1990, 926, 930; Wussow/Dressler Kap 46 Rn 13; Monstadt 71 f und nachdrücklich Macke NZV 1989, 249, 250 ff; siehe etwa OLG Frankfurt Schaden-Praxis 1999, 267, 269: 39,5 % für den Ehegatten, 16 % für ein 3jähriges Kind). Der BGH hat es dem Tatrichter gleichwohl freigestellt, Durchschnittsquoten zu bilden (BGH NJW 1986, 715, 716 = LM § 844 Abs 2 Nr 73).

β) Konkret-individuelle Bedarfsermittlung

Die pauschalierende Bedarfsermittlung anhand von Quoten bietet nur einen ersten **123** Anhaltspunkt für den Regelfall. Bei hohen Einkommen wird zumeist nicht das gesamte Einkommen für den Lebensunterhalt der Familie eingesetzt; hier sind jedenfalls für die Kinder die quotenmäßigen Beträge nach unten zu korrigieren (BGH FamRZ 1988, 37, 38 f; FamRZ 1983, 150, 151; OLG Frankfurt NJW-RR 1990, 1440, 1441; Macke NZV 1989, 249, 252 f). Umgekehrt ist auch ein im Einzelfall erhöhter Bedarf, soweit er unterhaltsrechtlich geschuldet ist, anspruchserhöhend zu berücksichtigen (BGH FamRZ 1993, 411, 412 [Kriegsblinder]; BGB-RGRK/Boujong Rn 41).

dd) Verteilung der fixen Kosten

Dem für jeden Hinterbliebenen gesondert ermittelten Unterhaltsbedarf ist sein An- **124** teil an den fixen Kosten (oben Rn 116 ff) zuzuschlagen. Dabei werden die fixen Kosten **vollständig** auf die Hinterbliebenen verteilt. Soweit durch den Wegfall des Getöteten eine spürbare Verringerung der fixen Kosten eingetreten ist, sind die entsprechend verringerten Kosten zugrunde zu legen (oben Rn 119).

In welchem Umfang die Hinterbliebenen an den fixen Kosten zu beteiligen sind, **125** hängt von den **Umständen des Einzelfalles** ab (BGH NJW 1988, 2365, 2368 = LM § 844 Abs 2 Nr 82; VersR 1979, 1029, 1030; OLG Brandenburg NZV 2001, 213, 215; OLG Zweibrücken VersR 1994, 613, 615). Entscheidend ist, in welchem Maße die Familienmitglieder an den hinter den fixen Kosten stehenden Leistungen teilhaben. Dies führt erfahrungsgemäß zu einer höheren Quote des hinterbliebenen Elternteiles im Verhältnis zu den hinterbliebenen Kindern. Für den Regelfall hat der BGH eine Verteilung der fixen Kosten im Verhältnis von 2:1 bei einem Elternteil und einem Kind und von 2:1:1 bei einem Elternteil und zwei Kindern gebilligt (BGH VersR 1998, 333, 334; NJW 1988, 2365, 2368 = LM § 844 Abs 2 Nr 82; VersR 1976, 967, 968; OLG Frankfurt Schaden-Praxis 1999, 267, 269; OLG Hamburg VersR 1988, 135, 136; abw OLG Zweibrücken VersR 1994, 613, 615: Aufteilung 70:30 zwischen Ehegatten und Kind; s auch OLG Brandenburg NZV 2001, 213, 315: Aufteilung 70:15:15 zwischen Ehegatten und zwei Kindern; Berechnungsbeispiele bei Freyberger MDR 2000, 117, 119).

ee) Anrechnung eigener Einkünfte der Hinterbliebenen

Soweit der dem Ersatzanspruch zugrundeliegende Unterhaltsanspruch **Bedürftigkeit** **126** voraussetzt (oben Rn 88), sind eigene Einkünfte des Abkömmlings (§ 1602) oder des geschiedenen Ehegatten (§ 1577) unterhalts- und damit schadensersatzmindernd zu berücksichtigen (BGH VersR 1972, 948, 950; vgl auch BGH NJW 1981, 2462, 2463; ie Triebold 174 ff; Küppersbusch Rn 249; unten Rn 161).

Nimmt der Ersatzberechtigte nach dem Tod seines Ehegatten eine Erwerbstätigkeit **127** auf (zum mitverdienenden Ehegatten unten Rn 154 ff), so sind die tatsächlich erzielten Einkünfte insoweit anzurechnen, als der Ehegatte analog § 1577 Abs 2 zur Erzielung von Einkünften verpflichtet war (OLG Nürnberg NZV 1997, 439; vgl auch OLG Frankfurt NJW-RR 1998, 1699 f; ie noch unten beim Vorteilsausgleich, Rn 226 ff). Zumutbare erzielbare Einkünfte sind zu berücksichtigen, soweit der Ersatzberechtigte zu ihrer Erzielung im Rahmen seiner Schadensminderungspflicht (§ 254 Abs 2) verpflichtet wäre (unten Rn 231 ff).

e)　Tod des haushaltsführenden Ehegatten/Lebenspartners*
aa)　Haushaltsführung als Unterhaltsleistung

128　Mit dem am 1. 7. 1958 in Kraft getretenen GleichberG hat der Gesetzgeber klargestellt, daß die Haushaltsführung rechtlich als Unterhaltsleistung an die Familie und nicht als Leistung von „Diensten" an den erwerbstätigen Ehegatten einzustufen ist (BGHZ [GS] 50, 304, 305 = FamRZ 1968, 507 m Anm BOSCH). Infolgedessen ist der Schadensersatzanspruch des erwerbstätigen Ehegatten wegen Tötung des haushaltsführenden Ehegatten nicht aus § 845, sondern aus § 844 Abs 2 herzuleiten (allgM; BGHZ 51, 109, 111; 77, 157, 159 ff; 104, 113, 114 = LM § 844 Abs 2 Nr 81; OLG Celle FamRZ 1969, 213; OLG Stuttgart VersR 1973, 1077; BGB-RGRK/BOUJONG Rn 49; MünchKomm/STEIN Rn 39; ERMAN/ SCHIEMANN Rn 13; STAUDINGER/HÜBNER/VOPPEL [2000] § 1356 Rn 81; vgl zur Rechtsentwicklung TRIEBOLD 6 ff; zum älteren Meinungsstand STAUDINGER/SCHÄFER[12] § 845 Rn 2 ff; s iü § 845 Rn 4 ff). Entsprechendes gilt für den Ersatzanspruch wegen Tötung des haushaltführenden Lebenspartners (§ 5 S 2 LPartG iVm § 1360a; s bereits oben Rn 103 sowie STAUDINGER/ VIEWEG § 842 Rn 130).

Der Wechsel der unterhaltsrechtlichen Rechtsprechung von der Anrechnungs- zur Differenzmethode (BGH NJW 2001, 2254 = FamRZ 2001, 986; gebilligt von BVerfG NJW 2002, 1185 = JZ 2002, 658 m krit Anm MUSCHELER) beeinflusst die schadensrechtlichen Maßstäbe hingegen nicht (PARDEY/SCHULZ-BORCK DAR 2002, 289, 291).

bb)　Umfang der geschuldeten Haushaltsführung

129　Der Ersatzanspruch der hinterbliebenen Familienmitglieder ist – genauso wie beim

---

* **Schrifttum:** C BECKER, Schadensersatz wegen verletzungsbedingter Beeinträchtigung in der Haushaltsführung auch für Unverheiratete, MDR 1977, 705; DREES 59 ff; ECKELMANN, Bewertung der Arbeit der Hausfrau und Schadensersatz bei ihrem Ausfall in der höchstrichterlichen Rechtsprechung, DAR 1987, 44; ECKELMANN/BOOS, Schadensersatz beim Ausfall der Hausfrau, VersR 1978, 210; ECKELMANN/ BOOS/NEHLS, Vae calamitate victis, DAR 1984, 297; ECKELMANN/NEHLS/SCHÄFER, Beitrag zum Schadensersatz bei Ausfall von Hausfrauen und Müttern im Haushalt nach Unfalltod, DAR 1982, 377; HOFMANN, Der Ersatzanspruch bei Beeinträchtigung der Haushaltsführung, NZV 1990, 8; JUNG, Schadensersatz für entgangene Haushaltätigkeit, DAR 1990, 160; KILIAN, Schadensersatzansprüche wegen Beeinträchtigung der Haushaltsführung, AcP 169 (1969) 443; KÜPPERSBUSCH Rn 255 ff; LANDAU/IMHOF-GILDEIN, Arbeitswissenschaftliche Bewertung der Hausarbeit zur Festlegung von Schadenser-

satzansprüchen, DAR 1989, 166; MONSTADT, Die Berechnung der Unterhaltsrenten bei Tötung eines Ehegatten einer Hausfrauenehe (Diss Münster 1991); NAGEL, Schadensersatzansprüche wegen entgangener Haushaltsführung bei Verletzung oder Tod des Versicherten und Forderungsübergang auf den Unfallversicherungsträger, VersR 1990, 138; SCHACHT, Die Bestimmung der Unterhaltsrente nach § 844 Abs 2, VersR 1982, 517; ders, Die Bewertung der Hausfrauentätigkeit, FamRZ 1980, 107; SCHEFFEN/PARDEY, Die Rechtsprechung des BGH zum Schadensersatz beim Tod einer Hausfrau und Mutter (2. Aufl 1986); SCHULZ-BORCK/HOFMANN, Schadensersatz bei Ausfall von Hausfrauen und Müttern im Haushalt (6. Aufl 2000); TRIEBOLD, Schadensersatzansprüche bei Tötung oder Verletzung einer Hausfrau und Mutter und Bewertung der Hausarbeit (Diss Münster 1994); WUSSOW, Die Höhe des Schadensersatzanspruchs bei Verletzung oder Tötung einer Hausfrau und Mutter, NJW 1970, 1393.

Tod des barunterhaltspflichtigen Ehegatten (oben Rn 103) – nach der unterhaltsrechtlich geschuldeten und nicht nach der tatsächlich erbrachten Haushaltsführung zu
bemessen (st Rspr; zuletzt BGH NJW 1993, 124, 125 = LM § 844 Abs 2 Nr 92 mwNachw; Münch-
Komm/STEIN Rn 39; KÜPPERSBUSCH Rn 257; ERMAN/SCHIEMANN Rn 13). Mit der Abschaffung
des gesetzlichen Leitbildes der Hausfrauenehe durch das GleichberG 1957 obliegt
die Haushaltsführung nicht mehr per se der Ehefrau. Ob und inwieweit der getötete
Ehegatte unterhaltsrechtlich zur Haushaltsführung verpflichtet war, beurteilt sich
nach § 1356 Abs 1 S 1. Die Regelung der Haushaltsführung und die Verteilung der
Hausarbeiten ist dem **gegenseitigen Einvernehmen der Ehegatten** überlassen (ie STAU-
DINGER/HÜBNER/VOPPEL [2000] § 1356 Rn 7 ff). Kraft Gesetzes geschuldet ist die Haushaltstätigkeit daher grundsätzlich so, wie es dem Einvernehmen der Ehegatten entspricht
(BGHZ 104, 113, 115 = LM § 844 Abs 2 Nr 81; VersR 1985, 365, 366). Mangels entgegenste-
hender Anhaltspunkte kann aus der praktizierten Aufgaben- und Lastenverteilung
regelmäßig auf eine entsprechende einvernehmliche Regelung der Ehepartner geschlossen werden (BGHZ 104, 113, 115 = LM § 844 Abs 2 Nr 81; BGB-RGRK/BOUJONG Rn 47).
Je nach den konkreten Umständen kann auch der erwerbstätige Ehegatte zur Haushaltstätigkeit verpflichtet sein; bei seinem Tod umfaßt der Ersatzanspruch nach § 844
Abs 2 daher sowohl den ausfallenden Barunterhalt (oben Rn 105 ff) als auch die ausfallende Haushaltsführung (dazu BGHZ 104, 113, 115 ff = LM § 844 Abs 2 Nr 81; zur Mitarbeitspflicht bei einer Doppelverdiener-Ehe OLG Bamberg FamRZ 1983, 914, 915 f).

Was ie zur geschuldeten Haushaltsführung des getöteten Ehegatten zu zählen ist, **130**
beurteilt sich nach den **persönlichen Bedürfnissen der Ehegatten** (§ 1360a Abs 1) und
ihrer einvernehmlichen Praxis (Rn 129). Neben der Hausarbeit ieS wie Kochen, Ab-
waschen und Putzen (BGHZ 104, 113, 119 = LM § 844 Abs 2 Nr 81) kann dazu auch die
Betreuung und Erziehung von Kindern (§ 1606 Abs 3 S 2), die Pflege von behinderten (BGH NJW 1993, 124, 125 = LM § 844 Abs 2 Nr 92), kranken und alten Familienmitgliedern, die Durchführung von Reparaturen oder der Schriftverkehr (BGHZ 104, 113,
119 = LM § 844 Abs 2 Nr 81) gehören (ie ECKELMANN/NEHLS/SCHÄFER DAR 1982, 377, 380; vgl
auch AG Bautzen Schaden-Praxis 1997, 10 f zur Frage, inwieweit die Beförderung durch den Ehegatten unterhaltsrechtlich geschuldet ist).

Auch die **Mitarbeit im Beruf oder Geschäft** des Ehegatten kann unterhaltsrechtlich **131**
geschuldet sein (ie STAUDINGER/HÜBNER/VOPPEL [2000] § 1360 Rn 41 ff) und beim Tod des
Ehegatten eine Ersatzpflicht nach § 844 Abs 2 auslösen (s etwa BGH NJW 1984, 979, 980;
MünchKomm/STEIN Rn 41; SOERGEL/ZEUNER Rn 12). In der Rechtsprechungspraxis dürfte
sich das Ausmaß ehelicher Mitarbeitspflichten nach der Streichung des § 1356 Abs 2
durch das 1. EheRG (hierzu LÜKE AcP 178 [1978] 1, 11 ff; WACKE FamRZ 1977, 505; DIEDE-
RICHSEN NJW 1977, 217, 219 f; HOLZHAUER JZ 1977, 729 u § 845 Rn 4 ff) und die Umqualifi-
zierung von geschuldeten „Diensten" zu geschuldetem Unterhalt kaum verändert
haben (vgl BGHZ 77, 157, 162 f; GERNHUBER/COESTER-WALTJEN § 20 III 1; WACKE FamRZ 1977,
505, 519; vgl auch HOLZHAUER JZ 1977, 729, 730; grundsätzlich krit zur Annahme von Mitarbeitspflichten MORITZ VersR 1981, 1101, 1102 f; zur Rechtslage vor dem 1. EheRG KROPHOLLER FamRZ
1969, 241, 242 f). Dies gilt jedenfalls für § 844 Abs 2, wo eine großzügige Anerkennung
unterhaltsrechtlich geschuldeter Mitarbeit nicht mehr zu einer Belastung des pflich-
tigen Ehegatten führen kann, sondern allein dem hinterbliebenen Ehegatten in Form
eines höheren Ersatzanspruchs zugute kommt. Aus dem Blickwinkel des Schadensrechts wird man unterhaltsrechtlich geschuldete Mitarbeit daher nicht erst in
Zwangs- und Notsituationen annehmen können (so aber STAUDINGER/HÜBNER/VOPPEL

[2000] § 1356 Rn 34 ff; PALANDT/BRUDERMÜLLER § 1356 Rn 6; DIEDERICHSEN NJW 1977, 217, 220; noch enger MORITZ VersR 1981, 1101, 1103), sondern wenn sie „im weitesten Sinne der wirtschaftlichen Grundlage der Familie" dient (BGHZ 77, 157, 163). Dabei sollte auch hier (s bereits Rn 129) der einvernehmlichen Praxis der Ehegatten entscheidendes Gewicht zukommen (LANGE FamRZ 1983, 1181, 1186; ECKELMANN/FREIER DAR 1992, 121, 132 f; FRANK, in: FS Stoll, 143, 151 f; auch WACKE FamRZ 1977, 505, 519 f: Die Einigung „konkretisiert" die gesetzliche Verpflichtung; für haftungsrechtliche Folgen freiwillig aufgenommener Mitarbeit auch GERNHUBER/COESTER-WALTJEN § 20 III 1). – Ansonsten kommt weder ein Anspruch aus § 844 Abs 2 noch aus § 845 in Betracht (ie bei § 845 Rn 5).

Beruht die Mitarbeit auf einer arbeitsrechtlichen oder gesellschaftsrechtlichen Verpflichtung (zu möglichen Vertragstypen GERNHUBER/COESTER-WALTJEN § 20 III 3–7), so ist sie nicht unterhaltsrechtlich geschuldet, und ein Anspruch nach § 844 Abs 2 scheidet ebenfalls aus (BGHZ 77, 157, 166; BGH NJW 1969, 2005, 2007; KROPHOLLER FamRZ 1969, 241, 246 f; MünchKomm/STEIN Rn 41; vgl auch § 845 Rn 13 ff). Denkbar ist eine Ersatzpflicht dann nur insoweit, als das für die Mitarbeit vertraglich vorgesehene Entgelt aus familiären Rücksichten offensichtlich zu niedrig bemessen ist (MünchKomm/STEIN Rn 41).

cc) Bewertung der ausfallenden Haushaltstätigkeit

132 Für die Bemessung des nach § 844 Abs 2 ersatzfähigen Unterhaltsschadens muß der Wert der Haushaltsführung im Einzelfall ermittelt werden. Dem hinterbliebenen Ehegatten steht der **Ersatzbetrag** zu, der ihn in die Lage versetzt, **sich wirtschaftlich gleichwertige Dienste zu verschaffen**, ohne sich Einschränkungen aufzuerlegen oder die Mildtätigkeit Dritter in Anspruch nehmen zu müssen (OLG Karlsruhe VersR 1991, 1190, 1191; BGH NJW 1971, 2066, 2067; VersR 1967, 352). Dabei kommt es auf das Maß der von dem getöteten Ehegatten rechtlich geschuldeten Haushaltsführung an, das sich insbes nach dem konkreten Lebenszuschnitt der Familie, der Größe und Ausstattung des Haushalts sowie der Zahl, dem Alter und dem Gesundheitszustand der Beteiligten richtet (OLG Karlsruhe VersR 1991, 1190, 1191; BGH NJW 1971, 2066, 2067; NJW 1972, 1716, 1718; ie SCHULZ-BORCK/HOFMANN 8 ff).

Bei der Berechnung des Ersatzanspruchs ist danach zu unterscheiden, ob sich die Familie selbst behilft (Rn 133 ff), ob Verwandte oder Freunde aushelfen (Rn 144 ff), ob eine Ersatzkraft eingestellt wird (Rn 146 f) oder ob der Familienverband aufgelöst und die Waisen anderweitig untergebracht werden (Rn 148 ff).

α) Die Familie behilft sich selbst

133 Den Hinterbliebenen stehen Ersatzansprüche wegen der entfallenden Haushaltstätigkeit des getöteten Ehegatten auch dann zu, wenn sie keine fremde Ersatzkraft einstellen, sondern sich selbst behelfen (st Rspr; etwa BGH VersR 1971, 1065, 1066; VersR 1974, 601, 604; 885, 887; gleiches gilt, soweit eine Ersatzkraft den Unterhaltsbedarf nicht vollständig abdeckt [unten Rn 147]). **Anhaltspunkt** für die Bemessung des Schadensersatzes sind die **Aufwendungen für eine vergleichbare Ersatzkraft**, deren Leistungen nach Art und Umfang der von dem getöteten Ehegatten geschuldeten Haushaltsführung entsprechen (vgl BGHZ [GS] 4, 304, 306; BGH VersR 1972, 948, 949; vgl auch BGH NJW-RR 1990, 34 zu § 843 Abs 1; BGB-RGRK/BOUJONG Rn 56; KÜPPERSBUSCH Rn 260).

Schadensersatzrechtlich handelt es sich dabei aber **nicht** um eine Erstattung **fiktiver Kosten**, sondern um eine **normative Bewertung** der von dem Geschädigten zur Schadensbeseitigung erbrachten **Eigenleistungen**. Auch wenn sich die Rspr bei der Bewertung der Eigenleistungen weitgehend an den Aufwendungen für eine fremde Ersatzkraft orientiert und den Geschädigten damit iE fast genauso stellt, als wäre tatsächlich eine Ersatzkraft eingestellt worden, spricht sie nicht die fiktiven Kosten einer fremden Ersatzkraft zu. Dies wird ua daran deutlich, daß bei der normativen Bewertung der Eigenleistungen nicht der Brutto-, sondern lediglich der Nettolohn einer Ersatzkraft zugrundegelegt wird (unten Rn 141 ff).

Dieser Begrenzung des Ersatzanspruchs wird im Schrifttum § 249 Abs 2 S 1 (bis zum **134** 1. 8. 2002 § 249 S 2) entgegengehalten (etwa DREES 64 f; GRUNSKY NJW 1983, 2465, 2469 f; für analoge Anwendung MONSTADT 122 ff; 131 ff). Demgegenüber hat sich der BGH auf den Standpunkt gestellt, daß § 249 Abs 2 S 1 (§ 249 S 2 aF) auf unmittelbare Schäden wegen Verletzung einer Person oder wegen Beschädigung einer Sache beschränkt sei und daher nicht auf Unterhaltsschäden iSv § 844 Abs 2 angewendet werden könne (BGHZ 86, 373, 377; vgl auch SCHEFFEN VersR 1990, 926, 930). Überzeugender dürfte es aber sein, auch im Rahmen des § 249 Abs 2 S 1 insgesamt davon Abschied zu nehmen, dem Geschädigten ohne Abstriche den Ersatz fiktiver Kosten zuzusprechen, wenn er den Schaden durch Eigenarbeit ausgeglichen bzw ganz auf eine Wiederherstellung verzichtet hat. Für Personenschäden ist dies bereits anerkannt (BGHZ 97, 14; SOERGEL/ MERTENS § 249 Rn 22; MEDICUS DAR 1982, 352, 356; GRUNSKY NJW 1983, 2465, 2468 f; ders JuS 1987, 441; STAUDINGER/SCHIEMANN [1998] § 249 Rn 224 mwNachw). Das hierfür vorgetragene Argument – die Verwendungsfreiheit des Geschädigten führe bei Personenschäden zu einer Umgehung des § 253 (SOERGEL/MERTENS § 249 Rn 22; GRUNSKY NJW 1983, 2465, 2469) – läßt sich zumindest ansatzweise auch für die Problematik des Haushaltsführungsschadens heranziehen, weil hier ebenfalls immaterielle Faktoren wie Vertrautheit und familiäre Bindung im Spiel sind. Vor allem aber bedeutet es einen nicht zu rechtfertigenden Wertungswiderspruch, wenn für Sach- und Vermögensschäden weitergehender Ersatz gewährt würde als für Personenschäden (so STAUDINGER/SCHIEMANN [1998] § 249 Rn 224). Daher ist auch bei Sachschäden auf einen Ersatz fiktiver Kosten zu verzichten, wenn der Geschädigte den Schaden in Eigenarbeit behoben hat. Wer sein beschädigtes Kfz selbst repariert, soll daher zwar Anspruch auf Kostenersatz für die verwendeten Ersatzteile sowie auf Vergütung seiner geleisteten Arbeit haben; darüber hinaus stehen ihm aber weder ein fiktiver Unternehmergewinn noch die auf die selbst erbrachten Reparaturleistungen fiktiv entfallende MWSt zu (JAUERNIG/TEICH-MANN § 249 Rn 4; STAUDINGER/SCHIEMANN [1998] § 249 Rn 227 mwNachw). Für die MWSt ist dies nun in § 249 Abs 2 S 2 idF des Zweiten Gesetzes zur Änderung schadensersatzrechtlicher Vorschriften vom 19. 7. 2002 (BGBl I 2674) kodifiziert worden (G WAGNER NJW 2002, 2049, 2057 f); sie ist nur dann ersatzfähig, „wenn und soweit sie tatsächlich angefallen ist." Diese gesetzliche Wertung ist auf die Bemessung des Schadensersatzes, wenn ein Haushaltsführungsschaden in Eigenarbeit ausgeglichen wird, zu übertragen. Auch hier ist dem Geschädigten allein seine Eigenleistung zu vergüten. Dafür können die Kosten für eine vergleichbare Ersatzkraft einen Anhaltspunkt bilden; nicht zu ersetzen sind hingegen fiktive Gewinnspannen, Steuern und Sozialversicherungsbeiträge (s unten Rn 141 f).

Ausgangspunkt für die normative Bewertung der Eigenleistungen ist der **Arbeitszeit- 135 bedarf** für den durch den Tod **reduzierten Haushalt** (BGH NJW 1982, 2866 f m zust Anm HOFMANN VersR 1982, 1192; so heute auch die hL; etwa KÜPPERSBUSCH Rn 262 Fn 142; Münch-Komm/STEIN Rn 43; BGB-RGRK/BOUJONG Rn 63; SCHACHT VersR 1982, 517, 519 f; WUSSOW/

DRESSLER Kap 47 Rn 12; **aA** für eine Einrechnung des Eigenversorgungsanteils der Haushaltskraft noch WEICHLEIN 106 ff). Die Rspr orientiert sich weitgehend am summarischen Bewertungsverfahren nach SCHOLZ-BORCK und GRIMMER (Wert und Bewertung der Arbeit von Hausfrauen und Müttern [1978]), das zur Grundlage des Tabellenwerkes von SCHULZ-BORCK/HOFMANN wurde (zu anderen Bewertungsverfahren TRIEBOLD 198 ff; für einen Überblick siehe auch PARDEY/SCHULZ-BORCK DAR 2002, 289, 291 ff; zum „Hohenheimer Verfahren" LANDAU/IMHOF-GILDEIN DAR 1989, 166 ff; JUNG DAR 1990, 160 ff; HOFMANN NZV 1990, 8, 9 f; zum „Münchner Modell" LUDWIG DAR 1991, 401 ff; krit ECKELMANN/FREIER DAR 1992, 121, 129 ff). Die darin enthaltenen Erfahrungswerte für den Arbeitszeitbedarf (SCHULZ-BORCK/HOFMANN 25 ff) hat der BGH als „gründliche und umfangreiche Ermittlungen" anerkannt (NJW 1979, 1501, 1502; seitdem BGH VersR 1998, 333, 335; BGHZ 104, 113, 117 = LM § 844 Abs 2 Nr 81; VersR 1982, 951, 952; OLG Stuttgart VersR 1993, 1536, 1537; OLG Hamburg VersR 1988, 135, 136; vgl auch BGH NJW-RR 1990, 962 = LM § 844 Abs 2 Nr 89; zust ECKELMANN/NEHLS/SCHÄFER DAR 1982, 377, 381; WUSSOW/DRESSLER Kap 47 Rn 11; LUDWIG DAR 1986, 375, 378; SCHEFFEN VersR 1990, 926, 930).

136 Soweit im konkreten Fall keine abweichenden Umstände vorgetragen werden (BGHZ 104, 113, 117 = LM § 844 Abs 2 Nr 81; OLG Stuttgart VersR 1993, 1536, 1537), wird man daher schätzweise folgenden Arbeitszeitbedarf heranziehen können (ie SCHULZ-BORCK/HOFMANN Tabelle 1; auch abgedruckt bei DREES 60):

– reduzierter 2-Personen-Haushalt einfachen Zuschnitts: 18,8 Std/Woche (OLG Hamm VersR 1980, 723: 15 Std/Woche; BGH VersR 1984, 79, 80: 20 Std/Woche; VersR 1984, 875, 876: weniger als 25 Std/Woche);

– reduzierter 3-Personen-Haushalt einfachen Zuschnitts: 33,5 Std/Woche (BGH VersR 1984, 875, 876: 25 Std/Woche);

– reduzierter 3-Personen-Haushalt mittleren Zuschnitts 39,5 Std/Woche (OLG Stuttgart VersR 1993, 1536, 1537 und OLG Hamburg VersR 1988, 135, 136: 40,1 Std/Woche);

– reduzierter 4-Personen-Haushalt einfachen Zuschnitts: 41,5 Std/Woche (OLG Oldenburg JR 1977, 288, 289; SCHLUND JR 1983, 415);

– reduzierter 4-Personen-Haushalt mittleren Zuschnitts: 49 Std/Woche (BGH NJW 1979, 1501, 1502; OLG Hamm VersR 1980, 723);

– reduzierter 4-Personen-Haushalt gehobenen Zuschnitts: 65,6 Std/Woche.

137 Von diesem durchschnittlichen Arbeitszeitbedarf sind im Einzelfall **Zu- und Abschläge** zu machen. Eine Erhöhung des Arbeitszeitbedarfs kommt vor allem für die Betreuung von Kindern (BGH NJW 1982, 2866: Zuschlag von täglich 2 Std für die Betreuung von Kindern unter 7 Jahren) oder die Pflege eines Gartens in Betracht (OLG Stuttgart VersR 1993, 1536, 1537). An eine Reduzierung ist zB zu denken, wenn technische Geräte (Geschirrspüler, Wäschetrockner, Bügelmaschine etc) die Haushaltsführung erleichtern (ie SCHULZ-BORCK/HOFMANN Tabelle 2).

Zusätzlich ist der Zeitaufwand für **Haushaltstätigkeiten iwS** (Rn 130) zu veranschlagen (DREES 61). Für einen reduzierten 2-Personen-Haushalt hat der BGH einen zusätzlichen Zeitaufwand von rund 6 Std/Woche angenommen (BGHZ 104, 113, 120 = LM § 844 Abs 2 Nr 81).

Der geschätzte Zeitaufwand für die Haushaltsführung ist um das Ausmaß familien- **138** rechtlicher **Mithilfepflichten** der Kinder (§ 1619) und des Ehegatten (§ 1356) zu verringern. Dabei kommt es allein auf ihre rechtliche Verpflichtung an; inwieweit sie den haushaltführenden Ehegatten in der Vergangenheit tatsächlich entlastet haben, ist unbeachtlich (SCHULZ-BORCK/HOFMANN 10).

Die Mithilfepflicht der im Haushalt lebenden **Kinder** beginnt regelmäßig mit dem 12. oder dem 14. Lebensjahr (BGH NJW-RR 1990, 962, 963 = LM § 844 Abs 2 Nr 89; VersR 1983, 458, 459; VersR 1973, 939, 941; OLG Stuttgart VersR 1993, 1536, 1537; OLG Hamburg VersR 1988, 135, 136; BGB-RGRK/BOUJONG Rn 65; LUDWIG DAR 1986, 375, 379; WUSSOW/DRESSLER Kap 47 Rn 14), und zwar auch für Söhne (BGH VersR 1973, 939, 941). Ie kommt es auf das Alter, den Gesundheitszustand, die Erziehungsbedürftigkeit, die Beanspruchung des Kindes durch Schule und Ausbildung sowie auf den familiären Bedarf an (BGH NJW-RR 1990, 962, 963 = LM § 844 Abs 2 Nr 89; VersR 1973, 939, 941; NJW 1972, 1716, 1718). In einem 3- bis 4-Personen-Haushalt kann sich die Mithilfepflicht auf 7 Std/Woche erstrecken (BGH VersR 1973, 939, 941; OLG Stuttgart VersR 1993, 1536, 1537; OLG Hamburg VersR 1988, 135, 136; SCHULZ-BORCK/HOFMANN 10; SCHEFFEN VersR 1990, 926, 930). Die Arbeitsentlastung des haushaltsführenden Ehegatten wird aber regelmäßig geringer zu veranschlagen sein, da Kinder noch der Aufsicht und Anleitung bedürfen (vgl BGH NJW-RR 1990, 962, 963 = LM § 844 Abs 2 Nr 89; WEICHLEIN 105; BGB-RGRK/BOUJONG Rn 65; insgesamt krit ECKELMANN/ NEHLS/SCHÄFER DAR 1982, 377, 383 f; LUDWIG DAR 1986, 375, 379).

Inwieweit der **Ehegatte** zur Mitarbeit im Haushalt verpflichtet ist, richtet sich in **139** erster Linie nach dem Einvernehmen der Ehegatten (Rn 129). Je nach der konkreten Aufgaben- und Lastenverteilung kann auch der alleinverdienende Ehegatte zur Mitarbeit im Haushalt verpflichtet sein (vgl BGH VersR 1984, 79, 80; OLG Stuttgart VersR 1993, 1536, 1537), soweit die beiderseitigen Pflichten nicht in einem „offensichtlichen Mißverhältnis" stehen (BGH NJW 1985, 1460, 1462 = LM § 844 Abs 2 Nr 72; OLG Frankfurt VersR 1992, 1411, 1412; OLG Köln VersR 1990, 1285 [LS]; vgl auch BGH FamRZ 1993, 411, 412; BGHZ 104, 113, 115 = LM § 844 Abs 2 Nr 81 zur Angemessenheitsgrenze des § 1360 S 1; SCHULZ-BORCK/ HOFMANN 11; KÜPPERSBUSCH Rn 295; ie TRIEBOLD 166 ff mwNachw); zur Mitarbeitspflicht nach Eintritt in den Ruhestand unten Rn 180.

Da es einen „Marktwert" für die Haushaltsführung nicht gibt (BGHZ 86, 372, 376 f; **140** STEFFEN VersR 1985, 605, 607; SCHEFFEN VersR 1990, 926, 930) und die Gleichwertigkeit von Haushaltsführung und Erwerbstätigkeit (§ 1360 S 2) nur im Innenverhältnis der Ehegatten gilt (GERNHUBER/COESTER-WALTJEN § 21 I 8; BGB-RGRK/BOUJONG Rn 65 mwNachw; vgl auch OLG Stuttgart VersR 1993, 1536, 1537), orientiert sich die Rspr bei der **Bemessung der Rente** an den nach **BAT** zu zahlenden Vergütungen für eine fremde Ersatzkraft (vgl aus jüngerer Zeit nur BGH NJW-RR 1990, 962, 963 = LM § 844 Abs 2 Nr 89; BGHZ 104, 113, 121 f = LM § 844 Abs 2 Nr 81; 86, 372, 374 ff).

Die **Einstufung** in eine der Vergütungsgruppen erfolgt nach dem sog summarischen Verfahren der Arbeitsbewertung, dh die Anforderungen des Haushalts werden als Ganzes betrachtet („Ganzheitsbetrachtung": SCHULZ-BORCK 27. Deutscher Verkehrsgerichtstag [1989] 225, 229; vgl weiter TRIEBOLD 57 ff). Entscheidend sind Größe und Aufwendigkeit des Haushalts sowie das Gewicht der zu erledigenden Tätigkeiten und das Ausmaß an vorausgesetzter Eigenständigkeit bei der Haushaltsführung (ie Schulz-Borck/Hofmann Tabelle 3; Drees 62 f; Küppersbusch Rn 265; Wussow/Dressler Kap 47 Rn 16). In größeren Haushalten mit mehreren Kindern, in denen der Haushalt eigenverantwortlich zu führen ist, kommt als Ersatzkraft regelmäßig eine Wirtschafterin (BAT VIII), uU auch eine Hauswirtschaftsleiterin (BAT VII-V b) in Betracht (BGH NJW 1972, 1130 f [BAT VII bei drei minderjährigen Kindern]; NJW 1972, 1716, 1718; VersR 1973, 84, 85; VersR 1973, 939, 940; OLG Stuttgart VersR 1993, 1536, 1537 und OLG Hamburg VersR 1988, 135, 136 [BAT VIII für reduzierten 3-Personen-Haushalt]; LG Bayreuth VersR 1983, 66; generell für BAT VII Schlund JR 1983, 415). Bei einem hohen Lebenszuschnitt und sonstigen besonderen Umständen kann auch eine Einstufung nach BAT V c angemessen sein (BGH VersR 1986, 790: zusätzlicher Aufwand für die Versorgung eines unfallbedingt psychisch gestörten Kindes; zurückhaltender BGH NJW 1982, 2866, 2867). Hingegen wird in einem reduzierten 2-Personen-Haushalt ohne Kinder als Ersatzkraft regelmäßig eine Wirtschaftsgehilfin (BAT X) genügen (BGHZ 104, 113, 121 f = LM § 844 Abs 2 Nr 81; s auch schon BGH NJW 1983, 1425; NJW 1971, 2066; OLG Hamm VersR 1980, 723; genauso im reduzierten 3-Personen-Haushalt einfachen Zuschnitts: BGH VersR 1984, 875, 876).

141 Wie in Rspr und Schrifttum einhellig betont wird, können die hiernach ermittelten Kosten für berufliche Fachkräfte nur einen **Anhaltspunkt** oder **Orientierungsrahmen** für die Bemessung des Unterhaltsschadens geben (BGH NJW-RR 1990, 962 = LM § 844 Abs 2 Nr 89; VersR 1987, 70, 71; OLG Karlsruhe VersR 1991, 1190, 1191; OLG Hamburg VersR 1988, 135, 136; Jagusch/Hentschel, StraßenverkehrsR [35. Aufl 1999] § 10 StVG Rn 14; BGB-RGRK/Boujong Rn 60; MünchKomm/Stein § 843 Rn 28; Steffen VersR 1985, 605, 607; Scheffen VersR 1990, 926, 930). Insbes ist, soweit nicht besondere Umstände vorliegen (vgl BGHZ 86, 372, 377 f [Verwandtenhilfe] und noch Rn 142), ein pauschaler **Abschlag von 30% vom BAT-Bruttolohn** zulässig, da bei der innerfamiliären Haushaltsführung weder Steuern noch Sozialversicherungsabgaben anfallen (grundlegend BGHZ 86, 372, 376 ff; seitdem BGHZ 104, 113, 120 f = LM § 844 Abs 2 Nr 81; BGH NJW-RR 1990, 34 und 962; OLG Köln OLGR 2000, 274, 275; OLG Hamburg VersR 1988, 135, 136; OLG Stuttgart VersR 1993, 1536, 1537; s auch schon BGH VersR 1984, 875, 876; NJW 1982, 2866, 2867; zust Freyberger MDR 2000, 117, 120 f; Geigel/Schlegelmilch Kap 8 Rn 54; Honsell/Harrer JuS 1985, 161, 169; Hofmann VersR 1982, 1192 f; Küppersbusch Rn 266; Nagel VersR 1990, 138, 140 f; Pardey/Schulz-Borck DAR 2002, 289, 298; Schlund JR 1983, 415 f; Scheffen VersR 1990, 926, 930; Schulz-Borck/Hofmann 14 ff; Steffen VersR 1985, 607, 609; Stürner VersR 1984, 297, 302; Triebold 250 f; Wussow/Dressler Kap 47 Rn 9; s auch Staudinger/Vieweg § 842 Rn 126; **aA** für die Berücksichtigung der **Bruttolohnkosten** MünchKomm/Stein Rn 44 ff; Drees 64 f; Monstadt 164 ff; BGB-RGRK/Boujong Rn 61; Ludwig DAR 1986, 375, 380 f; Grunsky NJW 1983, 2465, 2470; ders JZ 1983, 372, 376 f; Medicus DAR 1982, 352, 359; Eckelmann/Boos VersR 1987, 261, 265; Eckelmann NJW 1971, 355, 358; Weichlein 130 ff; vgl iü zum Meinungsstand BGHZ 86, 372, 375).

Diese Rspr steht im Einklang mit dem Grundgedanken, daß die Ersatzrente, wenn sich der Geschädigte selbst behilft, primär dazu dienen soll, die Eigenleistung des Geschädigten normativ abzugelten, und nicht weitergehende fiktive Kosten zu erstatten (oben Rn 133 f). Die Kosten einer vergleichbaren Ersatzkraft sind daher nur insoweit heranzuziehen, als sie einen sachgerechten Anhaltspunkt für die **Bewertung der Eigenleistung** bieten. So wenig die schadensmindernde Selbsthilfe der Hinterbliebenen dem Schädiger zugute kommen soll (bereits BGHZ [GS] 50, 304, 306; auch Soergel/Zeuner Rn 19; MünchKomm/Stein Rn 45), so wenig darf das Schadensrecht zu einer Bereicherung des Geschädigten führen (vgl STAUDINGER/SCHIEMANN [1998] § 249 Rn 227). Mit Recht werden Steuern und Sozialversicherungsabgaben, wie sie bei der Einstellung einer fremden Ersatzkraft anfallen, daher nicht in die Bewertung der Eigenleistung eingestellt.

Die Vergütungstarife des BAT können aber stets nur einen ersten Anhaltspunkt **142** (Rn 141) für die im tatrichterlichen Ermessen liegende Bewertung der Eigenleistung bedeuten. Dem Richter kommt insoweit ein Bewertungsfreiraum zu, um so mehr als sich die familiäre Haushaltsführung einer Marktbewertung weitgehend entzieht (BGHZ 86, 372, 377; STEFFEN VersR 1985, 605, 607; SCHEFFEN VersR 1990, 926, 930). Bei Vorliegen besonderer Umstände kann eine abweichende Beurteilungspraxis geboten sein (BGHZ 86, 372, 377 f).

Gegen diese Rechtsprechungspraxis wird immer wieder eingewendet, sie privilegiere **143** gutsituierte Familien, die sich die Einstellung einer Ersatzkraft ohne weiteres leisten könnten, während die Hinterbliebenen in beengteren Verhältnissen regelmäßig zu Not- und Behelfslösungen gezwungen wären. Da sie lediglich die Netto-Beträge als Vergütung für die Eigenleistung zugesprochen bekämen, seien sie auch in Zukunft nicht in der Lage, tatsächlich eine Ersatzkraft einzustellen (MünchKomm/STEIN Rn 45; ECKELMANN/BOOS VersR 1978, 210, 214; ECKELMANN/NEHLS/SCHÄFER DAR 1982, 377, 382 f; ECKELMANN DAR 1987, 44 f; ECKELMANN/FREIER DAR 1992, 121, 130). Dies beruht allerdings eher darauf, daß die Versicherungen nicht bereit sind, Vorschüsse auf die Schadensersatzrente zu zahlen (so auch ECKELMANN DAR 1987, 44). Auch rechtfertigt der ungewisse Ausgang von Schadensersatzprozessen (vgl MünchKomm/STEIN Rn 45) keine großzügigere Bemessung der Ausgleichsrenten, sondern gehört zum allgemeinen Prozeßrisiko. Iü dürfte die Entscheidung, eine Ersatzkraft einzustellen oder sich selbst zu behelfen, nicht allein von finanziellen Gesichtspunkten geleitet sein, sondern vielleicht sogar primär davon, ob man Haushaltsführung und Kinderbetreuung überhaupt in fremde Hände legen möchte. Diese Grundentscheidung dürfte von der derzeitigen Bemessungspraxis nur am Rande beeinflußt sein. Entscheidend ist, daß die Hinterbliebenen dann, wenn sie tatsächlich eine fremde Ersatzkraft einstellen, die Kosten dieser Ersatzkraft einschließlich Steuern und Sozialversicherungsabgaben vollständig ersetzt bekommen (unten Rn 146). Solange sie dies nicht tun, besteht kein Anlaß, ihnen diese Aufwendungen zuzusprechen.

β) Verwandte oder Freunde helfen aus

Wenn Verwandte oder Freunde der Familie **unentgeltlich** aushelfen, zB die Groß- **144** mutter (BGH NJW 1971, 1983, 1985) oder die Schwiegermutter (OLG Stuttgart VersR 1993, 1536) den Haushalt übernehmen oder Freunde die minderjährigen Kinder mitbetreuen, so soll diese Freigiebigkeit den Schädiger genauso wenig entlasten wie die Selbsthilfe der Familie (BGH NJW 1982, 2864, 2465; NJW 1971, 1983, 1985; MünchKomm/STEIN Rn 46 f; WUSSOW/DRESSLER Kap 47 Rn 17). Auch hier entsteht mit dem Tod des haushaltsführenden Ehegatten ein normativer Schaden, der in Höhe der **Aufwendungen für eine familienfremde Ersatzkraft** auszugleichen ist (ie bereits Rn 133 ff). Soweit die Mithilfe völlig unentgeltlich erfolgt, kann es bei der Bemessung der Ersatzrente weder auf die Qualifikation des Verwandten (SCHULZ-BORCK/HOFMANN 17; **aA** BGH NJW 1985, 1460, 1462 = LM § 844 Abs 2 Nr 72; OLG Stuttgart VersR 1993, 1536, 1537) noch darauf ankommen, ob der Verwandte durch die Mithilfe weitergehende Nachteile erleidet, etwa weil er seine Berufstätigkeit aufgegeben hat (so aber BGHZ 86, 372, 377 f; vgl auch

BGH NJW 1987, 715, 717). Solche Einbußen Dritter können nur insoweit auf den Schädiger abgewälzt werden, als die Hinterbliebenen dem Verwandten hierfür ausgleichspflichtig sind (hierzu sogleich Rn 145). Umgekehrt müssen die Aufwendungen für eine familienfremde Ersatzkraft auch dann maßgeblich sein, wenn eine „voll angemessene" Entschädigung des mithelfenden Verwandten im konkreten Fall kostengünstiger wäre (so aber BGH NJW 1982, 2864, 2865; NJW 1982, 2866, 2867; NJW 1986, 715, 717 = LM § 844 Abs 2 Nr 73; OLG Düsseldorf FamRZ 2000, 425, 426; OLG Stuttgart VersR 1993, 1536, 1537; OLG München VersR 1982, 376, 377; zust KÜPPERSBUSCH Rn 269; HONSELL/HARRER JuS 1985, 161, 169; SCHEFFEN VersR 1990, 926, 930; mit Recht abl MünchKomm/STEIN § 844 Rn 47, 53; MEDICUS DAR 1982, 352, 358 f; GRUNSKY NJW 1983, 2465, 2470; ders JZ 1983, 372, 376; ECKELMANN/BOOS/ NEHLS DAR 1984, 297 ff; ECKELMANN/FREIER DAR 1992, 121, 129 f; vgl auch BGH NJW-RR 1990, 962 = LM § 844 Abs 2 Nr 89). Auf die (fiktiven) Kosten einer familienfremden Ersatzkraft ist auch dann abzustellen, wenn der Verwandte seine Berufstätigkeit aufgegeben oder stark eingeschränkt hat (anders BGH NJW 1986, 715, 717 = LM § 844 Abs 2 Nr 73: entgangener Arbeitsverdienst jedenfalls dann maßgeblich, wenn er die Kosten einer Ersatzkraft nicht unterschreitet).

145 Gewähren die Hinterbliebenen den aushelfenden Verwandten oder Freunden eine **Vergütung oder sonstige geldwerte Vorteile**, so ist der Haushaltsführungsschaden grundsätzlich nach der konkret erbrachten Vergütung abzurechnen (BGH NJW 1982, 2864, 2865; OLG Stuttgart VersR 1978, 652; SCHULZ-BORCK/HOFMANN 17), zB wenn der hinterbliebene Ehemann zur Betreuung seiner Tochter seine Schwester mit deren vierköpfiger Familie mietzinsfrei in sein Eigenheim aufnimmt (BGH NJW 1982, 2864, 2865). Die Hinterbliebenen haben grundsätzlich auch dann Anspruch auf Ersatz der tatsächlich gewährten Vergütung, wenn sie die Kosten einer auswärtigen Betreuung durch Fremde übersteigen, soweit dadurch der Familienverbund aufrechterhalten und die Kinder weiterhin in vertrauter Atmosphäre verbleiben können (BGH NJW 1982, 2864, 2865; vgl auch BGH NJW 1985, 715, 717). Zur Schadensminderungspflicht aber unten Rn 231 ff.

γ)   **Eine Ersatzkraft wird eingestellt**

146 Entscheiden sich die Hinterbliebenen für die Einstellung einer familienfremden Ersatzkraft, so bilden die tatsächlichen Aufwendungen den „bestimmenden Ausgangspunkt" (BGH VersR 1974, 601, 604; VersR 1973, 939, 940) für die Schadensschätzung, und zwar einschließlich der Arbeitgeberanteile zur Sozialversicherung, wenn und soweit der Unterhaltsgeschädigte mit ihnen realiter belastet ist (BGHZ 86, 372, 376; 104, 113, 120 = LM § 844 Abs 2 Nr 81; BGH NJW 1982, 2866, 2867). Die tatsächlichen Aufwendungen sind aber nur im Rahmen des gesetzlichen Unterhaltsbedarfs (wöchentlicher Arbeitsaufwand, Qualifikation und Vergütung der Ersatzkraft) ersatzfähig (LG Saarbrücken ZfS 1997, 412; SCHULZ-BORCK/HOFMANN 21); sie müssen angemessen sein (OLG Köln VersR 1990, 1285). Dies unterliegt dem Schätzungsermessen des Tatrichters (Rn 135 ff).

147 Gleicht die eingestellte Ersatzkraft den durch den Ausfall des haushaltsführenden Ehegatten entstehenden Schaden nur zT aus, zB indem sie anstelle eines geschätzten Arbeitszeitbedarfs (Rn 135 f) von 40 Std nur wöchentlich 20 Std tätig ist, haben die Hinterbliebenen für den verbleibenden Bedarf, den sie in Selbsthilfe bewältigen, einen zusätzlichen Anspruch auf Ersatz der fiktiven (Netto-)Kosten (BGH VersR 1986, 790; VersR 1986, 790; TRIEBOLD 267 ff; KÜPPERSBUSCH Rn 267; SCHULZ-BORCK/HOFMANN 21; ie zur Ermittlung der fiktiven Kosten oben Rn 132). Der BGH stellt an den Beweis des verbleibenden (fiktiven) Schadens jedoch strenge Anforderungen, da der tatsächliche Umfang, in dem auf die fremde Hilfe zurückgegriffen worden ist, häufig ein Indiz dafür sei, daß ein weitergehender Schaden nicht vorliege (BGH NJW-RR 1990, 34, 35).

δ) Der Familienverband wird aufgelöst

αα) Werden die Waisen nach dem Tod des haushaltsführenden Ehegatten auswärtig **148** untergebracht, so ist die Ersatzforderung **konkret** nach den für die Kinderbetreuung aufgewandten Mitteln zu bestimmen: Entstehen **tatsächliche Aufwendungen** für die Unterbringung und Versorgung der Waisen zB in einem Kinderheim oder Internat, so sind diese zur Grundlage des Ersatzanspruchs zu machen (OLG Frankfurt VersR 1992, 1411, 1412; BGH NJW 1971, 2069; BGHZ 54, 82, 84; vgl auch BGH NJW 1984, 2864, 2865; BGB-RGRK/Boujong Rn 71; Schulz-Borck/Hofmann 18; Küppersbusch Rn 271), ggf abzgl ersparter Barunterhaltsanteile, wenn der Kostenträger auch für die Verpflegung, die Kleidung oder das Taschengeld des Waisen aufkommt (LG Duisburg/OLG Düsseldorf VersR 1985, 698, 699). Eine äußerste Grenze findet diese konkrete Bestimmung der Ersatzforderung in der Schadensminderungspflicht der Hinterbliebenen, dh wenn eine kostengünstigere Unterbringung möglich und vor allem zumutbar gewesen wäre (OLG Düsseldorf VersR 1985, 698, 699; allg zur Schadensminderungspflicht unten Rn 231 ff).

Werden die Waisen **unentgeltlich** in eine fremde Pflegefamilie aufgenommen, so sind **149** die Kosten einer vergleichbaren Familienunterkunft zu erstatten (BGH VersR 1974, 601, 604). Die Pflegegeldsätze der Jugendämter (§§ 33, 39 KJHG/SGB VIII) können dabei allenfalls eine Orientierungshilfe sein (BGH NJW 1986, 715, 717 = LM § 844 Abs 2 Nr 73; NJW 1985, 1460, 1461 = LM § 844 Abs 2 Nr 72; OLG Düsseldorf FamRZ 2000, 425, 426; Schulz-Borck/Hofmann 17; Lange/Schiemann § 6 IX 6 b), da sie nicht die Pflegeleistungen der Pflegeeltern abgelten (Eckelmann/Boos/Nehls DAR 1984, 297, 300; vgl weiter Monstadt 75 f). Das gleiche gilt, wenn die Waisen unentgeltlich bei Verwandten aufgenommen werden (ie Triebold 263 ff). Wegen der Schwierigkeit, die Kosten einer vergleichbaren Familienunterkunft zu ermitteln, hat der 15. Deutsche Verkehrsgerichtstag im Jahr 1977 vorgeschlagen, den Schadensersatz nach dem doppelten Regelbedarfssatz der RegelunterhaltsVO zu bemessen (OLG Celle VersR 1980, 583; vgl auch Hofmann VersR 1977, 296, 304 f; zust Küppersbusch Rn 271; Lange/Schiemann § 6 IX 6 b). Hingegen scheidet eine Anlehnung an die Düsseldorfer Tabelle von vornherein aus, da Betreuungsleistung und Barleistung nur im Innenverhältnis der Ehegatten als gleichwertig gelten (**aA** OLG Köln VersR 1978, 972; s bereits Rn 140).

Ist ein Kind durch das schädigende Ereignis zur **Vollwaisen** geworden, ist bei der **150** Bemessung des Ersatzanspruchs zusätzlich der entgangene Barunterhalt zu berücksichtigen (ie unten Rn 168 ff).

ββ) Werden die Waisen anderweitig untergebracht, reduziert sich der Anspruch des **151** hinterbliebenen Ehegatten wegen **entgangener Haushaltsführung** um die auf die Waisen entfallenden Anteile (Schulz-Borck/Hofmann 17). Für die Ermittlung des Arbeitszeitbedarfs ist also von einem reduzierten 2-Personen-Haushalt auszugehen. Hierfür wird regelmäßig eine stundenweise bezahlte Haushaltshilfe genügen (vgl bereits oben Rn 140 aE).

dd) Verteilung des Haushaltsführungsschadens auf die Hinterbliebenen

152 Der insgesamt ermittelte Haushaltsführungsschaden ist auf die Hinterbliebenen aufzuteilen; sie sind **Teilgläubiger**, deren Einzelansprüche nach Höhe und Dauer ihr eigenes rechtliches Schicksal haben (vgl BGHZ 50, 304, 306; 51, 109; VersR 1972, 743, 745; VersR 1973, 84, 85; BGB-RGRK/Boujong Rn 66; MünchKomm/Stein Rn 35; Erman/Schiemann Rn 14; Drees 65; ders VersR 1985, 611, 616; Küppersbusch Rn 272; Wussow/Dressler Kap 47 Rn 18; ie Staudinger/Noack [1999] § 428 Rn 66 f mwNachw und bereits Rn 102). Gesamtgläubigerschaft (§ 432) würde voraussetzen, daß jeder der unterhaltsberechtigten Hinterbliebenen berechtigt ist, den gesamten Haushaltsführungsschaden einzufordern. Hieran fehlt es aber, da die Kinder nicht aus § 1360 BGB forderungsberechtigt sind (so Jayme 74, 95 ff; für Gesamtgläubigerschaft aber Wussow VersR 1967, 189 ff; für Mitgläubigerschaft [§ 428] Rütten, Mehrheit von Gläubigern [1989] 230 ff; Medicus JuS 1980, 697, 700 f; ders, BürgR [18. Aufl 1999] Rn 836 aE; s bereits Rn 102 sowie zur prozessualen Durchsetzbarkeit unten Rn 263). Etwas anderes kann nur bei besonderen Umständen, insbes Vereinbarungen der Unterhaltsgläubiger, angenommen werden (Jayme 96).

Die Aufteilung richtet sich nach den Umständen des Einzelfalles und ist der Einschätzung des Tatrichters überlassen (BGH VersR 1972, 948, 949). Die Rspr billigt dem erwerbstätigen Ehegatten zumeist einen höheren Anteil an der Haushaltsführung zu als den hinterbliebenen Kindern, da die Haushaltsführung „in erster Linie" der Aufrechterhaltung des ehelichen Haushalts diene und dem Kind nur als „Reflex" zugute komme (BGH VersR 1984, 875, 876; NJW 1974, 1238, 1239). Dies führt regelmäßig zu Quoten von 2:1 bei einem Kind (BGH NJW 1974, 1238, 1239; VersR 1984, 875, 876; zust Küppersbusch Rn 272; Freyberger MDR 2000, 117, 121; Wussow/Dressler Kap 47 Rn 18) bzw von 2:1:1 bei zwei Kindern (BGH NJW 1972, 1716; FamRZ 1974, 436; vgl auch BGH VersR 1973, 939, 940: 2:1:1:1 bei drei Kindern). Anders als bei der Aufteilung des Bareinkommens (oben Rn 124 f) läßt sich diese Ungleichverteilung in bezug auf die Haushaltstätigkeit aber nicht rechtfertigen, da sich der Haushaltsführungsbedarf von Ehegatten und Kindern im Regelfall entsprechen wird, wenn nicht sogar auf das pflegebedürftige Kind höhere Anteile entfallen (Wussow NJW 1970, 1393, 1397; Triebold 186 f mwNachw). Soweit keine besonderen Umstände vorliegen, ist der Haushaltsführungsschaden daher **gleichmäßig** auf die Hinterbliebenen **aufzuteilen** (Drees 65; ders VersR 1985, 611, 618; Eckelmann/Nehls/Schäfer DAR 1982, 377, 387; Monstadt 155; Triebold 187; Weichlein 137 ff; in diese Richtung bereits LG München II VersR 1981, 69, 71: 4/10 für den Witwer und je 3/10 für die hinterbliebenen Kinder).

153 **ee)** Vom unterhaltsberechtigten Kind erzielte **Bareinkünfte** mindern seine Bedürftigkeit (§ 1602) und damit seinen Anspruch auf Betreuungsunterhalt (unten Rn 165). Zum **Vorteilsausgleich** wegen ersparten Barunterhalts für den haushaltsführenden Ehegatten s unten Rn 203 ff.

f) Tod des mitverdienenden Ehegatten/Lebenspartners*

154 Waren beide Ehegatten ganz oder teilweise erwerbstätig, so bestimmt sich beim Tod eines mitverdienenden Ehegatten der gemäß § 844 Abs 2 ersatzfähige Schaden nach Art und Ausmaß des im Einzelfall entzogenen Unterhaltsbeitrags. Je nach konkreter

---

* **Schrifttum:** Drees, Berechnung des Unterhaltsschadens bei Ausfall des mitverdienenden

Ehegatten, VersR 1985, 611; Küppersbusch Rn 286 ff

Gestaltung der ehelichen Lebensführung kann der Unterhaltsausfall im Verlust von Barunterhalt (unten Rn 155 ff) und/oder im Verlust von Haushaltsführung (unten Rn 159 ff) bestehen. Dies verlangt ggf zwei Schadensrechnungen; Barunterhalt und Haushaltstätigkeit können nicht miteinander „verrechnet" werden (ECKELMANN/ NEHLS/SCHÄFER DAR 1982, 377, 385). Entsprechendes gilt für den Ersatzanspruch wegen des wegfallenden Partnerschaftsunterhalts (§ 5 LPartG) vom ebenfalls erwerbstätigen Lebenspartner (s bereits Rn 103).

Hat der überlebende Ehegatte bzw Lebenspartner erst nach dem Tod seines erwerbstätigen Ehegatten bzw Lebenspartners eine Erwerbstätigkeit aufgenommen, so liegt kein Fall einer Doppel- oder Zuverdiener-Ehe vor (OLG Nürnberg NZV 1997, 439). Die später erzielten Einkünfte sind vielmehr erst im Rahmen des Vorteilsausgleichs auf den Ersatzanspruch wegen entgangenen Barunterhalts anzurechnen (unten Rn 203 ff).

aa) Barunterhaltsschaden

Der durch den Tod des mitverdienenden Ehegatten bzw Lebenspartners entstandene **155** Barunterhaltsschaden ist grundsätzlich genauso zu ermitteln wie beim Tod des Alleinverdieners (s die Berechnungsbeispiele bei KÜPPERSBUSCH Rn 296 ff; DREES 68 ff; ders VersR 1985, 611, 613; FREYBERGER MDR 2000, 119 f sowie BGH NZV 1994, 475 f; NJW 1985, 49, 51; VersR 1983, 79, 81). Als entgangener Unterhalt ist bei der Bemessung des Unterhaltsschadens der Anteil zu werten, den der Getötete zu den Haushaltskosten und zu den persönlichen Bedürfnissen des Partners zuzusteuern hatte (OLG Brandenburg OLGR 1999, 307; OLG Hamburg VersR 1988, 135).

Ausgangspunkt ist das für den Familienunterhalt einzusetzende mutmaßliche Netto-Einkommen des Verstorbenen (vgl BGH NJW 1987, 322, 323 = LM § 7 StVG Nr 56; Rn 106 ff). Hiervon sind die fixen Kosten der Haushaltsführung (Rn 116 ff) abzusetzen, soweit der Getötete für sie aufkommen mußte, dh im Verhältnis der beiderseitigen Einkünfte (BGH NJW 1983, 2315, 2316; VersR 1984, 79, 81; OLG Hamburg VersR 1988, 135, 136; KÜPPERSBUSCH Rn 289; MünchKomm/STEIN Rn 50). Der Unterhaltsanspruch des hinterbliebenen Ehegatten bestimmt sich nach seinem Quotenanrecht. Anders als der nicht erwerbstätige Ehegatte ist der mitverdienende Ehegatte grundsätzlich zur Hälfte an den Einkünften seines Ehegatten zu beteiligen (vgl BGH NZV 1994, 475; NJW-RR 1990, 706 = LM § 844 Abs 2 Nr 88; NJW 1985, 49, 51; VersR 1984, 79, 81; OLG Brandenburg NZV 2001, 213, 215; DREES VersR 1985, 611, 613; KÜPPERSBUSCH Rn 287). Diesem Anspruch ist der Fixkostenanteil des verstorbenen Ehegatten hinzuzurechnen. Schließlich ist im Wege der Vorteilsausgleichung zu berücksichtigen, inwieweit der hinterbliebene Ehegatte seinerseits von seiner Barunterhaltsverpflichtung gegenüber dem verstorbenen Ehegatten freigeworden ist (OLG Brandenburg OLGR 1999, 307; ie noch Rn 203 ff).

Hierfür bietet sich folgendes Berechnungsmodell an (vgl BGH VersR 1984, 79, 81; VersR **156** 1984, 189, 190; NJW 1985, 49, 51; DREES 70; KÜPPERSBUSCH Rn 298; ECKELMANN/NEHLS/SCHÄFER NJW 1984, 945, 950; zT abw das vereinfachte Berechnungsmodell nach ECKELMANN/BOOS/NEHLS DAR 1984, 297, 303; s auch EBEL Jura 1985, 561, 565 ff):

Beispiel: Einkommen des Getöteten 3 000 €, Einkommen des Hinterbliebenen 1 000 €; Fixkosten 900 €; keine Kinder.

1. mutmaßliches Einkommen   3 000 €

2. abzgl Beitrag des Getöteten zu den fixen Kosten   600 €

3. = verfügbares Einkommen des erwerbstätigen Ehegatten   2 400 €

4. davon entfällt auf den hinterbliebenen Ehegatten (Quotenanrecht)   1 200 €

5. zzgl Beitrag des Getöteten zu den fixen Kosten   600 €

  1 800 €

6. Vorteilsausgleichung

     Einkommen des hinterbliebenen Ehegatten   1 000 €
     abzgl Anteil an den fixen Kosten   300 €
     = verfügbares Einkommen   700 €

     davon Unterhaltsanteil (= auszugleichender Betrag)   **350 €**

7. = Ersatzanspruch (Nr 5 abzgl Nr 6)   **1 450 €**

157 Zum **Quotenvorrecht** des Geschädigten bei **Mithaftung** (§§ 254 Abs 1, 846) s unten Rn 230, 237.

158 Sind außer dem hinterbliebenen Ehegatten auch **unterhaltsberechtigte Kinder** vorhanden, so muß der Unterhaltsschaden für jede Person gesondert ermittelt werden (BGH VersR 1960, 801, 802; s auch schon Rn 102, 152; zur prozessualen Geltendmachung unten Rn 263). Auswirkungen hat dies auf das Quotenanrecht des hinterbliebenen Ehegatten sowie die Verteilung der Fixkosten (oben Rn 124 f). Anders als beim Tod des Alleinverdieners ist der hinterbliebene Ehegatte in gleicher Höhe an den Einkünften des verstorbenen Ehegatten zu beteiligen (etwa BGH NJW-RR 1990, 706 = LM § 844 Abs 2 Nr 88: Aufteilung 25% [hinterbliebener Ehegatte] und 12,5% [jedes der vier Kinder]; OLG Hamburg VersR 1988, 135, 136: 42,5% [hinterbliebener Ehegatte] und 15% [Waise]; genauso DREES VersR 1985, 611, 616; für Quotierung 40% zu 20% KÜPPERSBUSCH Rn 300). Der Unterhaltsschaden der hinterbliebenen Kinder besteht in dem Betrag, den der Getötete zu ihren persönlichen Bedürfnissen und zu ihrem Anteil an den fixen Kosten zu leisten hatte (ie mit Berechnungsbeispielen DREES VersR 1984, 611, 616; ders 70 f; ECKELMANN/NEHLS/SCHÄFER NJW 1984, 945, 950; FREYBERGER MDR 2000, 117, 122 f; KÜPPERSBUSCH Rn 300; SCHEFFEN VersR 1990, 926, 934).

bb) Haushaltsführungsschaden

159 Waren beide Ehegatten erwerbstätig, entsteht regelmäßig auch ein Ersatzanspruch wegen entgangener Haushaltsführung. Inwieweit der erwerbstätige Ehegatte dem anderen gegenüber iSd § 844 Abs 2 BGB „kraft Gesetzes" zur Haushaltshilfe verpflichtet war, bestimmt sich nach der einvernehmlichen Regelung durch die Ehegatten (oben Rn 129 f; TRIEBOLD 164 f). Waren beide Ehegatten voll erwerbstätig, so kann aus dieser Tatsache allein nicht gefolgert werden, daß die Haushaltstätigkeit gleichmäßig auf die Ehegatten verteilt war (BGHZ 104, 113, 115 = LM § 844 Abs 2 Nr 81; vgl schon OLG Bamberg FamRZ 1983, 914, 915; anders noch BGH VersR 1988, 490; OLG Hamburg VersR 1988, 135, 136). Solange die beiderseitigen Lasten nicht in einem offensichtlichen Mißverhältnis stehen, können die Ehegatten sowohl die Art der Arbeitsteilung als auch den Umfang ihrer Beiträge nach ihrem Belieben bestimmen (TRIEBOLD 165 ff). Verteilungsquoten von 50%, wenn beide Ehegatten voll erwerbstätig sind (etwa OLG Hamburg VersR 1988, 135, 136), oder von 25%, wenn ein Ehegatte nur halbtags beschäftigt ist (SCHULZ-BORCK/HOFMANN 10; DREES VersR 1985, 611, 617), haben daher nur bedingt Aussagekraft. Iü gelten bei der Ermittlung des Haushaltsführungsschadens die bereits dargestellten Grundsätze (oben Rn 132 ff; Berechnungsbeispiele bei DREES 74 f). Sind unterhaltsberechtigte Kinder vorhanden, ist der Haushaltsführungsschaden gleichmäßig auf alle Hinterbliebenen zu verteilen (vgl bereits Rn 152).

Der hinterbliebene Ehegatte hat auch dann einen Ersatzanspruch wegen entzogener **160** Haushaltstätigkeit, wenn beide Ehegatten die **Hausarbeit zu gleichen Teilen** geleistet haben. Die Rspr ging früher davon aus, daß die von dem getöteten Ehegatten geleistete Hausarbeit in diesen Fällen „außer Ansatz" bleiben müsse (BGH NJW 1985, 49, 51), da der hinterbliebene Ehegatte zwar den Anspruch auf Mitarbeit des anderen Ehegatten verliere, zugleich aber auch von seiner Verpflichtung gegenüber dem anderen Teil frei werde, so daß per saldo kein Schaden entstehe (vgl BGHZ 104, 113, 116 = LM § 844 Abs 2 Nr 81; MACKE NZV 1989, 249, 254). Diese Betrachtungsweise verkennt, daß ein Teil der im Haushalt anfallenden Arbeiten in einem gemeinschaftlichen Haushalt ohne ins Gewicht fallenden Mehraufwand nur einmal anfällt, so daß auch bei gleichmäßiger Beteiligung beider Ehegatten an der Hausarbeit die Mitarbeit zugleich der Entlastung des anderen Teils dient. Auch für den Entzug dieses „Rationalisierungseffektes" ist Schadensersatz zu leisten (BGHZ 104, 113, 116 f = LM § 844 Abs 2 Nr 81; so auch schon OLG Bamberg FamRZ 1983, 914, 915 f; zust SCHLUND NZV 1988, 60; MACKE NZV 1989, 249, 253 f; NAGEL VersR 1990, 138, 141; FREYBERGER MDR 2000, 117, 121; ERMAN/SCHIEMANN Rn 15; MünchKomm/STEIN Rn 50; KÜPPERSBUSCH Rn 306; WUSSOW/DRESSLER Kap 48 Rn 3).

g) Tod eines oder beider Elternteile

Eheliche, nichteheliche (unten Rn 172 f) und adoptierte Kinder (unten Rn 169) haben **161** beim Unfalltod eines Elternteiles gemäß § 844 Abs 2 Anspruch auf Ersatz der Unterhaltsleistungen, die ihnen der weggefallene Elternteil kraft Gesetzes schuldete. Voraussetzungen, Inhalt und Umfang des Unterhaltsanspruchs richten sich nach den familienrechtlichen Vorschriften (§§ 1601 ff). Anders als der Ersatzanspruch des Ehegatten während intakter Ehe setzt der Unterhaltsanspruch von Abkömmlingen **Bedürftigkeit** voraus (§ 1602).

Verfügte das Kind schon vor dem Unfall über eigene Einkünfte oder eigenes Vermögen, so ist seine Bedürftigkeit entsprechend gemindert (ie TRIEBOLD 174 ff; KÜPPERSBUSCH Rn 249). **Lehrlingsbeihilfen** und sonstige **Ausbildungsvergütungen** sind anzurechnen, soweit sie nicht für berufsbedingte Mehraufwendungen aufgezehrt werden (BGH NJW 1981, 2462, 2463; OLG Köln FamRZ 1981, 993, 995; OLG Hamm FamRZ 1981, 996, 997; OLG Celle VersR 1980, 583, 584; vgl aber auch BGH VersR 1960, 801, 802: Kinder mit eigenen Einkünften könnten auch erhöhte Lebensansprüche stellen) und wenn sie ein angemessenes Taschengeld des Kindes übersteigen (BGH VersR 1972, 949, 951; VersR 1973, 939, 941: 100 DM; derzeit wohl 150 DM [bzw 75 €]: KÜPPERSBUSCH Rn 249). Hingegen mindert das an die Eltern ausgezahlte **Kindergeld** die Bedürftigkeit des Kindes nicht (oben Rn 110). Auch Ausbildungsleistungen nach dem **BAföG** sind nicht als eigenes Einkommen im Rahmen der Bedürftigkeit zu berücksichtigen (OLG Brandenburg NZV 2001, 213, 215; zum Vorteilsausgleich unten Rn 223).

Auch Einkünfte und Vermögen, die dem Kind erst infolge des Unfalles zufließen (**Erbschaft, Waisenrente** nach § 67 SGB VII), sind erst im Rahmen der Vorteilsausgleichung zu berücksichtigen (unten Rn 200 ff, 222 ff). Wegen der Voraussetzung der Bedürftigkeit sind Ersatzrenten minderjähriger Kinder regelmäßig auf den voraussichtlichen Berufseintritt zu begrenzen (Rn 192 ff).

Iü bestimmt sich der Ersatzanspruch nach **Art und Umfang der Unterhaltspflicht des verstorbenen Elternteils**. Das Kind muß durch die Ersatzrente so gestellt werden, wie es ohne den Tod des Unterhaltsverpflichteten stünde (vgl BGH NJW 1988, 2365, 2366 f = LM § 844 Abs 2 Nr 82; NJW 1987, 322, 323 = LM § 7 StVG Nr 56).

aa)   Minderjährige unverheiratete Kinder

162   Minderjährige unverheiratete Kinder, die noch im Haushalt ihrer Eltern leben, haben gegen beide Elternteile einen Anspruch auf **Bar- und Betreuungsunterhalt** (§§ 1610 Abs 2, 1606 Abs 3 S 2). Das Maß des unterhaltsrechtlich Geschuldeten (§ 1610) bestimmt sich im wesentlichen nach der Gestaltung der Lebenshaltung durch die sorgeberechtigten Eltern (BGH NJW 1988, 2365, 2367 = LM § 844 Abs 2 Nr 82). Der Gesamtunterhalt ist von den Eltern zu gleichen Teilen zu leisten, wobei Betreuungs- und Barunterhalt unterhaltsrechtlich idR gleichwertig sind, § 1606 Abs 3 S 2 (zuvor bereits BGHZ 70, 151, 154; BGH NJW 1980, 2306). Es ist daher zunächst festzustellen, wie die Eltern im konkreten Fall die Erfüllung ihrer Unterhaltspflichten geregelt hatten (BGH NJW 1985, 1460, 1461 f = LM § 844 Abs 2 Nr 72; vgl bereits Rn 129 ff).

163   α)   Verstirbt der allein-erwerbstätige und daher primär **barunterhaltspflichtige Elternteil**, so bestimmt sich der Ersatzanspruch danach, welchen Betrag seines Einkommens der Unterhaltspflichtige hätte aufwenden müssen, um seinem Kind den seiner Lebensstellung angemessenen Lebensunterhalt (§ 1610) zu verschaffen. Ie zur Berechnung des Barunterhaltsschadens bereits Rn 120 ff. Kein Ersatzanspruch besteht, wenn der unterhaltspflichtige Elternteil nicht leistungsfähig war (§ 1603). Hierzu sind vom Ersatzberechtigten konkrete Tatsachen vorzutragen. Fehlt es daran, darf das Gericht im Rahmen des Anspruchs aus § 844 Abs 2 die Leistungsfähigkeit nicht unterstellen und auf Barunterhalt nach der Düsseldorfer Tabelle erkennen (OLG Düsseldorf FamRZ 2000, 425, 426).

164   β)   Verstirbt der haushaltsführende und daher primär **betreuungsunterhaltspflichtige Elternteil**, so bestimmt sich der Ersatzanspruch nach dem Anteil des Kindes (Rn 152) an dem insgesamt entstehenden Haushaltsführungsschaden. Entscheidend ist der auf das hinterbliebene Kind entfallende Arbeitszeitbedarf abzgl seiner Mithilfepflicht (§ 1619). Für die Berechnung der Ersatzrente kommt es darauf an, ob die Familie sich selbst behilft, eine Ersatzkraft einstellt oder die Kinder anderweitig unterbringt (ie oben Rn 132 ff). Auch der das Kind betreuende Elternteil kann ganz oder teilweise barunterhaltspflichtig sein, wenn seine Einkommensverhältnisse deut-

lich günstiger sind als die des anderen Elternteiles (BGH FamRZ 1998, 286, 288; NJW 1991, 697; NJW 1981, 923; GERNHUBER/COESTER-WALTJEN § 46 II 1; MünchKomm/KÖHLER § 1606 Rn 8; STAUDINGER/ENGLER [2000] § 1606 Rn 43 mwNachw). In diesem Fall hat das hinterbliebene Kind zusätzlich Anspruch auf Ersatz des entzogenen Barunterhalts (Rn 163).

Noch nicht abschließend geklärt ist, inwieweit **Bareinkünfte** den Anspruch auf Be- **165** treuungsunterhalt mindern. Während der BGH davon ausgeht, daß Bareinkünfte gleichermaßen auf den Barunterhalt wie auf den Betreuungsunterhalt anzurechnen sind (eingehend BGH NJW 1981, 168, 170; NJW-RR 1986, 748; NJW 1988, 2371, 2373; vgl iü BGHZ 62, 126, 131; FREYBERGER MDR 2000, 117, 121; s auch die Modellrechnung von KÜPPERSBUSCH Rn 249), wird in der Rspr einiger OLGe (OLG Düsseldorf FamRZ 2000, 425, 426; OLG Celle VersR 1980, 583, 584; OLG Stuttgart FamRZ 1981, 993, 995; so auch noch BGH VersR 1959, 633 für die Waisenrente eines nichtehelichen Kindes) und in Teilen des Schrifttums (ECKELMANN/ NEHLS/SCHÄFER DAR 1982, 377, 388; ECKELMANN/FREIER DAR 1992, 121, 133; MünchKomm/STEIN Rn 53; TRIEBOLD 176 ff; s auch STAUDINGER/ENGLER [2000] § 1606 Rn 38) vertreten, daß Bar- einkünfte weder im Rahmen der Bedürftigkeit noch im Rahmen des Vorteilsaus- gleichs auf den Naturalunterhalt anzurechnen seien, da sich der Naturalunterhalt gerade auf die persönliche Sorge durch den Elternteil richte (TRIEBOLD 177). Aus § 1606 Abs 3 S 2 folgt aber kein Anspruch auf persönliche Betreuung durch die Eltern. Vielmehr steht es den Eltern in den Grenzen ihres Sorgerechts frei, sich bei der Versorgung des Kindes der Hilfe Dritter (Verwandte, Tagesmutter, Kinder- tagesstätte oä) zu bedienen (s nur BGHZ 62, 126, 131 sowie PALANDT/DIEDERICHSEN § 1606 Rn 13), so daß auch der Betreuungsunterhalt mit finanziellen Mitteln bewirkt werden kann. Dies gilt umso mehr beim Tod des betreuungspflichtigen Elternteils, weil die Betreuung dann ohnehin von Dritten bewerkstelligt werden muß. Das rechtfertigt es, Bareinkünfte des Kindes, etwa aus zugefallenem Vermögen (BGHZ 62, 126, 131), eigener Erwerbstätigkeit (BGH NJW 1981, 2462, 2463; BGH VersR 1972, 948, 950 f; iE auch OLG Celle VersR 1980, 583, 584, das die Anrechnung allerdings als eine Frage des Vorteilsausgleichs begriffen hat) oder einer Waisenrente (BGH NJW 1981, 168, 170; ie zur Anrechnung noch unten Rn 245), auch auf den Anspruch auf Betreuungsunterhalt anzurechnen.

γ) Waren **beide Elternteile erwerbstätig** und haben sich die Betreuung des Kindes **166** geteilt bzw mit Hilfe Dritter organisiert, so ist jeder Elternteil dem Kind nach dem Ausmaß der beiderseitigen Erwerbstätigkeit sowohl barunterhalts- als auch betreu- ungspflichtig (BGH NJW 1985, 1460, 1461 = LM § 844 Abs 2 Nr 72). Der Unterhaltsschaden des hinterbliebenen Kindes setzt sich daher aus dem wegfallenden Barunterhalt (Rn 163) und dem wegfallenden Betreuungsunterhalt (Rn 164) zusammen. Beide sind getrennt zu berechnen (ie bereits Rn 154 ff).

bb) Volljährige Kinder

Mit dem Eintritt der Volljährigkeit endet die elterliche Sorge (§ 1626) und damit die **167** Pflicht zur Pflege und Erziehung des Kindes (§ 1631 Abs 1). Zugleich endet die rechtliche Gleichstellung der Betreuungsleistungen mit dem Barunterhalt (§ 1606 Abs 3 S 2), und zwar auch für privilegierte Volljährige iSd § 1609 (OLG Düsseldorf FamRZ 1999, 1215, 1216; OLG Hamm NJW 1999, 798; ERMAN/HOLZHAUER § 1606 Rn 10; PALANDT/DIEDERICHSEN § 1606 Rn 11; MünchKomm/KÖHLER § 1606 Rn 7 f; STAUDINGER/ENGLER [2000] § 1606 Rn 25). Beim Unfalltod eines Elternteils erstreckt sich der Ersatzanspruch gemäß § 844 Abs 2 idR daher nur auf den vom getöteten Elternteil nach seinen Erwerbs- und Vermögensverhältnissen **anteilig geschuldeten Barunterhalt** (§ 1606

Abs 3 S 1). Verstirbt der haushaltführende Elternteil, den mangels eigener Einkünfte keine Barunterhaltspflicht trifft, entsteht dem volljährigen Kind regelmäßig kein Unterhaltsschaden. UU kann aber auch das volljährige Kind aufgrund elterlicher Bestimmung gemäß § 1612 Abs 2 einen Anspruch auf Naturalunterhalt haben (OLG Hamm NJW-RR 1987, 539, 540), insbes wegen Behinderung oder Krankheit. In diesem Fall sind die von dem haushaltführenden Elternteil erbrachten Dienstleistungen konkret zu bewerten (vgl MünchKomm/KÖHLER § 1606 Rn 7; STAUDINGER/ENGLER [2000] § 1606 Rn 25).

cc) Tod beider Eltern

168 Werden beide Eltern getötet, so verliert das Kind sämtliche gegen seine Eltern bestehenden Unterhaltsansprüche, also sowohl den Anspruch auf Barunterhalt als auch den Anspruch auf Betreuungsunterhalt. Die Berechnung des Unterhaltsschadens muß daher beide Positionen erfassen (vgl BGH NJW 1986, 715, 716 = LM § 844 Abs 2 Nr 73; NJW 1985, 1460, 1461 f = LM § 844 Abs 2 Nr 72; OLG Düsseldorf FamRZ 2000, 425, 426).

169 Eine spätere **Adoption** schließt den Ersatzanspruch des Waisen aus § 844 Abs 2 nicht aus (BGH NJW 1970, 2061, 2063; BGHZ 91, 357, 364 = LM § 254 Nr 30; TRIEBOLD 178 f, 316; BGB-RGRK/BOUJONG Rn 101; STAUDINGER/SCHIEMANN [1998] § 249 Rn 157; SOERGEL/MERTENS vor § 249 Rn 240; ERMAN/KUCKUK vor § 249 Rn 121; abw noch WEICHLEIN 154 f; hierzu bereits Rn 85). Eine Adoption hindert weder das Vorliegen eines Unterhaltsschadens noch die Bedürftigkeit der Waisen, weil die auf diesem Wege erworbenen Unterhaltsansprüche gegen die annehmenden Eltern (§ 1754 iVm §§ 1601 ff) den Schädiger nicht entlasten sollen. Dies folgt sowohl aus dem Rechtsgedanken des § 843 Abs 4 (s Rn 85) als auch aus § 1755 Abs 1 S 2 nF (so das Argument von SCHIEMANN, Argumente und Prinzipien bei der Fortbildung des Schadensrechts [1981] 269; s auch MünchKomm/LÜDERITZ §§ 1754, 1755 Rn 12; GERNHUBER/COESTER-WALTJEN § 68 IX 1; LANGE/SCHIEMANN § 9 VI 8; MünchKomm/GRUNSKY vor § 249 Rn 108 c; PALANDT/HEINRICHS Vorbem v § 249 Rn 138).

170 Soweit nicht außergewöhnlich gute Einkommensverhältnisse gegeben sind, ist der **Barunterhalt** durch eine Quote am verfügbaren unterhaltspflichtigen Familieneinkommen zu ermitteln (oben Rn 120 ff; Berechnungsbeispiele bei DREES 77 f). Bei dieser Schätzung ist besondere Sorgfalt geboten, weil hier nicht – wie beim Überleben eines Elternteiles – die Möglichkeit besteht, den Unterhaltsbedarf innerhalb der Familieneinheit der Hinterbliebenen faktisch auszugleichen (BGH NJW 1986, 715, 716 = LM § 844 Abs 2 Nr 73). Besonderheiten gelten auch für die **Fixkosten**. Durch den Wegfall von zwei Personen kommt es bei den bedarfs- und verbrauchsabhängigen Fixkosten (Strom-, Gas- und Wasserverbrauch) regelmäßig zu einer spürbaren Verringerung (bereits Rn 119), so daß Fixkosten nach dem fortdauernden Bedarf der Hinterbliebenen neu zu berechnen sind (BGH NJW 1986, 715, 716 = LM § 844 Abs 2 Nr 73). Auf die neu ermittelten Fixkosten ist auch dann abzustellen, wenn der bisherige Haushalt aufgelöst und die Waise in den Haushalt von Verwandten oder einer Pflegefamilie aufgenommen wird, da der vom Schädiger zu ersetzende Barunterhalt an den bisherigen Lebensverhältnissen zu orientieren ist (anders DREES 77, der die anteilig auf die Waise entfallenden Fixkosten der aufnehmenden Familie zugrundelegen will).

171 Die Bemessung des **Betreuungsunterhalts** richtet sich danach, ob der Familienverbund mithilfe Verwandter aufrechterhalten bleiben kann (oben Rn 144), oder ob der

Familienverbund aufgelöst und die Vollwaisen in Pflegefamilien oder anderweitig untergebracht werden (oben Rn 148 ff; DREES 78 f).

dd) Kinder nicht miteinander verheirateter Eltern

Gemäß § 1615a iVm §§ 1601 ff haben Kinder von nicht miteinander verheirateten **172** Eltern grundsätzlich in gleichem Maße Anspruch auf Unterhalt wie eheliche Kinder (zur Neuregelung seit dem 1. 7. 1998 STAUDINGER/ENGLER [2000] § 1615a Rn 1 ff, 29 ff). Genauso wie bei den Ansprüchen des ehelichen Kindes ist danach zu unterscheiden, ob der getötete Elternteil Barunterhalt (oben Rn 163) oder Betreuungsunterhalt (oben Rn 164 f) schuldete.

Auch im Verhältnis der nicht miteinander verheirateten Elternteile gilt § 1606 Abs 3 **173** S 2, so daß gegen den betreuenden Elternteil regelmäßig kein Barunterhaltsanspruch besteht. Kann vom anderen Elternteil Barunterhalt nicht erlangt werden, so schuldet der betreuende Elternteil zusätzlich auch Barunterhalt (BGH FamRZ 1974, 439; Münch-Komm/KÖHLER § 1606 Rn 11; PALANDT/DIEDERICHSEN § 1606 Rn 19); in diesem Fall hat der Schädiger den gesamten Unterhaltsausfall zu ersetzen. Stirbt der barunterhaltspflichtige Elternteil, so schuldet der Schädiger nach Wahl des Unterhaltsberechtigten entweder den vollen, individuell errechneten Barunterhalt nach den §§ 1601 ff oder den vereinfachten Regelunterhalt gemäß § 1612a (vgl hierzu GRABA NJW 2001, 249, 251 ff; zu § 1615f aF noch STAUDINGER/SCHÄFER[12] Rn 155 f; BGB-RGRK/BOUJONG Rn 75; WALTER FamRZ 1976, 71).

h) Tod eines unterhaltspflichtigen Kindes

Auch den Eltern können beim Tod ihres Kindes Ersatzansprüche aus § 844 Abs 2 **174** zustehen, wenn und soweit das Kind den Eltern **nach den §§ 1601 ff unterhaltspflichtig** war, zB wenn die Eltern im Alter nicht in der Lage sind, die Kosten ihrer Heimunterbringung aufzubringen (vgl AG Friedberg FamRZ 2000, 440). War das getötete Kind den Eltern lediglich gemäß § 1619 zu Dienstleistungen verpflichtet, besteht ein Ersatzanspruch nur auf der Grundlage des § 845 (ie § 845 Rn 11 ff). Im Rahmen des Ersatzanspruchs ist ebenfalls zu prüfen, ob neben dem Getöteten noch weitere Unterhaltsverpflichtete existieren (BGH NJW-RR 1988, 1238, 1239 = LM § 636 Nr 37). Neben weiteren unterhaltspflichtigen Kindern besteht nur ein anteiliger Anspruch (§ 1606 Abs 3 S 1). Die Ausfallhaftung anderer Unterhaltsverpflichteter (§ 1607) entlastet den Schädiger gemäß § 844 Abs 2 S 2 iVm § 843 Abs 4 nicht (vgl bereits Rn 83 ff). Sind die Voraussetzungen des Unterhaltsanspruchs – Bedürftigkeit der Eltern und Leistungsfähigkeit des Kindes (vgl BGH NJW-RR 1988, 1238, 1239 = LM § 636 Nr 37) – im Unfallzeitpunkt noch nicht gegeben, können die Eltern uU Klage auf Feststellung einer künftigen Ersatzpflicht erheben (vgl bereits oben Rn 92 ff, 97 und noch unten Rn 259).

An der **Bedürftigkeit** (§ 1602 Abs 1) fehlt es, solange die Eltern in der Lage sind, ihren **175** Lebensbedarf aus eigenen Einkünften oder eigenem Vermögen zu decken (OLG München VersR 1976, 1143, 1145; BGH VersR 1976, 987, 988). Dabei sind sie auch verpflichtet, den Stamm ihres Vermögens anzugreifen, allerdings nur, soweit die Verwertung unter Berücksichtigung der voraussichtlichen Lebensdauer der Eltern zumutbar ist (BGH VersR 1966, 283, 284; VersR 1976, 987, 988; OLG Köln FamRZ 1992, 55, 56; BGB-RGRK/BOUJONG Rn 77). Bedürftigkeit wird regelmäßig nicht gegeben sein, wenn die Eltern ihr Kind beerben (zur Anrechnung von Erbschaften im Rahmen des Vorteilsausgleichs noch unten Rn 207 ff).

176 Im Rahmen der **Leistungsfähigkeit** (§ 1603 Abs 1) kommt dem volljährigen Kind gegenüber seinen Eltern ein erhöhter Selbstbehalt (vgl BGH NJW 1992, 1392; weitergehend OLG Hamm FamRZ 1999, 1533) und ein großzügig bemessenes Schonvermögen (vgl OLG Koblenz NJW-RR 2000, 293: 150 000 DM gegenüber beiden Eltern; ie SCHIBEL NJW 1998, 3449 ff) zugute.

7. Dauer der Rente

a) Allgemeines

177 Die Rente kann nur für die Zeit zugesprochen werden, in der der Getötete dem Ersatzberechtigten zur Zahlung von Unterhalt verpflichtet gewesen wäre. Sie ist auf den Zeitraum zu begrenzen, in dem die gesetzlichen Voraussetzungen des Unterhaltstatbestandes wahrscheinlich weiterhin bestanden hätten. Dies verlangt eine umfassende **Prognoseentscheidung** (Rn 99 f) des zusprechenden Gerichts darüber, wie lange das dem Unterhaltsanspruch zugrundeliegende familienrechtliche Verhältnis (Ehe, Lebenspartnerschaft) sowie die Voraussetzungen des Unterhaltstatbestandes, also Leistungsfähigkeit und Bedürftigkeit, ohne das schädigende Ereignis fortbestanden hätten. Die äußerste Grenze für die Ersatzpflicht bildet die voraussichtliche Lebenserwartung des Getöteten (unten Rn 197 f). Das Ende der Rente ist **kalendermäßig** zu bestimmen (OLG Stuttgart VersR 1956, 701; s Rn 198), idR schon im Grundurteil (SOERGEL/ZEUNER Rn 30; MünchKomm/STEIN Rn 66; hierzu noch Rn 262).

b) Ersatzanspruch des Ehegatten/Lebenspartners wegen weggefallener Haushaltsführung

178 Bei der Befristung des Ersatzanspruchs wegen weggefallener Haushaltsführung durch den Ehegatten/Lebenspartner ist darauf abzustellen, wie lange der haushaltführende Ehegatte/Lebenspartner noch in der Lage gewesen wäre, den gemeinsamen Haushalt selbst zu versorgen. Da die Haushaltsführung regelmäßig körperliche Belastungen mit sich bringt, kann die Ersatzpflicht wegen mangelnder Leistungsfähigkeit schon vor dem voraussichtlichen Lebensende (unten Rn 197), mit dem die Unterhaltspflicht gemäß § 1360a iVm § 1615 Abs 1 ohnehin geendet hätte, auslaufen (vgl BGH VersR 1973, 84, 86; OLG Hamm VersR 1984, 875, 876).

aa) Dauer der Leistungsfähigkeit

179 Bis zu welchem Alter Leistungsfähigkeit gegeben ist, läßt sich nicht schematisch festlegen; statistische Erhebungen oder allgemeine Erfahrungswerte existieren, soweit ersichtlich, nicht. Daher kann nicht generell davon ausgegangen werden, daß nach Vollendung des 70. Lebensjahres keine Leistungsfähigkeit mehr besteht (so aber LG Essen VersR 1977, 674; zu Recht krit DREES 29). Vielmehr kommt es auf die individuellen Verhältnisse des Einzelfalles an, insbes auf den Gesundheitszustand des Unterhaltsverpflichteten, seine Lebensgewohnheiten sowie Art und Umfang des zu führenden Haushalts. Bei guter körperlicher Verfassung kann die Leistungsfähigkeit auch über das 70. Lebensjahr hinaus fortbestehen (BGH VersR 1955, 452, 453; vgl auch BGH VersR 1973, 84, 86). Im allgemeinen ist aber davon auszugehen, daß die körperliche Leistungskraft älter werdender Menschen zwischen dem 65. und dem 70. Lebensjahr schrittweise abnimmt (BGH NJW 1974, 1651, 1653; BGB-RGRK/BOUJONG Rn 79; auch DREES 29 Fn 138). Großzügigere Prognosen der Leistungsfähigkeit lassen sich umso eher rechtfertigen, je älter der haushaltführende Ehegatte im Zeitpunkt seines Todes war.

bb) Entwicklung des Arbeitszeitbedarfs

Neben der abnehmenden Leistungsfähigkeit des haushaltführenden Ehegatten sind **180** die zunehmenden Mitarbeitspflichten des Unterhaltsberechtigten (Rn 131) zu berücksichtigen. Mit Eintritt in den Ruhestand trifft auch den früher alleinerwerbstätigen Ehegatten eine Mitarbeitspflicht im Haushalt (BGH NJW 1971, 2066, 2068; VersR 1973, 84, 86; OLG Hamm VersR 1980, 723; SCHULZ-BORCK/HOFMANN 10 f). Die Ersatzrente ist dementsprechend abzustufen (KÜPPERSBUSCH Rn 281).

cc) Der Hinterbliebene geht eine neue Ehe bzw Lebenspartnerschaft ein

Schon vor Inkrafttreten des BGB war im ALR (I, 6 § 107) und in der Rspr von **181** ROHG und RG anerkannt, daß Schadensersatzrenten mit der Wiederverheiratung des Ersatzberechtigten wegfallen können (vgl THIERFELDER NJW 1961, 641). Von dieser Rechtsauffassung ging man auch bei der Redaktion des § 844 Abs 2 aus (Mot II 785 f = MUGDAN II 429; vgl auch THIERFELDER NJW 1961, 641). Es ist daher anerkannt, daß der Ersatzanspruch **insoweit wegfällt, als der neue Ehegatte die Versorgung des Unterhaltsberechtigten tatsächlich übernimmt** (vgl RG JW 1935, 1117; BGHZ 26, 282, 293; VersR 1958, 627; VersR 1969, 424, 425; NJW 1970, 1127, 1129; NJW 1979, 268; BGHZ 91, 357, 359 = LM § 254 Nr 30; OLG Stuttgart VersR 1993, 1536; BOSCH FamRZ 1959, 205; ERMAN/SCHIEMANN Rn 17; BGB-RGRK/BOUJONG Rn 84; MünchKomm/STEIN Rn 58; PALANDT/THOMAS Rn 15; TRIEBOLD 294 f; KÜPPERSBUSCH Rn 282, 313 ff; MünchKomm/GRUNSKY vor § 249 Rn 108 a; hierzu auch MUGDAN II 439; aA WEIMAR NJW 1960, 2181), und zwar unabhängig davon, ob der Ersatzanspruch entgangenen Bar- oder Naturalunterhalt betrifft (KÜPPERSBUSCH Rn 314; für Anrechnung auf entgangenen Naturalunterhalt insbes TRIEBOLD 190 ff, 294 f). Dies hat der BGH damit gerechtfertigt, daß die von dem Schädiger gestörte Versorgung des überlebenden Ehegatten durch die Begründung einer neuen Ehe auf eine völlig neue, sichere Grundlage gestellt wird, die – insbes weil für die Unterhaltsansprüche bei bestehender Ehe die Bedürftigkeit keine Rolle spielt (§§ 1360, 1360a BGB) – von den durch den Unfalltod des ersten Ehegatten geprägten Verhältnissen des Geschädigten so verselbständigt ist, daß ihre Anrechnung auf die Ersatzpflicht nicht zu einer zweckfremden Leistung des Unterhalts zugunsten des Schädigers führt (BGHZ 91, 357, 359 = LM § 254 Nr 30). § 843 Abs 4 steht dem nicht entgegen, weil die gegen einen neuen Ehegatten erwachsenden Unterhaltsansprüche nicht dem Anrechnungsverbot unterfallen (vgl schon Rn 83 ff sowie noch Rn 219 f).

Nichts anderes dürfte gelten, wenn der Ersatzberechtigte (abermals) eine **Lebenspartnerschaft** eingeht. Auch hier wird man die durch den neuen Lebenspartner gewährten Unterhaltsleistungen (§ 5 S 2 LPartG iVm § 1360a; s bereits Rn 103) auf den Ersatzanspruch anrechnen können (vgl RÖTHEL NZV 2001, 329, 330; WUSSOW/DRESSLER Kap 46 Rn 19).

Der hinterbliebene Ehegatte bzw Lebenspartner verliert seinen Ersatzanspruch je- **182** doch nicht automatisch durch eine Wiederheirat (RG JW 1905, 143, 144; HRR 1934 Nr 1023; BGHZ 26, 282, 293 f; NJW 1970, 1127; NJW 1979, 268) oder die Begründung einer neuen Lebenspartnerschaft. Vielmehr bleibt der Ersatzanspruch insoweit bestehen, als der Unterhaltsbedarf von dem neuen Ehegatten – etwa wegen Krankheit – nicht gedeckt werden kann (BGHZ 26, 282, 293 f; NJW 1970, 1127, 1129; OLG Bamberg FamRZ 1983, 914, 916; TRIEBOLD 191; SOERGEL/ZEUNER Rn 26; BGB-RGRK/BOUJONG Rn 84 mwNachw; MünchKomm/GRUNSKY vor § 249 Rn 108 a). **Verzichtet** der wiedervereiratete Ehegatte auf die Geltendmachung eines ihm gegen seinen neuen Ehegatten zustehenden Unterhaltsanspruchs, so kann darin eine schuldhafte Verletzung seiner Schadensminderungspflicht (§ 254 Abs 2) liegen (unten Rn 231 ff). Ist der Anspruch jedoch nicht realisierbar oder die Realisierung nicht zumutbar, findet keine Anrechnung statt (BGH NJW 1979, 268; BGB-RGRK/Boujong Rn 84; so auch schon Mugdan II 439). Wird die **neue Ehe geschieden**, lebt der ursprüngliche Ersatzanspruch gegen den Schädiger prinzipiell in voller Höhe wieder auf (BGH NJW 1979, 268; OLG Celle VersR 1967, 165; OLG Bamberg DAR 1977, 300; KG VersR 1981, 1080; Weichlein 150 f; Erman/Schiemann Rn 17; Palandt/Heinrichs Vorbem v § 249 Rn 138). Soweit der Geschädigte allerdings aufgrund nachehelicher Unterhaltsansprüche weiterhin von seinem zweiten Ehegatten tatsächlich versorgt wird, sind auch diese Leistungen auf den Ersatzanspruch anzurechnen (vgl MünchKomm/Grunsky vor § 249 Rn 108 a). Der Unterhaltsberechtigte braucht keine Feststellungsklage zu erheben, um künftige, nach etwaiger Auflösung der zweiten Ehe wieder auflebenden Ansprüche zu sichern (BGH NJW 1979, 268; Geigel/Schlegelmilch Kap 8 Rn 71). Auch die **Verjährung** der nach Auflösung der zweiten Ehe auflebenden Ansprüche beginnt mit der Auflösung neu zu laufen (BGH NJW 1979, 268, 269). Gleiches gilt, wenn der Unterhaltsanspruch gegen den neuen Ehegatten aus anderen Gründen, zB durch dessen Tod, später entfällt (BGHZ 26, 282, 294).

183 Bei der Bestimmung der Dauer der Rente muß die **bloße Möglichkeit einer Wiederverheiratung** außer Betracht bleiben (BGHZ 26, 282, 293 f; OLG Bamberg FamRZ 1983, 914, 916 f; MünchKomm/Stein Rn 58; Geigel/Schlegelmilch Kap 8 Rn 62). Da es im Regelfall ungewiß ist, ob der überlebende Ehegatte überhaupt heiraten wird, kann die Ersatzrente nicht pauschal auf die Zeit bis zur Wiederverheiratung begrenzt werden (RG HRR 1934 Nr 1023; BGHZ 26, 282, 293; VersR 1969, 424). Eine Begrenzung des Ersatzanspruchs ist aus Gründen der Prozeßökonomie allenfalls dann zulässig, wenn die Heirat konkret in Aussicht steht (BGHZ 26, 282, 293; Triebold 191 f) und eine Prognose über die tatsächliche Versorgung durch den neuen Ehegatten möglich erscheint. Sowohl der Wegfall oder die Minderung der zuerkannten Rente infolge einer Wiederheirat als auch das Wiederaufleben des ursprünglichen Ersatzanspruchs nach einer Scheidung sind daher im Wege der **Abänderungsklage** (§ 323 ZPO) geltend zu machen (BGHZ 26, 282, 294; NJW 1979, 268, 269; BGB-RGRK/Boujong Rn 85; s unten Rn 260 f).

dd) Der Hinterbliebene geht eine nichteheliche Lebensgemeinschaft ein

184 Noch immer umstritten ist, ob auch das Eingehen einer nichtehelichen Lebensgemeinschaft zum Verlust der Ersatzansprüche gegen den Schädiger führen kann. Der **BGH** und mit ihm die Mehrheit des **schadensrechtlichen Schrifttums** lehnen eine Anrechnung mit dem Argument ab, daß eine nichteheliche Lebensgemeinschaft dem Ersatzberechtigten keine der Ehe (respektive der Lebenspartnerschaft) vergleichbare Versorgungslage schaffe, da die von den Partnern einer nichtehelichen Lebensgemeinschaft einander gewährten Leistungen nicht auf rechtlichen Beziehungen beruhten, sondern auf der jederzeit aufkündbare Bereitschaft des anderen zur freiwilligen Unterstützung angewiesen seien (BGHZ 91, 357, 359 ff = LM § 254 Nr 30; MünchKomm/Stein Rn 58; Palandt/Thomas Rn 15; Geigel/Schlegelmilch Kap 8 Rn 73; Scheffen VersR 1990, 926, 932; BGB-RGRK/Boujong Rn 84; Triebold 192, 295 f; Weichlein 152; Wussow/Dressler Kap 46 Rn 19; Soergel/Mertens vor § 249 Rn 239 Fn 70; Palandt/Heinrichs Vorbem v § 249 Rn 138; s auch Grziwotz, Nichteheliche Lebensgemeinschaft [3. Aufl 1999] § 16 Rn 41 f). Den Ersatzberechtigten treffe im Ausgleichsverhältnis mit dem Schädiger auch keine Rechtspflicht, seine Partnerschaft zu legalisieren (BGHZ 91, 357, 360 = LM

§ 254 Nr 30; GEIGEL/SCHLEGELMILCH Kap 8 Rn 73; vgl aber WEIMAR NJW 1960, 2181; THIERFELDER NJW 1961, 641, 642). Eine Kürzung der Ersatzpflicht komme nur mit Blick auf die Erwerbsobliegenheit des Ersatzberechtigten gemäß § 254 Abs 2 in Betracht (BGHZ 91, 357, 365 ff = LM § 254 Nr 30; hierzu noch Rn 232 f).

Vor allem im **familienrechtlichen Schrifttum** wird diese Auffassung kritisiert (insbes von **185** LANGE JZ 1985, 90 f; ders 517 f; SOERGEL/LANGE Nehel LG Rn 38; BOSCH FamRZ 1984, 980: „im Ergebnis kaum tragbar"; HOLZHAUER, in: HAUSMANN/HOHLOCH [Hrsg], Hdb der nichtehelichen Lebensgemeinschaft [1999] Kap 5 Rn 144 f; STAUDINGER/STRÄTZ [1999] Anh zu §§ 1297 ff Rn 216; s auch DUNZ VersR 1985, 509, 511 ff; ERMAN/SCHIEMANN Rn 17; STAUDINGER/SCHIEMANN [1998] § 249 Rn 156; ERMAN/KUCKUK vor § 249 Rn 120; MünchKomm/GRUNSKY vor § 249 Rn 108 b; MONSTADT 183; vgl auch GREGER § 10 StVG Rn 174; für ein Ruhen des Ersatzanspruchs BATTES, in: FS Pleyer [1986] 469, 474 ff; zur Rechtslage bei Lebenspartnerschaften RÖTHEL NZV 2001, 329, 330 f). Dabei wird zu Recht darauf hingewiesen, daß auch für den BGH der tragende Grund für die Anrechnung im Falle der Wiederverheiratung weniger die gesetzliche Unterhaltspflicht des neuen Ehegatten als die tatsächlich geleistete Versorgung ist (LANGE JZ 1985, 90; STAUDINGER/STRÄTZ [1999] Anh zu §§ 1297 ff Rn 216; MünchKomm/GRUNSKY vor § 249 RN 108 b; s auch schon MUGDAN II 439 und oben Rn 181). Deutlich wird dies ua darin, daß die Scheidung automatisch zu einem Aufleben der Ersatzansprüche führen soll (Rn 182). Mit der Scheidung mag zwar die tatsächliche Versorgung durch den anderen Ehegatten enden; die Scheidung führt aber nicht automatisch zum Ende aller Unterhaltsansprüche (vgl §§ 1361, 1569 ff). Wenn es wirklich darauf ankommen sollte, daß der überlebende Ehegatte mit der Wiederheirat gesetzliche Ansprüche gegen seinen neuen Ehegatten erwirbt, so dürfte die Scheidung nicht per se zum Aufleben der Ersatzansprüche führen. – Kommt es aber wertungsmäßig primär auf die durch die Wiederheirat geschaffene neue Versorgungslage an, so besteht kein Grund, auch die dem überlebenden Ehegatten von einem nichtehelichen Lebensgefährten tatsächlich zugewendeten Versorgungsleistungen anzurechnen. Daß die nichteheliche Lebensgemeinschaft jederzeit aufgelöst werden kann, steht dem nicht entgegen. In diesem Fall könnten die Ersatzansprüche genauso wie nach der Auflösung einer Ehe wieder aufleben (SOERGEL/LANGE Nehel LG Rn 38). Diese Lösung hätte auch den Vorzug, die im Hinblick auf Art 6 Abs 1 GG problematische Schlechterstellung der Ehe gegenüber der nichtehelichen Lebensgemeinschaft zu beseitigen (hierzu LANGE JZ 1985, 90, 91), zumal die derzeitige Rechtspraxis dazu führt, daß sich Lebensgefährten uU nur deshalb gegen die Ehe entscheiden, um Ersatzansprüche aus § 844 Abs 2 nicht zu gefährden.

Schwer zu überwinden ist allerdings der Einwand, daß der Gesetzgeber in § 844 **186** Abs 2 bewußt nicht auf die tatsächlich Versorgung abgestellt hat, so daß beim Tod eines nichtehelichen Lebensgefährten de lege lata auch keine Ersatzberechtigung besteht (H-J BECKER VersR 1985, 201, 204 f; hierzu Rn 32 ff). Rechtspolitisch spricht diese nach derzeitiger Rechtslage kaum befriedigend lösbare Kontroverse abermals dafür, § 844 **de lege ferenda** dahingehend zu ändern, daß es für das Bestehen eines Ersatzanspruchs insgesamt auf die tatsächliche Versorgung durch einen Dritten ankommt (vgl Rn 34). Damit wären zugleich die Weichen dafür gestellt, daß auch im Rahmen der Anrechenbarkeit von Leistungen eines neuen Lebenspartners allein die tatsächliche Versorgung maßgeblich ist. Hierfür haben sich bereits zahlreiche ausländische Rechtsordnungen entschieden, in denen die Ersatzansprüche während der Dauer einer nichtehelichen Lebensgemeinschaft entweder ganz wegfallen oder zumindest ruhen (vgl SOERGEL/LANGE Nehel LG Rn 38; BATTES, in: FS Pleyer [1986] 469, 474 ff unter Hinweis auf die österr Rspr; hierzu auch VERSCHRAEGEN ZfRV 1983, 85, 131 f).

ee) Scheidung bzw Aufhebung der Lebenspartnerschaft

187 Wäre die Ehe mit dem Getöteten ohne den Unfall voraussichtlich geschieden worden, entfallen die Unterhaltsansprüche aus §§ 1360, 1360a mit dem Zeitpunkt der voraussichtlichen Scheidung. Hierzu muß der Schädiger Umstände vortragen, die eine Scheidung als überwiegend wahrscheinlich erscheinen lassen. Zu Recht stellt die Rspr hohe Anforderungen an diesen Nachweis. Daß die Ehegatten die **bloße Absicht** hatten, sich scheiden zu lassen, genügt idR nicht (RGZ 152, 360, 363; BGHZ 48, 82, 85; VersR 1969, 350, 351; VersR 1970, 700, 701; NJW 1974, 1236; BGB-RGRK/BOUJONG Rn 80; SOERGEL/ZEUNER Rn 26 Fn 33; GEIGEL/SCHLEGELMILCH Kap 8 Rn 72; WUSSOW/DRESSLER Kap 46 Rn 27; siehe aber auch LG Bayreuth VersR 1982, 607, 608). War zur Zeit der Tötung bereits ein **Scheidungsantrag anhängig**, muß das Gericht im Schadensersatzprozeß Feststellungen darüber treffen, welchen Ausgang der Scheidungsprozeß bei Weiterleben des Getöteten gehabt und wie sich dies unterhaltsrechtlich ausgewirkt hätte (vgl RGZ 152, 360, 363 f; BGB-RGRK/BOUJONG Rn 80; MünchKomm/STEIN Rn 57). Die unwiderleglichen Zerrüttungsvermutungen des § 1566 sind nur insoweit von Bedeutung, als ihre Voraussetzungen bereits vor dem Tod des Ehegatten erfüllt waren (MünchKomm/STEIN Rn 57). Lebten die Ehegatten weniger als ein Jahr getrennt, kommt es darauf an, ob dem Schädiger der Nachweis gelingt, daß die Ehepartner ihre Trennung voraussichtlich bis zum Ablauf der Fristen des § 1566 aufrecht erhalten hätten und eine Versöhnung auszuschließen war (zur Beweislast BGB-RGRK/BOUJONG Rn 80). Selbst wenn die Scheidung bereits beantragt war und der Unterhaltsberechtigte notariell auf nachehelichen Unterhalt verzichtet hatte, ist nicht ohne weiteres davon auszugehen, daß die Ehe voraussichtlich geschieden worden wäre. Auch in diesem Fall ist der anspruchserhaltende Nachweis des ersatzberechtigten Ehegatten möglich, daß es zu einer baldigen Aussöhnung der Eheleute und zur Rücknahme des Scheidungsantrags gekommen wäre (OLG Hamm FamRZ 1991, 1179).

Die vorgenannten Grundsätze gelten entsprechend für die **Aufhebung** einer **Lebenspartnerschaft** (§§ 15 f LPartG).

c) Ersatzanspruch des Ehegatten/Lebenspartners wegen weggefallenen Barunterhalts

aa) Unterhaltsfähigkeit

188 Der Ersatzanspruch wegen Tod des barunterhaltspflichtigen Ehegatten/Lebenspartners endet in dem Zeitpunkt, in dem der getötete Ehegatte/Lebenspartner voraussichtlich **nicht mehr unterhaltsfähig** gewesen wäre, also über keine unterhaltspflichtigen Einkünfte mehr verfügt hätte. Die Unterhaltsfähigkeit endet nicht notwendig mit der **Erwerbsfähigkeit**, zB wenn der barunterhaltspflichtige Ehegatte/Lebenspartner auch nach seinem Ausscheiden aus dem Berufsleben durch Einkünfte aus Renten, Pensionen, Vermögenserträgnissen oder sonstigen Rücklagen leistungsfähig geblieben wäre (vgl BGHZ [GS] 9, 179, 193 f; DREES 28). In diesen Fällen hat der Zeitpunkt der Erwerbsunfähigkeit allenfalls Einfluß auf die Höhe des Ersatzanspruchs.

Über die voraussichtliche Dauer der Erwerbsfähigkeit hat das Gericht unter Würdigung aller Umstände nach § 287 **ZPO** zu entscheiden (RG HRR 1935 Nr 1015; BGH VersR 1964, 778; NJW 1972, 1515, 1517; BGB-RGRK/BOUJONG Rn 82). Dabei kommt es insbes auf den Gesundheitszustand und die Anforderungen der Erwerbstätigkeit an. Bei selbständigen Unternehmern ist nicht ohne weiteres davon auszugehen, daß mit Eintritt des Rentenalters auch verringerte Einkünfte gegeben sind (OLG Frankfurt NJW-RR 1990, 1440, 1444). Genauso hat der BGH auch schon für Landwirte entschieden, da eine erfolgreiche Hofbewirtschaftung nicht nur Körperkraft voraussetze, sondern vor allem Berufserfahrung und Organisationsgabe (BGH VersR 1957, 783, 784: Erwerbsfähigkeit bis zum 70. Lebensjahr). Mangels abweichender Anhaltspunkte kann jedenfalls von einer Erwerbsfähigkeit bis zur Vollendung des 65. Lebensjahres ausgegangen werden (BGB-RGRK/BOUJONG Rn 82).

bb)   Der Hinterbliebene geht eine neue Ehe bzw Lebensgemeinschaft ein

Iü endet der Unterhaltsanspruch, wenn der überlebende Ehegatte eine **neue Ehe**   **189** oder **Lebensgemeinschaft** eingeht und der neue Lebenspartner die Versorgung des barunterhaltsberechtigten hinterbliebenen Ehegatten/Lebenspartners tatsächlich übernimmt (oben Rn 181 ff). Gleiches gilt ab dem Zeitpunkt, an dem die Ehe voraussichtlich **geschieden** oder die Lebenspartnerschaft voraussichtlich **aufgehoben** worden wäre (oben Rn 187).

d)   Ersatzanspruch des Kindes wegen Tod eines Elternteiles

Die Dauer der Rente eines Kindes aus § 844 Abs 2 hängt idR weniger von der   **190** Leistungsfähigkeit der Eltern als von der mit dem Alter **abnehmenden Bedürftigkeit** des Kindes ab. Die Schadensrente ist für die Zeit zu gewähren, während der das Kind voraussichtlich noch nicht wirtschaftlich selbständig ist (§ 1602). Dies setzt voraus, daß sich die künftige Entwicklung zum Zeitpunkt des Urteils nach der Lebenserfahrung mit hinreichender Gewißheit prognostizieren läßt (vgl RGZ 145, 196, 198 f; BGH VersR 1966, 588).

aa)   Betreuungsunterhalt

Der Ersatzanspruch eines Kindes aus § 844 Abs 2 wegen weggefallener Betreuungs-   **191** und Haushaltsführungleistungen endet spätestens mit der Gründung eines eigenen Haushalts (BGB-RGRK/BOUJONG Rn 88), zumeist aber schon mit Vollendung des 18. Lebensjahres (BGH VersR 1984, 875, 876; vgl bereits Rn 167). Iü kann der Ersatzanspruch auch schon früher enden, wenn der Unterhaltspflichtige nicht mehr leistungsfähig ist (vgl OLG Frankfurt VersR 1992, 1411, 1412; s oben Rn 179).

bb)   Barunterhalt

Wegen des weggefallenen Barunterhalts kann ein Kind solange Ersatz verlangen, bis   **192** es voraussichtlich in der Lage sein wird, durch eigene Erwerbstätigkeit seinen Lebensunterhalt zu bestreiten, idR also mindestens bis zur Vollendung des 18. Lebensjahres (vgl OLG Hamm NJW-RR 1996, 1221 f; WEYER DRiZ 1971, 261, 265; WEICHLEIN 147 ff; WUSSOW/DRESSLER Kap 46 Rn 32).

Weitergehende Ersatzansprüche bestehen nur dann, wenn der verstorbene Elternteil   **193** darüber hinaus verpflichtet war, die Kosten einer weiterführenden **Berufsausbildung** (**§ 1610 Abs 2**) zu tragen. Dauer und Umfang des Anspruchs auf Ausbildungsunterhalt richten sich nach der Lebensstellung und Berufsausbildung des unterhaltspflichtigen Elternteiles sowie Eignung, Neigung und Leistungsbereitschaft des Kindes (ie STAUDINGER/ENGLER/KAISER [2000] § 1610 Rn 73 ff).

194　Ist schon zu Lebzeiten des getöteten Elternteiles eine **Bestimmung über die Berufs-ausbildung** des Kindes **getroffen** worden, so ist grundsätzlich von ihr auszugehen. Die Ersatzpflicht erstreckt sich regelmäßig bis zu ihrem normalen Abschluß (BGH VersR 1969, 350, 351 f; OLG Braunschweig VersR 1966, 487), etwa bis zur Beendigung des noch zu Lebzeiten des Elternteiles begonnenen Studiums (BGH VersR 1966, 40, 42). Renten für Studierende sind im Regelfall auf das vollendete 27. Lebensjahr zu begrenzen (OLG Köln VersR 1990, 1285). Bricht das Kind seine Ausbildung ab, um sofort einer Erwerbs-tätigkeit nachzugehen oder schließt es seine Ausbildung vor Ende der Rentendauer ab, kann der Schädiger Abänderungsklage (§ 323 ZPO) erheben (Rn 260).

195　Hatte das Kind **noch keine Berufsausbildung begonnen**, sollte eine Rente über das 18. Lebensjahr hinaus nur gewährt werden, wenn sich mit einer gewissen Sicherheit prognostizieren läßt, daß sich das Kind bis zum Ende der ausgesprochenen Ersatz-pflicht voraussichtlich noch in der Ausbildung befunden hätte (BGH VersR 1966, 588; BGB-RGRK/Boujong Rn 88). Solange die Entwicklung aber nicht absehbar ist, also idR bei Kindern bis zum Alter von 15 Jahren, sollten die Schadensersatzrenten **auf die Vollendung des 18. Lebensjahres begrenzt** werden (BGH NJW 1986, 715, 716 = LM § 844 Abs 2 Nr 73; VersR 1955, 36, 38; vgl auch OLG Hamm NJW-RR 1996, 1221, 1222; OLG Frankfurt FamRZ 1999, 1064; Erman/Schiemann Rn 18; nachdrücklich MünchKomm/Stein Rn 60). Eine Abänderungsklage (Rn 260) würde den Schädiger in unzumutbarer Weise mit der ständigen Nachforschung belasten, ob die Ausbildung des Ersatzberechtigten abge-schlossen ist (BGH NJW 1983, 2197). Für die Folgezeit kann zunächst Feststellungsklage (BGH VersR 1973, 939, 941; VersR 1976, 291, 293; NJW 1983, 2197; NJW 1986, 715, 716 = LM § 844 Abs 2 Nr 73; BGB-RGRK/Boujong Rn 88), danach erneut Leistungsklage erhoben werden (MünchKomm/Stein Rn 60).

e) Ersatzanspruch der Eltern wegen Tod ihres Kindes

196　War das Kind seinen Eltern **bereits im Unfallzeitpunkt unterhaltspflichtig**, so endet der Ersatzanspruch der Eltern regelmäßig erst mit ihrem Tod (§ 1615 Abs 1) oder aber, wenn das Kind nicht mehr leistungsfähig ist, insbes weil vorrangige Unterhaltsbe-rechtigte (§ 1609) hinzugekommen sind (zur Leistungsfähigkeit eines verheirateten, nicht erwerbstätigen Kindes vgl OLG Köln NJW-RR 2000, 810, 811 f). Das Hinzutreten neuer Unter-haltsberechtiger wird aber nur dann in die Unterhaltsbemessung einfließen können, wenn hierfür konkrete Anhaltspunkte bestehen, zB ein Verlöbnis oder eine abseh-bare Eheschließung. Eine allgemeine Prognose dahingehend, daß das verletzte Kind im Alter von 25 Jahren verheiratet gewesen wäre, läßt sich heute nicht mehr recht-fertigen (vgl MünchKomm/Stein Rn 60). **Künftige Unterhaltsansprüche** können zumeist nur im Wege der Feststellungsklage geltend gemacht werden (s Rn 97, 174), so daß über die Rentendauer erst entschieden werden muß, wenn die Unterhaltsbedürftig-keit der Eltern feststeht.

f) Mutmaßliche Lebensdauer des Getöteten
aa) Grundsatz

197　Die mutmaßliche Lebensdauer des Getöten bildet die **äußerste Grenze** für die Dauer der Rente, siehe §§ 1586b, 1615 und § 16 Abs 2 LPartG iVm § 1586b (vgl Mugdan II 439 f). Die Lebenserwartung ist gemäß § 287 ZPO unter Würdigung aller Umstände des Einzelfalles zu schätzen (OGHZ 1, 317, 322; RGZ 90, 226, 227; 128, 218, 219; BGH NJW 1972, 1515, 1517; OLG Hamm MDR 1998, 1414, 1415; BGB-RGRK/Boujong Rn 81). Besonderes Gewicht haben dabei die **individuellen Umstände** wie der Gesundheitszustand, eventuelle genetische Prädispositionen und sonstige besondere Anforderungen und Risikofaktoren (OLG Hamm MDR 1998, 1414, 1415; BGH NJW 1979, 1248; NJW 1972, 1515, 1517; DREES 28). Daneben gibt die statistisch belegbare mittlere Lebenserwartung der Altersgruppe des Getöteten einen wesentlichen Anhaltspunkt für dessen Lebenserwartung. Sind besondere individuelle Faktoren nicht ersichtlich, die eine von der mittleren Lebenserwartung abweichende Prognose rechtfertigen, so sind die **statistischen Durchschnittswerte** zugrunde zu legen (OLG Hamm MDR 1998, 1414, 1415; OLG Frankfurt NJW-RR 1990, 1440, 1445; vgl aber auch BGH NJW 1972, 1515, 1517; MünchKomm/STEIN Rn 61). Dabei ist die dem Todestag **zeitnächste „Sterbetafel"** des Statistischen Bundesamtes anzuwenden (OLG Hamm MDR 1998, 1414, 1415).

Der geschätzte Zeitpunkt des natürlichen Todes muß, wenn die Unterhaltspflicht **198** voraussichtlich bis dahin bestanden hätte, im Urteil **kalendermäßig** bestimmt werden (RGZ 90, 226, 228; 128, 218, 219; DREES 28 f; BGB-RGRK/BOUJONG Rn 82; hierzu bereits Rn 177 und noch Rn 262).

bb)   Entzogene Vorsorgeaufwendungen

Ausnahmsweise kann die Rente auch über die mutmaßliche Lebensdauer des Ge- **199** töteten erstreckt werden können, wenn dieser im Interesse der Sicherstellung des Unterhaltsberechtigten für die Zeit nach seinem Tode Aufwendungen gemacht hätte, an denen er durch seinen vorzeitigen Tod gehindert worden ist (BGHZ 32, 246, 248 f = LM § 844 Abs 2 Nr 21 m Anm HAUSS; s auch schon BGH VersR 1952, 97; OLG Stuttgart VersR 1966, 1169, 1170; zust DREES VersR 1992, 1169, 1170 ff; MünchKomm/STEIN Rn 61; BGB-RGRK/BOUJONG Rn 83; LARENZ/CANARIS, SchuldR II/2 [13. Aufl 1994] § 83 II 1 a). Allerdings gewährt § 844 Abs 2 S 1 nach seinem klaren Wortlaut Ersatz nur während der mutmaßlichen Dauer des Lebens des Unterhaltsverpflichteten (so bereits RGZ 90, 226, 227 f und die Kritik von HERZBERG NJW 1990, 2525, 2526 f). Da Vorsorgeaufwendungen aber Teil des gesetzlich geschuldeten Unterhalts sind (DREES VersR 1992, 1169, 1170 f; s bereits Rn 112), zählen die durch den vorzeitigen Tod entzogenen Vorsorgeaufwendungen, soweit sie dem überlebenden Ehegatten zugute gekommen wären, zum ersatzfähigen Unterhaltsschaden. Dies spricht dafür, den Vorsorgeschaden bereits bei der Höhe des Unterhalts und nicht erst bei der Dauer der Rente zu berücksichtigen.

8.   Vorteilsausgleich*

a)   Allgemeines

Da es sich bei dem Ersatzanspruch aus § 844 Abs 2 um einen Schadensersatzan- **200** spruch handelt (oben Rn 11), stellt sich genauso wie bei anderen Ersatzansprüchen die Frage eines Vorteilsausgleichs (hierzu allg LANGE/SCHIEMANN § 9 II 1; STAUDINGER/ SCHIEMANN [1998] § 249 Rn 132 ff mwNachw). Hiervon ist auch der historische Gesetzgeber

---

* **Schrifttum:** ACKMANN, Die deutsche und amerikanische Rechtsprechung zur Anrechenbarkeit von Erbschaftsstamm und -erträgen auf Unterhaltsersatzansprüche (§ 844 Abs 2) im Wege der Vorteilsausgleichung, JZ 1991, 818, 967; HAMM, Vorteilsausgleichung und Schadensminderungspflicht im Rahmen des § 844 Abs 2 BGB (Diss Freiburg 1978); JOHN, Der

Einfluß vorzeitig angefallener Erbschaften auf den Ersatzanspruch nach § 844 Abs 2 BGB, JZ 1974, 543; LANGE/SCHIEMANN § 9; REINICKE, Die Vorteilsausgleichung bei den Ansprüchen aus den §§ 844, 845 BGB, MDR 1952, 460; THIELE, Gedanken zur Vorteilsausgleichung, AcP 167 (1967) 193, 232.

ausgegangen (Mot II 783 f = MUGDAN II 437 f), der die Entscheidung darüber, welche Vorteile im Rahmen des § 844 Abs 2 anrechenbar sein sollen, bewußt der Rspr überlassen hat (RGZ 64, 350, 351 f; BGHZ 8, 325, 328; allg LANGE/SCHIEMANN § 9 II 1; WENDE-HORST, Anspruch und Ausgleich [1999] 131 ff). Eine Ausnahme stellt der Verweis auf § 843 Abs 4 dar, der als ein seltener Fall gesetzlich versagter Vorteilsausgleichung gelesen wird (STAUDINGER/SCHIEMANN [1998] § 249 Rn 134; MünchKomm/MERTENS vor § 249 Rn 206; PALANDT/HEINRICHS Vorbem v § 249 Rn 119; ESSER/WEYERS, SchuldR Bd II/2 [7. Aufl 1991] § 61 I 3 b; krit SCHUBEL AcP 198 [1998] 1, 19 ff).

Eine allgemeingültige und handhabbare Formel zu Grundsatz und Grenzen des Vor-teilsausgleichs fehlt bislang (STAUDINGER/SCHIEMANN [1998] § 249 Rn 137 ff, 141; vgl auch WENDEHORST, Anspruch und Ausgleich [1999] 119 ff). Während die Rspr zunächst den Kri-terien der Äquivalenz und Adäquanz entscheidendes Gewicht beigemessen hat (RGZ 10, 50, 52; 64, 350, 351 f; 80, 155, 159; BGHZ 8, 325, 329; s den Überblick bei LANGE/SCHIEMANN § 9 II 2, 3; zur Kritik der Lit am Adäquanzkriterium STAUDINGER/SCHIEMANN [1998] § 249 Rn 139), wird der Vorteilsausgleich inzwischen primär als eine **Wertungsentscheidung** erfaßt. Die Berücksichtigung eines Vorteils wird davon abhängig gemacht, „ob sie dem Geschä-digten im Einzelfall nach Sinn und Zweck des Schadensersatzrechts unter Beachtung der gesamten Interessenlage der Beteiligten nach Treu und Glauben zugemutet werden kann" (zu § 844 Abs 2: BGH NJW 1979, 760; NJW 1984, 977, 978; vgl auch BGHZ 91, 357, 363 = LM § 254 Nr 30). Auch bei adäquat verursachten Vorteilen sei in jedem ein-zelnen Fall zu prüfen, ob eine Anrechnung dem Sinn und Zweck der Schadenser-satzpflicht entspricht (zu § 844 Abs 2 erstmals BGHZ 8, 325, 329; seitdem etwa BGHZ 10, 107, 108; 30, 29, 33; allg BGHZ 91, 206, 210 mwNachw). Angesichts dieser wenig aussagekräftigen Vorgaben kommt der Bildung von **Fallgruppen** und der Herausarbeitung relevanter **Sachgesichtspunkte** die entscheidende Bedeutung zu. Dabei ist weder die Versagung noch die Gewährung eines Vorteilsausgleichs die Regel (STAUDINGER/SCHIEMANN [1998] § 249 Rn 140 aE; MünchKomm/MERTENS vor § 249 Rn 207; MEDICUS, SchuldR BT [12. Aufl 2000] Rn 606; **aA** ESSER/SCHMIDT, SchuldR Bd I/2 [8. Aufl 2000] § 33 V: Anrechnung als Regel); dies galt auch schon für § 1008 Dresdner Entwurf, § 944 Bayer Entwurf und § 1492 Sächs BGB (MUGDAN II 438). Vielmehr bedarf es in jedem Fall einer konkreten Begründung (PALANDT/HEINRICHS Vorbem v § 249 Rn 122).

201 **Kein Problem des Vorteilsausgleichs** ist die Berücksichtigung von Vorteilen, die be-reits die Entstehung eines Schadens hindern (zur Abgrenzung LANGE/SCHIEMANN § 9 I 1; weitergehend SCHUBEL AcP 198 [1998] 1, 26 ff). Erzielt ein unterhaltsberechtigtes Kind Einkünfte, so mindern sie gemäß § 1602 seine Bedürftigkeit und damit seinen Er-satzanspruch, ohne daß es eines Vorteilsausgleichs bedürfte (so auch ECKELMANN/ NEHLS/SCHÄFER DAR 1982, 377, 388; vgl bereits Rn 161, 165). Dies macht insoweit einen Unterschied, als Einkünfte nach § 1602 auch dann anzurechnen sind, wenn der Er-satzberechtigte schon vor dem Tod erwerbstätig war, so daß kein sachlicher Zusam-menhang zwischen dem Unfalltod des Unterhaltsverpflichteten und der Erzielung der Einkünfte besteht.

b) **Ersparte Unterhaltsleistungen**

202 Unterhaltsleistungen, die sich der Ersatzberechtigte (nicht ein anderer Teilgläubiger: OLG Hamm NJW-RR 1987, 539, 540 f) durch den vorzeitigen Tod des Unterhaltspflichtigen erspart, sind nach inzwischen allg Ansicht **auf den Ersatzanspruch anzurechnen** (BGHZ 56, 389, 392 f; VersR 1969, 469; NJW 1979, 1501, 1503; NJW 1984, 977, 978; NJW-RR 1990, 706 = LM

§ 844 Abs 2 Nr 88; MünchKomm/STEIN Rn 32; BGB-RGRK/BOUJONG Rn 91; ERMAN/SCHIEMANN Rn 16; SOERGEL/ZEUNER Rn 25; TRIEBOLD 276 ff; SCHEFFEN VersR 1990, 926, 932; GEIGEL/SCHLEGELMILCH Kap 8 Rn 51, 55 ff; LANGE/SCHIEMANN § 9 IV 4 b; SCHULZ-BORCK/HOFMANN 16; EKKELMANN/SCHÄFER DAR 1982, 365, 371; KÜPPERSBUSCH Rn 274, 293 ff; STAUDINGER/SCHIEMANN [1998] § 249 Rn 170; MünchKomm/GRUNSKY vor § 249 Rn 98; ERMAN/KUCKUK vor § 249 Rn 111; SOERGEL/MERTENS vor § 249 Rn 231; THIELE AcP 167 [1967] 193, 210 f). Dagegen ist im Bereich des Ehegattenunterhalts eingewendet worden, die Anrechnung widerspreche dem Wesen der Ehe und der ehelichen Unterhaltpflichten, bei denen Bedürftigkeit und Gegenseitigkeit gerade nicht vorausgesetzt würden (STAUDINGER/MEDICUS[12] § 249 Rn 171 unter Berufung auf BGHZ 4, 123, 130 f; gegen eine vollständige Anrechnung auch LUDWIG DAR 1986, 375, 382). Die Ehegatten leisteten ihre Beiträge zum Familienunterhalt (§ 1360) weniger mit Blick auf die Unterhaltsleistung des anderen Teils als vor allem im Hinblick auf die eheliche Lebensgemeinschaft. Daher verbiete es sich auch, den Wegfall einer Unterhaltspflicht als Vorteil zu bezeichnen (vgl bereits BGHZ 4, 123, 131 zu § 845). Genausowenig dürfe der ersparte Unterhalt der Eltern nach Tötung ihres Kindes angerechnet werden, da auch dieser nicht aufgewendet werde, damit die Eltern später durch das Kind versorgt würden, sondern seinen „Gegenwert" allein in dem Erleben des Aufwachsen des Kindes finde (STAUDINGER/MEDICUS[12] § 249 Rn 171). – Dieser Kritik ist zuzugeben, daß während einer Ehe die beiderseitigen Unterhaltspflichten nicht in einem wirtschaftlichen Synallagma stehen. Mit dem Tod des Ehegatten oder Kindes verlieren die familienrechtlichen Unterhaltsbeziehungen aber ihre personale und ideelle Bestimmung. § 844 Abs 2 betrifft daher nur noch den „vermögensmäßig faßbaren Rest" der familiären Beziehung, so daß das Wesen der Ehe bzw des Eltern-Kind-Verhältnisses einer Anrechnung ersparter Unterhaltsleistungen nicht entgegenstehen (STAUDINGER/SCHIEMANN [1998] § 249 Rn 170; auch LANGE/SCHIEMANN § 9 IV 4 b; SOERGEL/MERTENS § 249 Rn 231; ERMAN/KUCKUK vor § 249 Rn 111).

aa) Ersparter Barunterhalt

Der barunterhaltspflichtige Ehegatte muß sich auf seinen Ersatzanspruch wegen **203** entgangener Haushaltsführung (oben Rn 128 ff) den ersparten Barunterhalt für seinen Ehegatten anrechnen lassen (BGH NJW 1979, 1501, 1503; NJW-RR 1990, 706 = LM § 844 Abs 2 Nr 88). Anrechnungsfähig ist der **gesamte persönliche Unterhaltsbarbedarf** einschließlich der Aufwendungen für Kleidung, Körperpflege, Reisen, Zweitwagen etc (BGHZ 56, 389, 393; BGH NJW 1972, 1716, 1718; VersR 1973, 939, 941; BGB-RGRK/BOUJONG Rn 91; ERMAN/KUCKUK vor § 249 Rn 111; für nur eingeschränkten Vorteilsausgleich LUDWIG DAR 1986, 375, 381 ff [Anrechnung von nur 1/3]; ECKELMANN/NEHLS/SCHÄFER DAR 1982, 377, 387 f; HOFMANN VersR 1977, 296, 303; dagegen ausf TRIEBOLD 277 ff mwNachw), soweit er auf den verstorbenen Ehegatten entfiel (vgl BGH NJW-RR 1990, 706 = LM § 844 Abs 2 Nr 88; zur Berechnung KÜPPERSBUSCH Rn 274 und schon Rn 120 ff). Nach dem Tod des Ehegatten weiterlaufende Fixkosten (Rn 116 ff) können nicht angerechnet werden, da insoweit auch keine Ersparnis eintritt (TRIEBOLD 281; WUSSOW NJW 1970, 1393, 1397; SCHLUND DAR 1977, 281, 285).

Die beim Vorteilsausgleich zu treffende Wertungsentscheidung soll nach Auffassung **204** des BGH umgekehrt auch Raum dafür geben, **zugunsten** des Geschädigten solche tatsächlichen Nachteile zu berücksichtigen, die nicht in die Schadensberechnung eingehen konnten, etwa den **Wegfall überobligationsmäßiger** und daher nicht geschuldeter **Haushaltsführung** (BGH NJW 1979, 1501, 1503; NJW 1984, 977, 978 f; OLG Zweibrücken NJW-RR 1989, 479; OLG Frankfurt VersR 1992, 1411, 1412; zust SOERGEL/ZEUNER Rn 25; ERMAN/SCHIEMANN Rn 16; KÜPPERSBUSCH Rn 275; GEIGEL/SCHLEGELMILCH Kap 8 Rn 55). § 844 Abs 2 gewährt aber nur Ersatz des Unterhalts, zu dem der Getötete „verpflichtet gewesen wäre" (Rn 103). Weder ist der Vorteilsausgleich der richtige Rahmen für die Anrechnung von Nachteilen (für eine Berücksichtigung schon bei der Schadensberechnung daher STAUDINGER/MEDICUS[12] § 249 Rn 171; SOERGEL/MERTENS vor § 249 Rn 231 Fn 43), noch sollte die klare Entscheidung des Gesetzgebers zum Gegenstand der Ersatzpflicht überspielt werden (s aber MünchKomm/STEIN Rn 33 aE).

205 Bei einer **Mithaftung** des Getöteten (§ 846) oder des Ersatzpflichtigen (§ 254 Abs 1) darf der ersparte Barunterhalt für den Getöteten zunächst mit dem Eigenanteil des Geschädigten verrechnet werden. Zu diesem **Quotenvorrecht** unten Rn 230, 237.

bb) Ersparter Naturalunterhalt, insbesondere Haushaltsführung

206 Ein anrechnungsfähiger Vorteil kann grundsätzlich auch in der Ersparnis von **Naturalunterhalt**, insbes von Haushaltsführung, liegen. So muß sich die Witwe eines alleinverdienenden Ehegatten auf ihren Ersatzanspruch wegen entgangenen Barunterhalts anrechnen lassen, was sie sich dadurch erspart, daß sie durch den vorzeitigen Tod ihres Ehegatten von ihrer Pflicht zur Haushaltsführung frei geworden ist (MONSTADT 107 f; vgl auch GEIGEL/SCHLEGELMILCH Kap 8 Rn 58). Soweit dem überlebenden Ehegatten durch die geringere Haushaltslast keine faßbaren finanziellen Vorteile zugeflossen sind, etwa durch Aufnahme oder Erweiterung einer Erwerbstätigkeit, fehlt es an einem anrechenbaren Vorteil – allerdings nicht deshalb, weil sich die konkrete Arbeitsersparnis nicht ermitteln ließe (zutr MONSTADT 107; **aA** noch STAUDINGER/SCHÄFER[12] Rn 81), sondern weil immaterielle und ideelle Vorteile (Freizeitgewinn) einen Vermögensnachteil nicht mindern können (SOERGEL/MERTENS vor § 249 Rn 217; MünchKomm/GRUNSKY vor § 249 Rn 12; STAUDINGER/SCHIEMANN [1998] § 249 Rn 141: es fehlt an der Kongruenz von Vor- und Nachteil). Ist dem Ehegatten aber eine Erwerbstätigkeit zuzumuten, muß er sich entsprechende **fiktive Einkünfte** im Rahmen seiner Schadensminderungspflicht (§ 254 Abs 2) anrechnen lassen (vgl BGH NJW 1987, 322, 323 = LM § 7 StVG Nr 56; BGHZ 91, 357, 365 ff = LM § 254 Nr 30; STAUDINGER/SCHÄFER[12] Rn 81; hierzu Rn 231 ff).

c) Anrechnung ererbten Vermögens
aa) Unterscheidung zwischen Stamm und Erträgen

207 Das **RG** lehnte die Anrechnung ererbten Vermögens auf Unterhaltsersatzansprüche noch grundsätzlich ab: Für eine Anrechnung des Erbschaftserwerbs fehle es an der erforderlichen Identität zwischen schädigendem und vorteilbringendem Ereignis, da der Anfall der Erbschaft nicht durch die schädigende Handlung, sondern in erster Linie durch das erbrechtsbegründende Verhältnis bedingt sei (RGZ 64, 350, 355; vgl ACKMANN JZ 1991, 818 f und A ROTH, in: FS Kraft [1998] 537, 542 f jeweils mwNachw).

Bereits in BGHZ 8, 325 hat der **BGH** von dieser primär auf Kausalitätserwägungen gestützten Rspr Abschied genommen und schrittweise die **Faustformel** geprägt, daß Erträgnisse einer Erbschaft regelmäßig anzurechnen seien, während der Stamm des Vermögens dem Berechtigten später ohnehin zugefallen wäre und den Ersatzanspruch daher nicht mindern solle (BGHZ 8, 325, 329 f; vgl auch VersR 1962, 475, 476; VersR 1966, 338, 339; VersR 1969, 713, 714; OLG München VersR 1967, 190, 191; OLG Frankfurt NJW-RR 1990, 1440, 1443; so unterscheiden etwa EBEL Jura 1985, 561, 563; MünchKomm/GRUNSKY vor § 249 Rn 109 f; WUSSOW/DRESSLER Kap 46 Rn 23; PALANDT/HEINRICHS Vorbem v § 249 Rn 139 f; LANGE/SCHIEMANN § 9 IV 4 c bb; vgl auch JOHN JZ 1972, 543, 544 mwNachw). In der Folgezeit wurde diese Faustformel weiter ausgebaut und verfeinert (vgl zur Entwicklung der Rspr ACK-

MANN JZ 1991, 818, 819 ff; SCHUBEL AcP 198 [1998] 1, 27 ff). **Ausnahmsweise** sollte auch der Erwerb des Vermögensstammes angerechnet werden, wenn dieser schon vor dem Tod für Unterhaltszwecke angegriffen worden war (BGH NJW 1957, 905; zur Anrechnung des Vermögensstammes gelangen auch OLG Karlsruhe VersR 1957, 271, 272; OLG Köln FamRZ 1992, 55 f; zust LANGE/SCHIEMANN § 9 IV 4 c bb; MünchKomm/GRUNSKY vor § 249 Rn 109 mwNachw). Umgekehrt seien Erträge ausnahmsweise dann nicht anzurechnen, wenn sie nicht aufgezehrt worden wären, sondern den Nachlaß vermehrt hätten (vgl BGH VersR 1961, 855, 856; VersR 1962, 322, 323; OLG Frankfurt VersR 1991, 595; hierzu STAUDINGER/SCHIEMANN [1998] § 249 Rn 166; MünchKomm/GRUNSKY vor § 249 Rn 110 a; LANGE/SCHIEMANN § 9 IV 4 c cc).

bb) Keine Anrechnung bei Übergang der Unterhaltsquelle

Diese einseitig auf die Unterscheidung von Stamm und Erträgen gerichtete und iü **208** unübersichtliche Rspr hat zu Recht Kritik erfahren (THIELE AcP 167 [1967] 193, 232 ff; unterschiedslos gegen jede Anrechnung STAUDINGER/MEDICUS[12] § 249 Rn 168; ihm folgend SOERGEL/MERTENS vor § 249 Rn 234; ERMAN/KUCKUK vor § 249 Rn 127; s auch STAUDINGER/SCHIEMANN [1998] § 249 Rn 167; mit anderer Begründung SCHUBEL AcP 198 [1998] 1, 31).

Eine sach- und interessengerechte Bewältigung der Vorteilsausgleichung muß bei Sinn und Zweck der Schadensersatznorm ansetzen (vgl oben Rn 200). Entsprechend dem sachlich begrenzten Zweck des Anspruchs aus § 844 Abs 2 als **Unterhaltsersatzanspruch** ist auch die Anrechnung von Vorteilen auf den Fall zu begrenzen, daß infolge des Erbganges die **Unterhaltsquelle** auf den Geschädigten überwechselt, aus der die Unterhaltspflicht weiter bestritten worden wäre. Nur wenn das übergegangene Vermögen die eigentliche Quelle des geschuldeten Unterhalts war, läßt sich eine Anrechnung rechtfertigen, weil der Ersatzberechtigte sonst über § 844 Abs 2 doppelten Ersatz für seinen Unterhaltsausfall erhielte (SCHUBEL AcP 198 [1998] 1, 32; LANGE/SCHIEMANN § 9 IV 4 c bb; vgl auch ACKMANN JZ 1991, 967, 970 f). Bereits die Vorkommission des Reichsjustizamtes hatte daher vorgeschlagen, den Vorteilsausgleich ausdrücklich auf solches Vermögen zu begrenzen, das „der Getödtete ... wenn er am Leben geblieben wäre, zur Erfüllung der Unterhaltspflicht verwendet haben würde" (JAKOBS/SCHUBERT [Hrsg], Schuldverhältnisse III 1064; s auch SCHUBEL AcP 198 [1998] 1, 11).

In diesem Sinne hat der **BGH** im Jahr 1974 seine Rspr dahingehend modifiziert, daß **209** **nur solche Vermögenswerte anzurechnen sind, die auch vor dem Tod des Unterhaltspflichtigen zur Bestreitung des Unterhalts dienten,** also auch ohne das Schadensereignis zu diesem Zwecke verbraucht worden wären, und zwar gleichgültig, ob es sich hierbei um Erträge oder Stamm des Vermögens handelt (BGH NJW 1974, 1236, 1237; seitdem etwa BGHZ 62, 126, 127; BGH NJW 1979, 760, 761; BGHZ 91, 357, 364 = LM § 254 Nr 30; 115, 228, 233 = LM § 844 Abs 2 Nr 90; OLG Düsseldorf FamRZ 2000, 425, 426; so auch SOERGEL/ZEUNER Rn 24; BGB-RGRK/BOUJONG Rn 95; A ROTH, in: FS Kraft [1998] 537, 543; Hk-BGB/A STAUDINGER [2001] § 844 Rn 10; TRIEBOLD 304 ff; KÜPPERSBUSCH Rn 312, 318). Der Unterhalt muß vor dem schädigenden Ereignis aus derselben „Quelle" gespeist worden sein (BGH NJW 1979, 760, 761 unter Hinweis auf PLANCK/SIBER, BGB Bd II/1 [4. Aufl 1914] Vorb § 249 Erl 5 b aE). Eine weitergehende Anrechnung aller ererbten Vermögenswerte ist mit dem Sinn der Ersatzpflicht nicht vereinbar (BGH NJW 1979, 760, 761; vgl BGHZ 91, 357, 363 = LM § 254 Nr 30). Konsequenterweise darf auch das, was der Erblasser für seinen eigenen Unterhalt verbraucht hätte, den Ersatzanspruch nicht mindern (BGH NJW

1979, 760, 761 = VersR 1979, 1152 m Anm RUDLOFF und EMMERICH JuS 1979, 588; anders Münch-
Komm/GRUNSKY vor § 249 Rn 110 a; PALANDT/HEINRICHS Vorbem v § 249 Rn 139; zutr ACKMANN
JZ 1991, 967, 969).

210 Eine Anrechnung setzt daher den **Nachweis des Schädigers** voraus, daß bzw inwieweit
dem Geschädigten das nun ererbte Vermögen ohne den Unfall nicht oder nicht in
derselben Höhe zugefallen wäre, weil der Getötete daraus Unterhalt an den Geschädigten geleistet hätte. Dabei kann genausowenig wie bei der Begründung des Ersatzanspruchs (vgl oben Rn 99) Gewißheit verlangt werden. Es genügt, daß das ererbte
Vermögen dem Geschädigten **nach dem mutmaßlichen Verlauf der Dinge** voraussichtlich nicht zugefallen wäre (LANGE/SCHIEMANN § 9 IV 4 4 c bb; JOHN JZ 1972, 543, 546 f; enger
ACKMANN JZ 1991, 967, 972). Gelingt dem Schädiger dieser Nachweis nicht, so scheidet
eine Anrechnung aus (vgl BGH NJW 1974, 1236, 1237; NJW 1979, 760, 761; MONSTADT 105; allg
LANGE/SCHIEMANN § 9 XIII). Dies wird regelmäßig der Fall sein, wenn der Getötete
erwerbstätig war und sowohl seinen eigenen Unterhalt als auch den Unterhalt des
Geschädigten aus seinen Erwerbseinkünften bestritt (SCHUBEL AcP 198 [1998] 1, 32;
THIELE AcP 167 [1967] 193, 234), weil in diesem Fall die eigentliche Unterhaltsquelle –
die Erwerbstätigkeit – gerade nicht auf den Geschädigten übergegangen ist.

cc) Einzelfragen

211 α)   Unbeachtlich ist der Einwand, der Geschädigte hätte ohne den vorzeitigen Tod
des Unterhaltspflichtigen gar nicht oder nicht im gleichen Umfang geerbt, etwa weil
er voraussichtlich **enterbt** worden wäre oder den Getöteten **nicht überlebt** hätte (vgl
BGH NJW 1957, 905; zust ACKMANN JZ 1991, 967, 971 f; aA OLG Karlsruhe VersR 1957, 271, 272;
THIELE AcP 167 [1967] 193, 232; JOHN JZ 1972, 543, 546 f; LANGE/SCHIEMANN § 9 IV c dd; ders JuS
1978, 649, 653; TRIEBOLD 307; PALANDT/HEINRICHS Vorbem v § 249 Rn 139; GREGER § 10 StVG
Rn 82; MünchKomm/GRUNSKY vor § 249 Rn 109 mwNachw). Entscheidend für die Anrechnung ist allein, ob dem Geschädigten mit der Erbschaft auch die Unterhaltsquelle
zugefallen ist (oben Rn 208 f). Gegen eine Anrechnung spricht iü auch der Grundsatz,
daß freigiebige Leistungen Dritter dem Schädiger nicht zugute kommen sollen (vgl
ACKMANN JZ 1991, 967, 971 f). Umgekehrt erhält der Geschädigte auch keinen Ersatz
dafür, daß ihm der Getötete im Fall seines Fortlebens eine wesentlich größere Erbschaft hinterlassen hätte (BGH NJW 1961, 119, 120; OLG München VersR 1967, 190, 191; zust
ACKMANN JZ 1991, 967, 971; LANGE/SCHIEMANN § 9 IV 4 c dd; BGB-RGRK/BOUJONG Rn 98; aM
JOHN JZ 1972, 543, 547; HAMM 100 ff).

212 β)   Die Grundsätze der Quellentheorie über die beschränkte Anrechenbarkeit
gelten entsprechend für den **Pflichtteilsanspruch**, und zwar auch dann, wenn der
Pflichtteil noch nicht gefordert worden ist. Soweit keine besonderen Gründe vorliegen, von der Geltendmachung des Pflichtteilsanspruchs abzusehen, darf es nicht zu
Lasten des Schädigers gehen, daß der Pflichtteilsberechtigte von seinem Recht keinen Gebrauch macht (BGH NJW 1961, 119; VersR 1965, 376, 379; insoweit zust ACKMANN JZ
1991, 818, 821 f; JOHN JZ 1972, 543, 547). Zum **Zugewinnanspruch** siehe GREGER § 10 StVG
Rn 89.

213 γ)   Die vorgestellten Grundsätze gelten auch dann, wenn das Vermögen dem Unterhaltsberechtigten ganz oder zT erst **durch einen weiteren**, aber **auf demselben
Schadensereignis beruhenden Erbfall** angefallen ist. So muß sich eine Ehefrau auf
ihren Anspruch aus § 844 Abs 2 ihre Erbschaft auch insoweit anrechnen lassen, als sie

ihren Ehemann nicht unmittelbar beerbt hat, sondern zunächst das bei demselben Unfall verletzte gemeinsame Kind Erbe geworden ist, das nach dem Ehemann verstarb (BGH NJW 1957, 905; BGHZ 62, 126, 128; 91, 357, 364 = LM § 254 Nr 30; anders noch RGZ 91, 398, 401; SOERGEL/ZEUNER Rn 24; THIELE AcP 167 [1967] 193, 233 f). Dem Schädiger kann der Anfall einer Erbschaft von dritter Seite auch dann zugute kommen, wenn bei einem Verkehrsunfall **beide Elternteile** getötet werden, aber nicht gleichzeitig versterben, sondern in zeitlich kurzem Abstand nacheinander. Sind die Einkünfte des vom Vater geerbten Vermögens höher als der von ihm geschuldete Barunterhalt, so kann sich der Schädiger gegenüber dem Ersatzanspruch des Kindes darauf berufen, daß dem Kind durch den Tod der Mutter kein Unterhaltsanspruch entzogen worden ist, weil es beim Überleben der Mutter durch die Erbschaft des Vaters nicht mehr unterhaltsbedürftig gewesen wäre (BGHZ 62, 126, 129 f = LM § 844 Abs 2 Nr 48 m Anm WEBER; BGB-RGRK/BOUJONG Rn 98; SOERGEL/ZEUNER Rn 24; THIELE AcP 167 [1967] 193, 233; **aA** SCHIEMANN, Argumente und Prinzipien bei der Fortbildung des Schadensrechts [1981] 135 f; STAUDINGER/ders [1998] § 249 Rn 167 aE). In dem entschiedenen Fall erfolgte die Anrechnung der Erbschaft allerdings nicht im Rahmen des Vorteilsausgleichs, sondern minderte bereits die Bedürftigkeit des Kindes gemäß § 1602 Abs 2 (s BGHZ 62, 126, 129 und zutr A ROTH, in: FS Kraft [1998] 537, 544; zu dieser Unterscheidung bereits Rn 201).

δ) Erträgnisse aus ererbtem Vermögen (Zinsen, Dividenden, Miet oder Pachtein- **214** nahmen, Betriebs- oder Geschäftsgewinne etc) sind nur insoweit auf den Ersatzanspruch nach § 844 Abs 2 anzurechnen, als sie schon zu Lebzeiten des Unterhaltspflichtigen voraussichtlich für die Bestreitung des Unterhalts verwendet worden wären (oben Rn 209). Erträgnisse, die der Erblasser wieder in dem Betrieb angelegt hätte, zB für Reinvestitionen (BGH VersR 1961, 855; hierzu ACKMANN JZ 1991, 818, 822 f) oder zur Tilgung von Verbindlichkeiten (BGH VersR 1962, 322, 323; VersR 1966, 338, 339; TRIEBOLD 308 f), sind daher nicht anzurechnen.

Ebenfalls **nicht anzurechnen** sind Erträgnisse ererbten Vermögens, die **erst durch ei- 215 gene Tätigkeit** der Hinterbliebenen **hervorgebracht werden**, zB durch Bewirtschaftung ererbten landwirtschaftlichen Besitzes (RGZ 72, 437, 439; BGH VersR 1967, 259; OLG Stuttgart VersR 1966, 1169, 1170; BGB-RGRK/BOUJONG Rn 97) oder durch Bebauung und Vermietung bislang ungenutzter Grundstücke (BGH VersR 1966, 40, 41). Auch der durch den Verkauf von Nachlaßbestandteilen erzielte Erlös einschließlich Zinsen ist nicht anzurechnen (RGZ 91, 398, 400; BGH NJW 1984, 979, 980; hierzu noch Rn 218). Solche Einkünfte können nur berücksichtigt werden, wenn die Erben unter dem Gesichtspunkt der Schadensminderungspflicht (§ 254 Abs 2) zu ihrer Erzielung, insbes durch Fortführung des ererbten Geschäfts, verpflichtet waren (BGH VersR 1967, 259 f; vgl unten Rn 234).

Wurde der Unterhalt bisher aus den Erträgnissen eines Erwerbsgeschäfts bestritten **216** und **führen die Hinterbliebenen das Erwerbsgeschäft weiter**, sind die Einkünfte aus dem Erwerbsgeschäft auf den Unterhaltsanspruch anzurechnen (oben Rn 214), so daß es regelmäßig an einem ersatzfähigen Schaden fehlen wird (RGZ 72, 437, 440; 148, 154, 164; BGH VersR 1966, 338, 339; WUSSOW/DRESSLER Kap 46 Rn 24). Wird anstelle des Getöteten eine Ersatzkraft (Geschäftsführer, Betriebsleiter, Verwalter) eingestellt, mindern sich die anrechenbaren Einkünfte um die Aufwendungen für die Ersatzkraft (BGH NJW 1969, 2008). Übernimmt ein (Mit-)Erbe die Geschäftsführungsaufgaben des Verstorbenen, sind die Einkünfte aus dem fortgeführten Geschäft nur dann voll anzurechnen, wenn die Übernahme der Geschäftsführung unter Berücksichtigung des Alters, der Gesundheit, der Lebensstellung und der sonstigen Aufgaben zumutbar ist (BGHZ 58, 14, 19; BGB-RGRK/Boujong Rn 97; Küppersbusch Rn 322; Triebold 309; ie zur Schadensminderungspflicht noch unten Rn 231 ff). Die anrechenbaren Erträgnisse sind aber stets um den angemessenen „Unternehmerlohn" zu mindern (vgl BGH VersR 1957, 783, 784; VersR 1963, 635, 637; MünchKomm/Grunsky vor § 249 Rn 110). Die unentgeltliche Verwaltung eines Erbteiles soll dem Schädiger nach dem Rechtsgedanken des § 843 Abs 4 auch dann nicht zugute kommen, wenn zB die Mutter ihrem Kind familienrechtlich (etwa aus § 1626 Abs 2) zu der Verwaltung verpflichtet ist (BGHZ 58, 14, 19 f; Staudinger/Schiemann [1998] § 249 Rn 166). Führen die Hinterbliebenen das Erwerbsgeschäft fort, obwohl ihnen dies nicht zuzumuten ist, beschränken sich die anrechenbaren Erträgnisse auf den Betrag, der sich aus dem objektiven Wert der Nutzung des in dem Unternehmen steckenden Vermögens ergibt (BGHZ 58, 14, 18 = LM § 844 Abs 2 Nr 43 m Anm Pehle: idR der erzielbare Pachtzins; Triebold 309).

217 Zu beachten ist, daß Unterhaltsanspruch und Unterhaltsschaden auch bei Fortführung des Geschäfts durch die Hinterbliebenen nach der geschäftlichen Entwicklung zu bemessen sind, die ohne den Tod des Geschäftsinhabers voraussichtlich eingetreten wäre (BGH NJW 1961, 119, 120; VersR 1967, 60, 61). Daher kann es auch bei vollständiger Anrechnung der Erträgnisse zu einem Ersatzanspruch gegen den Schädiger kommen, nämlich wenn der Unterhaltsverpflichtete voraussichtlich höhere Einnahmen aus dem Geschäft erzielt hätte.

218 Wird der **Betrieb** von den Hinterbliebenen **veräußert**, so sind die Zinsen aus dem Verkaufserlös nicht auf den Ersatzanspruch anzurechnen, da es an dem inneren Zusammenhang zwischen dem Unterhaltsschaden und dem Zinsvorteil fehlt (BGH NJW 1984, 979, 980). Soweit den Hinterbliebenen aber eine Fortführung des Betriebes oder eine andere Erwerbstätigkeittätigkeit zuzumuten war (§ 254 Abs 2), sind ihnen entsprechende fiktive Einkünfte anzurechnen (s noch Rn 234).

d) Unterhaltsleistungen Dritter
aa) Auflebende Unterhaltspflichten (§ 843 Abs 4)

219 Gemäß § 844 Abs 2 S 2 iVm § 843 Abs 4 sind Unterhaltsleistungen von **Dritten**, die infolge des Todes **unterhaltspflichtig werden**, nicht anzurechnen (oben Rn 83 ff; ie Staudinger/Vieweg § 843 Rn 40 ff).

Bedeutung hat dies vor allem für den Ersatzanspruch des Kindes beim Tod eines Elternteiles. Gewährt der überlebende Elternteil, der nach dem Tod seines Ehegatten allein unterhaltspflichtig ist, nunmehr den vollen Bar- und Betreuungsunterhalt, bleibt der Ersatzanspruch des Kindes davon unberührt (BGH VersR 1965, 376, 378 f; NJW 1971, 1983, 1985; BGB-RGRK/Boujong Rn 70). Der Schädiger kann das Kind auch nicht darauf verweisen, daß den überlebenden Elternteil die Pflicht treffe, durch Aufnahme einer Erwerbstätigkeit den Schaden zu mindern, da eine Schadensminderungspflicht immer nur für den eigenen (Unterhalts-)Schaden in Betracht kommt (unten Rn 231 ff). Dies **gilt nicht, wenn nur** die Person des Unterhaltsverpflichteten, nicht aber die **Unterhaltsquelle gewechselt hat** (BGH NJW 1969, 2008 mwNachw; BGHZ 58, 14, 20; BGH NJW 1985, 564; OLG München VersR 1967, 190, 191; Lange/Schiemann § 9 VI 5; BGB-RGRK/Boujong Rn 102; Monstadt 101 f; Soergel/Zeuner Rn 27; Staudinger/Schiemann [1998] § 249 Rn 158; MünchKomm/Grunsky vor § 249 Rn 108; s weiter Staudinger/Vieweg § 843 Rn 40), zB wenn der Barunterhalt eines Kindes bislang aus dem Vermögen des

Vaters bestritten wurde, das nun auf die Mutter übergegangen ist und daher nach wie
vor für den Kindesunterhalt zur Verfügung steht (vgl RGZ 64, 330, 357; BGHZ 58, 14, 20;
VersR 1965, 376, 379; vgl auch BGH NJW 1969, 2008). Genauso hat der BGH auf die Unterhaltsbedürftigkeit eines Kindes den Zinsertrag angerechnet, den es auf eine vom
Vater nach schweizerischem Recht vor der Tötung der unterhaltspflichtigen Mutter
gezahlte Unterhaltsabfindung erzielt hatte (BGH NJW 1971, 2069, 2070).

bb) Freiwillige Unterhaltsleistungen

Nach dem in § 843 Abs 4 verkörperten allgemeinen Rechtsgedanken (STAUDINGER/   **220**
VIEWEG § 843 Rn 43) mindern auch freiwillige Unterhaltsleistungen Dritter den Ersatzanspruch nicht; sie sollen den Schädiger nicht entlasten (vgl LANGE/SCHIEMANN § 9 VII;
ERMAN/KUCKUK vor § 249 Rn 117). Nicht anzurechnen sind daher die Unterhaltsleistungen von Großeltern an nichteheliche Kinder (BGH NJW 1974, 1237, 1238; VersR 1976, 291,
292) oder freiwillig erbrachte Unterhaltsleistungen einer Tochter an ihren 72jährigen
Vater (OLG Hamm VersR 1980, 723) sowie die Leistungen von Pflegeeltern (BGHZ 54, 269,
274 f; BGB-RGRK/BOUJONG Rn 102) oder einer Stiefmutter (LG Münster VersR 1969, 166;
MONSTADT 178; TRIEBOLD 312 f). Genausowenig kommt es dem Schädiger zugute, wenn
der durch den Tod des haushaltsführenden Ehegatten entstandene Haushaltsführungsschaden innerfamiliär durch überobligatorische Anstrengungen aufgefangen
wird (LANGE/SCHIEMANN § 9 VI 2; oben Rn 133 ff).

cc)   Nach dem Schadensfall begründete Unterhaltspflichten Dritter

Unterhaltsansprüche gegen Dritte, die nicht unmittelbar auf dem Schadensfall, son-   **221**
dern auf einem erst später begründeten familienrechtlichen Verhältnis beruhen, unterfallen nicht dem Anrechnungsverbot des § 843 Abs 4 (vgl BGH NJW 1970, 1127, 1128;
LANGE/SCHIEMANN § 9 VI 6; s oben Rn 85). Im Falle der **Adoption** von Unfallwaisen folgt
die Nichtanrechenbarkeit der Unterhaltsleistungen der annehmenden Eltern aus
§ 1755 Abs 1 S 2 (oben Rn 169; s auch Rn 85). Anrechenbar sind aber die **Unterhaltsleistungen eines neuen Ehegatten** bzw **Lebenspartners** (oben Rn 181 ff; auch zur Frage der
nichtehelichen Lebensgemeinschaft).

e)   Sozialversicherungs- und Versorgungsleistungen

Leistungen an die Hinterbliebenen von Sozialversicherungs- und Versorgungsträ-   **222**
gern, insbes Witwen-/Witwer- und Waisenrenten gemäß §§ 65 ff SGB VII, Leistungen der Kinder- und Jugendhilfe gemäß §§ 33, 39, 42 ff KJHG/SGB VIII, Sozialhilfe sowie Hinterbliebenenrenten gemäß §§ 19 ff BeamtVG (Witwengeld), §§ 23 f
BeamtVG (Waisengeld) sind **nicht anzurechnen** (allgM; OLG Düsseldorf FamRZ 2000, 425,
426 [Leistungen nach dem KJHG/SGB VIII]; genauso BGHZ 115, 228, 230 = LM § 844 Abs 2 Nr 90
[Sozialhilfe]; 131, 274, 283 f [Sozialhilfe]; NJW 2002, 292, 293 [Sozialhilfe; zu § 843]; siehe nur SOER-
GEL/MERTENS vor § 249 Rn 244 f; DREES 47 mwNachw). Insoweit hat der Gesetzgeber mit
den Vorschriften über den Forderungsübergang (§ 116 Abs 1 S 1 SGB X, § 87a BBG,
§ 81a BVG) indirekt den Vorteilsausgleich versagt, da der Forderungsübergang sonst
seinen Sinn verlöre (grundlegend BGHZ [GS] 9, 179, 186; hierzu noch Rn 243; vgl iü THIELE AcP
167 [1967] 193, 216; LANGE/SCHIEMANN § 9 III 4; STAUDINGER/SCHIEMANN [1998] § 249 Rn 135;
ERMAN/KUCKUK vor § 249 Rn 102; SOERGEL/MERTENS vor § 249 Rn 206; MONSTADT 103 f; ie zum
Forderungsübergang noch unten Rn 243 ff) und zu einer nicht bezweckten Entlastung des
Schädigers führen würde (vgl MARSCHALL vBIEBERSTEIN, Reflexschäden und Regreßrechte
[1967] 206 f). Dies gilt auch dann, wenn der Sozialhilfeträger den Anspruch nicht
auf sich überleiten kann (s BGHZ 115, 228, 230 ff = LM § 844 Abs 2 Nr 90 zu § 91 BSHG

aF). Ebenfalls nicht auf den Ersatzanspruch anrechenbar ist das **Kindergeld**. Es gebührt in voller Höhe dem (verbliebenen) Unterhaltsschuldner, um dessen Unterhaltslast zu mindern (OLG Düsseldorf VersR 1985, 698, 699; OLG Celle VersR 1980, 583, 584; MünchKomm/Stein Rn 32).

223 Ist keine cessio legis angeordnet, entscheidet der **Zweck der Leistung** über ihre Anrechenbarkeit (BGH NJW 1985, 564; NJW 1978, 536; vgl auch BGHZ 115, 228, 230 = LM § 844 Abs 2 Nr 90; OLG Bamberg VersR 1994, 995; Lange/Schiemann § 9 IX; Palandt/Heinrichs Vorbem v § 249 Rn 134 f). Nicht anrechenbar sind **BAföG**-Leistungen; entsprechend der Wertung des § 843 Abs 4 soll der staatlich gewährte Ausbildungsunterhalt den Schädiger nicht entlasten (OLG Brandenburg NZV 2001, 213, 215 f). Genauso ist für die Hinterbliebenenrenten der US Veterans-Administration entschieden worden (BGH NJW 1985, 564).

f)   Private Unfall- und Lebensversicherungen
224 Da die cessio legis in § 67 VVG nur für (Sach-)Schadensversicherungen gilt, kommt es für die Anrechenbarkeit der Leistungen privater Unfall- und Lebensversicherungen auf den Zweck des der Leistungspflicht zugrundeliegenden Rechtsverhältnisses an (Thiele AcP 167 [1967] 193, 229, 231; vgl Rn 223). Regelmäßig werden solche Versicherungen zur wirtschaftlichen Absicherung der Hinterbliebenen abgeschlossen und nicht zu dem Zweck, den Schädiger zu entlasten. Eine Anrechnung würde die Wirkung einer Haftpflichtversicherung zugunsten des Schädigers entfalten und widerspricht idR dem Sinn des Versicherungsverhältnisses (vgl BGHZ 73, 109, 113 f; RGZ 146, 287, 289). Daher ist es heute hM, sowohl die Versicherungssummen als auch die Erträgnisse von Unfall- und Lebensversicherungen grundsätzlich **nicht anzurechnen** (BGHZ 115, 228, 233 = LM § 844 Abs 2 Nr 90; 91, 357, 363 f = LM § 254 Nr 30; 73, 109, 111 ff; 25, 322, 328; 19, 94, 99; 9, 179, 191; OLG Düsseldorf FamRZ 2000, 425, 426; Triebold 301 ff; Monstadt 102; Soergel/Zeuner Rn 24; Drees 48; MünchKomm/Grunsky vor § 249 Rn 105; Soergel/Mertens vor § 249 Rn 243; Erman/Kuckuk vor § 249 Rn 123; Lange/Schiemann § 9 VIII 3, 4; Palandt/Heinrichs Vorbem v § 249 Rn 133; ie Staudinger/Schiemann [1998] § 249 Rn 161). Anders hatte der BGH noch für die Erträgnisse einer sowohl auf den Erlebens- als auch auf den Todesfall abgestellten „Sparversicherung" entschieden: Sie sollten genauso wie die Erträgnisse einer Erbschaft grundsätzlich anrechenbar sein (BGHZ 39, 249, 252 ff = LM zu § 844 Abs 2 Nr 26 m Anm Hauss; generell für die Anrechnung von Versicherungserträgnissen Thiele AcP 167 [1967] 193, 235). Diese Rspr hat der BGH zu Recht aufgegeben (BGHZ 73, 109, 111 ff = LM § 844 Abs 2 Nr 55 m Anm Weber = VersR 1979, 1152 m Anm Rudloff = Emmerich JuS 1979, 588, zust etwa MünchKomm/Stein Rn 32; Lange/Schiemann § 9 VIII 3; Staudinger/Schiemann [1998] § 249 Rn 161; MünchKomm/Grunsky vor § 249 Rn 105). Im Gleichlauf mit dem Vorteilsausgleich bei ererbtem Vermögen (Rn 208 ff) ist eine Anrechnung allenfalls dann zu bejahen, wenn die Erträgnisse ohne den Tod des Erblassers zur Erfüllung der Unterhaltspflicht verwendet worden wären (BGHZ 73, 109, 113; Monstadt 103).

225 **Anzurechnen** sind dagegen Leistungen von Versicherungen, die vom Schädiger oder für ihn abgeschlossen worden sind und seiner Absicherung gegen Haftungsrisiken dienen, wie zB die Leistungen einer **Insassenunfallversicherung** (BGHZ 64, 260, 265 ff; 80, 8, 12 ff; Soergel/Mertens vor § 249 Rn 243 aE; MünchKomm/Grunsky vor § 249 Rn 101, 105; Erman/Kuckuk vor § 249 Rn 123; Staudinger/Schiemann [1998] § 249 Rn 162; Lange/Schiemann § 9 VIII 4; näher Greger § 10 StVG Rn 94). Hier hat der Schädiger ein wirtschaft-

liches Interesse an der Anrechnung, weil die Inanspruchnahme seiner Haftpflichtversicherung für ihn regelmäßig mit einer Rückstufung im Schadenfreiheitsrabatt
verbunden ist (LANGE/SCHIEMANN § 9 VIII 4). Wegen § 179 Abs 3 VVG macht die Rspr
eine Anrechnung davon abhängig, daß „der Versicherungsnehmer hieran ein anzu-
erkennendes Interesse hat und keine abweichenden Zusagen bestehen" (BGHZ 64,
260, 266; grundlegend MARSCHALL VBIEBERSTEIN, Reflexschäden und Regreßrechte [1967] 253 f).
§ 179 Abs 3 VVG will aber lediglich verhindern, daß der Versicherungsnehmer an der
Verletzung eines Dritten wirtschaftlich interessiert wird (LANGE/SCHIEMANN § 9 VIII 4).
Da die Anrechnung der Versicherungsleistungen auf den Ersatzanspruch aber kein
finanzielles Interesse an der Verletzung begründet (STAUDINGER/SCHIEMANN [1998] Vorbem 162 zu §§ 249 ff), steht § 179 Abs 3 VVG einem Vorteilsausgleich nicht entgegen.
Anderes gilt nur im Anwendungsbereich des § 50 S 3 LuftVG, wonach der Ersatzanspruch erlischt, wenn und soweit aus einer Unfallversicherung geleistet wird.

g)   Eigene Einkünfte des Ersatzberechtigten

Setzt der der Ersatzpflicht zugrundeliegende Unterhaltsanspruch **Bedürftigkeit** vor-   **226**
aus (§§ 1602, 1577), sind tatsächlich erzielte Einkünfte schon bei der Schadensermittlung anspruchsmindernd zu berücksichtigen (BGH NJW 1974, 1237, 1238; VersR 1960, 801,
802; TRIEBOLD 314; zur Abgrenzung von Schadensermittlung und Vorteilsausgleich schon Rn 201).
Ohne Einfluß auf die Unterhaltsbedürftigkeit sind Einkünfte aus unzumutbarer Erwerbstätigkeit; der Rechtsgedanke des § 1577 Abs 2 gilt entsprechend für den Ver-
wandtenunterhalt (BGH NJW 1995, 1215, 1217 mwNachw; PALANDT/DIEDERICHSEN § 1577
Rn 23).

Bei Ersatzansprüchen wegen Tötung des Ehegatten ist die Anrechnung eigener Ein-   **227**
künfte nicht durch gesetzliche Vorschriften zur Bedürftigkeit vorgezeichnet. Der
Anspruch auf **Familienunterhalt** nach § 1360 setzt Bedürftigkeit nicht voraus
(BGHZ 56, 389, 392; ie STAUDINGER/HÜBNER/VOPPEL [2000] § 1360 Rn 15 mwNachw). Auch
war lange Zeit streitig, ob die Anrechnung tatsächlich erzielter Einkünfte überhaupt
im Rahmen des Vorteilsausgleichs stattfinden könne (vgl RGZ 154, 236, 237 f mwNachw).
Genauso wie bei der Anrechnung von Unterhaltsersparnis (Rn 202 ff) wurde bezweifelt, ob es mit dem Wesen der Ehe vereinbar sei, das Freiwerden der Arbeitskraft mit
dem Tod des Ehegatten als Vorteil zu werten (RGZ 154, 236, 240; BGHZ 4, 170, 171 f; s auch
STAUDINGER/SCHÄFER[12] Rn 110). Da es bei dem Ersatzanspruch aus § 844 Abs 2 aber nur
noch um den „vermögensmäßigen Rest" des familienrechtlichen Bandes geht, steht
das Wesen der Ehe einem Vorteilsausgleich nicht entgegen (Rn 202). Für die Anrechnung von eigenen Einkünften gilt daher nichts anderes als bei sonstigen Ersatzansprüchen (ie STAUDINGER/SCHIEMANN [1998] § 249 Rn 145; ESSER/SCHMIDT, SchuldR Bd I 2
[7. Aufl 1993] § 33 V 3 b; LANGE/SCHIEMANN § 9 VIII 5; ERMAN/KUCKUK vor § 249 Rn 105 ff; SOER-
GEL/MERTENS vor § 249 Rn 236; MünchKomm/GRUNSKY vor § 249 Rn 111 mwNachw): Einkünfte,
die der Ersatzberechtigte nach dem Unfalltod des Unterhaltspflichtigen erzielt, sind
nur insoweit auf den Ersatzanspruch anzurechnen, als er im Rahmen seiner **Schadensminderungspflicht (§ 254 Abs 2)** zur Erzielung von Einkünften verpflichtet ist
(BGH NJW-RR 1998, 1699 f; BGHZ 58, 14, 18; 4, 170, 175 ff; VersR 1976, 877 f; VersR 1969, 469;
VersR 1967, 259, 260; STEFFEN VersR 1985, 605, 610; KÜPPERSBUSCH Rn 250). Systematisch
handelt es sich hierbei aber immer noch um eine Frage des Vorteilsausgleichs (vgl
BGH NJW-RR 1998, 1699, 1700; NJW-RR 1990, 706 = LM § 844 Abs 2 Nr 88; BGHZ 58, 14, 18; zutr
KÜPPERSBUSCH Rn 250; vgl auch GREGER § 10 StVG Rn 84; **aM** MONSTADT 109 mwNachw). Es
kommt darauf an, ob ihre Erzielung dem Ersatzberechtigten **zumutbar** ist (BGH NJW-

RR 1998, 1699; ie unten Rn 231 ff). Einkünfte aus einer unzumutbaren Erwerbstätigkeit sind nicht anzurechnen, da sie weniger auf dem Tod des Ehegatten als auf einer freiwilligen Arbeitsleistung beruhen, vergleichbar freiwilligen Zuwendungen, die nach dem Rechtsgedanken des § 843 Abs 4 dem Schädiger ebenfalls nicht zugute kommen sollen (RGZ 154, 236, 241; BGHZ 4, 170, 176 f; VersR 1967, 259, 260; STEFFEN VersR 1985, 605, 610; TRIEBOLD 110; hierzu bereits Rn 219 f). Gleiches gilt, wenn eine überobligationsmäßige Tätigkeit nach dem Tod des Ehegatten fortgesetzt wird (BGH MDR 1969, 564, 565).

228 Für die **Erwerbsobliegenheit des haushaltführenden Ehegatten** darf nicht derselbe (strenge) Maßstab angelegt werden, wie er für einen geschiedenen Ehegatten gemäß § 1577 für den nachehelichen Unterhalt gilt (BGHZ 91, 357, 368 = LM § 254 Nr 30; STEFFEN VersR 1985, 605, 610; DREES 53 f; MünchKomm/STEIN Rn 31; STAUDINGER/SCHIEMANN [1998] § 254 Rn 86; s aber OLG Nürnberg NZV 1997, 439). Die Erwerbsobliegenheit ist nicht nach den nachehelichen Wirkungen, sondern durch Abwägung der Interessen des Schädigers an der Geringhaltung des Schadens und den Interessen der Hinterbliebenen an der Aufrechterhaltung der restlichen Familieneinheit zu bestimmen, wobei den Interessen der Hinterbliebenen regelmäßig der Vorrang zukommt (BGHZ 91, 357, 368 = LM § 254 Nr 30; ie Rn 231 ff).

229 Tatsächlich erzielte Einkünfte sind nur insoweit auf den Ersatzanspruch anzurechnen, als sie zum unterhaltspflichtigen Einkommen zählen (ie bereits Rn 106 ff). Abzuziehen sind insbes **berufsbedingte Mehraufwendungen** (ECKELMANN/NEHLS/SCHÄFER DAR 1982, 377, 388; NJW 1984, 945, 948; MünchKomm/STEIN Rn 38; gegen jeden Abzug wohl KÜPPERSBUSCH Rn 252).

h) Vorteilsausgleichung und Mithaftung

230 Haftet der Schädiger gemäß §§ 254 Abs 1, 846 nur auf eine Quote, so ist auch der Vorteil grundsätzlich pro rata vom Ersatzanspruch abzuziehen (allg STAUDINGER/SCHIEMANN [1998] § 249 Rn 143; PALANDT/HEINRICHS Vorbem v § 249 Rn 123). Eine Ausnahme wird bei Unterhaltsschäden für selbst verdiente Vorteile aus eigenem Arbeitseinkommen oder Renten gemacht: Sie dürfen vorrangig auf den Mithaftungsanteil angerechnet werden (zum **Quotenvorrecht** bei Erwerbseinkommen BGHZ 16, 265, 274 f; VersR 1962, 1063; VersR 1965, 376, 377 f; VersR 1967, 259, 260; NJW 1983, 2315, 2316; NJW-RR 1986, 1400, 1402 = LM § 844 Abs 2 Nr 76; für § 844 Abs 2 bestätigt von BGH NJW-RR 1992, 1050, 1051; MünchKomm/STEIN Rn 38; BGB-RGRK/BOUJONG Rn 109; KÜPPERSBUSCH Rn 253 f; TRIEBOLD 318). Gleiches gilt für die Anrechnung von erspartem Barunterhalt aus Arbeitseinkommen oder Renten (BGH NJW-RR 1986, 1400, 1402; NJW 1983, 2315, 2316; KÜPPERSBUSCH Rn 276; GEIGEL/SCHLEGELMILCH Kap 8 Rn 52; DREES 71 f). Noch nicht abschließend geklärt ist, ob sich das Quotenvorrecht auch auf andere Vorteile erstreckt (zutr gegen ein allgemeines Quotenvorrecht bei Unterhaltsersatzansprüchen STAUDINGER/SCHIEMANN [1998] § 249 Rn 143; LANGE/SCHIEMANN § 9 III 11; gegen ein Quotenvorrecht bei ererbtem Vermögen TRIEBOLD 99; **aA** wohl ECKELMANN/NEHLS/SCHÄFER DAR 1982, 377, 388). Zur Mithaftung bei fiktiven Einkünften im Rahmen der Schadensminderungspflicht unten Rn 237; zum Quotenvorrecht beim Anspruchsübergang unten Rn 251 f.

9. Schadensminderungspflicht (§ 254 Abs 2)

231 Der Ersatzberechtigte ist gemäß § 254 Abs 2 S 1 verpflichtet, die ihm zumutbaren

Maßnahmen zu ergreifen, um den Unterhaltsschaden abzuwenden oder zu mindern (allg STAUDINGER/SCHIEMANN [1998] § 254 Rn 80 ff).

a) Erwerbsobliegenheit

Im Rahmen seiner Schadensminderungspflicht kann der Ersatzberechtigte insbes **232** verpflichtet sein, eine **Erwerbstätigkeit aufzunehmen, fortzuführen oder zu erweitern**. Ob und in welchem Umfang den Geschädigten eine Erwerbsobliegenheit trifft, entscheidet die Rspr am Maßstab der **Zumutbarkeit**: Es kommt darauf an, ob die Ausübung einer Erwerbstätigkeit dem Ersatzberechtigten nach den Umständen des Einzelfalles bei einer sich am Grundsatz von Treu und Glauben ausgerichteten Interessenabwägung zumutbar ist (BGH NJW-RR 1998, 1699; BGHZ 91, 357, 364 f = LM § 254 Nr 30; 58, 14, 18; 4, 170, 174 ff; NJW 1976, 1501, 1502; NJW 1974, 602, 603; MünchKomm/STEIN Rn 31; SOERGEL/ZEUNER Rn 23; BGB-RGRK/BOUJONG Rn 106; LANGE/SCHIEMANN § 10 X 3 c; MONSTADT 110 ff).

Im Verhältnis zum Schädiger bestimmt sich die **Erwerbsobliegenheit eines Ehegatten** **233** grundsätzlich unabhängig davon, ob der Ersatzberechtigte bei Weiterbestehen der Ehe zur Mitarbeit verpflichtet gewesen wäre (BGHZ 91, 357, 366 = LM § 254 Nr 30; NJW 1976, 1501; grundlegend BGHZ 4, 170, 173 ff im Anschluß an RGZ 154, 236, 237 ff; anders OGH BrZ 1, 317, 318 ff; hierzu MONSTADT 110; GEIGEL/SCHLEGELMILCH Kap 8 Rn 61; SOERGEL/ZEUNER Rn 23 und STAUDINGER/SCHIEMANN [1998] § 249 Rn 86; aA DREES 55). Genauso wenig kommt es auf die nachehelichen Erwerbspflichten (§§ 1574, 1577) an (oben Rn 227 f). Entscheidend sind vielmehr die Persönlichkeit des Ersatzberechtigten (Alter, Leistungsfähigkeit, seelische und körperliche Anpassungsfähigkeit, Bildungsgang, Kenntnisse und Fähigkeiten), seine bisherige Erwerbsstellung, die wirtschaftlichen und sozialen Verhältnisse, in der die Ehegatten lebten, sowie die Dauer der Ehe (BGHZ 91, 357, 365 f = LM § 254 Nr 30; 58, 14, 19; 4, 170, 176; NJW 1976, 1501, 1502; VersR 1955, 36, 37; RGZ 154, 236, 240 f). Entscheidende Bedeutung kommt dem Umstand zu, ob noch betreuungs- und erziehungsbedürftige Kinder zu versorgen sind. Solange Kleinkinder der Betreuung bedürfen, trifft den Ehegatten regelmäßig keine Erwerbsobliegenheit (BGH NJW-RR 1998, 1699, 1700; NJW 1987, 322, 323 = LM § 7 StVG Nr 56; BGHZ 91, 357, 367 = LM § 254 Nr 30; VersR 1969, 469, 470; VersR 1955, 36, 37), und zwar unabhängig davon, ob der Ehegatte vorher erwerbstätig war (MünchKomm/STEIN Rn 31). Dies gilt auch bei einem 10jährigen Kind (vgl BGHZ 91, 357, 369 = LM § 254 Nr 30), während neben der Betreuung eines 15jährigen Kindes eine Teilzeitbeschäftigung zumutbar sein kann (bejaht von BGH NJW-RR 1998, 1699, 1700; vgl auch OLG Düsseldorf r + s 1987, 45; OLG Celle FamRZ 1980, 137). Einer jungen kinderlosen Witwe ist eine Erwerbstätigkeit regelmäßig zuzumuten (BGHZ 91, 357, 366 mwNachw = LM § 254 Nr 30; BGH NJW 1976, 1501, 1502; zust MünchKomm/STEIN Rn 31; BGB-RGRK/BOUJONG Rn 106; MONSTADT 111 f), uU auch über das 45. Lebensjahr hinaus (BGH VersR 1962, 1086, 1088). Iü kommt es auf das Alter und die Berufsausbildung der Witwe an. Eine 50jährige Witwe ohne Berufsausbildung aus gutbürgerlicher Familie kann nicht auf eine Tätigkeit als Putzfrau verwiesen werden (BGH VersR 1966, 1047, 1048; vgl auch OLG München VersR 1962, 649, 650; OLG Stuttgart VersR 1955, 651, 652), da nicht verlangt werden kann, daß sie im Interesse des Schädigers eine Tätigkeit aufnimmt, die erheblich unter der sozialen Stellung liegt, die sie bei Lebzeiten ihres Mannes eingenommen hatte (BGH NJW 1976, 1501, 1502). Auch einer 52jährigen Witwe, die drei Kinder großgezogen hat, wird die Übernahme einer Erwerbstätigkeit regelmäßig nicht mehr zuzumuten sein (BGH VersR 1962, 1176 f).

Im Rahmen des § 254 Abs 2 anzurechnende erzielbare Einkünfte mindern den Ersatzanspruch aber nur insoweit, als sie unterhaltspflichtig sind, also insbes abzgl berufsbedingter Mehraufwendungen (hierzu Rn 229).

b) Sonstige Obliegenheiten zur Schadensminderung

234 Ein Verstoß gegen die Schadensminderungspflicht kann auch darin liegen, daß der überlebende Ehegatte das **Erwerbsgeschäft** des Getöteten **nicht weiterführt** (BGH NJW 1984, 979, 980), daß der Erbe nicht die Tätigkeit eines Geschäftsführers ausübt (vgl BGHZ 58, 14 = LM § 844 Abs 2 Nr 43; OLG Frankfurt NJW-RR 1990, 1440, 1444) oder die ererbte Beteiligung dergestalt aufgibt, daß alle laufenden Einkünfte hieraus sofort und endgültig entfallen (BGH VersR 1966, 686, 687). Umgekehrt kann von einer Witwe, die das Erwerbsgeschäft bis zur Selbständigkeit ihres Sohnes aufrecht erhalten will, nicht verlangt werden, daß sie das Geschäft schließe, um durch eine gewinnbringendere Tätigkeit den Schädiger weiter zu entlasten (BGH VersR 1962, 1063, 1064).

Auch die **Nichtgeltendmachung eines Pflichtteils** kann einen Verstoß gegen die Schadensminderungspflicht bedeuten (vgl BGH NJW 1961, 119; DREES 55), allerdings nur dann, wenn der Pflichtteil überhaupt anzurechnen gewesen wäre (oben Rn 207 ff, 212).

235 Wird der Familienverbund nach dem Tod des haushaltführenden Ehegatten aufgelöst und werden die Kinder anderweitig untergebracht, kann der erwerbstätige Ehegatte gehalten sein, nach einer gewissen Übergangszeit in eine qualitativ gleichwertige, aber **kleinere Wohnung** umzuziehen, um dadurch den Zeitaufwand für den Haushalt zu verringern (vgl BGHZ 104, 113, 117 = LM § 844 Abs 2 Nr 81; VersR 1982, 874, 876; VersR 1971, 1065, 1067; KÜPPERSBUSCH Rn 273). Insgesamt verfolgt die Rspr aber eine großzügige Linie. Eine 64m² große Wohnung braucht der Witwer nach dem Tod seiner Ehefrau nicht aufzugeben (BGHZ 104, 113, 117 = LM § 844 Abs 2 Nr 81). Auch kann von dem Ehegatten nicht verlangt werden, den ehelichen Lebensstandard zugunsten der früheren Lebens- und Wirtschaftsführung als Junggeselle aufzugeben (so LÖWE VersR 1968, 954 f; BGB-RGRK/BOUJONG Rn 110; MONSTADT 323 f; Staudinger/SCHÄFER¹² Rn 116; **aA** LG Bielefeld VersR 1968, 783). Regelmäßig ist der Ersatzberechtigte auch nicht gehalten, von den in seinem Haus wohnenden Kindern eine angemessene Miete zu fordern (OLG Braunschweig VersR 1979, 1125, 1126; OLG Celle VersR 1966, 246; zust ECKELMANN/NEHLS/ SCHÄFER DAR 1982, 377, 388; MONSTADT 323). Einem Vollwaisen kann unter dem Gesichtspunkt der Schadensminderungspflicht auch nicht zugemutet werden, weiter in dem Haus zu leben, in dem er mit seinem Halbbruder und seinen Eltern gelebt hatte, bis diese von seinem Halbbruder getötet wurden (OLG Düsseldorf FamRZ 2000, 425, 427).

236 Genausowenig kann dem Ersatzberechtigten über § 254 Abs 2 angelastet werden, er hätte bei der Bewältigung des Haushaltsführungsschadens (Rn 132 ff) **unentgeltliche Hilfe von Verwandten** in Anspruch nehmen sollen. Da freigiebig gewährte Unterhaltsleistungen den Schädiger nicht entlasten (oben Rn 144, 220), ist der Ersatzanspruch auch bei unentgeltlicher Verwandtenhilfe nach den Kosten einer familienfremden Ersatzkraft zu bemessen (oben Rn 144). Eine Schadensminderung kann insoweit gar nicht erzielt werden. Iü handelt es sich bei der Frage, ob und in welcher Form Verwandte für die Betreuung und Erziehung von Kindern in Anspruch genommen werden, um eine höchstpersönliche Entscheidung (MEDICUS DAR 1982, 352, 358 f; GRUNSKY NJW 1983, 2465, 2470), die intensiv in die Privatsphäre der Geschädigten eingreift (vgl DREES VersR 1985, 605, 610). Es ist den Hinterbliebenen daher regelmäßig

nicht zumutbar, auf eine familiäre Lösung unter Einschaltung von Verwandten verwiesen zu werden, die sie im Hinblick auf den Familienfrieden oder andere persönliche Gründe vermieden haben (vgl Monstadt 323).

c) Schadensminderungspflicht und Mithaftung (§§ 254 Abs 1, 846)
Trifft den Ersatzberechtigten (§ 254 Abs 1) oder den Getöteten (§ 846) eine Mit-   **237** haftung und ist aus diesem Grund nur ein Teil des Schadens zu ersetzen, billigen ihm Rspr und Schrifttum – abweichend vom allgemeinen pro rata-Prinzip (Staudinger/ Schiemann [1998] § 249 Rn 143; Lange/Schiemann § 9 III 11) – bei der **Anrechnung von Erwerbseinkommen** ein **Quotenvorrecht** zu: Das Erwerbseinkommen des Ersatzberechtigten ist zunächst mit dem Ausfall des Ersatzanspruchs wegen der Mithaftung zu verrechnen (Rn 230), und zwar unabhängig davon, ob Einkünfte tatsächlich erzielt worden sind oder nicht (siehe nur MünchKomm/Stein Rn 38; BGB-RGRK/Boujong Rn 109; Küppersbusch Rn 253). Soweit es aber nicht um die Anrechnung tatsächlich erzielter Einkünfte, sondern darum geht, ob der Geschädigte im Rahmen seiner Schadensminderungspflicht zur Erzielung von Einkünften verpflichtet wäre, wendet Schie-mann (Staudinger/Schiemann [1998] § 249 Rn 143; auch § 254 Rn 143) gegen das Quotenvorrecht zu Recht ein, daß es gerade Zweck der Erwerbsobliegenheit ist, die Ersatzpflicht des Schädigers zu mindern. Eine vorrangige Begünstigung des Geschädigten läuft daher dem Sinn der Schadensminderungspflicht zuwider. Hier mag das Quotenvorrecht allenfalls aus Billigkeitsgründen überzeugen (s BGH NJW-RR 1992, 1050, 1051, der das Quotenvorrecht auf Treu und Glauben stützt; auch Küppersbusch Rn 254 Fn 120).

10. Berücksichtigung steuerlicher Vor- und Nachteile

a) Ersatz des Steuerschadens
Muß der Ersatzpflichtige die Schadensrente versteuern, erstreckt sich der Ersatzan-   **238** spruch auch auf die hierfür zu leistenden Steuern (st Rspr, BGHZ 137, 237, 243 = LM § 844 Abs 2 Nr 94 m Anm Schiemann; 104, 113, 122 = LM § 844 Abs 2 Nr 81; 42, 76, 82; BGH NJW 1985, 3011, 3012; NJW 1979, 1501, 1502 jeweils mwNachw; OLG Brandenburg NZV 2001, 213, 216; MünchKomm/Stein Rn 34; Monstadt 299; Scheffen VersR 1990, 926, 932; Perkuhn VersR 1981, 6, 7 f; Drees 50 f; für den Naturalunterhalt auch Schacht VersR 1982, 517, 518). Der Ersatzpflichtige soll hinsichtlich der entgangenen Unterhaltsleistung so gestellt werden, wie er ohne das schädigende Ereignis stünde. Da die innerfamiliären Unterhaltsleistungen steuerlich nicht erfaßt werden (anders gemäß § 22 Nr 1 a EStG der Barunterhalt an den geschiedenen oder getrenntlebenden Ehegatten), hat der Schädiger auch eine etwaige Besteuerung der Schadensersatzrenten zu ersetzen (BGH NJW 1979, 1501, 1502). Zwar hält der BFH Mehrbedarfsrenten (§ 843 Abs 1 Alt 2) inzwischen nicht mehr für „wiederkehrende Bezüge" iSd § 22 Nr 1 EStG (BFHE 175, 439, 442 ff = NJW 1995, 1238 ff), doch ist die steuerliche Behandlung der Ersatzrenten gemäß § 844 Abs 2 nach wie vor offen, ua da die Finanzbehörden angewiesen sind, an den bisherigen Besteuerungsgrundsätzen festzuhalten (BMF BStBl I 1995, 705 = FamRZ 1996, 401 = DStR 1995, 1877; offen gelassen daher auch von BGHZ 137, 237, 244 = LM § 844 Abs 2 Nr 94 m Anm Schiemann; für Steuerbarkeit von Unterhaltsersatzrenten Söhn, in: FS Friauf [1996] 809; Pardey/ Schulz-Borck DAR 2002, 289, 298; aA Küppersbusch Rn 332; OLG Brandenburg NZV 2001, 213, 216; OLG Nürnberg NZV 1997, 439, 440; genauso schon Schick NJW 1967, 962, 964 ff mit dem Argument, daß die Unterhaltsersatzrenten an die Stelle nicht steuerbarer Einkünfte treten). Bis auf weiteres wird der Richter daher auch künftig bei allen Unterhaltsersatzrenten die Steuern zuzusprechen haben (MünchKomm/Stein Rn 34).

239 Nur ein tatsächlich entstandener Steuerschaden ist ersatzfähig. Geht der Ersatzanspruch auf einen Sozialversicherungs- oder Versorgungsträger über, so kann **im Regreß** auf den fiktiven Ersatzanspruch **keine fiktive Einkommensteuer** angerechnet werden (OLG Nürnberg NZV 1997, 439, 440). In einem solchen Fall entsteht den Hinterbliebenen aber regelmäßig ein eigener Steuerschaden, da die an sie gewährten Hinterbliebenenbezüge einkommen- und kirchensteuerpflichtig sind (BGHZ 137, 237, 244 ff = LM § 844 Abs 2 Nr 94 m Anm SCHIEMANN; ie DREES 50 f). Dieser Steuerschaden der Hinterbliebenen geht nicht auf den Sozialversicherungs- oder Versorgungsträger über (BGHZ 137, 237, 246 = LM § 844 Abs 2 Nr 94).

b) Verlust steuerlicher Vorteile

240 Den Verlust steuerlicher Vorteile durch den Tod eines Ehegatten, insbes den Verlust des Splitting-Tarifs (§§ 26 Abs 1, 26b EStG) und der für Eheleute günstigeren Pausch- und Höchstbeträge für Werbungskosten und Sonderausgaben (§§ 9a Abs 1 Nr 2, 10 Abs 3 Nr 2 EStG) kann der Geschädigte **nicht in den Vorteilsausgleich einbeziehen**, da der allgemeine Vermögensschaden, der dadurch entsteht, daß die Lebensgemeinschaft aufgehoben wird, schadensrechtlich nicht ersetzt wird (BGHZ 137, 237, 246 = LM § 844 Abs 2 Nr 94 m Anm SCHIEMANN; NJW 1984, 977, 978; NJW 1979, 1501, 1502; STEFFEN VersR 1990, 926, 932; SCHACHT VersR 1982, 517, 518; MünchKomm/STEIN Rn 34).

c) Unfallbedingte Steuerersparnisse

241 Unfallbedingte Steuerersparnisse werden nur dann als Vorteil auf den Ersatzanspruch angerechnet, wenn der Verwendungszweck der Steuervergünstigung einer Entlastung des Schädigers nicht entgegensteht oder die Steuervergünstigung nicht durch einen schadensbedingten Verlust einer anderen Steuervergünstigung wieder ausgeglichen wird (BGH NJW 1984, 977, 978; NJW 1980, 1788; vgl weiter STEFFEN VersR 1990, 926, 932; KÜPPERSBUSCH Rn 81 ff).

d) Bezüge gemäß § 32 Abs 4 S 2 EStG

242 Die Schadensersatzrente eines Kindes aus § 844 Abs 2 zählt zu seinen Bezügen gemäß § 32 Abs 4 S 2 EStG (FG Baden-Württemberg EFG 2000, 569).

11. Gesetzlicher Forderungsübergang*

243 Erhalten die Hinterbliebenen infolge des Schadensfalles **Sozialversicherungs-, Sozial-**

---

* **Schrifttum:** AHRENS, Die Beschränkung des Regresses der Sozialversicherungsträger gegen deliktische Schädiger, AcP 189 (1989) 526; ANDRÉ, Der Zeitpunkt des Forderungsübergangs nach § 116 SGB X, NZS 1994, 307; GEIGEL/PLAGEMANN Kap 30; GOTTHARDT, Zum Ausfall der Haushaltstätigkeit eines sozialversicherten Ehegatten, FamRZ 1981, 728; HESSERT, Sozialversicherung und Schadensregulierung: Befriedigungsvorrechte nach § 116 SGB X, VersR 1997, 39; JAHNKE, Verwandtenprivileg und Personenschadenregulierung, NZV 1995, 377; KÜPPERSBUSCH, Die Ablösung der §§ 1542, 1543 RVO durch die §§ 116 bis 119 SGB X, VersR 1983, 193; LANGE/SCHIEMANN § 9 IV 4, V; A MÜLLER, Der Zeitpunkt der Legalzession des Sozialhilfeträgers nach § 116 Abs 1 SGB X, NZS 1994, 13; NAGEL, Schadensersatzansprüche wegen entgangener Haushaltsführung bei Verletzung oder Tod des Versicherten und Forderungsübergang auf den Unfallversicherungsträger gem § 1542 RVO aF bzw § 116 SGB X, VersR 1990, 138; NEUMANN-DUESBERG, Rückgriffsanspruch des Sozialversicherungsträgers nach § 1542 RVO beim Unfalltod eines Rentners, VersR 1968, 709; PLAGEMANN, Anachro-

hilfe- oder Versorgungsleistungen, so besteht ein gesetzlicher Anspruchsübergang (§ 116 Abs 1 S 1 SGB X [vorher § 1542 RVO]; ähnlich §§ 87a BBG, 52 BRRG, 81a Abs 1 BVG). Mit diesen Vorschriften wird dem Schädiger der Einwand versagt, es sei kein Schaden entstanden, weil dem Betroffenen durch die Leistungen der öffentlichen Versicherung und Versorgung ein gleichwertiger Vorteil zugefallen sei (RGZ 89, 233; 92, 401, 405; BGHZ [GS] 9, 179, 186; s oben Rn 222). Zugleich soll verhindert werden, daß der Geschädigte von zwei Seiten Entschädigung erhält (BGHZ [GS] 9, 179, 186); hierzu eingehend STAUDINGER/VIEWEG § 843 Rn 48 ff.

a) Voraussetzungen des Forderungsübergangs
Gemäß § 116 Abs 1 S 1 SGB X geht der Anspruch aus § 844 Abs 2 gegen den Schä- **244** diger insoweit auf den Leistungsträger über, als dieser auf Grund des Schadensereignisses Leistungen zu erbringen hat, „die der Behebung eines **Schadens der gleichen Art** dienen und sich auf **denselben Zeitraum** wie der vom Schädiger zu leistende Schadensersatz beziehen" (ie STAUDINGER/VIEWEG § 843 Rn 60 ff).

Unbeachtlich ist, ob der Schadensfall dem leistenden Versicherungs- oder Versorgungsträger einen **eigenen Schaden** iS einer zusätzlichen Belastung beschert hat (s auch unten Rn 247). Der Versicherungsträger hat weder Anspruch auf Erstattung zusätzlicher Kosten gegen den Schädiger, noch ist der Anspruchsübergang von einem entsprechenden weitergehenden Schaden abhängig. Darauf, wie die Vermögenslage des leistenden Dritten durch das Schadensereignis betroffen ist, kommt es nicht an (BGHZ [GS] 9, 179, 189; 66, 67, 69; VersR 1962, 475, 476 f).

aa) Sachliche Kongruenz
Die für den Forderungsübergang erforderliche sachliche Kongruenz besteht mit **245** Leistungen, die dazu dienen, dem Empfänger den unterhaltsrechtlich geschuldeten Lebensunterhalt zu sichern oder dazu einen Beitrag zu leisten (vgl BGH NJW-RR 1989, 608 = LM § 844 Abs 2 Nr 86; FamRZ 1993, 411, 412 f). Dabei kommt es grundsätzlich nicht darauf an, ob ein einzelner Schadensposten abgedeckt wird, sondern ob die Drittleistungen der Art nach den Schaden umfassen, für den der Schädiger zu haften hat, sog Gruppentheorie (vgl LANGE/SCHIEMANN § 11 C II 6 a).

Sachliche Kongruenz ist zu bejahen für die Leistungen der **Sozialhilfe** gemäß § 11 ff, 22 ff BSHG (s nur BGHZ 115, 228 = LM § 844 Abs 2 Nr 90; 132, 39, 41 ff = LM § 844 Abs 2 Nr 93), für **Hinterbliebenenrenten** der gesetzlichen Unfall- und Rentenversicherung gemäß §§ 46 ff SGB VI, §§ 65 ff SGB VII (vgl BGHZ [GS] 9, 179, 187 f; aus jüngerer Zeit BGHZ 137, 78, 85 mwNachw; zur Elternrente BGH VersR 1988, 1166, 1168) sowie für **Versorgungsbezüge der Hinterbliebenen** (zum Witwengeld [§§ 19 ff BeamtVG] etwa BGHZ 137, 237, 239 = LM § 844 Abs 2 Nr 94 m Anm SCHIEMANN; zu den Witwen- und Waisenbeihilfen gemäß § 48 BVG BGH NJW 1984, 607, 608; zu Einzelheiten DREES 82 ff; KÜPPERSBUSCH Rn 451 ff, 545 ff jeweils mwNachw). Diesen Leistungen mißt die Rspr generelle Unterhaltsersatzfunktion zu (vgl BVerfGE 48, 346, 356 ff m Anm PITSCHAS ZRP 1979, 119 ff [Verfassungsmäßigkeit der Witwenrente]; BGH NJW 1982, 1045, 1046; NJW 1987, 2293, 2295 = LM § 823 Nr 59). Hinterbliebenenrenten

---

nismen beim Schadensregreß, NZV 1993, 178; ders, Teleologisch reduzieren oder: Die Metamorphose des Verwandtenprivilegs, NZV 1998, 94; WALTERMANN, Forderungsübergang auf So-

zialleistungsträger, NJW 1996, 1644; WENDEHORST, Anspruch und Ausgleich. Theorie einer Vorteils- und Nachteilsausgleichung (1999) § 3.

werden daher nicht nur hinsichtlich des ausfallenden Barunterhalts, sondern auch in Bezug auf weitergehende Unterhaltsschäden durch wegfallende Haushaltsführung (BGH NJW 1982, 1045, 1046; OLG Frankfurt NZV 1993, 474; anders noch BGH NJW 1962, 800; vgl BVerfGE 17, 1, 13 ff; 39, 169, 186 ff) und Betreuung (BGH NJW 1987, 2293, 2295 = LM § 823 Nr 59; NJW 1974, 1237, 1238; NJW 1966, 1319, 1320; anders noch BGH VersR 1959, 633, 634 f) als sachlich kongruent angesehen (zust MünchKomm/STEIN Rn 69; krit LANGE FamRZ 1983, 1181, 1184; RULAND JuS 1982, 706, 707; GOTTHARDT FamRZ 1981, 728, 731 ff; MEURER DRiZ 1973, 413, 414 ff; ECKELMANN/NEHLS/SCHÄFER DAR 1982, 377, 393 f; ECKELMANN/BOOS VersR 1978, 210, 214). Hierfür spricht die Anerkennung von Haushaltsführung und Betreuung als Unterhaltsleistungen (BGH NJW 1966, 1319, 1320; ie oben Rn 128 und § 845 Rn 4). Auf diesem Wege wird die Erweiterung des privatrechtlichen Unterhaltsbegriffs für die Hinterbliebenenversorgung nachvollzogen. Dies fördert die Einheit der Rechtsordnung und mag auch Praktikabilitätsargumente für sich haben, erscheint aber im Hinblick auf die Interessen der Hinterbliebenen nicht als zwingend (s ECKELMANN/NEHLS/SCHÄFER DAR 1982, 377, 392 mit Blick auf die Entstehungsgeschichte der Hinterbliebenenversorgung; auch GOTTHARDT FamRZ 1981, 728, 731 f; LANGE FamRZ 1983, 1181, 1184).

246 Iü ist im Einzelfall zu prüfen, ob die gewährten Leistungen als Ausgleich für eine mit dem Schadensereignis entfallende Unterhaltsleistung dienen. So führt die einem Kriegsblinden nach dem Tod seiner Frau gewährte erhöhte **Pflegezulage** nach § 35 Abs 1 S 5 BVG aF insoweit zu einem Forderungsübergang, als die Pflegeleistungen der Ehefrau wegfallen (BGH FamRZ 1993, 411, 412 f). Gleiches gilt für **Beihilfeleistungen** an Hinterbliebene zur Bestreitung von Krankheitskosten, da der gemäß §§ 1360a, 1610 geschuldete Familien- und Kindesunterhalt auch die Krankenvorsorge erfaßt (BGH NJW-RR 1989, 608 = LM § 844 Abs 2 Nr 86; vgl weiter GREGER § 10 StVG Rn 78). Sachliche Kongruenz besteht auch mit den Beiträgen des Rentenversicherungsträgers zur Krankenversicherung der Hinterbliebenen (BGH VersR 1960, 1122, 1124; VersR 1978, 346, 347; s aber auch BGH VersR 1980, 844: kein Anspruchsübergang, wenn die getötete Mutter ihren Kindern keinen Krankenversicherungsschutz schuldete und dieser nur über den Vater vermittelt wurde; hierzu KÜPPERSBUSCH Rn 468 ff; BGB-RGRK/BOUJONG § 843 Rn 182).

bb) Zeitliche Kongruenz

247 Der Ersatzanspruch geht nur insoweit auf den Sozialversicherungs- oder Versorgungsträger über, als sich die gewährten oder zu gewährenden Leistungen auf denselben Zeitraum beziehen, sog zeitliche Kongruenz (vgl nur BGHZ 137, 78, 85 f; KÜPPERSBUSCH Rn 464; BGB-RGRK/BOUJONG § 843 Rn 187). Äußerste Grenze ist der natürliche Tod des Versicherten oder Versorgungsberechtigten (grundlegend BGHZ [GS] 9, 179, 189 ff, 193). Daß der Getötete zu einem späteren Zeitpunkt ohnedies renten- oder pensionsberechtigt geworden wäre, ist unbeachtlich. Genausowenig kann der Schädiger gegen seine Inanspruchnahme einwenden, die Hinterbliebenenrente sei geringer als die Sozialversicherungsrente, die der Getötete im Falle seines Weiterlebens erhalten hätte (BGHZ [GS] 9, 179, 193; VersR 1961, 437, 438; VersR 1962, 475, 477; VersR 1966, 779, 780; NJW 1971, 936, 937; aM NEUMANN-DUESBERG VersR 1968, 709, 711).

b) Zeitpunkt und Rechtsfolgen des Forderungsübergangs

248 **aa)** Für den Zeitpunkt des Forderungsübergangs kommt es darauf an, ab wann aufgrund konkreter Anhaltspunkte mit der Leistungspflicht des Zessionars zu rechnen ist. Bei Leistungen, die an das Bestehen eines Versicherungs- oder Versorgungsverhältnisses anknüpfen, geht der Ersatzanspruch regelmäßig schon mit seiner Ent-

stehung über, also bereits **im Zeitpunkt des schädigenden Ereignisses** und nicht erst
mit dem Tod des Verletzten (st Rspr; BGHZ 132, 39, 42 ff = LM § 844 Abs 2 Nr 93; 131, 274, 278;
127, 120, 125; 48, 181, 188 ff, 19, 177, 178; für § 87a BBG siehe BGH NJW 1960, 381; hierzu WALTER-
MANN NJW 1996, 1644, 1646; MÜLLER NZS 1994, 13 f; BGB-RGRK/BOUJONG § 843 Rn 170; vgl auch
GREGER § 10 StVG Anh II Rn 120 ff). Dieses Bemühen um einen möglichst frühzeitigen
Rechtsübergang folgt aus dem Normzweck der Legalzession (vgl BGHZ 132, 39, 43 f =
LM § 844 Abs 2 Nr 93; hierzu bereits oben Rn 243).

bb) Besonderheiten gelten für Leistungen der **Sozialhilfe**. Zwar muß der Sozial-   **249**
hilfeträger den Ersatzanspruch bei Schadensfällen nach dem 1. 7. 1983 nicht mehr auf
sich überleiten (zur Stichtagsregelung BGHZ 132, 39, 45 f = LM § 844 Abs 2 Nr 93 = JR 1996,
505 m abl Anm FUCHS), weil § 90 Abs 4 S 2 BSHG mit der Verweisung auf § 116 SGB X
nun ebenfalls einen Anspruchsübergang anordnet (vgl OESTREICHER/SCHELTER/KURZ/
DECKER BSHG [Stand: 40. ErgLieferung 1. 9. 2000] § 90 Rn 53). Da sich die Sozialhilfe aber
nicht auf eine bestehende Versicherungs- oder Versorgungsbeziehung stützt, darf
nicht automatisch auf den Zeitpunkt des schädigenden Ereignisses (oben Rn 248) abgestellt werden. Vielmehr kann die Zession erst erfolgen, sobald aufgrund konkreter
Anhaltspunkte, insbes für die Bedürftigkeit des Geschädigten, mit der Leistungspflicht des Sozialhilfeträgers ernsthaft zu rechnen ist (grundlegend BGHZ 131, 274, 279 f
mwNachw; vgl auch BGHZ 132, 39, 44 = LM § 844 Abs 2 Nr 93; zust WALTERMANN NJW 1996, 1644,
1646; GREGER § 10 StVG Anh II Rn 129; für Forderungsübergang erst bei Eintritt der Bedürftigkeit
MÜLLER NZS 1994, 13, 16 f; KÜPPERSBUSCH VersR 1983, 193, 195 f; SCHROEDER-PRINTZEN/
SCHMALZ, SGB X [3. Aufl 1996] § 116 Rn 16). Dies kann auch schon im Zeitpunkt des
schädigenden Ereignisses der Fall sein (BGHZ 132, 39, 44 = LM § 844 Abs 2 Nr 93; 133,
129, 134 f; weitergehend ANDRÉ NZS 1994, 307, 309 f).

cc) Mit dem Forderungsübergang **endet die Aktivlegitimation** des Geschädigten. Er   **250**
kann den Anspruch weder gerichtlich noch außergerichtlich geltend machen, über
ihn nicht mehr verfügen und insbes keinen wirksamen Abfindungsvergleich abschließen (hierzu BGHZ 132, 39, 44 = LM § 844 Abs 2 Nr 93; allg GREGER § 10 StVG Anh II Rn 120).
Soweit – wie zumeist – der Forderungsübergang mit der Entstehung des Ersatzanspruchs zusammenfällt, ist der Geschädigte zu keinem Zeitpunkt aktivlegitimiert.
Dies entspricht dem Zweck der Zessionsnormen, eine doppelte Entschädigung der
Hinterbliebenen zu verhindern (Rn 243).

c)   Mithaftung und Quotenvorrecht
Ist der Schädiger wegen einer Mithaftung des Geschädigten gemäß §§ 254, 846 nur   **251**
für einen Teil des Schadens ersatzpflichtig, geht der Ersatzanspruch nur in Höhe der
Haftungsquote über (relatives Quotenvorrecht nach § 116 Abs 3 SGB X). Ein absolutes Quotenvorrecht hat der Geschädigte nur dann, wenn er durch den Forderungsübergang sozialhilfebedürftig würde (§ 116 Abs 3 S 3 SGB X) oder wenn der
Sozialversicherungsträger aufgrund des Schadensereignisses keine höheren Leistungen zu erbringen hat als zuvor (§ 116 Abs 5 SGB X) (so auch schon BGHZ 70, 67,
70 ff zu § 1542 RVO; ie mit Berechnungsbeispielen KÜPPERSBUSCH Rn 338 ff, 492 ff; ders VersR 1983,
193, 198 ff; HESSERT VersR 1997, 39, 40 ff; zur Rechtslage bei Schadensfällen vor dem 1. 7. 1983
GREGER § 10 StVG Anh II Rn 142 ff).

Für den Regreß des Dienstherrn bestimmen §§ 87a S 2 BBG, 52 S 3 BRRG lediglich,   **252**
daß der Übergang des Anspruchs nicht zum Nachteil des Beamten geltend gemacht

werden darf. Hieraus und aus der Fürsorge- und Alimentationspflicht des Dienstherrn wird ein weitgehendes Quotenvorrecht gefolgert: Ein Übergang auf den Dienstherrn soll nur insoweit stattfinden, als der Ersatzanspruch nicht zur Deckung der Differenz zwischen der Leistung des Dienstherrn und dem quotierten Schadensersatzanspruch erforderlich ist (BGHZ 22, 136, 139 ff; VersR 1967, 902, 903; NJW 1984, 354 f; BGHZ 106, 381, 387 zum BayBG BGH NJW 1971, 240, 241; BGB-RGRK/Boujong § 843 Rn 203; für ein relatives Quotenvorrecht entsprechend § 116 Abs 3 SGB X aber Plagemann NZV 1993, 178, 180 f; vgl auch Küppersbusch Rn 558).

Ist die Haftung des Schädigers zusätzlich auf einen **Höchstbetrag** (vgl Rn 18) begrenzt, steht dem Geschädigten bei teilweisem Forderungsübergang auf den Sozialversicherungsträger gemäß § 116 Abs 3 S 2 SGB X **kein Quotenvorrecht** zu (BGH NJW 2001, 1214 = JZ 2001, 714 m zust Anm Gitter; s bereits BGHZ 135, 170; OLG Düsseldorf NZV 1996, 238; Geigel/Plagemann Kap 30 Rn 60, 65; Hessert VersR 1997, 39, 41 f; für ein umfassendes Quotenvorrecht des Geschädigten de lege ferenda vOlshausen VersR 2001, 936, 940; aA für Anwendbarkeit des § 116 Abs 2 SGB X auch im Rahmen des § 116 Abs 3 S 2 SGB X Küppersbusch VersR 1983, 193, 202; Waltermann NJW 1996, 1644, 1647 f; hierzu ie Staudinger/Vieweg § 843 Rn 110 ff mwNachw).

d) Familienprivileg
aa) Allgemeiner Rechtsgedanke

253 Gemäß **§ 116 Abs 6 S 1 SGB X** ist der Forderungsübergang auf den Sozialversicherungsträger ausgeschlossen, wenn der Schädiger und die Hinterbliebenen Familienangehörige sind, die in häuslicher Gemeinschaft leben, und der Schädiger nicht vorsätzlich gehandelt hat. Dieses auf **§ 67 Abs 2 VVG** zurückgehende „Familienprivileg" ist Ausdruck eines allgemeinen Rechtsgedankens, der auch schon vor seiner Kodifizierung in § 116 Abs 6 SGB X von der Rspr auf den Rückgriff des Sozialversicherungsträgers angewandt wurde (BGHZ 41, 79, 82 f; 43, 72, 79 [beide zu § 87a BBG]; 54, 256, 257 f; 66, 104, 107 ff [zu § 4 LFZG]; VersR 1979, 256, 257; BGB-RGRK/Boujong § 843 Rn 192 mwNachw; ie Staudinger/Vieweg § 843 Rn 65 ff, 116 ff). Durch den Ausschluß des Anspruchsübergangs soll mit Rücksicht auf das Interesse des Versicherten an der Erhaltung des Familienfriedens vermieden werden, daß er mit Streitigkeiten über die Verantwortung für nicht vorsätzliche Schadenszufügungen gegen Familienangehörige belastet wird. Darüber hinaus soll verhindert werden, daß der Sozialversicherungsträger über den Regreß gegen den Schädiger indirekt wieder auf die der Familie insgesamt zugute kommenden Sozialleistungen zurückgreifen kann; der Versicherte müßte sonst „das, was er mit der einen Hand empfangen hat, mit der anderen Hand wieder herausgeben" (BGHZ 106, 284, 288; 102, 257, 259 f jeweils mwNachw).

bb) Begünstigter Personenkreis

254 Familienangehörige (hierzu allg Staudinger/Vieweg § 843 Rn 66) iSd § 116 Abs 6 SGB X sind Ehegatten sowie Verwandte und Verschwägerte jeden Grades (§§ 1589, 1590). Gleiches gilt für eingetragene Lebenspartner iSd LPartG (oben Rn 103), die gemäß § 11 Abs 1 LPartG als Familienangehörige gelten (Röthel NZV 2001, 329, 332; Hk-LPartG/Bruns [2001] § 11 LPartG Rn 45).

Darüber hinaus gilt das Familienprivileg auch für Personen, die mit dem Versicherten zwar nicht verwandt sind, mit ihm aber in einer Weise zusammenleben, die einem Familienverband ähnlich ist, wie zB ein Pflegekind mit seinen Pflegeeltern (BGH NJW

1980, 1468, 1469; OLG Stuttgart NJW-RR 1993, 1418, 1419). Unter dieser Voraussetzung –
Ähnlichkeit mit einem Familienverband, insbes durch gemeinsames Haushalten oder
die gemeinsame Betreuung eines gemeinsamen Kindes – sollte der Regreß folge-
richtig auch bei Partnern einer nichtehelichen Lebensgemeinschaft ausgeschlossen
werden (hierfür auch LG Potsdam VersR 1997, 93 f; OLG Hamm NJW-RR 1997, 90, 91 [obiter
dictum]; LG Saarbrücken VersR 1995, 158; österr OGH VersR 1989, 830 [§ 67 Abs 2 österr VVG];
SCHROEDER-PRINTZEN/SCHMALZ, SGB X [3. Aufl 1996] § 116 Rn 35; GERNHUBER/COESTER-WALT-
JEN § 42 II; STAUDINGER/STRÄTZ [1999] Anh zu §§ 1297 ff Rn 225; RÖTHEL NZV 2001 329, 331; für
eine entsprechende gesetzliche Regelung SCHUMACHER FamRZ 1994, 857, 859; aA allerdings BGHZ
102, 257, 261 f = NJW 1988, 1091 m abl Anm STRIEWE = DAR 1988, 289 m krit Anm SCHIRNER; OLG
München NJW-RR 1988, 34 f; OLG Hamm NJW-RR 1993, 1443 [gleichgeschlechtliche Lebensge-
meinschaft]; OLG Frankfurt VersR 1997, 561 f unter Zustimmung von JAHNKE NZV 1995, 377, 378;
PALANDT/HEINRICHS Vorbem v § 249 Rn 159; GEIGEL/PLAGEMANN Kap 30 Rn 78; KÜPPERSBUSCH
Rn 485; BGB-RGRK/BOUJONG § 843 Rn 192; WANNAGAT/EICHENHOFER, SGB [1996] § 116 SGB X
Rn 60).

cc) Häusliche Gemeinschaft

An einer häuslichen Gemeinschaft fehlt es, wenn Schädiger und Hinterbliebene   **255**
lediglich zusammenwohnen, nicht aber zusammenleben. Sie müssen eine „wirtschaftliche Einheit" bilden (BGH VersR 1986, 333, 334; STAUDINGER/VIEWEG § 843 Rn 70 f
mwNachw) und insbes die Kosten der Lebensführung gemeinsam aus einer Kasse
bestreiten. Diese Voraussetzungen können auch beim Zusammenleben von Eltern
mit einem verheirateten Sohn gegeben sein (BGH VersR 1986, 333, 334), anders aber
wenn der Bruder nur vorübergehend als „Logiergast" in die Wohnung aufgenommen
wird (BGH VersR 1980, 644, 645; vgl auch OLG Frankfurt VersR 1984, 254, 255: Schädiger und
Versicherter waren Brüder, die beide bei den Eltern lebten). Eine nur zeitweilige Trennung
hebt die häusliche Gemeinschaft nicht auf, zB wenn ein Kind zur Ausbildung vorübergehend auswärts untergebracht ist, der elterliche Haushalt aber noch den Mit-
telpunkt seiner Beziehung zu seinen Eltern bildet (KÜPPERSBUSCH Rn 486).

dd) Zeitpunkt für das Vorliegen der Voraussetzungen des Familienprivilegs

Für den Ausschluß des Regresses genügt es, wenn Familienangehörigkeit und häus-   **256**
liche Gemeinschaft **erst nach dem Unfall, aber noch vor der gerichtlichen Entscheidung**
über die Inanspruchnahme des Schädigers begründet worden sind. Dies bestimmt
§ 116 Abs 6 S 2 SGB X für den Fall, daß die Beteiligten erst nach dem Unfall ge-
heiratet haben (so auch schon zu § 67 Abs 2 VVG: BGH NJW 1972, 1372; zu § 1542 RVO: BGH
NJW 1976, 1152; NJW 1977, 108). Entsprechendes dürfte aber für andere Fälle gelten, in
denen Familienangehörigkeit und häusliche Gemeinschaft erst später begründet worden sind (GEIGEL/PLAGEMANN Kap 30 Rn 82; GREGER § 10 StVG Anh II Rn 153; aA OLG Nürnberg NZV 1988, 228 [LS]; ie STAUDINGER/VIEWEG § 843 Rn 67, 70, 116 f).

Nach dem Entwurf eines Lebenspartnerschaftsgesetzergänzungsgesetzes (LPartG-
ErG) sollte § 116 Abs 6 S 2 SGB X den Regreß auch dann ausschließen, wenn der
Schädiger mit dem Ersatzberechtigten oder einem Hinterbliebenen später eine Lebenspartnerschaft eingeht (Art 2 § 69 Nr 3 LPartGErgG; BT-Drucks 14/4545 S 82). Zwar
hat der Bundesrat dem LPartGErG am 7. 12. 2000 seine Zustimmung versagt, doch
wird man bei vergleichbarer Konfliktlage § 116 Abs 6 S 2 SGB X auch auf andere
Fälle nachträglich begründeter Familienangehörigkeit und damit auch auf eine nach-

träglich begründete Lebenspartnerschaft entsprechend anwenden können (Röthel NZV 2001, 329, 332).

Überdies soll der Regreß auch dann ausgeschlossen sein, wenn Familienangehörigkeit und häusliche Gemeinschaft nur im Unfallzeitpunkt bestanden (BGHZ 54, 256, 260 ff; zu § 67 Abs 2 VVG: BGH NJW 1972, 1372), später aber weggefallen sind (BGH VersR 1971, 901 f [§ 67 Abs 2 VVG]). Hier wird man aber im Einzelfall prüfen müssen, ob die das Regreßverbot legitimierende Gefahr, daß Sozialleistungen wegen der gemeinsamen Haushaltsführung von Schädiger und Hinterbliebenen zur Schadensregulierung verwendet werden, überhaupt besteht.

ee) Regreß und Haftpflichtversicherung

257 Zweifelhaft erscheint, ob der Rückgriff auch dann ausgeschlossen ist, wenn der Schädiger haftpflichtversichert ist. Dies ist vom BGH in st Rspr bejaht worden, da der Haftpflichtversicherungsschutz durch besondere Leistungen erkauft worden sei und dem Schädiger nicht zugute kommen solle (BGHZ 52, 350, 355; 41, 79, 84 [§ 1542 RVO]; BGH NJW 1968, 649, 650; NJW 1972, 1372, 1373; NJW 1977, 108 f; NJW 1979, 983; OLG Hamm NJW-RR 1994, 536, 537; zuletzt LG Trier NJW-RR 1999, 392, 393; zust Gitter JR 1979, 288 f; Jahnke NZV 1995, 377, 379), wurde jüngst aber für den Regreß des Sozialhilfeträgers in einem obiter dictum in Zweifel gezogen (BGH NZV 1996, 445, 446). Da die Hinterbliebenen in einem solchen Fall regelmäßig nicht mit dem Familienvermögen für den Regreßanspruch aufkommen müssen und die Leistungen der Haftpflichtversicherung an den Schädiger auch nicht im Wege der Vorteilsausgleichung anzurechnen sind, spricht vieles für eine teleologische Reduktion des § 116 Abs 6 SGB X (s auch Greger § 10 StVG Anh II Rn 154 aE; aA Plagemann NZV 1998, 94; ihm folgend Küppersbusch Rn 484 Fn 128: Der Gesetzgeber habe in Kenntnis der Rspr in § 116 Abs 6 SGB X eine ausnahmslose Regelung getroffen).

ff) Regreß des Dienstherrn bzw Versorgungsträgers

258 Der das Familienprivileg tragende allgemeine Rechtsgedanke (Rn 253) gilt auch für den Regreß des Dienstherrn bzw Versorgungsträgers gemäß §§ 87a BBG, 52 BRRG, § 81a BVG (BGHZ 106, 284, 289; 43, 72, 79 [§ 87a BBG]; OLG Hamm NJW-RR 1994, 536, 537 [§ 99 LBG NW]; Geigel/Plagemann Kap 30 Rn 152, 157; Lange/Schiemann § 11 C III 8; BGB-RGRK/Boujong § 843 Rn 204; Palandt/Heinrichs Vorbem v § 249 Rn 159).

VII. Prozessuales

1. Leistungsklage und Feststellungsklage

259 Die Erhebung einer Leistungsklage setzt einen hinreichend bestimmten Klageantrag (§ 253 Abs 2 Nr 2 ZPO) voraus. Ist die Bezifferung der Rente im Klagezeitpunkt noch nicht möglich, so kommt eine Feststellungsklage in Betracht (Rn 92 ff). Ist eine Leistungsklage mangels Bedürftigkeit des Klägers oder Leistungsfähigkeit des Beklagten abzuweisen, kann über die Ersatzberechtigung – auch ohne ausrücklichen Antrag des Klägers – Feststellungsurteil ergehen; § 308 ZPO steht nicht entgegen (BGH FamRZ 1984, 556, 557; MünchKomm/Stein Rn 65). Hingegen ist neben einer Leistungsklage ein weitergehender Antrag auf Feststellung einer künftigen (erhöhten) Unterhaltspflicht mangels berechtigtem Feststellungsinteresse nicht zulässig (Rn 95; MünchKomm/Stein Rn 65).

2. Abänderungsklage

Bei einer wesentlichen Veränderung der für die Bemessung der Rente maßgeblichen **260**
Faktoren (§ 323 ZPO) kann der **Schädiger** Abänderungsklage mit dem Ziel der Herabsetzung oder des gänzlichen Wegfalls der Rente erheben, zB wenn der Ersatzberechtigte eine neue Ehe eingeht (Rn 181 ff) oder eine zumutbare Erwerbstätigkeit
aufnimmt (Rn 226 f). Der **Geschädigte** kann im Wege der Abänderungsklage Umstände geltend machen, die nachträglich zu einer Erhöhung seines Ersatzanspruchs
geführt haben, zB die Anpassung an das allgemeine Lohn- und Preisgefüge (Rn 100),
die Erhöhung des fiktiven Einkommens des Verstorbenen (OLG Frankfurt NJW-RR
1998, 1699, 1700) oder das Aufleben der Ersatzansprüche nach einer Scheidung vom
zweiten Ehepartner (Rn 182; ie zu den Voraussetzungen der Abänderungsklage STAUDINGER/
VIEWEG § 843 Rn 176 ff).

Gegen ein klageabweisendes Urteil steht dem Ersatzberechtigten abermals die **Lei- 261
stungsklage** und nicht die Abänderungsklage offen. Ist die frühere Klage zB mangels
Bedürftigkeit des Ersatzberechtigten abgewiesen worden, liegt der Abweisung keine
Prognose der zukünftigen Entwicklung zugrunde, so daß das abweisende Urteil auch
keine in die Zukunft reichende Rechtskraftwirkung hat. Die „Abänderung" des
klageabweisenden Urteils ist daher nicht an die engen Voraussetzungen des § 323
ZPO gebunden (BGH FamRZ 1982, 259, 260; OLG Karlsruhe FamRZ 1995, 893, 894; Münch-
Komm/STEIN Rn 65; aA OLG Karlsruhe FamRZ 1980, 1125, 1126; FamRZ 1981, 388, 389; WAX
FamRZ 1982, 347, 348; ZÖLLER/VOLLKOMMER, ZPO [22. Aufl 2001] § 323 Rn 22).

3. Grundurteil und Betragsverfahren

Die **Rentendauer** (Rn 177 ff) ist regelmäßig bereits im Grundurteil (§ 304 ZPO) fest- **262**
zusetzen. Aus Zweckmäßigkeitsgründen kann die Festsetzung der Rentendauer aber
dem Betragsverfahren vorbehalten bleiben (BGHZ 11, 181, 183; VersR 1965, 84, 85; VersR
1969, 469, 470). Dies muß im Grundurteil besonders zum Ausdruck gebracht werden
(BGHZ 11, 181, 183; SOERGEL/ZEUNER Rn 30; ie zu Grund- und Betragsverfahren STAUDINGER/
VIEWEG § 843 Rn 170 ff).

4. Mehrere Hinterbliebene

Die Ansprüche mehrerer Hinterbliebener können nicht zu einem Ersatzanspruch **263**
zusammengefaßt werden, weil sie von verschiedenen Voraussetzungen abhängen und
ihr eigenes rechtliches Schicksal nach Höhe und Dauer haben (BGH VersR 1960, 801,
802; VersR 1973, 84, 85; NJW 1972, 1130; s bereits Rn 102, 152, 158). Ein geltend gemachter
Gesamtbetrag ist daher auf die einzelnen Berechtigten aufzuteilen (BGHZ 11, 181; NJW
1981, 2462; zur Aufteilung ie oben Rn 152, 158). Vor der Aufteilung kann mangels Bestimmtheit des Anspruchs (§ 253 Abs 2 Nr 2 ZPO) auch ein Grundurteil nicht erlassen
werden. Vielmehr muß die Klage abgewiesen werden, wenn die Kläger eine Aufteilung verweigern (BGHZ 11, 181, 183 f; NJW 1981, 2462, 2463). Die Kläger können sich
innerhalb des Gesamtschadensbetrages aber mit einer vom Antrag abweichenden
Aufteilung auf die einzelnen Kläger einverstanden erklären, falls das Gericht in der
Beurteilung der Bedürfnisse einzelner Kläger von deren im Antrag genannten Beträgen abweicht (BGH NJW 1972, 1716, 1717; NJW 1981, 2462).

5.   Darlegungs- und Beweislast, Schadensschätzung nach § 287 ZPO

264 Wer einen Schadensersatzanspruch nach § 844 Abs 2 geltend macht, ist für dessen
Voraussetzungen – insbes das Vorliegen eines Unterhaltsschadens – darlegungs- und
beweispflichtig (BGH VersR 1960, 179). Der Schädiger ist für die ersatzhindernden und
ersatzmindernden Umstände darlegungs- und beweispflichtig, also die Anrechenbarkeit von Vorteilen (Rn 210), den Verstoß gegen eine Schadensminderungspflicht sowie
das Vorliegen von Umständen, die zu einer vorzeitigen Beendigung der Ersatzpflicht
führen können wie eine abermalige Heirat des Ersatzberechtigten (Rn 187).

265 Die dem Gericht nach **§ 287 ZPO** eingeräumte Möglichkeit der **Schadensschätzung**
(Rn 99 f) stellt eine Beweiserleichterung zugunsten des Ersatzberechtigten dar (s nur
ZÖLLER/GREGER, ZPO [22. Aufl 2001] § 287 Rn 1; STAUDINGER/VIEWEG § 843 Rn 182). Sie läßt
sich damit rechtfertigen, daß hier Ersatz für Einbußen zu leisten ist, deren Bewertung
aus von dem Schadensereignis ganz unabhängigen Gründen Schwierigkeiten bereitet. In solchen Fällen würde es zu einer einseitigen Bevorzugung des Schädigers
führen, wenn man nach der allgemeinen Regel, daß der Geschädigte seinen Schaden
zu beweisen hat, jeweils nur den geringsten denkbaren Wert zugrunde legen wollte
(BGH NJW 1972, 1515, 1517; NJW 1970, 1970). § 287 ZPO ist insbes anwendbar bei der
Ermittlung der angemessenen Beerdigungskosten (Rn 56), bei der Entscheidung über
die Realisierbarkeit des Unterhaltsanspruchs (Rn 90), bei der Ermittlung des voraussichtlich zur Verfügung stehenden Bareinkommens (Rn 106 ff), des Barunterhaltsbe-
darfs der Hinterbliebenen (Rn 120), des Haushaltsführungsschadens (Rn 132 ff), der
voraussichtlichen Dauer der Erwerbsfähigkeit (Rn 186) sowie der Lebenserwartung
des Unterhaltsschuldners (Rn 197).

6.   Unpfändbarkeit und Unabtretbarkeit der Geldrente

266 Die Geldrente ist nach § 850b Abs 1 Nr 2 ZPO grundsätzlich unpfändbar und daher
gemäß § 400 auch nicht abtretbar (näher STAUDINGER/BUSCHE [1999] § 400 Rn 11 ff; s auch
STAUDINGER/VIEWEG § 843 Rn 183). Wegen der **vorläufigen Vollstreckbarkeit** der auf Rentenzahlung lautenden Urteile s § 708 Nr 6 ZPO sowie STAUDINGER/VIEWEG § 843
Rn 184.

§ 845
Ersatzansprüche wegen entgangener Dienste

**Im Falle der Tötung, der Verletzung des Körpers oder der Gesundheit sowie im Falle
der Freiheitsentziehung hat der Ersatzpflichtige, wenn der Verletzte kraft Gesetzes
einem Dritten zur Leistung von Diensten in dessen Hauswesen oder Gewerbe verpflichtet war, dem Dritten für die entgehenden Dienste durch Entrichtung einer
Geldrente Ersatz zu leisten. Die Vorschriften des § 843 Abs. 2 bis 4 finden entsprechende Anwendung.**

Materialien: E II § 768; III § 829; Mot II 79;
Prot II 631, 2836.

Schrifttum

BEITZKE, Anm zu BGH, Urteil v 3. 12. 1951, JZ 1952, 333

BOEHMER, Schadensersatzansprüche wegen Verletzung oder Tötung des im Haushalt oder Geschäft mitarbeitenden Ehegatten, FamRZ 1960, 173

CANARIS, Atypische faktische Arbeitsverhältnisse, BB 1967, 165

CHOMSE, Familiäres Dienstverhältnis oder echter Arbeitsvertrag, VersR 1956, 601

DREES, Schadensberechnung bei Unfällen mit Todesfolge (2. Aufl 1994)

ENDERLEIN, Die Dienstpflicht des Hauskindes als Folge seiner Unterhaltsgemeinschaft mit den Eltern, AcP 200 (2000) 565

ENZE, Der mitarbeitende Familienangehörige eines landwirtschaftlichen Unternehmens, RdL 1968, 20

FARN, Die juristische Qualifikation der Mitarbeit bei Angehörigen, FamRZ 1968, 91

FENN, Arbeitsverträge mit Familienangehörigen, DB 1974, 1062; 1112

ders, Die Mitarbeit in den Diensten Familienangehöriger (1970)

GEIGEL, Der Haftpflichtprozeß (23. Aufl 2001); zitiert: GEIGEL/BEARBEITER

GERNHUBER, Anm zu BGH, Urteil v 7. 10. 1997, VI ZR 144/96, JZ 1998, 365

GÜNTHER, Das Rechtsverhältnis zwischen Bauer und mitarbeitendem Sohn (1966)

HABSCHEID, Ersatzansprüche des Ehemannes und der Kinder wegen entgehender Dienste bei Tötung der Ehefrau und Mutter – BGH, NJW 1965, 1710, JuS 1966, 180

CH HUBER, Familienrechtsreform und Scha-

densrecht – § 845 BGB, eine normative Ruine, in: SCHLOSSER (Hrsg) Bürgerliches Gesetzbuch 1896–1996, Ringvorlesung der Juristischen Fakultät der Universität Augsburg (1997) 35

KILIAN, Anm zu BGH Urteil v 24. 6. 1969 – VI ZR 53/67, NJW 1969, 2005

ders, Schadensersatz wegen Beeinträchtigung der Haushaltsführung, AcP 169 (1969) 443

KLINGSPORN, Der Schadensersatzanspruch wegen Tötung oder Verletzung des im Haushalt mitarbeitenden Ehegatten, FamRZ 1961, 54

KLUNZINGER, Mitarbeit im Familienverband, FamRZ 1972, 70

KROPHOLLER, Die Rechtsnatur der Familienmitarbeit und die Ersatzpflicht bei Verletzung oder Tötung des mitarbeitenden Familienangehörigen, FamRZ 1969, 241

KRÜGER, Die Mitarbeit des mündigen Kindes auf dem elterlichen Hof im deutschen und französischen Recht, RdL 1966, 118

KÜPPERSBUSCH, Ersatzansprüche bei Personenschaden (7. Aufl 2000)

G UND D REINICKE, Die Vorteilsausgleichung bei den Ansprüchen aus §§ 844, 845 BGB, MDR 1952, 460

SOERGEL/ZEUNER, Bürgerliches Gesetzbuch Band, Schuldrecht IV/2 (12. Aufl 1998)

WEIMAR, Ist die Regelung des § 845 überholt?, JR 1981, 316

WÜRTHWEIN, Beeinträchtigung der Arbeitskraft und Schaden, JZ 2000, 337

WUSSOW, Ist der Schadensersatzanspruch des Hauskindes wegen Beeinträchtigung der Arbeitsfähigkeit im elterlichen Betrieb normativer Natur?, Wussow-Inf 1983, 37.

Systematische Übersicht

I. **Regelungszweck und Rechtsnatur des § 845** _____ 1

II. **Anwendungsbereich des § 845** _____ 3
1. Keine Anwendbarkeit im Innenverhältnis der Ehegatten _____ 4
2. Verbleibender Anwendungsbereich _ 7

III. **Voraussetzungen des Ersatzanspruchs nach §§ 845, 1619**
1. Rechtsgutverletzung des Dienstverpflichteten _____ 9
2. Maßgebender Zeitpunkt _____ 10
3. Kraft Gesetzes bestehende Dienstverpflichtung _____ 11
a) Das vorausgesetzte Eltern-Kind-Verhältnis _____ 12

                                                      Anne Röthel

b)   Keine Überlagerung durch vertrag-
      liche Regelungen _____ 13
aa)   Dienst- oder arbeitsvertragliches
      Verhältnis _____ 14
bb)   Gesellschaftsvertragliche Regelung _ 16
c)   Sonstige Voraussetzungen nach
      § 1619 _____ 17

IV.   **Umfang des Ersatzanspruchs nach
      §§ 845, 1619**
1.   Ersatz für entgehende Dienste _____ 19
2.   Dauer der Rente _____ 23
a)   Minderjähriges Kind _____ 24
b)   Volljähriges Kind _____ 25
3.   Vorteilsausgleich und Schadens-
      minderungspflicht _____ 26

a)   Vorteilsausgleich _____ 26
b)   Schadensminderungspflicht _____ 31

V.   **Gesetzlicher Forderungsübergang** _ 32

VI.   **Zeitliche Koordination von Eltern-
      anspruch und Kindesanspruch** ____ 34
1.   Nur-dienstpflichtiges Hauskind ____ 35
2.   Anderweitig erwerbstätiges Haus-
      kind _____ 39

VII. **Prozessuales** _____ 40

VIII. **Internationales Privatrecht** _____ 43

Alphabetische Übersicht

Adoption _____ 12
Analogiefähigkeit des § 845 _____ 2
Anwendungsbereich des § 845 _____ 3 ff
Arbeitsvertrag _____ 14 f
Ärztliche Behandlung _____ 27 f
Aufwendungen für eine Ersatzkraft ___ 21 ff
Ausbildungsvertrag _____ 15
Ausländisches Recht _____ 43

Betriebsleitung _____ 15
Beweislast _____ 36, 41
Bruttolohn _____ 21

Darlegungslast _____ 36, 41
Dauer der Rente _____ 23 ff
Dienstvertrag _____ 14 f

Ehegattenmitarbeit _____ 4 f
EheRG _____ 4
Entgangener Gewinn _____ 19
Erbschaft _____ 29
Ersatzkraft _____ 21 f, 30
Erwerbsminderungsrente _____ 33

Familientypische Hilfsdienste _____ 15
Familienverständnis, gewandeltes ____ 8, 16
Forderungsübergang _____ 32 ff
Freiheitsentziehung _____ 9

Gefährdungshaftung _____ 6

Geschenke _____ 27
Gesellschaftsrecht _____ 13, 16 f
Gesetzliche Dienstleistungspflicht ____ 19 ff
Gesundheitsverletzung _____ 9

Hauskind
– Dienstverpflichtung des Hauskindes __ 11 ff
– Heirat _____ 24
– Lebensmittelpunkt _____ 17
– Vergütung für geleistete Dienste ____ 14 ff
– volljähriges _____ 20, 25, 36
Hinterbliebenenrente _____ 22
Hofübernahme _____ 24
Höhe der Rente _____ 19 ff

Internationales Privatrecht _____ 43

Kleidung _____ 27
Körperverletzung _____ 9
Krankheit _____ 27 f

Landwirtschaftlicher Betrieb _____ 15, 24
Lehre _____ 25, 39

Mitarbeit der Ehefrau _____ 4 f

Normativer Schadensbegriff _____ 22

Pfändbarkeit der Rente _____ 42

Rechtsnatur	2	Umschulung	31
Regelungszweck	1	Unterkunft	21, 27 ff
		Unterhalt des dienstpflichtigen Haus-	
Schadensminderungspflicht	31	kindes	17 f
Schätzungsbefugnis (§ 287 ZPO)	21, 23, 43		
Sozialversicherung	15, 32	Verpflegung	21, 27 ff
Stiefkind	12	Volljähriges Hauskind	20, 25, 36
Stiefvater	12	Vollzeitbeschäftigung des Hauskindes	
Subsidiarität des Elternanspruchs	38		14 f, 18, 25, 36
		Vorfrage	43
Taschengeld	28	Vorrang des Kindesanspruchs	34, 38
Tötung	9, 22	Vorteilsausgleich	26 ff
„Überhangfälle"	5	Wert der entgehenden Dienste	19 ff, 26, 41
Überobligationsmäßige Leistungen des			
Hauskindes	20	Zeitpunkt, maßgeblicher	10

I. Regelungszweck und Rechtsnatur des § 845

§ 845 ist erst auf Beschluß der II. Komm in das BGB aufgenommen worden (ie KILIAN **1** AcP 169 [1969] 443, 444 ff). Er verkörpert genauso wie § 844 eine Abweichung von dem Grundsatz, daß aus einer unerlaubten Handlung nur der hierdurch unmittelbar Geschädigte Ersatzansprüche ableiten kann (siehe bereits § 844 Rn 1). Im Ausgleich dafür, daß dem unmittelbar Verletzten aufgrund der Besonderheit der familienrechtlichen Dienstleistung mangels Entgeltanspruch regelmäßig keine Vermögensminderung und damit auch kein Anspruch gegen den Schädiger entsteht, gewährt § 845 dem Dienstberechtigten als mittelbar Verletztem einen eigenen **Ersatzanspruch** für den **Ausfall der Dienstleistung** (vgl BGHZ 137, 1, 3; 69, 380, 381; 59, 172, 174). Dabei war im Anschluß an DERNBURG (Pandekten II § 132 Fn 8) die Erwägung maßgebend, daß „durch Entziehung der Dienste in der Familie eine ähnliche Lücke gerissen werde wie durch Entziehung der Tätigkeit des zum Unterhalt verpflichteten Familienmitgliedes und es daher die Billigkeit verlange, daß auch dieser Schaden ausgeglichen werde" (Prot II 631, 632; vgl Mot II 791, 795 = MUGDAN II 442 ff; BGHZ 4, 123, 127; 77, 157, 164 f; ie zur Entstehungsgeschichte RGZ 152, 208, 209 ff; KILIAN AcP 169 [1969] 443, 444 ff).

Zur **Rechtsnatur** des Anspruchs aus § 845 als **eigenem Schadensersatzanspruch** des **2** mittelbar Verletzten bereits § 844 Rn 3 ff, 11; zur **Analogiefähigkeit** des § 845 s § 844 Rn 23 ff, 37.

II. Anwendungsbereich des § 845

In Abgrenzung zu § 844 Abs 2 setzt § 845 nicht das Bestehen einer gesetzlichen **3** Unterhalts-, sondern einer **gesetzlichen Dienstverpflichtung** voraus (vgl weiter WEIMAR JR 1981, 316). Schon bei Inkrafttreten des BGB kannte § 845 nur zwei Anwendungsbereiche: die Dienstpflicht des Hauskindes nach § 1619 und die des Ehegatten gemäß § 1356 Abs 2 aF. Das gewandelte Eheverständnis und die berechtigten Bedenken am Gerechtigkeitsgehalt gesetzlich begründeter Dienstpflichten im Familienverband haben den Anwendungsbereich des § 845 inzwischen weitgehend ausgehöhlt.

1. **Keine Anwendbarkeit im Innenverhältnis der Ehegatten**

4 Bei Inkrafttreten des BGB oblag der Frau die Leitung des Hauswesens (§ 1356 Abs 1 aF) und – als Ausgleich zu der grundsätzlich einseitigen Unterhaltspflicht des Mannes gegenüber der Frau (§ 1360 Abs 1 aF) – die Verpflichtung zu „Arbeiten im Hauswesen und im Geschäft des Mannes, soweit eine solche Tätigkeit nach den Verhältnissen, in denen die Ehegatten leben, üblich ist" (§ 1356 Abs 2 aF). An die Stelle dieser einseitigen Verpflichtung der Frau zur Mitarbeit im Geschäft des Mannes trat nach § 1356 Abs 2 idF des GleichberG vom 18. 6. 1957 die Verpflichtung jedes Ehegatten, im Beruf oder Geschäft des anderen Ehegatten mitzuwirken. Ferner war nach § 1356 Abs 1 S 1 iVm § 1360 S 2 aF die Frau zur Führung des Haushalts verpflichtet (hierzu GERNHUBER FamRZ 1958, 243 ff; KLINGSPORN FamRZ 1961, 54 ff; vgl STAUDINGER/BGB-Synopse 1896–2000 [2000] § 1356 BGB). Das **1. EheRG** beseitigte zum 1. 7. 1977 § 1356 Abs 2 aF und damit die gesetzliche Verpflichtung der Ehegatten zu Mitarbeit im Beruf oder Geschäft des anderen (s nur LÜKE AcP 178 [1978] 1, 11 ff; DIEDERICHSEN NJW 1977, 217, 220; § 844 Rn 131). Was die Ehegatten einander zuvor als „Dienste" zu erbringen hatten, wird seitdem im Rahmen der gegenseitigen Unterhaltspflicht geschuldet (BGHZ [GS] 50, 304, 305; KROPHOLLER FamRZ 1969, 241, 246; KILIAN AcP 169 [1969] 443, 451 ff; BOEHMER FamRZ 1960, 173 ff; JAYME, Die Ehe im Recht der unerlaubten Handlungen [1971] 72 ff, 76 ff; für eine Anwendbarkeit des § 844 Abs 2 neben § 845 aber HABSCHEID JuS 1966, 180, 183 ff).

5 Diese allein auf das Familienrecht bezogene Reform hat grundlegende Konsequenzen für das Haftungsrecht gehabt (s LANGE FamRZ 1983, 1181 ff; WACKE FamRZ 1977, 505, 519 f; LÜKE AcP 178 [1978] 1, 11 ff; M SCHMITZ, Auswirkungen des 1. EheRG auf das Haftpflichtrecht [1985]; CH HUBER, in: SCHLOSSER [Hrsg], Bürgerliches Gesetzbuch 1896–1996 [1997] 35, 42 ff; MünchKomm/WACKE § 1356 Rn 19 mwNachw). Mit der Umbewertung der ehelichen Mitarbeit von Diensten zu Unterhaltsleistungen hat § 845 seinen zentralen Anwendungsbereich verloren (BGHZ [GS] 50, 304, 305 f) und ist insoweit – wie der BGH später treffend formulierte – „sinnentleert" geworden (BGHZ 77, 157, 160): Bei einer **Verletzung des Ehegatten** kann der andere Ehegatte nicht mehr aus § 845 gegen den Schädiger vorgehen. Vielmehr stehen dem verletzten Ehegatten nunmehr eigene Ansprüche aus §§ 842, 843 Abs 1 zu (BGHZ 38, 55, 58 ff; 59, 172; KROPHOLLER FamRZ 1969, 241, 246; BOEHMER FamRZ 1960, 173 ff; eingehend JAYME, Die Familie im Recht der unerlaubten Handlungen [1971] 80 ff, 87 ff; GREGER, StVG [3. Aufl 1997] § 11 StVG Rn 146; BGB-RGRK/BOUJONG § 842 Rn 29, 31; ERMAN/SCHIEMANN § 843 Rn 5; WÜRTHWEIN JZ 2000, 337, 344 ff; iü STAUDINGER/VIEWEG § 842 Rn 118 ff). Im Fall der **Tötung des Ehegatten** ist § 845 von § 844 Abs 2 abgelöst worden. Der hinterbliebene Ehegatte kann einen Mitarbeitsschaden nur noch im Rahmen der ehelichen Unterhaltspflicht geltend machen (ie § 844 Rn 131). Dient die eheliche Mitarbeit nicht der wirtschaftlichen Lebensgrundlage der Familie und ist daher unterhaltsrechtlich nicht geschuldet, besteht weder ein Anspruch aus § 844 Abs 2 noch aus § 845 (BGHZ 77, 157, 163 ff; gegen eine Ersatzfähigkeit unterhaltsrechtlich nicht gebotener Ehegattenmitarbeit auch schon KROPHOLLER FamRZ 1961, 241, 247; GERNHUBER FamRZ 1958, 243, 251; LÜKE AcP 178 [1978] 1, 17; zust STAUDINGER/SCHÄFER[12] Rn 5; PALANDT/THOMAS Rn 2; BGB-RGRK/BOUJONG Rn 12; **aA** STAUDINGER/HÜBNER/VOPPEL [2000] § 1356 Rn 84; zur analogen Anwendbarkeit des § 845 M SCHMITZ, Auswirkungen des 1. EheRG auf das Haftpflichtrecht [1985] 179 ff), zB wenn die Mitarbeit im Beruf oder Geschäft des anderen Ehegatten keinen unmittelbaren Vermögenswert hat und für die familiäre Lebensführung nicht erforderlich ist, etwa wenn sie dazu dient, dem anderen Ehegatten die

Ausübung eines wissenschaftlichen, künstlerischen oder literarischen (Neben-)Berufs zu ermöglichen, dem er nicht zur Erzielung und Sicherung des Unterhalts, sondern aus Neigung oder zur Entfaltung seiner Persönlichkeit nachgeht (vgl BGHZ 77, 157, 163). Im Grundsatz zu Recht hat es der BGH abgelehnt, für diesen nicht als Unterhaltsschaden ersatzfähigen „Überhang" noch auf § 845 zurückzugreifen, da eine solche Ausweitung auch schon nach früherem Recht der beschränkten Zielsetzung des § 845 (Rn 1) und seinem umgrenzten Anwendungsbereich widersprochen hätte (BGHZ 77, 157, 164 f; vgl auch schon OLG Stuttgart VersR 1973, 1077). Bei der Entscheidung darüber, ob die eheliche Mitarbeit noch unterhaltsrechtlich geschuldet oder lediglich Ausdruck ehelicher Fürsorge und ehelichen Beistands ist, kommt den Ehegatten wegen ihrer natürlichen Befugnis zur freien Gestaltung ihrer Lebensverhältnisse aber eine regelmäßig beachtliche **Prärogative** zu (vgl Lange FamRZ 1983, 1181, 1186; Eckelmann/Freier DAR 1992, 121, 132 f; Frank, in: FS Stoll [2001] 143, 151 f; näher § 844 Rn 131).

Soweit die Mitarbeit des Ehegatten nicht mehr über § 845, sondern über § 844 Abs 2 **6** ersatzfähig ist, bestehen Ersatzansprüche wegen des Unterhaltsausfalls nunmehr auch im Rahmen der § 844 Abs 2 nachgebildeten **spezialgesetzlichen Gefährdungshaftung** (hierzu § 844 Rn 17 f). Zwar ist dort mit Ausnahme von § 53 Abs 2 LuftVG kein Ersatzanspruch für entgehende Dienste vorgesehen (s auch BGH NJW 1969, 2005). Die Umbewertung der ehelichen Mitarbeit von „Diensten" zu Unterhaltsleistungen hat jedoch dazu geführt, daß diesen spezialgesetzlichen Vorschriften Entschädigungsaufgaben zugewachsen sind (BGHZ 77, 157, 160; 51, 109, 112; Kilian AcP 169 [1969] 443, 457 f; s auch § 844 Rn 18). Dies steht im Einklang mit dem Vorschlag eines RefE aus dem Jahr 1967, die Vorschrift des § 845 allgemein auf die Gefährdungshaftung auszudehnen (Staudinger/Schäfer[12] Rn 6).

2. Verbleibender Anwendungsbereich

Seit der Umbewertung der ehelichen Mitarbeitspflichten hat § 845 seinen wesent- **7** lichen Anwendungsbereich verloren. Ein einziger Anwendungsfall ist § 845 nach Auffassung der Rspr noch geblieben: die nach § 1619 den Eltern geschuldeten Dienste des Hauskindes (BGHZ 69, 380; 77, 157, 164; 137, 1; NJW 1991, 1226; OLG Celle NZV 1997, 232; OLG Nürnberg VersR 1992, 188, 189; Larenz/Canaris, SchuldR II/2 [13. Aufl 1994] § 83 II; ie unten Rn 9 ff).

Hingegen hat § 1618a § 845 keinen neuen Anwendungsbereich eröffnet, da der von § 1618a gemeinte „Beistand" von Eltern und Kindern entstehungsgeschichlich nicht ständige Dienste im Hauswesen oder Gewerbe iSd § 845 erfaßt (OLG Bamberg/BGH FamRZ 1985, 308; zust MünchKomm/Stein Rn 2; Erman/Schiemann Rn 3; aA Coester FamRZ 1985, 956, 957). Vielmehr handelt es sich bei § 1618a um eine „ergänzende Leitbildvorschrift", aus der sich unmittelbar keine klagbaren Ansprüche ergeben (OLG Celle NZV 1997, 232; vgl auch BGHZ 137, 1, 10; Schwab, FamilienR [10. Aufl 1999] Rn 510; Küppersbusch Rn 349; vgl Palandt/Diederichsen § 1618a Rn 2: echte Rechtspflicht ohne unmittelbare Rechtsfolgen; weitergehend Soergel/Strätz § 1618a Rn 2; BGB-RGRK/Wenz § 1618a Rn 3; Staudinger/Coester [2000] § 1618a Rn 16 f; Gernhuber/Coester-Waltjen, FamilienR [4. Aufl 1994] § 54 IV).

Genauso wie für die Ehegattenmitarbeit ist aber auch für die Mitarbeitspflicht des im **8** Haushalt der Eltern lebenden Kindes nach der Berechtigung einer gesetzlichen

Dienstpflicht zu fragen. Mit dem **gewandelten Familienverständnis** von einem aus dem römischen Recht tradierten Familienpatriarchat (vgl RGZ 35, 141, 142; HONSELL, Römisches Recht [4. Aufl 1997] 169; KILIAN NJW 1969, 2005, 2006; CH HUBER, in: SCHLOSSER [Hrsg], Bürgerliches Gesetzbuch 1896–1996 [1997] 35, 54) zu einer sozialen Einstandsgemeinschaft grundsätzlich gleichberechtigter Personen ist das Bestehen einer gesetzlichen Dienstpflicht nur schwer zu vereinbaren. Sie steht insbes im Widerspruch zu der kontinuierlichen rechtlichen Emanzipation der Kinder gegenüber ihren Eltern (vgl nur JAYME, Die Familie im Recht der unerlaubten Handlungen [1971] 19, 130 ff). Mit § 1618a hat sich der Gesetzgeber inzwischen ausdrücklich zum Leitbild eines partnerschaftlichen und kooperativen Zusammenlebens in der Familie bekannt (MünchKomm/HINZ § 1618a Rn 1; LÜDERITZ, in: FS Gaul [1997] 411). Zu Recht wird § 1619 daher heute als Relikt eines überholten Rechts- und Familienverständnisses empfunden (s nur STAUDINGER/ COESTER [2000] § 1619 Rn 9 ff, 16; ders FamRZ 1985, 956, 957; LÜDERITZ, FamilienR [27. Aufl 1999] Rn 784: „historische Reminiszenz"). In Fortschreibung der gewandelten partnerschaftlichen Prägung des Familienverbundes wird man die innere Rechtfertigung der „Dienstpflicht" des Hauskindes in der Unterhaltsgemeinschaft zwischen Hauskind und Eltern sehen müssen (ENDERLEIN AcP 200 [2000] 565, 574 ff; vgl auch schon KILIAN NJW 1969, 2005, 2006; hiergegen WEIMAR JR 1983, 316, 317). Konsequenterweise sollte daher auch die Mitarbeit des Hauskindes nicht mehr über § 845, sondern allenfalls über § 844 Abs 2 ersatzfähig sein (so ENDERLEIN AcP 200 [2000] 565, 589 f; KILIAN NJW 1969, 2005, 2006; vgl auch STAUDINGER/COESTER [2000] § 1619 Rn 55; GERNHUBER/COESTER-WALTJEN, FamilienR [4. Aufl 1994] § 55 I 6; aA BGH NJW 1969, 2005, 2006 f). Bei dieser Betrachtung ist § 845 durch das gewandelte Ehe- und Familienverständnis zu einer „normativen Ruine" ohne Anwendungsbereich geworden (CH HUBER, in: SCHLOSSER [Hrsg], Bürgerliches Gesetzbuch 1896–1996 [1997] 35), die **de lege ferenda** ersatzlos gestrichen werden sollte (CH HUBER, in: SCHLOSSER [Hrsg], Bürgerliches Gesetzbuch 1896–1996 [1997] 58 f; für gesetzgeberische Korrekturen auch schon BGHZ 59, 172, 174).

III. Voraussetzungen des Ersatzanspruchs nach §§ 845, 1619

1. Rechtsgutsverletzung des Dienstverpflichteten

9 Anders als § 844 Abs 2 greift § 845 nicht nur im Falle der Tötung des Dienstverpflichteten ein, sondern auch, wenn der Dienstverpflichtete lediglich verletzt oder seiner Freiheit beraubt worden ist. Zum Begriff der Tötung bereits § 844 Rn 43 f; zur Verletzung an Körper oder Gesundheit sowie zur Freiheitsentziehung STAUDINGER/ HAGER (1999) § 823 Rn B 5 ff, B 53 ff. Zum Verhältnis eigener Ansprüche des verletzten Kindes aus §§ 842, 843 Abs 1 gegenüber dem Ersatzanspruch der Eltern aus § 845 unten Rn 34 ff.

2. Maßgebender Zeitpunkt

10 Der Anspruch nach § 845 setzt schon nach seinem Wortlaut voraus, daß die **Dienstleistungsverpflichtung** bereits im Zeitpunkt der **Schädigung** bestand (BGB-RGRK/BOU-JONG Rn 4; PALANDT/THOMAS Rn 2). Anders als in § 844 Abs 2 S 1 genügt nicht, daß der Verletzte oder Getötete dem Ersatzberechtigten noch „dienstpflichtig werden konnte". Diese Differenzierung des Gesetzes beruht auf der eingeschränkten Zwecksetzung des § 845 (s Rn 1; aA STAUDINGER/COESTER [2000] § 1619 Rn 56: ohne „einsehbaren

Grund"; MünchKomm/Hinz § 1619 Rn 14; Gernhuber/Coester-Waltjen, FamilienR [4. Aufl 1994] § 55 I 5 Fn 31).

Nicht erforderlich ist, daß der Verpflichtete bereits tatsächlich Dienste geleistet hat. Vielmehr genügt das Bestehen eines Rechtsverhältnisses, aus dem sich in absehbarer Zeit eine Dienstleistungspflicht ergeben hätte, wenn die zum Ausfall der Dienste führende Verletzung nicht eingetreten wäre. Daran fehlt es, wenn das Geschäft, in dem der getötete Sohn mitarbeiten sollte, noch gar nicht eröffnet worden war (OLG München NJW 1965, 1439; KG NJW 1967, 1089, 1090; BGB-RGRK/Boujong Rn 4).

3.   Kraft Gesetzes bestehende Dienstverpflichtung

Eine kraft Gesetzes bestehende Pflicht, einem Dritten in dessen Hauswesen oder **11** Gewerbe Dienste zu leisten, kommt nur noch nach **§ 1619** in Betracht (s aber oben Rn 7 f). Danach ist ein Kind, solange es dem elterlichen Haushalt angehört und von den Eltern erzogen oder unterhalten wird, verpflichtet, in einer seinen Kräften und seiner Lebensstellung entsprechenden Weise den Eltern in ihrem Hauswesen und Geschäft Dienste zu leisten.

a)   Das vorausgesetzte Eltern-Kind-Verhältnis

Das von § 1619 vorausgesetzte Eltern-Kind-Verhältnis besteht unabhängig davon, ob **12** die Eltern miteinander verheiratet sind oder zusammen wohnen (Staudinger/Coester [2000] § 1619 Rn 17). § 1619 gilt auch zwischen Adoptiveltern und -kindern (§§ 1754, 1755), nicht aber für ein Stiefkind im Verhältnis zum Stiefvater (OLG Nürnberg FamRZ 1960, 119, 120; BGB-RGRK/Boujong Rn 6) und auch nicht gegenüber den Großeltern (s aber Staudinger/Coester [2000] § 1619 Rn 17). Gehört ein Hauskind nicht zu dem von § 1619 verpflichteten Personenkreis, ist § 845 auch dann unanwendbar, wenn es tatsächlich Dienste erbracht hat (zB für Dienste des Stiefkindes an den Stiefvater: LG Münster VersR 1966, 501; BGB-RGRK/Boujong Rn 5). Auch eine analoge Anwendung scheidet aus (s bereits bei § 844 Rn 23 ff). Gleiches gilt, wenn die Dienste aufgrund **vertraglicher Verpflichtung** (s § 844 Rn 37: kein Ersatz von Reflexschäden von Arbeitgebern und Dienstherrn) oder eines öffentlichen Amtes geleistet werden (LG Hildesheim NJW-RR 1986, 453; vgl BGHZ 7, 30, 33 f; BGB-RGRK/Boujong Rn 5; Soergel/Zeuner Rn 2; Geigel/ Schlegelmilch Kap 8 Rn 102; zur Unanwendbarkeit des § 845, wenn mit dem gesetzlich dienstverpflichteten Hauskind vertragliche Vereinbarungen bestehen, sogleich Rn 13).

b)   Keine Überlagerung durch vertragliche Regelungen

§ 845 ist ebenfalls **unanwendbar**, wenn Eltern und Kind zwar in dem von § 1619 **13** geforderten Verhältnis zueinander stehen, die Dienste des Kindes aber nicht in Erfüllung der familienrechtlichen Verpflichtung aus § 1619, sondern aufgrund eines (dienst-, arbeits- oder gesellschafts-)**vertraglichen Verhältnisses** geleistet werden (allgM; BGH NJW 1962, 1612; NJW 1969, 2005, 2007; NJW 1972, 429, 430; FamRZ 1973, 298, 299; BGHZ 69, 380, 383 f; NJW 1991, 1226, 1227; OLG Köln VersR 1991, 1292; OLG Stuttgart VersR 1990, 902, 903; BGB-RGRK/Boujong Rn 8; MünchKomm/Stein Rn 6; Hk-BGB/A Staudinger [2001] § 845 Rn 3; Erman/Schiemann Rn 3; Drees 80; Gernhuber/Coester-Waltjen, FamilienR [4. Aufl 1994] § 55 I 6). Auch die an sich familienrechtlich geschuldete Mitarbeit wird durch die vertraglichen Regelungen „überlagert" (Gernhuber/Coester-Waltjen, FamilienR [4. Aufl 1994] § 55 I 3; aA MünchKomm/Stein Rn 6 aE; vgl auch Staudinger/Coester [2000] § 1619 Rn 62). Bestehen vertragliche Vereinbarungen, kommt ein Anspruch aus §§ 845,

1619 von vornherein nicht in Betracht. Eine **Aufspaltung** in vertraglich und familien-
rechtlich geschuldete Mitarbeit **findet nicht statt** (BGHZ 137, 1, 9; NJW 1991, 1226, 1228;
NJW 1972, 429, 439; GEIGEL/SCHLEGELMILCH Kap 8 Rn 99), allerdings nicht, weil – wie der
BGH argumentiert – die „natürlichen Verhältnisse des Lebens" eine ganzheitliche
Betrachtung anzeigten (so mit Recht krit STAUDINGER/COESTER [2000] § 1619 Rn 62; GERN-
HUBER JZ 1998, 365 f), sondern weil die von § 845 vorausgesetzte unterhaltsähnliche
Angewiesenheit der Eltern auf gesetzlich geschuldete Dienste des Kindes (vgl Rn 1) in
dem Moment nicht mehr gegeben ist, wo Eltern und Kind die Gesamtheit ihrer
beiderseitigen Leistungen auf eine vertragliche Grundlage stellen.

aa) Dienst- oder arbeitsvertragliches Verhältnis

14 Ob die geleisteten Dienste familienrechtlich oder aufgrund eines Arbeits- oder
Dienstvertrages geschuldet waren, beurteilt die neuere Rspr nach dem **erkennbaren
Willen der Parteien** unter „unvoreingenommener" Würdigung der Umstände des
Einzelfalles (BGH NJW 1991, 1226, 1227 mwNachw; vgl schon BGH NJW 1972, 429, 430 im
Anschluß an FENN 62; ähnlich BGH FamRZ 1973, 298, 299; zust STAUDINGER/COESTER [2000]
§ 1619 Rn 64; MünchKomm/HINZ § 1619 Rn 34; PALANDT/DIEDERICHSEN § 1619 Rn 14; SOERGEL/
STRÄTZ § 1619 Rn 13; BGB-RGRK/BOUJONG Rn 8; vgl auch KÜPPERSBUSCH Rn 348). Im Zweifel
könne nicht von einer familienrechtlichen Gestaltung ausgegangen werden (so BGH
NJW 1991, 1226, 1227; s auch BGHZ 137, 1, 7; OLG Celle NJW-RR 1990, 1478, 1479 f; OLG Celle
NZV 1997, 232, 233; MünchKomm/STEIN Rn 6; BGB-RGRK/BOUJONG Rn 8; GEIGEL/SCHLEGEL-
MILCH Kap 8 Rn 99; DREES 80; STAUDINGER/COESTER [2000] § 1619 Rn 64 mwNachw; anders noch
BGH NJW 1958, 706, 707; VersR 1960, 132, 133). Mit demselben Argument, mit dem sich der
BGH gegen eine Vermutung zugunsten der familienrechtlichen Gestaltung ausge-
sprochen hat – die Mitarbeit erwachsener Hauskinder auf rein familienrechtlicher
Grundlage sei „unter dem Einfluß moderner Anschauungen selten geworden" (vgl
BGHZ 137, 1, 7 mwNachw; s auch OLG Celle NJW-RR 1990, 1478, 1479 f) – wird man aber
umgekehrt mit zunehmendem Gewicht der Dienste idR zumindest eine konkludente
Vergütungsabrede annehmen können (so ERMAN/SCHIEMANN Rn 3; iZw für Arbeitsverhält-
nis bei Vollzeitbeschäftigung auch LÜDERITZ, FamilienR [27. Aufl 1999] Rn 786; vgl auch Münch-
Komm/HINZ § 1619 Rn 35; iZw für einen arbeitsrechtlichen Charakter der Mitarbeit LG Köln VersR
1983, 1066; **aA** BGH NJW 1991, 1226, 1227). Hierfür spricht nicht zuletzt der zweifelhafte
Gerechtigkeitsgehalt des § 1619 (Rn 8).

15 Von einem Arbeitsverhältnis ist insbes auszugehen, wenn das Kind nach Art eines
Arbeitnehmers in den Betrieb eingegliedert ist, regelmäßig Lohn oder Gehalt erhält
und wenn Steuern und Sozialversicherungsabgaben abgeführt werden (OLG Köln
VersR 1991, 1292; OLG Celle NJW-RR 1990, 1478, 1480; ie STAUDINGER/COESTER [2000] § 1619
Rn 66 mwNachw; SOERGEL/STRÄTZ § 1619 Rn 14; nach GERNHUBER/COESTER-WALTJEN, FamilienR
[4. Aufl 1994] § 55 I 2 kann nur die periodische Entlohnung als Indiz für eine arbeitsvertragliche
Regelung genommen werden). Vertragliche Vereinbarungen müssen aber stets darauf
überprüft werden, ob sie nicht nur „pro forma" abgeschlossen worden sind. So
kann ein Ausbildungsvertrag allein dazu dienen, dem Kind die Voraussetzungen
für einen landwirtschaftlichen Ausbildungsabschluß (BGH NJW 1991, 1226, 1227) oder
die Aufnahme in die Sozialversicherung zu verschaffen (OLG Köln VersR 1991, 1292;
anders OLG Celle NJW-RR 1990, 1478, 1480).

Arbeits- oder dienstvertragliche Vereinbarungen sind auch dann anzunehmen, wenn
die vom Hauskind erbrachten Dienste **den Umständen nach nur gegen eine Vergütung**

zu erwarten sind (BGH RdL 1958, 153; FamRZ 1958, 173, 174; KG FamRZ 1958, 342; SOERGEL/
STRÄTZ § 1619 Rn 14; MünchKomm/HINZ § 1619 Rn 34), insbes bei einer Vollzeitbeschäftigung im elterlichen Betrieb (OLG Celle NJW-RR 1990, 1478, 1480; LÜDERITZ, FamilienR
[27. Aufl 1999] Rn 786). Je bedeutungsvoller die Mitarbeit des Kindes ist, umso mehr
spricht daher für eine vertragliche Regelung der Leistungsbeziehungen. Für familientypische Hilfsdienste wie Rasenmähen oder Schneefegen (hierzu OLG Karlsruhe
VersR 1988, 1128, 1129) gilt anderes als für die Leistung von Diensten „höherer Art"
wie zB die eigenverantwortliche Betriebsleitung (vgl BGH FamRZ 1960, 101; SOERGEL/
STRÄTZ § 1619 Rn 14; für familienrechtliche Gestaltung aber RGZ 162, 116, 119: der Sohn hatte die
Leitung des elterlichen Schotterwerkes übernommen). Gleichwohl soll § 1619 auch unter
heutigen Verhältnissen noch anwendbar sein, wenn das Hauskind seine volle Arbeitskraft einsetzt und den elterlichen Hof – in der rechtlich ungesicherten Erwartung
einer späteren Übernahme – praktisch allein bewirtschaftet (BGH NJW 1991, 1226, 1227;
NJW 1972, 429, 430; vgl auch BGHZ 69, 380, 383; s aber OLG Celle NZV 1997, 232 f).

bb) Gesellschaftsvertragliche Regelung
Auch zwischen Eltern und Kind bestehende Gesellschaftsbeziehungen können das **16**
familienrechtliche Verhältnis überlagern und Ansprüche nach § 1619 ausschließen
(BGH NJW 2001, 971, 973; OLG Stuttgart VersR 1990, 902; MünchKomm/HINZ § 1619 Rn 33;
STAUDINGER/COESTER [2000] § 1619 Rn 67; SOERGEL/STRÄTZ § 1619 Rn 17; GERNHUBER/COESTER-
WALTJEN, FamilienR [4. Aufl 1994] § 55 I 3). Grundsätzlich anders als arbeits- oder dienstvertragliche Regelungen setzt ein Gesellschaftsverhältnis die **Gleichordnung** von Eltern und Kind bei der Verfolgung des gemeinsamen Zwecks voraus (vgl BGH NJW
1962, 1612; OLG Stuttgart VersR 1990, 902, 903; STAUDINGER/COESTER [2000] § 1619 Rn 67). Da
eine Gleichordnung von Eltern und Kind dem älteren Verständnis der Familienbe-
ziehungen eher fremd war, nahm die Rspr früher ein Gesellschaftsverhältnis nur bei
besonderen, eindeutigen Umständen an (BGH FamRZ 1966, 24, 25; FamRZ 1972, 558 f;
MünchKomm/HINZ § 1619 Rn 33). Auch die leitende Tätigkeit eines Kindes als designier-
ter Unternehmenserbe solle nicht für ein Gesellschaftsverhältnis sprechen (BGH aaO;
SOERGEL/STRÄTZ § 1619 Rn 17; MünchKomm/HINZ § 1619 Rn 33). Mit dem gewandelten Familienverständnis (Rn 8) dürfte die Annahme gesellschaftsrechtlicher Beziehungen
letztlich aber näher liegen als arbeits- oder dienstvertragliche Regelungen. Zu Recht
hat die jüngere Rspr gesellschaftsrechtliche Innenbeziehungen daher in einem Fall
bejaht, wo der Sohn in Aussicht der späteren Übernahme des elterlichen Hofes sein
gesamtes anderweitig erwirtschaftetes Einkommen in den elterlichen Betrieb inve-
stiert und dort mitgearbeitet hat (OLG Stuttgart VersR 1990, 902, 903).

c)   Sonstige Voraussetzungen nach § 1619
Auch wenn feststeht, daß die Parteien eine familienrechtliche Gestaltung der Dienst- **17**
beziehungen gewollt haben, bleibt zu prüfen, ob die geleisteten Dienste nach § 1619
geschuldet waren. Es müssen auch die sonstigen Voraussetzungen des § 1619 gegeben
sein (ie STAUDINGER/COESTER [2000] § 1619 Rn 21 ff). Daran fehlt es, wenn das verletzte
Kind seinen **Lebensmittelpunkt nicht mehr im Haus der Eltern** hat (OLG Nürnberg VersR
1992, 188, 189; OLG Stuttgart VersR 1990, 902; ie STAUDINGER/COESTER [2000] § 1619 Rn 21 ff)
oder wenn es von ihnen **nicht mehr unterhalten** wird.

Kein „Unterhalten" iSd § 1619 liegt vor, wenn das Kind aus einer anderweitigen **18**
Vollzeitbeschäftigung Entgelt erhält. Durch die Aufnahme einer eigenständigen Erwerbstätigkeit scheidet das Kind aus dem besonderen familienrechtlichen Abhängig-

keitsverhältnis aus, so daß die Grundlage für die gesetzliche Dienstleistungspflicht entfällt (BGHZ 137, 1, 8; s aber die krit Anm von GERNHUBER JZ 1998, 365; GRUNSKY EWiR 1998; 263; COESTER-WALTJEN LM § 1619 BGB Nr 8; dem BGH folgend LG Trier Schaden-Praxis 1999, 341; ähnlich auch das Postulat, der Unterhalt müsse „im wesentlichen" von den Eltern geleistet sein; siehe OLG Nürnberg VersR 1992, 188, 189; LG Kiel FamRZ 1989, 1172; MünchKomm/HINZ § 1619 Rn 9; SOERGEL/STRÄTZ § 1619 Rn 4; ERMAN/MICHALSKI § 1619 Rn 4; PALANDT/DIEDERICHSEN § 1619 Rn 4; SCHWAB, FamilienR [10. Aufl 1999] Rn 515 aE; aA STAUDINGER/COESTER [2000] § 1619 Rn 27: es genüge, daß überhaupt von „Unterhalt" die Rede sein könne). Mit Aufnahme einer anderweitigen Vollzeitbeschäftigung fehlt es auch an der weiteren Voraussetzung des § 1619, daß das Kind nur „nach seinen Kräften und seiner Lebensstellung" zur unentgeltlichen Leistung von Diensten gehalten ist (BGHZ 137, 1, 8; LG Trier Schaden-Praxis 1999, 341). Daß ein Kind tatsächlich in der Lage ist, neben einer Vollzeiterwerbstätigkeit noch im elterlichen Betrieb tätig zu sein, kann für die Frage, ob entsprechende Dienste nach § 1619 gesetzlich geschuldet sind, allenfalls von untergeordneter Bedeutung sein (s aber GERNHUBER JZ 1998, 365).

Wenn gleichwohl für eine großzügigere Auslegung des § 1619 plädiert wird (insbes von STAUDINGER/COESTER [2000] § 1619 Rn 27; GERNHUBER JZ 1998, 365 f: Erstreckung auch auf Teilleistungen neben einer Vollzeittätigkeit), so spricht daraus vor allem das Bemühen, den Eltern einen entsprechenden Ausfallschaden über § 845 zu sichern. Auch wenn man die grundsätzlichen Bedenken an der Berechtigung des § 1619 (Rn 8) nicht teilen möchte, erscheint es fragwürdig, den Ersatzanspruch der Eltern mit dem Postulat zu erkaufen, ein Kind sei neben einer Vollzeiterwerbstätigkeit gesetzlich zur Leistung von Diensten an seine Eltern verpflichtet. Dem steht auch die eingeschränkte Zwecksetzung des § 845 entgegen, weil der Verlust nicht unterhaltsrechtlich geschuldeter und lediglich in Nebentätigkeit geleisteter Dienste für die Eltern keine „ähnliche Lücke" reißt wie der nach § 844 Abs 2 ersatzfähige Unterhaltsausfall (oben Rn 1).

IV.　Umfang des Ersatzanspruchs nach §§ 845, 1619

1.　Ersatz für entgehende Dienste

19 § 845 gewährt Anspruch auf Ersatz für den **Wert der entgehenden Dienste**. Sonstige Vermögensschäden, die aus dem Wegfall dieser Dienste resultieren, sind nicht ersatzfähig (RGZ 152, 208, 212; BGHZ 4, 123, 130; MünchKomm/STEIN Rn 8; SOERGEL/ZEUNER Rn 6), zB entgangener Gewinn (RGZ 152, 208, 212; HRR 1940 Nr 6; vgl OLG Stuttgart Recht 1916 Nr 680; BGB-RGRK/BOUJONG Rn 14; DREES 81), etwa durch eine vorzeitige Aufgabe der Hofbewirtschaftung (vgl OLG Köln FamRZ 1995, 1200, 1201). Auch eine analoge Anwendung des § 845 scheidet aus (s § 844 Rn 23 ff).

20 Die entgehenden Dienste sind nur insoweit ersatzfähig, als sie **gesetzlich geschuldet** sind. Weitergehende **überobligationsmäßige Leistungen** des Kindes gehen nicht in den Ersatzanspruch ein (OLG Hamburg VersR 1963, 1232). Genauso wird ein Ersatzanspruch auch dann ausscheiden müssen, wenn in der Vergangenheit **tatsächlich keine Dienste geleistet** wurden (abw SOERGEL/ZEUNER Rn 6; BGB-RGRK/BOUJONG Rn 14; PALANDT/THOMAS Rn 3; STAUDINGER/SCHÄFER[12] Rn 21). § 845 gewährt Ersatz für „entgehende Dienste" und nicht – wie § 844 Abs 2 S 1 – soweit der Dienstverpflichtete „zur Gewährung der Dienste verpflichtet sein würde". Aufgrund des Schadensereignisses entgehen Dienste aber nur dann, wenn sie sonst geleistet worden wären. Sind volljährige Kinder in der Vergangenheit ihrer Dienstpflicht nicht nachgekommen, hätten die dienstberechtigten Eltern ihren Anspruch jedenfalls nicht realisieren (hierzu § 844 Rn 90) können, da die Dienstpflicht gegenüber Volljährigen praktisch nicht durchsetzbar ist (näher MünchKomm/HINZ § 1619 Rn 12; ERMAN/MICHALSKI § 1619 Rn 10; STAUDINGER/COESTER [2000] § 1619 Rn 42).

Der Wert der entgangenen Dienste ist unter Anwendung von § 287 ZPO (s OLG Celle **21** NJW-RR 1990, 1478, 1479; PALANDT/THOMAS Rn 4; BGB-RGRK/BOUJONG Rn 18) nach den **Aufwendungen für eine vergleichbare Ersatzkraft** zu bemessen (RGZ 152, 208, 212; BGHZ 4, 123, 131 f; BGH NJW 1953, 97, 98; OLG Celle NJW-RR 1990, 1478, 1479; OLG Karlsruhe VersR 1988, 1128; OLG Köln FamRZ 1995, 1200, 1201; LG Köln VersR 1983, 1066). Stellen die dienstberechtigten Eltern eine Hilfskraft ein, so erstreckt sich der Ersatzanspruch regelmäßig auf den zu zahlenden Bruttolohn (BGHZ 4, 123, 131; SOERGEL/ZEUNER Rn 8) zzgl eventueller Sachaufwendungen wie Unterkunft und Verpflegung (MünchKomm/ STEIN Rn 8; zur Anrechnung ersparter Sachaufwendungen für das dienstverpflichtete Kind im Rahmen des Vorteilsausgleichs noch unten Rn 26 ff). Im Rahmen des tatrichterlichen Schätzungsermessens (§ 287 ZPO) kann zugunsten des Dienstverpflichteten berücksichtigt werden, daß fremde Hilfskräfte idR weder das gleiche Interesse noch die gleiche Arbeitskraft wie Familienangehörige aufbringen (so BGHZ 4, 123, 132; ERMAN/SCHIE MANN Rn 4; MünchKomm/STEIN Rn 8; BGB-RGRK/BOUJONG Rn 18).

Genauso wie bei § 844 Abs 2 (§ 844 Rn 123) gilt auch im Rahmen des § 845 ein nor- **22** mativer Schadensbegriff (BGHZ [GS] 50, 304, 305 f; hierzu HAGEN JuS 1969, 61). Ersatz kann auch dann verlangt werden, wenn eine **Ersatzkraft nicht eingestellt wird** (RGZ 152, 208, 212; BGHZ 4, 123, 131 f; BGB-RGRK/BOUJONG Rn 18; SOERGEL/ZEUNER Rn 7; ERMAN/SCHIE MANN Rn 4) und die Dienste von anderen Familienmitgliedern (§ 845 S 2 iVm § 843 Abs 4) oder vom Dienstberechtigten selbst verrichtet werden (RGZ 152, 208; RG HRR 1933 Nr 922; BGHZ 4, 123, 130; 38, 55, 58; 50, 304, 306; NJW 1972, 429, 431; OLG Stuttgart VersR 1954, 373). Wird keine Ersatzkraft eingestellt, geht der Anspruch in Fortentwicklung der neueren Rspr zur Bemessung des Unterhaltsschadens bei Tötung des haushaltsführenden Ehegatten (s § 844 Rn 141) jedoch nur auf die fiktiven Nettolohnkosten (OLG Celle NJW-RR 1990, 1478, 1479; ERMAN/SCHIEMANN Rn 4; SOERGEL/ZEUNER Rn 8).

2. Dauer der Rente

Die Rente nach §§ 845, 1619 kann nur für den Zeitraum zugesprochen werden, in **23** dem das Hauskind voraussichtlich weiterhin familienrechtlich zur Mitarbeit verpflichtet gewesen wäre. Entscheidend sind die Umstände des Einzelfalles. Bei der Prognoseentscheidung kommt dem Tatrichter § 287 ZPO zugute (BGH VersR 1966, 735 f; LG Köln VersR 1983, 1066; OLG Saarbrücken VersR 1989, 757).

a) Minderjähriges Kind

Die Dienstpflicht minderjähriger Kinder, die im elterlichen Haushalt mithelfen, **24** endet regelmäßig mit ihrem Auszug. Hiermit ist unter gewöhnlichen Umständen nicht vor dem 18. Lebensjahr zu rechnen (vgl OLG Saarbrücken VersR 1989, 757). Über die Volljährigkeit hinaus kann der Ersatzanspruch nur zugesprochen werden, wenn im Entscheidungszeitpunkt aufgrund besonderer Tatsachen absehbar ist, daß das Kind weiterhin dem elterlichen Hausstand angehört hätte und von den Eltern unterhalten worden wäre (OLG Karlsruhe VersR 1988, 1128, 1129; LG Köln VersR 1983, 1066; MünchKomm/STEIN Rn 10). Dies kommt insbes in landwirtschaftlichen Verhältnissen in Betracht, wenn das Kind in Aussicht der späteren Hofübernahme mitarbeitet (hierzu Rn 25). Hingegen kann man nicht mehr davon ausgehen, daß Hauskinder im allgemeinen erst im Alter von 25 Jahren durch Heirat oder Begründung einer eigenen Erwerbsstellung aus dem elterlichen Haushalt ausscheiden oder nicht mehr von den Eltern unterhalten werden (so aber noch die ältere Rspr: RG VAE 1941, 181; DR 1942, 954; OLG Köln JW 1937, 39; vgl auch BGH VersR 1961, 694, 695; OLG Karlsruhe VersR 1957, 271, 272; OLG Düsseldorf NJW 1961, 1408; LG Hildesheim VersR 1955, 14; BGB-RGRK/BOUJONG Rn 19; STAUDINGER/SCHÄFER[12] Rn 37).

b)   Volljähriges Kind

25 Noch schwerer zu prognostizieren ist die Dauer der Dienstpflicht des volljährigen Kindes, das im elterlichen Betrieb oder auf dem elterlichen Hof mitarbeitet. Das volljährige Kind kann sich jederzeit, fristlos und ohne Begründung aus der familiären Wirtschaftsgemeinschaft lösen und seine Dienstpflicht dadurch beenden (BGH VersR 1960, 132, 133; NJW 1972, 429, 430; BGHZ 69, 380, 383 f; NJW 1991, 1226, 1227; BGHZ 137, 1, 7 f; OLG Celle NZV 1997, 232; KÜPPERSBUSCH Rn 348). Mit zunehmender Qualifikation des Hauskindes und zunehmendem Gewicht der geleisteten Dienste ist davon auszugehen, daß das familienrechtliche Dienstverhältnis auf eine vertragliche Grundlage gestellt worden ist, zB wenn der als Hofnachfolger designierte Sohn nach Abschluß der Ackerbauschule vollzeit auf dem elterlichen Hof zur Verfügung gestanden hätte (OLG Celle NJW-RR 1990, 1478, 1479 f: Befristung des Ersatzanspruchs bis zum voraussichtlichen Abschluß der Lehre). Der Tatrichter hat daher sorgfältig abzuwägen, wie lange das erwachsene Hauskind bereit gewesen wäre, sich weiterhin auf „bloß" familienrechtlicher Grundlage einzusetzen, oder ob es nicht früher oder später entweder eine arbeitsvertragliche Absicherung und Entlohnung verlangt oder sich – widrigenfalls – aus dem Betrieb zurückgezogen hätte (BGH NJW 1991, 1226, 1227).

3.   Vorteilsausgleich und Schadensminderungspflicht

a)   Vorteilsausgleich

26 Während § 844 Abs 2 ausdrücklich auf Schadensersatz gerichtet ist, spricht § 845 dem Dienstberechtigten lediglich „Ersatz" für die entgehenden Dienste zu. Auch wenn sich entstehungsgeschichtlich nicht belegen läßt, warum statt des zunächst auch in § 845 verwendeten Schadensersatzes in der Gesetz gewordenen Fassung nur noch von „Ersatz" die Rede ist (vgl RGZ 152, 208, 211; BGHZ 4, 123, 127 f), hatte das **RG** hieraus in st Rspr gefolgert, daß § 845 ein reiner Wertersatz- und **kein Schadensersatzanspruch** sei und daher ein **Vorteilsausgleich nicht stattfinde** (RGZ 152, 208, 212; HRR 1933 Nr 922; JW 1935, 117; 1937, 1490; 1938, 1724; DRW 1940, 31; 1944, 771; zum Meinungsstand im Schrifttum BGHZ 4, 123, 125). Insbes sei auf den Ersatzanspruch nicht anzurechnen, was sich der Dienstberechtigte durch den vorzeitigen Tod des Dienstverpflichteten an Unterhaltsleistungen erspart habe. Dieser Unterhalt sei nicht Entgelt für die geleisteten Dienste, sondern die Unterhaltspflicht bestehe selbständig und unabhängig von der Dienstpflicht. Wenn die Dienstberechtigten über den Ersatz für entgehende Dienste hinaus einen weiteren Schaden, zB entgangenen Gewinn, nicht geltend machen könnten (vgl oben Rn 19), so dürfe umgekehrt auch keine vom Gesetz nicht ausdrücklich vorgeschriebene Gegenrechnung vorgenommen werden (RG HRR 1940 Nr 6; ie STAUDINGER/SCHÄFER[12] Rn 25).

Der **BGH** hat sich diesen begriffsjuristischen Erwägungen (Müller-Freienfels JZ 1960, **27**
372, 373) nicht anschließen wollen und sich für einen **eingeschränkten Vorteilsausgleich**
ausgesprochen. Anders als das RG vermochte der BGH in Wortlaut und Entstehungsgeschichte keine eindeutigen Hinweise sehen (so auch Habscheid JuS 1966, 180,
185). Vielmehr folgerte er aus dem Zweck des § 845 und seiner systematischen Stellung im 25. Titel (jetzt Titel 27) des BGB, daß es sich bei dieser Vorschrift grundsätzlich um einen Schadensersatzanspruch handele (BGHZ 4, 123, 126 ff), allerdings um
einen Schadensersatzanspruch „besonderer Art", der gegenüber anderen Schadener-
satzansprüchen die Besonderheit aufweise, daß der Dienstberechtigte nicht den gesamten, ihm durch den Wegfall des Dienstverpflichteten entstehenden Schadens
ersetzt verlangen könne, sondern nur den Wert der entgehenden Dienste. Dementsprechend könne auch nur ein beschränkter Vorteilsausgleich stattfinden (BGHZ 4,
123, 130 ff = JZ 1952, 332 mit krit Anm Beitzke; BGHZ 56, 389, 393 f; LM Nr 3, 5, 10 zu § 845; MDR
1953, 30; VersR 1957, 66; VersR 1961, 856, 857; VersR 1966, 736, 737). Auf den Ersatzanspruch
seien nur ersparte Aufwendungen für die dem getöteten Dienstverpflichteten gewährte **Verpflegung und Unterkunft** anzurechnen, nicht aber ersparte Aufwendungen,
die mit Rücksicht auf die familienrechtliche Stellung des Getöteten erbracht worden
wären, wie zB Aufwendungen für Kleidung, ärztliche Behandlung, Erholungsreisen,
Geschenke und sonstige Aufmerksamkeiten (BGHZ 4, 123, 132; VersR 1966, 736, 737; OLG
Hamburg VersR 1963, 1232, 1233; LG Bochum VersR 1956, 565, 566). IE werden dem Dienstberechtigten nur die Aufwendungen ersetzt, die er nach dem Tod des Dienstverpflichteten **zusätzlich** machen muß, um sich gleichwertige Dienste zu verschaffen
(BGHZ 4, 123, 131). Aufwendungen für Unterkunft und Verpflegung einer Ersatzkraft
sind daher nur insoweit ersatzfähig, als sie über die entsprechenden Aufwendungen
für den Dienstverpflichteten hinausgehen, zB wenn für die Hilfskraft ein Zimmer an
einem anderen Ort angemietet werden müßte (vgl BGHZ 4, 123, 131, VersR 1952, 289;
VersR 1966, 736, 737; OLG München VersR 1952, 294; OLG Tübingen RdK 1953, 46).

Diese Rspr hat im **Schrifttum** weitgehend Zustimmung gefunden (MünchKomm/Stein **28**
Rn 9; Soergel/Zeuner Rn 8; BGB-RGRK/Boujong Rn 15; Erman/Schiemann Rn 4; Palandt/
Thomas Rn 6; Geigel/Schlegelmilch Kap 8 Rn 100; Lange/Schiemann, Schadensersatz [3. Aufl
2003] § 9 IV 4 b; Drees 81; Küppersbusch Rn 350; Thiele AcP 167 [1967] 193, 210; vgl auch
Reinicke MDR 1952, 460, 462; für eine vollständige Anrechnung ersparten Unterhalts Habscheid
JuS 1966, 180, 185; Müller-Freienfels JZ 1960, 372, 374; gegen jeden Vorteilsausgleich Beitzke
JZ 1952, 333, 334). Zu Recht wird aber auf Abgrenzungsschwierigkeiten hingewiesen
(Reinecke MDR 1952, 460, 462). Jedenfalls liegt der Differenzierung des BGH insoweit
keine klare Zäsur zugrunde, als die für anrechnungsfähig erklärten Vorteile – die
ersparten Aufwendungen für Unterkunft und Verpflegung – ebenfalls Unterhalts-
leistungen darstellen. Die grundsätzliche Anrechenbarkeit ersparten Unterhalts entspricht auch dem Zweck der §§ 845, 1619, da ohne elterliche Unterhaltsleistungen
auch keine Dienstpflicht des Hauskindes entstehen kann (Rn 17 f). Damit ist die
Konnexität zwischen dem Ersatzanspruch des Dienstberechtigten und vorgängigen
Unterhaltsleistungen im Fall der §§ 845, 1619 im Grunde noch stärker als bei dem
Ersatzanspruch eines Ehegatten nach § 844 Abs 2 (hierzu § 844 Rn 202 ff). Auf dieser
Linie liegen auch die jüngeren Ausführungen von BGHZ 137, 1, 6 ff zum Wechsel-
spiel zwischen unentgeltlicher Arbeitsleistung und Unterhaltsgewährung. Ausgehend
von der Zwecksetzung des § 1619 und seiner inneren Systematik erscheint es daher
keineswegs ausgeschlossen, auch den gesamten Unterhalt als Ersparnis anzurechnen.
Dies mag in der Praxis ohnehin keinen großen Unterschied bedeuten, da es beim

Hauskind neben den Aufwendungen für Unterkunft und Verpflegung – anders als für den Ehegatten – weniger um ersparte Krankheits- und Kurkosten (hierzu REINICKE MDR 1952, 460, 462) geht, sondern allenfalls um ein zusätzlich gewährtes Taschengeld. In diesem Sinne hat sich die untergerichtliche Rspr auch immer wieder für eine Anrechnung des ersparten Gesamtunterhalts ausgesprochen (OLG Karlsruhe VersR 1988, 1128, 1129; OLG Celle NJW-RR 1990, 1478, 1479; OLG Schleswig NJW-RR 1998, 1404, 1405).

29 Iü gelten die allgemeinen Grundsätze für die Anrechnung von Vorteilen (vgl bereits § 844 Rn 200 ff sowie STAUDINGER/VIEWEG § 843 Rn 155 ff). **Erbschaften** sind auf den Anspruch nach §§ 845, 1916 regelmäßig **nicht anzurechnen**, weil der Anfall einer Erbschaft, auch der vorzeitige, in keinem Zusammenhang mit der von § 1619 geschuldeten Dienstleistung steht (so OLG Hamburg VersR 1963, 1232, 1233; für eine Anrechnung, wenn die Erbschaft sonst nicht angefallen wäre aber OLG Karlsruhe VersR 1957, 271, 272; hierzu auch BGB-RGRK/BOUJONG Rn 15 aE; vgl iü § 844 Rn 208 f). Auch dem hinterbliebenen Dienstberechtigten gewährte **Unfall- und Versorgungsrenten** sind regelmäßig nicht anrechenbar, da sie den Schädiger nicht entlasten sollen (vgl dazu RG JW 1911 [Unfallrente]; OLG Tübingen VersR 1952, 55 [Versorgungsrente] sowie BGH VersR 1956, 118, 119 [Arbeitslosenfürsorge]).

30 Eine Anrechnung ersparter Aufwendungen (Rn 26 ff) kommt regelmäßig nur dann in Betracht, wenn das dienstpflichtige Hauskind getötet wird. Wird das **Hauskind nur verletzt**, scheidet eine Anrechnung mangels Ersparnis von vornherein aus, soweit die Aufwendungen für das Hauskind bestehen bleiben; es müssen daher die gesamten Kosten für eine Ersatzkraft erstattet werden (LG Stade VersR 1955, 239).

b) Schadensminderungspflicht

31 Zur Schadensminderungspflicht (§ 254 Abs 2 S 1) des Dienstberechtigten vgl die sinngemäß geltenden Ausführungen bei § 844 Rn 231 ff. Verstößt das verletzte Hauskind gegen seine Schadensminderungspflicht, etwa indem es seine nur teilweise beeinträchtigte Arbeitskraft nicht anderweitig einsetzt (BGHZ 69, 380, 386: Umschulung eines Landarbeiters zum Feinmechaniker), müssen sich die dienstberechtigten Eltern dies nach §§ 846, 254 Abs 2 anrechnen lassen (BGB-RGRK/BOUJONG Rn 10 und § 846 Rn 5).

V. Gesetzlicher Forderungsübergang

32 Anders als bei § 844 Abs 2 (vgl § 844 Rn 222 ff) haben Leistungen der Sozialversicherungs- oder Versorgungsträger für den Anspruch aus § 845 nur geringe Bedeutung.

Beim Tod des dienstverpflichteten Kindes erhalten die Eltern **keine Hinterbliebenenrenten** aus der gesetzlichen Rentenversicherung (vgl §§ 46 ff SGB VI). Die gesetzliche Unfallversicherung kennt zwar eine Rente an Verwandte der aufsteigenden Linie (§ 69 SGB VII), doch nur unter der Voraussetzung, daß sie vom Verstorbenen „wesentlich unterhalten worden sind" (§ 69 Abs 1 SGB VII). Dann wäre aber richtigerweise kein Anspruch nach § 845, sondern ein Anspruch nach § 844 Abs 2 gegeben.

33 Wurde das dienstpflichtige Kind nur verletzt, so kann aber Anspruch auf eine **Erwerbsminderungsrente** (§§ 56 ff SGB VII; s auch § 43 SGB VI nF) bestehen. Die für einen Rechtsübergang nach § 116 SGB X erforderliche sachliche Kongruenz (hierzu

§ 844 Rn 245) ist von der Rspr bejaht worden, da die Rente genauso wie der Ersatzanspruch des Dienstberechtigten dem Zweck diene, einen Ausgleich zu schaffen für den Ausfall der im Rahmen des Familienverbandes bisher wirtschaftlich sinnvoll eingesetzten Arbeitskraft (BGHZ 69, 380, 382; s auch KÜPPERSBUSCH Rn 463). Allerdings fehlt es in diesen Fällen an der für einen Rechtsübergang allgemein erforderlichen Identität des Sozialversicherten mit dem Schadensersatzgläubiger (vgl BGH VersR 1956, 22, 24; VersR 1960, 656, 657). Diese begriffliche Trennung soll aber dann nicht gelten, wenn der Dienstberechtigte gemäß § 845 der Sache nach den Erwerbsschaden des verletzten Versicherten geltend macht (BGHZ 69, 380, 382 f; BGH VersR 1967, 176; s auch BGB-RGRK/BOUJONG Rn 17; KÜPPERSBUSCH Rn 352; LANGE/SCHIEMANN, Schadensersatz [3. Aufl 2003] § 11 C II 6 h). In der Praxis kommt es gleichwohl nur selten zu einem Rechtsübergang, da das verletzte dienstverpflichtete Kind regelmäßig eigene Ansprüche aus §§ 842, 843 Abs 1 gegen den Schädiger hat, die dem Anspruch seiner Eltern § 845 prinzipiell vorgehen (dazu sogleich Rn 34).

VI. Zeitliche Koordination von Elternanspruch und Kindesanspruch

Wird das Hauskind nicht getötet, sondern lediglich verletzt, können nicht nur An **34**
sprüche des Dienstberechtigten aus § 845, sondern auch eigene Ansprüche des Kindes aus §§ 842, 843 Abs 1 auf Ersatz des Erwerbsschadens entstehen (s STAUDINGER/
VIEWEG § 842 Rn 144 ff). Um zu verhindern, daß der Schädiger doppelt Ersatz leisten muß, sind die Ansprüche miteinander zu koordinieren (vgl BGHZ 69, 380, 383; OLG Frankfurt VersR 1982, 908, 909).

Dabei ist danach zu unterscheiden, ob das verletzte Hauskind ausschließlich im Betrieb seiner Eltern mitarbeitete (unten Rn 35 ff) oder ob es seinen Eltern lediglich neben einer Ausbildung oder anderweitigen Beschäftigung dienstpflichtig war (unten Rn 39 ff).

1. Nur-dienstpflichtiges Hauskind

Arbeitete das Hauskind mit seiner gesamten Arbeitskraft auf dem elterlichen Hof **35**
oder Betrieb mit, besteht bei näherer Betrachtung kein Konkurrenz-, sondern ein **Alternativverhältnis** zwischen dem elterlichen Anspruch aus § 845 und dem Anspruch des Kindes aus § 842: Solange das Kind weiter in den Diensten der Eltern gestanden wäre, kommt nach Auffassung des **BGH** nur der elterliche Anspruch aus § 845 zum Tragen; sobald sich das Kind zu einer eigenen Erwerbstätigkeit entschlossen hätte oder eine solche – auch verletzungsbedingt – tatsächlich aufgenommen hat, kann es eigene Ansprüche gegen den Schädiger aus § 842 geltend machen (grundlegend BGHZ 69, 380, 382 ff = LM § 845 BGB Nr 22 m Anm DUNZ; auch OLG Frankfurt VersR 1982, 908, 909; AG Heilbronn ZfS 1996, 54; so schon KROPHOLLER FamRZ 1969, 241, 251; zust WEBER DAR 1978, 113, 129; MünchKomm/STEIN Rn 7; PALANDT/THOMAS Rn 8; BGB-RGRK/BOUJONG Rn 9; WEIMAR JR 1981, 316, 317; KÜPPERSBUSCH Rn 351).

Diese „Koordination" der Ansprüche des Kindes und der Eltern beruht auf den **36**
gesetzlichen Voraussetzungen der elterlichen Dienstpflicht nach § 1619. Die elterliche Dienstpflicht findet ihr „natürliches" Ende, sobald das verletzte Kind eine anderweitige, die Dienstpflicht vollständig verdrängende Tätigkeit aufnimmt, zB weil es verletzungsbedingt nicht mehr in der Lage ist, im elterlichen Mühlenbetrieb

mitzuarbeiten und daher hauptberuflich als Feinmechaniker arbeitet (so der BGHZ 69, 380 zugrunde liegende Fall; zum Ende der Dienstpflicht mit Aufnahme einer Vollzeittätigkeit BGHZ 137, 1, 8 und oben Rn 18). Daneben ist bei volljährigen Kindern zu berücksichtigen, daß sie ihre Dienstpflicht auch künftig durch Aufnahme einer anderweitigen Tätigkeit jederzeit beenden können (s Rn 25). Hieraus folgt, daß der elterliche Anspruch aus §§ 845, 1619 auch dann endet, wenn das Kind glaubhaft macht, daß es sich ab einem bestimmten Zeitunkt zu einer selbständigen Erwerbstätigkeit entschlossen haben würde (BGHZ 69, 380, 385; OLG Frankfurt VersR 1982, 908, 909). Daher müssen die aus §§ 845, 1619 klagenden Eltern darlegen und ggf beweisen, daß das Kind im einge-klagten Zeitraum keine eigene Erwerbstätigkeit aufgenommen und dadurch der Dienstpflicht ein Ende gesetzt hätte. Als Beweismittel kommt regelmäßig das Zeug-nis des verletzten Kindes in Betracht (BGHZ 69, 380, 385).

Zur Kürzung des elterlichen Anspruchs gemäß §§ 846, 254, wenn das dienstpflichtige Kind gegen seine Schadensminderungspflicht verstößt, s § 846 Rn 5.

37 Zu Recht **verneint** der BGH für die alternativ bestehenden Ansprüche eine **Gesamt-gläubigerschaft** (§ 428) von Eltern und Kind (BGHZ 69, 380, 385; MünchKomm/STEIN Rn 7; STAUDINGER/NOACK [1999] § 428 Rn 68; WEBER DAR 1978, 113, 129; für Gesamtgläubigerschaft aber FENN 560 ff; WUSSOW FamRZ 1967, 189, 191 f; für Mitgläubigerschaft gemäß § 432 MEDICUS, BürgR [18. Aufl 1999] Rn 836; ders JuS 1980, 697, 700 f; ENDERLEIN AcP 200 [2000] 565, 597 f). Eine Gesamtgläubigerschaft würde die Eigenständigkeit des Kindesanspruchs unterlau-fen, weil der Schädiger auch dann mit befreiender Wirkung an die Eltern leisten könnte, wenn nicht deren Anspruch aus § 845, sondern ein eigener Anspruch des Kindes aus § 842 in Rede stünde. Der hieraus erwachsenden Unsicherheit kann der Schädiger dadurch entgehen, daß er dem Kind, wenn es nicht schon von sich aus eine eindeutige Erklärung abgegeben hat, gemäß §§ 73, 74 ZPO den Streit verkündet (BGHZ 69, 380, 385; MünchKomm/STEIN Rn 7).

38 Vor diesem Hintergrund erscheint es aber zumindest als mißverständlich, wenn von „Vorrang des Kindesanspruchs" und „Subsidiarität des Elternanspruchs" die Rede ist (so aber BGHZ 69, 380, 385; MünchKomm/STEIN Rn 7; BGB-RGRK/BOUJONG Rn 9; PALANDT/ THOMAS Rn 8; Soergel/ZEUNER Rn 5). Vielmehr postuliert der BGH eigentlich den Vor-rang des Elternanspruchs, weil er davon ausgeht, daß dem verletzten Kind für den Ausfall seiner Dienstpflicht gerade kein eigener Schadensersatzanspruch zusteht (vgl ENDERLEIN AcP 200 [2000] 565, 597). Die Alternative wäre gewesen, dem verletzten Hauskind genauso wie dem verletzten Ehegatten einen eigenen Anspruch für den Erwerbsausfall zuzubilligen (für einen eigenen Anspruch des verletzten Ehegatten s BGHZ 38, 55 ff; 50, 304, 306; NJW 1985, 735; JAYME, Die Familie im Recht der unerlaubten Handlungen [1971] 72 ff, 76 ff; KILIAN AcP 169 [1969] 443, 451 ff; BOEHMER FamRZ 1960, 173 ff; BGB-RGRK/BOUJONG § 842 Rn 29; ERMAN/SCHIEMANN § 843 Rn 5). Hierzu konnte sich der BGH aber nicht entschließen (BGHZ 69, 380, 385; eingehende Kritik bei ENDERLEIN AcP 200 [2000] 565, 590 ff). Dies war aus Sicht des BGH aber insoweit konsequent, als er sonst – entgegen seiner in NJW 1969, 2005, 2006 f geäußerten Auffassung – den Weg dafür bereitet hätte, auch die Dienstleistungen des Hauskindes als Unterhaltsleistungen zu qualifi-zieren (s hierzu Rn 8).

2. Anderweitig erwerbstätiges Hauskind

Erzielt das Hauskind neben seiner Dienstverpflichtung im elterlichen Betrieb noch **39**
eigene Einkünfte zB aus einer Lehre oder sonstigen Teilzeitbeschäftigung (vgl etwa
OLG Celle NJW-RR 1990, 1478: Besuch einer Ackerbauschule und Mitarbeit auf dem elterlichen
Hof an den Wochenenden; OLG Saarbrücken VersR 1989, 757: Schlosserlehre und Mitarbeit in der
Nebenerwerbslandwirtschaft der Eltern), so erwirbt es für den verletzungsbedingten Ausfall dieser Einkünfte **eigene Ansprüche** gegen den Schädiger **aus §§ 842, 843.** Diese
bestehen neben den Ansprüchen der Eltern wegen des Ausfalls der Dienste nach
§§ 845, 1619 (OLG Saarbrücken VersR 1989, 757; MünchKomm/Stein Rn 7; Palandt/Thomas
Rn 8; Geigel/Schlegelmilch Kap 8 Rn 101).

VII. Prozessuales

Die Rentendauer (Rn 23 ff) ist regelmäßig bereits im **Grundurteil** festzusetzen (§ 844 **40**
Rn 262; ie zu Grund- und Betragsverfahren Staudinger/Vieweg § 843 Rn 170 ff).

Die dienstberechtigten Eltern trifft die **Darlegungs- und Beweislast** für die Voraus- **41**
setzungen des Ersatzanspruchs nach § 845. Ist das dienstverpflichtete Kind nicht
getötet, sondern lediglich verletzt worden, müssen sie auch darlegen und ggf beweisen, daß das Kind ohne die Verletzung im eingeklagten Zeitraum keine eigene
Erwerbstätigkeit aufgenommen und so der Dienstpflicht ein Ende gesetzt hätte
(BGHZ 69, 380, 385; hierzu Rn 36). Bei der Ermittlung des Wertes der entgangenen
Dienste (Rn 21) sowie bei der Prognose der Rentendauer (Rn 23) gilt die **Beweiser-**
leichterung des § 287 ZPO (BGH VersR 1966, 735; OLG Saarbrücken VersR 1989, 757; s auch
§ 844 Rn 265).

Da die gemäß § 1619 geschuldeten Dienste des Kindes überwiegend nicht als Unter- **42**
haltsleistungen qualifiziert werden (Rn 8 aE), ist es konsequent, in § 845 auch keinen
Unterhaltsersatzanspruch zu sehen. Demgemäß geht die wohl hM davon aus, daß
Renten aus § 845 – anders als die Unterhaltsersatzrenten aus § 844 Abs 2 (§ 844
Rn 266) – nicht unter § 850b Nr 1 oder Nr 2 ZPO fallen und daher uneingeschränkt
pfändbar, aufrechenbar und übertragbar sind (OLG Neustadt VersR 1958, 774; BGB-
RGRK/Boujong Rn 23; Klingsporn FamRZ 1961, 54, 59; Soergel/Zeuner Rn 11; Erman/Schie-
mann Rn 4; Geigel/Schlegelmilch Kap 8 Rn 103; einschränkend Staudinger/Schäfer[12] Rn 39:
wo Leistungen des Kindes „der Sache nach" zum Familienunterhalt beiträgen, sei § 850 Nr 2 ZPO
anwendbar; für Pfändbarkeit gemäß § 850b Nr 2 aber Musielak, ZPO [1999] § 850b Rn 3). Hingegen soll **§ 850h Abs 2 ZPO** auch im Rahmen des § 1619 anwendbar sein (Enderlein
AcP 200 [2000] 565, 599 ff mwNachw).

VIII. Internationales Privatrecht

Das Bestehen einer gesetzlichen Dienstpflicht iSd § 845 ist eine selbständig anzu- **43**
knüpfende **Vorfrage** (BGH NJW 1976, 1588; NJW-RR 1987, 147; Hohloch JuS 1996, 171
mwNachw). Dem ausländischen Recht sind ausdrückliche gesetzliche Dienstpflichten
nach dem Vorbild des § 1619 weitgehend unbekannt (vgl Ch Huber, in: Schlosser [Hrsg],
Bürgerliches Gesetzbuch 1896–1996 [1997] 35, 42 Fn 23; zum österr Recht Kropholler FamRZ
1969, 241, 247 Fn 75). Soweit eine ausländische Rechtsordnung aber über ihre deliktsrechtliche Generalklausel, etwa Art 1382 belg Code civil, iE zu einem vergleichbaren

Ersatzanspruch gelangt, sind die bestehenden Systemdivergenzen dadurch aufzulösen, daß im Wege der Angleichung ein Ersatzanspruch gleichwohl zuzusprechen ist (OLG Köln FamRZ 1995, 1200, 1201 = JuS 1996, 171 f m Anm HOHLOCH).

§ 846
Mitverschulden des Verletzten

Hat in den Fällen der §§ 844, 845 bei der Entstehung des Schadens, den der Dritte erleidet, ein Verschulden des Verletzten mitgewirkt, so findet auf den Anspruch des Dritten die Vorschrift des § 254 Anwendung.

Materialien: E II § 769; III § 830; Mot II 772; Prot II 639.

Systematische Übersicht

I.	**Regelungszweck des § 846**	1	4.	Vertragliche Ansprüche	9
			a)	§ 618 Abs 3 und § 62 Abs 3 HGB	9
II.	**Anwendungsbereich**		b)	Vertrag mit Schutzwirkung für Dritte	10
1.	Mitverschulden des unmittelbar Ver-		c)	Amtshaftung wegen fehlerhafter	
	letzten	4		Beurkundung	11
2.	Ansprüche aus Gefährdungshaftung	6	5.	Gesetzlicher Forderungsübergang	
3.	Deliktische Ansprüche aufgrund			und Mitverschulden des Legalzessio-	
	mittelbarer Verursachung	7		nars	13

I.   Regelungszweck des § 846

1 § 846 dehnt den Anwendungsbereich des § 254 für die Ansprüche aus §§ 844, 845 auf das **mitwirkende Verschulden des unmittelbar Verletzten** aus. Hat bei der Entstehung (§ 254 Abs 1) oder der Abwendung und Minderung (§ 254 Abs 2) des Schadens ein Verschulden des Unterhalts- bzw Dienstverpflichteten iSd §§ 844, 845 mitgewirkt, so mindert dies den Ersatzanspruch des mittelbar Geschädigten in gleicher Weise wie sein eigenes Mitverschulden, für das § 254 unmittelbar gilt (s unten Rn 4 sowie § 844 Rn 3, 231 ff).

2 Im Gesamtgefüge der §§ 844 ff bedeutet § 846 eine **Durchbrechung der grundsätzlichen Eigenständigkeit und Selbständigkeit** der Ansprüche aus §§ 844, 845 (s § 844 Rn 3 ff). Diese Durchbrechung rechtfertigte die II. Komm damit, daß die Anprüche der Ersatzberechtigten ihren Grund in der Tötung bzw Verletzung des Unterhalts- oder Dienstverpflichteten hätten. Es liege daher „in der Natur der Sache", daß die Ersatzberechtigten mit Rücksicht auf ihre Beziehungen zu dem unmittelbar Verletzten auch die Folgen aus dessen fahrlässigem Verhalten, wenn es die Verletzung herbeigeführt oder beschleunigt hat, auf sich nehmen müßten (Prot II 639). Hierbei handelt es sich um eine sachgerechte Risikobegrenzung im Gläubigerinteresse (vgl BGB-RGRK/BOUJONG Rn 1 und allg zum Gedanken der Risikobegrenzung § 844 Rn 2).

Über seinen unmittelbaren Anwendungsbereich hinaus enthält § 846 einen **allgemei-** 3
nen Rechtsgedanken, daß die Ansprüche der mittelbar Geschädigten in ihrer Entstehung vom Verhalten des unmittelbar Verletzten ebenso beeinflußt werden können
wie dessen eigene Ansprüche (vgl RGZ 65, 313, 318; 69, 186, 187 f; 128, 229, 233; 170, 311, 315;
BGH VersR 1961, 846, 847; KG VersR 1963, 525, 527; BGB-RGRK/Boujong Rn 1; Soergel/Zeu-
ner Rn 2; Erman/Schiemann Rn 2; aA Jauernig/Teichmann Rn 1; s auch § 844 Rn 5). Der
Schädiger kann dem nach §§ 844, 845 Ersatzberechtigten daher auch andere Einwendungen entgegenhalten wie zB einen mit dem Verletzten vereinbarten Haftungsausschluß (ie § 844 Rn 6 ff). Trotz der rechtlichen Selbständigkeit der Ansprüche aus
§§ 844, 845 ist der unmittelbar Verletzte daher in gewisser Weise Rechtsvorgänger
des Drittgeschädigten (BGB-RGRK/Boujong Rn 1).

II. Anwendungsbereich

1. Mitverschulden des unmittelbar Verletzten

Der Schädiger kann dem nach §§ 844, 845 Ersatzberechtigten sowohl ein Mitver- 4
schulden des Verletzten bei der **Entstehung des Schadens** (§ 254 Abs 1) als auch einen
Verstoß des Verletzten gegen seine **Schadensminderungspflicht** (§ 254 Abs 2) entgegenhalten. Vgl ie zu den Voraussetzungen einer Anspruchsminderung durch Mitverschulden Staudinger/Schiemann (1998) § 254 insbes Rn 30 ff, 74 ff. Zur Anrechnung mitwirkender Tier- oder Betriebsgefahr unten Rn 6.

Der Ersatzberechtigte muß sich auf seinen Ersatzanspruch zB anrechnen lassen, daß 5
der Getötete seinen tödlichen Sturz auf eisglatter Fahrbahn bewußt auf sich genommen hat (BGH NJW 1985, 482, 483). Hingegen findet eine Kürzung des Ersatzanspruchs
nicht statt, wenn der verletzte Unterhaltspflichtige infolge eines Unfalles in einen
nicht mehr steuerbaren depressiven Erschöpfungszustand gerät und Selbstmord be-
geht (OLG Hamm r + s 1997, 65). Eine Kürzung des Anspruchs aus § 844 ist auch dann
nicht gerechtfertigt, wenn das Mitverschulden eines getöteten Mofafahrers allein
darin liegt, daß er den Kinnriemen seines Schutzhelms nicht fest genug angezogen
hat (OLG Hamm MDR 2000, 1190, 1191).

Der Anspruch des Ersatzberechtigten aus § 845 ist auch zu kürzen, wenn der Verletzte gegen seine Pflicht zur Schadensminderung (§ 254 Abs 2 S 1) verstößt, etwa
indem er es unterläßt, seine ihm nach einer Verletzung verbliebene Arbeitskraft
durch Aufnahme einer zumutbaren Arbeitskraft zu verwerten (BGHZ 69, 380, 386;
Soergel/Zeuner Rn 2; s § 845 Rn 36).

2. Ansprüche aus Gefährdungshaftung

Der Gedanke des § 846 gilt auch, wenn der Schädiger dem Unterhaltsberechtigten 6
aus Gefährdungshaftung einzustehen hat. Die außerhalb des BGB geregelten Ge-
fährdungshaftungsansprüche bei Tod eines Unterhaltsverpflichteten sind § 844 Abs 2
nachgebildet (§ 844 Rn 17 f). Über seinen unmittelbaren Anwendungsbereich hinaus
ist § 846 daher auch auf sonstige Ansprüche mittelbar Geschädigter anzuwenden wie
zB Ansprüche nach §§ 5, 8 HaftpflichtG (BGH NJW-RR 1994, 603, 604; NJW 1961, 1966)
oder § 3 GSG (OLG Köln NJW-RR 1992, 414). Zu demselben Ergebnis gelangt man,
wenn man die in den Spezialgesetzen zumeist ausdrücklich angeordnete Anspruchs-

minderung wegen Mitverschuldens des Geschädigten (etwa §§ 11 UmweltHG, 9 StVG, 6 ProdHG) auf den Anspruch des unterhaltsgeschädigten Dritten erstreckt (MünchKomm/Stein Rn 1; Soergel/Zeuner Rn 1; Geigel/Schlegelmilch Kap 8 Rn 108; ausf Staudinger/Schäfer[12] Rn 13).

Umgekehrt muß sich der Ersatzberechtigte nicht nur ein mitwirkendes Verschulden, sondern auch eine vom unmittelbar Verletzten zu vertretende **Tier- oder Betriebsgefahr** anrechnen lassen (vgl RG JW 1934, 3127; BGHZ 6, 319; 26, 69, 76; VersR 1959, 293, 294; 1976, 343, 344; BGB-RGRK/Boujong Rn 3; Soergel/Zeuner Rn 1; allg Staudinger/Schiemann [1998] § 254 Rn 8 ff, 11).

3.   Deliktische Ansprüche aufgrund mittelbarer Verursachung

7   Nicht anwendbar ist § 846, wenn der Ersatzberechtigte einen durch Fernwirkung entstandenen Schaden an eigenen Rechtsgütern geltend macht wie im Fall der **Schockschäden**. Der Schockgeschädigte ist nicht mittelbar Geschädigter iSd §§ 844, 845, sondern erleidet eine unmittelbar aus § 823 ersatzfähige Gesundheitsbeeinträchtigung (zur Abgrenzung bereits § 844 Rn 16; ie zur Ersatzfähigkeit von Schockschäden Staudinger/Hager [1999] § 823 Rn B 31 ff). Während sich das RG noch für eine analoge Anwendung des § 846 ausgesprochen hatte (RGZ 157, 11, 13 f; vgl auch LG Freiburg NJW-RR 1996, 476, 477), hat der BGH dies zu Recht abgelehnt, da die im Rahmen der §§ 844, 845 sinnvolle Regelung des § 846 nicht auf den selbständigen Anspruch des Schockgeschädigten aus § 823 paßt (BGHZ 56, 163, 168 f; zust etwa Deubner JuS 1971, 622, 625; Selb JZ 1971, 124, 125). IE will aber auch der BGH und mit ihm die wohl hM den Anspruch des Schockgeschädigten um ein Mitverschulden des unmittelbar Verletzten kürzen, und zwar über §§ 254, 242 (BGHZ 56, 163, 169 ff; KG VersR 1999, 504, 507; zust BGB-RGRK/Boujong Rn 5; Soergel/Zeuner Rn 3; Palandt/Thomas Rn 2; bei psychogenen Gesundheitsverletzungen auch MünchKomm/Stein Rn 3 aE; zum Streitstand eingehend Staudinger/Hager [1999] § 823 Rn B 38 mwNachw; s auch Staudinger/Schiemann [1998] § 254 Rn 110).

8   Der Sache nach nimmt der BGH hierbei eine **Billigkeitskorrektur** vor, die die mit §§ 846 und 254 eng umgrenzte Zurechnung des Verhaltens Dritter zulasten des Ersatzberechtigten überspielt (krit auch Erman/Schiemann Rn 2; Deubner JuS 1971, 622, 625 f: „Musterbeispiel für den Mißbrauch des § 242 durch die Gerichte"; Jauernig/Teichmann Rn 1; insbes Staudinger/Hager [1999] § 823 Rn B 39 mwNachw). Der BGH stützt sich dabei auf die Erwägung, daß die Schockschadenswirkung durch die enge persönliche Bindung zwischen dem Geschädigten und dem Unfallopfer vermittelt worden sei; dies rechtfertige es, das eigene Verhalten des geschädigten Angehörigen dem Schockgeschädigten anzulasten (BGHZ 56, 163, 170). Zu Recht wird demgegenüber daran erinnert, daß de lege lata eine Zurechnung fremden Verhaltens allein über die Maßstäbe des Erfüllungs- oder Verrichtungsgehilfen erfolgt (Staudinger/Hager [1999] § 823 Rn B 39; gegen jede Anrechnung auch Selb JZ 1972, 124, 126; E Schmidt MDR 1971, 538, 540). Eine Anrechnung mitwirkenden Verschuldens des unmittelbar Verletzten über § 242 bedarf daher in jedem Fall einer besonderen Begründung und sollte auf unzumutbare Härten begrenzt bleiben.

4. Vertragliche Ansprüche

a) § 618 Abs 3 und § 62 Abs 3 HGB

Gemäß § 618 Abs 3 und § 62 Abs 3 HGB gilt § 846 entsprechend für die Ersatzpflicht **9** des Dienstberechtigten bzw Prinzipals. Soweit die Rspr den Anwendungsbereich des § 618 Abs 3 über den Dienstvertrag hinaus auch für andere Vertragstypen mit vergleichbarer Gefährdungslage für den Schuldner geöffnet hat – Werkverträge und auf die Erbringung einer Dienstleistung gerichtete Auftragsverhältnisse (ie § 844 Rn 27) – ist § 846 ebenfalls entsprechend anwendbar.

b) Vertrag mit Schutzwirkung für Dritte

Darüber hinaus hat das RG § 846 auf den Anspruch eines Mieters aus § 538 wegen **10** Verletzung seiner Angehörigen aufgrund von Mängeln der Mietsache entsprechend angewendet und ein Mitverschulden der Angehörigen anspruchsmindernd berücksichtigt (RGZ 81, 214). Diese Fallkonstellation ist heute nach den Grundsätzen des Vertrages mit Schutzwirkung für Dritte zu lösen, so daß dem Angehörigen ein eigener vertraglicher Ersatzanspruch gegen den Vermieter zusteht und ein etwaiges Mitverschulden des Angehörigen schon über § 254 zu berücksichtigen ist (vgl Münch-Komm/Gottwald § 328 Rn 100; Hüffer ZHR 151 [1987] 93, 113).

Denkbar bleibt eine Heranziehung des in § 846 verkörperten Gedankens nur noch für die umgekehrte Fragestellung, inwieweit dem kraft Schutzwirkung klagenden Dritten über § 254 Abs 2 S 2 iVm § 278 hinaus ein Mitverschulden des Vertragsgläubigers angelastet werden kann (hierzu Staudinger/Jagmann [1995] Vorbem 109 ff zu §§ 328 ff und MünchKomm/Gottwald § 328 Rn 101 ff jeweils mwNachw). Für eine solche Anrechnung spricht der Gedanke des Schuldnerschutzes, der durch die Einbeziehung von Dritten in den Vertrag ohnehin schon eine Gläubigerkumulation hinnehmen muß. Daher wird man dem in den Schutzbereich eines Vertrages einbezogenen Dritten nicht weitergehende Rechte zusprechen dürfen als dem eigentlichen Vertragsgläubiger (vgl BGH NJW 1997, 2327, 2328 und noch unten Rn 12). Diese Begrenzung des Drittschutzes ist aber wegen seiner eingeschränkten Zielsetzung nicht über eine entsprechende Anwendung des § 846, sondern allenfalls als Billigkeitsausgleich gemäß § 242 zu leisten (s auch unten Rn 12).

c) Amtshaftung wegen fehlerhafter Beurkundung

Eine ähnliche Entwicklung hat sich in der Frage vollzogen, inwieweit sich ein ver- **11** meintlicher Erbe auf seinen Amtshaftungsanspruch gegen die Beurkundungsperson wegen fehlgeschlagenen Testaments ein Mitverschulden des Erblassers anrechnen lassen muß. Auch hier hat sich der BGH in einem ersten Schritt nur mit der Anwendbarkeit des § 846 auseinandergesetzt und diese zutreffend abgelehnt. Nimmt der in einem wegen Formmangels nichtigen Testament zum Erben Eingesetzte den zum Testamentsakt zugezogenen Bürgermeister wegen Amtspflichtverletzung über § 839 in Anspruch und beruft sich dieser auf ein mitwirkendes Verschulden des Erblassers, so **gilt § 846 nicht** (BGH NJW 1956, 260 = LM § 839 Nr 3; zust MünchKomm/Stein Rn 2; Soer-gel/Zeuner Rn 3; BGB-RGRK/Boujong Rn 5; Palandt/Thomas Rn 1; Erman/Schiemann Rn 2). Der unwirksam eingesetzte Erbe ist nicht mittelbar Geschädigter, sondern klagt einen über § 839 unmittelbar ersatzfähigen Vermögensschaden ein. Dafür paßt § 846 nicht (s auch Erman/Schiemann Rn 2).

12 Einen anderen Weg hat der BGH in jüngerer Zeit eingeschlagen und den Ersatzanspruch des in Aussicht genommenen Erben gegen einen Notar gemäß § 19 Abs 1 S 3 BNotO iVm § 839 um das Mitverschulden des Erblassers gekürzt, der es unterlassen hatte, den Notar an die noch ausstehende Beurkundung des Testaments zu erinnern (BGH NJW 1997, 2327 f). Im Einklang mit seinem älteren Judikat hat der BGH hierfür aber nicht § 846 herangezogen, sondern sich auf **Treu und Glauben** berufen: Der Sache nach sei der in Aussicht genommene Erbe in die Schutzwirkung des Beurkundungsvertrages aufgenommen worden. Aus Treu und Glauben folge aber eine Begrenzung des Drittschutzes dahingehend, daß dem in den Schutzbereich der Notarpflichten einbezogenen Erben nicht weitergehende Rechte zustehen dürfen als den unmittelbaren Urkundsbeteiligten (BGH NJW 1997, 2327, 2328).

5. Gesetzlicher Forderungsübergang und Mitverschulden des Legalzessionars

13 Gehen die Ansprüche der Hinterbliebenen oder Dienstverpflichteten aus §§ 844, 845 auf einen Dritten über (§ 844 Rn 243 ff, § 845 Rn 32 f), so kann sich der Schädiger gegenüber dem Ersatzberechtigten weder auf ein mitwirkendes Verschulden des Dritten (Legalzessionars) noch auf eine von diesem zu vertretende Betriebsgefahr (zB wenn der durch einen Unfall getötete Beamte im Dienstwagen befördert wurde) berufen (BGH NJW 1962, 1393, 1394 = LM § 17 StVG Nr 16/17; NJW 1972, 1415; MünchKomm/STEIN Rn 4; BGB-RGRK/BOUJONG Rn 8; PALANDT/THOMAS Rn 1). Anders als in den Fällen des Vertrages mit Schutzwirkung (oben Rn 10 ff) führt der Forderungsübergang nicht zur Erweiterung des Haftungsrisikos, sondern zu einer Verlagerung der Aktivlegitimation. Diese Verlagerung läßt Inhalt und Umfang des Ersatzanspruchs unberührt: Der Anspruch geht so über, wie er in der Person der nach §§ 844, 845 Ersatzberechtigten entstanden ist. Da diesen aber nur ein mitwirkendes Verschulden des unmittelbar Verletzten (§§ 846, 254) sowie ihr eigenes Mitverschulden (§ 254) entgegengehalten werden kann, bleibt ein Mitverschulden des Legalzessionars unbeachtlich, es sei denn der Ersatzberechtigte hat hierfür nach § 254 Abs 2 S 2 einzustehen. Dies muß auch dann gelten, wenn den Legalzessionar ein Mitverschulden an dem Unfall selbst trifft (so MünchKomm/STEIN Rn 4; PALANDT/THOMAS Rn 1; offengelassen in BGH NJW 1962, 1393; für Anrechnung aber RGZ 139, 289, 291; BGH VersR 1956, 220, 221; BGB-RGRK/BOUJONG Rn 8; auch STAUDINGER/SCHÄFER[12] Rn 16).

§ 847

Die Vorschrift ist durch Art 2 Nr 7 des 2. SchadÄndG vom 19. 7. 2002 (BGBl I 2674) mit Wirkung vom 1. 8. 2002 aufgehoben worden.

§ 848
Haftung für Zufall bei Entziehung einer Sache

Wer zur Rückgabe einer Sache verpflichtet ist, die er einem anderen durch eine unerlaubte Handlung entzogen hat, ist auch für den zufälligen Untergang, eine aus einem anderen Grund eintretende zufällige Unmöglichkeit der Herausgabe oder eine zufällige Verschlechterung der Sache verantwortlich, es sei denn, dass der Untergang,

die anderweitige Unmöglichkeit der Herausgabe oder die Verschlechterung auch ohne die Entziehung eingetreten sein würde.

Materialien: E I § 716; II § 771; III § 832; Mot II 740; Prot II 607.

Schrifttum

MEINCKE, Kann § 848 BGB gestrichen werden?, JZ 1980, 677

NIEDERLÄNDER, Schadensersatz bei hypothetischen Schadensereignissen, AcP 153 (1954) 41.

Systematische Übersicht

I. **Normzweck, systematische Stellung, Entstehungsgeschichte**
1. Normzweck _____ 1
2. Systematische Stellung _____ 2
3. Entstehungsgeschichte _____ 3

II. **Bedeutung** _____ 4

III. **Voraussetzungen und Anwendungsbereich**
1. Sache _____ 5

2. Rückgabepflicht aufgrund deliktischer Entziehung _____ 6

IV. **Rechtsfolgen**
1. Haftung für zufällige Unmöglichkeit der Herausgabe oder zufällige Verschlechterung der Sache _____ 7
2. Ausschluß der Haftung _____ 8
3. Beweislast _____ 9

Alphabetische Übersicht

Abschaffung der Vorschrift _____ 3, 4

Bedeutung _____ 4
Besitzentziehung _____ 6
Beweislast _____ 9

Eigentümer-Besitzer-Verhältnis _____ 6
Entstehungsgeschichte _____ 2
Ersitzung durch Dritte _____ 7

fur semper in mora _____ 3

Gutgläubiger Erwerb durch Dritte _____ 7

Kausalverlauf _____ 1, 3, 8 f
Klarstellungsfunktion _____ 4

Normzweck _____ 1

Pfandkehr _____ 6

Römisches Recht, Rechtslage _____ 3
Rückgabepflicht _____ 6

Sache _____ 5, 7
Schaden _____ 3
Systematische Stellung _____ 2

Tiere _____ 5

Unmöglichkeit _____ 7
Unvermögen _____ 7

Verbotene Eigenmacht _____ 6
Verschlechterung _____ 7

Wertminderung _____ 7
Wertpapier _____ 5

Zufall _____ 1, 4, 7 f
Zufallsrisiko _____ 1

I. Normzweck, systematische Stellung, Entstehungsgeschichte

1. Normzweck

1 § 848 bezweckt, den Rückgabeverpflichteten, der die zurückzugebende Sache durch eine unerlaubte Handlung entzogen hat, mit einem Schuldner gleichzustellen, der mit der Rückgabepflicht in Verzug geraten ist. Die Vorschrift trägt mit der **Zuordnung des Zufallsrisikos** in den Fällen der Unmöglichkeit der Herausgabe oder der Verschlechterung der Sache dem Gesichtspunkt Rechnung, daß der deliktische Besitzer auch ohne Mahnung (RG WarnR 1911 Nr 81; MünchKomm/STEIN[3] Rn 2) weiß, daß er die Sache zurückgeben muß. Zugleich schafft sie einen Anreiz, die Sache alsbald zurückzugeben.

Im Rahmen der Risikozuordnung verlangt die Vorschrift die Berücksichtigung hypothetischer Kausalverläufe (unten Rn 8). § 848 berührt dagegen nicht die Frage, wann statt der Rückgabe der Sache Geldersatz verlangt werden kann (RG WarnR 1911 Nr 81). Geht der Ersatzanspruch gem § 250 S 2 nur noch auf Geld, kommt es auf § 848 nicht mehr an.

2. Systematische Stellung

2 § 848 steht im systematischen Zusammenhang mit §§ 276, 287 S 2. Nach diesen allgemeinen Vorschriften haftet der Rückgabeschuldner für die Unmöglichkeit der Herausgabe bzw die Verschlechterung der Sache grundsätzlich nur bei Verschulden (§ 276 Abs 1 S 1), im Falle des Verzugs der Rückgabe auch bei Zufall, es sei denn, daß der Schaden auch bei rechtzeitiger Leistung eingetreten wäre (§ 287 S 2). § 848 erweitert damit die Zufallshaftung des Rückgabeschuldners, der die zurückzugebende Sache durch eine unerlaubte Handlung entzogen hat, über die Fälle des § 287 S 2 hinaus (MünchKomm/STEIN[3] Rn 1).

Ein weiterer systematischer Zusammenhang ergibt sich aus den Verweisungen in §§ 682, 992, 2025 auf die Vorschriften über den Schadensersatz wegen unerlaubter Handlungen und damit auch auf § 848.

3. Entstehungsgeschichte

3 § 848 geht auf den gemeinrechtlichen Satz **„fur semper in mora"** (der Dieb ist immer im Verzug) zurück. Da das römische Recht keinen auf Sachherausgabe oder Geldleistung gerichteten Schadensersatzanspruch des Eigentümers gegen den Dieb kannte, stand dem Eigentümer nur ein Bereicherungsanspruch zur Verfügung. Befand sich der Dieb zum Zeitpunkt des Eintritts der Unmöglichkeit im Verzug, blieb seine Verpflichtung zur Geldleistung (sog perpetuatio obligationis) erhalten. Mit dem Satz „fur semper in mora" war gewährleistet, daß der Dieb auch bei zufälligem Untergang der Sache aus der Kondiktion in Anspruch genommen werden konnte (MEINCKE JZ 1980, 677, 678).

Entgegen MEINCKE (JZ 1980, 677 f), der für die Abschaffung der Vorschrift plädiert, hat § 848 trotz Einführung einer sachverfolgenden Schadensersatzklage mit §§ 823 Abs 1, 249, 251 Abs 1 weiter seinen Sinn, da er die Frage hypothetischer Schädigungen, die nach dem haftungsbegründenden Umstand, aber vor Vollendung des Schadens eingetreten wären, regelt: Mit § 848 wird klargestellt, daß hypothetische Schäden außer Betracht bleiben sollen, wenn sie nach vollständiger Entstehung des an die Stelle der Naturalrestitution tretenden Geldanspruchs eingetreten wären (HANAU, Die Kausalität der Pflichtwidrigkeit [1971] 150).

II. Bedeutung

Angesichts der Regelung des § 251 Abs 1 ist die praktische Bedeutung des § 848 **4** zweifelhaft. Ganz überwiegend wird eine eigenständige rechtliche Bedeutung verneint (ERMAN/SCHIEMANN[10] Rn 1; MünchKomm/STEIN[3] Rn 1; BGB-RGRK/KREFT[12] Rn 1). MEINCKE (JZ 1980, 677 f) empfiehlt die Aufhebung der seines Erachtens verfehlten Bestimmung. TEICHMANN (JAUERNIG/TEICHMANN[9] Rn 1) sieht hingegen in § 848 eine Erweiterung der Haftung auf rein zeitlich folgende Schäden. LARENZ/CANARIS (Schuldrecht II/2[13] § 83 IV) verstehen die Bedeutung der Vorschrift darin, daß es nicht auf die „objektive Zurechenbarkeit" des Folgeschadens, insbes nicht auf das Kriterium des Schutzzweck- oder Risikozusammenhangs ankomme, sondern für jede Art von Zufall gehaftet werde. Jedenfalls dient § 848 der **Klarstellung** und sollte nicht aus dem in sich geschlossenen Regelungssystem der §§ 823 ff gestrichen werden (vgl auch oben Rn 3).

III. Voraussetzungen und Anwendungsbereich

1. Sache

Maßgeblich ist der **Sachbegriff des § 90** (hierzu ie STAUDINGER/DILCHER [1995] § 90 Rn 1 ff). **5** Objekt der Rückgabepflicht sind bewegliche oder unbewegliche körperliche Gegenstände. Gleichgestellt sind gem § 90a Tiere. Nicht erfaßt sind Wertpapiere, soweit es nicht um deren Sachsubstanz, sondern um deren Kurswert geht (RG Recht 1907 Nr 762 = LeipZ 1907, 216 [Nr 7]).

2. Rückgabepflicht aufgrund deliktischer Entziehung

§ 848 ist wegen seiner systematischen Stellung in allen Fällen deliktischer Sachentzie- **6** hung anwendbar, die eine Verpflichtung zur Rückgabe begründen. Auch eine Verantwortlichkeit nach § 831 genügt. Unbeachtlich sind die Eigentumsverhältnisse an der Sache: § 848 greift auch ein, wenn der Handelnde seine eigene Sache einem anderen durch eine unerlaubte Handlung entzieht (zB § 289 StGB – Pfandkehr) (BGB-RGRK/ KREFT[12] Rn 1). Auf eine dauernde Besitzentziehung muß die unerlaubte Handlung nicht gerichtet sein (zB § 248b StGB). Der Übergang von einer zunächst ungewollten zu einer gewollten Besitzentziehung genügt (BGH VersR 1978, 350 – vom Schädiger versehentlich in Empfang genommene und später bewußt beiseite geschaffte Motoren).

Für das Eigentümer-Besitzer-Verhältnis ist § 848 aufgrund der Rechtsgrundverweisung (STAUDINGER/GURSKY [1999] § 992 Rn 2; MünchKomm/MEDICUS[3] § 992 Rn 5) des § 992 dann anwendbar, wenn sich der Besitzer den Besitz an der Sache durch verbotene Eigenmacht oder durch eine Straftat verschafft hat (vgl KG VersR 1978, 435). Da die verbotene Eigenmacht im Rahmen des § 992 gegen den Eigentümer oder dessen Besitzmittler begangen werden kann (hM: WESTERMANN, Sachenrecht[7] § 32 IV 2 a mwNw auch zur Gegenansicht, die als Opfer auch einen unberechtigten Dritten genügen läßt), ist § 848 damit auch dann anwendbar, wenn die Sache nicht demjenigen, dem sie entzogen worden ist, sondern einem anderen zurückzugeben ist (BGB-RGRK/Kreft[12] Rn 1).

IV. Rechtsfolgen

1. Haftung für zufällige Unmöglichkeit der Herausgabe oder zufällige Verschlechterung der Sache

7 Zufall liegt vor, wenn die Unmöglichkeit bzw die Verschlechterung auf einem von keiner Seite zu vertretenden Ereignis beruht. Dem zufälligen Untergang ist eine aus einem anderen Grund eintretende zufällige Unmöglichkeit der Herausgabe gleichgestellt. Dabei erfaßt § 275 Abs 1 nF sowohl die objektive als auch die subjektive Unmöglichkeit. Auch die Fälle des Unvermögens iSv § 275 Abs 2 aF (zB gutgläubiger Eigentumserwerb oder Ersitzung durch einen Dritten) zählen hierzu. Der Begriff der Verschlechterung ist wie in § 989 zu verstehen (Jauernig/Teichmann[9] Rn 1). Umfaßt ist jede körperliche Beschädigung der Sache und jede Beeinträchtigung ihrer Funktionstauglichkeit (vgl ie Staudinger/Gursky [1999] § 989 Rn 6). Auch die Entwertung der Sache oder ihre Wertminderung – zB durch nach der Entziehung eingetretene Verschlechterung der Marktpreise – kann eine Verschlechterung iSv § 848 sein. Beachtlich ist die Wertminderung aber nur, wenn sie die Substanz der Sache betrifft, nicht nur ein mit ihr verknüpftes Recht (zB Sinken des Kurswerts eines Wertpapiers, RG Recht 1907 Nr 762 = LeipZ 1907, 216 [Nr 7]; MünchKomm/Stein[3] Rn 2; Soergel/Zeuner[12] Rn 1; BGB-RGRK/Kreft[12] Rn 1). Der Schuldner haftet auf Geldentschädigung nach Maßgabe des § 251 Abs 1 (Palandt/Thomas[61] Rn 1).

2. Ausschluß der Haftung

8 Die Zufallshaftung entfällt, wenn der Untergang, die anderweitige Unmöglichkeit der Herausgabe oder die Verschlechterung auch ohne die Entziehung eingetreten wäre. Die dem § 287 S 2 (s hierzu Staudinger/Löwisch [1995] § 287 Rn 7 ff) entsprechende Regelung erfordert die Berücksichtigung des hypothetischen Kausalverlaufs auch bei unmittelbaren Schäden (Staudinger/Schäfer[12] Rn 6 f mit zu weitgehendem Verweis auf §§ 831 Abs 1 S 2 2. Alt, 832 Abs 1 S 2 2. Alt, 833 S 2 2. Alt und 834 S 2 2. Alt; MünchKomm/Stein[3] Rn 1; Larenz VersR 1963, 1, 7; krit Niederländer AcP 153 [1954] 41, 77 f m d Begr, der Eigentümer trage bei Zerstörung der Sache das Forderungsrisiko bezüglich des Ersatzanspruchs, das Risiko des hypothetischen Sachschicksals dürfe ihn nicht außerdem noch belasten). Die Berücksichtigung des hypothetischen Kausalverlaufs (allgemein hierzu Staudinger/Schiemann [1998] § 249 Rn 92 ff; MünchKomm/Grunsky[3], § 249 Rn 78 ff; BGB-RGRK/Alff[12] vor § 249 Rn 21 ff; Soergel/Mertens[12] vor § 249 Rn 152 ff; Erman/Schiemann[10] Vor § 249 Rn 78 ff) hat ergebnisorientiert – mit Blick auf die Unmöglichkeit oder Verschlechterung – zu erfolgen. Nicht erforderlich ist, daß gerade der Umstand, der beim Rückgabeverpflichteten die Unmöglichkeit der Herausgabe oder die Verschlechterung bewirkt hat, auch beim Berechtigten zu diesem Erfolg geführt hätte (MünchKomm/Stein[3] Rn 3). Es genügt auch irgendein anderer Zufall, der beim Geschädigten dieselben Folgen gehabt hätte (BGB-RGRK/Kreft[12] Rn 2; Erman/Schiemann[10] Rn 1; ebenso schon Prot II 607). Erst recht muß es ausreichen, wenn der Berechtigte schuldhaft den Untergang oder die Verschlechterung der Sache herbeigeführt hätte (zB Anzünden seines Hauses zum Zweck des Versicherungsbetruges).

3. Beweislast

Aus dem Wortlaut („es sei denn") ergibt sich, daß der Rückgabeverpflichtete für den **9**
hypothetischen Kausalverlauf beweispflichtig ist (Mot II 740 iVm Mot II 64 f; Münch-
Komm/STEIN[3] Rn 3; BGB-RGRK/KREFT[12] Rn 2; SOERGEL/ZEUNER[12] Rn 1; ERMAN/SCHIEMANN[10]
Rn 1). Ansonsten trägt nach allgemeinen Grundsätzen der Berechtigte die Beweislast.

§ 849
Verzinsung der Ersatzsumme

**Ist wegen der Entziehung einer Sache der Wert oder wegen der Beschädigung einer
Sache die Wertminderung zu ersetzen, so kann der Verletzte Zinsen des zu erset-
zenden Betrags von dem Zeitpunkt an verlangen, welcher der Bestimmung des
Wertes zugrunde gelegt wird.**

Materialien: E I § 717; II § 772; III § 833; Mot II
740 f; Prot II 607.

Schrifttum

BREHM/BRUGGNER-WOLTER, Zur Anwendung
der BGB §§ 849, 852 auf einen Anspruch aus KO
§ 82, EWiR 1990, 775

FOERSTE, Zum Nachweis eines Produktfehlers,
EWiR 1999, 1181
STEFFEN, Anm LM Nr 4 zu § 849.

Systematische Übersicht

I. **Normzweck, systematische Stellung,
   Entstehungsgeschichte**
1. Normzweck _____ 1
2. Systematische Stellung _____ 2
3. Entstehungsgeschichte _____ 3

II. **Voraussetzungen und Anwendungs-
    bereich**
1. Entziehung oder Beschädigung einer
   Sache _____ 4

2. Kausale unerlaubte Handlung oder
   Haftung nach nicht abschließenden
   Sonderregelungen _____ 5
3. Pflicht zum Ersatz des Wertes oder
   der Wertminderung _____ 6

III. **Rechtsfolge: Verzinsungspflicht**
1. Bemessungsgrundlage _____ 7
2. Zinshöhe _____ 8
3. Beginn der Verzinsungspflicht _____ 9
4. Ende der Verzinsungspflicht _____ 10

Alphabetische Übersicht

Absonderungsgläubiger _____ 4
Abstrakter Mindestbetrag _____ 1
Amtshaftung _____ 5
Ausnahmevorschrift _____ 4

Beschädigung einer Sache _____ 4
Beschaffung der Ersatzsache _____ 10

Beweislast _____ 1
Einbuße an Substanz und Nutzbarkeit ___ 1, 9
Enteignung, Rechtsgrundsätze _____ 9
Entstehungsgeschichte _____ 3
Ersatzbetrag _____ 10
Ersatzbeschaffung _____ 10

Ersatzsache ——————————————— 10

Gefährdungshaftung ————————————— 5
Genehmigung nach StBauFG, Versagung _ 4

Kraftfahrzeug, Nutzungsentgang ————— 5

Mahnung, Entbehrlichkeit ————————— 1
Mündliche Verhandlung, letzte ————— 9

Nachweis höheren Schadens ——————— 1
Normzweck ——————————————— 1, 9
Nutzbarkeit, Verlust an ————————— 1, 9
Nutzungsausfall ——————————— 1, 5
Nutzungsausfallentschädigung ————— 1

Patentverletzung ——————————— 5
Preise ———————————————— 9
Preisentwicklung ——————————— 9
Preisgefüge ————————————— 9
Produktfehler ————————————— 4

Reeder ——————————————— 5
Rentennachzahlungen ————————— 5
Rentenversicherung —————————— 5

Sachbegriff —————————————— 4
Sachbeschädigung ——————————— 4
Sachentziehung ———————————— 4
Sachzustand —————————————— 9
Schadensereignis, Zeitpunkt —————— 9
Substanz, Einbuße an ————————— 1, 9
Systematische Stellung ———————— 2

Veräußerungsgewinn, entgangener ——— 6
Versagung einer Genehmigung nach
  StBauFG ——————————————— 4
Versteigerung durch Konkurs-/Insolvenz-
  verwalter —————————————— 4
Verzug ——————————————— 2

Wert ———————————————— 1, 6
Wertersatz, alsbaldiger ———————— 1
Wertbestimmung, Zeitpunkt —————— 3, 9
Wertminderung ———————————— 1, 6
Wertsteigerung ———————————— 9
Wiederbeschaffung —————————— 10
Wiederherstellungskosten ——————— 6

Zinsen ——————————————— 6 ff
Zustand der Sache —————————— 9

I. Normzweck, systematische Stellung, Entstehungsgeschichte

1. Normzweck

1 § 849 erkennt dem Geschädigten ohne Nachweis eines konkreten Schadens Zinsen –
als **pauschalierten Mindestbetrag des Nutzungsentgangs** – zu. Hierdurch nimmt die
Vorschrift dem Geschädigten die Beweislast dafür ab, welchen Schaden er für die
Einbuße an Substanz und Nutzbarkeit der ihm entzogenen oder beschädigten Sache
erlitten hat (Mot II 741; BGH VersR 1962, 548, 550 = LM § 849 Nr 2; BGHZ 87, 38, 40 f = NJW
1983, 1614, 1614 f = VersR 1983, 555, 556). Der Zinsanspruch soll den endgültig verbleibenden Verlust an der Nutzbarkeit der Sache ausgleichen, der durch den späteren
Gebrauch derselben oder einer anderen Sache nicht nachgeholt werden kann (BGHZ
87, 38, 40 f = NJW 1983, 1614, 1614 f = VersR 1983, 555, 556). Damit knüpft der Zinsanspruch
an die Nutzbarkeit der Sache an. Für die Schadensabwicklung wird er aber von dem
Vorhandensein eines konkreten Nutzungsausfalls der Sache gelöst und führt zu einem abstrakten Mindestbetrag (BGHZ 87, 38, 41 = NJW 1983, 1614, 1615 = VersR 1983, 555,
556). Der Zinsanspruch bemißt sich nach der Ersatzsumme, die – im Fall der Entziehung der Sache – für deren Wert oder – im Fall der Beschädigung der Sache – für
deren Wertminderung geschuldet wird (BGH VersR 1962, 548, 549 f = LM § 849 Nr 2). Dem
Normzweck – Beweiserleichterung – entsprechend bleibt es dem Geschädigten un-
benommen, einen über den in § 849 vorgesehenen pauschalierten Mindestbetrag
hinausgehenden nachweisbaren höheren Schaden – zB nach den Grundsätzen der

Nutzungsausfallentschädigung – geltend zu machen (BGH VersR 1962, 548, 550 = LM § 849 Nr 2; MünchKomm/STEIN³ Rn 1; BGB-RGRK/KREFT¹² Rn 1). Die Anwendung beider Berechnungsarten nebeneinander ist allerdings nur möglich, wenn sie sich auf verschiedene Zeitabschnitte des Nutzungsentzugs beziehen (Mot II 66; BGHZ 87, 38, 41 f = NJW 1983, 1614, 1615 = VersR 1983, 555, 556).

Indem § 849 inhaltlich die Regelung des § 290 aufgreift, knüpft er an dessen Normzweck an, **einen zum Wertersatz verpflichteten Schuldner dem Schuldner einer Geldschuld gleichzustellen** (MünchKomm/THODE³ § 290 Rn 1). Damit trägt die Vorschrift dem Gesichtspunkt Rechnung, daß der deliktisch Handelnde auch ohne Mahnung (vgl OLG Kiel OLGE 9, 282 = SeuffA 59 [1904] Nr 259) bereits weiß, daß er Wertersatz leisten muß. Zugleich schafft § 849 für den Ersatzpflichtigen einen Anreiz, durch umgehende Leistung des Wertersatzes Zinszahlungen zu vermeiden.

2. Systematische Stellung

§ 849 entspricht der für den Verzug geltenden Regelung des § 290 (MünchKomm/STEIN³ **2** Rn 1; BGB-RGRK/KREFT¹² Rn 1). Mit den Verweisungen in §§ 682, 992, 2025 auf die Vorschriften über Schadensersatz wegen unerlaubter Handlungen werden die zugrundeliegenden Wertentscheidungen auf die betreffenden Regelungsbereiche übertragen.

3. Entstehungsgeschichte

E I–III enthielten die Bestimmung, daß der Gläubiger, der Zinsen nach § 849 ver- **3** langt, nicht außerdem für dieselbe Zeit Ersatz für die entzogenen Nutzungen verlangen kann; die Bestimmung wurde aber durch die Reichstagskomm gestrichen, da die Entscheidung der Frage der Rechtsprechung überlassen bleiben sollte (MUGDAN II 1310, 1274). Nach E I 715, auf den E I § 717 (der heutige § 849) Bezug nahm, sollte für die Bestimmung des Wertes der Sache grundsätzlich der Zeitpunkt der Entziehung oder Verschlechterung der Sache maßgeblich sein, unter besonderen Umständen auch ein späterer Zeitpunkt. E I § 715 wurde aber von der II. Komm gestrichen. Dafür wurde in § 717 ausdrücklich festgelegt, daß der zu ersetzende Betrag von der Zeit der Entziehung oder Beschädigung an zu verzinsen ist (Mot II 741; Prot II 607). Die heutige Gesetzesfassung (Zinsen „von dem Zeitpunkt an, welcher der Bestimmung des Wertes zugrunde gelegt wird") beruht auf dem Beschluß der Reichstagskomm (vgl MUGDAN II 1310, 1274).

II. Voraussetzungen und Anwendungsbereich

1. Entziehung oder Beschädigung einer Sache

Zum Begriff der Sache vgl § 848 Rn 5. Zu den Sachen iS dieser Vorschrift gehört auch **4** Geld (BGHZ 8, 288, 298 = NJW 1953, 499, 500 f; OLG München OLGZ 1970, 457 f [unterschlagenes Geld]; OLG Düsseldorf NJW-RR 1989, 1253, 1254 = ZIP 1990, 1014; hierzu Anm BREHM/BRUGGNER-WOLTER EWiR 1990, 775 [Nichtabführung des Versteigerungserlöses an den Berechtigten]). Erforderlich ist eine Entziehung oder Beschädigung einer Sache. Ein allgemeiner Grundsatz des Inhalts, daß ein Schadensersatzanspruch aus unerlaubter Handlung vom Zeitpunkt seiner Entstehung an mit dem gesetzlichen Zinssatz zu verzinsen sei, kann der Ausnahmevorschrift des § 849 nicht entnommen werden (BGH VersR 1962, 548, 549 = LM § 849 Nr 2; BGH NVwZ 1994, 409, 410). Die rechtswidrige Versagung einer öffentlich-rechtlichen Genehmigung nach dem StBauFG, die den Geschädigten um die Chance bringt, das Grundstück zur Abwendung der Zwangsversteigerung anderweitig zu veräußern, ist keine Entziehung der Sache, da der korrespondierende Schadensersatzanspruch lediglich den entgangenen Veräußerungsgewinn, nicht aber den Wert der entzogenen Sache erfaßt (BGH NVwZ 1994, 409, 410; vgl auch MünchKomm/ STEIN[3] Rn 2, die von einer amtspflichtwidrigen Zwangsversteigerung ausgeht). Löst ein Produktfehler, der keine Beschädigung iSv § 849 darstellt, Beschädigungen an anderen Sachen aus, so ist nach OLG Koblenz (EWiR § 1 ProdHaftG 1/99 1181) der betreffende Ersatzanspruch nicht von § 849 erfaßt (krit hierzu FOERSTE EWiR 1999, 1181, 1182). Hat ein Absonderungsgläubiger mangels eigenen Besitzes kein Selbstverwertungsrecht, handelt es sich bei der Versteigerung einer Sache durch den Konkurs- bzw Insolvenzverwalter nicht um eine Entziehung einer Sache iSv § 849 (OLG Düsseldorf NJW-RR 1989, 1253 = ZIP 1990, 1014, hierzu Anm BREHM/BRUGGNER-WOLTER EWiR 1990, 775; ohne Differenzierung nach dem Selbstverwertungsrecht des Absonderungsgläubigers MünchKomm/STEIN[3] Rn 2).

2. Kausale unerlaubte Handlung oder Haftung nach nicht abschließenden Sonderregelungen

5 Aus der systematischen Stellung im Titel 27 des Abschnitts 8 (einzelne Schuldverhältnisse) ergibt sich, daß der Anspruch aus § 849 die Entziehung oder Beschädigung einer Sache durch eine unerlaubte Handlung voraussetzt. § 849 gilt auch im Rahmen der Amtshaftung (BGH NJW 1965, 392 = VersR 1965, 242; NVwZ 1994, 409), für die Gefährdungshaftung des § 833 S 1 sowie für alle anderen im Titel 27 geregelten Haftungstatbestände (BGHZ 87, 38, 39 f = NJW 1983, 1614 = VersR 1983, 555). Darüber hinaus kann § 849 auch im Rahmen von **Haftpflichttatbeständen außerhalb des BGB** angewendet werden, soweit diese **nicht eine abschließende Sonderregelung** darstellen. Die Gefährdungshaftung iS des § 7 StVG und die vermutete Verschuldenshaftung iS des § 18 StVG enthalten – soweit Art und Umfang der Ersatzleistung in Frage stehen – keine abschließende Sonderregelung, sondern stellen auf die allgemeinen Bestimmungen der §§ 249 ff und damit auch auf § 290 ab, der seine Entsprechung in § 849 findet (oben Rn 2). Die Einbuße an Substanz und Nutzbarkeit bei einem entzogenen Kraftfahrzeug berührt das Interesse des Geschädigten in gleicher Weise, unabhängig davon, ob der Anspruch aus den §§ 823 ff oder aus §§ 7, 18 StVG begründet ist (BGHZ 87, 38, 39 f = NJW 1983, 1614 = VersR 1983, 555 f = LM § 849 Nr 4 m Anm STEFFEN; OLG Celle VersR 1977, 1104: „zumindest entsprechende Anwendung"; aA noch OLG Nürnberg OLGZ 1969, 138, 139 f sowie BGB-RGRK/KREFT[12] Rn 6). Entscheidend ist, daß das Zuordnungsprinzip der Gefährdungshaftung des StVG hinsichtlich der Schadensbemessung keine Sonderstellung beansprucht (STEFFEN Anm zu BGH LM § 849 Nr 4). Daß der Gesetzgeber aufgrund später eingetretener wirtschaftlicher und sozialer Gegebenheiten eine Regelung für die Verwirklichung der Betriebsgefahr eines Kraftfahrzeugs nicht im BGB, sondern in einem Spezialgesetz, dem StVG, geregelt hat, ist unbeachtlich.

§ 849 ist auch auf den verschuldensabhängigen Schadensersatzanspruch gem § 60 InsO anwendbar (OLG Düsseldorf NJW-RR 1989, 1253, 1254 = ZIP 1990, 1014 betr § 82 KO mit zust Anm BREHM/BRUGGNER-WOLTER EWiR 1990, 775, 776) sowie auf die dingliche und persönlich beschränkte Haftung des Reeders gem § 486 HGB (RGZ 153, 171, 173). Unanwendbar ist die Vorschrift dagegen bei Rentennachzahlungen aus der sozialen

Rentenversicherung (LSG Darmstadt SozVers 1961, 58, 59). Auch im Falle einer Patentverletzung kommt § 849 mangels vergleichbarer Interessenlage nicht (analog) zur Anwendung, da der Inhaber gewerblicher Auschließlichkeitsrechte durch eine unbefugte Nutzung nicht an einer Eigennutzung gehindert ist (OLG Düsseldorf GRUR 1981, 45, 52).

3. Pflicht zum Ersatz des Wertes oder der Wertminderung

§ 849 erfaßt die Beträge, die – bei Entziehung einer Sache – als Ersatz für deren Wert **6** oder – bei Beschädigung einer Sache – als Ersatz für deren Wertminderung geschuldet werden. Die Ersatzpflicht kann insbes auf § 251 beruhen. Nicht erfaßt sind andere wegen einer Entziehung oder Beschädigung einer Sache durch unerlaubte Handlung geschuldete Geldsummen (Nutzungsausfallschaden) (OLG Hamburg MDR 1966, 930, 931), die Wiederherstellungskosten bei Beschädigung einer Sache (BGH VersR 1961, 253, 255; OLG Hamburg MDR 1966, 930, 931), der entgangene Veräußerungsgewinn (BGH NVwZ 1994, 409, 410; dazu oben Rn 4) sowie die Zinsen bei Kreditaufnahme des Geschädigten (OLG Saarbrücken VersR 1991, 1390, 1391).

III. Rechtsfolge: Verzinsungspflicht

1. Bemessungsgrundlage

Bemessungsgrundlage der Verzinsungspflicht ist der Betrag, der als Ersatz für den **7** Wert einer Sache oder für deren Wertminderung geschuldet wird (zu den Einzelheiten oben Rn 6).

2. Zinshöhe

Die Zinshöhe bemißt sich nach dem gesetzlichen Zinsfuß in § 246. Sie beträgt dem- **8** nach 4%. Eine Verzinsung des Zinsanspruchs selbst ist durch § 289 S 1 ausgeschlossen (OLG Düsseldorf WM 1996, 1489, 1495).

3. Beginn der Verzinsungspflicht

Die Verzinsungspflicht beginnt mit dem **Zeitpunkt der Wertbestimmung.** Dieser Zeit- **9** punkt ist vom Gericht gem § 287 ZPO, dh unter Berücksichtigung der Umstände des einzelnen Falles nach freiem Ermessen festzusetzen (BGHZ 8, 288, 298 = NJW 1953, 499, 500 f; BGH VersR 1962, 548, 550 = LM § 849 Nr 2). Im Unterschied zum Schadensersatzprozeß ist nicht auf den Zeitpunkt der letzten mündlichen Verhandlung, sondern regelmäßig auf den Zeitpunkt des Eingriffs oder des Schadensereignisses abzustellen (BGH NJW 1965, 392 = VersR 1965, 242, 244 f = LM § 849 Nr 3). Dies ergibt sich zum einen aus dem Normzweck – Ausgleich für die Einbuße an Substanz und Nutzbarkeit. Zum andern folgt dies daraus, daß es für die Bestimmung der Höhe der Einbuße analog den bei Enteignungen herausgebildeten Rechtsgrundsätzen auf den Zustand der Sache, ihre Qualität und die im Objekt vorhandenen Bewertungsumstände im Zeitpunkt des Schadensereignisses selbst ankommt (BGH aaO). Dies gilt auch dann, wenn sich das Preisgefüge ändert und die Preise der letzten mündlichen Verhandlung zugrunde zu legen sind (BGH aaO).

Bei zwischenzeitlicher Wertsteigerung knüpft die Zinspflicht jeweils an den betreffenden Berechnungszeitpunkt an, so daß es zu einer gestaffelten Zinsberechnung, ggf auch zu einer gleichmäßigen Verteilung nach mittleren Werten bei gleichmäßig steigender Preisentwicklung jedenfalls dann kommen kann, wenn der Schaden nach § 287 ZPO geschätzt wird (BGH NJW 1965, 392, 393 = VersR 1965, 242, 245 = LM § 849 Nr 3). Eine vereinfachte Berechnung ist auch dadurch möglich, daß man die Verzinsung bei jahrelanger fortschreitender Preisentwicklung erst von einem späteren Zeitpunkt an beginnen läßt (BGB-RGRK/KREFT[12] Rn 5, vor § 839 Rn 133 mit Verweis auf die enteignungsrechtliche Rspr; BGH NJW 1962, 1441, 1444 = LM Art 14 [Eb] GG Nr 13).

4. Ende der Verzinsungspflicht

10   Die Verzinsungspflicht endet, wenn die Ersatzsache aus Mitteln des Schädigers beschafft wird oder die Zahlung des Ersatzbetrages durch den Schädiger erfolgt (BGHZ 87, 38, 42 = NJW 1983, 1614, 1615 = VersR 1983, 555, 556). Eine Wieder- oder Ersatzbeschaffung aus eigenen Mitteln des Geschädigten ist unbeachtlich, selbst wenn er dadurch die Nutzungsmöglichkeit wiedererlangt (BGH aaO; OLG Saarbrücken VersR 1991, 1390).

§ 850
Ersatz von Verwendungen

Macht der zur Herausgabe einer entzogenen Sache Verpflichtete Verwendungen auf die Sache, so stehen ihm dem Verletzten gegenüber die Rechte zu, die der Besitzer dem Eigentümer gegenüber wegen Verwendungen hat.

Materialien: E I § 718; II § 773; III § 834; Mot II
741; Prot II 607.

Systematische Übersicht

I.	**Normzweck, systematische Stellung, Entstehungsgeschichte**	
1.	Normzweck	1
2.	Systematische Stellung	2
3.	Entstehungsgeschichte	3
II.	**Voraussetzungen und Anwendungsbereich**	
1.	Verpflichtung zur Herausgabe einer entzogenen Sache	4

2.	Verwendungen auf die Sache	5
III.	**Rechtsfolgen**	
1.	Entsprechende Anwendbarkeit der §§ 994–1003	6
2.	Verwendungsersatz	7
3.	Zurückbehaltungsrecht	8

Alphabetische Übersicht

Bösgläubigkeit	1, 7
Deliktischer Besitzer	1, 7
Deliktsrecht, fehlender Strafcharakter	1

Eigentümer-Besitzer-Verhältnis	1 f, 5 f
Entstehungsgeschichte	3
Gegenansprüche des Besitzers	1, 8

Gemeines Recht, Rechtslage _____ 3
Geschäftsführung ohne Auftrag,
   Anwendung der Vorschriften _____ 7

Herausgabepflicht _____ 4
Herausgabeverpflichteter _____ 7

Interesse des Eigentümers _____ 1

Normzweck _____ 1

Rechtsgrundverweisung _____ 6

Sachentziehung, deliktische _____ 4
Systematische Stellung _____ 2

Unerlaubte Handlung, Auswirkungen
   auf Zurückbehaltungsrecht _____ 8

Verpflichtung zur Herausgabe _____ 4
Verwendungen _____ 1 f, 5, 7
Verwendungsersatzanspruch, Fälligkeit ___ 8

Zurückbehaltungsrecht _____ 8

I. Normzweck, systematische Stellung, Entstehungsgeschichte

1. Normzweck

§ 850 trägt dem fehlenden Strafcharakter des Deliktsrechts Rechnung und stellt den **1** Herausgabeschuldner mit dem Besitzer im Eigentümer-Besitzer-Verhältnis gleich. Zugleich greift die Vorschrift den Regelungszweck der §§ 994 ff und – über § 994 Abs 2 – der §§ 683 f auf. Danach dient die Einengung der Gegenansprüche des Besitzers dem **Interesse des Eigentümers**, seinen **Herausgabeanspruch nicht durch beträchtliche Gegenansprüche für ungewollte Verwendungen entwertet zu sehen** (JAUERNIG/JAUERNIG[9] vor §§ 994 ff Rn 9; STAUDINGER/GURSKY [1999] Vorbem 5 zu §§ 994 ff). Nur wirtschaftlich gebotene Investitionen, die dem Interesse und Willen des Eigentümers entsprechen, sollen ersetzbar sein. Wegen der typischerweise vorliegenden Bösgläubigkeit des deliktischen Besitzers werden andere als notwendige, insbes lediglich nützliche Verwendungen nicht ersetzt.

2. Systematische Stellung

Durch die Verweisung auf die Vorschriften über den Verwendungsersatz im Eigen- **2** tümer-Besitzer-Verhältnis steht § 850 in Zusammenhang mit den §§ 994 ff und – wegen der Weiterverweisung in § 994 Abs 2 – auch mit §§ 683 f. Der zur Herausgabe Verpflichtete kann für die auf die Sache gemachten Verwendungen unter denselben Voraussetzungen und in demselben Umfang Ersatz verlangen wie der Besitzer vom Eigentümer nach den §§ 994 ff (LARENZ/CANARIS, Schuldrecht II/2[13] § 83 IV).

3. Entstehungsgeschichte

Die Vorschrift wurde in bewußter Abkehr vom gemeinen Recht, das im Fall der **3** Entwendung oder gewaltsamen Entziehung einer Sache dem Täter keinen Verwendungsersatzanspruch gewährte, in E I aufgenommen und im weiteren Verlauf der Beratungen inhaltlich nicht mehr geändert (Mot II 741; Prot II 607; MünchKomm/ STEIN[3] Rn 2).

II. Voraussetzungen und Anwendungsbereich

1. Verpflichtung zur Herausgabe einer entzogenen Sache

4 Die Herausgabepflicht iSv § 850 **entspricht der Rückgabepflicht iSv § 848**, so daß die Vorschrift ebenfalls in den Fällen deliktischer Sachentziehung anwendbar ist (vgl MünchKomm/Stein[3] Rn 2 sowie ie § 848 Rn 6).

2. Verwendungen auf die Sache

5 Verwendungen iS des § 850 sind Verwendungen iS des Eigentümer-Besitzer-Verhältnisses und deshalb wie in den §§ 994 ff zu verstehen (vgl dazu ie Staudinger/Gursky [1999] Vorbem 5 zu §§ 994 ff sowie Vieweg/Werner, Sachenrecht [2003] Kap 8 Rn 34 ff).

III. Rechtsfolgen

1. Entsprechende Anwendbarkeit der §§ 994–1003

6 Dem zur Herausgabe Verpflichteten stehen gegenüber dem Verletzten die Rechte zu, die der Besitzer dem Eigentümer gegenüber wegen Verwendungen hat. Hierbei handelt es sich um eine **Rechtsgrundverweisung**. Damit wird die wertende Differenzierung in §§ 994 Abs 2 und 996 aufrechterhalten. Bei der Rechtsgrundverweisung müssen allerdings die Begriffe Besitzer und Eigentümer auf die dem § 850 zugrundeliegende Situation – Verpflichteter und Verletzter – angepaßt werden. In diesem Sinne wohl auch Larenz/Canaris (Schuldrecht II/2[13] § 83 IV).

2. Verwendungsersatz

7 Gem §§ 994 ff ist für den Anspruch auf Verwendungsersatz die Unterscheidung zwischen notwendigen und nützlichen Verwendungen (hierzu Staudinger/Gursky [1999] Vorbem 2 zu §§ 994 ff) sowie zwischen verklagtem bzw bösgläubigem und unverklagtem bzw gutgläubigem Herausgabeverpflichteten maßgeblich. Der gutgläubig-unverklagte Herausgabeverpflichtete kann notwendige Verwendungen gem § 994 Abs 1 und nützliche, noch werterhöhende Verwendungen gem § 996 ersetzt verlangen. Dem bösgläubigen oder verklagten Herausgabeverpflichteten steht lediglich für notwendige Verwendungen Ersatz gem §§ 994 Abs 2 (Rechtsgrundverweisung), 683, 679, 684 zu. Die Einzelheiten sind streitig (vgl Jauernig/Jauernig[9] § 994 Rn 4; Staudinger/Gursky [1999] § 994 Rn 22 ff). Nützliche Verwendungen sind nicht ersatzfähig. Soweit – wie häufig – der aufgrund unerlaubter Handlung zur Herausgabe Verpflichtete als bösgläubig anzusehen ist, bestimmt sich sein Ersatzanspruch nach den Vorschriften über die Geschäftsführung ohne Auftrag.

3. Zurückbehaltungsrecht

8 Der Herausgabeverpflichtete hat wegen seines Verwendungsersatzanspruchs gem §§ 850, 1000 S 1 ein Zurückbehaltungsrecht. Dieses steht ihm allerdings nicht zu, wenn er die Sache durch eine vorsätzlich begangene unerlaubte Handlung erlangt hat (§ 1000 S 2). Ein Teil der Literatur (Palandt/Thomas[61] Rn 1; MünchKomm/Stein[3] Rn 1) bejaht lediglich ein Zurückbehaltungsrecht gem § 273. Zwar besteht neben dem

Zurückbehaltungsrecht aus § 1000 S 1 das Zurückbehaltungsrecht aus § 273 Abs 1 und 2; doch erweist sich auch im Rahmen des § 850 das Zurückbehaltungsrecht aus § 1000 S 1 für den Herausgabeverpflichteten insofern als günstiger, als § 273 einen fälligen Gegenanspruch voraussetzt, die Fälligkeit beim Verwendungsersatzanspruch jedoch erst unter den erschwerten Voraussetzungen des § 1001 eintritt.

§ 851
Ersatzleistung an Nichtberechtigten

Leistet der wegen der Entziehung oder Beschädigung einer beweglichen Sache zum Schadensersatz Verpflichtete den Ersatz an denjenigen, in dessen Besitz sich die Sache zur Zeit der Entziehung oder der Beschädigung befunden hat, so wird er durch die Leistung auch dann befreit, wenn ein Dritter Eigentümer der Sache war oder ein sonstiges Recht an der Sache hatte, es sei denn, dass ihm das Recht des Dritten bekannt oder infolge grober Fahrlässigkeit unbekannt ist.

Materialien: E II § 774; III § 835; Mot III 135;
Prot II 607 ff.

Schrifttum

BERGER, Schadensersatzleistung an den Sachbesitzer – Grundlagen, Voraussetzungen und Rechtsfolgen des § 851 BGB, VersR 2001, 419

W WEIMAR, Zur Ausbildungsförderung – Befreiende Leistung an Nichtberechtigte, MDR 1981, 374.

Systematische Übersicht

I.   **Normzweck, systematische Stellung, Entstehungsgeschichte**
1. Normzweck _____ 1
2. Systematische Stellung _____ 2
3. Entstehungsgeschichte _____ 3

II.   **Voraussetzungen und Anwendungsbereich**
1. Entziehung oder Beschädigung einer beweglichen Sache _____ 4
2. Kausale unerlaubte Handlung oder Haftung nach nichtabschließenden Sonderregelungen _____ 5
3. Leistung des Ersatzpflichtigen an den Besitzer der Sache zur Zeit der Entziehung oder Beschädigung _____ 6

III.   **Rechtsfolgen**
1. Befreiende Wirkung der Leistung __ 7
2. Ausschluß der befreienden Wirkung bei Bösgläubigkeit _____ 8
a) Bezugspunkt der Bösgläubigkeit __ 8
b) Maßstab der Bösgläubigkeit _____ 9
c) Zeitpunkt der Bösgläubigkeit _____ 11
d) Folge der Bösgläubigkeit _____ 12
3. Ausgleich zwischen Berechtigtem und Nichtberechtigtem _____ 13

IV.   **Prozessuales** _____ 14

Alphabetische Übersicht

Ausgleich zwischen Berechtigtem und
   Nichtberechtigtem _____ 13
Ausnahmecharakter _____ 4, 7

Berechtigung, dingliche, obligatorische ___ 7
Besitz _____ 6, 8
Besitzdiener _____ 6
Beweislast _____ 14
Bösgläubigkeit _____ 8 f, 11 f

Dingliches Recht an der Sache _____ 7
Doppelzahlung, Schutz vor _____ 1

Eigentumsvermutung _____ 1
Eigentumsvorbehalt _____ 9
Entstehungsgeschichte _____ 3
Ersatzleistung _____ 1
Ersatzpflichtiger, Bösgläubigkeit _____ 8

Fahrlässigkeit, grobe _____ 9

Gebrauchtwagen, gutgläubiger Erwerb ___ 9
Gefährdungshaftungstatbestände _____ 5

Haftpflichttatbestände außerhalb des
   BGB _____ 5

Kraftfahrzeugbrief _____ 9

Leasingnehmer eines Kfz _____ 9
Leistung

– befreiende Wirkung _____ 1 f, 7
– des Ersatzpflichtigen _____ 6
– keine befreiende Wirkung bei
   Bösgläubigkeit _____ 12

Nachforschungsobliegenheit _____ 9
Nichtberechtigter _____ 1
Nießbrauch _____ 7 f
Normzweck _____ 1

Obligatorisches Recht _____ 7

Pfandrecht _____ 7
Prozessuales _____ 14

Rechtskraft _____ 1, 14

Sachbeschädigung _____ 4
Sache _____ 4, 6 f
Sachentziehung _____ 4
Schutz des gutgläubig Leistenden _____ 1
Schutz vor Doppelzahlung _____ 1
Sicherungseigentum _____ 9
Sicherungsübereignung _____ 9
Sonderregelung, abschließende (von Haft-
   pflichttatbeständen) _____ 5
Systematische Stellung _____ 2

Unerlaubte Handlung _____ 5

Vorbehaltseigentum _____ 9

I.   Normzweck, systematische Stellung, Entstehungsgeschichte

1.   Normzweck

1 § 851 bezweckt den Schutz desjenigen, der gutgläubig an denjenigen Ersatz leistet, der eine bewegliche Sache zum Zeitpunkt der Begehung einer unerlaubten Handlung in Besitz hat. Der Ersatzpflichtige soll wissen, an wen er mit befreiender Wirkung leisten kann. Er soll vor Doppelzahlungen geschützt sein, wenn er an denjenigen leistet, den er für den richtigen Empfänger halten darf. Das gilt insbes im Hinblick auf die inter partes-Wirkung der Rechtskraft eines Urteils, das den Ersatzpflichtigen gegenüber dem Besitzer zur Ersatzleistung verpflichtet (unten Rn 14). Mit § 851 soll zudem verhindert werden, daß der Schädiger gezwungen wird, die Eigentumslage zu erforschen und den Geschädigten hierdurch in eine mißliche Lage zu bringen (Prot II 608 f). § 851 knüpft an die Vermutung des § 1006 an und verkörpert den allgemein anerkannten Rechtsgedanken, daß der Besitzer einer beweglichen Sache zu Gunsten eines gutgläubigen Dritten als Eigentümer ausgewiesen ist. Die Vorschrift dient auch dem Eigentümer, da Nachforschungen entbehrlich werden und die Schadensabwicklung beschleunigt erfolgt (vgl BERGER VersR 2001, 419, 419).

2. Systematische Stellung

Indem § 851 die befreiende Wirkung der Leistung an einen Nichtberechtigten vorsieht, stellt die Vorschrift eine Ausnahme zur allgemeinen Regel des § 362 dar (PLANCK/GREIFF, Kommentar zum BGB⁴ Anm 1). § 851 betrifft nur den Substanzschaden. Für den Eigenschaden des Besitzers ist eine Heranziehung der Vorschrift nicht notwendig, weil ihm der Ersatz des Nutzungs- und Gebrauchsschadens ohnehin zusteht (BERGER VersR 2001, 419, 420). **2**

3. Entstehungsgeschichte

§ 851 wurde erst durch die II. Komm in das BGB eingefügt; die I. Komm vertrat noch den Standpunkt, dasselbe Ergebnis lasse sich aus allgemeinen Grundsätzen und dem in § 1195 Abs 2 (= § 1288 Abs 2) enthaltenen „höheren Prinzip" ableiten (Mot III 135). **3**

II. Voraussetzungen und Anwendungsbereich

1. Entziehung oder Beschädigung einer beweglichen Sache

§ 851 bezieht sich nur auf **bewegliche Sachen**. Die Vorschrift findet keine Anwendung auf unkörperliche Gegenstände, an denen kein Besitz besteht, der Grundlage für den Gutglaubensschutz sein könnte (arg § 1006) (BGB-RGRK/KREFT¹² Rn 2; SOERGEL/ZEUNER¹² Rn 1). Ebenfalls scheidet eine analoge Anwendung auf unbewegliche Sachen (MünchKomm/STEIN³ Rn 3) sowie – wegen des Ausnahmecharakters der Bestimmung – zu Gunsten desjenigen aus, der zur Vergütung des Wertes einer ohne rechtlichen Grund erlangten Sache verpflichtet ist (so auch MünchKomm/STEIN³ Rn 3; aA Prot II 713: vorzuziehen ist die analoge Anwendung des § 718a [jetzt § 851]). Im Verhältnis des Buchberechtigten zum wahren Eigentümer gilt § 893, der allerdings die Funktion des § 851 nicht vollständig auszufüllen vermag (so auch MEDICUS Jura 2001, 294, 297). **4**

2. Kausale unerlaubte Handlung oder Haftung nach nichtabschließenden Sonderregelungen

Aus der systematischen Stellung der Vorschrift im Titel 27 folgt, daß die Entziehung oder Beschädigung der beweglichen Sache durch eine unerlaubte Handlung erfolgt sein muß. Mit derselben Begründung wie zu § 849 kann die Vorschrift auch im Rahmen von Haftpflichttatbeständen außerhalb des BGB (zB §§ 7, 18 StVG) angewendet werden, soweit diese nicht eine abschließende Sonderregelung enthalten (§ 849 Rn 5). Das gleiche gilt für Ansprüche aus § 904 S 2 (noch weiter BERGER VersR 2001, 419, 422, der die Norm auch bei Ansprüchen nach Bereicherungsrecht und aus Geschäftsführung ohne Auftrag anwenden will, wenn diese im Zusammenhang mit der Abwicklung von Sachschäden stehen; für eine enge Auslegung dagegen MünchKomm/STEIN³ Rn 3). **5**

3. Leistung des Ersatzpflichtigen an den Besitzer der Sache zur Zeit der Entziehung oder Beschädigung

6 Besitzer iS des § 851 sind sowohl der unmittelbare als auch der mittelbare Besitzer (MünchKomm/Stein³ Rn 2). Dies ergibt sich aus § 1006 Abs 3. Maßgeblicher Zeitpunkt für den Besitz des Leistungsempfängers ist nach dem Wortlaut sowie dem Normzweck die Entziehung oder die Beschädigung. Streitig ist, ob § 851 bei Leistungen an den Besitzdiener iSv § 855 anwendbar ist. Richtig ist zwar, daß der ersatzberechtigte Schädiger ohne besondere Anhaltspunkte nicht feststellen kann, daß er es nur mit einem Besitzdiener zu tun hat (Staudinger/Schäfer¹² Rn 3). Der Wortlaut („in dessen Besitz") läßt aber nicht zu, die in §§ 854 f vorgenommene Differenzierung zwischen Besitzdiener und Besitzer aufzugeben. Der gute Glaube kann aus einem Besitzdiener, der nur Gewahrsam hat, keinen Besitzer machen (W Weimar MDR 1981, 374, 375). In Analogie zu § 935 Abs 1 ist § 851 **unanwendbar, wenn die Sache dem Eigentümer abhanden gekommen ist**, da es keinen Unterschied machen kann, ob der Dritte den Gegenwert als Schadensersatzleistung oder zB als Kaufpreis an den nichtberechtigten Besitzer zahlt (Larenz/Canaris, Schuldrecht II/2¹³ § 84 IV; W Weimar MDR 1981, 374, 375; Berger VersR 2001, 419, 420 f, **aA** Staudinger/Schäfer¹² Rn 3, der zu weitgehend den Schutz des gutgläubigen Ersatzpflichtigen in den Vordergrund stellt).

III. Rechtsfolgen

1. Befreiende Wirkung der Leistung

7 § 851 ordnet die befreiende Wirkung gegenüber dem Eigentümer der Sache oder sonstigen Rechtsinhabern an der Sache an. Wortlaut („Recht *an* der Sache"), Ausnahmecharakter der Vorschrift sowie Entstehungsgeschichte (vgl Prot II 608) legen nahe, daß es sich um ein **dingliches Recht** handeln muß. Bei einer Ersatzpflicht gegenüber einem nur obligatorisch zur Nutzung der Sache Berechtigten würde die Leistung an den früheren Besitzer der Sache nach dieser Interpretation nicht mit befreiender Wirkung erfolgen können. Der Normzweck spricht hingegen dafür, § 851 auch bei einer Ersatzpflicht gegenüber einem nur **obligatorisch Nutzungsberechtigten** anzuwenden. Beispiel: A verleiht eine Sache langfristig an B, der sie kurzfristig an C weiterverleiht. D beschädigt die Sache, so daß sie – über die Leihzeit des C hinaus – repariert werden muß. Zahlt nun D Schadensersatz an C, wäre es nicht einzusehen, den D hinsichtlich des den B treffenden Nutzungsausfalls vom Schutz des § 851 auszunehmen. Auch würde ansonsten das schwächere obligatorische Recht des B diesem im Vergleich zum Bestehen eines dinglichen Rechts (wenn B zB Nießbraucher wäre) die stärkere Rechtsposition geben. Die befreiende Wirkung des § 851 tritt nur insoweit ein, wie die Ersatzleistung den angerichteten Schaden deckt (BGB-RGRK/Kreft¹² Rn 2). Von Bedeutung ist dies insbes für den Fall, daß an der Sache ein Nießbrauch oder Pfandrecht bestand (Planck/Greiff, Kommentar zum BGB⁴ Anm 2 b). Eine Ausdehnung der befreienden Wirkung auf die in der Praxis häufigen Vereinbarungen, daß mit der Zahlung alle Ansprüche abgegolten seien, ist abzulehnen (dafür aber Berger VersR 2001, 419, 422, der die Vorschrift an § 407 Abs 2 angleichen will; dagegen Planck/Greiff aaO, da eine solche Erstreckung weder vom Wortlaut noch vom Normzweck gedeckt sei).

2. Ausschluß der befreienden Wirkung bei Bösgläubigkeit

a) Bezugspunkt der Bösgläubigkeit

Dem Normzweck entsprechend wird der bösgläubige Ersatzpflichtige nicht ge- **8** schützt. Die Bösgläubigkeit muß sich auf das **Recht des Dritten**, dh sein Eigentum oder sonstiges Recht an der Sache beziehen und damit dem vom Besitz ausgehenden Rechtsschein die Grundlage entziehen. Im Fall mittelbaren Besitzes wird die befreiende Wirkung der Leistung an den unmittelbaren Besitzer nicht schon dadurch ausgeschlossen, daß der Ersatzpflichtige weiß oder ihm aus grober Fahrlässigkeit unbekannt ist, daß einem anderen der mittelbare Besitz zusteht; denn der mittelbare Besitz ist kein Recht an der Sache. Da im Fall des mittelbaren Besitzes aber nach § 1006 Abs 3 die Vermutung des Eigentums für den mittelbaren Besitzer gilt, dürfte in aller Regel dem Ersatzpflichtigen bekannt oder grob fahrlässig unbekannt sein, daß der unmittelbare Besitzer nicht der Eigentümer ist. Von theoretischer Bedeutung ist der von PLANCK/GREIFF (Kommentar zum BGB⁴ § 851 Anm 2 c) als denkbar erwähnte Sonderfall, daß der Ersatzpflichtige den unmittelbaren Besitzer ohne grobe Fahrlässigkeit für den Eigentümer hält, weil er annimmt, daß der mittelbare Besitzer Nießbraucher sei und den ihm als solchem zustehenden Besitz zeitweise dem Eigentümer überlassen habe.

b) Maßstab der Bösgläubigkeit

Maßstab der Bösgläubigkeit ist § 932. Dem Ersatzpflichtigen ist demgemäß das Recht **9** des Dritten infolge grober Fahrlässigkeit dann unbekannt geblieben, wenn er die im Verkehr erforderliche Sorgfalt in ungewöhnlich großem Maße verletzt und dasjenige nicht beachtet hat, was im gegebenen Fall jedem hätte einleuchten müssen (vgl BGHZ 10, 14, 16 = NJW 1953, 1139; STAUDINGER/WIEGAND [1995] § 932 Rn 40 ff). Die Einschätzung, was im Einzelfall „grob" ist, ist eine weithin tatrichterliche, in der Revisionsinstanz nur beschränkt nachprüfbare Entscheidung (BGHZ 10, 14, 17 = NJW 1953, 1139; BGH NJW 1972, 475, 476 = VersR 1972, 277, 278; BGB-RGRK/KREFT¹² Rn 4).

Einzelfälle: Bei Zahlung des Haftpflichtversicherers an den im Anspruchsschreiben **10** seiner Anwälte nicht ausdrücklich als Eigentümer genannten Leasingnehmer eines Kraftfahrzeuges verneint das KG (VersR 1976, 1160) die grobe Fahrlässigkeit. Ebenso ist nach OLG Düsseldorf (OLGRspr Düsseldorf 1992, 180; zust MünchKomm/STEIN³ Rn 2) die Zahlung eines Vorschusses an den nichtberechtigten Pkw-Besitzer auch dann nicht grob fahrlässig, wenn sich der Versicherer weder den Kraftfahrzeugbrief vorlegen läßt noch Einsicht in die Ermittlungsakten nimmt. In den praxisrelevanten Fällen des Sicherungs- und Vorbehaltseigentums sowie des Leasings sollten jedoch Wertungswidersprüche zu den §§ 932 ff vermieden werden. Deshalb ist, wenn bei geleasten, sicherungsübereigneten oder unter Eigentumsvorbehalt erworbenen Kraftfahrzeugen die Leistung an den Besitzer ohne Vorlage des Kraftfahrzeugbriefes erfolgt, hinsichtlich der Nachforschungsobliegenheit wegen des Wertungseinklangs mit §§ 932 ff ebenso zu differenzieren wie beim gutgläubigen Erwerb von Gebrauchtwagen (vgl VIEWEG/WERNER, Sachenrecht [2003] Kap 5 Rn 32). Zu unterscheiden ist deshalb danach, ob es sich beim nichtberechtigten Kfz-Besitzer um eine Privatperson oder um einen Händler handelt, für den § 366 Abs 1 HGB gilt: Auch ohne Vorlage des Kraftfahrzeugbriefes wird der gute Glaube an dessen Verfügungsmacht geschützt (BAUMBACH/HOPT, HGB³⁰ § 366 Rn 2; OLG Hamm NJW 1964, 2257, 2258). Das Vertrauen des Schädigers, ein Händler dürfe die Schadensersatzforderung zumindest für seine

Auftraggeber einziehen, verdient auch nach dem Normzweck des § 851 Schutz. Deshalb kann bei der Einziehung von Schadensersatzforderungen die Wertung des § 366 HGB – als Sonderregelung des § 185, aus dem die Zulässigkeit einer Einziehungsermächtigung folgt – auch für die Beurteilung der Gut- oder Bösgläubigkeit herangezogen werden. Bei Leistung an eine Privatperson kann wegen der starken Verbreitung von Leasing, Sicherungs- und Vorbehaltseigentum guter Glaube hingegen nur dann bejaht werden, wenn der Zahlungsempfänger Besitzer sowohl des Kraftfahrzeuges als auch des Kraftfahrzeugbriefes ist (STAUDINGER/WIEGAND [1995] § 932 Rn 63 ff; WESTERMANN/GURSKY[7] § 46 2 c; aA STAUDINGER/SCHÄFER[12] Rn 3 u W WEIMAR MDR 1981, 374, 375).

c) Zeitpunkt der Bösgläubigkeit

11 Maßgeblicher Zeitpunkt für die Beurteilung der Bösgläubigkeit ist der **Zeitpunkt der Ersatzleistung** (BGB-RGRK/KREFT[12] Rn 4). Dabei ist wie bei § 407 (vgl STAUDINGER/BUSCHE [1999] § 407 Rn 30; MünchKomm/ROTH[3] Rn 17 jeweils mwNw z Streitstand) auf den Zeitpunkt der Vornahme der Leistungshandlung abzustellen.

d) Folge der Bösgläubigkeit

12 Bei Bösgläubigkeit tritt – dem Normzweck entsprechend – die befreiende Wirkung der Leistung nicht ein. Der Schädiger bleibt dem wahren Berechtigten zum Ersatz verpflichtet.

3. Ausgleich zwischen Berechtigtem und Nichtberechtigtem

13 Liegen die Voraussetzungen des § 851 vor, hat der wahre Berechtige einen **Anspruch gegen den Nichtberechtigten**, dh den Besitzer, an den mit befreiender Wirkung Schadensersatz geleistet worden ist, **aus § 816 Abs 2** (JAUERNIG/TEICHMANN[9] Rn 1).

IV. Prozessuales

14 Der Ersatzpflichtige, der vom wahren Berechtigten nochmals in Anspruch genommen wird, muß nach allgemeinen Grundsätzen darlegen und beweisen, daß derjenige, an den er gezahlt hat, zur Zeit der Entziehung oder Beschädigung der Sache deren Besitzer war (PLANCK/GREIFF, Kommentar zum BGB[4] Anm 3). Die Beweislast für den Ausschluß der befreienden Wirkung der Leistung bei Bösgläubigkeit trifft hingegen den wahren (Ersatz-)Berechtigten (BGB-RGRK/KREFT[12] Rn 4; SOERGEL/ZEUNER[12] Rn 2). § 851 führt nicht dazu, daß sich die Rechtskraft eines klageabweisenden Urteils in einem Prozeß des Besitzers gegen den Schädiger auf ein Verfahren des wahren Berechtigten gegen den Schädiger erstreckt, weil dem Besitzer das hierfür erforderliche Maß der Verfügungsgewalt fehlt (HELLWIG, Wesen und subjektive Begrenzung der Rechtskraft [1901] 423 f; aA BERGER VersR 2001, 419, 422 unter Heranziehung von § 407 Abs 2).

§ 852
Herausgabeanspruch nach Eintritt der Verjährung

Hat der Ersatzpflichtige durch eine unerlaubte Handlung auf Kosten des Verletzten etwas erlangt, so ist er auch nach Eintritt der Verjährung des Anspruchs auf Ersatz des aus einer unerlaubten Handlung entstandenen Schadens zur Herausgabe nach

den Vorschriften über die Herausgabe einer ungerechtfertigten Bereicherung verpflichtet. Dieser Anspruch verjährt in zehn Jahren von seiner Entstehung an, ohne Rücksicht auf die Entstehung in 30 Jahren von der Begehung der Verletzungshandlung oder dem sonstigen, den Schaden auslösenden Ereignis an.

Materialien: E I § 720; II § 775; III § 837; Mot II 743; Prot II 611.
Schuldrechtsmodernisierung: BT-Drucks 14/6040, 270, 282; BT-Drucks 14/7052, 71, 206.

Schrifttum

BRUCHHAUSEN, Anm LM Nr 11 zu § 823 (Ag)
BÜNING, Die Verjährung der Ansprüche aus unerlaubten Handlungen (1964)
vCAEMMERER, Bereicherung und unerlaubte Handlung, in: FS Rabel I (1954) 333
LEENEN, Die Neuregelung der Verjährung, JZ 2001, 552

MANSEL, Die Neuregelung des Verjährungsrechts, NJW 2002, 89
SEIFERT, Bereicherung bei unerlaubter Handlung, NJW 1972, 1739
ZIMMERMANN/LEENEN/MANSEL/ERNST, Finis Litium? Zum Verjährungsrecht nach dem Regierungsentwurf eines Schuldrechtsmodernisierungsgesetzes, JZ 2001, 684.

Systematische Übersicht

I.   **Normzweck, systematische Stellung, Entstehungsgeschichte**
1.   Normzweck _____ 1
2.   Systematische Stellung _____ 3
3.   Entstehungsgeschichte _____ 4

II. **Voraussetzungen und Anwendungsbereich**
1.   Unerlaubte Handlung _____ 6
2.   Erlangter Vermögensvorteil _____ 8
3.   Auf Kosten des Verletzten _____ 9
4.   Eintritt der Verjährung des Schadensersatzanspruchs _____ 10
a)   Rechtslage bis zum 31. 12. 2001 ____ 11
b)   Rechtslage ab dem 1. 1. 2002 (Inkrafttreten des Schuldrechtsmodernisierungsgesetzes) _____ 12
c)   Redaktionelle Änderungen _____ 14

III. **Rechtsfolgen**
1.   Klarstellungstheorie: Rechtsgrundverweisung _____ 16
2.   Beschränkungstheorie: Rechtsfolgenverweisung _____ 17

IV. **Ausschluß der Aufrechnung gegen einen Anspruch aus § 852 S 1** ____ 20

V.   **Verjährung des Ersatzanspruchs (§ 852 S 2)** _____ 21

VI. **Verwirkung** _____ 22

VII. **Prozessuales** _____ 23

Alphabetische Übersicht

Aufrechenbarkeit _____ 20

Bedeutung _____ 11, 13
Beschränkungstheorie _____ 17

Entstehungsgeschichte _____ 4

Geistiges Eigentum _____ 1, 5
– Sondergesetze _____ 7

Klageänderung, Nichtvorliegen _____ 23
Klageantrag, Beschränkung _____ 23
Klarstellungstheorie _____ 16

Mittäter _____ 2, 9

Naturalrestitution _____ 1, 10
Normzweck _____ 1, 5

Passivlegitimation _____ 23

Rechtsfolgenverweisung _____ 2, 9, 15, 17 f
Rechtsgrundverweisung_____ 2, 9, 15 f

Schadensersatzanspruch, Rechtsnatur _____
_____ 9, 17, 19 f, 23
Schuldlos rechtswidrige Handlung _____ 6
Schuldrechtsmodernisierungsgesetz _____
_____ 4, 12 f, 19
– Diskussionsentwurf _____ 5
– Entwurf der Regierungsfraktionen ___ 5, 21
Schutzrechtsverwarnung, unberechtigte ___ 18

Systematische Stellung _____ 3

Unerlaubte Handlung, kausale _____ 6
Unmittelbarkeit der Vermögensverschiebung _____ 2, 9, 16

Verjährung
– Anspruch aus § 852 S 1 _____ 4, 11 ff, 21
– deliktischer Anspruch _____ 1, 10 ff, 14
– Einrede _____ 1
– Hemmung bei schwebenden Verhandlun-
gen _____ 4
– Sonderregelung _____ 3
Vermögensverschiebung _____ 9, 11, 13
Vermögensvorteil, erlangter _____ 8
Verwirkung _____ 22

Wettbewerbsrechtliche Schadensersatzansprüche _____ 7

Zeitablaufskondiktion _____ 18
Zuweisungsgehalt _____ 16, 18

I. Normzweck, systematische Stellung, Entstehungsgeschichte

1. Normzweck

1 Die Vorschrift regelt den Fall, daß durch die Begehung einer unerlaubten Handlung Vermögenswerte des Geschädigten in das Vermögen des deliktisch Handelnden verschoben worden sind. Diese Vermögenswerte kann der Geschädigte als Gläubiger des deliktischen Schadensersatzanspruchs nach § 249 S 1 (Naturalrestitution) vom Schädiger herausverlangen. Er unterliegt dabei jedoch der Verjährungseinrede des Schädigers nach Maßgabe der §§ 195, 199. In Ergänzung dieser Vorschriften verpflichtet § 852 S 1 den Ersatzpflichtigen dazu, das aus einer unerlaubten Handlung auf Kosten des Verletzten Erlangte auch nach Eintritt der Verjährung nach bereicherungsrechtlichen Grundsätzen herauszugeben. Damit soll verhindert werden, daß derjenige, der durch eine unerlaubte Handlung etwas erworben hat, nach Ablauf der kurzen Verjährungsfrist der §§ 195, 199 Abs 1 zu Lasten des Geschädigten im Genuß des Erlangten bleibt (BGH NJW 1965, 1914, 1915 = LM § 852 Nr 25 z Verjährungsfrist nach § 852 Abs 1 aF). Der Deliktsschuldner soll nicht günstiger gestellt werden als der „Empfänger einer Nichtschuld" vom Zeitpunkt seiner Bösgläubigkeit an (Mot II 743). Die Rückführung deliktisch erlangten Vermögens auch nach Eintritt der Verjährung des deliktischen Anspruches hat insbes bei der Verletzung geistigen Eigentums Bedeutung, sowie dann, wenn der deliktisch Handelnde zu Unrecht bestreitet, noch im Besitz von Vermögenswerten des Geschädigten zu sein (unten Rn 5).

2 Aus dem Normzweck folgt, daß die mittels einer unerlaubten Handlung bewirkte Vermögensänderung zugunsten des Schädigers nicht auf die Fälle der Unmittelbarkeit der Vermögensverschiebung beschränkt ist (BGHZ 71, 86, 100 = NJW 1978, 1377, 1379 f; BGHZ 98, 77, 83 f = NJW 1986, 2827, 2829; BGB-RGRK/Kreft[12] Rn 98). Insbes kann es nicht darauf ankommen, ob einem Mittäter die Bereicherung unmittelbar vom Geschädigten oder durch Vermittlung eines anderen an der Tat Beteiligten zugeflossen ist (BGH NJW 1965, 1914, 1915 = LM § 852 Nr 25). Diese Problematik gehört systematisch zum Tatbestandsmerkmal „auf Kosten des Verletzten" in § 852 S 1 (unten Rn 9). Sie leitet über zu der Frage, ob die Verweisung auf das Bereicherungsrecht eine Rechtsgrund- oder Rechtsfolgenverweisung ist (unten Rn 15 ff).

2. Systematische Stellung

Aufgrund ihrer Stellung im Titel 27 (Unerlaubte Handlung) des Abschnitts 8 im   **3** Recht der Schuldverhältnisse handelt es sich bei der Vorschrift um eine verjährungsrechtliche Sonderregelung für Schadensersatzansprüche aus unerlaubter Handlung. Neben dem Zusammenhang mit den §§ 823 ff besteht daher eine Beziehung zu den allgemeinen Verjährungsvorschriften der §§ 194 ff. Ein weiterer Bezug ergibt sich durch die Verweisung in S 1 auf das Bereicherungsrecht (dazu unten Rn 15 ff).

3. Entstehungsgeschichte

Der heutige § 852 S 1 entspricht inhaltlich dem § 852 Abs 3 in der bis zum 31. 12. 2001   **4** geltenden Fassung, der seinerseits wörtlich mit § 852 Abs 2 der bis 31. 12. 1977 geltenden Ursprungsfassung übereinstimmte.

Mit dem am 1. 1. 2002 in Kraft getretenen **Gesetz zur Modernisierung des Schuldrechts vom 26. 11. 2001** (BGBl I S 3138) wurde die bis dahin in § 852 Abs 1 geregelte Verjährung deliktischer Schadensersatzansprüche in den Allgemeinen Teil des BGB – insbes in §§ 195, 199 BGB – integriert. Außerdem wurde § 852 Abs 2 aF (Hemmung der Verjährung bei schwebenden Verhandlungen über den Schadensersatzanspruch) verallgemeinert in § 203 aufgenommen (s ie Staudinger/Peters [2001] Rn 46 ff u 112). Wegen der damit einhergehenden Aufhebung des § 852 Abs 1 und 2 aF besteht § 852 nur noch aus dem bisherigen Abs 3 (jetzt S 1), ergänzt um einen S 2, der die Verjährung des Anspruchs aus S 1 gesondert erfaßt (dazu unten Rn 21).

Weitergehend sah der **DiskE des BMJ** zur Modernisierung des Schuldrechts vom   **5** 4. 8. 2000 vor, § 852 ganz zu streichen und auf eine dem bisherigen Abs 3 entsprechende Regelung zu verzichten: Die kenntnisabhängige dreijährige Verjährung (vgl §§ 195, 199 Abs 1) des deliktischen „Bereicherungsanspruchs" biete dem Geschädigten ausreichend Gelegenheit zur Geltendmachung seiner Ansprüche; eine Privilegierung des aus einer unerlaubten Handlung folgenden Anspruches auf Herausgabe der Bereicherung sei vor dem Hintergrund der allgemeinen Verjährungsfrist des § 195 nF nicht mehr gerechtfertigt (DiskE; abgedruckt bei Canaris [Hrsg], Schuldrechtsmodernisierung 2002 [2002] 5 ff; zur Streichung des § 852 126 f).

Die Absicht, auch den bisherigen § 852 Abs 3 zu streichen, wurde in der weiteren Diskussion jedoch aufgegeben. Zur Begründung führte der Entwurf der Regierungsfraktionen vom 14. 5. 2001 an, die Beibehaltung des Anspruchs insbes bei deliktsähnlichen Verletzungen auf dem Gebiet des geistigen Eigentums sei erforderlich, weil beispielsweise bei Patentrechtsverletzungen oftmals auf eine Verfolgung von

Ansprüchen innerhalb der dreijährigen Verjährungsfrist verzichtet werde, wenn der Patentrechtsinhaber noch mit der Unsicherheit lebe, ob die Patenterteilung auch tatsächlich Bestand habe (BT-Drucks 14/6040, 270, 282). Der Anspruch sollte auch für den Bereich der §§ 823 ff insbes deshalb aufrechterhalten werden, um dem Geschädigten in den Fällen, in denen ein Dieb behauptet, das Diebesgut „versetzt" und den Erlös verbraucht zu haben, bzw ein Erpresser vorbringt, das Lösegeld „verjubelt" zu haben, eine längere Frist zur Entscheidung zuzubilligen, ob er diesen Einlassungen Glauben schenken möchte (BT-Drucks 14/6040, 270).

II. Voraussetzungen und Anwendungsbereich

1. Unerlaubte Handlung

6 Voraussetzung für den Anspruch aus § 852 S 1 ist, daß die Begehung einer unerlaubten Handlung iS des §§ 823 ff für die eingetretene Vermögensverschiebung kausal ist. Bei schuldlos rechtswidrigen Handlungen ist § 852 S 1 damit nicht – auch nicht entsprechend – anwendbar (BÜNING 101). Hierfür spricht neben dem Wortlaut insbes, daß der Vorschrift nach zutreffender überwiegender Auffassung selbst die Rechtsnatur eines Schadensersatzanspruchs zukommt (s hierzu ie unten Rn 17 u 19). Ggf ist in Fällen schuldlosen Handelns aber an einen Anspruch aus § 829 zu denken (zu den von § 828 erfaßten Fällen fehlender Verantwortlicher STAUDINGER/OECHSLER [1998] § 829 Rn 33 ff).

7 § 852 S 1 ist jedoch **entsprechend anwendbar auf andere gesetzliche Schadensersatzansprüche mit Deliktscharakter, soweit keine Sonderregelungen bestehen**. Dies wurde vom BGH (BGHZ 130, 288, 297 = NJW 1995, 2788, 2790) insbes für wettbewerbsrechtliche Schadensersatzansprüche bejaht. Ausdrücklich klargestellt ist die entsprechende Anwendung des § 852 in folgenden Sondergesetzen zum Schutz des geistigen Eigentums: §§ 33 Abs 3 S 2, 141 S 2 PatG, § 24c S 2 GebrMG, § 14a Abs 4 S 2 GeschmMG, § 20 S 2 MarkenG, § 9 Abs 3 S 2 HalblSchG, § 102 S 2 UrhG und § 37c S 2 SortSchG.

2. Erlangter Vermögensvorteil

8 Der wegen § 852 S 1 vom deliktisch Handelnden herauszugebende Gegenstand wird vom Gesetz – wie auch in § 812 Abs 1 S 1 – mit dem Wort „etwas" umschrieben. Genauso wie im Bereicherungsrecht soll daher der Anspruchsgegenstand keinen besonderen Einschränkungen unterworfen sein, vielmehr jeden erlangten Vorteil umfassen (vgl hierzu Nachw u Kritik bei STAUDINGER/W LORENZ [1999] § 812 Rn 65).

3. Auf Kosten des Verletzten

9 § 852 S 1 setzt ähnlich dem bereicherungsrechtlichen Herausgabeanspruch des § 812 Abs 1 S 1 2. Alt voraus, daß der **Vermögensvorteil auf Kosten des Verletzten** erlangt ist. Für die Nichtleistungskondiktion wurde aus diesem Tatbestandsmerkmal von der früher hM das Erfordernis der Unmittelbarkeit der Vermögensverschiebung entnommen (krit STAUDINGER/W LORENZ [1999] § 812 Rn 4). Für den Anspruch aus § 852 S 1 besteht dieses **Unmittelbarkeitserfordernis** allerdings **nicht**. Es kommt allein darauf an, ob der Erwerb des Schuldners im Verhältnis zum Geschädigten unrechtmäßig war und ob die dadurch entstandene Vermögensvermehrung auf dessen Kosten geht (BGH NJW 1965, 1914, 1915 = LM § 852 Nr 25). Die Herausgabepflicht trifft einen von

mehreren Mittätern daher auch dann, wenn ihm die Bereicherung erst durch einen anderen an der Tat Beteiligten zugeflossen (BGH aaO) bzw durch seine Vertragspartner vermittelt worden ist (BGHZ 71, 86, 100 = NJW 1978, 1377, 1379 f = MDR 1978, 752, 752 f m Anm Bruchhausen LM § 823 Ag Nr 11). Der an der unerlaubten Handlung Beteiligte muß für die Bereicherung folglich auch dann einstehen, wenn er die Vermögensvorteile nicht unmittelbar vom Geschädigten erworben hat (BGHZ 68, 90, 96 = NJW 1977, 1194, 1195; BGB-RGRK/Kreft[12] Rn 98).

Der BGH begründete diese zu § 852 Abs 3 aF ergangene Entscheidung (BGHZ 71, 86, 100 = NJW 1978, 1377, 1379 f = MDR 1978, 752, 752 f) damit, das Erfordernis der Unmittelbarkeit führe dazu, daß der Geschädigte in vielen Fällen den Vermögensausgleich nicht mehr erlangen könnte und dies dem Wesensgehalt der Bestimmung nicht entspreche (ähnlich BGH NJW 1965, 1914, 1915 = LM § 852 Nr 25, der auf den Normzweck abstellt). Die Formulierung „auf Kosten ... erlangt" stelle nur auf die unerlaubte Handlung ab, die die Vermögensverschiebung bewirkt; aufgrund der Unrechtmäßigkeit der Handlung spiele es aber keine Rolle, auf welchem Weg sich die Vermögensverschiebung vollzogen habe (für ein unterschiedliches Verständnis des Begriffes in § 852 S 1 einerseits und § 812 Abs 1 S 1 andererseits ausdrücklich auch Larenz/Canaris, Schuldrecht II 2[13], § 83 V 2). Da es sich bei dem Anspruch um eine Fortsetzung des Schadensersatzanspruchs handele, sei für die Beurteilung der Vermögensverschiebung eine wirtschaftliche Betrachtung maßgebend.

Sieht man in § 852 S 1 lediglich einen Schadensersatzanspruch oder eine bloße Rechtsfolgenverweisung auf das Bereicherungsrecht (ausführlich unten Rn 15 ff), ist es konsequent, auf das Erfordernis der Unmittelbarkeit zu verzichten. Allerdings nahm auch die Auffassung in der Literatur, die die Vorschrift als Rechtsgrundverweisung auf das Bereicherungsrecht ansah (unten Rn 16) und daher das von ihr bejahte bereicherungsrechtliche Erfordernis der Unmittelbarkeit eigentlich zu prüfen hätte, teilweise eine Durchbrechung dieses Prinzips an (vCaemmerer, FS Rabel I 333, 401; vgl auch die Nachw bei G Hager, AcP 180 [1980] 239, 244). Begründet wurde dies damit, daß die Zulassung der Durchgriffshaftung gegenüber Betrügern sachgerecht sei (für eine – allerdings mit der Verschiebung von Insolvenzrisiken verbundene – Lösung über die Abtretung des dem Durchgangsbereicherten gegen den zuletzt Bereicherten ggf zustehenden Kondiktionsanspruchs dagegen Seifert NJW 1972, 1739, 1740 f). Im Ergebnis besteht daher Einigkeit, daß der Anspruch aus § 852 S 2 eine Unmittelbarkeit der Vermögensverschiebung nicht voraussetzt.

4.   Eintritt der Verjährung des Schadensersatzanspruchs

§ 852 S 1 erlangt seinem Wortlaut und seinem Normzweck entsprechend Bedeutung   **10** erst nach Eintritt der Verjährung des Anspruchs auf Ersatz des aus einer unerlaubten Handlung entstandenen Schadens. Vor diesem Zeitpunkt kann der Geschädigte sein Herausgabeverlangen nach §§ 823 ff, 249 S 1 (Naturalrestitution) verfolgen.

a)   Rechtslage bis zum 31. 12. 2001
Für § 852 Abs 3 aF gingen Rechtsprechung (BGH NJW 1965, 1914; BGHZ 97, 77, 82 = NJW   **11** 1986, 2827, 2828) und Literatur (BGB-RGRK/Kreft[12] Rn 98; MünchKomm/Stein[3] Rn 70) davon aus, daß die Vorschrift nur für die kenntnisabhängige dreijährige Verjährungsfrist des § 852 Abs 1 aF Bedeutung erlangt, nicht jedoch für die dreißigjährige Frist in

§ 852 Abs 1 aF. Dies ergab sich daraus, daß die herrschende Ansicht für den Beginn der Verjährung des Anspruchs aus § 852 Abs 3 aF auf den Zeitpunkt abstellte, in dem die Herausgabepflicht begründet, also die Bereicherung erlangt worden war (unten Rn 21); die Verjährung dieses Anspruchs vollendete sich damit aber regelmäßig nicht später als die dreißigjährige Verjährungsfrist des § 852 Abs 1 aF (PLANCK/GREIFF, Kommentar zum BGB[4] § 852 Anm 4). Diese Schlußfolgerung entsprach wohl für die überwiegende Mehrzahl der Fälle der Rechtswirklichkeit, logisch zwingend erscheint sie indes nicht: Denkbar ist zB der Fall, daß die durch einen Betrug verursachte Vermögensverschiebung erst zeitlich nach der Betrugshandlung verwirklicht worden ist; dann hätte die dreißigjährige Verjährungsfrist des § 852 Abs 1 aF mit der Begehung der Handlung (Setzen der Schadensursache, BGHZ 98, 77, 82 = NJW 1986, 2827, 2828; BGHZ 117, 287, 292 = NJW 1992, 1884, 1885; krit STAUDINGER/SCHÄFER[12] Rn 104 f) begonnen; die Verjährung des Anspruchs aus § 852 Abs 3 aF wäre dagegen erst mit der Vermögensverschiebung eingetreten, so daß auch die dreißigjährige Verjährungsfrist des Anspruchs aus § 852 Abs 3 aF später geendet hätte als die dreißigjährige Verjährung des Deliktsanspruchs nach § 852 Abs 1 aF.

b)   Rechtslage ab dem 1. 1. 2002 (Inkrafttreten des Schuldrechtsmodernisierungsgesetzes)

12   Nach nunmehr geltendem Recht verjähren deliktische Schadensersatzansprüche, die nicht auf der Verletzung des Lebens, des Körpers, der Gesundheit oder der Freiheit beruhen, weiterhin kenntnisabhängig in drei Jahren ab Anspruchsentstehung (§§ 195, 199 Abs 1, wobei die Verjährung allerdings erst mit dem Schluß des betreffenden Jahres beginnt), kenntnisunabhängig dagegen in zehn Jahren ab Anspruchsentstehung (§ 199 Abs 3 Nr 1) bzw in 30 Jahren ohne Rücksicht auf die Entstehung des Anspruchs (§ 199 Abs 3 Nr 2). § 852 S 2 regelt die Verjährung des Anspruchs aus § 852 S 1 nunmehr eigenständig und bestimmt ebenfalls eine zehnjährige Verjährungsfrist, beginnend mit der Anspruchsentstehung, bzw eine dreißigjährige Frist ohne Rücksicht auf die Anspruchsentstehung, beginnend mit der Verletzungshandlung oder dem sonstigen, den Schaden auslösenden Ereignis.

13   Überträgt man diese Rechtslage auf das oben Rn 11 gebildete Fallbeispiel des Betruges, so ergibt sich folgendes: Der deliktische Anspruch verjährt kenntnisunabhängig innerhalb von zehn Jahren, gerechnet ab Anspruchsentstehung, wozu auch der Eintritt der Vermögensverschiebung zu rechnen ist. Der Anspruch aus § 852 S 1 verjährt nach § 852 S 2 ebenfalls innerhalb von zehn Jahren ab Anspruchsentstehung. Da auch die Entstehung des Anspruchs nach § 852 S 1 vom Eintritt der Bereicherung abhängt, ist insofern ein Gleichlauf mit der Verjährung des deliktischen Anspruchs festzustellen. Falls wegen des sehr späten Eintritts eines Schadens die dreißigjährige Frist des § 199 Abs 3 Nr 2 zur Anwendung kommen sollte, stellt § 852 S 2 nunmehr ebenfalls den Gleichlauf her, indem er die Verjährung des Anspruchs nach § 852 S 1 mit der Begehung der Verletzungshandlung bzw dem sonstigen, den Schaden auslösenden Ereignis und nicht mehr erst mit dem Entstehen einer Bereicherung beim Deliktsschädiger beginnen läßt. Die schon seit langem für § 852 Abs 3 aF geäußerte Ansicht, die Vorschrift habe nur für die dreijährige (kenntnisabhängige) Verjährung des Deliktsanspruchs eigenständige Bedeutung, erlangt somit erst durch das Inkrafttreten des Schuldrechtsmodernisierungsgesetzes ihre theoretische Rechtfertigung.

c) Redaktionelle Änderungen

Die weiteren Änderungen, die in § 852 S 1 gegenüber § 852 Abs 3 aF im Hinblick auf **14** den Eintritt der Verjährung des Deliktsanspruchs vorgenommen worden sind, sind dagegen rein sprachlicher Natur: Während § 852 Abs 3 aF von der „Vollendung der Verjährung" sprach, heißt es nun in § 852 S 1 „Eintritt der Verjährung". Es handelt sich dabei um eine Anpassung an den neuen Sprachgebrauch des BGB (vgl § 214 Abs 1 nF im Vergleich mit § 222 Abs 1 aF). Weiter wurden in § 852 S 1 in bezug auf den Eintritt der Verjährung die Worte „des Anspruchs auf Ersatz des aus einer unerlaubten Handlung entstandenen Schadens" eingefügt. Auch dieser Ergänzung ist jedoch keine zusätzliche Bedeutung beizumessen: In § 852 Abs 3 aF war diese Klarstellung nicht erforderlich, weil der Bezug zum deliktischen Schadensersatzanspruch bereits durch die vorangehenden Absätze deutlich war.

III. Rechtsfolgen

§ 852 S 1 verpflichtet den Deliktsschädiger zur Herausgabe des Erlangten nach den **15** Vorschriften über die Herausgabe einer ungerechtfertigten Bereicherung. Die hierin liegende Verweisung war vor der Entscheidung des BGH (BGHZ 71, 86 = NJW 1978, 1377 = MDR 1978, 752) Gegenstand heftiger Diskussion. Der Streit betraf die Frage, ob die Verweisung in § 852 S 1 das Bereicherungsrecht auch hinsichtlich seiner Tatbestandsvoraussetzungen erfaßt (Rechtsgrundverweisung) oder lediglich die bereicherungsrechtlichen Rechtsfolgen zur Anwendung bringt (Rechtsfolgenverweisung).

1. Klarstellungstheorie: Rechtsgrundverweisung

Die für eine Rechtsgrundverweisung eintretenden Stimmen sahen in der Vorschrift **16** des § 852 S 1 eine **bloße Klarstellung** dahingehend, daß ein konkurrierender Bereicherungsanspruch von der Verjährung des Deliktsanspruchs nicht berührt wird (PLANCK/GREIFF, Kommentar zum BGB[4] § 852 Anm 4; ESSER, Schuldrecht II[4] § 112 IV 1; LARENZ, Schuldrecht II[11] § 75 V). Im Falle eines Eingriffserwerbs war daher das von der früher hM aufgestellte bereicherungsrechtliche Erfordernis der Unmittelbarkeit der Vermögensverschiebung zu prüfen (RG Recht 1917 Nr 632; dazu auch oben Rn 9). Damit sollte eine unübersehbare Vermehrung der Ansprüche vermieden werden, die bei der gegenteiligen Auffassung zu besorgen wäre, die bei jedem Delikt auch einen Herausgabeanspruch bejaht (BGB-RGRK/HEIMANN-TROSIEN[12] vor § 812 Rn 14; SOERGEL/MÜHL[11] Rn 142). Kritik wurde vor allem im Hinblick auf die Auffassung geäußert, daß Verstöße gegen Verhaltensnormen (insbes Wettbewerbsverstöße) und gegen Schutzgesetze sowie Verkehrspflichtverletzungen keine Eingriffe in Positionen mit einem vermögenswerten Zuweisungsgehalt darstellen sollen (vCAEMMERER, FS Rabel I 333, 395 f; SEIFERT NJW 1972, 1739, 1740 f mwNw zum älteren Schrifttum). Bei einer Bereicherung des Schädigers durch Leistung des Geschädigten wurde die Bedeutungslosigkeit der Anfechtungsfrist des § 124 und allgemein die Umgehung des Zwecks der kurzen Verjährung des § 852 Abs 1 aF (jetzt: §§ 195, 199 Abs 1) befürchtet (SEIFERT aaO).

2. Beschränkungstheorie: Rechtsfolgenverweisung

§ 852 S 1 enthält nach zutreffender hM eine Rechtsfolgenverweisung auf das Be- **17** reicherungsrecht, die den ursprünglichen deliktischen Anspruch bestehen läßt und lediglich in seinem Umfang auf die beim Schädiger entstandene Bereicherung

(§§ 818, 819) beschränkt. Daß neben dem deliktischen Anspruch ein Bereicherungsanspruch gegeben sein kann, ist nach dem System des BGB selbstverständlich und muß vom Gesetzgeber nicht gesondert angeordnet werden (RGZ 71, 358, 361 f; RG JW 1935, 512 = HRR 1935 Nr 174; ERMAN/SCHIEMANN[10] Rn 24). Nachdem der BGH anfangs der Rechtsprechung des RG folgte (BGH VersR 1961, 326, 328), ließ er die Streitfrage zwischenzeitlich ausdrücklich offen (BGH NJW 1963, 2315, 2316 = LM § 197 Nr 6; BGH NJW 1977, 529, 530 = LM § 393 Nr 5) und betonte später (BGHZ 68, 90, 95 = NJW 1977, 1194, 1195) für die dem heutigen § 852 S 1 entsprechenden Ansprüche aus § 48 S 2 PatG aF und § 15 Abs 3 S 2 GebrMG aF deren Rechtsnatur als Schadensersatzansprüche. Schließlich (BGHZ 71, 86, 98 ff = NJW 1978, 1377, 1379 f = MDR 1978, 752, 752 f) nahm er grundlegend zu der Streitfrage Stellung: Der Bereicherungsanspruch des (heutigen) § 852 S 1 behalte die Rechtsnatur als Schadensersatzanspruch und habe den Charakter einer Rechtsverteidigung gegenüber der Einrede der Verjährung. Sein Zweck sei es, daß der Deliktsschädiger, der durch die unerlaubte Handlung sein Vermögen vermehrt habe, nicht im Genuß des unrechtmäßig erlangten Vorteils bleiben dürfe. Insoweit unterscheide sich die Bestimmung auch von den bereicherungsrechtlichen Ansprüchen der §§ 812 ff, denen der Makel des schuldhaft begangenen Unrechts nicht anhafte (iE auch BGHZ 98, 77, 83 f = NJW 1986, 2827, 2829; BGHZ 130, 288, 297 = NJW 1995, 2788, 2790; OLG Düsseldorf NJW-RR 1992, 99; OLG Köln VersR 1996, 239, 240; STAUDINGER/SCHÄFER[12] Rn 125; MünchKomm/STEIN[3] Rn 70; SOERGEL/ZEUNER[12] Rn 32; ERMAN/SCHIEMANN[10] Rn 24).

18 SCHIEMANN (ERMAN/SCHIEMANN[10] Rn 24) betont die Wichtigkeit der Einordnung des § 852 S 1 als Rechtsfolgenverweisung insbes für den Fall, daß ausnahmsweise die Voraussetzungen des § 812 nicht vorliegen, wenn also weder eine Leistung des Geschädigten noch ein Eingriff in eine Rechtsposition mit Zuweisungsgehalt gegeben ist, zB in dem Fall, daß der Schädiger durch unberechtigte Schutzrechtsverwarnung gegenüber dem Geschädigten seine Umsätze zu Lasten des Geschädigten steigert. Die von den für eine Rechtsgrundverweisung eintretenden Stimmen kritisierte Ausweitung des Anspruchs auf Eingriffe in Schutzpositionen ohne Zuweisungsgehalt wird so als Argument für eine Rechtsfolgenverweisung angesehen, was gerade in den von SCHIEMANN (aaO) genannten Fällen auch einem praktischen Bedürfnis entsprechen dürfte.

IE, nicht jedoch in der Begründung stimmen LARENZ/CANARIS (Schuldrecht II 2[13], § 83 V 2) mit der Rechtsprechung des BGH überein: Sie kritisieren, daß die Aussage des BGH, der Bereicherungsanspruch des § 852 S 1 behalte seine Rechtsnatur als Schadensersatzanspruch, nicht frei von Widersprüchen sei. Dies trifft zwar zu, rechtfertigt jedoch nicht die Schlußfolgerung, § 852 S 1 sei als eigenständiger Bereicherungsanspruch (sog Zeitablaufskondiktion) anzusehen. Der Konstruktion des BGH, den ursprünglichen deliktischen Anspruch im Umfang der Bereicherung aufrechtzuerhalten und insoweit die Verjährungseinrede nicht durchgreifen zu lassen, ist insbes wegen des Normzwecks, den Deliktsschuldner nicht im Genuß eines unerlaubt erlangten Vorteils zu belassen, der Vorzug zu geben.

19 Als Rechtsfolgenverweisung behält der Anspruch die **Rechtsnatur** des verjährten Schadensersatzanspruchs – ist also ein solcher aus unerlaubter Handlung – und setzt denselben Tatbestand voraus wie der verjährte deliktische Anspruch (RG JW 1937, 2917; BGH VersR 1961, 326, 328 mit allerdings fragwürdigem Hinweis auf den eindeutigen Wortlaut der Bestimmung; BGHZ 98, 77, 83 f = NJW 1986, 2827, 2829; OLG Köln VersR 1996, 239, 240). Dies ist auch als gesetzgeberischer Wille im Gesetzgebungsverfahren zur Schuldrechts-modernisierung zum Ausdruck gekommen (BT-Drucks 14/6040, 270).

IV. Ausschluß der Aufrechnung gegen einen Anspruch aus § 852 S 1

Die Aufrechnung gegen einen Anspruch aus § 852 S 1, der auf einer vorsätzlich **20** begangenen unerlaubten Handlung beruht, ist nach § 393 ausgeschlossen. RG und BGH begründeten dies vor der grundlegenden Entscheidung des BGH zur Rechts-natur des Anspruchs (BGHZ 71, 86, 98 ff = NJW 1978, 1377, 1379 f = MDR 1978, 752, 752 f; oben Rn 17) noch damit, daß durch die Verjährung des deliktischen Schadensersatzan-spruchs der zugrundeliegenden Handlung der Makel des Unsittlichen nicht genom-men werde und damit der zugrundeliegende Sachverhalt nach wie vor die Merkmale der unerlaubten Handlung aufweise (RGZ 167, 257, 259) bzw durch die Aufrechnung in jedem Fall auch ein zwar verjährter und damit einredebehafteter, jedoch nach wie vor bestehender deliktischer Anspruch getilgt werden würde (BGH NJW 1977, 529, 529 f = LM § 393 Nr 5). Sieht man den Anspruch aus § 852 S 1 mit der heute hM selbst als Schadensersatzanspruch an (oben Rn 17), so ergibt sich die Anwendbarkeit des § 393 schon daraus (BGB-RGRK/KREFT[17] Rn 99).

V. Verjährung des Ersatzanspruchs (§ 852 S 2)

Für den früheren § 852 Abs 3 gingen Rechtsprechung und Literatur davon aus, daß **21** der Anspruch der für die ungerechtfertigte Bereicherung geltenden Verjährungsfrist unterliegt, somit idR der dreißigjährigen Verjährung des § 195 aF, soweit keine ab-weichenden Vorschriften bestehen (Mot II 743; BGH NJW 1963, 2315, 2316 = LM § 197 Nr 6; BGB-RGRK/KREFT[12] Rn 101). Die Verjährungsfrist sollte zu dem Zeitpunkt begin-nen, in dem die Herausgabepflicht begründet war (STAUDINGER/SCHÄFER[12] Rn 125; aA STROHAL, JherJb 34 [1895] 325, 363 f, der unter krit Würdigung des sehr späten Fristbeginns davon ausging, daß der Gesetzgeber erst auf den Zeitpunkt abstellt, in dem der ursprüngliche Schadenser-satzanspruch nach § 852 Abs 1 aF verjährt ist).

Für das nunmehr geltende Recht wird die Verjährung des Anspruchs aus § 852 S 1 durch die Vorschrift des § 852 S 2 eigenständig geregelt: Der Herausgabeanspruch aus § 852 S 1 verjährt in zehn Jahren von seiner Entstehung an, ohne Rücksicht auf die Entstehung in 30 Jahren von der Begehung der Verletzungshandlung oder dem sonstigen, den Schaden auslösenden Ereignis an (vgl zum Zusammenspiel der Verjährungs-fristen in § 852 S 2 mit der Verjährung des deliktischen Schadensersatzanspruchs ie oben Rn 12 f). In der Fassung des Koalitionsentwurfs (BT-Drucks 14/6040, 33) sollte die Verjährung des Anspruchs aus § 852 S 1 in den genannten Fristen dagegen „von der Fälligkeit an" beginnen. Dies wurde in die endgültige Gesetzesfassung bewußt nicht übernommen: Nach Ansicht des Rechtsausschusses sollte der Beginn der Verjährungsfristen all-gemein nicht von der Fälligkeit, sondern – insoweit wie nach § 198 BGB aF – von dem Entstehen des Anspruchs abhängen. Der bisher in § 198 Satz 1 BGB verwendete Begriff der Entstehung des Anspruchs sei zwar grundsätzlich gleichbedeutend mit der Fälligkeit, allerdings soll die jetzige Fassung verdeutlichen, daß die Rechtspre-chung zum namentlich im Deliktsrecht angewandten Grundsatz der Schadenseinheit unangetastet bleibt (BT-Drucks 14/7052, 180 [zu § 199]).

Klaus Vieweg

Der Beginn der dreißigjährigen Frist in § 852 S 2 war in der Fassung des Koalitionsentwurfs (BT-Drucks 14/6040, 33) an die „Verwirklichung der Gefahr" geknüpft. Diese
Formulierung wurde vom Rechtsausschuß für das Verjährungsrecht allgemein als zu
eng empfunden, da weitere Anknüpfungspunkte denkbar seien, zB bei Unterlas-
sungsansprüchen der Zeitpunkt, in dem eine Handlung geboten gewesen wäre.
Der jetzige Wortlaut („dem sonstigen, den Schaden auslösenden Ereignis") soll verdeutlichen, daß es sich um einen Auffangtatbestand handelt (BT-Drucks 14/7052, 180 [zu
§ 199]).

VI. Verwirkung

22 Eine Verwirkung des Anspruchs aus § 852 S 1 vor Ablauf der Verjährungsfristen in
§ 852 S 2 kommt nur ganz ausnahmsweise in Betracht, wenn das Unterbleiben einer
Korrektur nach den Grundsätzen der Verwirkung zu einem im Einzelfall mit Recht
und Gerechtigkeit offensichtlich nicht mehr zu vereinbarenden Ergebnis führen
würde (OLG Köln VersR 1996, 239, 240). Dies kann jedenfalls bei strafbaren Handlungen
nicht angenommen werden (OLG Köln aaO; MünchKomm/Stein[3] Rn 70).

VII. Prozessuales

23 Geht der Kläger wegen der Erhebung der Verjährungseinrede vom Ersatzanspruch
zum Anspruch nach § 852 S 1 über, liegt darin keine Klageänderung, sondern nur
eine Beschränkung des Klageanspruchs (RGZ 71, 358, 361 f; BGH VersR 1961, 326, 328).
Die Rechtsprechung geht in den genannten Entscheidungen offenbar von einem Fall
des § 264 Nr 2 ZPO (Beschränkung des Klageantrags in der Hauptsache oder in bezug
auf Nebenforderungen) aus; denkbar erscheint aber auch – wenn das Anspruchsziel
der Höhe nach unverändert bleibt – ein Fall des § 264 Nr 1 ZPO (Änderung der
rechtlichen Anführungen). Das Nichtvorliegen einer Klageänderung gründet sich
auf die Rechtsnatur des Anspruchs (oben Rn 17 ff). Sobald die Verjährungseinrede
erhoben wird, muß das entscheidende Gericht daher von sich aus auch prüfen, ob ein
Anspruch aus § 852 S 1 gegeben ist (RG HansGZ 1931, B 391; BGB-RGRK/Kreft[12] Rn 97).
Die Passivlegitimation, zB bei einer Amtshaftungsklage, bleibt auch für den Anspruch aus § 852 S 1 bestehen (RG HRR 1933 Nr 1754). Eine zur gesetzlichen Vertretung
des Staates bzw einer öffentlich-rechtlichen Körperschaft berufene Stelle bleibt dies
auch für den Anspruch aus § 852 S 1 (RG aaO; BGB-RGRK/Kreft[12] Rn 100).

§ 853
Arglisteinrede

**Erlangt jemand durch eine von ihm begangene unerlaubte Handlung eine Forderung
gegen den Verletzten, so kann der Verletzte die Erfüllung auch dann verweigern,
wenn der Anspruch auf Aufhebung der Forderung verjährt ist.**

Materialien: E II § 776; III § 837; Mot II 755 ff,
759; Prot I 120 ff, 236 ff; II 612, 713 ff; VI 200.

Schrifttum

BÜNING, Die Verjährung der Ansprüche aus
unerlaubten Handlungen (1964)
GADOW, Die Einrede der Arglist, JhJb 84 (1934)
174
ECCIUS, Schadensersatz durch erzwungene Vertragsaufhebung, Gruchot Beitr 53, 309

LESSMANN, Nachschieben von Gründen und
Arglisteinrede bei verspäteter Anfechtung wegen arglistiger Täuschung – BGH, NJW 1969,
604, JuS 1970, 504
SCHREIBER, Anfechtung und Wiederherstellungsanspruch, Gruchot Beitr 53, 298.

Systematische Übersicht

I.   **Normzweck, systematische Stellung,
     Entstehungsgeschichte**
1.   Normzweck und systematische
     Stellung ⎯⎯⎯⎯⎯ 1
2.   Entstehungsgeschichte ⎯⎯⎯⎯ 2

II. **Voraussetzungen und Anwendungs-
     bereich**
1.   Durch unerlaubte Handlung erlangte
     Forderung ⎯⎯⎯⎯⎯ 3

2.   Verhältnis zu §§ 123, 124 ⎯⎯⎯ 4

III. **Rechtsfolgen: Leistungsverweige-
     rungsrecht und Gegeneinrede der
     Arglist**
1.   Entstehen eines Leistungsverweige-
     rungsrechts ⎯⎯⎯⎯⎯ 5
2.   Gegeneinrede der Arglist ⎯⎯⎯ 6

Alphabetische Übersicht

Anfechtung, Anfechtungsrecht ⎯⎯⎯ 1 f, 4
Arglisteinrede ⎯⎯⎯⎯⎯⎯ 5
Arglistige Täuschung ⎯⎯⎯⎯⎯ 3

Betrug ⎯⎯⎯⎯⎯⎯⎯⎯ 1 ff

Drohung ⎯⎯⎯⎯⎯⎯⎯ 2 f

Entstehungsgeschichte ⎯⎯⎯⎯⎯ 2
Erpressung ⎯⎯⎯⎯⎯⎯ 1, 3
Exceptio doli ⎯⎯⎯⎯⎯⎯ 1

Forderung
– Aufhebung ⎯⎯⎯⎯⎯⎯ 1
– aus unerlaubter Handlung erlangte ⎯ 3
Funktion ⎯⎯⎯⎯⎯⎯⎯ 1

Gegeneinrede
– des Verletzten ⎯⎯⎯⎯⎯ 5
– des Schädigers/der Arglist ⎯⎯⎯ 6

Herausgabeanspruch, bereicherungsrecht-
     licher ⎯⎯⎯⎯⎯⎯ 1

Kausalzusammenhang (unerlaubte Hand-
     lung – Forderungserwerb) ⎯⎯⎯⎯ 3
Konkurrenzverhältnis zu §§ 123, 124 ⎯ 4

Leistungsverweigerungsrecht ⎯⎯⎯ 1, 5

Mittel-Zweck-Zusammenhang ⎯⎯⎯ 3

Naturalrestitution, Anspruch auf ⎯⎯ 1 f
Nötigung ⎯⎯⎯⎯⎯⎯⎯ 1, 3
Normzweck ⎯⎯⎯⎯⎯⎯⎯ 1

Rechtsmißbräuchliches Verhalten ⎯⎯ 3

Systematische Stellung ⎯⎯⎯⎯⎯ 1

Treu und Glauben ⎯⎯⎯⎯⎯⎯ 4

Unverjährbarkeit, Einreden ⎯⎯⎯ 1
Unzulässige Rechtsausübung, Einwand ⎯ 1

I. Normzweck, systematische Stellung, Entstehungsgeschichte

1. Normzweck und systematische Stellung

1 § 853 bezweckt, dem durch eine unerlaubte Handlung Geschädigten in den Fällen ein Leistungsverweigerungsrecht zu gewähren, in denen er der Forderung des Schädigers nicht mehr begegnen kann, weil sein Anspruch auf Naturalrestitution (Zustimmung zur Aufhebung der Forderung) verjährt und die Anfechtungsfrist des § 124 versäumt ist (ie dazu Rn 4). Praktische Bedeutung erlangt die Vorschrift immer dann, wenn jemand durch einen Betrug, eine Erpressung oder Nötigung eine vertragliche Forderung gegen den Verletzten erlangt hat und dieser vom Schädiger unter dem Gesichtspunkt des Schadensersatzes gem § 823 Abs 2 iVm den entsprechenden strafrechtlichen Bestimmungen sowie gem § 826 iVm § 249 (vgl RG JW 1928, 2972) ursprünglich die Aufhebung der Forderung verlangen konnte (BGB-RGRK/Kreft[12] Rn 1). § 853 stellt insofern klar, daß dem Verletzten ein **selbständiges und unverjährbares Leistungsverweigerungsrecht** zusteht. Da sich derjenige dem Einwand unzulässiger Rechtsausübung aussetzt, der eine durch eine unerlaubte Handlung erworbene Forderung geltend macht (MünchKomm/Stein[3] Rn 1), ist § 853 ein Anwendungsfall des schon aufgrund des § 242 bestehenden Einwands der unzulässigen Rechtsausübung (exceptio doli) (RGZ 87, 281, 284; Erman/Schiemann[10] Rn 1; Larenz/Canaris, Schuldrecht II/2[13] § 83 V 3; MünchKomm/Stein[3] Rn 2; BGB-RGRK/Kreft[12] Rn 1). Auch insofern hat die Vorschrift **klarstellende Funktion**.

§ 853 ergänzt § 852, indem er dem Geschädigten ein Leistungsverweigerungsrecht auch nach Verjährung des eigenen bereicherungsrechtlichen Herausgabeanspruchs gibt (Jauernig/Teichmann[9] Rn 1; ebenso schon Staudinger/Schäfer[12] Rn 5 zu § 852 Abs 3 aF). Insofern kommt in § 853 – wie auch in §§ 821, 2083 und 2345 – der allgemeine Grundsatz der Unverjährbarkeit der Einreden zum Ausdruck (RGZ 84, 225, 227; Medicus, Allgemeiner Teil des BGB [7. Aufl 1997] Rn 142: mißbräuchliche Rechtsausübung, da auszuübendes Recht in anstößiger Weise erworben).

2. Entstehungsgeschichte

2 § 853 beruht auf einem Beschluß der II. Komm (Prot I 121 ff, II 713 ff). Der Gesetzgeber trug damit dem Umstand Rechnung, daß dem durch Betrug oder Drohung Geschädigten nebeneinander die dinglich wirkende Anfechtung und der deliktische Schadensersatzanspruch in Form eines obligatorischen Restitutionsanspruchs zustehen. Dabei nahm der Gesetzgeber in Kauf, daß wegen der unterschiedlichen Fristen (hierauf weist RGZ 84, 131, 134 hin) § 124 weitgehend bedeutungslos werden kann (vgl Prot I 121 ff, 236 ff).

II. Voraussetzungen und Anwendungsbereich

1. Durch unerlaubte Handlung erlangte Forderung

3 § 853 erfaßt nur Forderungen, die der Anspruchsinhaber durch eine von ihm begangene unerlaubte Handlung erworben hat. Typischerweise zielt die Vorschrift auf Forderungen ab, die dieser durch betrügerisches, nötigendes oder erpresserisches Verhalten erworben hat (MünchKomm/Stein[3] Rn 2). Liegen die Voraussetzungen des

§ 823 Abs 2 iVm insbes §§ 263, 240 oder 253 StGB vor, so ist in der Regel auch ein Anspruch aus § 826 gegeben. Die Voraussetzungen der genannten Vorschriften sind – auch mit Blick auf die Konkurrenzproblematik (unten Rn 4) – gesondert zu prüfen (BGH LM § 17 KO Nr 3 Bl 3 r; vgl auch BGH NJW 1969, 604, 605; BGH LM § 124 Nr 2; BGB-RGRK/Kreft[12] Rn 2; BGH LM § 123 Nr 55 = NJW 1979, 1983). Für den von § 853 geforderten Kausalzusammenhang reicht jeder beliebige conditio sine qua non-Zusammenhang zwischen der unerlaubten Handlung und dem Forderungserwerb aus (aA MünchKomm/Stein[3] Rn 2: Mittel-Zweck-Zusammenhang). Der Wortlaut („durch") ist insofern eindeutig. Der von Stein darüber hinaus verlangte Mittel-Zweck-Zusammenhang mit einer entsprechenden Intention des Verletzers berücksichtigt zwar zu Recht, daß es sich bei § 853 um eine Ausprägung des Arglisteinwands handelt (MünchKomm/Stein[3] Rn 2). Die für die Feststellung des individuellen Rechtsmißbrauchs maßgebende objektive Interessenabwägung im Einzelfall (Jauernig/Vollkommer[9] § 242 Rn 37 mwNw; Münch-Komm/Roth[3] § 242 Rn 261) müßte aber nicht an die Entstehung der Forderung anknüpfen, sondern beurteilen, ob die Geltendmachung der bereits entstandenen Forderung rechtsmißbräuchlich ist. Da keine schutzwürdigen Eigeninteressen des Anspruchsinhabers, der die Forderung aufgrund einer unerlaubten Handlung erworben hat, erkennbar sind, liegt ein rechtsmißbräuchliches Verhalten unabhängig von der Intention des Verletzers vor.

2.　Verhältnis zu §§ 123, 124

Problematisch, aber mittlerweile geklärt, ist das Verhältnis zwischen § 853 und 　**4** §§ 123, 124. Das RG sah in einer vereinzelt gebliebenen Entscheidung (RGZ 63, 268, 269 f) § 124 als Spezialvorschrift, die bereits den Schadensersatzanspruch auf Zustimmung zur Aufhebung der Forderung – im konkreten Fall aus §§ 826, 249 – in zeitlicher Hinsicht dahin einschränkt, daß er nur innerhalb der Jahresfrist des § 124 geltend gemacht werden kann. Mit dieser Interpretation wollte das RG verhindern, daß § 124 gegenstandslos wird (oben Rn 2). Nach **inzwischen einhelliger Meinung** (vgl RGZ 79, 194, 197; 84, 131, 134 f; 130, 215, 216; RG SeuffA 88 Nr 57) ist **§ 124** aus folgenden Gründen **nicht** als **Spezialvorschrift** anzusehen: Den §§ 123, 124 einerseits sowie den deliktischen Ansprüchen und § 853 andererseits liegt ein unterschiedlicher Normzweck zugrunde. Während §§ 123, 124 die rechtsgeschäftliche Willensentschließungsfreiheit schützen wollen, basiert die Einrede des § 853 auf dem Grundsatz von Treu und Glauben (vgl BGH LM § 123 Nr 55 = NJW 1979, 1983 f; Staudinger/Singer [2003] § 123 Rn 96, § 124 Rn 10). Anfechtungsrecht und Schadensersatzanspruch sind deshalb zu trennen (BGB-RGRK/Kreft[12] Rn 2). Für den Verletzten, der diese Ansprüche nicht verlieren will, bedeutet das, nicht innerhalb der Jahresfrist des § 124 die Deliktsansprüche geltend machen oder zumindest die Anfechtung erklären zu müssen. Eine solche Forderung würde ihn in eine möglicherweise konfliktfördernde aktive Rolle drängen, die zudem mit ungewollten Kosten (zB Anwaltsschreiben) verbunden wäre. Konsequenz dieser Auffassung ist, daß dem Geschädigten auch noch nach Verstreichen der Anfechtungsfrist der Schadensersatzanspruch auf Zustimmung zur Aufhebung der Forderung zusteht. Weitere Konsequenz ist, daß er sich nach dessen Verjährung ohne zeitliche Beschränkung passiv verhalten und sich im Falle einer Inanspruchnahme auf die Arglisteinrede des § 853 berufen kann (vgl Prot I 238; BGH LM § 124 Nr 2 = NJW 1969, 604 f; BGH LM § 123 Nr 55 = NJW 1979, 1983; Erman/Schiemann[10] Rn 2; Soergel/Zeuner[12] Rn 2; BGB-RGRK/Kreft[12] Rn 2; vgl auch Schubert AcP 168 [1968] 470, 504 ff zum Verhältnis der §§ 123 ff zur cic). Dem Verletzten bleibt also – quasi als ultima ratio – die Arglisteinrede des § 853 auf Dauer auch dann erhalten, wenn er von den zeitlich eingeschränkten Möglichkeiten der §§ 123, 124 sowie von der Geltendmachung deliktischer Ansprüche auf Zustimmung zur Aufhebung der Forderung (vgl §§ 195, 199, 852) keinen Gebrauch gemacht hat.

Um Mißverständnisse zu vermeiden, sollte nicht von entsprechender oder sinngemäßer Anwendung des § 853 in Fällen der **Versäumung der Anfechtungsfrist des § 124** (so aber MünchKomm/Stein[3] Rn 5; Jauernig/Teichmann[9] Rn 1; Palandt/Thomas[61] Rn 1) gesprochen werden. Mit Fristablauf hat der Anfechtungsberechtigte sein Recht aus § 124 endgültig verloren. Gleiches gilt für § 146 Abs 1 und 2 InsO (bis 31. 12. 1998: § 41 KO), mit dem sich der Gesetzgeber für eine dem § 853 vergleichbare Regelung entschieden hat, so daß es einer (analogen) Anwendung des § 853 (vgl Erman/Schiemann[10] Rn 2 zu § 41 Abs 1 KO) nicht bedarf.

III. Rechtsfolgen: Leistungsverweigerungsrecht und Gegeneinrede der Arglist

1. Entstehen eines Leistungsverweigerungsrechts

5 Bei einer Inanspruchnahme durch den Schädiger steht dem Verletzten ein **unverjährbares Leistungsverweigerungsrecht** als Ausfluß der Arglisteinrede zu. Wird der durch unerlaubte Handlung erworbene Anspruch einredeweise geltend gemacht, zB durch Aufrechnung gegen eine andere Forderung des Geschädigten, so steht dem Verletzten eine Gegeneinrede zu, die dazu führt, daß die Einrede des deliktisch Handelnden keine Rechtswirkung entfaltet (RGZ 84, 131, 136; vgl auch RGZ 64, 220 ff; 76, 334 ff; Kilger/ Karsten Schmidt, Konkursordnung[17] § 41 Rn 7). Das Leistungsverweigerungsrecht des § 853 kann gem § 404 auch dem Zessionar entgegengehalten werden (MünchKomm/ Stein[3] Rn 3).

Beispiele: Der Bürge kann der Inanspruchnahme aus der Bürgschaft auch nach Ablauf der Anfechtungsfrist des § 124 und nach Verjährung des deliktischen Anspruchs auf Aufhebung der Bürgschaft mit der das Leistungsverweigerungsrecht gem § 853 stützenden Behauptung entgegentreten, der Gläubiger habe die Bürgschaftsübernahme in arglistig täuschender Weise als reine Formsache bezeichnet und ihn dadurch zur Übernahme veranlaßt (RG SeuffA 88 Nr 57; BGB-RGRK/Kreft[12] Rn 2); ein Gesellschafter, der durch arglistige Täuschung der Mitgesellschafter über den Wert der von ihnen eingebrachten Erfindung zur Bewilligung einer dem Wert der Geschäftsanteile weit übersteigenden Abfindung veranlaßt wurde, kann dauernd die Vertragserfüllung verweigern (Staudinger/Schäfer[12] Rn 4).

2. Gegeneinrede der Arglist

6 Nach Ablauf der Frist des § 124 und Eintritt der Verjährung des auf Naturalrestitution (Vertragsaufhebung) gerichteten Schadensersatzanspruchs ist der Vertrag zwischen dem deliktisch Handelnden und dem Verletzten nicht mehr einseitig zu beseitigen. Dies hätte an sich zur Folge, daß der Verletzte sich zwar bei einer Inanspruchnahme durch den Schädiger auf sein Leistungsverweigerungsrecht aus § 853 berufen könnte, für die bereits erbrachte Leistung des Schädigers aber ein Rechtsgrund vorhanden wäre. Damit wäre der Verletzte durch die dem Vertrag zugrunde liegende unerlaubte Handlung bereichert. Dies wäre mit der Rechtsord-

nung nicht in Einklang zu bringen (vgl RGZ 71, 432, 436). Deshalb wird es zu Recht allgemein als arglistig angesehen, wenn der Verletzte sich einerseits auf § 853 beruft, andererseits aber die an ihn erfolgte Leistung behalten will (PALANDT/THOMAS[61] Rn 1; BGB-RGRK/KREFT[12] Rn 3; RGZ 130, 215, 216: „Der Arglisteinrede steht die Replik der eigenen Arglist entgegen".). Ein solches Verhalten wäre widersprüchlich und rechtsmißbräuchlich: „Mit Treu und Glauben im Verkehr wäre es unvereinbar, wenn jemand die Arglisteinrede dazu benutzte, sich gegenüber dem Gegner seinen vertraglichen Verpflichtungen zu entziehen, ohne seinerseits die Pflicht zur Rückgewähr der aufgrund des Vertrags bereits erlangten Vorteile anzuerkennen" (RGZ 130, 215, 216). Der Verletzte hat vielmehr die Wahl, ob er an dem auf der unerlaubten Handlung beruhenden Vertrag festhalten oder ob er sich auf sein Leistungsverweigerungsrecht nach § 853 berufen will.

Macht er von seinem Leistungsverweigerungsrecht Gebrauch, so muß er die seinerseits empfangene Leistung **zurückgewähren**, da der Rechtsgrund nachträglich entfallen ist (MünchKomm/STEIN[3] Rn 4; JAUERNIG/TEICHMANN[9] Rn 1; Prot II 717). Der Verletzte braucht zwar, wenn er den zB durch Betrug erschlichenen Vertrag auflösen will, sich nicht zur Rückgabe des Empfangenen zu erbieten. Er darf vielmehr abwarten, bis der Schädiger seine Leistung zurückfordert (RGZ 26, 185, 187; 60, 294, 296; 130, 215, 216). Er muß dann aber eindeutig zum Ausdruck bringen, daß er wirklich die Auflösung des Vertrages begehrt (RGZ 60, 294, 295 f; 130, 215, 216).

In dem Rechtsstreit, in dem der Verletzte sich auf § 853 beruft, darf er die Rückgewähr nicht von vornherein ablehnen, will er sich nicht selbst dem Vorwurf des Rechtsmißbrauchs aussetzen (RGZ 130, 215, 216). Will der Verletzte vermeiden, daß der Ersatzpflichtige seinerseits das von ihm Geleistete zurückfordern kann, muß er dagegen an dem Vertrag festhalten (ERMAN/SCHIEMANN[10] Rn 1). Ist der gegenseitige Vertrag nichtig, weil er gegen die guten Sitten oder das Gesetz verstößt, gilt insofern § 817 S 2 (MünchKomm/STEIN[3] Rn 4; PALANDT/THOMAS[61] Rn 1).

Sachregister

Die fetten Zahlen beziehen sich auf die
Paragraphen, die mageren Zahlen auf die
Randnummern.

Abtretung
Cessio legis
s. dort
Zessionsregreß aufgrund Unterhaltsleistungen an den Geschädigten **843** 46
Abwehransprüche
und Aufopferungsansprüche, Beteiligtenhaftung **840** 11
Adoption
Unterhaltsschaden mittelbar Geschädigter
im Tötungsfall **844** 74
Amtshaftung
s. a. Beamter
Beurkundung, fehlerhafte (Ersatzanspruch
des Erben/mitwirkendes Erblasserver-
schulden) **846** 11 f
Cessio legis
s. dort
Gesamtschuldnerschaft
— eines Beamten/eines Geschäftsführers
(Innenausgleich) **841** 1 ff
— von öffentlich-rechtlichen Körperschaf-
ten **840** 9
— und Subsidiaritätsprinzip **840** 78; **841** 7
Tötung eines Menschen, Ansprüche mittel-
bar Geschädigter **844** 19, 30
Anfechtung
und Arglisteinrede ggü deliktisch erlangter
Forderung **853** 4
Angehörigenprivileg
s. Familienprivileg
Angriffsnotstand
Ersatzanspruch und Beteiligtenhaftung
840 13
Anrechnung
Vorteilsausgleichung
s. dort
Arbeitnehmer
Cessio legis im Entgeltfortzahlungsfall an
den deliktisch geschädigten – **843** 122 ff
Erwerbsschaden bei deliktischer Personen-
verletzung
— Arbeitslosenversicherung **842** 69
— Arbeitslosigkeit **842** 14, 77 ff
— Arbeitsunwilligkeit **842** 14
— Sonderleistungen **842** 32
— Sozialversicherungsbeiträge **842** 32 f
— Steuern **842** 33, 50 ff
— Verminderte Arbeitsleistung **842** 14 ff

Arbeitnehmer (Forts.)
Innerbetrieblicher Schadensausgleich und
Regreßbehinderung gegen den Arbeitge-
ber **840** 64
Arbeitsleistungen
Erwerbsschaden, konkreter/lediglich
abstrakte Beeinträchtigung der Arbeits-
kraft **843** 6
nach Tötung eines Haushaltsführenden
und Berechung des Unterhaltsschadens
844 135
und Vermögensschaden **842** 14 ff
Arbeitslosigkeit
Cessio legis bei Leistungen des Sozialversi-
cherungsträgers an den deliktisch
Geschädigten **843** 95, 103
Arbeitsunfall
Haftungsprivilegierung und Regreßbehin-
derung (SGB VII) **840** 22, 62; **843** 87
Arbeitsvertrag
und Dienstausfall des Hauskindes **845** 13 ff
Ehegattenmitarbeit und Erwerbsschaden
842 135 ff
Arglisteinrede
Forderungserlangung, deliktische **853** 1 ff
AsylbLG
Leistungen an den deliktisch Geschädigten
(cessio legis) **843** 81
Athener Abkommen
Tod eines Reisenden bei der Seebeförde-
rung **844** 22
Atomrecht
Gesamtschuldnerhaftung **840** 8, 27, 28
Schmerzensgeldhaftung, nach dem AtomG
ausgeschlossene **840** 28
Aufopferungsansprüche
Beteiligtenhaftung **840** 11 f
Cessio legis
s. dort
Personenschaden als Erwerbs- und Fort-
kommensschaden **842** 11
Rentenzahlungen als Schadensersatz **843** 5
Tötung eines Menschen und Frage eigener
Ansprüche eines mittelbar Geschädigten
844 29
Aufrechung
Ausschluß der Aufrechnung gegen
Anspruch aus vorsätzlich begangenem
Delikt **852** 20

Aufsichtspflichtverletzung
Haftungsbeschränkung und Regreßbehinderung 840 68
Tötung eines Menschen, Ansprüche mittelbar Geschädigter 844 19
Auftragsverhältnis
Tötung eines Menschen und Frage eigener Ansprüche eines mittelbar Geschädigten 844 27
Aufwendungen
Bedürfnisvermehrung (wiederkehrende Aufwendungen)/Einmalige Aufwendungen (Abgrenzung bei Dauerschäden) 843 7 ff
Dienstausfall und vergleichbare Ersatzkraft 845 21
Erwerbsschaden bei deliktischer Personenverletzung (ersparte, nutzlose, zur Schadensminderung) 842 24, 29, 100
Schadensersatz für einmalige – 843 9
Ausgleichsansprüche
Befreiende Wirkung einer Ersatzleistung für Sachentziehung/Sachbeschädigung an einen Nichtberechtigten 851 13
Gesamtschuld als allgemeines Ausgleichsinstitut 843 47
Innenausgleich bei deliktischer Gesamtschuldnerschaft
s. Gesamtschuldnerschaft (deliktische)
Leistungen Dritter an den deliktisch Geschädigten 843 40 ff
Auszubildende
Erwerbsschaden aufgrund deliktischer Verletzung 842 146 f

Bagatellfälle
Körper- oder Gesundheitsverletzung, Frage ersatzpflichtiger – 843 14 ff, 22
Beamter
s. a. Amtshaftung
Cessio legis bei Leistungen an den deliktisch geschädigten Beamten 843 139 ff
Erwerbsschaden aufgrund unerlaubter Handlung 842 80 ff
Gesamtschuldnerschaft, deliktische eines Beamten und eines Geschäftsführers: Innenausgleich 841 1 ff
im haftungsrechtlichen/im beamtenrechtlichen Sinne 841 4
Bedürfnisvermehrung
Personenverletzung und Nachteilsausgleich 843 7 ff, 23 f, 31, 104, 106
Bedürftigkeit
Tod eines unterhaltpflichtigen Kindes 842 175
Unterhaltsschaden eines mittelbar Geschädigten nach Tötung eines Menschen 844 121 ff, 226

Beerdigungskosten
Cessio legis bei Leistungen (Sterbegeld) des Sozialversicherungsträgers 843 107
Tötung eines Menschen, Schadensersatzanspruch mittelbar Geschädigter 844 1, 17, 45 ff
Beistand
Eheliche Mitarbeit als ehelicher – 845 5
Eltern/Kinder 845 7
Bergrecht
Gesamtschuldnerische Haftung 840 5
Rentenzahlungen als Schadensersatz 843 5
Berufliche Aufwendungen
Erwerbsschaden und Vorteilsausgleichung 842 24
Besitzentziehung
Befreiende Leistung eines Ersatzpflichtigen an den Besitzer zur Zeit der – 851 1 ff
Zufallsrisiko nach deliktischer Entziehung 848 1 ff
Betreuungsleistungen
Körper- oder Gesundheitsverletzung, geldwerte Verlustposten infolge – 843 25
Billigkeitshaftung
und deliktische Gesamtschuldnerschaft 840 29
Tötung eines Menschen, Ansprüche mittelbar Geschädigter 844 19
Bösgläubigkeit
Ausschluß befreiender Wirkung der Ersatzleistung für Sachentziehung/Sachbeschädigung an Nichtberechtigten 851 8 ff
Bundesleistungsgesetz
Rentenzahlungen als Schadensersatz 843 5

Cessio legis
Amtshaftung
— Beamter, geschädigter 843 141
— Leistungen privater Versicherungen 843 56
— Leistungen von Sozialversicherungsträgern 843 89
Angehörigenprivileg und ausgeschlossene Legalzession 840 65
Aufopferungsansprüche 843 56, 89
Beamtenrechtliche Regelungen (Dienstherrenregreß gegen den Schädiger) 843 139 ff
Beamter, Leistungen an einen deliktisch Geschädigten
— Ansprüche, erfaßte 843 141
— Anwendungsbereich 843 139 f
— Familienprivileg 843 154
— Quotenvorrecht 843 152 f
— Zeitpunkt des Übergangs 843 142 ff
Bedeutung 843 52
Dienstausfall des Hauskindes 845 32 f

Cessio legis (Forts.)
Entgeltfortzahlung an den deliktisch
Geschädigten
s. Krankheitsfall (Entgeltforzahlung)
Gesamtschuldnerausgleich, deliktischer
840 87
und Gesamtschuldnerausgleich (Verhältnis) **843** 47
Gesetzliche Vorschriften (Leistungen Dritter an den Geschädigten) **843** 51 ff
und GoA-Regreßinstrument, Abgrenzung
843 47
Kfz-Haftpflicht, Kfz-Insassenunfallversi-
cherung (Leistungen an deliktisch
Geschädigte) **843** 55, 78
Kongruenzerfordernis **843** 60, 97, 127 ff,
144 ff
Mitverschulden des Legalzessionars **846** 13
Privatversicherungsleistungen an den
deliktisch Geschädigten
s. Versicherungsvertragsrecht
Quotenvorrecht
s. dort
Risikoverlagerung auf den Zessionar
843 52
Sozialversicherungsleistungen an den
Geschädigten
s. Sozialversicherungsrecht
Tötung eines Menschen, Ersatzansprüche
mittelbar Geschädigter
— Familienprivileg **844** 253 ff
— Kongruenzerfordernis **844** 245 ff
— Mithaftung und Quotenvorrecht
844 251 f
— Sterbegeld, Beerdigungskosten **844** 51 f
— Voraussetzungen des Forderungsüber-
gangs **844** 244
— Zeitpunkt, Rechtsfolgen **844** 248 ff
Vermeidung doppelter Entschädigung des
Geschädigten **843** 52
Vertragshaftung
— Schadensersatzansprüche aufgrund
Vertrages (Leistungen an deliktisch
geschädigte Beamte) **843** 141
— Schadensersatzansprüche aufgrund
Vertrages (Leistungen im Entgeltfort-
zahlungsfall) **843** 125
— Schadensersatzansprüche aufgrund
Vertrages (Leistungen des Sozialversi-
cherungsträgers) **843** 89
und Vorteilsausgleichung, entbehrliche
843 48
Culpa in contrahendo
Beteiligtenhaftung **840** 15

Dauerschaden
aufgrund deliktischer Körperverletzung/
Gesundheitsverletzung (Rentenan-
spruch/Kapitalabfindung)
s. Personenverletzung (Ersatzansprüche
bei Delikt)
und einmalige Aufwendungen, Abgren-
zung **843** 9
Deliktsrecht
s. Unerlaubte Handlung
Diebstahl
Zufallsrisiko nach deliktischer Sachentzie-
hung **848** 1 ff
Dienstunfall
von Beamten/Soldaten: Haftungsprivile-
gierung und Regreßbehinderung bei
Schädigermehrheit **840** 63
von Beamten/Soldaten: Regreß des
Dienstherrn **843** 139 ff
**Dienstverpflichtete (mittelbar Geschädigte wegen
Ausfalls)**
Adoptiveltern/Adoptivkinder **845** 12
Ärztliche Behandlung **845** 27 f
Analogiefähigkeit **845** 2
Anspruch, eigenständiger/selbständiger
des mittelbar Geschädigten **846** 1
Anspruchsbeeinflussung durch Verhalten
des unmittelbar Verletzten **846** 3
Anwendungsbereich, ausgehöhlter **845** 3
Arbeitsvertrag **845** 14 f
Aufwendungen für eine Ersatzkraft
845 21 ff
Ausbildungsvertrag **845** 15
Ausländisches Recht **845** 43
Beistand von Eltern/Kindern, nicht erfaß-
ter **845** 7
Betriebsleitung **845** 15
Beweislast **845** 36, 41
Bruttolohn **845** 21
Cessio legis **845** 32 ff
Darlegungslast **845** 36, 41
Dauer der Rente **845** 23 ff
Dienstvertrag **845** 14 f
Ehegattenmitarbeit
— Diensterbringung, frühere/jetzige
gegenseitige Unterhaltspflicht **845** 4
— als eheliche Fürsorge/Beistand **845** 5
— Eigene Verletztenansprüche/Ansprüche
des hinterbliebenen Ehegatten **845** 5
— Gefährdungshaftung, spezialgesetzliche
845 6
— als wirtschaftliche Lebensgrundlage
845 5
EheRG **845** 4
Entgangener Gewinn **845** 19
Erbschaft **845** 29
Ersatzkraft **845** 21 f, 30
Erwerbsminderungsrente **845** 33

Dienstverpflichtete (mittelbar Geschädigte wegen
Ausfalls) (Forts.)
  Familientypische Hilfsdienste 845 15
  Familienverständnis, gewandeltes 845 8,
    16
  Freiheitsentziehung 845 9
  Gefährdungshaftung 845 6
  Geschenke 845 27
  Gesellschaftsrecht 845 13, 16 f
  Gesetzliche Dienstleistungspflicht 845 19 ff
  Gesetzliche Dienstleistungspflicht statt
    gesetzlicher Unterhaltsverpflichtung,
    vorausgesetzte 845 3
  Gesundheitsverletzung 845 9
  Hauskind
  — Dienstverpflichtung 845 11 ff
  — Eltern-Kind-Verhältnis (§ 1619) 845 12
  — Familienrechtlich geschuldete Dienste/
    Vertragsansprüche 845 14 ff
  — Heirat 845 24
  — Lebensmittelpunkt 845 17
  — Nur-dienstpflichtiges Kind 845 35 ff
  — Überobligationsmäßige Leistungen
    845 20
  — Unterhalt 845 17 f
  — Vergütung für geleistete Dienste
    845 14 ff
  — Volljähriges Hauskind 845 20, 25, 36
  — Vollzeitbeschäftigung 845 14 f, 18, 25,
    36
  Hinterbliebenenrente 845 22
  Höhe der Rente 845 19 ff
  Hofübernahme 845 24
  Internationales Privatrecht 845 43
  Kleidung 845 27
  Körperverletzung 845 9
  Krankheit 845 27 f
  Landwirtschaftlicher Betrieb 845 15, 24
  Lehre 845 25, 39
  Mitarbeit der Ehefrau 845 4 f
  Mitverschulden des Verletzten 846 1 ff
  Pfändbarkeit der Rente 845 42
  Rechtsnatur 845 2
  Regelungszweck 845 1
  Schadensbegriff, normativer 845 22
  Schadensminderungspflicht 845 31
  Schadensminderungspflicht des Verletzten
    selbst 846 1 ff
  Schätzung 845 21, 23, 43
  Sozialversicherung 845 15, 32
  Stiefkind, Stiefvater 845 12
  Subsidiarität des Elternanspruchs 845 38
  Taschengeld 845 28
  Tötung 845 9, 22
  Überhangfälle 845 5
  Überobligationsmäßige Leistungen des
    Hauskindes 845 20
  Umschulung 845 31

Dienstverpflichtete (mittelbar Geschädigte wegen
Ausfalls) (Forts.)
  Unterhalt des dienstpflichtigen Hauskindes
    845 17 f
  Unterhaltsschaden und Dienstleistungsaus-
    fall, Vergleich 845 1
  Unterkunft 845 21, 27 ff
  Verpflegung 845 21, 27 ff
  Volljähriges Hauskind 845 20, 25, 36
  Vollzeitbeschäftigung des Hauskindes
    845 14 f, 18, 25, 36
  Vorfrage bestehender Dienstpflicht (IPR)
    845 43
  Vorrang des Kindesanspruchs 845 34, 38
  Wert entgangener Dienste 845 19 ff, 26, 41
  Zeitpunkt, maßgeblicher 845 10
Dienstvertrag
  und Dienstausfall des Hauskindes 845 13 ff
  Ehegattenmitarbeit 842 136
  Tötung eines Menschen, Ansprüche mittel-
    bar Geschädigter 844 21, 27
Dingliche Rechte
  Rechtsinhaber an der Sache 851 7
Dritter, Dritte
  Erwerbsfähigkeit, beeinträchtigte/Bedürf-
    nisvermehrung und Leistungen von –
    843 40 ff
  Tod naher Angehöriger und eigene Schä-
    den von – 844 15 f
  Tötung eines Menschen, Ersatzanspruch
    mittelbar Geschädigter bei Unterhaltslei-
    stungen von – 844 219 ff
  Unterhaltsleistungen an den Verletzen,
    Regreßansprüche – 843 47

Ehegatten
  Unterhaltspflicht, gegenseitige anstelle
    früherer gesetzlicher Mitarbeitsver-
    pflichtung 845 4 ff
  Unterhaltsschaden im Falle der Tötung
    eines –
  s. Tötung eines Menschen (mittelbar
    Geschädigte)
Ehegattengesellschaft
  Gewinnbeteiligung als deliktischer
    Erwerbsschaden 842 138
Ehegattenmitarbeit
  Erwerbsschaden des mitarbeitenden
    Ehegatten aufgrund deliktischer Perso-
    nenverletzung 842 135 ff
  Mittelbar Geschädigte wegen Dienstaus-
    falls
  s. Dienstleistungen (mittelbar Geschä-
    digte wegen Ausfalls)
  Unterhaltsrechtlich geschuldete Mitarbeit/
    Ausdruck nur ehelicher Fürsorge 845 5

Ehegattenmitarbeit (Forts.)
  als Unterhaltsverpflichtung, Berechnung
    des Unterhaltsschadens als mittelbaren
    Schaden im Tötungsfall **844** 131
Eheliche Beistandspflicht
  Pflichtmitarbeit und Erwerbsschaden
    aufgrund Deliktes **842** 142
Eheliche Lebensgemeinschaft
  Unterhaltsmitarbeit und Erwerbsschaden
    aufgrund Deliktes **842** 140 ff
Ehescheidung
  und Unterhaltsschaden **844** 187
Eheschließung
  Familienprivileg **843** 67, 117
  Unterhaltsschaden nach Tötung, neue Ehe
    des Hinterbliebenen **844** 181 ff
Eigenleistungen
  nach Tötung eines Haushaltsführenden
    und Berechung des Unterhaltsschadens
    844 135
  und Vermögensschaden **842** 14 ff
Eigentümer-Besitzer-Verhältnis
  und deliktischer Herausgabeanspruch
    s. Verwendungsersatz
Einkommensermittlung
  Entgeltfortzahlung im Krankheitsfall des
    Arbeitnehmers **842** 61; **843** 127
  Erwerbsschaden, deliktischer **842** 20 f
  Tötung eines alleinverdienenden Ehegat-
    ten/Lebenspartners, Ersatzanspruch
    wegen mittelbarer Schädigung **844** 105 ff
  Tötung eines mitverdienenden Ehegatten/
    Lebenspartners, Ersatzanspruch des
    mittelbar Geschädigten **844** 154 ff
Einreden, Einwendungen
  Tötung eines Menschen, Ansprüche des
    mittelbar Geschädigten **844** 9 f
Einwilligung des Verletzten
  Tötung eines Menschen, Ansprüche des
    mittelbar Geschädigten bei einer – **844** 8
Eltern (nicht miteinander verheiratete)
  Haushaltsführungsschäden **842** 131
  Unterhaltsschaden mittelbar Geschädigter
    im Tötungsfall **844** 74
Eltern-Kind-Verhältnis
  Betreuungsleistungen als Erwerbsschaden
    843 25
  Dienstausfall des Hauskindes, Ansprüche
    der mittelbar Geschädigten
    s. dort
EMRK
  Personenschaden als Erwerbs- und Fort-
    kommensschaden **842** 11
Enteignungsrecht
  Gesamtschuldnerische Haftung **840** 14

Entgangener Gewinn
  Cessio legis bei Leistungen des Sozialversi-
    cherungsträgers an den deliktisch
    Geschädigten **843** 102
  Dienstausfall des Hauskindes **845** 19
  Enteignungsentschädigung **844** 42
  Erwerbsschaden aufgrund unerlaubter
    Handlung **842** 84 ff
  Haftungsschaden eines Erben **844** 14
  Selbstschaden des deliktische Verletzten
    844 12
Entgeltfortzahlung
  im Krankheitsfall
    s. Krankheitsfall (Entgeltfortzahlung)
Entwertungsschaden
  Entstehung, Ersatz **842** 152
  Erblasserwerte, vom Erben unter Verlust
    aufzulösende **844** 14
Erbfolge
  Beurkundung, fehlerhafte (Ersatzanspruch
    des Erben/mitwirkendes Erblasserver-
    schulden) **846** 11 f
  Tötung eines Menschen, Anrechnung
    ererbten Vermögens auf den Ersatzan-
    spruch des mittelbar Geschädigten
    844 207 ff
  Unterhaltsverpflichtung, auf Erben des
    Getöteten übergegangene und Unter-
    haltsschaden **844** 86
Erfinderpersönlichkeitsrecht
  Unerlaubte Handlung, gegen eine Person
    gerichtete **842** 5
Erfüllungsgehilfe
  und Geschäftsherr: Innenausgleich bei
    gesamtschuldnerischer Haftung
    aufgrund Deliktes **840** 49
Erwerbs- und Fortkommensschaden
  bei deliktischer Verletzung einer Person
    s. Personenverletzung (Ersatzansprüche
    bei Delikt)
Erwerbsfähigkeit
  Dauerschaden aufgrund deliktischer
    Verletzung (Rentenanspruch/Kapitalab-
    findung)
    s. Personenverletzung (Ersatzansprüche
    bei Delikt)
Erwerbsgeschäft
  Betriebsaufgabe infolge Erwerbsbeein-
    trächtigung **842** 28, 99, 151
  Tötung eines Menschen, Fortführung
    durch überlebenden Ehegatten **844** 234
Erwerbsobliegenheit
  Tötung eines Menschen, mittelbar Geschä-
    digter und Schadensminderungspflicht
    844 232 f

Fahrlässigkeit
Unerlaubte Handlung, gegen eine Person
gerichtete 842 5
Familiäre Betreuungsleistungen
Körper- oder Gesundheitsverletzung, geld-
werte Verlustposten infolge – 843 25
Familie
Aufsichtspflichtverletzung und Regreßbe-
hinderung 840 68
Ehegatten
s. dort
Ehegattenmitarbeit
s. dort
Haushaltsführung
s. dort
Kinder
s. dort
Mitarbeit von Ehegatten/Kindern, gewan-
deltes Verständnis 845 8
Unterhaltsschaden
s. Tötung eines Menschen (mittelbar
Geschädigte)
Familiengesellschaft
Erwerbsschaden, deliktischer 842 139
Familienmitglieder, Mitarbeit und
Erwerbsschaden aufgrund Deliktes
842 139
Familienmitarbeit
nach Tötung eines Haushaltsführenden
und Berechung des Unterhaltsschadens
844 133 ff
Familienprivileg
Angehörigenbegriff 843 66
Beamtenrechtliche Leistungen an den
deliktisch geschädigten Beamten 843 154
Cessio-legis-Ausschluß 840 65
Entgeltfortzahlung an den Geschädigten
843 132
Leistungen privater Versicherungen an den
Geschädigten 843 65 ff
bei Leistungen von Sozialversicherungsträ-
gern an den Geschädigten 843 116
Regreßbehinderung 840 65
Familienrichter
und Sorgerechtsinhaber, Innenausgleich
841 8
Familienunterhalt
Unterhaltsschaden im Tötungsfall
s. Tötung eines Menschen (mittelbar
Geschädigte)
Fixe Kosten
Berechnung des Unterhaltsschadens im
Tötungsfall 844 116 ff, 124
Fortkommensschaden
bei deliktischer Verletzung einer Person
s. Personenverletzung (Ersatzansprüche
bei Delikt)

Freiberufler
Erwerbsschaden aufgrund unerlaubter
Handlung 842 84 ff
Freiheitsberaubung
Dienstausfall und mittelbar Geschädigte
s. dort
Fur semper in mora
Gemeinrechtlicher Satz vom Dieb, der
immer im Verzug ist 848 3

Gefährdungshaftung
und deliktische Haftung, Zusammentreffen
840 21
Ehegattenmitarbeit, ersatzfähige 845 6
Gesamtschuldnerschaft aufgrund dessel-
ben Gefährdungshaftungstatbestandes
840 8
und Haftung aus vermutetem Verschulden
840 79
Haftungshöchstbeträge und gesamtschuld-
nerische Haftung 840 27
Mittelbar Geschädigte (Tötung/Dienstaus-
fall) und Mitverschulden des unmittelbar
Verletzten 846 6
Nutzungsentgang und pauschalierter
Mindestbetrag 849 5
Personenschäden (Nachteilsausgleich)
842 7, 10
Rentenzahlungen als Schadensersatz 843 5
Schmerzensgeldansprüche (AMG,
BBergG, GenTG, HpflG, ProdHaftG,
StVG, UmweltHG) 840 28
Tötung eines Menschen, Ansprüche mittel-
bar Geschädigter 844 17 f
Zusammentreffen mit Delikt/Umfang der
Verantwortlichkeit 840 21
Gesamtschuldnerschaft
als allgemeines Ausgleichsinstitut 843 47
Gesamtschuldnerschaft (deliktische)
Ärzte, behandelnde/hinzugezogene 840 23
Alleinschädigervergleich 840 2
AMG-Haftungstatbestände 840 8, 21, 27,
28
Amtshaftung 840 9, 23
Angehörigenprivileg 840 65
Angriffsnotstand 840 13
Anstifter 840 18
Anteilsmäßige Haftung, ausgeschlossene
Vermutungsregel 840 2
Arbeitsunfall 840 22, 62
AtomG-Haftungstatbestände 840 8, 27, 28
Aufopferungsansprüche 840 11 f
Aufsichtspflichtige und Aufsichtsbedürfti-
ger 840 23
Aufsichtspflichtige und Delikttäter 840 23,
49
Ausgleichsansprüche (Innenausgleich)

Gesamtschuldnerschaft (deliktische) (Forts.)
— Abweichendes Recht gegenüber § 426
   Abs 1 S 1 **840** 1
— Anspruchsentstehung **840** 48
— Aufsichtspflichtiger/Deliktstäter **840** 49
— Beamtenhaftung **841** 1 ff
— Bereicherungsrechtliche Ansprüche
   840 50
— und Ersatzanspruch im Außenverhältnis
   840 48
— Geschäftsherr und Erfüllungs-/Verrich-
   tungsgehilfe **840** 49
— Mitverschuldensfrage **840** 49
— Modifizierung **840** 79 ff
— Privilegierungen **840** 4
— und Regreßberhinderung infolge
   Haftungsprivilegierung **840** 52 ff
— Spezialregelungen **840** 89
— Verjährung **840** 86
Ausgleichsansprüche (Innenausgleich),
   Straßenverkehr
   s. dort
Außenhaftung
— Absolute Wirkung **840** 52, 57
— Grundsatz gesamtschuldnerischer
   Haftung **840** 25
— und Haftungsprivilegierung **840** 57 f
— und Innenausgleich (Selbständigkeit der
   Ansprüche) **840** 48
— Relative Wirkung **840** 52, 53, 59
— Unterschiedliche Haftungshöhe bei
   einzelnen Schädigern (Fälle) **840** 26 ff
BBergG-Haftungstatbestände **840** 8, 21,
   27, 28
BDSG-Haftungstatbestände **840** 8, 21, 27
Beamtenhaftung und Innenausgleich
   841 1 ff
Beteiligte iSd § 830 Abs 1 S 2 **840** 18
BGB-geregelte Delikte, Delikte außerhalb
   des BGB **840** 8
Billigkeitshaftung **840** 8
BImSchG-Ausgleichsanspruch **840** 11
BJagdG-Ausgleichsanspruch **840** 11
cic-Haftung mehrerer **840** 15
Demonstranten **840** 23
Dienstunfall **840** 63
Doppelt gestörte Gesamtschuld **840** 72 ff
Eigentümer und Architekt **840** 23
Eigentümer und Pächter (Verkehrssiche-
   rungspflichten) **840** 23
Einzelabwägung **840** 34 ff
Eisenbahn und Kfz-Halter **840** 23
Enteignungsgleiche Entschädigungspflicht
   840 14
Erfüllungsgehilfe und Geschäftsherr **840** 49
Ergänzungs- und Klarstellungsfunktion
   840 3
Ersatzanspruch § 904 S 2 **840** 13

Gesamtschuldnerschaft (deliktische) (Forts.)
Familienmitglieder, Zusammenwirken
   840 23
Feuerwerkskörper **840** 23
Gebäudebesitzer/früherer Besitzer/beauf-
   tragtes Unternehmen **840** 23
Gefährdungshaftung **840** 8, 82
Gefährdungshaftung ohne Schmerzens-
   geldfolge/Zusammentreffen mit Delikt
   840 21
Gehilfe **840** 18
GenTG-Haftungstatbestände **840** 8, 21,
   27, 28
Gesamtabwägung **840** 34 ff, 47
Gesamtschaden **840** 16
Gestörtes Gesamtschuldverhältnis **840** 52 ff
Gleichstufigkeit der Beteiligtenhaftung
   840 15
Haftungsbeschränkung, gesetzliche
   840 67 ff
Haftungseinheit **840** 35, 39 ff
Haftungsgründe, Zusammentreffen einer
   Mehrheit **840** 15 ff
Haftungshöchstbeträge **840** 27
Haftungsprivilegierung **840** 62 ff
Hersteller/Zulieferer **840** 23
HpflG-Haftungstatbestände **840** 8, 21, 27,
   28, 82, 89
Innerbetrieblicher Schadensausgleich
   840 64
Kartellrechtsverstoß **840** 14
Kausalität für die Schadensentstehung
   840 16
Kfz-Halter, Fahrer, Versicherer **840** 23
Kfz-Halter, mehrere **840** 23
Körperschaften, Mehrheit **840** 23
Kombinationsmodell **840** 34 ff
Kombinationsmodell (Ausnahmen)
   840 38 ff
Legalzession **840** 65, 87
LuftVG-Haftungstatbestände **840** 8, 21,
   27, 89
Mehrheit unerlaubter Handlungen **840** 16
Mittäter **840** 18
Mitverschulden des Geschädigten
— gegenüber allen Mitschädigern **840** 31
— Ausgestaltung der Gesamtschuld **840** 37
— Ausgleichspflicht, modifizierte durch §
   840 Abs 2, 3 und Berücksichtigung
   des – **840** 79 ff
— Einzelabwägung **840** 34
— Gesamtabwägung **840** 32, 34
— Insolvenzrisiko **840** 36
— Kombination von Einzel- und Gesamt-
   abwägung **840** 34
— Nebentäterschaft **840** 33 ff, 44
— Quotenhaftung **840** 34

Gesamtschuldnerschaft (deliktische) (Forts.)
  Nachbarrechtlicher Ausgleichsanspruch
    840 11
  Nebentäterschaft und Haftungsgrundlage
    840 3, 19
  Normzweck **840** 1 ff
  Notleidendes Versicherungsverhältnis
    840 66
  Notstandsgefahr, verschuldete **840** 10
  Öffentlich-rechtliche Körperschaften **840** 9
  Pächter und Nachfolger **840** 23
  ProdHaftG-Haftungstatbestände **840** 8,
    21, 23, 27, 28
  Reederverantwortlichkeit **840** 24
  Regreßbehinderung **840** 52 ff
  Regreßzirkel **840** 53
  Rennwagenunfall **840** 23
  Risikobelastung im Vergleich zu anteilsmä-
    ßiger Haftung **840** 2
  Schadenshöhe und sich deckende Ersatz-
    pflichten **840** 21
  Schmerzensgeld **840** 21, 28, 35, 38
  Schuldform **840** 20
  Schulunfall **840** 63
  Selbsthilfe, irrtümliche **840** 10
  Solidar- und Separatquote **840** 37
  Sonderbestimmungen gegenüber § 840
    840 88 ff
  Spezialgesetze **840** 8
  Straßenverkehr
    s. dort
  Streudienstpflichtige **840** 23
  Subsidiaritätsklausel (Amtshaftung) **840** 78
  Tatbeitragseinheit **840** 40
  Teilschäden, abgrenzbare **840** 16
  Teilschuldnerschaft, ausgeschlossene
    Vermutungsregel **840** 2
  Tierhalter und Tierhüter **840** 23
  UmweltHG-Haftungstatbestände **840** 8,
    21, 27, 28
  Urheber- und Immaterialgüterrechts-
    Haftungstatbestände **840** 14
  Verantwortlichkeit mehrerer nebeneinan-
    der **840** 17 ff
  Verhältnismäßigkeitsprinzip **840** 2
  Verjährung **840** 86
  Vermutetes Verschulden **840** 8
  Verrichtungsgehilfe und Geschäftsherr
    840 23, 49
  Vertragliche Haftungsprivilegierung **840** 71
  Verursachungseinheit **840** 41
  Viehfuttertransport und Vergiftungsfolge
    840 23
  Wettbewerbsverstoß **840** 14
  WHG-Haftungstatbestände **840** 8, 24
  Zurechnungseinheit **840** 40
  Zusammentreffen mehrerer Haftungsgrün-
    de **840** 15 ff

Geschäftsehre
  Unerlaubte Handlung, gegen eine Person
    gerichtete **842** 5
Geschäftsführung
  Begriff der Geschäftsführung, Abgrenzung
    zur Geschäftsbesorgung **841** 6
  Gesamtschuldnerhaftung, deliktische eines
    Beamten/des Geschäftsführers: Innen-
    ausgleich **841** 1 ff
Geschäftsführung ohne Auftrag
  Beerdigungskosten, tatsächliche Übernah-
    me **844** 50
  Cessio legis
    s. dort
  Tötung eines Menschen und Frage eigener
    Ansprüche eines mittelbar Geschädigten
    844 28
  Unterhaltsleistungen, dem deliktisch
    Verletzten bereits erbrachte und Regreß-
    ansprüche Dritter **843** 46
  Verwendungsersatzanspruch eines delikti-
    schen Besitzers **850** 7
Geschäftsveräußerung
  Schadensfall wegen verringerter Einkünfte
    842 151
Geschlechtsehre
  Unerlaubte Handlung, gegen eine Person
    gerichtete **842** 5
Gesellschafter
  Deliktische Schädigung (Erwerbs- und
    Fortkommensschaden)
  — Alleingesellschafter **842** 114 ff
  — Anrechnung von Vorteilen der Gesell-
    schaft **842** 112
  — Gewinneinbußen **842** 104 ff
  — Mitgesellschafter und Gesellschaft
    selbst (nur mittelbarer Schaden)
    842 113
  — Tätigkeitsvergütung **842** 108 ff
  — Tantiemen **842** 35, 110
  — Verdeckte Gewinnausschüttung **842** 109
Gesellschafter-Geschäftsführer
  Erwerbsschaden, unfallreduzierter Anteil
    am Gesellschaftsgewinn aufgrund Delik-
    tes **842** 92
Gesellschaftsvertrag
  und Dienstausfall des Hauskindes **845** 13 ff
  Ehegattenmitarbeit und Erwerbsschaden
    aufgrund Deliktes **842** 135 ff
Gesundheitsverletzung
  Dienstausfall und mittelbar Geschädigte
    s. dort
  Eigene, aber mittelbar bei einem Dritten
    entstandene — **844** 16, 40
  Ersatzansprüche nach unerlaubter Hand-
    lung
    s. Personenverletzung (Ersatzansprüche
    bei Delikt)

Gesundheitsverletzung (Forts.)
Unterhaltsschaden, auf Gesundheitsverletzung des Unterhaltsverpflichteten beruhende **844** 41
Gewerbebetrieb
Betriebsaufgabe infolge Erwerbsbeeinträchtigung **842** 28, 99, 151
Gewerbetreibende
Erwerbsschaden aufgrund unerlaubter
Handlung **842** 84 ff, 151
Gütergemeinschaft
Ehegattenmitarbeit und Erwerbsschaden
aufgrund Deliktes **842** 143
Gutglaubensschutz
Ersatzleistung für Sachentziehung/Sachbeschädigung an Nichtberechtigten (befreiende Wirkung) **851** 1 ff

Häusliche Gemeinschaft
und Angehörigenprivileg bei privaten
Versicherungsleistungen an den deliktisch Geschädigten **843** 79 f
Haftpflichtversicherung
Cessio legis bei Leistungen an einen deliktisch Geschädigten **843** 54
Haftungsausschlüsse
Tötung eines Menschen, Ansprüche des
mittelbar Geschädigten **844** 6 f
Haftungshöhe
Deliktische Gesamtschuldnerschaft und
unterschiedliche Schädigerhaftung
840 26 ff
und Regreßbehinderung (gestörtes
Gesamtschuldverhältnis) **840** 52 ff
Haftungsprivilegierungen
und deliktische Gesamtschuldnerschaft
840 22; **843** 87
Haushaltsführung (deliktischer Eingriff)
Erwerbsschaden aufgrund Deliktes
— Alleinstehende **842** 134
— Anspruchsberechtigte Personen
842 119 ff
— Anspruchsgrundlage **842** 124
— Aufwendungen, gemischte (Erwerbsschaden/Bedürfnisvermehrung) **843** 9
— Doppel- oder Hinzuverdienerehe
842 123
— Ersatzkraft **842** 126
— Geschiedene **842** 131
— Getrenntlebende **842** 131
— Güterstand **842** 129
— Haushaltshilfe für den verletzten Haushaltsführenden **843** 9
— Lebenspartnerschaft **842** 130
— Nichteheliche Lebensgemeinschaft
842 132 f
— Schadenshöhe **842** 125 ff
— Vergütung **842** 127 f

Haushaltsführung (deliktischer Eingriff) (Forts.)
Tötung des Haushaltsführenden (mittelbar
Geschädigte)
— Elternteile, eines oder beide/Unterhaltsschaden von Kindern **844** 161 ff
— Ersparte Haushaltsführung **844** 206
— Erwerbsobliegenheit des haushaltsführenden überlebenden Ehegatten
844 228
— Fixe Kosten und Schadensberechung
844 116 ff, 124
— Haushaltsführender Ehegatte/Lebenspartner **844** 128 ff, 178 ff
— Marktwert, Vergütung für fremde
Ersatzkraft **844** 140 ff
— Mitverdienender Ehegatte/Lebenspartner **844** 159 f, 178 ff
Hauskind
Dienstausfall
s. Dienstleistungen (mittelbar Geschädigte wegen Ausfalls)
Heiratsaussichten
Beeinträchtigung als Schaden **842** 153
Herausgabeanspruch
Vermögenswerte, deliktisch erlangte
(verjährungsrechtliche Sonderregelung)
852 1 ff
Verwendungsersatzanspruch bei deliktischem —
s. Verwendungsersatz

Immaterialgüterrecht
Beteiligtenhaftung **840** 14
In-vitro-Fertilisation
Ersatzberechtigung als mittelbar Geschädigter (Unterhaltsschaden) **844** 79
Insolvenz
Nebentäterschaft und Mitverschulden des
Geschädigten **840** 36 ff
Nutzungsentgang und pauschalierter
Mindestbetrag **849** 5
Unerlaubte Handlung und Risiko der —
840 2
Insolvenzrichter
und Insolvenzverwalter: Innenausgleich
841 8
Internationales Privatrecht
Dienstausfall des Hauskindes, Schadensersatzanspruch mittelbar Geschädigter
845 43

Juristische Person
Anwendbarkeit des § 844 auf Erlöschen
844 42
Mittelbarer Schaden bei Schädigung eines
Gesellschafter/Geschäftsführers
842 113, 114 ff

Kapitalabfindung (Schadensersatz)
s. Personenverletzung (Ersatzansprüche
bei Delikt)
Karitative Tätigkeit
Erwerbsschaden aufgrund Deliktes 842 148
Kartellrecht
Beteiligtenhaftung bei Kartellverstößen
840 14
Kaskoversicherung
Cessio legis bei Leistungen an einen delik-
tisch Geschädigten 843 54
Kausalität
Alternative – 840 8
Beteiligtenhaftung für unerlaubte Hand-
lung, Kausalitätserfordernis 840 16
Erwerbsfähigkeit, beeinträchtigte/Bedürf-
nisvermehrung, durch Körper- oder
Gesundheitsverletzung verursachte
843 11 ff
Erwerbsfähigkeit, beeinträchtigte/Zure-
chenbarkeit psychischer Reaktionen
843 14 ff
Forderung, durch eine unerlaubte Hand-
lung erlangte 853 3
Kumulative – 840 9
Sachbeschädigung/Sachentziehung als
Folge einer unerlaubten Handlung 851 5
Tod als Folge einer unerlaubten Handlung
844 43
UmweltHG, Beteiligtenhaftung 840 8
Unterhaltsleistungen/Schadensereignis
(Anrechnungsausschluß für Drittleistun-
gen) 843 40
Vermögensverschiebung aufgrund einer
unerlaubten Handlung 852 6
Zufallsrisiko nach deliktischer Entziehung
848 1, 3, 8, 9
Kfz-Haftpflichtversicherung
Cessio legis bei Leistungen an einen delik-
tisch Geschädigten 843 55
Kfz-Insassenunfallversicherung
Cessio legis bei Leistungen an einen delik-
tisch Geschädigten 843 78
Kinder
Barunterhaltsanspruch, Wegfall wegen
Tötung und Ersatzanspruch des mittel-
bar Geschädigten 844 190 ff
Erwerbsschaden aufgrund Deliktes
842 144 f
Hauskind (Dienstausfall)
s. Dienstleistungen (mittelbar Geschä-
digte wegen Ausfalls)
Mithilfepflicht und Unterhaltsschadensbe-
rechung nach Tötung eines Haushalts-
führenden 844 138
Nichteheliche Kinder (Unterhaltsschaden)
844 74, 161, 172 f

Kinder (Forts.)
Tod eines unterhaltspflichtigen Kindes,
Berechung des Unterhaltsschadens
844 174 ff, 196
Kindergeld
Berechnung des Unterhaltsschadens im
Tötungsfall 844 110
Klage, Klagbarkeit
Deliktischer Schadensersatzanspruch,
verjährter/Geltendmachung des delikti-
schen Herausgabeanspruchs 852 23
Dienstausfall des Hauskindes, Schadenser-
satzanspruch mittelbar Geschädigter
845 40 ff
Erwerbs- und Fortkommensschaden
(deliktische Personenverletzung)
— Abänderungsklage 843 175 ff
— Betragsverfahren 843 173
— Einstweiliger Rechtsschutz 843 167
— Feststellungsklage 843 168, 176
— Kapitalabfindungen statt Rentenzah-
lungen 843 38
— Klageantrag 843 163 ff
— Leistungsklage 843 167
— Nachforderungsklage 843 178
— Rente/Kapitalabfindung (Klageantrag)
843 163
— Rentenzahlungen als Schadensersatz
843 25, 28, 38
— Zwischenurteil 843 170 ff
Tötung eines Menschen (Unterhaltsscha-
den)
— Feststellungsklage 844 92 ff, 182, 195 f,
259
— Leistungsklage 844 95, 195, 259, 261
Körperliche Integrität
Unerlaubte Handlung, gegen eine Person
gerichtete 842 5
Körperverletzung
Dienstausfall und mittelbar Geschädigte
s. dort
Eigene, aber mittelbar bei einem Dritten
entstandene – 844 16, 40
Ersatzansprüche nach unerlaubter Hand-
lung
s. Personenverletzung (Ersatzansprüche
bei Delikt)
Unterhaltsschaden, auf Körperverletzung
des Unterhaltsverpflichteten beruhende
844 41
Konjunkturschaden
s. Erwerbs- und Fortkommensschaden
Gefährdungshaftung 842 10
Kraftfahrzeug
Ersätzleistung für Sachentziehung/Sachbe-
schädigung, befreiende Leistung an
einen Nichtberechtigten 851 10

Krankenversicherung (gesetzliche)
Leistungen an den deliktisch Geschädigten
(cessio legis)
s. Sozialversicherungsrecht
Krankenversicherung (private)
Cessio legis bei Leistungen an einen deliktisch Geschädigten **843** 54, 55
Krankheitsfall (Entgeltfortzahlung)
Anrechnungsausschluß ggü dem deliktischen Schädiger **842** 59
Cessio legis bei Leistungen an einen deliktisch Geschädigten
— Ansprüche, erfaßte **843** 125
— Anwendungsbereich **843** 122 ff
— Arbeitnehmererfordernis **843** 123
— Ausgeschlossene Entgeltteile **843** 128
— Ausgeschlossene Haftung bei Schädigung innerhalb eines Betriebs **843** 133
— Berechnung des zu ersetzenden Schadens (Bruttolohnmethode) **842** 59
— Entgeltfortzahlung ohne gesetzliche
Verpflichtung **843** 134
— Familienprivileg **843** 132
— Kongruenz **843** 127 ff
— Nichtanrechnungsfälle **843** 134 ff
— Quotenvorrecht **843** 129 ff
— Vorsatz, grobes Arbeitnehmerverschulden **843** 124
— Zeitpunkt des Übergangs **843** 126
Erwerbsschaden aufgrund Deliktes
842 59 ff
Künftige Leistungen
Cessio legis bei Leistungen des Sozialversicherungsträgers **843** 91
Erwerbs- und Fortkommensschaden,
Klage auf – **843** 167 ff

Lebensgemeinschaft
Nichteheliche –
s. Nichteheliche Lebensgemeinschaft
Lebenspartnerschaft
Barunterhaltsanspruch, Wegfall wegen
Tötung und Ersatzanspruch des mittelbar Geschädigten **844** 188
Unterhaltsschaden und Aufhebung der –
844 187
Unterhaltsschaden mittelbar Geschädigter
im Tötungsfall **844** 74
Unterhaltsschaden nach Tötung, Eingehen
neuer Partnerschaft des Hinterbliebenen
844 181 ff
Unterhaltsschaden des überlebenden
Lebenspartners **844** 103
Lebensversicherung
Cessio legis bei Leistungen an einen deliktisch Geschädigten **843** 55, 75

Leistungsfähigkeit
Haushaltsführungsschaden, Dauer der –
844 179
Tod eines unterhaltspflichtigen Kindes
844 176
Unterhaltsschaden eines mittelbar Geschädigten nach Tötung eines Menschen
844 88 ff
Leistungsverweigerungsrecht
Forderungserlangung, deliktische und
Arglisteinrede des Verletzten **853** 1 ff

Minderjährigkeit
Dienstausfall des Hauskindes **845** 24
Mittäter
Verantwortlichkeit mehrerer nebeneinander
s. Gesamtschuldnerschaft
Vermögensvorteil, durch Delikt erlangter
852 2, 9
Mittelbarer Schaden
Allgemeines **844** 2
Dienstleistungsausfall
s. dort
Vermögensbeeinträchtigung aufgrund
körperlicher Verletzung einer anderen
Person **842** 7
Vermögenseinbußen infolge Ausfalls
normalen Einkommens **842** 151
Vermögensschaden, ersatzfähiger wegen
Tötung eines anderen
s. Tötung eines Menschen (mittelbar
Geschädigte)
Mitverschulden
Erwerbsschaden und Schadensminderungspflicht **842** 26 ff
Gesamtschuldnerschaft, deliktische und
Mitverschulden des Geschädigten
s. Gesamtschuldnerschaft (deliktische)
Mittelbar Geschädigte (Tötung/Dienstausfall) und Mitverschulden des unmittelbar
Verletzten **846** 1 ff

Nachbarrecht
Ausgleichsanspruch und Beteiligtenhaftung **840** 11
Nachlaßrichter
und Nachlaßpfleger, Nachlaßverwalter:
Innenausgleich **841** 8
Nachteilsausgleich
Ersatzpflicht bei deliktischer Personenverletzung
s. Personenverletzung (Ersatzansprüche
bei Delikt)
Namensrecht
Unerlaubte Handlung, gegen eine Person
gerichtete **842** 5

Nasciturus
Ersatzberechtigung als mittelbar Geschä-
digter (Unterhaltsschaden) **844** 79 ff
Nebentäterschaft
Kausalität **840** 16
und Mitverschulden des Geschädigten
840 33 ff, 44
Verantwortlichkeit des einzelnen Nebentä-
ters **840** 3
Verantwortlichkeit mehrerer nebeneinan-
der **840** 19
Neurosen
Körper- oder Gesundheitsverletzung,
Frage ersatzpflichtiger – **842** 155;
843 14 ff, 22
Nichteheliche Lebensgemeinschaft
und Angehörigenprivileg bei privaten
Versicherungsleistungen an den delik-
tisch Geschädigten **843** 69
Haushaltsführung und Erwerbsschaden
aufgrund Deliktes **842** 132 f
Mittelbar Geschädigte im Todesfall, ausge-
schlossene Ersatzberechtigung **844** 31 ff,
75
Unterhaltsschaden nach Tötung, Eingehen
einer – **844** 184 f
Nichtvermögensschäden
Ausschluß von Ansprüchen mittelbar
Geschädigter im Tötungsfall **844** 40
Notar
Beurkundung, fehlerhafte (Ersatzanspruch
des Erben) **846** 11 f
Nutzungsentgang
Eigenschaden des Besitzers **851** 2
Pauschalierter Mindestbetrag nach delik-
tisch verursachtem – **849** 1 ff
Nutzungsentschädigung
Fortentwicklung der Rechtsprechung zur
abstrakten – **842** 17

Öffentlich-rechtliche Ersatzansprüche
Tötung eines Menschen und Frage eigener
Ansprüche eines mittelbar Geschädigten
844 29
Ordensbruder
Erwerbsschaden aufgrund Deliktes **842** 148

Persönlichkeitsrecht
Unerlaubte Handlung, gegen eine Person
gerichtete **842** 5
Personenverletzung (Ersatzansprüche bei Delikt)
Arbeitnehmer
s. dort
Cessio legis
s. dort
Erwerbs- und Fortkommensschaden
– Abfindung, Anrechnungsausschluß
842 25

Personenverletzung (Ersatzansprüche bei Delikt)
(Forts.)
– Alleinstehende (Haushaltsführungs-
schaden) **842** 134
– Altersversorgung, betriebliche (Beitrags-
ersatz) **842** 38, 67
– Anrechnung anderweitig erzielter
Einkünfte **842** 29
– Anrechnung von Steuervorteilen **842** 50,
58
– Anwendungsbereich des § 842 **842** 5 ff
– Arbeitsleistung, verminderte/Arbeits-
kraft, Verlust **842** 14 ff
– Arbeitslosenversicherung (Beitragser-
satz) **842** 69
– Arbeitslosigkeit **842** 14, 77 f
– Arbeitsstelle und Schadensminderungs-
pflicht **842** 28
– Arbeitsunwilligkeit und wirtschaftliche
Einbuße **842** 14
– Aufopferungsansprüche (Sondernor-
men zur angemessenen Entschädi-
gung) **842** 11
– Aufstiegschancen, entfallende **842** 41
– Aufwandsentschädigung als Aufwands-
kompensation/als Arbeitsentgelt
842 75
– Aufwendungen (Anrechnung ersparter)
842 24
– Aufwendungen (Ersatz für nutzlose)
842 100
– Aufwendungen (Ersatz für schadens-
mindernde) **842** 29
– Ausbildungskosten **842** 49
– Auszubildende, Fortkommensschaden
842 146 f
– Auszubildende ohne eigenes Einkom-
men **842** 14
– Berufsausbildung und Fortkommens-
schaden **842** 146 f
– Berufsfördernde Maßnahmen **842** 49
– Betriebsaufgabe, unfallbedingte
(entgangener Gewinn, Veräußerung
unter Wert) **842** 99, 151
– Betriebsaufgabe, unfallbedingte (zumut-
bare Erwerbstätigkeit) **842** 28
– Dauer der Erwerbschadensersatzzah-
lungen **842** 17, 22, 37
– Ehegattengesellschaft, fortlaufende
Gewinnbeteiligung als Erwerbsscha-
den **842** 138
– Ehegattenmitarbeit, eigener Erwerbs-
schaden **842** 136
– Eingliederungshilfe **842** 49
– EMRK **842** 11
– Entgeltfortzahlung, Anrechnungsaus-
schluß **842** 59

Personenverletzung (Ersatzansprüche bei Delikt)
(Forts.)
— Entgeltfortzahlung, zu ersetzender Schaden **842** 60 f
— Entwertungsschaden (Zeitpunkt der Schadensentstehung) **842** 152
— Erfinderpersönlichkeitsrecht, verletztes **842** 5
— Erwerbsgeschäft (Betriebsaufgabe) **842** 28, 99, 151
— Erwerbsschaden/Fortkommensschaden, Abgrenzung **842** 1, 12
— Erwerbstätigkeit, Prognose voraussichtlicher Entwicklung **842** 19 ff
— Fahrlässigkeitstaten **842** 6
— Familiengesellschaft, Ersatz ausgefallener Arbeitskraft **842** 139
— Fortkommensschaden **842** 2, 41
— Fortkommensschaden/Erwerbsschaden, Abgrenzung **842** 1, 12
— Gastarbeiter (Rückkehrmöglichkeit, Arbeitsmarktsituation) **842** 76
— Geschlechtsehre, verletzte **842** 5
— Gesellschafterstellung
  s. dort
— Gesetzliche Verweisung auf § 842 **842** 8
— Gratifikation, ersatzfähige **842** 38
— Haushaltsführungsschaden
  s. Haushaltsführung (deliktischer Eingriff)
— Heimwerkerleistungen, ersatzfähige **842** 154
— Heiratsaussichten, verminderte **842** 153
— Jugendliche ohne eigenes Arbeitseinkommen **842** 14
— Karitative Tätigkeit **842** 14, 148
— Kinder als Hauskinder/Aufnahme eigenständiger Erwerbstätigkeit **842** 144 f
— Kinder ohne eigenes Arbeitseinkommen **842** 14
— Kindergeld, nicht ersatzfähiges **842** 39
— Klage, Klagbarkeit
  s. dort
— Krankenversicherung (Beitragsersatz) **842** 63 ff
— Kündigungsschutzprozeß (ersatzfähige Kosten) **842** 74
— Kündigungsschutzprozeß (Obliegenheit) **842** 28
— Lebenspartnerschaft (Haushaltsführungsschaden) **842** 130
— Lebensrisiko, darauf beruhender Schaden **842** 22, 147
— Leistungen/Ersatzleistungen Dritter, Anrechnungsausschluß **842** 24, 36
— Mitarbeiterrabatt, ersatzfähiger **842** 38

Personenverletzung (Ersatzansprüche bei Delikt)
(Forts.)
— Nachteile für das Fortkommen, Konjunkturschaden **842** 10
— Nachteile als Schaden **842** 62 ff
— Namensrechtlicher Eingriff **842** 5
— Nebentätigkeitseinnahmen, ersatzfähige **842** 35, 84
— Nichteheliche Lebensgemeinschaft (Haushaltsführungsschaden) **842** 132 f
— Pensionierung, vorzeitige **842** 82
— Persönlichkeitsrechtsverletzung **842** 5
— Pflegeversicherung (Beitragsersatz) **842** 71
— Prognoseprobleme **842** 19 ff, 87, 145 f, 158
— Prostitution (Dirnenlohn) **842** 150
— Rechtswidrige Tätigkeit **842** 149
— Rentenversicherung (Beitragsersatz) **842** 68
— Schadensberechnung (konkrete Berechnung, Prognose, zeitliche Anspruchsgrenze) **842** 13 ff
— Schadensersatzbegriff (Verhältnis zu §§ 249 ff) **842** 3
— Schwerbehindertenzusatzurlaub, nicht ersatzfähiger **842** 39
— Selbständigkeit **842** 84 ff
— Sittenwidrige Tätigkeit **842** 149
— Sozialversicherungsbeiträge (Beitragsersatz) **842** 33 f, 62 ff
— Steuerschaden/Steuervorteil **842** 50 ff
— Studenten, Fortkommensschaden **842** 146 f
— Tantiemen, ersatzfähige **842** 35, 110
— Trinkgelder, ersatzfähige **842** 35
— Überstundenvergütung, ersatzfähige **842** 38
— Umschulungskosten, Ersatzfähigkeit vertretbarer **842** 43 ff
— Unentgeltliche Tätigkeit **842** 14, 147
— Unfallversicherung (Beitragsersatz) **842** 70
— Unterlassungstaten **842** 6
— Verbotene Tätigkeit **842** 149
— Vermögenseinbußen, mittelbare infolge Einkommensausfalls **842** 151
— Vermögenseingriff/Vermögensbeeinträchtigung, nicht erfaßte **842** 6
— Verpflegungskosten, nicht anzurechnende verletzungsbedingte Einsparungen **842** 24
— Verpflegungskosten als Heilungskosten **842** 24
— Versicherungsleistungen, ersatzfähige **842** 73
— Vorruhestand **842** 40

Personenverletzung (Ersatzansprüche bei Delikt)
(Forts.)
— Vorteilsausgleichung
   s. dort
— Vorzeitige Pensionierung **842** 82
— Wintergeld, nicht ersatzfähiges **842** 39
Rentenanspruch/Kapitalabfindung bei
Dauerschäden
— Abänderungsklage **843** 175 ff
— Abstrakte Beeinträchtigungen, auszu-
   schließende **843** 6
— Abtretungsregreß bei bereits erfolgten
   Unterhaltsleistungen **843** 46
— Ärztlicher Kunstfehler **843** 12
— Amtshaftung **843** 56, 89, 141
— Anschaffung, einmalige und Deckung
   vermehrten Bedarfs **843** 9
— Anwendungsbereich (unmittelbarer,
   entsprechender) **843** 4 f
— Aufhebung der Erwerbsfähigkeit als
   Dauerschaden **843** 6
— Aufwendungen, Abgrenzung einmaliger
   (Anwendung §§ 249 ff) **843** 4, 9, 31
— Aufwendungen mit gemischtem Charak-
   ter **843** 8
— Ausnahmefälle (Bagatellfälle/Renten-
   neurosen) **843** 19 f
— Bagatellfälle (psychische aber unver-
   ständliche Reaktionen) **843** 18
— Bedarfsbefriedigung durch einmalige
   Anschaffungen **843** 9
— Bedürfnisbefriedigung, Entbehrlichkeit
   tatsächlicher (überobligatorischer
   Verzicht des Geschädigten) **843** 10
— Bedürfnisvermehrung als Dauerschaden
   843 7 ff, 23 f, 106
— Beeinträchtigung der Erwerbsfähigkeit
   (Aufhebung/Minderung umfassende)
   843 6
— Behindertengerechte Anschaffungen
   843 9, 23
— Behindertenwerkstatt, Unterbringung
   843 21
— Betreuungsleistungen, zu erstattende
   843 21, 25
— Beweislast **843** 22, 159, 181 f
— BSeuchG (Legaldefintion vermehrter
   Bedürfnisse) **843** 7
— Dauerhafte Bedarfsbefriedigung/dauer-
   hafter Bedarfsfall (zu unterscheiden-
   de) **843** 9
— Dauerschäden, erforderliche aufgrund
   Körper- und Gesundheitsverletzung
   843 4 ff
— Dauerschäden und Schadensausgleich,
   zweckmäßiger durch Verrentung **843** 3
— Differenztheorie **843** 49, 63

Personenverletzung (Ersatzansprüche bei Delikt)
(Forts.)
— Doppelte Entschädigung, zu vermeiden-
   de **843** 45, 52
— Einbauten, erforderliche **843** 23
— Einkommens- und Vermögensverhält-
   nisse des Ersatzpflichtigen **843** 33, 35
— Elternaufgaben (originäre/geldwerte
   ersatzfähige) **843** 25
— Erwerbs-und Fortkommensschaden
   (Verhältnis § 843/§ 842) **842** 2
— Erwerbsfähigkeit, Ausschluß lediglich
   abstrakter Beeinträchtigung **843** 6
— Erwerbsfähigkeit (Dauerschaden durch
   Aufhebung/Minderung) **843** 6
— Erwerbsschaden, konkret nachzuwei-
   sender **843** 6
— Fällige Ansprüche/Künftige Ansprüche
   843 34
— Fahrtkostenersatz **843** 23
— Familiäre Betreuungsleistungen
   (notwendige Differenzierungen)
   843 25
— Familienangehörige, verstärkter
   Arbeitseinsatz **843** 44
— Feststellungsklage **843** 168, 176
— Fortkommensschaden, ebenfalls erfaß-
   ter **842** 2
— Gefahrenlage, vom Erstschädiger verur-
   sachte (weitere Kausalverläufe) **843** 12
— Gesamtschuldnerausgleich nach Unter-
   haltsleistungen Dritter (Regreßfrage)
   843 47
— Geschäftsführung ohne Auftrag als
   Regreßinstrument bei nicht anrechen-
   baren Drittleistungen **843** 46
— Haushaltshilfe für verletzten Ehegatten
   843 9
— Heilungskosten **843** 44
— Kapitalabfindung (als Ausnahmerege-
   lung) **843** 34
— Kapitalabfindung (Berechnungsfakto-
   ren/Prognoseerfordernis) **843** 37
— Kapitalabfindung als richterlich verfüg-
   ter Vergleich **843** 37
— Kapitalabfindung (wichtiger Grund)
   843 35 f
— Kapitalabfindung/Kombination mit
   Rentenanspruch **843** 36
— Kausalität (Dauerschäden/Körper-
   oder Gesundheitsverletzung) **843** 11
— Kausalität (Unterhaltsleistungen/Scha-
   densereignis) **843** 40
— Kausalität (Zurechenbarkeit bei psychi-
   schen Reaktionen) **843** 14 ff
— Kfz-Anschaffung, behindertengerechte
   Ausstattung **843** 23

Personenverletzung (Ersatzansprüche bei Delikt) (Forts.)

— Körper- und Gesundheitsverletzungen **843** 3
— Krankenhausaufenthalt und ersparter Unterhaltsaufwand **843** 44
— Krankenhauskost **843** 24
— Lebensfreude, erhöhte durch Aufwendungen **843** 24
— Lebenshaltungskosten, Abgrenzung allgemeiner **843** 7
— Lebensqualität, Aufrechterhaltung des Standards als Normzweck **843** 3, 21
— Leistungen Dritter, nicht anrechenbare (Unterhaltsleistungen/weitergehender allgemeiner Rechtsgedanke) **843** 40 ff
— Mehrheit von Schädigern (einheitliche Ausgleichsforderung) **843** 38
— Minderung der Erwerbsfähigkeit als Dauerschaden **843** 6
— Nachteilsausgleich (Verhältnis § 843/§ 842) **842** 2
— Naturalrestitution/Rentenzahlungen als Ausnahmefall **843** 2
— Neurosenproblem (Zurechenbarkeit psychischer Reaktionen) **843** 14 ff
— Pflegefall (Vollzeitpflege) **843** 21
— Pflegepersonal **843** 23
— Reformüberlegungen **843** 39
— Regreßansprüche Dritter bei bereits erfolgter Unterhaltsleistung **843** 45 ff
— Rentenanspruch und allgemeines Schadensersatzrecht **843** 2
— Rentenanspruch als einheitlicher Anspruch **843** 28
— Rentenanspruch oder Klageabfindung/Klageantrag **843** 163
— Rentenanspruch (Rechtsnatur, Entstehung) **843** 26 f
— Rentendauer (Bedürfnisvermehrung) **843** 31
— Rentendauer (Erwerbsbeeinträchtigung) **843** 30
— Rentengewährung (Modalitäten) **843** 32 f
— Rentenhöhe (konkrete Gegebenheiten/Prognoseerfordernis) **843** 29
— Rentennachzahlung **843** 10
— Rentenzahlung/Kapitalabfindung-Kombination **843** 36
— Schadensberechnung (erforderliche konkrete) **843** 6, 157
— Schadensersatzrecht, allgemeines und Sondernormen §§ 842 ff **843** 2
— Schadensersatzrechtlicher Wiederherstellungsgrundsatz **843** 21
— Schadensfolgen, kausale **843** 11 ff

Personenverletzung (Ersatzansprüche bei Delikt) (Forts.)

— Schadenstragung durch den Schädiger als notwendiges Ergebnis **843** 45
— Schmerzensgeld **843** 101, 151
— Schulzeit, unfallbedingt verlängerte **843** 24
— Sicherheitsleistung bei Rentengewährung **843** 33
— Soziale Versorgungsfunktion des Rentenanspruchs/soziale Sicherungssysteme **843** 3
— Sozialrecht und § 843 (Vergleich) **843** 6
— Sturzverletzungen nach unfallbedingter Schädigung **843** 12 f
— Systematik des Schadensersatzrechts **843** 2
— Ungerechtfertigte Bereicherung nach Unterhaltsleistungen Dritter (Regreßfrage) **843** 47
— Unterhaltsgewährung durch nicht unterhaltspflichtige Dritte, nicht anrechenbare **843** 44
— Unterhaltsleistungen Dritter, Anrechnungsausschluß **843** 40 ff
— Verhältnismäßigkeit Kosten/Versorgungsqualität **843** 21
— Verjährung **843** 36
— Vermehrte Bedürfnisse als Dauerschaden **843** 7 ff, 23 f, 106
— Versicherungsbeiträge **843** 23
— Vorteilsausgleichung s. dort
— Wohnraumumbau **843** 23
— Wohnungserwerb durch Schwerbehinderte **843** 9, 23
— Zurechenbarkeitsproblem (haftungsausfüllende Kausalität bei psychischen Reaktionen) **843** 14 ff

Personenverletzung (Ersatzansprüche bei Gefährdungshaftung)
Abschließende Sonderregelungen/Ausschluß des § 842 **842** 10
Rentenansprüche bei Dauerschäden **843** 5

Personenverletzung (Ersatzansprüche bei Vertragshaftung)
Arbeitgeber-Fürsorgepflichten **842** 8
Entsprechende Anwendung des § 842 im Rahmen von Vertragsbeziehungen **842** 9
Rentenansprüche bei Dauerschäden **843** 5

Pflegebedürftigkeit
Cessio legis bei Leistungen des Sozialversicherungsträgers an den deliktisch Geschädigten **843** 105

Prognose
Erwerbstätigkeit, voraussichtliche Entwicklung **842** 19 ff

Prognose (Forts.)
  Rentenzahlungen als Schadensersatz
    843 29
  Unterhaltsschaden des mittelbar Geschä-
    digten nach Tötung eines Menschen
    844 99
Prostitution
  Einkommensermittlung im Falle eines
    Unterhaltsschadens 844 109
  Erwerbsschaden aufgrund Deliktes 842 150
Psychische Reaktionen
  Erwerbsfähigkeit, verletzungsbedingt
    beeinträchtigte und Zurechenbarkeit
    von – 843 14 ff

Quotenhaftung
  von Reedern als Ausnahmefall des
    Seerechts 840 24
Quotenvorrecht
  s. a. Cessio legis
  Beamtenrechtliche Leistungen 843 152
  Entgeltfortzahlungsfall 843 129 ff
  Leistungen privater Versicherungen 843 62
  Leistungen von Sozialversicherungsträgern
    843 110 ff
  Tötung eines Menschen (mittelbar Geschä-
    digte) 844 157, 205, 230, 237, 251 f

Recht am eigenen Bild
  Unerlaubte Handlung, gegen eine Person
    gerichtete 842 5
Rechtsschutzversicherung
  Cessio legis 843 54
Reederhaftung
  Nutzungsentgang und pauschalierter
    Mindestbetrag 849 5
Regreßansprüche
  Cessio legis
  s. dort
  Erwerbs- und Fortkommensschaden:
    Leistungen Dritter und deren – 843 45 ff
  Haftungsprivilegierung eines Schädigers
    bei Schädigermehrheit 840 52 ff
Rentenschaden
  Klageantrag 842 157
Rentenversicherung (gesetzliche)
  Leistungen an den deliktisch Geschädigten
    (cessio legis)
  s. Sozialversicherungsrecht
Rentenzahlungen (Schadensersatz)
  s. Personenverletzung (Ersatzansprüche
    bei Delikt)
Risiko
  Cessio legis als Risikoverlagerung auf den
    Zessionar 843 52
  Unerlaubte Handlung 840 2

Risiko (Forts.)
  Zufallsrisiko nach Rückgabepflicht
    aufgrund deliktischer Entziehung
    848 1 ff
Rückgabepflicht
  Forderunserlangung, deliktische und
    Gegeneinrede der Arglist 853 6
  Verwendungsersatz
  s. dort
  Zufallsrisiko nach deliktischer Entziehung
    848 1 ff
Sachen
  Ersatzleistung für Sachentziehung/Sachbe-
    schädigung an Nichtberechtigten (befrei-
    ende Wirkung) 851 1 ff
  Nutzungsentgang und pauschalierter
    Mindestbetrag 849 1 ff
  Zufallsrisiko nach deliktischer Sachentzie-
    hung 848 1 ff
Schaden
  Erwerbs- und Fortkommensschaden, delik-
    tischer/Schadensbegriff §§ 249 ff 842 3
Schadensersatzansprüche
  Anrechnungsausschluß für Leistungen
    Dritter, die dem Schädiger nicht zugute
    kommen sollen (allgemeiner Rechtsge-
    danke) 843 43
  Cessio legis bei Leistungen Dritter an den
    deliktisch Geschädigten
  s. Cessio legis
  mit Deliktscharakter (Wettbewerbsrecht/
    Schutz geistigen Eigentums) 852 7
  Dienstleistungsausfall, mittelbar Geschä-
    digte
  s. dort
  Ersatzleistung für Sachentziehung/Sachbe-
    schädigung an Nichtberechtigten (befrei-
    ende Wirkung) 851 1 ff
  Forderungsaufhebungsanspruch nach
    deliktischer Forderungserlangung 853 6
  Herausgabeverlangen bei deliktisch erlang-
    tem Vermögensvorteil (verjährungsrecht-
    liche Sonderregelung) 852 9, 17, 19, 20,
    23
  Personenverletzung (Ersatzansprüche bei
    Delikt)
  s. dort
  Sachentziehung, deliktische und Zufallsri-
    siko 848 1 ff
  Tötung eines Menschen, Ansprüche des
    mittelbar Geschädigten
  s. Tötung eines Menschen (mittelbar
    Geschädigte)
  Unerlaubte Handlung
  s. dort
  Vertragliche Ansprüche und cessio legis
    843 89, 125, 141

Schadensersatzansprüche (Forts.)
und Vorteilsausgleichung **843** 49
Schmerzensgeld
Aufhebung des § 847 mit Wirkung 1.8.2002
s. Hinweis § 847 alt
Beamtenrechtliche Leistungen an den
deliktisch Geschädigten Beamten
843 151
Cessio legis bei Leistungen des Sozialversi-
cherungsträgers an den deliktisch
Geschädigten **843** 101
und Erwerbsschaden als prozessual
verschiedene Ansprüche **842** 156
Gefährdungshaftung und Schmerzensgeld-
ansprüche **840** 28
Mitverschulden des Geschädigten ggü
mehreren Schädigern **840** 38
Schadensersatzanspruch aufgrund
Vorteilsausfalles (Abgrenzung) **842** 3
Vererblichkeit **844** 13
Zusammentreffen deliktische
Haftung/Gefährdungshaftung **840** 21,
28
Schockschäden
als eigene Schäden eines Dritten **844** 16
und mitwirkendes Verschulden des unmit-
telbar Verletzten **846** 7 f
Schuldform
und deliktische Gesamtschuldnerschaft
840 20
Schuldrechtsmodernisierung
Verjährung deliktischer Schadensersatzan-
sprüche **852** 4, 12, 13, 19
Schulunfall
Haftungsprivilegierung und Regreßbehin-
derung bei Schädigermehrheit **840** 63
Schutzgesetzverletzung
Unerlaubte Handlung, gegen eine Person
gerichtete **842** 5
Selbständige Tätigkeit
Erwerbsschaden aufgrund unerlaubter
Handlung **842** 84 ff
SGB X
Sozialversicherungsleistungen an den
Geschädigten
s. Sozialversicherungsrecht
Sicherheitsleistung
Rentenzahlungen als Schadensersatz
843 33
Sittenwidrige Tätigkeit
Erwerbsschaden aufgrund Deliktes **842** 149
Sorgfaltsmaßstab
Haftungsbeschränkung eigenüblicher
Sorgfalt und voll haftender Zweitschädi-
ger **840** 67 ff
Sozialleistungen
Berechnung des Unterhaltsschadens im
Tötungsfall **844** 110

Sozialleistungen (Forts.)
Erwerbsschaden und Vorteilsausgleichung
842 24
Leistungen des Sozialhilfeträgers an den
deliktisch Geschädigten **843** 84, 85
Sozialversicherungsrecht
Angehörigenprivileg und ausgeschlossene
Legalzession **840** 65
Cessio legis bei Leistungen an einen delik-
tisch Geschädigten
— Anendungsbereich, Zweck und Rechts-
natur (§ 116 SGB X) **843** 81 ff
— Ansprüche, erfaßte **843** 88 ff
— Arbeitloser als Verletzter **843** 103
— AsylbLG-Fälle **843** 81
— Ausschluß des Anspruchsübergangs
(Haftungsprivilegierungen) **843** 87
— Bedürfnisse, vermehrte **843** 104
— Beerdigungskosten **843** 107
— Beitragsausfall **843** 119
— Beitragszahlungen einer Berufsgenos-
senschaft **843** 106
— Bundesanstalt für Arbeit, ausgeschlosse-
ner Regreß zugunsten **843** 120
— Ehepartner, Verletzung eines nicht
berufstätigen **843** 103
— Entgangener Gewinn **843** 102
— Erwerbs- und Fortkommensschaden
843 102
— Familienprivileg **843** 116 f
— Heilbehandlungskosten **843** 100
— Kongruenz **843** 97 ff
— Kranken-, Unfall- und Rentenversiche-
rung (erfaßte Träger) **843** 81
— Krankenversicherungsbeiträge **843** 120
— Leistungen, nicht erbrachte **843** 119
— Naturalleistungen (pauschalierte
Berechnung) **843** 118
— Normenkorrektur nach Sinn und Zweck
(Regreß zu Lasten des Versicherten)
843 109
— Pflegebedürftigkeit **843** 105
— Pflegekassenbeiträge **843** 120
— Quotenvorrecht **843** 110 ff
— Rentenversicherungsbeiträge **843** 120
— Sachschäden **843** 99
— Schmerzensgeld **843** 101
— Sterbegeld **843** 107
— Überleitungsanzeige (§ 90 BSHG) **843** 84
— Unbillige Härten **843** 121
— Unfallversicherungsbeiträge **843** 120
— Zeitliche Kongruenz **843** 108
— Zeitpunkt des Übergangs **843** 90
Erwerbsschaden und Sozialversicherungs-
beiträge **842** 62 ff
Erwerbsschaden und Vorteilsausgleichung
842 24

Sozialversicherungsrecht (Forts.)
Tötung eines Menschen (mittelbar Geschädigte)
— Hinterbliebenenleistungen, Frage ihrer Anrechnung **844** 222 f
Sterbegeld
Forderung auf Erstattung der Beerdigungskosten (cessio legis) **844** 51 f
Steuerrecht
Cessio legis im Entgeltfortzahlungsfall an den deliktisch geschädigten Arbeitnehmer **843** 128
Erwerbsschaden und steuerliche Vorteile/Nachteile **842** 50 ff, 90
Tötung eines Menschen, Steuerschaden des mittelbar Geschädigten **844** 238 ff
Straßenverkehr
Amtshaftung und Subsidiaritätsklausel **840** 77
Ausgleichsanspruch der Gesamtschuldner im Innenverhältnis (§ 17 Abs 1 S 1 StVG) **840** 90 ff
Ausgleichsanspruch des geschädigten Halters gegen einen anderen Halter (§ 17 Abs 1 S 2 StVG) **840** 93 f
Ausgleichsanspruch bei Schadensverursachung durch Kfz und Tier/durch Kfz und Eisenbahn (§ 17 Abs 2 StVG) **840** 94
Betriebsgefahr und Innenausgleich **840** 92
Cessio legis bei Leistungen an einen deliktisch Geschädigten **843** 56
Ehegattenverantwortlichkeit **840** 77
Freistellung im Innenverhältnis (Halter/Fahrer-Verhältnis) **840** 49
Gefährdungshaftung (StVG) und deliktische Gesamtschuldnerschaft **840** 8
Haftungsbeschränkungen des BGB, ausgeschlossene **840** 77
Haftungshöchstbeträge (StVG) **840** 27
Haftungsprivilegien, Ausschluß gesetzlicher **840** 77
Individuelle Sorglosigkeit **840** 77
Nutzungsentgang und pauschalierter Mindestbetrag **849** 5
Sachbeschädigung/Sachentziehung als Folge unerlaubter Handlung **851** 5
Schmerzensgeldanspruch (StVG) **840** 28
Subsidiaritätsklausel **840** 78
Verursachungsbeiträge, abzuwägende **840** 92
Studierende
Erwerbsschaden aufgrund Deliktes **842** 146 f
Summenversicherungen
Cessio legis bei Leistungen an einen deliktisch Geschädigten **843** 55

Teilgläubigerschaft
Haushaltsführungsschaden, Verteilung auf die Hinterbliebenen als mittelbar Geschädigte **844** 152
Teilnehmer
Verantwortlichkeit mehrerer nebeneinander
s. Gesamtschuldnerschaft
Teilschuldnerschaft
Unerlaubte Handlung, ausgeschlossene Vermutungsregel der – **840** 1
Tierhalterhaftung
und privilegiertes Innenverhältnis beim Gesamtschuldnerausgleich **840** 82
Tötung eines Menschen, Ansprüche mittelbar Geschädigter **844** 19
Tötung eines Menschen (mittelbar Geschädigte)
Abänderungsklage **844** 100, 183, 194, 260 f
Abfindung **844** 101, 219, 250
Adäquanz **844** 44, 200
Adoption **844** 85, 169, 221
Äquivalenz **844** 200
Alkoholabhängigkeit, durch den Tod ausgelöste **844** 40
Altersvorsorge **844** 112
AMG-Gefährdungshaftung **844** 17
Amtshaftung **844** 19, 30
Analogieproblem **844** 24
Angestellte des öffentlichen Dienstes **844** 52
Anspruch, eigenständiger/selbständiger des mittelbar Geschädigten **846** 1
Anspruchsbeeinflussung durch Verhalten des unmittelbar Verletzten **846** 3
Anwendungsbereich, beschränkter auf deliktisches Handeln **844** 21
Anwendungsbereich der §§ 844, 845 **844** 19 ff
Arbeitgeberanteile bei fiktiver Ersatzkraft **844** 146
Arbeitnehmersparzulage **844** 107
Arbeitslosenhilfe **844** 110
Arbeitslosigkeit **844** 90, 110
Arbeitszeitbedarf (Haushaltsführung) **844** 135 ff, 164, 180
Athener Abkommen **844** 22
AtomG-Gefährdungshaftung **844** 17
Aufopferungsschäden **844** 29
Auftrag **844** 27 f
Aufwandsentschädigung **844** 107
Ausbildungsförderung **844** 110
Auslandszulage **844** 107
Ausnahmecharakter der §§ 844, 845 **844** 2, 23 ff
BAföG **844** 110, 161, 223
Barunterhalt
s. unten unter Unterhaltsschaden

Tötung eines Menschen (mittelbar Geschädigte)
(Forts.)
BAT **844** 52, 69, 140 ff
Bayer Entwurf **844** 1
Beamter **844** 244, 252
Bedürftigkeit **844** 79, 88 f, 92 f, 153,
    161 f, 169, 174 ff, 181, 190, 201 f,
    213, 226 f, 249, 259
Beerdigungskosten **844** 1, 17, 45 ff
Beerdigungspflichtige **844** 46 ff
Beerdigungsversicherung **844** 69
Berufsausbildung **844** 193 ff, 233
Berufsunfähigkeitsrente **844** 110
Besuchskosten **844** 12
Besuchskosten naher Angehöriger **844** 12
Beweiserleichterung **844** 44, 55, 90, 99 f,
    120, 188, 197, 264 f
Beweislast **844** 90, 187, 264
Billigkeitshaftung **844** 19
Brutto-Einkommen **844** 108
Bruttovergütung einer Ersatzkraft **844** 133,
    141
BSeuchG **844** 29, 50
Bundeswehrangehöriger **844** 49
Cessio legis **844** 51 ff, 243 ff
Code civil **844** 1
Codice civile **844** 1
Common law **844** 1
Danksagung **844** 62
Dauer der Rente **844** 177 ff
Deliktsrechtliche Besonderheit **844** 2
Dienstleistung, ausgefallene
— Anwendungsbereich **845** 7 f
— Cessio legis **845** 32 f
— Eheliche Mitarbeit, Umbewertung
    (1.EheRG) **845** 4 f
— Eltern-Kind-Verhältnis **845** 12 ff
— Ersatz für entgangene Dienste **845** 19 ff
— Familienverständnis, gewandeltes **845** 8
— Gesetzliche Dienstverpflichtung,
    vorausgesetzte **845** 3
— Rentendauer **845** 23 ff
— als Schadensersatzanspruch **845** 2
— Vorteilsausgleich, Schadensminde-
    rungspflicht **845** 26 ff
Dresdner Entwurf **844** 1
Düsseldorfer Tabelle **844** 121, 149, 163
Eheähnliche Lebensgemeinschaft **844** 32 ff,
    75, 184 ff, 254
Ehegatten-Ersatzansprüche **844** 105 ff,
    128 ff, 154 ff
Ehegatten-Splitting **844** 240
Ehescheidung **844** 93, 183, 185, 187
Eigene Ansprüche des mittelbar Geschä-
    digten **844** 3
Eigenversorgung **844** 135
Einkommensteuer **844** 239
Einwilligung **844** 8

Tötung eines Menschen (mittelbar Geschädigte)
(Forts.)
Eltern-Ersatzansprüche **844** 174 ff
Enterbung **844** 211
Entgangener Gewinn **844** 12, 14, 42
Entwertungsschaden **844** 14
Entziehung des Rechts auf Unterhalt
    844 82 ff
Erbe **844** 13 ff, 46, 55, 84 ff, 215
Erbschaft und Anrechnungsfrage
    844 207 ff
Erbschein **844** 66
Ersparter Unterhalt **844** 202 ff
Erwerbsfähigkeit, Dauer **844** 188, 265
Erwerbsobliegenheit **844** 232 f
Erwerbsschaden **844** 12
Europäische Rechtstradition **844** 1
Familiengrab **844** 61
Familienprivileg und
    cessio-legis-Ausschluß **844** 253 ff
Familienunterhalt **844** 88, 104, 114, 202,
    227
Feststellungsklage **844** 92 ff, 182, 195 f,
    259
Feuerbestattung **844** 58
Fiktive Kosten für eine Ersatzkraft **844** 133,
    141 f
Fixe Kosten der Haushaltsführung
    844 115 ff
Fortführung ererbten Geschäfts **844** 215,
    217 f
Freiwillige Unterhaltsleistungen **844** 36
Frustrierte Aufwendungen **844** 40, 68
Gefährdungshaftung **844** 17 ff
Gefährdungshaftung und Mitverschulden
    des Geschädigten **846** 6
GenTG-Gefährdungshaftung **844** 17
Geschäftsführung ohne Auftrag **844** 28
Gesundheitsverletzung des Dritten **844** 16
Gewerkschaftsbeiträge **844** 118
Grab **844** 60 ff
Gratifikationen **844** 107
Großeltern **844** 12, 220
HaftpflichtG-Gefährdungshaftung **844** 17
Haftungsausschluß **844** 6 f
Handeln auf eigene Gefahr **844** 9
Handlungsgehilfe **844** 21
Hausfrauenehe (Leitbild) **844** 129
Haushaltsführung (deliktischer Eingriff)
    s. dort
Hausratsversicherung **844** 117
Hauswirtschaftsleiterin **844** 140
Heilungskosten **844** 12
Hinterbliebenenrenten **844** 222, 245 ff
Höchstbeträge (spezialgesetzliche Gefähr-
    dungshaftung) **844** 18
Immaterieller Schaden, ausgeschlossener
    844 38

Tötung eines Menschen (mittelbar Geschädigte)
(Forts.)

Impfschäden **844** 29
In-vitro-Fertilisation **844** 79
InfektionsschutzG **844** 29, 50
Insassenunfallversicherung **844** 225
Internat **844** 148
Juristische Person **844** 42
Kapitalabfindung **844** 101
Kausalität
— Haftungsausfüllende **844** 43
— Überholende **844** 69
Kindergartenbeiträge **844** 117
Kindergeld **844** 110, 222
Kinderheim **844** 148
Kindertagesstätte **844** 165
Kindes-Ersatzansprüche **844** 12, 46, 75,
   99, 144, 161 ff, 190 ff, 220
Kirchensteuer **844** 239
Kongruenz **844** 51, 245 ff
Kriegsbeschädigtenrente **844** 110
Lebenserwartung **844** 177, 197, 265
Lebensfreude, beeinträchtigte **844** 40
Lebensgefährdende Geschäftsführung
   ohne Auftrag **844** 28
Lebenspartnerschaft **844** 46 f, 74, 103 ff,
   128 ff, 154 ff, 181 f, 189, 221, 254,
   256
Lebensversicherung **844** 113, 224
Lehrlingsbeihilfe **844** 161
Leistungsfähigkeit **844** 11, 88 ff, 96 f, 163,
   176 ff, 259
Leistungsklage **844** 95, 195, 259, 261
LuftVG-Gefährungshaftung **844** 17
Mehrzahl von Unterhaltsberechtigten
   844 102, 152
Minderjährige Kinder **844** 144, 161 ff
Mitarbeit im Beruf/Geschäft des Ehegatten
   844 131
Mithilfepflichten der Kinder, des Ehegat-
   ten **844** 138, 139, 160, 180
Mittelbar Geschädigte, Personenkreis
   844 31 ff
Mittelbar Verletzter, Selbstschaden **844** 15
Mittelbare Schädigung/Eigenschaden des
   Verletzten **844** 13
Mitverdiener-Ehe **844** 131, 154 ff
Mitverschulden des unmittelbar Verletzten
   844 5 f; **846** 1 ff
Nachlaßverwaltung **844** 66
Nasciturus **844** 79 ff
Nettoeinkommen **844** 106 ff, 114, 155
Nichteheliche Kinder **844** 46, 75, 161,
   165, 230
Nichteheliche Lebensgemeinschaft
   844 32 ff, 75, 184 ff, 254
Nichtvermögensrechtliche Einbußen,
   ausgeschlossene **844** 40

Tötung eines Menschen (mittelbar Geschädigte)
(Forts.)

Niederländisches BW **844** 1
Notariat, Abwicklungskosten **844** 14
Nothelfer-Unfallversicherung **844** 28
Österreichisches ABGB **844** 1, 254
Pecuniary loss rule **844** 1
Pflegeeltern-Leistungen **844** 149
Pflegegeldsätze **844** 149
Pflegekind **844** 75
Pflegekinder **844** 75
Pflegezulage **844** 246
Pflichtteil **844** 47, 212, 234
ProdHaftG-Gefährdungshaftung **844** 17
Prognoseprobleme **844** 99 f, 177, 183,
   190, 196 f, 261
Prostitution **844** 109
Psychische Fernwirkungen **844** 40
Quotenvorrecht **844** 157, 205, 230, 237,
   251 f
Realisierbarkeit eines Unterhaltsanspruchs
   844 90, 265
Rechtsanwaltskosten **844** 39
Rechtsnatur der Ansprüche §§ 844, 845
   844 3 ff, 71
Rechtsschutzversicherung **844** 117
Reflexschäden von Arbeitgeber/Dienst-
   herrn **844** 37
Regelbedarf **844** 149, 173
Reisekosten **844** 67
Risikobegrenzung im Gläubigerinteresse
   844 2, 30
Risikolebensversicherung **844** 113, 224
Rücklagen **844** 117, 188
Rückständige Unterhaltsbeträge **844** 91
Rundfunkgebühren **844** 117
Sättigungsgrenze **844** 114
Schadensersatzansprüche **844** 11
Schadensminderungspflicht **844** 4, 127,
   148, 206, 215, 219, 231 ff, 264
Schadensminderungspflicht des Verletzten
   selbst **846** 1 ff
Schadensrecht der §§ 249 ff und §§ 844 ff
   844 20
Schadensschätzung **844** 44, 55, 90, 99 f,
   120, 188, 197, 264 f
Schmerzensgeld **844** 13
Schockschäden **844** 16; **846** 7
Schwangerschaft **844** 46
Schwarzarbeit **844** 109
Schweizer OR **844** 1, 33, 219
Seelische Unlustgefühle **844** 40
Selbstbehalt **844** 121, 176
Selbstmord **844** 44
Soldat **844** 49
Sozialhilfe **844** 46, 88, 110, 222, 243,
   249, 257

Tötung eines Menschen (mittelbar Geschädigte)
(Forts.)
Sozialversicherungsbeiträge **844** 41, 108,
112 f, 141
Sozialversicherungsleistungen **844** 51,
222 ff, 243 ff
Sparquote **844** 115
Sparversicherung **844** 113, 224
Splitting-Tarif (Verlust) **844** 240
Stammwert der Erbschaft **844** 207 ff
Sterbegeld **844** 51 f, 69
Steuern, Steuerschaden **844** 51, 108, 134,
141 f, 238 ff
Steuervergünstigung **844** 241
Stiefeltern **844** 220
Stiefkind **844** 12, 75
StVG-Gefährdungshaftung **844** 17
Tagesmutter **844** 165
Tageszeitung **844** 116
Taschengeld **844** 148, 161
Tatbestandsprinzip **844** 2, 16, 35, 38
Tatbestandsprinzip des Deliktsrechts **844** 2
Teilgläubiger **844** 102, 152, 202
Telefongebühren **844** 116
Testamentseröffnung, Testamenstvollstrek-
kung **844** 66
Tierhalterhaftung **844** 19
Todesanzeigen **844** 62
Tötung **844** 43 f
Transportkosten **844** 59
Trauerkleidung **844** 63 f, 69
Trauermahlzeit **844** 62
Trennung der Ehegatten **844** 187, 225
Überbrückungshilfe **844** 53
Überführungskosten **844** 59
Überobligationsmäßige Anstrengungen
844 204, 227
Überobligationsmäßige Entbehrungen
844 89
Überstundenvergütungen **844** 107
UmweltHG-Gefährdungshaftung **844** 17
Unfallversicherung **844** 28, 112, 116,
224 f, 245
Unterhaltsersparnis **844** 202 ff
Unterhaltsschaden
— Andere Schadensarten, ausgeschlossene
844 39
— Barunterhalt **844** 122, 129 f, 148, 150,
155 ff, 162 ff, 170 ff, 188 ff, 203 ff
— Betreuungsunterhalt **844** 162 ff, 171,
191
— BGB-fremde Ansprüche **844** 17
— Düsseldorfer Tabelle **844** 121, 149, 163
— Ehegatten-Ersatzansprüche **844** 105 ff,
128 ff, 154 ff
— Ehegattenmitarbeit in Beruf/Geschäft
844 131

Tötung eines Menschen (mittelbar Geschädigte)
(Forts.)
— Einkommen, unterhaltsrechtliches
844 106 ff, 114, 155
— Eltern-Ersatzansprüche **844** 174 ff
— Entziehung des Rechts auf Unterhalt
844 82 ff
— Familienunterhalt **844** 88, 104, 114,
202, 227
— Freiwillige Unterhaltsleistungen **844** 36
— Gesetzliche Unterhaltpflichten
844 88 ff
— Haushaltsführungsschaden
s. dort
— Kindes-Ersatzansprüche **844** 12, 46,
75, 144, 161 ff, 190 ff, 220
— auf Körper- oder Gesundheitsverletzung
beruhende **844** 41
— Kreis der Ersatzberechtigten **844** 74 ff
— Mehrzahl von Unterhaltsberechtigten
844 102, 152
— Mitarbeitsschaden des hinterbliebenen
Ehegatten **845** 5
— Mithilfepflichten des Ehegatten **844** 139,
160, 180
— Mithilfepflichten des Ehegatten im
Ruhestand **844** 180
— Mithilfepflichten der Kinder **844** 138
— Mitverdiener-Ehe **844** 131, 154 ff
— Realisierbarkeit eines Unterhaltsan-
spruchs **844** 90, 265
— Rückständige Unterhaltsbeträge **844** 91
— Sättigungsgrenze **844** 114
— Schadensentstehung (rechtliche/
tatsächliche Voraussetzungen des
Unterhaltsanspruchs) **844** 88 ff
— als Schadensersatzanspruch **844** 11, 71
— als Surrogat **844** 71
— Tatsächliche Versorgung durch den
Getöteten (Haftungsausdehnung)
844 33 f
— Trennungsunterhalt **844** 47, 82
— Unterhaltsabfindung **844** 219
— Unterhaltstabellen **844** 121 f, 149, 163
— Unterhaltsverzicht **844** 88, 182, 187
— Zeitpunkt des Bestehens der Unterhalts-
pflicht **844** 77 ff
Unzulässige Rechtsausübung **844** 9
Urlaubsgeld **844** 107
Urlaubsreise **844** 40, 68
Vergleich **844** 10, 101
Verjährung **844** 4, 20, 93 f, 182
Verkehrspflichtbegründung aufgrund
Vertrages **844** 26
Verletztenansprüche, abzugrenzende
844 12 ff
Verlobte **844** 32 ff, 75

Tötung eines Menschen (mittelbar Geschädigte)
(Forts.)
Vermögensbildung, Aufwendungen hierfür
844 113, 115, 118
Vermögenseinbußen, Ausschluß sonstiger
844 38
Verrichtungsgehilfenhaftung 844 19
Versicherungen
— Beerdigungsversicherung 844 69
— Hausratsversicherung 844 117
— Kraftfahrzeugversicherung 844 117
— Lebensversicherung 844 113, 224
— Privathaftpflichtversicherung 844 117
— Unfallversicherung 844 28, 112, 116,
224 f, 245
Versorgungsausgleich 844 76
Vertragliche Ersatzansprüche 844 25 ff
Vertragliche Ersatzansprüche und Mitver-
schulden des Verletzten 846 9 ff
Vertragsähnliche Ersatzansprüche 844 28
Verwaltungsvorschriften 844 49
Verzicht
— auf Ersatzansprüche gegenüber dem
Schädiger 844 10
— Unterhaltsverzicht 844 88, 182, 187
Volljährige Kinder 844 99, 167, 176
Vollstreckbarkeit 844 266
Vorsorgeaufwendungen 844 112, 199
Vorteilsausgleich
s. dort
Waisenrente 844 161, 166, 222
Weihnachtsgeld 844 107
Werkvertrag 844 27
Wiederverheiratung 844 85, 93, 181 ff
Wohnbedarf 844 115, 119
Wohnungsmiete 844 117, 235
Zeitliche Begrenzung des Rentenanspruchs
844 177 ff
Zugewinnanspruch 844 212
Zumutbarkeit 844 148, 216, 231 ff, 236 ff
Zweck des Ersatzanspruchs 844 71

Überleitungsanzeige
Leistungen des Sozialhilfeträgers an den
deliktisch Geschädigten 843 84, 85
UmweltHG
Gesamtschuldnerschaft oder anteilige
Haftung 840 8
Unentgeltliche Tätigkeit
Erwerbsschaden aufgrund Deliktes 842 148
Unerlaubte Handlung
Begriff (im weitesten Sinne) 840 7 ff
BGB-Regelungen, spezialgesetzliche
Haftungstatbestände 840 8
Cessio legis bei Leistungen Dritter an den
deliktisch Geschädigten
s. Cessio legis

Unerlaubte Handlung (Forts.)
Forderungserlangung, deliktische und
Arglisteinrede des Verletzten 853 1 ff
Gesamtschuldnerschaft
s. dort
Insolvenzrisiko 840 2
Nebentäterschaft 840 3
Nutzungsentgang, pauschalierter Mindest-
betrag 849 1 ff
gegen Personen gerichtete – 842 5
Personenverletzung (Ersatzansprüche:
Nachteilsausgleich/Rentenanspruch bei
Dauerschäden)
s. Personenverletzung (Ersatzansprüche
bei Delikt)
Risikobegrenzung im Gläubigerinteresse
844 2
Schadensersatzansprüche
s. dort
Schmerzensgeld (Aufhebung § 847 mit
Wirkung 1.8.2002)
s. Hinweis § 847 alt
Strafcharakter, fehlender 850 1
Tatbestandsprinzip 844 2
Tötung eines Menschen (mittelbar Geschä-
digte)
s. dort
und ungerechtfertigte Bereicherung
852 16 ff
Vermögenseingriff, Personeneingriff 842 7
Vermögenswerte, verjährungsrechtliche
Sonderregelung für Herausgabeansprü-
che nach deliktischer Begehung 852 1 ff
Verwendungsersatz
s. dort
Zufallsrisiko nach deliktischer Entziehung
848 1 ff
Unfallversicherung
Cessio legis bei Leistungen an einen delik-
tisch Geschädigten 843 55, 76
Unfallversicherung (gesetzliche)
Cessio legis im Entgeltfortzahlungsfall an
den deliktisch geschädigten – 843 128
Leistungen an den deliktisch Geschädigten
(cessio legis)
s. Sozialversicherungsrecht
Ungerechtfertigte Bereicherung
Cessio legis bei Leistungen einer privaten
Versicherung 843 56
durch Forderungsentstehung aufgrund
unerlaubter Handlung 853 6
Forderungserlangung, deliktische und
Arglisteinrede trotz verjährten Bereicherungsanspruchs auf Forderungsaufhe-
bung 853 1 ff

Ungerechtfertigte Bereicherung (Forts.)
Herausgabe deliktisch erlangten Vermö-
gensvorteils (verjährungsrechtliche
Sonderregelung) nach Grundsätzen der –
852 15 ff
und Innenausgleich bei deliktischer
Gesamtschuldnerschaft **840** 50
Unterhaltsleistungen Dritter an den
Verletzten, Regreßansprüche aufgrund –
843 47
Unterhaltsleistungen an den Geschädigten
843 47
und Vorteilsausgleichung **843** 49
Unmöglichkeit
Zufallsrisiko nach deliktischer Sachentzie-
hung **848** 1 ff
Unterhaltsrecht
Beerdigungskosten und Unterhaltspflicht
844 46 ff
Dienstverpflichtung, gesetzliche und
gesetzliche Unterhaltspflicht **845** 3
Erwerbsfähigkeit, beeinträchtigte/Bedürf-
nisvermehrung und Unterhaltsleistungen
Dritter **843** 40 ff
Haushaltsführung (deliktischer Eingriff)
s. dort
Unterhaltsmitarbeit und Erwerbsschaden
aufgrund Deliktes **842** 140 ff
Unterhaltsschaden mittelbar Geschädigter
im Tötungsfall
s. Tötung eines Menschen (mittelbar
Geschädigte)
Unterlassungen
Erwerbs- und Fortkommensschaden,
Anwendbarkeit des § 842 **842** 5
Unvermögen
Zufallsrisiko nach deliktischer Sachentzie-
hung **848** 1 ff
Unzulässige Rechtsausübung
und Angehörigenprivileg bei privaten
Versicherungsleistungen an den delik-
tisch Geschädigten **843** 72
Forderungserlangung, deliktische und
Arglisteinrede trotz verjähten Aufhe-
bungsanspruchs **853** 1 ff
Urheberrecht
Beteiligtenhaftung **840** 14
Unerlaubte Handlung, gegen eine Person
gerichtete **842** 5

Verantwortlichkeit
und deliktische Gesamtschuldnerschaft
840 20
Verbotene Tätigkeit
Erwerbsschaden aufgrund Deliktes **842** 149
Vergleich
Verletztenverfügungen und mittelbar
Geschädigter nach dem Todesfall **844** 9 f

Verhältnismäßigkeitsprinzip
Deliktisch Handelnder, Risikoverlagerung
840 2
Verjährung
Ausgleichsanspruch bei deliktischer
Gesamtschuldnerschaft **840** 86
Cessio legis bei Leistungen des Sozialversi-
cherungsträgers **843** 96
Forderungserlangung, deliktische und
Arglisteinrede trotz verjährten Aufhe-
bungsanspruchs **853** 1 ff
Herausgabeverlangen bei deliktisch erlang-
tem Vermögensvorteil
— Eigenständige Verjährungsregelung des
Herausgabeanspruchs **852** 21
— Verjährungseintritt, erforderlicher des
Schadensersatzanspruchs **852** 10 ff
Rentenzahlungen/Kapitalabfindung als
Schadensersatz wegen deliktischer
Personenverletzung **843** 36
Schadensersatzansprüche, deliktische
852 4, 12, 13, 19
Tötung eines Menschen, Ansprüche des
mittelbar Geschädigten **844** 3
Verlöbnis
Mittelbar Geschädigte im Todesfall, ausge-
schlossene Ersatzberechtigung **844** 31 ff,
75
Vermögenseingriff
Unerlaubte Handlung, direkter/mittelba-
rer – **842** 7
Vermögensveräußerung
Schadensfall wegen verringerter Einkünfte
842 151
Vermögensvorteil
Verjährungsrechtliche Sonderregelung für
Herausgabeverlangen deliktisch erlang-
ten – **852** 1 ff
Verrichtungsgehilfe
und Geschäftsherr : Innenausgleich bei
gesamtschuldnerischer Haftung
aufgrund Deliktes **840** 49, 81
Tötung eines Menschen, Ansprüche mittel-
bar Geschädigter **844** 19
Verschlechterung der Sache
Zufallsrisiko nach deliktischer Sachentzie-
hung **848** 1 ff
Versicherungsvertragsrecht
Angehörigenprivileg und ausgeschlossene
Legalzession **840** 65
Cessio legis bei Leistungen an den delik-
tisch Geschädigten
— Ansprüche, ausgeschlossene **843** 57
— Ansprüche, erfaßte **843** 56 ff
— Anwendungsbereich **843** 53 ff
— Familienprivileg **843** 65 ff
— Kongruenz **843** 60 f
— Quotenvorrecht **843** 62 ff

Versicherungsvertragsrecht (Forts.)
— Sonderfragen **843** 74 ff
— Zeitpunkt des Übergangs **843** 58
Notleidendes Versicherungsverhältnis und
Innenquote **840** 66
Tötung eines Menschen (mittelbar Geschä-
digte)
— Unfall- und Lebensversicherungen,
Frage der Anrechnung **844** 224 f
Versorgungsausgleich
Unterhaltsschaden mittelbar Geschädigter
im Tötungsfall **844** 76
Vertrag mit Schutzwirkungen für Dritte
Mitverschulden des Vertragsgläubigers/
Auswirkung ggü dem fordernden Dritten
846 10
Vertragshaftung
Cessio legis
s. dort
und deliktische Haftung, Beteiligtenhaf-
tung bei Zusammentreffen **840** 15
und Dienstausfall des Hauskindes
845 13 ff; **846** 8 ff
Personenschäden (Erwerbs- und Fortkom-
mensschaden) **842** 9
Rentenzahlungen als Schadensersatz **843** 5
Tötung eines Menschen, Ansprüche mittel-
bar Geschädigter **844** 20 f, 25 ff; **846** 9 ff
Verwandtschaft
Unterhaltsschaden mittelbar Geschädigter
im Tötungsfall **844** 74
Verwendungsersatz (deliktischer Besitzer)
Bösgläubigkeit **850** 1, 7
Deliktischer Besitzer **850** 1, 7
Eigentümer-Besitzer-Verhältnis **850** 1, 2,
5, 6
Eigentümerinteresse **850** 1
Fälligkeit des Ersatzanspruchs **850** 8
Gebotene Investitionen **850** 1
Gegenansprüche des Besitzers **850** 1, 8
Gemeines Recht, Rechtslage **850** 3
Geschäftsführung ohne Auftrag, Anwen-
dung der Vorschriften **850** 7
Gutgläubig unverklagter Besitzer **850** 7
Herausgabepflicht **850** 4
Herausgabeverpflichteter **850** 7
Normzweck **850** 1
Notwendige, nützliche Verwendungen
850 7
Rechtsgrundverweisung **850** 6
Sachentziehung **850** 4
Strafcharakter, fehlender **850** 1
Systematische Stellung **850** 2
Verwendungen **850** 1, 2, 5, 7
und Zurückbehaltungsrecht **850** 8
Verzicht
Verletztenverfügungen und mittelbar
Geschädigter nach dem Todesfall **844** 9 f

Volljährigkeit
Dienstausfall des Hauskindes **845** 20, 25,
36
Unterhaltsschaden **844** 99, 167, 176
Vormundschaftsrichter
und Geschäftsführer (Vormund, Pfleger,
Gegenvormund), Innenausgleich **841** 8
Vorsatz
und Angehörigenprivileg bei privaten
Versicherungsleistungen **843** 73
Vorteilsausgleichung
Anrechnung der Vorteile auf die Nachteile
843 158
Beerdigungskosten mittelbar Geschädigter
844 69
Dienstausfall des Hauskindes **845** 26 ff
Dogmatischer Hintergrund (Differenzhy-
pothese/Bereicherungsverbot) **843** 49
Erwerbs- und Fortkommensschaden
(deliktischer)
— Anspruchskürzung, Vorteilskürzung
843 157
— Arbeitgeberleistungen, freiwillige
843 161
— Bereicherungsverbot **843** 157
— Beweislast **843** 158
— und cessio legis **843** 48
— Durchführung **843** 158
— Entlastungsverbot **843** 157
— Erwerbsschaden **842** 24 ff
— Feststehende Vorteile **843** 157
— Freiwillige Leistungen Dritter **843** 157
— Häusliche Kosten, ersparte **843** 160
— Immaterielle Schäden **843** 157
— Kongruenz mit dem Schaden **843** 157
— Konkrete Schadensberechnung **843** 157
— Leitgedanken und Grundsätze **843** 157
— Überobligatorische Anstrengungen
843 157
— Vorsorgebemühungen, eigene des
Verletzten **843** 157
Leitgedanken, Grundsätze **843** 157
Tötung eines Menschen, Ersatzansprüche
mittelbar Geschädigter
— Anrechnung ererbten Vermögens
844 207 ff
— Eigene Einkünfte des Ersatzberechtig-
ten (Bedürftigkeitsprüfung) **844** 226 ff
— Gesetzlich versagter Fall (Verweis § 843
Abs 4) **844** 200, 219 ff
— Insassenunfallversicherung **844** 225
— Private Unfall- und Lebensversicherun-
gen **844** 224 f
— Sozialversicherungs- und Versorgungs-
leistungen **844** 222 f
— Unterhaltsleistungen, ersparte **844** 202 ff
— Vorteilsausgleichung und Mithaftung
844 230

Vorteilsausgleichung (Forts.)
— Wertungsentscheidung **844** 200

Wasserrecht
Gesamtschuldnerische Haftung (§ 22 Abs 1
S 2 WHG) **840** 24

Werkleistungen
Verletzungsbedingter Ersatz eigener –
842 154

Werkvertrag
Tötung eines Menschen und Frage eigener
Ansprüche eines mittelbar Geschädigten
844 27

Wertersatz
Verzinsung der Ersatzsumme als pauschalierter Mindesbetrag **849** 1 ff

Wettbewerbsrecht
Beteiligtenhaftung bei Wettbewerbsverstö-
ßen **840** 14
Eingriffsproblematik bei Wettbewerbsver-
stößen **852** 16
Schadensersatzanspruch mit Deliktscharakter **852** 7

Zinsen, Verzinsung
Nutzungsentgang, deliktisch verursachter
und pauschalierter Mindesbetrag **849** 1 ff

Zivilprozeß
Haftungstatbestände (ZPO) und Beteiligtenhaftung **840** 14

Zufall
Rückgabepflicht aufgrund deliktischer
Entziehung (Zufallsrisiko) **848** 1 ff

Zurückbehaltungsrecht
Herausgabeanspruch, deliktischer und
Verwendungsersatzanspruch **850** 8

Zwangsvollstreckung
Schadensersatzrenten aufgrund delikti-
scher Verletzung (bedingt pfändbare
Beträge) **843** 183

J. von Staudingers
Kommentar zum Bürgerlichen Gesetzbuch
mit Einführungsgesetz und Nebengesetzen

Übersicht Nr 78/13. Dezember 2002

Die Übersicht informiert über die Erscheinungsjahre der Kommentierungen in der 12. Auflage sowie in der 13. Bearbeitung und deren Neubearbeitungen (= Gesamtwerk STAUDINGER).
Die Übersicht ist für die 13. Bearbeitung und für deren Neubearbeitungen zugleich ein Vorschlag für das Aufstellen des "Gesamtwerks STAUDINGER" (insbesondere für solche Bände, die nur eine Sachbezeichnung haben). Es wird empfohlen, die Austauschbände chronologisch neben den überholten Bänden einzusortieren, um bei Querverweisungen auf diese schnell Zugriff zu haben. Bei Platzmangel sollten die ausgetauschten Bände an anderem Ort in gleicher Reihenfolge verwahrt werden.

	12. Aufl.	13. Bearb.	Neubearbeitungen
Buch 1. Allgemeiner Teil			
Einl BGB; §§ 1–12; VerschG	1978/1979	1995	
§§ 21–103	1980	1995	
§§ 90–103 (2003); 104–133		2003	
§§ 104–133	1980		
§§ 134–163	1980	1996	
§§ 164–240	1980	1995	2001
Buch 2. Recht der Schuldverhältnisse			
§§ 241–243	1981/1983	1995	
AGBG	1980	1998	
§§ 244–248	1983	1997	
§§ 249–254	1980	1998	
§§ 255–292	1978/1979	1995	
§§ 293–327	1978/1979	1995	
§§ 255–314			2001
§§ 315–327			2001
§§ 328–361	1983/1985	1995	
§§ 328–361b			2001
§§ 362–396	1985/1987	1995	2000
§§ 397–432	1987/1990/1992/1994	1999	
§§ 433–534	1978	1995	
Wiener UN-Kaufrecht (CISG)		1994	1999
§§ 535–563 (Mietrecht 1)	1978/1981 (2. Bearb.)	1995	
§§ 564–580a (Mietrecht 2)	1978/1981 (2. Bearb.)	1997	
2. WKSchG (Mietrecht 3)	1981	1997	
MÜG (Mietrecht 3)		1997	
§§ 581–606	1982	1996	
§§ 607–610	1988/1989	./.	
VerbrKrG; HWiG; § 13a UWG		1998	
VerbrKrG; HWiG; § 13a UWG; TzWrG			2001
§§ 611–615	1989	1999	
§§ 616–619	1993	1997	
§§ 620–630	1979	1995	
§§ 616–630			2002
§§ 631–651	1990	1994	2000
§§ 651a – 651k	1983		
§§ 651a – 651l		2001	
§§ 652–704	1980/1988	1995	
§§ 705–740	1980		
§§ 741–764	1982	1996	2002
§§ 765–778	1982	1997	
§§ 779–811	1985	1997	2002
§§ 812–822	1979	1994	1999
§§ 823–825	1985	1999	
§§ 826–829	1985/1986		
§§ 826–829; ProdHaftG		1998	
§§ 830–838	1986	1997	2002
§ 839	1986		
§§ 839, 839a		2002	
§§ 840–853	1986	2002	
Buch 3. Sachenrecht			
§§ 854–882	1982/1983	1995	2000
§§ 883–902	1985/1986/1987	1996	2002
§§ 903–924	1982/1987/1989	1996	2002
Umwelthaftungsrecht		1996	2002
§§ 925–984	1979/1983/1987/1989	1995	
§§ 985–1011	1980/1982	1993	1999
ErbbVO; §§ 1018–1112	1979	1994	2002
§§ 1113–1203	1981	1996	2002

	12. Aufl.	13. Bearb.	Neubearbeitungen
§§ 1204–1296	1981		
§§ 1204–1296; §§ 1–84 SchiffsRG		1997	2002
§§ 1–25 WEG (WEG 1)	1997		
§§ 26–64 WEG; Anh Besteuerung (WEG 2)	1997		
Buch 4. Familienrecht			
§§ 1297–1302; EheG u. a.; §§ 1353–1362	1990/1993		
§§ 1297–1320; NeLebGem (Anh §§ 1297 ff); §§ 1353–1362		2000	
§§ 1363–1563	1979/1985	1994	2000
§§ 1564–1568; §§ 1–27 HausratsVO	1994/1996	1999	
§§ 1569–1586b	1999		
§§ 1587–1588; VAHRG	1995	1998	
§§ 1589–1600o	1983	1997	
§§ 1589–1600e; Anh §§ 1592, 1600e			2000
§§ 1601–1615o	1992/1993	1997	2000
§§ 1616–1625	1985	2000	
§§ 1626–1633; §§ 1–11 RKEG		2002	
§§ 1626–1665; §§ 1–11 RKEG	1989/1992/1997		
§§ 1666–1772	1984/1991/1992		
§§ 1638–1683		2000	
§§ 1684–1717; Anh § 1717		2000	
§§ 1741–1772		2001	
§§ 1773–1895; Anh §§ 1773–1895 (KJHG)	1993/1994	1999	
§§ 1896–1921	1995	1999	
Buch 5. Erbrecht			
§§ 1922–1966	1979/1989	1994	2000
§§ 1967–2086	1978/1981/1987	1996	
§§ 1967–2063			2002
§§ 2087–2196	1980/1981	1996	
§§ 2197–2264	1979/1982	1996	
BeurkG	1982		
§§ 2265–2338a	1981/1983	1998	
§§ 2339–2385	1979/1981	1997	
EGBGB			
Einl EGBGB; Art 1–6, 32–218	1985		
Einl EGBGB; Art 1–2, 50–218		1998	
Art 219–221, 230–236	1993	1996	
Art 222		1996	
EGBGB/Internationales Privatrecht			
Einl IPR; Art 3, 4 (= Art 27, 28 aF), 5, 6	1981/1984/1988	1996	
Art 7–11	1984		
Art 7, 9–12		2000	
IntGesR	1980	1993	1998
Art 13–17	1983	1996	
Art 18		1996	
IntVerfREhe	1990/1992	1997	
Kindschaftsrechtl Ü; Art 19 (= Art 18, 19 aF)	1979	1994	
Art 19–24			2002
Art 20–24	1988	1996	
Art 25, 26 (= Art 24–26 aF)	1981	1995	2000
Art 27–37; 10	1987/1998		
Art 27–37		2002	
Art 38	1992	1998	
Art 38–42			2001
IntWirtschR		2000	
IntSachenR	1985	1996	
Alphabetisches Gesamtregister	1999		
Das Schuldrechtsmodernisierungsgesetz		2002	2002
BGB-Synopse 1896-1998		1998	
BGB-Synopse 1896-2000			2000
100 Jahre BGB – 100 Jahre Staudinger			
(Tagungsband 1998)	1999	1999	
Demnächst erscheinen			
§§ 90–103 (2003); 104–133		2003	
§§ 134–163			2003
§§ 535–562d (Mietrecht 1)			2003
§§ 563–580a (Mietrecht 2)			2003
§§ 652–661a			2003
§§ 705–740		2003	

Dr. Arthur L. Sellier & Co. KG – Walter de Gruyter GmbH & Co. KG oHG, Berlin
Postfach 30 34 21, D-10728 Berlin, Telefon (030) 2 60 05-0, Fax (030) 2 60 05-222